현자와 목자

푸코와 파레시아

KENJA TO HITSUJIKAI

Copyright © 2008 by Gen NAKAYAMA

First published in 2008 in Japan by CHIKUMASHOBO LTD.

Korean translation rights arranged with CHIKUMASHOBO LTD.

through Japan Foreign-Rights Centre / Shinwon Agency Co.

파레시아 총서 02

현자와 목자: 푸코와 파레시아

발행일 초판1쇄 2016년 10월 30일 | **지은이** 나카야마 겐 | **옮긴이** 전혜리

펴낸곳 (주)그린비출판사 | **펴낸이** 이희선 | **신고번호** 제25100-2015-000097

주소 서울 은평구 증산로 1길 6, 2층 | **전화** 02-702-2717 | **이메일** editor@greenbee.co.kr

ISBN 978-89-7682-444-8 93100

이 도서의 국립중앙도서관 출판시도서목록(CIP)은 서지정보유통지원시스템 홈페이지(http://seoji.nl.go.kr)와
국가자료공동목록시스템(http://www.nl.go.kr/kolisnet)에서 이용하실 수 있습니다.
(CIP제어번호: CIP2016025800)

나를 바꾸는 책, 세상을 바꾸는 책 **www.greenbee.co.kr**

파레시아
총서 02

현 자 와

푸 코 와   파 레 시 아

목 자

나카야마 겐 지음 / 전혜리 옮김

흥B
그린비

📢 파레시아 총서를 간행하며

파레시아parrhèsia는 푸코가 고대 그리스에서 길어 올린 말로 '용기 있게 진실 말하기'를 뜻한다. 그런데 '진실'을 말하는 데 왜 용기가 필요하다는 것일까? 여기서 말하는 '진실'이 모든 사람에게 받아들여질 수 있는 진실, 예컨대 '1+1=2'와 같은 수학적 진실이 아니기 때문이다. 파레시아의 맥락에서 진실을 말한다는 것은 이를테면 '넌 지금 잘못하고 있어'라고 말하는 것이다. 그러나 이것은 선생이 제자에게 '지각하면 안 되지'라고 말하는 것, 혹은 부모가 어린 자식에게 '청소년이 담배를 피우면 안 된다'라고 말하는 것과는 다르다. 제자나 자식의 잘못을 지적한다고 해서 불이익을 당할 일은 없으니, 이는 용기를 필요로 하지 않기 때문이다. 그렇다면 누구를 향해서 '당신은 지금 잘못하고 있다'고 말할 때 용기가 필요할까? 바로 나보다 강한 사람, 위계적인 조직에서 윗사람, 모두가 우러르는 사람, 다수가 공감하는 의견을 개진하는 사람, 내가 한 말 때문에 기분이 상해서 나를 위험에 빠뜨릴 수도 있는 사람을 비판하려 할 때 용기가 필요한 것이다. 이러한 파레시아는 왕에 대한 신하의 간언, 정치적이거나 사회적인 비판, 조직 내부의 비리 폭로 등의 형태로 나타난다.

　　그러나 이러한 비판의 통로가 비판자의 용기만으로 확보되는 것은 아니다. 그 비판을 듣고 비판자에게 불이익을 줄 수도 있는 위치에 있는 사람이 그 불편한 진실을 포용할 수 있을 때, 다시 말해서 불편한 진실을 듣더라도 비판자에게 불이익을 주지 않을 것이라는 암묵적 합의가 이루어져 있을 때 비판자는 보다 쉽게 용기를 내어 볼 수 있는 것이다. 그리고 이렇게 비판의 통로를 확보하는 것은 다양한 시각의 확보를 통해 더 나은 통치 행위를 가능하게 하는 밑거름이 된다.

그러나 비판자에게 불이익을 주지 않으리라는 합의가 깨진 상황에서도 여전히 비판은 계속되어야 한다. 비판이 현명한 통치를 확보하는 만큼, 비판의 중단은 비판을 들어야 할 자들을 더욱더 심각한 우둔 속에 방치하는 것이기 때문이다. 비판의 통로를 확보하지 못한 통치자, 비판의 통로가 막혀 버린 조직은 자기 자신 안에 갇혀서 더 멍청해지고 더 맹목적으로 될 수밖에 없다. 비판의 통로가 더욱 좁아져 가는 오늘날, 비판 없는 조용한 사회를 평화로운 사회라 착각하는 사람들이 점점 더 강력한 권력을 행사하려 하는 오늘날, 그러므로 진실을 말하는 데 점점 더 큰 용기가 필요해지는 오늘날, 바로 이러한 우리의 현실 때문에라도 우리는 비판하기를 멈추지 말아야 한다.

파레시아 총서는 이렇듯 용기 있는 진실 말하기, 불이익을 감수하는 비판을 위한 총서로 기획되었다. 우리는 현재를 진단하고, 기성의 가치에 도전할 것이며, 새로운 가치들을 제시할 것이다. 우리가 제시하는 새로운 가치들은 불편할 수 있고 아니꼬울 수도 있다. 그러나 우리는 끝까지 용감하게, 그리고 때로는 벌거벗은 임금님을 보고 홀로 웃을 줄 알았던 어린아이의 천진난만함으로 파레시아를 행사하고자 한다.

오트르망

서문을 대신하여
맑스와 현자

청년 맑스가 그의 박사학위 논문 『데모크리토스와 에피쿠로스 자연철학의 차이』를 쓰면서, 헤겔의 것과는 다른 그리스 철학사를 구상하고 있었다는 것은 잘 알려져 있지 않을지도 모른다. 이 시기의 맑스가 여전히 압도적으로 헤겔 철학의 영향하에 있었다는 것은, 학위 논문에서 에피쿠로스의 원자 개념을 설명하기 위해 헤겔 논리학의 구도를 그대로 채용했다는 것만 봐도 분명할 것이다.

헤겔에게 철학사는, "정신이 자기를 인식하고 자기를 대상화하며 자기를 발견하고 자기를 자각하며 자기와 일체가 되는" 역사이다.[1] 그리스에서 소박한 형태로 등장했던 정신이 자기를 타자 안에서 인식하면서 그것이 자기 자신임을 발견하고 "절대적으로 자유로워지는"[2] 것이 철학의 역사이다. 철학사에서 "정신은 자신을 인식함으로써 해방되기"까지의 우

---

1 G. W. F. Hegel, *Vorlesungen über die Geschicete der Philosophie*, Vol. I, Suhrkamp, 1986, p. 42.
2 *Ibid.*

여곡절을 경험한다는 것이다.[3] 그래서 그 목적을 향해 유효한 한 걸음을 내딛는 사상가는 중시되는 반면 그다지 획기적이지 않다고 여겨지는 철학자는 아주 가벼이 취급된다.

에피쿠로스가 그 한 예이다. 헤겔에게 에피쿠로스는, 개념을 원리로 삼지 않고 개개의 사물을 원리로 삼은 철학자였다. 에피쿠로스는 "사유 자체가 존재한다는 것"을 인식하지 못하고, 원자가 "본질적으로 매개된 존재"이며 "사유"임을 깨닫지 못하는 "일관성의 결여"를 범하고 있다고 비난받는 것이다.[4]

맑스는 이 논문에서 데모크리토스와 에피쿠로스의 자연철학이 유사한 듯 하면서도 실은 전혀 다른 논리 구성을 채용하고 있음을 상세히 묘사하면서, 동시에 헤겔 철학과 자신의 철학 간의 차이점을 보여 주고자했다. 이를 위해 그가 주목했던 것이 '현자'(소포스)라는 개념이었다. 헤겔처럼 철학적 사유의 **진실성**에 주목하여 철학의 역사를 이야기하는 것이 아니라, **진실이 어떻게 이야기되는가**의 관점에서 진실을 말하는 인물(현자)의 상(像)을 중시하려 한다. 맑스는 예컨대 논문 서두에서 이렇게 말한다.

그리스 철학은 신화적인 일곱 명의 현자와 더불어 시작된다. 그리고 그리스 철학의 중심에는 현자 소크라테스가 데미우르고스로서 자리 잡고 있다. 그리스 철학자는 이렇게 현자라는 성격을 갖고 있는데, 이 체계에서 현자가 진정한 학문의 실제적인 모습으로서 출현하는 것이 과연 우연일까?[5]

---

3 *Ibid*, p. 54.
4 *Ibid*, Vol. II, p. 313.
5 『デモクリトスの自然哲学とエピクロスの自然哲学の差異』, 『マルクス · コレクション』1권,

맑스는 철학의 진실로서의 내용 그 자체보다 철학의 진실을 말하는 소포스라는 '주관적 형식'에 관심을 가졌다. 사유가 말해지는 양태, 즉 그리스의 정신을 체현하는 현자의 모습을 추적함으로써 그리스 철학의 역사를 이야기하려 했던 것이다.

학위 논문에서의 소포스에 대한 언급은 이뿐이지만, 학위 논문을 작성하기 위해 준비한 '노트'에서는 소포스론(論)이 더 자세히 전개되고 있다. 우선 에피쿠로스에 대해서 "소포스는 에피쿠로스의 원자론 철학에서 가장 일관성 있는 모습을 보여 주고 있다. 소포스라는 측면에서도 에피쿠로스의 철학은, 고전고대 철학의 몰락을 가장 완벽한 형태로 객관화시킨 것"[6]이라 지적한다. 맑스는 그리스 철학을 종결짓는 위치에 있는 에피쿠로스의 철학을 이야기하면서 실은 그리스 철학의 '최후', '영웅의 죽음'[7]을 이야기하려 했고 "영웅의 최후를 통해 그 생애를 짐작"해 보는 것을 목표로 했던 것이다.

그리고 맑스는 소포스를 실체적 개인이라 부르면서 이렇게 말한다.

질료(Materie)에 대한 고찰 속에서 이론적으로 나타나는 것은 소포스의 규정 속에서는 실천적으로 나타난다. 그리스 철학은 일곱 명의 현자──이오니아의 자연철학자 탈레스도 그들 중 하나다──와 함께 시작하고, 현자를 개념적으로 그리려는 시도로 끝이 난다. 처음과 끝이 [모두]

中山元, 筑摩書房, 2005, 18쪽[『데모크리토스와 에피쿠로스 자연철학의 차이』, 고병권 옮김, 그린비, 2001, 31쪽].

6 Marx, *Marx-Engels Gesamtausgabem*, IV-1, 1976, p. 39[「에피쿠로스 철학 두번째 노트」, 『데모크리토스와 에피쿠로스 자연철학의 차이』, 206쪽].

7 Marx, *Differenz der demokritschen und epikureischen Naturphilosophie*, p. 22[『데모크리토스와 에피쿠로스 자연철학의 차이』, 29쪽].

현자이지만, 이에 못지 않게 중심(Zentrum), 중간(Mitte)도 한 명의 현자, 즉 소크라테스다. 철학이 이러한 실체적 개인들 주위를 움직이는 것이 외면적 사실[우연]이 아닌 것은 알렌산더가 바빌론에서 자신의 지혜를 잃은 그때 그리스가 정치적으로 몰락한 것이 외면적인 사실이 아닌 것과 같다.[8]

진실을 말하는 이 '실체적 개인'의 역사라는 관점에서 맑스는 그리스 철학을 소묘한다. 맑스의 현자는 세 가지 형태로 구현된다고 말할 수 있을 것이다. 초기의 현자, 소크라테스, 그리고 스토아 및 에피쿠로스의 현자가 그것이다. "그리스 철학의 처음과 중간과 마지막에 현자가 등장"하는 것이다.

> 최초의 현인들은 단지 보지자(保持者, Behälter)일 뿐이며, 실체가 일반적으로 단순한 계율들(Geboten)을 울려퍼지게 만드는 무녀(Pythia)라고 할 수 있다; 그들의 언어(Sprache)는 아직은 말(Worten)로 된 실체의 언어일 뿐이고, 또한 자신을 드러내는(offenbaren) 인륜적인 삶의 단순한 힘(Mächte)일뿐이다. 그래서 그들은 부분적으로 정치적 삶의 활동적인 장인(Werkmeister)이며 입법자인 것이다.[9]

여기서는 현자 자신이 '지혜로운' 것이 아니다. 지혜로운 것은 신이며, 그리스 도시국가(police)의 절대적 정신으로서의 '인륜'(人倫)이다. 신이 현자의 입을 빌려 진실을 말하는 것이다. 이 시기의 현자는 아테네의

---

8 Marx, *Marx-Engels Gesamtausgabe*m, IV-1, p. 40[「에피쿠로스 철학 두번째 노트」, 206~207쪽. 인용문 중 '[]'는 한글판 번역자의 것이다].
9 *Ibid*.[같은 책, 207쪽].

인류 안에서 살아 있는 신체를 갖고 지극히 자연스럽게 살아간다. 초기의 현자는 인류의 일부이며, 인류를 형성해 가는 존재라고 말할 수 있을 것이다. 하지만 나중에는 현자에게 이렇듯 자연스러운 관계가 허락되지 않게 된다.

우선 인류가 신의 영역으로부터 독립하게 된다. 그래서 현자는 '살아 있는 예술 작품'으로서 등장하는데, 거기에는 초기의 현자와는 다른 어떤 '보편적인 것'이 더해지게 된다. "민중들은 조형적인 위대함 속에서 이것들이 스스로 나오는 것을 보게 된다; 최초의 현자들의 경우와 마찬가지로 그들의 활동이 보편적인 것(Allgemeine)을 형성하는 동안 그들의 말은 현실적으로 통용되는(geltende) 실체, 즉 법률(Gesetze)이 된다"[10]는 것이다. 이것은 첫번째 현자가 스스로를 자각하게 된 형태라고 말할 수 있을 것이다.

이 자연스러운 관계는 아낙사고라스에게서 붕괴의 조짐을 보이고 소피스트들, 특히 소피스트를 순화하려 했던 소크라테스에게서 완전한 파탄에 이르게 된다. 소크라테스는 아테네의 인륜이 아니라 자신의 영혼에 들려오는 목소리, 즉 다이몬에 따랐기 때문이다. 맑스는 이렇게 말한다.

다이몬의 규정에 의해 주체는 경험적이고 개별적인 것으로 규정된다. 왜냐하면 주체가 자연스럽게 실체적인 것으로부터 자신을 분리시켜서, 이러한 [그리스적] 삶 안에 자연적으로 조건 지어진 삶—이는 다이몬이 자연적 규정(Naturbestimmung)으로 현상하기 때문이다—을 살기 때문이다. 소피스트들 자신도 이러한 다이몬이지만, 아직 그들 자신의 행동으로

---

10 Marx, *Marx-Engels Gesamtausgabe*m, IV-1, p. 41 [「에피쿠로스 철학 두번째 노트」, 206~209쪽].

부터 차별화되지 못한 다이몬들이다. 소크라테스는 자신이 그 안에 다이몬을 가지고 있음을 의식하고 있었다. 소크라테스는 주체 안에서 자신을 상실한 실체의 실체적 증명이라고 할 수 있다.[11]

여기서 소크라테스는 진실을 말하지만 그 진실은 신의 말도, 아테네라는 도시국가의 인륜의 진실도 아니다. 그것은 '실체적인 것으로부터 떨어져 나온 주체'인 것이다. 그리고 이 소포스는 아테네 사람들의 발을 멈추게 하고 주관적 정신의 목적, 즉 자기 자신의 영혼의 배려에 대한 설교를 계속한다. 그는 '실천적 운동에 발을 들여놓은 현자'인 것이다.[12]

마지막으로 스토아주의와 에피쿠로스주의의 현자는 플라톤과 아리스토텔레스가 그리스 철학의 거대한 성과를 획득한 이후의 철학이 존재하는 방식을 상징한다. 맑스는 에피쿠로스의 철학과 인물을 묘사하면서, 에피쿠로스가 데모크리토스의 자연철학을 개작함으로써, 어떻게 외부의 사건에 좌우되지 않고 마음의 평정(아타락시아) 상태에서 아리스토텔레스가 그렸던 진짜 철학자, 신에 대해 명상하는 소포스가 될 수 있었는지를 소묘하고 있다. 에피쿠로스의 철학은 그것을 단련하는 이론이고 또 흔치 않은 철학자 에피쿠로스는 아리스토텔레스가 이상으로 삼았던 철학의 존재 방식을 체현한다.

맑스는 아리스토텔레스가 그리스 철학의 정점이었다고 생각한다. 그리고 그리스 철학의 끝을 장식하는 에피쿠로스 속에서 그 철학의 내용이 철학자라는 '그릇' 속에서 실현된다고 지적한다.

---

11 *Ibid.*, p. 43[같은 책, 211~212쪽].
12 *Ibid.*[같은 책, 212쪽].

그런데 맑스가 말하는 소포스의 세 전형은 분명, 철학자라는 '그릇'과 철학자가 말하는 진실에 관한 헤겔적 변증법과 닮아 있다. 초기의 현자는 인륜이라는 진실을 체현하고 있는데 그것을 자각하고 있지는 않다. 진실은 신탁처럼 소위 '바깥'으로부터 주어지는 것이다.

소크라테스는 이 주어진 내용을 일단 부정한다. 그리고 자기 주관의 내부에 밖에는 진실이 있을 수 없다는 것을 보여 주는 것이다. 그러나 소크라테스에게는 말해야 할 진실이 없다. 플라톤이 묘사하는 소크라테스는 이데아 이론을 말하지만 소피스트를 순화하려 한 소포스로서의 소크라테스는 그저 영혼의 배려만을 추구할 뿐, 거기서 실질적인 내용은 말하지 않는다. 초기의 논쟁(엘렝코스)을 보여 주는 대화편에서는 소크라테스를 포함한 그 누구도 진실을 모른다는 사실이 강조되는데, 그 무지의 지가 의미하는 바를 이 현자로서의 존재 방식으로부터 읽어 내는 것도 가능할 것이다.

그리고 플라톤과 아리스토텔레스를 통해 철학적 진실이 구축된다. 철학과 인간이 존재할 수 있는 최고의 방식은 "사유 자체에 대한 사유"이며, "활동[관조, thertik]은 가장 즐겁고 좋은 것"[13]이라고 말해진다. 인간은 여러 제약들로 인해 아주 조금씩밖에는 관조할 수 없지만 신은 언제나 사유 그 자체를 사유하고 있는 것이다.

이러한 관조를 철학의 목적으로 삼고 실제로 이에 종사했던 것이 에피쿠로스라는 인물이었다. 여기서 철학자라는 '그릇'과 철학의 이론이라는 '내용'이 일치했던 것이다. 헤겔은 『철학백과전서』(*Enzyklopdie der Philosophischen Wissenschaften im Grundrisse*)에서 아리스토텔레스의 이

---

13 아리스토텔레스, 『형이상학 2』, 12권 7장, 조대호 옮김, 나남, 2012, 157쪽.

문장을 인용하며 관조하는 신의 존재 방식을 철학자와 현자의 이상적인 모습으로 보고 있는데, 맑스는 에피쿠로스에서 그 이상이 실현되고 있다고 생각하는 것이다.

이 변증법의 세 단계를 거침으로써 맑스의 소포스는 착실히 변신을 이룬다. 진실을 살아 내는 자인 현자의 변신 과정이 그리스 철학의 진전을 상징하고, 그리스 철학을 움직여 간다고 생각한 것이다. 소위 현자의 계보는 그리스 철학의 계보로서 해석될 수 있다. 삶의 방식의 계보라고 이야기되는 이 진실의 계보에는 심층적인 관계가 있다.

*　　*　　*

이 책의 1부에서는, 부지불식 간에 신이 말하는 진실을 이야기하던 현자가 어떻게 진실 말하기의 의미를 자각하고 진실 말하기(파레시아)라는 행위를 자신의 임무로 여기게 되었는지를, 소크라테스에서 스토아 철학자들에 이르는 계보를 통해 그 자취를 더듬어 보고자 한다. 2부에서는, 어떻게 신의 말을 하는 히브리 예언자들로부터 진실을 말하는 바오로에 이르러 그리스도교가 성립되었는지, 그리고 거기서부터 자기에 대한 진실 말하기가 어떻게 의무로 여겨지게 되었는지에 대한 경위를 고찰하면서, 그것이 현대 서양 사회와 사유에 야기시킨 거대한 왜곡에 대해 푸코와 함께 점검해 보고자 한다.

| 차례 |

서문을 대신하여 맑스와 현자 6

1부 현자의 전통

1장 현자의 등장 · 18
2장 『오이디푸스 왕』에서의 진실 · 41
3장 파레시아 · 65
4장 도덕적 파레시아 · 82
5장 에로스의 변증법 · 112
6장 왕과 현자: 플라톤의 엘렝코스 · 156
7장 헬레니즘 시대의 현자 · 181

2부 목자의 권력

1장 사목자의 권력 · 254
2장 그리스도교와 사목 · 297
3장 그리스도교와 이교세계 · 368
4장 결혼을 둘러싼 세 가지 역설 · 421
5장 그리스도교에서의 결혼의 역설: 그리스 교부의 전통 · 452
6장 그리스도교에서의 결혼의 역설: 라틴 교부의 전통 · 499
7장 그리스도교에서의 사목권력 · 540

끝으로 결론을 대신하여 579
후기 588
옮긴이 후기 590

| 일러두기 |

1 이 책은 『賢者と羊飼い : フーコーとパレーシア』(筑摩書房)를 옮긴 것이다.

2 본문의 주석은 모두 각주이며, 옮긴이 주는 '―옮긴이'라고 표시해 따로 구분해 주었다. 본문 내용 중 옮긴이가 추가한 내용은 대괄호([ ])로 묶어 표시했다.

3 원저는 그리스어와 라틴어 원문은 다양한 출처의 텍스트를 참조했는데, 특히 Loeb Crassical Library, THE LATIN LIBRARY(http://www.thelatinlibrary.com/), Perseus Digital Library(http://www.perseus.tufts.edu/), Thesaurus Linguae Graecae(http://www.tlg.uci. eud/) 등을 이용했다고 한다.

4 단행본·정기간행물에는 겹낫표(『 』)를, 논문·보고서에는 낫표(「 」)를 사용했다.

5 각주에 나오는 해외 문헌 중 한국어 번역본이 있는 것은 한국어판 서지 사항 및 해당 쪽수를 적어 주었다.

6 외국 인명·지명은 2002년에 국립국어원에서 펴낸 '외래어 표기법'에 따라 표기했다.

1부

현 자 의

전 통

1장 · 현자의 등장

1. 푸코와 진실 말하기

푸코의 장대한 시도

이렇게 맑스는 철학자가 말하는 진실 자체보다도 진실을 말하는 철학자에 주목함으로써 헤겔의 철학사와는 전혀 다른 철학사를 시도했다. 흥미롭게도 만년의 푸코 역시 일생의 작업을 뒤돌아보면서 자신이 해온 것은 주체가 어떻게 자기에 관한 진실을 말하는가, 그리고 그때 어떤 대가를 지불하게 되는가, 또 그때 어떤 권력관계가 생겨나는가를 고찰하는 것이었다며 다음과 같이 말한다.

> 제가 제기한 문제는 이렇습니다. 인간 주체가 자기를 자기 자신에게 지식의 대상으로서 부여하는 일은 어떻게 이루어지는 것일까요? 어떤 형식의 합리성을 통해, 어떤 역사적 조건하에서, 어떤 대가를 지불하면서였을까요? 달리 말하자면 어떤 대가를 지불하고서 주체는 자기에 대한 진실을 말할 수 있게 되었던 것일까요?[1]

푸코는 이것을 "나는 언제나 진실이 어떻게 사물에게까지 미치게 되었는가, 몇몇 영역이 어떻게 점차 진실의 문제 구성과 탐구에 통합되어 가는가"를 고찰해 왔다고 표현하기도 한다.[2] 이를테면 『광기의 역사』에서는 이성과 대립하는 것으로서의 광기가 어떻게 정의되어 왔는가를 고찰하면서, 광기가 "진실 탐구의 영역"[3]에 등장하게 된 경위를 고찰하려 했다. 또 『임상의학의 탄생』에서는 근대적인 생명 개념의 등장과 더불어 질환이 과학적 탐구와 실험의 장에 등장하고 "환자에 대한 진실 말하기"[4]가 가능하게 되는 상황을 고찰했다.

　　또 『말과 사물』에서는 언어, 경제, 생명이라는 세 영역에서 인간이 자기를 어떻게 과학적 고찰의 대상으로 삼으면서 "말하는 주체, 노동하는 주체, 살아 있는 주체를 문제로 삼고, 분석의 대상으로 삼기 위해서는 어떤 대가를 지불할 필요가 있었는가"[5]를 고찰하였다. 또한 『감시와 처벌』에서는 "수감자를 교정하는 기획을 통해 범죄자의 진실이라는 문제가 구성"[6]되었다는 데 주목하고, "범죄자가 될 수도 있다는 한에서, 어떻게 자기에 대한 진실을 말할 수 있는가"[7]를 설명하려 한다.

　　그리고 마지막으로 『성의 역사』 세 권의 시리즈에서는 "주체는 성적 쾌락의 주체인 한에서, 어떻게 자기에 대한 진실을 말할 수 있는가"[8]를 분

1　Michel Foucault, "Structuralisme et poststructuralisme", *Dits et Écrits*, vol. 4, Gallimard, 1994, p. 422.
2　Foucault, "Interview de Michel Foucault", *Dits et Écrits*, vol. 4, p. 656.
3　*Ibid.*
4　Foucault, "Structuralisme et poststructuralisme", p. 442.
5　*Ibid.*
6　Foucault, "Interview de Michel Foucault", p. 657.
7　Foucault, "Structuralisme et poststructuralisme", p. 443.
8　Foucault, "Structuralisme et poststructuralisme", p. 443.

석하면서 "근대인이 자기에 대한 진실을 성적 욕망 속에서 찾으려 하는 것"[9]을 설명하려 시도했다.

이렇게 푸코의 사유 전체를, 주체와 진실의 관계를 축으로 정리할 수 있게 된다. 맑스가 진실을 말하는 현자의 변모를 통해 그리스 철학사를 구상했던 것처럼, 푸코는 자기에 대한 진실을 말하는 근대인의 작업을 고찰해 온 것이다. 특히 『성의 역사』 시리즈와 그 배후에서 전개된 고찰은 단순히 인간의 성적 욕망이라는 '진실'에 국한되지 않고, 고전고대 그리스 시대부터 근대 서양 사회에 이르기까지 인간이 자기와 어떤 관계를 구축함으로써 자기에 대한 진실을 말하려고 해왔는지, 그 장대한 시도의 전개였다. 이러한 푸코의 시도는 성의 역사를 고찰하는 범주를 넘어서서, 주체와 자기가 맺는 착종된 도덕적 관계를 명확히 해보려는 것이다. 이 책에서는 푸코의, 진실을 말하는 주체의 변모를 역사적으로 추적해 보면서, 우리에게도 낯설지 않게 된 주체, 진실, 자기라는 개념을 다시 생각해 보고자 한다.

2. 신이 빼앗아 가는 진실

진실을 말하는 주체의 계보학이라고도 할 수 있는 푸코의 이러한 시도는, 크게 나누어 고전고대 그리스, 그레코-로만(Greco-Roman)기 헬레니즘 시대, 초기 그리스도교 시대라는 세 시대를 축으로 전개된다. 각 시대마다 고유한 자기와의 관계가 있으며 진실을 말하는 고유의 형식이 채용된다. 이 장에서는 우선 고전고대 그리스에서 주체는 어떻게 진실을 말했었

---

9 Foucault, "Interview de Michel Foucault", p. 657.

는지, 그리고 진실을 말하는 행위 가운데서 어떻게 그리스인에게 고유한 자기가 탄생하게 되었는지를 고찰해 보자.

『일리아스』에서의 진실 고백

도시국가의 윤리가 아직 살아 있는 힘을 갖던 시절의 그리스, 진실이 신으로부터 주어지고 현자가 그것을 말했던 시대의 그리스에서는, 인간이 숨기고 있던 진실이 예식의 장에서 신에 의해 인간에게서 탈취되곤 했다.

푸코는 가톨릭 루뱅 대학에서 행한 강연(『악을 행하고 진실을 고백하다』)[10]에서, 이 초기의 진실 말하기 방식에 대해 호메로스의 『일리아스』에 나오는 전차 경주의 장을 예로 들어 고찰한다. 그리스 시대에는 통상적으로 죽은 자를 추모하기 위한 장례 경기가 개최되곤 했다. 아킬레우스는 자신의 무장을 몸에 두르고 싸움터로 향했다가 죽은 파트로클로스를 애도하기 위해 여러 상품을 준비하여 전차 경주를 주최한다.

보통 경주라면 먼저 조건이 공평해야 하고 그 결과를 예측할 수 없어야 하는 것이 당연하다. 그러나 아킬레우스가 연 이 추모 장례 경기에서는 이러한 조건이 충족되지 않고 있다는 데 푸코는 주목한다. 이 경기에 참가를 희망하는 경기자는 애초부터 그 지위가 결정되어 있는 것이다.

맨 처음 자리에서 일어난 에우멜로스에 대해서는 "말 모는 재주가 출중한 자"라고 이야기되고 있다. 다음으로 일어난 디오메데스는 "강력한" 자이며, 그 다음으로 메넬라오스에 대해서는 "한 쌍의 날랜 말들"을 갖고 있다고 소개된다. 안틸로코스의 말들도 어쨌든 "날랜 말들"이지만 그

---

10 Michel Foucault, *Mal faire, dire vrai : Fonction de l'aveu en justice*, 1981. 타자기로 작성한 이 강연 기록은 파리의 푸코 센터에서 열람할 수 있다.

의 아버지에 따르면 "달리는 데는 아주 느린" 말들이라고 이야기되며, 마지막으로 메리오네스에 대해서는 그의 말들이 "갈기도 고운 말들"이지만 "가장 느린데다가" 전차를 모는 방식도 "가장 서투르다"고 되어 있다.[11]

푸코는 경기에 출전하는 다섯 영웅들의 조건이 평등하지 않으며 선수들이 강한 순서대로 일어났다는 데 주목한다. 그리고 선수들에게 주어지게 될 포상은 선수의 진정한 강함에 따라, 소위 처음부터 결정되어 있는 것과 마찬가지인 것이다.

요컨대 이 경기는 평등한 자들 간에 승자를 결정하기 위해 열리는 것이 아니라 영웅들의 강함이라는, 처음부터 존재하는 '진실'에 따라 포상하기 위한 예식에 지나지 않는 것이다. 이것은 경기라기보다 "진실의 예식"[12]으로서 행해질 예정이었다.

그러나 이 경기는 실제로는 극적으로 전개된다. 그것은 아폴론과 아테나가 개입해 이 '진실'이 드러나는 것을 방해했기 때문이며, 안틸로코스의 아버지가 경기에서 이기기 위한 지혜를 아들에게 주었기 때문이다.

경기에 앞서 아킬레우스는 "달리는 것을 자세히 보아 두었다가 나중에 사실을 보고토록 (……) 신과 같은 포이닉스"[13]를 심판으로 세웠다. 그리고 코스를 정하고 전차를 늘어서게 한 다음 경기를 시작하게 한다.

순리대로라면 승마술이 뛰어나고 "말 모는 재주가 출중한" 에우멜로스가 승리해야 하는데, 아폴론이 에우멜로스를 이기게 하려고 그를 바짝 뒤쫓던 디오메데스에게 심술을 부리고,[14] 이에 화가 난 아테나가 에우멜로스의 전차를 부숴 버린다. 그래서 디오메데스는 이 경주에서 압도적인

---

11 호메로스, 『일리아스』, 천병희 옮김, 숲, 2007, 23권, 623~627, 634쪽.
12 Foucault, *Mal faire, dire vrai, Fonction de l'avouer*, p. 25.
13 호메로스, 『일리아스』, 23권, 627쪽.

승리를 거둔다.

　문제는 2위 싸움을 하는 안틸로코스와 메넬라오스. 아가멤논의 말을 모는 메넬라오스가 우위에 있었지만 이를 뒤쫓던 안틸로코스가 아버지로부터 배운 책략으로 위험하게 전차를 몰면서 메넬라오스를 앞지르고 만다.

　여기서 흥미로운 것은 메넬라오스의 전차 모는 방식이 본래 전차가 사용되던 방식에 가깝고 호메로스가 말하는 것처럼 '꾀'가 아니라는 것이다. 『일리아스』에서 전차는 영웅들을 운반하는 도구로서의 역할만을 한다. "그래서 그의 영웅들은 보통 막사로부터 1마일도 채 안 되는 거리를 전차로 달려가며, 신중하게 전차에서 내린 뒤 걸어서 전장으로 향했던 것이다."[15] 그런데 이 추모의 경기장에서는 말과 영웅들의 강한 힘이 있는 그대로 발휘되어야 마땅하다고 여겨졌으며, 그렇기 때문에 전술을 사용해 승리한 안틸로코스[16]에게 비난의 시선이 쏟아진다. 바로 그렇기 때문에 '꾀'라는 말이 나오는 것이다.[17] 이 결과 순위는 다음과 같이 된다. 1위 디오메데스, 2위 안틸로코스, 3위 메넬라오스, 4위 메리오네스, 5위 에우멜로스.

　앞에 나선 순서, 즉 승리의 순서는 에우멜로스, 디오메데스, 메넬라오스, 안틸로코스, 메리오네스가 되어야 했다. 에우멜로스가 꼴찌가 된 것은

---

14 아폴론은 에우멜로스의 부친 아드메토스와 친분이 있어서 에우멜로스를 응원했다. ―옮긴이

15 M. I. フィンリー, 『オデュッセウスの世界』, 下田立行 訳, 岩波書店, 1994, 74쪽. 그리스에서는 지형 때문에 전차가 실용적이지 않았고 다만 지배자의 지위를 상징하는 것으로서 사용되었다고 여겨지는 것에 대해서는 角田文衛 著, 上田正昭 監修, 『古代王権の誕生〈4〉ヨーロッパ編』, 角川書店, 2003, 42쪽을 참조하라.

16 원서는 메넬라오스로 잘못 기재함. ―옮긴이

17 호메로스, 『일리아스』, 23권, 515절[『일리아스』, 천병희 옮김, 숲, 2007, 633쪽].

아테나가 개입했기 때문이며 이것은 어쩔 수 없는 일이다. 그러나 메넬라오스와 안틸로코스의 순위가 뒤바뀐 것은 인간의 '꾀' 때문이다.

이 결과를 본 아킬레우스는 경기의 극적 전개를 해소하려 한다. 1위는 디오메데스로 한다 치더라도 '가장 훌륭한 자'가 '꼴찌'가 되는 것은 옳지 않기 때문에 에우멜로스를 2위로 만들려는 것이다.

경기에서 2위를 했는데도 아킬레우스의 한마디로 포상을 빼앗기고만 안틸로코스는 이를 납득하지 못하고 맹렬하게 항의한다. 경기 결과를 존중하고 에우멜로스에게는 별도의 포상을 하도록 요구하는 것이다.

아킬레우스는 이 이의를 받아들이고 안틸로코스에게 2위 포상인 암말을 주려 한다. 그러자 안틸로코스에게 방해를 받아 3위가 된 메넬라오스가 화를 내며 안틸로코스에게 경기를 방해하지 않았다는 것을 신에게 서약하라고 다그친다. 안틸로코스는 이 도전에 응하지 않고 메넬라오스에게 암말을 양보하는데 메넬라오스는 안틸로코스가 신에게 서약하지 않고 포상을 양보한 것에 만족하며 암말을 도로 안틸로코스에게 돌려주고 자신은 3위 포상을 받아들인다.

푸코는 이 경기에 흥미로운 점이 몇 가지 있다는 사실에 주목한다. 우선 첫번째로 아킬레우스의 맨 처음 판정이 보여 주는 것처럼, 이 경기는 본래적 의미에서의 경기가 아니라 "진실의 예식"이라는 것. 안틸로코스는 경기 규칙을 위반하지 않았다. 그리스의 관례에는 없었다 하더라도 통상적으로 전차를 몰았을 뿐이다. 다만 안틸로코스는 아킬레우스가 파트로클로스를 추모하기 위해 연 이 경기가 "진실의 예식"임을 받아들이지 않고 이를 기량과 기술을 겨루는 경기로 여겨 행동하고 있다. 그러나 본문에서는 달려야 할 주로가 더 길었더라면 안틸로코스가 지고 진실이 드러났을 것이라고 지적한다.[18]

또 한가지 흥미로운 것은 이 경기에서 "신과 같은 포이닉스"가 심판으로 세워졌다는 것이다. 그러나 경기 결과에 대해서 메넬라오스가 이의를 제기했음에도 불구하고 심판의 의견은 전혀 요구되지 않고 있다. 현대의 경기에서는 게임에서 위험한 행위가 있었는지, 규칙 위반 때문에 선수가 실격되어야 하는지를 결정하는 것은 심판이다. 그러나 『일리아스』에서 심판은 이 문제에 개입하지 않는다.

이 계쟁(係爭)에서 메넬라오스는 안틸로코스가 위험한 레이스를 했다고 주장하지만 그 심의는 심판이라는 제3자의 심급에 의해서가 아니라 당사자들 간의 대결과 선서를 통해 이루어진다.

메넬라오스는 안틸로코스에게 "말들을 어루만지며 대지를 떠받치고 대지를 흔드는 신에게 맹세하시오. 그대가 꾀를 써서 일부러 내 전차를 방해하지 않았다고 말이오"라며 도전한다. 여기서 사건의 진위는 제우스에게 선서하는 행위로 결정된다. 거짓 선서를 할 경우 제우스의 벼락에 맞아 죽을 것을 각오해야 하기 때문에 안틸로코스는 이 도전을 받지 않고 메넬라오스에게 상을 양보한다.

안틸로코스는 이 경기에서 "꾀를 써서 일부러 내[메넬라오스의] 전차를 방해하지 않았다"는 것을 인정하는 것이 아니다. "그대는 나보다 손위이고 더 낫"다는 것을 인정할 뿐이다. 안틸로코스가 인정하는 것은 예식이 행해지기 전부터 있었던 '진실'이다. 이를 통해 안틸로코스의 방해 때문에 등장하지 못하고 있던 진실이 드러나는 것이다.

이 장면에서 안틸로코스가 진실의 드러남을 허락하는 것은 제우스라

---

18 "만약 그들 두 사람이 달려야 할 주로가 더 길었더라면 메넬라오스가 앞서거나 또는 승리자를 가리기가 어렵게 됐을 것이다"(호메로스, 『일리아스』, 23권, 634쪽).

는 신이 거짓말을 용서치 않기 때문이다. 거짓말하는 자는 제우스의 벼락에 맞게 된다. 안틸로코스는 자신에 대한 진실을 말하는 것이 아니라 제우스의 행위를 두려워하고 있을 뿐이다. 여기서 진실은 제우스라는 신의 심급에 있다. 제우스가 안틸로코스에게서 진실을 빼앗듯이 실현시키는 것이다.

푸코는 이 장에서 중심적 위치를 점하고 있는 것이 안틸로코스라고 지적한다. 안틸로코스는 고발당하고 있는 인물이며 진실을 스스로 알고 있는 인물이고 진실을 말할 수 있는 인물이다. 안틸로코스는 그 세 역할을 한 몸에 짊어지고 있다. 다음 장에서 고찰하게 될 오이디푸스와 같은 지위에 서 있는 것이다.

그러나 오이디푸스와 다른 점이 있다면, 안틸로코스는 제우스의 분노를 두려워하는 까닭에 진실을 말하는 것도, 진실을 추구하는 것도 모두 피한다는 것이다. 안틸로코스는 신에게 맹세하기를 거부한다. 그리고 진실에 대한 물음은 상품을 양보하는 것으로 완전히 회피되고 만다. 호메로스가 묘사하는 이 장면은 사법의 장면이 아니라 영웅들의 경기 장면이며, 진실을 추구하고 심판하는 재판관의 입장에 있는 자도, 현장에 입회하여 경기의 '올바름'을 심판하는 자도, 증거를 모아 진실을 확정하는 자도 등장하지 않는다. 여기서 진실은 경기와 예식 내에 있는 것이다.

3. 신명재판의 역사

그리스의 신명재판

이렇게 신의 힘으로 진실을 밝힐 수 있다는 신념은 그리스 고전기에 약해지지만 그렇다고 그 힘이 완전히 없어지지는 않는다. 이를테면 소포클레스의 『안티고네』에서 장례를 금지당해 들에 버려진 폴뤼네이케스의 시체가 매장되어 있는 것을 발견한 파수꾼들은, 신명재판(神明裁判)을 받을 준비가 되어 있다며 이렇게 말한다.

> 우리는 발갛게 단 무쇠를 손에 쥐고는 불 속을
> 지나가며, 그것은 우리가 한 짓이 아니며,
> 우리는 범행을 함께 모의하거나 실행한 적이 없다고
> 신들께 맹세하려고까지 했어요.[19]

이것은 신명재판 중에서도 불의 심판에 속하는 것이다. 당시 그리스에서는 이 밖에도 냉수 심판이나 독의 심판 등도 행해지고 있었다고 전해진다.[20] 머지않아 이 신명재판의 전통은 쇠퇴하지만 민중적 상상력의 세계에서는 그 기억이 아직 사라지지 않았다. 예를 들어 2세기경의 그리스 소설 『레우키페와 클레이토폰』에서는, 서로 사랑하는 두 남녀가 긴 고난과 유혹의 여정을 마치고 마지막 대단원에 도달하기 직전, 주인공인 레우키페는 메리테라는 여성과 함께 여신 아르테미스의 심판을 받으라는 도전을 받는다. 레우키페는 처녀임을 증명하기 위해, 메리테는 원래의 남편과 떨어져 있던 동안에 클레이토폰과 자지 않았음을 증명하기 위해서이다.

레우키페는 아르테미스의 동굴로 들어가라는 도전을 받는다. 이 동

---

19 소포클레스, 『안티고네』, 『소포클레스 비극 전집』, 105~106쪽.
20 신명재판에 관해서는 穗積陳重, 『法律進化論叢』, 1冊, 岩波書店, 1924이 지금으로서는 가장 상세하다.

굴은 신들에 의해 '처녀가 아닌 여자는 들이지 않는' 곳이라 여겨지고 있었다. "그러므로 여자가 처녀가 아니라는 비난을 받았을 때에는 으레 의장을 갖추고 동굴 안으로 들어가는데, 그러면 입구의 문이 닫힙니다. 그 여자가 처녀일 경우에는 안에 있는 슈링크스의 피리가 아름다운 음색으로 우는 것이 들려 옵니다. 그리고 잠시 후 문이 열리고 안에서 처녀가 머리에 소나무 잎을 받아 나옵니다."[21]

신성한 의장을 몸에 두른 레우키페가 동굴로 들어가자 "이렇게 아름다운 음색이 들려 온 적은 단 한 번도 없다"고 할 정도로 너무나 아름다운 음색이 들리더니 곧 문이 열리고 그녀는 무사히 나타나게 된다. 처녀임을 증명한 레우키페에게 사람들은 "기쁨의 환호성을 지른다". 다음 차례는 클레이토폰과 자지 않았다는 것을 증명해야 하는 메리테인데, 사실 메리테는 클레이토폰과 잤다. 그러나 남편이 발표한 도전문은 다음과 같았다. "메리테는, 내가 나라를 떠나 있던 동안 이 외간 남자와 정을 통하지 않았다면 스틱스(styx)의 성수에 들어가 맹세하고 몸의 증표를 보여야 하리라"는 것이었다.[22]

여성이 정사에 관한 죄를 추궁당했을 때에는 맹세를 판에 쓰고 목에 건 뒤 연못에 들어간다. 죄가 있을 때에는 보통 종아리 정도 깊이밖에 되지 않는 연못의 물이 여성의 목까지 차오른다고 알려져 있었다. 그리고 죄를 범한 메리테는 연못에 들어간다. "그녀는 그 안에 들어가 미소를 지으며 떠 있었습니다. 물은 수위를 그대로 유지하며 언제나와 같은 높이에서 조금도 올라오려 하지 않았습니다."[23] 왜냐하면 메리테는 감옥에 묶여

---

21 タティオス, 「レウキッペとクレイトポーン」, 8卷, 引地正俊 訳, 『古代文学集』, 1961, 272쪽.
22 같은 책, 273쪽.
23 같은 책, 274쪽.

있던 클레이토폰과 정을 통했지만 그것은 남편인 테르산도로스가 귀국한 이후이며 맹세의 내용에 반하지 않았기 때문이다.

중세에 남은 흔적

메리테는 소위 '꼼수'를 부려서 아르테미스 신의 신명재판에 합격했다. 그리고 이 '꼼수'는 중세의 『트리스탄과 이졸데』로까지 이어진다. 트리스탄과 이졸데는 묘약 때문에 격한 욕정에 사로잡혀 "사랑에 모든 것을 버리고 서로에게 몸을 맡기고" 말았던 것이다.

이윽고 이졸데는 마크 왕에게 시집을 가서 왕비가 되지만 트리스탄과 정을 통하지 않았음을 신명재판으로 증명하라는 도전을 받는다. 그래서 이졸데는 '꼼수'를 부린다. 뜨겁게 달군 쇠를 쥐어 보이는 열철(熱鐵) 재판 전에 트리스탄에게 순례복을 입히고 강가에서 춤출 때 발을 적시고 싶지 않다는 핑계로 트리스탄이 자신의 몸을 안도록 했던 것이다.

그리고 이졸데는 "우리 마크 전하와, 바로 지금 여기 계신 여러분 면전에서 넘어져 누운 저 순례자 이외에는 저를 그 양팔로 안았던 자가 없습니다"라는 서약의 말을 하고는 멋지게 신명재판에 합격한다. "이때 모든 사람들의 가슴 속에서는 신을 찬양하는 감탄의 환호성이 하늘을 향해 솟구쳤다."[24]

고대 그리스로부터 서양의 중세에까지 이어지는 이 신명재판의 특징은, 그것이 공개적인 장에서 행해지고 입회한 모든 사람들의 칭찬과 찬탄의 목소리가 그 신의 판단의 올바름을 뒷받침하고 인정하는 것이었다는 데 있다. 닫힌 장소에서의 재판은 전혀 의미가 없었을 것이다. 이것이 다

---

24 『トリスタン·イズー物語』, 佐藤輝夫, 岩波書店, 1953, 173~174쪽.

음에 이야기할, 유대교에서의 여성의 정절을 둘러싼 재판과 대조되는 점이다.

유대교의 신명재판

유대교 율법에서는 남편이 아내의 간음을 의심할 경우 아내를 사제에게 데리고 간다. 사제는 아내와 둘만 남아 "그 여자를 가까이 오게 하여 주님 앞에 세운다. 그런 다음 사제는 거룩한 물을 옹기그릇에 떠 놓고, 성막 바닥에 있는 흙먼지를 긁어 그 물에 탄다. 사제는 그 여자를 주님 앞에 세운 채 그 여자의 머리를 풀고, 기억하게 하는 곡식 제물, 곧 미움 때문에 바치는 곡식 제물을 그 여자의 두 손바닥에 얹어 놓는다. 사제 자신은 저주를 부르는 쓴 물을 손에 들고 이렇게 말하며, 그 여자를 맹세하게 한다. '다른 남자가 그대와 동침한 적이 없고, 그대가 남편 밑에 있으면서 빗나가 몸을 더럽힌 일이 없으면, 저주를 부르는 이 쓴 물이 그대에게 해를 끼치지 않을 것이다. 그러나 그대가 남편 밑에 있으면서 빗나가 몸을 더럽혔거나, 남편 아닌 다른 남자가 그대와 동침한 적이 있으면 ──이때 사제는 그 여자에게 저주의 맹세를 하게 하면서 이렇게 말한다──주님께서 그대의 허벅지를 떨어져 나가게 하시고 그대의 배를 부풀어 오르게 하시어, 그대의 백성 가운데에서 그대를 저주와 맹세의 본보기로 만드실 것이다. 이제 저주를 부르는 이 물이 그대의 창자 속에 들어가, 배를 부풀어 오르게 하고 허벅지를 떨어져 나가게 할 것이다.' 그러면 그 여자는 '아멘, 아멘!' 하고 대답해야 한다".[25]

여기서는 신의 제단 앞에서 여자가 아멘으로 답하고 성수를 마심으

---

25 「민수기」, 5장 16~22절.

로써 결백한지 여부가 결정된다. "배가 부풀어 오르"는 것으로 결과가 타자에게 보이기도 하겠지만, 여자가 신을 믿는 한은 여기서 고백하지 않을 수 없을 것이다.[26] 그리스의 아르테미스 신역(神域)에서의 재판처럼 사람들 앞에서 치르는 시련은 아닌 것이다. 신의 노여움과 마주하는 유대의 재판과 비교하면 그리스의 재판은 공적인 의례의 성격을 갖고 있다. 신명재판이라는 시련은 '연극적 형식'[27]으로 이루어져야 한다.

진실의 의례

이렇듯 고대 세계에는 진실을 밝히기 위한 여러 방법이 있었다. 푸코가 특히 관심을 갖는 것은 고대의 진실이 현대에서와 같은 과학적 진실이 아니라 신이 밝혀 주는 것이었다는 사실이다. 그리고 이것을 신으로부터 듣거나 혹은 신으로부터 '가로채기' 위해서 '진실의 현시'(알레투르기아)가 필요했다는 것이다. 고대에서 진실은 의례적인 절차를 통해 밝혀질 필요가 있다고 여겨진 것이다. 그리고 진실을 끄집어 낼 수 있다는 것에서 그의 권력이 현시되게 된다. 알레투르기아에 대해 푸코는 이렇게 정의한다.

거짓, 은폐된 것, 보이지 않는 것, 예견할 수 없는 것 등과 대립하는 진실된 것을 제시하는 언어적 혹은 비언어적 절차의 총체를 알레투르기아라고 부를 수 있을 것이다. 이러한 알레투르기아 없이는 권력 행사가 있을

---

26 이 '쓴 물'의 신명재판 수순과 그 의의에 대해서는 탈무드 중 결혼 문제를 주로 다룬 「나심」(여성)의 다섯번째 항목 "소타"(간음의 혐의가 있는 여성)편이 상세하다. 랍비 엘리제르는 "자신의 딸에게 토라를 가르치는 자는 딸에게 음탕을 가르치는 자"라고 말했다. 토라의 공덕으로 '쓴 물'의 약효가 듣지 않게 되기 때문이라는 것이다.

27 Foucault, "La vérité et les formes juridiques", *Dits et Écrits*, vol. 2, p. 576.

수 없습니다.[28]

알레투르기아라는 말은 알레테우오(진실을 말하다)라는 동사와 라이투르기아(의례)라는 명사로부터 푸코가 만들어 낸 조어인 듯한데, 이렇게 진실을 말할 때에는 어떤 종류의 권력 행사가 수반된다. 진실을 말할 수 있는 자는 그 행위를 통해 다른 사람들에게 힘을 발휘하기 때문이다. 진실을 말하는 행위는 권력의 장 안에서 행해지는 것이다.

고대 그리스 세계에서 '은폐된 것'이나 '예견할 수 없는 것'으로부터 은폐되어 있지 않은 진실이나 장래에 실현될 진정한 사건을 밝히는 특수한 권력을 교섭할 수 있었던 자로는, 예언자(프로페타스), 사제(히에레우스), 해몽가(오네이로폴로스), 천리안(호라마티스테스) 등이 있었다.

그 몇 가지 예를 살펴보도록 하자. 우선 예언자로 유명한 자는 호메로스의 『일리아스』에 등장하는 칼카스와 헬레노스, 그리고 『오이디푸스 왕』에 등장하는 테이레시아스일 것이다. 테이레시아스에 대해서는 곧 살펴볼 것이기 때문에 여기서는 『일리아스』의 예언자를 소개하겠다.

『일리아스』 서두에서 그리스군은 역병으로 고통받는다. 군을 통솔하는 아가멤논이 아폴론 "신의 사제"인 젊은 여자를 겁탈하여 그녀의 아버지 크뤼세스를 모욕하고 아폴론의 노여움을 샀기 때문이다. 아폴론은 "병사들에게 날카로운 활 끝을 겨누고", 병사들이 계속해서 쓰러져 간다. 이 때문에 "모임"이 열리는데, 그 장에서 아킬레우스는 이렇게 제안한다.

하나 일단 예언자나 사제나 또는 해몽가에게

---

28 Foucault, *Mal faire, dire vrai : Fonction de l'aveu en justice*, p. 8.

─꿈도 역시 제우스에게서 나오는 것이니까─물어보도록 합시다.

그는 아마 포이보스 아폴론이 노여워하시는 까닭이 무엇인지,

서약 때문에 화가 나셨는지 아니면 헤카톰베[성대한 제물] 때문인지 말해

줄 것이오.[29]

그러자 "테스토르의 아들 칼카스 (……) 가장 뛰어난 예언자로 현재
의 일과 닥쳐올 일과 지난 일을 모두 알고 (……) 아카이오이족의 함선들
을 일리오스로 인도해 온 사람"이 일어선다. 칼카스는 새의 울음소리나
움직임으로 점을 치는 새 점쟁이로서 아카이아의 군대를 수행해 왔다. 그
리스 군대가 언제나 이러한 점쟁이의 조언을 구하고 나서 행동을 결정했
다는 것은, 시케리아를 공격한 니키아스의 군대에 점쟁이가 없어서 괴멸
했다고 하는 사례만 봐도 알 수 있다(이 책 1부 4장의 각주 16을 참조하라).

이러한 예언자들은 단순히 점을 쳐서 진실을 말하는 것 이상으로 고
유의 테크네를 갖고 있었던 듯하다. 칼카스가 트로이아로 함대를 이끌
어 갈 수 있었던 것은 항해술과 지리에 대한 지식을 갖고 있었기 때문이
었다. 트로이아에서도 칼카스와 마찬가지로 "둘도 없는 새점의 달인"[가
장 뛰어난 예언자]인 헬레노스가 형인 헥토르에게 전술적 조언 및 희생양
에 대한 조언을 한다. 헬레노스는 "신의 목소리를 들을" 수 있었다. "그 결
정이 신들의 마음에 들자, 프리아모스의 사랑하는 아들 헬레노스가 마음
속으로 알아차리고 헥토르 곁에 다가서서 그를 향해 이렇게 말했"기 때
문에 신들의 모의가 새어나가게 되고 신의 의도는 만천하에 드러나게 된
다.[30] 예언자는 신의 목소리를 들음으로써 진실을 말할 수 있었던 것이다.

---

29 호메로스, 『일리아스』, 1권 62~65절, 27쪽.

아킬레우스가 '신주'(神主)라고 부르는 히에레우스(사제)는 산제물을 바치고 그 산제물에 나타나는 전조로 미래를 해독하는 자다. 이를테면 스파르타 군대는 국경을 넘기 전에 희생 제물을 바쳐 길조를 점쳐야 했다.

실제로 스파르타군은 "국경을 넘을 때 지내는 제사도 지낸 다음, 출정에 앞서 여러 도시로 사신을" 보냈다.[31] 그래서 스파르타 군대는 많은 희생 제물들과 함께 다녔다. 병사들 뒤로 소나 양 등 짐승들이 졸졸 따라가는 기묘한 군대였다.

해몽가(오네이로폴로스)는 꿈을 해독해서 진실을 말하는 자이다. 아킬레우스가 말하길, 꿈은 "제우스가 보내는 것"이라고 했다. 꿈에서 자신의 장래에 대한 진실을 들으면 사람들은 이를 믿었다고 한다. 델포이의 신탁을 말하는 무녀 퓌티아들은 원래, 대지의 신 가이아가 남성 없이 낳은[32] 왕뱀 퓌톤으로부터 꿈을 매개로 신탁을 받는다고 여겨지고 있었다. 퓌톤은 땅 속 깊숙이 살면서 그곳으로부터 무녀들에게 진실을 말했던 것이다.

이런 기술들 중에서도 푸코는 특히 행모에 주목했다. 그리스에서 꿈의 가치는 충분히 인정되고 있었고, 해몽으로 밥벌이를 하는 사람들도 볼 수 있었다. 크세노폰은 꿈에서 영혼의 신적 본성이 드러난다고 생각했다. "잠자고 있을 때 인간의 영혼(프쉬케)은 가장 신적인 모습으로 드러나며, 마치 미래를 기대하는 것처럼 보인단다. 그때 영혼이 육신의 굴레에서 가

---

30 호메로스, 『일리아스』, 7권, 44~46절, 191~192쪽. "칼카스와 마찬가지로 그는 진에 관한 직관적 지식을 갖고 있었다. 그리고 칼카스가 예언자인 동시에 항해사이기도 했던 것처럼 헬레노스는 예언자인 동시에 전사이기도 했다"(M. ローウェ, 『占いと神氏』, 島田裕巳 他 訳, 海鳴社, 1984, 106~107쪽).

31 크세노폰, 『헬레니카』, III, 최자영 옮김, 아카넷, 2012, 110쪽.

32 원서에는 헤라가 제우스의 힘을 빌리지 않고 퓌톤을 낳았다고 되어 있다.—옮긴이

장 자유로이 벗어난 상태이기 때문"[33]이라고 생각했던 것이다.

또한 플라톤도 『티마이오스』에서 예언적 꿈에 대해, 그것이 이성적 영혼의 통찰로부터 생겨난 것이라고 지적했다. 데미우르고스[제작자]는 인간의 신체를 만들어 낼 때에 "모양을 받아 들고 그 영상을 드러낼 수 있는 거울"과 같은 것으로서 간(肝)을 배치하고, "지성(누스)에서 전달되는 힘"이 여기에 비추어져서 간이 어느 때에는 달고 어느 때에는 쓰게 반응하도록 했던 것이다. 간은 "진실을 포착할 수 있도록" 놓여진 "예언의 자리(만테이온)"[34]이며, 범상한 사람에게도 꿈을 통해 미래의 일을 예지할 가능성이 부여되어 있다고 생각한 것이다. 하지만 플라톤은 범상한 사람이 꿈을 해독할 수는 없기 때문에 "해석자들"이 필요하다고 지적하는 것이다.

그리스에서 의료의 신으로 여겨지는 아스클레피오스는 환자의 꿈을 통해 치료 방법을 전했다.[35] 또한 아르테미도로스의 해몽서 『꿈의 열쇠』는 꿈을 그 주체의 욕망을 나타내는 나쁜 꿈과 장래의 사건을 보여 주는 예언적 꿈으로 분류하면서, 예언적 꿈을 해독함으로써 미래를 대비하는 기술을 전개했다. 푸코가 말하고 있듯이 꿈은 "항상 준비가 되어 있는 예언자, 지칠 줄 모르는 과묵한 조언자"로 간주되어야 하며, 따라서 우리는 모두 자신의 꿈을 해석하는 데에 전념해야 한다[36]는 것이 그리스의 전통

---

33 크세노폰, 『키루스의 교육』, 이동수 옮김, 한길사, 2005, 399쪽(8권 7장 21).

34 플라톤, 『티마이오스』, 박종현·김영균 옮김, 서광사, 2000, 200쪽(71b~72b).

35 그리스인의 꿈에 대해서는 E. R. ドッズ, 『ギリシァ人と非理性』, 岩田靖夫, 水野 一 訳, みすず 書房, 1972, 특히 4장이 상세하다.

36 Synésios, *Sur les songes*, trad. Druon, p. 15~16. Michel Foucault, *Histoire de la sexualité 3 : La Souci de Soi*, Gallimard, 1984, p. 18[『성의 역사 3권 : 자기 배려』, 이영목 옮김, 나남출판, 2004, 20쪽]에서 재인용.

적인 꿈 이론이며 『꿈의 열쇠』는 그 기술의 일단을 엿볼 수 있게 해준다.

　　마지막으로 천리안(호라마티스테스)은 미래의 사건을 생생하게 보고 그것을 예고하는 자이다. 고대 그리스 비극에서 특히 유명한 것은 아폴론을 속이고 천리안의 기술을 손에 넣은 캇산드라일 것이다. 캇산드라는 클뤼템네스트라에 의한 아가멤논 살해와 자신의 죽음을, 실제로 일어나기 전에 생생히 보고 코로스에게 말한다. 처음에는 "무서운 구절구절을 저주스러운 가락에 맞춰 큰 소리로 외쳐"[37]대고, 다음으로 누구나가 이해할 수 있도록 "아직 결혼식을 올리기 전에 신부가 면사포 사이로 엿보는 그런 게 아니라 분명히 아침 해가 떠오를 무렵에, 세차게 불어닥치는 바람처럼 기세 좋게 나타나"는 정경을 이야기한다.[38]

점성술

나중에 논의하겠지만, 그리스에서는 천문학이 높은 지위를 점하고 있었는데도 왠지 점성술이 유행하지 않았다.[39] 그러나 나중에 로마 제국에서는 점성술이 진실을 아는 수단으로서 유력한 것이 된다. 로마에서는 이른바 오현제에 의한 통치로 '팍스 로마나'를 이룬 후, 난폭한 황제들이 배출되었다. 그중에서도 "약속을 한 후에는 곧 그것을 배신했고, 비위를 맞춰준 다음에는 곧바로 죽여 버렸다"[40]는 셉티미우스 세베루스 황제는 율리

37　아이스퀼로스, 『아가멤논』, 1155, 『그리스 비극』, 조우현 옮김, 그레이트북, 1994, 53쪽.
38　같은 책, 1180~1182, 54쪽.
39　플라톤, 『에피노미스』에서의 점성술적 요소와 카르데아 등으로부터의 점성술의 영향에도 불구하고 그리스인이 점성술을 받아들이지 않았던 상황에 대해서는, Franz Cumont, *Astrology and Religion among the Greeks and Romans*, Dover Publications, 1960 중 2강, 특히 pp. 30f를 참조.
40　에드워드 기번, 『로마 제국 쇠망사』 1, 윤수인·김희용 옮김, 민음사, 2008, 133쪽.

우스 카이사르와도 비교될 정도의 군사적 재능을 구사하고 여러 책략과 감시 수단을 통해 지배했다.

이 강압적 황제는 "점성술에는 완전히 능통하고 있었다".[41] 역사가 디오 카시우스에 따르면 세베루스 황제는 궁정의 궁전 중 몇 개의 방에 자신이 탄생했을 때의 성좌를 그리게 했다.[42] 하지만 다른 사람이 그 성좌를 보고 별점을 통해 황제가 죽는 시기를 아는 것을 막기 위해 그가 태어난 시각을 관찰할 수 있는 방은 숨겨 놓았다고 한다.

푸코가 진실의 의례와 관련해서 지적하고 있는 바에 따르면 이 성좌는 세베루스 황제의 숙명을 묘사함과 동시에 황제가 내리는 판결의 올바름과 "황제의 정의와 세계 질서의 올바름"을 보여 주는 것이었다.[43] 이 천궁도는, 황제가 개개의 상황에서 내리는 판결이 하늘에 의해 이미 확정된 질서를 반영한다는 것을 보여 주려 한 것이었다. 게다가 이 성좌는 황제의 통치가 하늘의 통치와 일치하고 있다는 것을 보여 주려는 의도를 갖고 있었다. 황제는 폭력이나 우연을 통해서가 아니라, 또 음모로 권력을 쥔 자의 자의적 의도를 통해서가 아니라, 세계의 필연성 그 자체를 통해 통치를 하고 있는 것이다.

그러나 흥미롭게도 세베루스 황제는 가족만이 들어갈 수 있는 방에 상세한 성좌를 남김없이 그리게 하였다. 이 성좌를 통해 세베루스 황제는, 브리튼 섬 전투에 출정할 때에 살아서 로마로 돌아올 수 없다는 사실

---

41 같은 책, 148쪽
42 디오 카시아누스, 『로마사』, 77권 11절(원문은 로브판 9권, p. 260). 또한 아프리카의 점성술사로부터 그의 일생에 대한 정확한 예언을 들었다고 한다. 『히스토리아 아우구스타』의 「셉티미우스 세베루스」 3절을 참조할 것.
43 Michel Foucault, *Du gouvernement du vivant*, 콜레주 드 프랑스 1980년 1월 9일 강의록.

을 알고 있었다고 한다. 만약 황제가 자신이 죽을 시각을 알고 있다고 생각했다면, 진실을 알리는 성좌는 모두가 볼 수 있어야 함과 동시에, 그 누구도 그 전체를 볼 수는 없어야 하는 것이다.

이 성좌는 진실을 고하는 '진실의 현시'(알레투르기아)로서 사람들에게 황제의 심판의 올바름을 보증하는 것임과 동시에, 황제가 권력을 상실하는 시기까지 알려주는 것으로서 위험한 의미를 갖고 있었던 것이다. 세베루스 황제와 함께 점성술은 황제의 궁정에 들어가 로마 제국의 정식 이론으로 승인받게 된다. 황제의 대관식 날짜를 잡는 것도 점성술사에게 점을 치게 했다. 이처럼 점성술은 아무나 할 수 있는 것이 아니게 된다. 누군가가 "황제가 언제, 어떻게 서거할지를 알고 싶어할지도 모르고, 이러한 불경한 의문에 답을 주는 것은 모반이며 음모였다. 국가원수는 특히 이것을 두려워하고 있었던 것이다."[44] 점성술이 '진실을 알리는 기술'인 만큼 그리스도교가 국교가 되어 점성술이 금지될 때까지 이 기술을 다루는 것은 목숨이 걸린 일이며, 실제로 다수의 점성술사가 사형에 처해졌다.[45]

푸코와 진실 게임

푸코는 이렇게 고대 그리스에서의 진실의 의례, 꿈의 해석, 그리고 로마 제정기의 점성술 등 인간의 능력을 넘어선 곳에 있는 진실이 신의 권위나 여러 기술에 기초해서 드러나는 절차에 주목한다.

절차는 재판 등의 합리적 절차를 통해 사태의 진실 규명을 추구하는 것이 아니라, 초인간적인 것에 호소함으로써 인간의 능력을 넘어선 진실

---

44 アルフレッド·モーリー, 『魔術と占星術』, 有田忠郎·浜文敏 訳, 白水社, 1993, 60쪽.
45 タムシン·バートン, 『古代占星術』, 豊田 彰 訳, 法政大学出版局, 2004의 2장에 많은 예가 제시되어 있다.

을 끌어내려 하는 것이다. 거기서 작동하고 있는 것은 신적인 것에 대한 신뢰와 공포이다. 이러한 것은 고대 그리스나 제정기 로마에 그치지 않고 중세에서 근대에 이르기까지 그 메아리가 울리고 있다. 프로이트의 『꿈의 해석』도 또한 꿈의 알레고리 안에서 그 주체에 감추어져 있는 진실을 드러내려 하는 것으로 생각할 수 있다.

푸코는 이러한 진실의 의례도 또한 '진실 게임' 중 하나라고 생각한다. 진실 게임이란, 사람들을 지배하는 절대적 진실과 같은 것이 사전에 존재하는 것이 아니라, 여러 인간관계상의 여러 수준에서 진실이 만들어져 간다는 생각을 나타낸다. 어떤 것이 진실로서 인정되는 순간 거기에 하나의 권력관계가 탄생하며, 진실은 언제나 이러한 관계의 그물망 속에서 여러 대가를 지불하면서 하나의 게임처럼 모습을 드러내는 것이다.

진실 게임이란 "진실된 것들의 발견이라기보다는, 어떤 것들에 관해 주체가 어떤 규칙에 따라 진실을 말할 수 있는가"를 보여 주는 것이다. 진실 게임은 어떤 것이 진실이라고 말하는 담론의 "출현 조건, 그로 인해 지불된 대가, 그 담론이 현실에 미치는 영향" 등의 총체를 통해 구성된다.[46]

그리고 의례하에서 말해지는 이 진실의 의례는 이러한 진실 게임의 한 전형적 형태를 보여 주는 것이다. 이 진실의 의례는 이윽고 서양 그리스도교 사회에서는 그리스도라는 권위 아래 신자들이 자신의 '죄'를 고백하는 의무로서 더욱 명확해져 간다. 진실 게임이 자기에 대한 고백이라는 형식을 취하는 그리스도교 의례에 대해서는 본서에서 앞으로 고찰하겠지만 여기서는 고전고대 그리스에서의 진실과 권력의 역동적인 관계를 보여 주고 있는 오이디푸스의 비극을 통해, 이러한 진실 게임의 새로운

---

46 Foucault, "Foucault", *Dits et Écrits*, vol. 4, p. 632.

모습을 검토하고자 한다. 이 비극에서 진실을 진실로서 인정하기 위해 신의 권위에 의존하지 않는 새로운 절차가 등장하기 때문이다.

2장 · 『오이디푸스 왕』에서의 진실

진실의 세 가지 심급

호메로스의 영웅들이 여전히 활약하는 세계에서는 영웅들로부터 진실을 빼앗는 것이 신의 위력이었다. 그러나 도시국가에서는 이윽고 신의 심판 대신 시민에 의한 재판이 등장한다. 신은 여전히 진실을 말하지만 신이 말하는 진실은 재판장에서 다시 한 번 확증될 필요가 있었던 것이다. 진실을 말하는 심급이 신으로부터 시민에게로 옮겨 가는 것을 극적으로 묘사한 것이 소포클레스의 비극 『오이디푸스 왕』이다.

맑스는 초기의 현자들이 마침내 "살아 있는 예술 작품"이 되며, "민중들은 조형적인 위대함 속에서 이것들이 스스로 나오는 것을 보게 된다"고 말하는데, 오이디푸스처럼 신화적 영웅과 대립하는 "보편적인 것"의 장, 시민적 "법률"의 장이 등장하는 것이다.[1]

---

1 Marx, *Marx-Engels Gesamtausgabem*, IV-1, p. 80[「에피쿠로스 철학 두번째 노트」, 209쪽].

영웅들의 아곤[2]에서는 고발당하는 자가 진실을 가진 자이며, 진실을 밝히는 힘이 그에게 있다. 그러나 안틸로코스는 진실을 밝히기보다는 신의 노여움을 두려워하며 아곤의 장을 내려갔다. 오이디푸스 왕의 비극에서도 역시 고발당하는 자가 진실을 가진 자이며, 진실을 밝힐 힘을 가지고 있다. 그러나 오이디푸스는 영웅들끼리 겨루는 장이 아닌 사법의 장에서 진실을 확정하려 하는 것이다.

이것은 경기의 장보다 훨씬 더 복잡한 정치적이고 사법적인 구조를 갖춘 장이며, 여기서는 아곤과는 다른 제도적 관계를 통해 진실이 밝혀지는 것이다. 푸코는 이 『오이디푸스 왕』이라는 비극이 법과 관련된 가장 기본적인 극 중 하나라고 생각한다. 푸코는 17세기까지의 서양 비극은 언제나 법에 대한 사색의 장이었다고 생각하는데 그중에서도 이 극은 중요한 위치를 점하는 것이다.

진실 말하기의 세 가지 심급

『오이디푸스 왕』에서는 맨 처음에 범죄가 일어난다. 오이디푸스는 이국 땅에서 만난 왕을 살해하고 그 아내를 취한다. 그러나 실제로는 오이디푸스가 이국이라 생각했던 땅이 그의 고향이며 그가 살해한 왕이 자신의 아버지이고 그가 취한 아내는 자신의 어머니이다. 오이디푸스의 행위는 도시국가의 기본적인 법에 위반되는 행위인 동시에 종교적 규칙에 위반되는 행위이며 신의 노여움을 피할 수가 없다.

오이디푸스는 테바이의 재앙이라는 형태로 나타난 신의 노여움을 가

---

2 '경기'라는 뜻도 있지만, 여기서는 고대 그리스 희극에서 대립 관계에 있는 두 인물이 벌이는 토론 혹은 말다툼을 의미하는 듯하다. —옮긴이

라앉히기 위해 왕을 살해한 범인을 찾으려 하고 진실을 추구하는 자로 등장한다. 그리고 살인범을 사형에 처하고 그 시신은 나라 밖으로 던져 버리라고 위엄 있게 선언한다. 플라톤의 『법률』에서도 명백히 드러나듯이 이것은 고대 그리스에서 통상적인 절차였다.

플라톤은 『법률』에서, 이상적 도시국가의 법 중 하나로서, 살해자가 불명확한 경우의 살인 사건과 관련한 절차를 다음과 같이 기술하고 있다.

> 반면에 누군가 죽은 채로 발견됐지만 누가 죽였는지 모르고, 신경 써서 찾는데도 찾을 수 없다면 그 공고들은 다른 살인의 경우들과 같은 내용으로 경고해야 하는데, 불특정의 '살인을 저지른 자'에 대해 공고해야 합니다. 즉 피해자의 근친자는 고소 수순을 취한 뒤 아고라에 이렇게 공시해야 합니다. '아무개를 살해한 죄를 추궁당하고 있는 자는 신전은 물론이고 피해자의 나라 전 지역에 발을 들여서는 안 된다. 만약 모습을 드러냈다가 발각되는 날에는 사형에 처해지고 매장되지 못한 채로 피해자의 나라 바깥으로 내던져질 것이다.'[3]

오이디푸스도 마찬가지로, 테바이의 지배자로서 살해자를 고발하고 저주한다.

> 내 일러두거니와, 그 살인자가 누구든, 내가 권력과 왕좌를 차지하고 있는 이 나라에서는 어느 누구도 그자에게 은신처를 제공하거나 말을 걸어서는 안 되며, 그자와 공동으로 신들께 기도하거나 제물을 바쳐서도 안

---

3 플라톤, 『법률』, 874a.

되며, 그자에게 물로 정화 의식을 베풀어서도 안 되오. 모두들 그자를 집 밖으로 내쫓도록 하시오.[4]

오이디푸스의 고발과 저주로 시작되는 이 극은 진실을 밝히기 위한 재판의 극으로 시작되며 진범을 도시국가로부터 추방하는 재판의 극으로 끝난다. 진범은 성역에 발을 들이는 것을 금지당하고, 사형에 처해져 매장되지 못한 채로 나라 밖으로 내던져지는 것이 아니라 오히려 도시국가 밖으로 추방당하는 운명이 고지되는 것이다.[5]

이러한 의미에서 이 극은 진실을 폭로하는 추리극이며 동시에 진범이 재판관이 되는 재판극이다.[6] 푸코는 이 극에서 진실이 폭로되는 절차를, 세 가지 중층적 심급을 갖는 진실의 드라마로서 분석한다. 진실은 세 심급으로 각각 드러난다. 먼저 신과 예언자가 진실을 말한다. 다음으로 영웅인 오이디푸스와 이오카스테가 진실을 말한다. 마지막으로 목자와 전령이 진실을 말한다. 그런데 진실은 왜 세 번씩이나 말해져야 했을까?

먼저 푸코는 이 진실이 진실의 탐구자인 오이디푸스 한 사람에게 드

---

4 소포클레스, 『오이디푸스 왕』, 제1에페이소디온, 『소포클레스 비극 전집』, 38~39쪽.
5 물론 이 극은 베르낭(Jean Pierre Vernant)이 말하는 것처럼 "신과 같은 이소테오스(isotheos)적 존재"인 오이디푸스가 스스로 선언하고 더러움으로 가득 찬 파르마코스(pharmakos)로서의 오이디푸스를 추방하는 극이다(J. P. ヴェルナン, 『プロメテウスとオイディプス』, 吉田敦彦 訳, みすず書房, 1978, 164쪽). 푸코가 주목하는 것은 이 두 오이디푸스가 동일인물임을 증명하는 절차이다.
6 재판관이자 진범인 오이디푸스의 이 양의성에 대해 오카 미치오(岡道男)는 "오이디푸스 안에는 위대함과 미천함(1083행), 즉 한편의 극과 다른 한 편의 극이 병존하고 있다. 이 양의성은 극의 전개에서, 눈이 보이지만 보이지 않는, 스핑크스의 수수께끼는 풀 수 있으나 자기 출생의 수수께끼는 풀 수 없는, 눈은 보이지 않지만 보인다고 하는 역설적인 형태로 반복되어 나타난다"고 지적한다(『ギリシア悲劇全集 3』, 岩波書店, 1990, 330쪽). 다만 이 극이 사실을 탐색하면서 진실을 추리한다는 의미에서의 '추리극'이 아니라는 사실은, 진실이 처음부터 말해지고 있다는 것만 봐도 알 수 있다. 그런 의미에서 "오이디푸스가 하나의 사실로부터 다음 사실로 추리를 진행시켜 마지막에 진범을 발견하기에 이르는 '추리소설'적 기법을 취하고 있지는 않다"는 것이다(岡道男, 『ギリシア悲劇とラテン文学』, 岩波書店, 1995, 65쪽).

러나는 것만으로는 충분하지 않다고 생각한다. 진실이 코로스에게, 도시국가의 시민들에게 의심할 수 없는 형태로 드러나는 절차가 필요하며, 이를 위해 진실이 세 번 말해져야 했던 것이다. 이 절차는 도시국가를 지배하는 오이디푸스의 정통성이 재차 문제시되는 절차이며 동시에 도시국가의 진정한 주체인 시민들이 법적 정통성을 스스로 담당하게 되기 위한 절차이다.

　　푸코에 따르면 "코로스, 즉 시민인 사람들의 모임이 법적 본질로서 구성되며, 코로스가 진실을 발견하고 진실을 확립하며 최종적으로 진실을 검증합니다. 제가 여기서 고찰하고자 하는 것은 법적 정통성의 검증으로서의 진실의 확립이라는 축입니다".[7] 그러면 푸코의 분석에 귀를 기울여 보자.

첫번째 진실의 드라마 : 신과 예언자의 심급

이 극에서 오이디푸스는 자신의 진실을 인식하고 있지 않지만 관중은 처음부터 그의 진실을 알고 있다. 이 극에서 진실은 반복해서 관중의 눈앞에 제시된다. 그러나 오이디푸스는 고집스러울 정도로 그 진실을 인정하려 하지 않는다.

　　최초의 진실은 신과 예언자가 말하는 진실이다. 아폴론은 테바이에 역병이 도는 원인이 라이오스가 살해된 데 있음을 분명히 하지만, 그 동기나 범인과 관련해서는 침묵한다. 그래서 테이레시아스가 불려 나온다. 그는 아폴론의 분신으로서 "신과 같은 예언자"이며, "사람들 중에 오직 저분 안에만 진실이 살아 있는"[8] 사람이다.

---

7 Foucault, *Mal faire, dire vrai : Fonction de l'aveu en justice*, p. 40.

테이레시아스는 이를테면, 자각하지 못한 채로 윤리적인 것을 체현하는 '초기의 현자'로 등장한다. 테이레시아스는 아폴론의 신탁을 받아 진실을 안다. 그 진실은 이를테면 신으로부터 현자에게로 떠넘겨진다. 테이레시아스는 장님인데, 그가 여신 아테나의 나체를 엿보았기 때문이라는 것이 의미심장하다.[9]

보지 말아야 할 것을 보았기 때문에 테이레시아스는 그 후로 보아야 할 이 세계의 사물을 볼 수 없고 보지 말아야 할 진실을 보도록 강요받는 것이다. 진실을 보고 안다는 것은 이 재판의 예에서도 분명하듯이 위험한 것이며 바람직하지 않은 것이다. 진실에는 소위 '대가'가 있다. 테이레시아스는 여신의 알몸을 본 대가로 진실을 보는 의무를 지게 된 것이다.

이 극에서도 테이레시아스는 진실을 말하는 것이 어떤 대가를 치르게 하는지를 인식하고, 처음에는 진실 말하기를 거부한다. 그러나 오이디푸스로부터 '범인과 한통속'이라는 혐의를 받고 결국 진실을 말하기 시작한다.

---

8 소포클레스, 『오이디푸스 왕』, 제1에페이소디온, 『소포클레스 비극 전집』, 41쪽. 테이레시아스의 예언이 갖는 진실의 힘은 그리스에서 널리 신뢰받고 있었다. 『오뒷세이아』에서 오뒷세이아가 명계로 내려가 고국으로 돌아가는 길을 묻는 상대가 테이레시아스이다. 키르케는 이렇게 말한다. "그대들은 하데스와 무서운 페르세포네의 집으로 가 아직도 정신이 온전한 저 눈먼 예언자 테바이의 테이레시아스의 혼백에게 물어보아야 할 것이오. 그가 슬기롭도록 페르세포네는 오직 그에게만 죽은 뒤에도 분별력을 주었으니까요."(『오뒷세이아』, 천병희 옮김, 숲, 2006, 10권, 234쪽).

9 테이레시아스가 장님이 된 원인에 대해 아폴로도로스는 이렇게 말한다. "그러나 페레퀴데스는, 아테나가 그의 눈을 멀게 했다고 한다. 아테나는 카리클로와 매우 가까워서 (……) 완전히 옷을 벗었는데 그가 보았고, 그녀는 손으로 그의 눈들을 가려 장님으로 만들었다는 것이다"(아폴로도로스, 『아폴로도로스 신화집』, 강대진 옮김, 민음사, 2005, 3권 6장 7절, 171~172쪽). 또한 그리스에서는 전통적으로 진실을 볼 수 있는 사람은 장님이라는 견해가 강했다. 진실과 장님의 '깊은 존재론적 관련'에 대해서는 川島重成, 『「オイディプース王」を読む』, 講談社, 1996, 74쪽 참조.

단언하건대, 그대가 위협적인 말로 라이오스의 피살 사건을 규명하겠다고 공언하며 아까부터 찾고 있던 그 사람은 바로 여기 있소이다. 그는 이곳으로 이주해 온 이방인으로 여겨지고 있지만 머지않아 토박이 테바이인임이 밝혀질 것이오.[10]

오이디푸스는 "그대가 바로 그대가 찾는 범인"[11]이라는 테이레시아스의 말을 받아들이려 하지 않고 예언자를 힐난한다. 오이디푸스는 테이레시아스가 범인과 한통속이기 때문에 왕위를 노리는 크레온의 책모에 사로잡혀 이익을 얻으려고 자신에게 죄를 뒤집어 씌우려 한다고 생각한다. 또 한편으로 오이디푸스는 스핑크스의 수수께끼를 풀었던 자신과 비교하여 테이레시아스는 무지하며 진실을 볼 수 없기 때문에 그렇게 근거 없는 말을 한다고 비난한다.

그러나 관객에게는 진실이 확실하게 말해지고 있다. 이 범인 찾기 극은 처음부터 답이 나와 있으며, 게다가 아폴론의 신탁도 "그 안에 진실이 살아 있는" 인간이 분명히 말하는, 의문의 여지가 없는 형태로 진범이 지명되는 것이다.

신의 신탁에는 과오가 없다고 한다. 진실은 이미 말해진 것이다. 그러나 오이디푸스는 이것을 받아들이지 않고 관객도 이를 받아들이지 않는다. 여기서 푸코가 특히 주목하는 것은 시민들을 대표하는 코로스도 또한 이 진실을 진실로서 받아들이지 않는다는 사실이다.

여기서 확인해 두어야 하는 것은, 테이레시아스가 신의 사자로서 말

10 소포클레스, 『오이디푸스 왕』, 제1에페이소디온, 『소포클레스 비극 전집』, 47쪽.
11 같은 책, 43쪽.

한다는 것이다. 예언자는 도시국가의 정치와 법의 권위를 완전히 무시한다. 그리고 시민의 대표인 코로스가 요청해도 예언자는 말하기를 거부할 수 있다. 예언자라는 진실의 심급에 대해서는 도시국가의 법적 제도가 기능하지 않는 것이다. 테이레시아스와 진실의 관계는 통상적 관계가 아니다. 진실은 그에게 '깃든' 것이다.

푸코는 테이레시아스가 장님이라는 것이 그 사실을 상징한다고 지적한다. 그는 자신의 힘으로 진실을 말하는 것이 아니라 아폴론의 명령에 의해 말하는 것이다. 그런 의미에서 이 예언자는 오이디푸스가 욕하는 것처럼 '장님'이다.[12] 장님인 그가 말하는 진실은 스스로의 힘으로 말하는 것이 아니기 때문에 코로스는 이 진실을 그대로 납득하고 받아들일 수가 없다. 예언자가 말하는 진실은 도시국가에 이질적인 진실이다. 도시국가는 예언의 심급에서 말해지는 진실을, 법적 심급에서 받아들일 수 없다. 그리고 테이레시아스가 오이디푸스에 관해 말한 것이 진실이라고 코로스가 인정하기 전까지는 오이디푸스 역시 그것이 진실이라고 받아들일 수 없다.

이에 대해서는 테이레시아스가 퇴장한 후에 코로스가 노래하는 선무가(旋舞歌)가 많은 것을 시사한다. 코로스는 테이레시아스가 퇴장한 후, "하지만 그 말이 옳다는 것을 보기 전에는 사람들이 그분을 비난해도 나는 결코 동조하지 않으리"[13]라고 노래하는 것이다.

코로스는 신탁에 과오가 없다고 말하면서도 신의 세계와 인간의 세계를 빛의 세계와 어둠의 세계로 나누어, 인간이 모든 것을 알 수는 없다

---

12 소포클레스, 『오이디푸스 왕』, 제1에페이소디온, 『소포클레스 비극 전집』, 43쪽.
13 같은 책, 제1스타시몬, 49쪽.

고 확인한다. 그리고 신이 말한 진실이 시민에게도 진실로서 받아들여지기 위해서는 '진정한 증거'가 필요하다고 지적하는 것이다.

이제 호메로스에서의 진실의 시련과 오이디푸스의 비극에서의 진실의 시련의 차이점은 명확할 것이다. 호메로스의 경기장에서는 신의 위력이 진실을 드러냈다. 안틸로코스는 제우스에게 맹세하지 않음으로써 진실이 드러나는 것을 감수한다. 이 선언의 장에서 진실을 밝히는 힘은 신에게 있다.

그러나 이 비극에서는 신이 말한 진실이 그대로 받아들여지지 않는다. 도시국가의 법적 절차와 법적 기구를 통해 증명되기 전까지는, 진실이 진실로서 받아들여지지 않는 것이다. 이것은 그리스의 도시국가에서, 민주주의가 침투함과 동시에 진실의 심급이 신과 예언자로부터 도시국가의 시민들(코로스)에게로, 그리고 도시국가의 법적 기구로 점차 이행해 간다는 것을 보여 주는 것이라 생각할 수 있을 것이다. 푸코는 코로스의 이러한 역할에 대해 다음처럼 지적한다.

> 코로스, 즉 시민들이 사법의 본질적 요소로서 진실을 발견하고 확정하며 마침내 검증합니다. 코로스의 눈에, 오이디푸스의 진실은 어떻게 드러나게 되는 것일까요? 이 법적 정통성의 검증이라는 관점에 입각해, 진실이 확정되는 중심축에 주목하고자 합니다.[14]

이 도시국가의 법적 기구가 진실을 승인하기 위해서는 증거, '증표'가 필요하다. 이에 관해서 코로스는, 오이디푸스가 뛰어나다는 것의 증거

---

14 Foucault, *Mal faire, dire vrai : Fonction de l'aveu en justice*, 40쪽.

를 왕 스스로가 제시했다고 지적한다. 오이디푸스는 스핑크스의 시련에서 그 힘을 보여 주었으며, 왕의 유죄를 증명하기 위해서도 역시 시련이 필요하다. 코로스는 장님 예언자의 말을 그대로 믿는 것이 아니라, 자신의 눈으로 본 사실로 진실을 확정하고자 하는 것이다.

고대 그리스에서는 쉼볼론이라는 방식으로 증거를 제시하기도 했다. 쉼볼론은 상징(심볼)의 어원이 된 말로, 신원을 증명해야 하는 등의 경우 토기 조각 따위를 둘로 나누어 그 한 쪽씩을 지니고, 필요하다면 이것을 맞추어 보아 딱 맞는지 아닌지 여부로 상대를 확인하는 방식이다. 이것은 종교에서 기원하는 방식인데 신이 말하는 진실이 그대로 받아들여지지 않게 됨과 동시에 코로스와 오이디푸스는 이 쉼볼론에 의한 증거를 필요로 하게 되는 것이다. 푸코는 쉼볼론에 대해 이렇게 설명한다.

> 권력과 권력 행사의 도구입니다. 비밀이나 권력을 가지고 있는 누군가가, 토기로 만들어진 것을 둘로 나누어 한 쪽은 자신이 갖고 남은 것을 누군가 다른 사람에게 건넵니다. 이것으로 메시지를 운반하게 하거나 자신의 진정성을 증명하는 것입니다. 반으로 나뉜 두 조각을 맞추면 메세지의 진정성이 확인됩니다.[15]

오이디푸스의 극에서는 진실이 여러 작은 부분으로 쪼개져 있는데, 여러 증언들을 통해 갈라진 틈이 딱 맞게 됨으로써 다시금 원래의 큰 진실이 회복된다. 그리고 이 쉼볼론의 테마는 『오이디푸스 왕』의 두번째 진

---

15 Foucault, "La vérité et les formes juridiques", p. 560을 참조하라. 브라질에서의 이 강연도 진실의 심급을 분석한다는 점에서는 「악을 행하고 진실을 고백하다」 강연과 같지만, 이것이 시민에 의한 재판의 등장이라는 점은 별로 강조되어 있지 않다.

실의 드라마와 세번째 진실의 드라마로 명확해 지는 것이다.

두번째 진실의 드라마 : 영웅의 심급

아폴론의 예언자가 말한 최초의 진실은 결국 오이디푸스에 의해서도, 또 코로스에 의해서도 받아들여지지 않았다. 라이오스를 살해한 자는 누구 인가라는 수수께끼의 해결은 이제 왕이라는 영웅의 심급에서 전개된다. 『오이디푸스 왕』의 2막과 3막은 왕의 가족인 '나'의 장, 사적인 장에서 전 개된다.

이 심급에서 진실을 찾고자 하는 것은 왕의 일가족이다. 등장인물은 오이디푸스, 오이디푸스의 아내 이오카스테, 아오카스테의 남동생 크레 온이다. 오이디푸스는 크레온을 왕위를 찬탈하려는 자라며 증오한다. 아 폴론의 신탁을 받아 오게 한 사람이 크레온이었다는 것이 그 의혹의 중요 한 근거이다. 이것은 오이디푸스가 애초에 신탁이라는 것을 믿지 않는다 는 것을 보여 주는 것이다. 오이디푸스에게 아폴론의 예언자란 "젠체하는 예언자"[16]에 지나지 않으며 크레온과 짜고 음모를 꾸미는 인간에 불과한 것이다.

이오카스테 역시 예언을 믿지 않는 사람이다. 이오카스테는 "필멸의 인간은 어느 누구도 미래사를 예언할 수 없"[17]다고 생각하기 때문이다. 이 오카스테는 신을 믿지만 신은 예언자라는 매개를 필요로 하지 않고 홀로 자신이 생각하는 바를 행한다고 생각한다.[18]

---

16 소포클레스, 『오이디푸스 왕』, 제2에페이소디온, 『소포클레스 비극 전집』, 51쪽.
17 같은 책, 57쪽.
18 이오카스테가 때로 신을 믿지 않는 '반종교적' 경향을 보이지만, 오이디푸스는 신의 예언을 부
정하면서도 동시에 두려워하는 '비종교적' 자세를 보인다는 데 대해서는, 川島重成, 『西洋古

이 왕의 심급에서의 진실은 세 가지 계기를 통해 밝혀진다. 이오카스테의 독백, 오이디푸스와의 대화, 오이디푸스의 독백이 그것이다. 이 처음과 마지막의 두 독백은 매우 대조적인 형태를 취한다. 이오카스테는 예언이 적중하지 않는다는 것을 주장하고 그 증거로서 자신의 아들에 대한 예언을 든다. [이오카스테가 생각하기에 아들은 이미 죽었으므로] 아들은 라이오스를 '죽이지 않았다'는 것이다. 또한 마지막 독백에서는 오이디푸스가 예언의 실수를 주장하면서, 예언에서는 자신이 아버지를 죽인다고 하지만 자신이 죽인 것은 아버지인 폴뤼보스[19]가 아니었다고 말한다. 두 사람의 경우 모두 예언의 실수를 증명하려 하면서 예언의 정확함을 폭로하는 구조이다.

역설적으로 예언의 정확함을 증명하고 마는 두 독백 사이에서 오이디푸스와 이오카스테의 대화가 이루어진다. 여기서도 재판과 마찬가지로 질의응답 형태로 대화가 진행된다. 오이디푸스는 라이오스에 대해 추궁하고 이오카스테는 라이오스가 살해됐을 때의 모습, 사람 수, 장소 등을 이야기한다. 예언의 진실을 부정하기 위한 이오카스테의 증언이, 오이디푸스에게 불안을 불러 일으키고 오이디푸스는 처에게 차례차례로 그 정황을 묻고 자신이 저지른 살인 사건과 일치하는 데 전율하기 시작한다. "그 예언자가 장님이지 않았나 몹시 두려워요"[20]라고 말이다.

사실 여기서 이미 오이디푸스에게 진실은 밝혀진 것이다. 오이디푸

典文学における内在と超越』, 新地書房, 1986, 137쪽을 참조.
19 이 시점에서 오이디푸스는 자신이 라이오스의 살해자라는 것을 짐작하지만, 그가 자신의 친부임은 모르고 있다. 그는 이 시점에서 자신이 아버지 폴뤼보스를 죽일까 봐 두려워하고 있다. — 옮긴이
20 소포클레스, 『오이디푸스 왕』, 제2에페이소디온, 『소포클레스 비극 전집』, 59쪽.

스가 갖고 있는 기억의 쉼볼론과 이오카스테의 기억의 쉼볼론은 딱 들어맞아서 의심할 수 없는 증거를 형성하기 때문이다. 오이디푸스가 인정하듯이 "이미 백일하에 드러났구나!"[21]라는 것이다.

여기서 진실은 다시금 명백해지지만 오이디푸스와 이오카스테 모두 이 진실을 받아들이지 않는다. 이 대화에서 명백해지는 진실에는 아직 애매한 요소가 있으며 믿고 싶지 않은 두 사람에게는 믿지 않을 수 있는 이유가 있기 때문이다.[22] 라이오스가 아들에게 살해되었을 리 없다, 그는 아들에게 살해되지 않도록 아들을 살해했음에 틀림없기 때문이다.

여기서 코로스가 두번째 노래를 부른다. 이 두번째 노래는 처음의 노래와는 반대되는 형태로 대조적이다. 첫 노래에서 코로스는 신의 예언에 실수가 없다는 말로 노래를 시작한다. 그런데 마지막에는 증거가 없다면 예언을 믿을 수 없다고 주장하는 것이다. 그러나 두번째 노래에서 코로스는, 참주정을 비판하면서 신의 정의와 법을 칭송하며, 참주를 신탁을 믿지 않는 자로서 비판하면서 신탁의 중요성을 강조한다.

푸코는 이 코로스의 양의적 태도에 주목한다. 오이디푸스와 이오카스테는 두 사람의 쉼볼론이 정확히 일치하는 것을 확인했다. 왕과 그 아내는 일단 진실을 받아들였다. 그러나 코로스는 오이디푸스가 인정한 진실을 그대로 받아들이지 않는다. 그것은 어디까지나 왕가의 두 사람의 기억의 문제이지, 시민들에게 확실하게 인정되는 증거는 아니기 때문이다.

---

21 같은 곳.
22 여기서 오이디푸스와 이오카스테 모두 과거 사실의 진실을 '전부' 이야기하고 있다고 생각하면서도 실은 중요한 것을 서로 숨기고 있다는 데 대해서는 岡道男, 『ギリシア悲劇全集 3』, 29쪽을 참조하라. 오이디푸스는 '사실을 추구하는 자'이면서 진실을 숨기고 있는 자이기도 하다. 단순히 사실을 추구하는 자로서 오이디푸스를 읽는 전통적 관점이 불충분하다는 데 대해서는 같은 책, 7쪽 이하를 참조하라.

푸코는 오이디푸스가, 코로스가 비판하는 왕=참주(튀라노스)임과 동시에 통상적 의미에서의 참주가 아니라는 점에 주목한다. 오이디푸스가 테바이의 왕이 된 것은 스핑크스의 수수께끼를 풀었기 때문이며 그러기 위한 지식과 기술을 갖고 있었기 때문이다. 1막에서 테이레시아스가 "라이오스를 살해한 것은 당신이다"라고 진실을 말했을 때에도 오이디푸스는 신의 예언자의 말을 믿지 않았다. 그리고 테이레시아스를 "이욕(利慾)에만 눈이 밝고 예언술(테크네)에는 눈이 멀었다"[23]고 매도했다. 푸코가 주목하는 것은 이 테크네라는 말이다.

오이디푸스는 테이레시아스에게 '테크네'가 없다고 지적한다. 오이디푸스가 테이레시아스를 믿지 않는 것은 그 때문이다. 그리고 테이레시아스에게 테크네가 없다는 것을 증명하는 것은 스핑크스가 테바이를 괴롭히던 때에 테이레시아스가 수수방관했다는 사실이다. 테이레시아스에게는 스핑크스의 수수께끼를 풀 '예언의 힘'이 없었던 것이다.[24]

아폴론의 신탁은 즉각적으로 이해할 수 있게끔 말해지는 경우도 있고, 당장에는 이해할 수 없는 경우도 있다. 해석하는 것은 신탁을 받은 인간 쪽이다. 예언도, 말해지는 경우와 말해지지 않는 경우가 있다. 말해지는 경우에는 진실로서 말해지지만, 스핑크스의 수수께끼의 경우처럼 말해지지 않는 경우에는 무력하다. 테이레시아스는 수수께끼를 푸는 힘이나 기술을 가지고 있는 것이 아니라 아폴론으로부터 전해 받은 진실을 말할 뿐이기 때문이다.

이에 비해 오이디푸스는 "부여, 권력이여, 치열한 생존경쟁에서 온갖

---

23 소포클레스, 『오이디푸스 왕』, 제1에페이소디온, 『소포클레스 비극 전집』, 44쪽.
24 같은 곳.

재주를 능가하는 재주여, 너희들에 붙어 다니는 시기심은 얼마나 큰 것인가!"[25]라고 자기 자신에 대해 탄식한다. 부와 왕권이란 참주에게 붙어 다니는 것이다. 그러나 오이디푸스가 소유한 "온갖 재주를 능가하는 재주"는 다른 참주에게는 없는 재주로, 오이디푸스만이 소유했던 것이다.

오이디푸스가 자기가 가졌다며 뻐겼던 것은 이 테크네로서의 지식이며, 이 힘을 통해 테바이의 왕으로 선택된 것이다. 이 테크네를 소유하는 오이디푸스는 테이레시아스처럼 진실과의 유대 관계를 통해 진실을 말하는 것이 아니고, 또 아내의 기억의 쉼볼론과의 일치를 통해 진실을 인정하는 것도 아니다. 코로스들은 오이디푸스에게, 그의 테크네를 사용해서 진실을 밝히라고 요구하는 것이다.

푸코는 이 지식으로서의 테크네라는 사유 방식이 당시 그리스에서 완전히 새로운 '문제'로 등장했다고 생각한다. 진실이 신탁에 의해서가 아니라, 그리고 영웅이 신에게 서약하는 것을 통해서도 아니라, 쉼볼론이라는 증거를 통해, 왕의 가족들의 기억 속에서가 아니라 좀더 물질적인 형태로 제시되도록 요구받는다. 게다가 테이레시아스처럼 신이 말한 진실을 말하는 예언자의 지식을 통해서가 아니라 누구나 검증할 수 있고 납득할 수 있는 증거를 찾는, 테크네의 행사를 통해서 제시될 필요가 있는 것이다.

그러나 오이디푸스는 스핑크스의 수수께끼를 푼 테크네의 소유자이며 지나칠 정도의 테크네를 소유하고 있지만, 동시에 테바이를 통치하는 참주라는 문제가 있다. 참주라는 것은 독재 정치를 행하는 왕이며 자신에게 주어진 권력을 남용하는 인물이고 척도와 이성을 초월하는 인물이다.

---

25 같은 곳.

참주는 권력을 과잉적으로 행사한다. 참주는 재능과 권력의 행사에서 이 두 가지 과잉을 특징으로 하는 자인 것이다.

오이디푸스의 테크네는 이 과잉을 체현하고 있다. 오이디푸스는 "온갖 재주를 능가하는 재주"라는 테크네의 과잉을 자랑하고 있다. 테이레시아스에게는 없는 테크네를 소유하는 인물이다. 동시에, 오이디푸스는 자신의 테크네에 탐닉해서 과잉 권력을 행사한다. 크레온을 사형에 처하고, 테이레시아스를 추방하려 하는 것은 이 권력의 과잉 행사이다. 코로스가 경고하듯 "노여움"[26] 때문에 지나친 처벌을 하려 하기 때문이다.

여기서 확인해 두고 싶은 것은 오이디푸스의 테크네는 테이레시아스와는 다르며 알려져 있는 것으로부터 알려져 있지 않은 것으로 거슬러 올라가는 기술이라는 것이다. 오이디푸스는 "새들의 가르침이 아니라 내 자신의 재치로 맞혀 그녀를 침묵시켰"[27]던 것이다. 오이디푸스의 테크네는 신의 지식처럼 직접 받을 수 있는 것이 아니라 쉼볼론처럼 물질적 증거로부터 진실을 발견하는 기술이다. 코로스는 참주로서의 오이디푸스의 방만을 비난하면서, 오이디푸스의 지식 속에서 도시국가의 시민(데모스)에게 적합한 테크네만을 취할 것을 바랐던 것이다.

이제 오이디푸스는 어떤 의미에서는 테이레시아스를 뒤집은 모습이라고도 말할 수 있다는 데 주목하자.[28] 이 비극에서 테이레시아스는 장님이지만 극의 마지막에서는 오이디푸스가 자신의 눈을 찌르고 장님이 된

---

26 소포클레스, 『오이디푸스 왕』, 제1에페이소디온, 『소포클레스 비극 전집』, 45쪽.
27 같은 곳.
28 테이레시아스에게서의 침범과 맹목의 관계에 대해서는 Eleftheria A. Bernidaki-Aldous, *Blindness in a Culture of Light: especially the case of Oedipus at Colonus of Sophocles*, P. Lang, 1990, pp. 63ff 참고.

다. 고대 그리스에서 장님이라는 것은 어떤 '침범'에 대한 벌로 여겨져 왔다. 테이레시아스는 두 차원에서 인간의 영역을 침범하는 '휘브리스'[오만]를 범했다.[29] 이미 기술한 것처럼, 우선 테이레시아스는 여신의 알몸을 훔쳐 봤다고 하는 성적 측면에서 인간에게 허용되어 있는 영역을 넘어선다. 다음으로 테이레시아스는 인간 지식의 한계를 넘어선다는 의미에서 인간의 영역을 넘어선다. 그가 장님이 된 원인으로서 "신들에 의해 눈이 멀게 되었다고 말한다. 신들이 숨기고 싶어 하는 것을 인간들에게 가르쳐 주었기 때문"이라고도 전해지기 때문이다.[30] 그 때문에 테이레시아스는 장님이 되지만 진실을 예언하는 능력을 제우스로부터 받는다.

그런데 오이디푸스도 마찬가지로 두 차원에서 인간의 영역을 넘어섰다. 어머니와 성관계를 갖는 터부를 범하기 때문에 성적 차원에서 인간에게 허용된 영역을 침범했고, 또 오이디푸스의 지식은 테이레시아스도 말할 수 없는 진실을 폭로하는 힘이 있었으며 이 지식으로 인해 오이디푸스는 휘브리스를 범한 것이다.[31]

이렇게 해서 테이레시아스는 신에 의해 장님이 되었지만 테이레시아스가 여신의 알몸을 의도적으로 훔쳐본 것은 아니었기 때문에 예언의 능력을 부여받은 것이다. 그에 비해 신적 영역을 침범한 오이디푸스는 자

---

29 그리스인의 심성을 이해하는 데 있어 중요한 개념 중 하나인 휘브리스라는 단어의 역사에 대해서는 Louis Gernet, *Recherches sur le Développement de la Pensée Juridique et Morale en Grée*, A. Michel, 2001, pp. 17~48이 많은 시사점을 제공한다.

30 아폴로도로스, 『아폴로도로스 신화집』, 171쪽.

31 다만 인간의 영역을 넘어선 지식을 획득하기 위해서는 자연의 한계를 초월하는 휘브리스가 필요하다는 것에 대해서 이미 니체가 지적한 바 있다. 니체는 아버지 살해, 어머니와의 결혼, 스핑크스의 수수께끼 해독이라는 '신비스러운 삼위일체'의 배후에 있는 것은, "인간이 비자연적인 행동을 통해 자연에 저항하여 승리하지 않는다면, 자연으로 하여금 자신의 비밀을 밝히도록 강요할 방법이 또 달리 있겠는가?"라고 묻는 것이다(니체, 『비극의 탄생·반시대적 고찰』, 이진우 옮김, 책세상, 2005, 79쪽).

신의 지식을 과신하여 신에게 도전한다. 이 때문에 벌로서 스스로 장님이 되는 길을 선택하게 되는데, 그럼에도 불구하고 『콜로노스의 오이디푸스』에서 이야기되고 있듯이 오이디푸스도 또한 진실을 예언할 수 있는 능력을 부여받게 된다. 그리고 테세우스에게 "이 도시를 위해 세월을 타지 않는 보물이 될 것"[32]을 가르쳐 줄 수 있었던 것이다.

세번째 진실의 드라마 : 노예와 전령의 심급

이렇게 해서 마지막에 등장하는 것이 세번째 심급의 진실이다. 이 진실은 신의 진실도 아니고 왕의 진실도 아니다. 신의 진실은 믿을 수가 없고 왕의 진실은 과잉을 내포하고 있기 때문에 위험하다. 코로스와 도시국가 시민이 믿을 수 있는 것은 코린토스에서 온 전령과 양치기의 증언이며, 그것이 쉼볼론으로서 딱 들어맞는 것이다.

3막이 시작될 때 이오카스테는 아폴론에게, '더러움을 씻는' 방법을 보여 줌으로써 오이디푸스의 마음을 평정 상태로 되돌려 달라고 요청한다. 테크네를 가진 선장이 두려워하는 것을 본 선원들처럼, 오이디푸스의 가족들이 다 두려워했기 때문이다.

그때 코린토스의 전령이 방문하여 오이디푸스의 부왕으로 여겨지던 코린토스의 왕 폴뤼보스의 죽음을 전한다. 오이디푸스는 자신의 아버지를 죽인다는 예언을 받았기 때문에 이것은 아폴론의 예언이 맞지 않음을 증명하는 기쁜 소식이 될 터였다.

그러나 이 전령은 낭보가 아닌 흉흉한 소식을 가져온다. 게다가 기뻐해야 할 소식으로서 말이다. 이 전령은 오래 전 가축 무리를 치던 시절, 또

---

32 소포클레스, 『콜로노스의 오이디푸스』, 『소포클레스 비극 전집』, 218쪽.

다른 목자로부터 오이디푸스를 받아 폴뤼보스에게 넘겨준 적이 있으며, 오이디푸스의 아버지가 폴뤼보스가 아니라는 것을 분명히 한다.

오이디푸스는 자신이 버려졌었다는 것을 알고 충격을 받아 코린토스의 전령에게 오이디푸스를 넘겨줬던 양치기를 찾게 한다. 이 양치기는 라이오스가 살해될 때에 우연히 거기 있었던, 산속 깊숙이 은둔하던 양치기이다. 그리고 오이디푸스는 자신의 신체에도 진실을 드러내는 쉼볼론을 갖고 있었다. 오이디푸스라는 그리스어는 '부은 발꿈치'를 의미한다. 갓난아이였을 때 오이디푸스가 양 발꿈치를 못에 뚫려 버려진 것을 전령이 밝혔기 때문이다. "당신의 두 발이 증언해 줄 것이옵니다"[33]라고.

이렇게 해서 오이디푸스는 자신의 이름과 신체를 통해 자신의 진실을 고한다. 진실의 추리극으로서는 여기서 끝나도 좋았을 것이다. 그러나 오이디푸스에게는 아직 사실을 밝히는 역할이 남아 있다. 4막은 심문의 절차를 거쳐 결여된 쉼볼론을 맞추듯, 이제는 모두의 눈에 명백해 보이는 진실이 폭로되기 위한 것이다. 사자는 갓난아이 오이디푸스를 받아 들었던 상황을 상세하게 이야기한다. "하지만 그가 잊어버렸다면 제가 그 기억을 분명히 일깨우겠사옵니다"[34]라고 말하면서 이야기하는 세부적인 상황은 양치기에게 거부할 수 없는 사실이며 자신의 쉼볼론과 정확히 일치하는 것이다. 사자가 "내 말이 맞소? 아니면 있지도 않은 거짓말을 하고 있소?"라고 힐문하자 양치기는 "그대의 말은 사실이오"[35]라고 대답하지 않을 수 없었다.

그런데도 양치기는 오이디푸스의 심문과 관련해 처음에는 진실을 말

---

33 소포클레스, 『오이디푸스 왕』, 같은 책, 70쪽.
34 같은 책, 74쪽.
35 같은 곳.

하려 하지 않는다. 라이오스의 명령을 배반했다는 것을 인정하고 싶지 않기 때문이고 또 진실을 말하면 파멸당할 것이 분명했기 때문이다.

그러나 아테네에서는 노예의 주인이 합의한 경우에 노예를 고문하는 것이 용인되었다. 민주정 시대 아테네의 재판에서는 자신의 주장을 뒷받침하기 위해 자신의 노예를 고문에 제공할 용의가 있다고 발언하는 것이 통례였다. 이것을 거부하면 뒤가 켕기는 것이 아니냐는 의심을 받았기 때문이다.

재판소에는 전속 취조관이 있어서 일정한 절차에 따라 노예를 고문하고 주인의 주장이 옳은지 그른지를 조사했다고 한다. 또한 노예의 발언은 고문한 뒤가 아니라면 증거로서 이용될 수 없었다고 한다.[36] 이 장면은 재판이 아니지만 오이디푸스는 한 집의 가장으로서 집에서 부리는 자를 고문하게 할 수 있는 것이다. 그리고 동시에 오이디푸스는 민주정의 도시 국가에서 실행되는 재판의 절차를 대리하고 있을 뿐이다.

푸코가 지적하는 것처럼 여기서 오이디푸스는 "흡사 기원전 5세기의 그리스 재판관의 역할을 담당하고 있"는 것이다.[37] 고대 그리스의 많은 법정 변론에서 볼 수 있듯이,[38] 재판에서 재판관은 원고에게 죄를 고백하게 하고 피고에게 변론하게 하며 증인을 불러 확인하고 필요하다면 노예를 고문하여 진실을 쥐어짠다. "이것이 바로 기원전 6세기 말부터 기원전 5

---

36 아테네의 재판에서는 자유인만 증언할 수 있다고 여겨졌다. 노예의 고문과 증언의 지위에 대해서는 一柳俊夫, 「殺人事件における奴隷の法的地位」, 『古代ギリシア法思想史研究』, 御茶の水書房, 1990을 참조하라. 또 노예는 나면서부터(퓌세이) 육체적 존재로 여겨졌음이 아리스토텔레스의 『정치학』에서도 드러나는데, 그래서 자유인에게는 증언을 얻지만 노예에게는 고문을 통해 진실을 짜내야 한다고 여겨졌다는 데 대해서는 E. L. カザケヴィチ, 『古典期アテナイの市民·非市民·奴隷』, 一柳俊夫 編訳, 御茶の水書房, 1995가 참조할 만하다.

37 Foucault, "La vérité et les formes juridiques", p. 629.

38 이를테면 『안티폰/안도키데스 변론집』에 수록되어 있는 법정 변론을 보라.

세기에 걸쳐 사용되기 시작했던 진실 탐구의 새로운 절차"[39]인 것이다.

이 재판에서는 이미 신에 대한 서약이나 영웅의 자기희생적 진실 고백에 의거하지 않는다. 시민이나 노예의 증언이 쉼볼론으로서의 역할을 함으로써 비로소 진실이 확정되며 여타 종류의 진실은 신뢰받지 못한다. 그리고 오이디푸스는 이 법적 기구의 설치와 동시에 그 역할을 끝마친다.

오이디푸스는 재판을 통한 조사와 증거 수집, 그리고 증언의 대조라는 쉼볼론의 절차가 확정되기 위해 자기 의지에 반해 이용되었다는 것이다. 푸코는 "오이디푸스는 진실이 드러나기 위해 진실을 형성할 수 있는 사법 장치가 규칙적인 형태로 확립되기 위해 필요했다. 그러나 이제 오이디푸스는 자신이 설치한 이 사법 장치에 의해 과잉된 것으로서 배제되는 것이다"라고 지적한다.[40]

푸코는 이 오이디푸스에 의한 재판 절차에서 오이디푸스는 '좋은 참주'로서 행동하고 있다고 지적한다. '좋은 참주'라 하면 아테네에 법률을 부여한 페이시스트라토스가 떠오를 것이다. 헤겔은 『역사철학』에서 대표적 참주인 페이시스트라토스에 대해 이렇게 말한다.

페이시스트라토스와 그의 아들들의 지배는, 문벌이나 당파의 세력을 탄압하고 이것을 질서와 평화에 복종시키면서 다른 한편으로는 시민을 솔론의 법률에 익숙해지게 하기 위해 필수 불가결한 것이었다고 생각된다. 그러나 이 목적이 달성되었든 그렇지 않든, 지배는 무용하다고 여겨지게 되며 자유의 법률은 페이시스트라토스 가문의 권력과 충돌하게 될 수밖

---

39 Foucault, "La vérité et les formes juridiques", p. 629.
40 Foucault, *Mal faire, dire vrai : Fonction de l'aveu en justice*, 55쪽.

에 없었다. 이렇게 해서 페이시스트라토스 가문은 쫓겨나고 히파르코스
는 살해되며 히피아스는 추방되었다.[41]

좋은 참주란, 도시국가에 외부에서 힘을 가하여 전제적 지배를 펼침
으로써 도시국가의 시민들에게 법률을 지키도록 가르치는 역할을 하는
참주이다. 여기서 오이디푸스는 페이시스트라토스와 마찬가지로 몸소
새로운 법률적 장치를 채용하게 한 것이다.

비극의 위상

엥겔스는 『가족, 사유재산, 국가의 기원』의 서문에서 바흐오펜(Johann
Jakob Bachofen, 1815~1887)의 『오레스테스』 분석을 높이 평가했다. 바흐
오펜은 이 극이 오래된 모권제를 대표하는 에리뉘스들(복수의 여신들)과
새로이 탄생하려 하는 부권제를 대표하는 신 아폴론과 아테네의 대립 극
이라고 이야기했다. 아테네 시민에 의한 배심재판인 알레이오파고스가
찬반 동수가 되었기 때문에 아테네가 한 표를 던져 어머니를 죽인 오레스
테스를 구하고 에리뉘스에게 새로운 질서로 은혜의 신(에우메니데스)가
되라고 설득한 것이다.

엥겔스의 가족론은 이 모권제의 이론과 모건(Lewis Henry Morgan)
의 고대사회론에 의거하여 이 재판이 모권제라는 오래된 사회 조직으로
부터 부권제로의 이행을 상징한다고 생각했다. "부권이 모권을 누르고 승
리한 것"이라고 말이다.[42] 그러나 푸코는 모권제와 부권제라는 사회 질

---

41 ヘーゲル, 『歴史哲学』 中, 武市健人 訳, 岩波書店, 1971, 162쪽.
42 프리드리히 엥겔스, 『가족, 사유재산, 국가의 기원』, 김대웅 옮김, 두레, 2012, 17쪽.

서가 대립하는 문제라기보다, 법의 절차라는 측면에서 『오이디푸스 왕』
이 그리스에 있어 새로운 법 체제의 탄생을 고하는 역할을 했다고 생각했
다.[43]

영웅들을 귀족으로 생각하는 것이 허용된다면, 이것은 아테네 민주
정의 확립 그 자체를 상징하는 것이 된다. 『콜로노스의 오이디푸스』에서
오이디푸스를 맞이하는 사람은 테세우스인데, 아테네를 창설한 테세우
스는 에우리피데스의 비극 『바코스의 여신도들』에도 등장하는 것처럼 아
테네 민주주의의 창설자라는 전설을 휘감고 있는 것이다.

푸코는 『오이디푸스 왕』을 분석하면서, 진실을 말하는 것이 영웅의
임무일 뿐만 아니라 시민의 수준에까지 도달했다는 것을 밝혔다.[44] 아이
스퀼로스의 비극 『오레스테스』에서 재판을 행하는 것은 시민들로 구성된
알레이오파고스이다. 그러나 시민들은 거기서 한마디도 발언하지 않는
다. 극을 구성하는 것은 어머니를 죽였다는 죄를 추궁하는 에리뉘스들과
부친 살해의 복수라는 논리를 인정하라고 종용하는 아테네 여신의 대화,
그리고 죄를 추궁당하는 오레스테스의 독백이다.

이에 비해 소포클레스의 『오이디푸스 왕』에서는 코로스가 시민의 목
소리를 대표해 도시국가에 있어 최선의 결과를 기대하며 왕이 자신의 선

---

43 다만 여기서 피의 복수로부터 법의 지배로의 이행이 일어난 것은 아니다. 그리스에서는 이미
   호메로스의 시대부터 일정한 법적 기구가 기능하고 있었으며, 피의 복수에 의거하지 않는 해
   결법이 존재했다. 이 비극의 주인공인 오레스테스의 경우에는 왕의 아들로서 살해된 왕의 복
   수를 하는 것이 자신의 일이며, 여기서 법정에 호소할 수는 없었던 것이다. 이에 대해서는 H.
   ロイド=ジョーンズ, 『ゼウスの正義: 古代ギリシア精神史』, 真方忠道・真方陽子 訳, 岩波書店,
   1983, 149~150쪽을 참조하라.
44 푸코는 이 비극이 "그리스의 법의 역사를 요약한 것"이라고 지적하면서, "민중이 재판의 권리,
   진실을 말할 권리"를 손에 넣는 절차의 역사라고 결론 내린다(Foucault, "La vérité et les formes
   juridiques", pp. 570~571).

언대로 진실을 명확히 하고 스스로를 재판하는 것을 지켜본다. 이 비극에서 최후의 진실을 말하는 것은 양치기와 하인이라는 극히 낮은 신분의 시민과 노예들이다. 진실은 이제 영웅이 말하는 것이라기보다 시민이 말해야 하는 것이 된 것이다.

양치기가 왕을 두려워하면서 사실을 고백하고 하인이 그 진실을 확인하도록 요구하는 모습은 그리스 도시국가의 재판 방식을 방불케 한다. 독자에게 그 마음의 움직임이 손에 잡힐 듯 이해될 수 있는 것이다. 여기서 영웅과는 다른 형태로 시민의 마음이 묘사되어 있다고 말할 수 있을 것이다.

3장 · 파레시아

1. 정치적 파레시아

파레시아와 자유

『오이디푸스 왕』에서는 세 가지 다른 차원의 주체가 진실을 말한다. 신과 예언자, 영웅(왕), 그리고 시민과 노예이다. 푸코는 이 비극을 분석하면서, 신이 말하는 진실과 영웅이 말하는 진실이 도시국가라는 정치적 장에서 는 결정적 역할을 달성할 수 없다는 것을 보여 주었다. 페이시스트라토스 가 아테네 시민에게 법률의 중요성을 철저히 가르쳐 줬다고 한다면, 좋은 참주로서의 오이디푸스가 몸소 보여 준 것은 말해진 진실로서 유효한 것 은 시민이 말하는 진실뿐이며 이것만을 신용할 수 있다는 사실이었다.

시민이 진실을 말하는 이 행위 자체가 이윽고 파레시아라고 불리게 된다. 파레시아란, 고대 그리스어에서 모든 것(판)과 말해진 것(레마)을 의미하는 말들이 합쳐진 말로, 진실 말하기, 솔직히 말하기, 자신이 믿는 바를 자유롭게 말하기라는 의미이다. 또 자신이 믿는 바를 말하는 자는 '파레시아스테스'라고 불렸다.

다만 푸코가 1983년 U. C. 버클리 대학에서의 연속 강의에서 상세히 분석했듯이[1] 파레시아라는 개념은 단순한 진실 말하기가 아니었고, 애초에는 정치적 개념으로 등장했다. 이를테면 에우리피데스가 기원전 409년경에 발표했다고 알려진 『포이니케 여인들』에서 파레시아는 아테네 자유인의 정치적 권리로서 명확히 제시된다. 『코로노스의 오이디푸스』를 이어받은 이 극의 주요 주제는 오이디푸스가 저주한 두 아들의 대립이다.

오이디푸스가 죽은 후, 유산을 '날선 무쇠'[2]로 나누라는 부친의 유언이 실현되는 것을 피하기 위해, 두 아들은 1년씩 번갈아 테바이를 지배하기로 계약을 맺었고, 연장자인 에테오클레스가 먼저 통치하게 되었다. 그러나 1년이 지나도 형은 아우에게 지배권을 양보하려 하지 않는다.

형으로부터 테바이 지배권을 탈환하기 위해 아우인 폴뤼네이케스는 다나오이인의 군을 이끌고 테바이를 습격한다. 어머니 이오카스테는 피로 피를 씻는 형제의 싸움을 피해 보고자 휴전을 하게 하고 대화의 장을 마련한다. 먼저 폴뤼네이케스가 그곳에 당도하자 어머니 이오카스테는 테바이로부터 추방당해 있었던 사이에 괴로웠는지 묻는다. 아들은 "말로 형언할 수 있는 것보다 더 불행하죠"라고 답한다. 그리고 추방이 괴로웠던 이유에 대해 묻자 아들은 "가장 나쁜 점은 언론의 자유가 없다는 것"이라 말하고, 이에 어머니는 "그것은 노예의 운명이로구나. 제 생각을 말할 수 없다니 말이야"라고 말한다.[3]

"언론의 자유가 없다"는 부분은 원문에서는 "파레시아의 권리를 행

---

1 ミシェル・フーコー, 『真理とディスクール: パレーシア講義』, 中山元 訳, 筑摩書房, 2002, 22쪽 (Michel Foucault, *Fearless Speech*, eds. Joseph Pearson, semiotext(e), 2001).
2 에우리피데스, 『포이니케 여인들』, 『에우리피데스 비극 전집 2』, 천병희 옮김, 숲, 2009, 227쪽.
3 같은 책, 240쪽.

사할 수 없다"고 되어 있다. 여기서 폴뤼네이케스는 아테네에서 태어난 시민으로서 정치의 장에서 자유롭게 발언할 권리를 가지고 있는데도 불구하고, 나라 밖으로 추방당해 다른 도시국가에서 외국인(메토이코이)으로 살았던 괴로움을 말하고 있는 것이다. 이 권리를 행사할 수 없는 것은 외국인이나 노예이기 때문에, 마치 노예와 같은 기분으로 살았다는 것이다.

당시 그리스의 정치적 세계를 생각해 보자. 그리스가 페르시아 등의 나라들과 달랐던 것은, 그리스에서 처음으로 본래적 의미의 정치적 공간이 등장했다는 점이다. 페르시아에서는 왕이 통치하고 왕은 제국의 각지에 긴밀한 지배망을 확립한다. 제국에서 중요한 것은 왕의 자질이다.

그러나 고대 그리스에서 왕은 귀족들 중 한 명, 영웅들 중 한 명에 불과하다. 아킬레우스와 아가멤논의 전투에서 볼 수 있는 바, 왕에게 독재적 권력은 인정되지 않는 것이다. 이윽고 왕정으로부터 민주제로 이행함과 동시에 몇 가지 기본적인 권리가 도시국가의 시민들에게 인정되었다. 이러한 권리가 시민의 단결력을 만들어 내고, 그것이 그리스 도시국가의 힘이 되었던 것이다.

그것을 상징했던 것이 페르시아 전쟁이다. 군주의 지배를 받지 않는 자유로운 민족이 어떻게 전투를 수행할 수 있는가? 이것은 페르시아뿐만 아니라 당시의 그리스에서도 커다란 수수께끼였다. 이 물음은 일찍이 아이스퀼로스가 『페르시아인들』에서 제기한 물음인데, 헤로도토스는 전제 군주가 지배하는 민족과의 전투에서 스파르타의 자유로운 백성이 승리를 거둔 이유를 법(노모스)에서 발견한다. 이것을 보여 주는 것이 유명한 크세르크세스와 스파르타의 데마라토스의 대화이다.

크세르크세스는 그리스인처럼 자유로운 인간이 페르시아의 대군에게 싸움을 걸 수는 없다고 생각한다. "우리 군대와 같이 한 사람이 통솔한 다면 지휘관을 두려워하는 마음에서 실력 이상의 힘을 내거나 채찍에 몰려 중과부적임에도 불구하고 대군을 향해 돌격할 것이오. 그러나 자유로이 방임해 둔다면 그 어느 쪽으로도 행동하지 않을 것이오. 내가 보기로는 설사 병력이 똑같다 하더라도 그리스인은 페르시아인 부대 하나조차도 대적치 못할 것 같소."[4] 채찍으로 위협당하지 않는 자유인이 그런 바보짓을 할 리가 없지 않겠느냐는 것이다. 이에 스파르타의 데마라토스는 이렇게 답한다. "그들(그리스인들)은 물론 자유스럽습니다만 전적으로 자유로운 것은 아닙니다. 그들은 법(노모스)이라는 왕을 섬기고 있습니다. 그들이 이것을 두려워하는 정도는 전하의 신하들이 전하를 두려워하는 정도를 훨씬 능가합니다."[5]

이세고리아, 이소노미아, 파레시아

이처럼 스파르타에서는 노모스가 도시국가의 지지대가 되었던 반면, 아테네에서는 세 요소들이 민주 체제 유지와 도시국가를 지키는 병사들의 사기 진작의 역할을 하고 있었다. 그 세 요소란 바로 이세고리아와 이소노미아, 그리고 파레시아이다. 이세고리아라는 것은 평등한 발언권이며,

---

4 헤로도토스, 『헤로도토스 역사』(하), 박광순 옮김, 범우사, 1996, 7권 103, 214쪽.
5 같은 책, 7권 104, 215쪽. 이세고리아를 솔론으로까지 거슬러 올라갈 것인지, 클레이스테네스부터 시작되는 것으로 생각할 것인지에 대해서는 Martion Ostwald, *From Popular Sovereignty to the Sovereignty of Law*, University of California Press, 1986, p. 203을 참조할 것. 이세고리아를 실제로 행사한 사람들의 단층을 분석하여, 많은 경우 도시국가의 유력자가 이 권리를 행사했다는 데 대해서는 荻田讓二, 「古典期アテナイの民会におけるイセーゴリアの行使をめぐって」, 『古代地中海世界』, 清水弘文堂, 1993를 참조할 만하다.
이 시대에 파레시아의 정치적 사용법에 관해서는 *Dictionary of the History of Ideas*, Vol. II, p. 259도 참조할 만하다. 이세고리아와 파레시아의 관계에 대해서는 仲手川良雄, 『古代ギリシアにおける自由と正義』, 創文社, 1998이 참고가 된다.

이소노미아란 법 앞에서의 평등이다. 그리고 파레시아는 자신이 생각하는 바를 자유롭게 말할 권리였다. 헤로도토스는 페르시아 전쟁을 승리로 이끌었던 아테네의 힘이 다음과 같이 이세고리아에 있다고 여겼다.[6]

이렇게 하여 아테네는 점점 강대해졌고, 자유평등(이세고리아)이라는 것이 단지 한 가지 면에서만이 아니라 모든 면에서 얼마나 중요한 것인가를 실증했다. 왜냐하면 아테네는 독재하에 있었을 때는 전력(戰力)면에서 어떤 나라도 능가하지 못했었지만, 일단 독재자로부터 해방되고부터는 다른 모든 나라를 누르고 최강국으로 발돋움했기 때문이다. 이것은 명백히 그들이 압제하에 있었을 때는 마치 노예가 그 주인을 위해 일하는 것을 꺼리듯이 독재자를 위해 일하는 것을 고의로 기피했었지만, 자유의 몸이 되고부터는 각자 자신의 이해에 관심을 갖고 일할 의욕을 불태웠음을 보여 준다.[7]

---

6 이 개념들의 관계와 제4의 요소로서의 이소크라티아(권력의 평등)에 대해서는 Mogens Herman Hansen, *The Athenian Democracy in the Age of Demosthenes*, Blackwell Publications, 1991, pp. 81~85가 상세하다. 이소노미아가 단계적으로 확장되어 민주제의 기초가 되어 가는 절차에 대해서는 Ostwald, *From Popular Sovereignity to the Sovereignity of Law*, pp. 49~50을 참조할 것. 이소노미아에 대한 더 많은 정보는 合阪学, 『ギリシア·ポリスの国家理念』, 創文社, 1986, 특히 전편(前篇) 2장이 이소노미아와 식민 활동을 연결지어 고찰하고 있어 참고가 된다. 이소노미아와 이소모이리아[토지나 식량 등의 몫을 분배함에 있어서의 평등. 이소노미아라는 말이 만들어지기 전까지, 즉 '법 앞에서의 평등'이라는 개념이 생겨나기 전까지 '평등'을 뜻하는 말로 사용되다가 점차 '이소노미아'로 대체됨] 모두 토지의 균등한 분할을 의미했던 것이다 (106쪽). 또 Jean-Pierre Vernant, "Espace et organisation politique en Grèce ancienne", *La Grèce Ancienne*, tome 2, *L'Espace et le Temps*, Seuil, 1991도 이소노미아에서의 수학적 동일성의 의미를 고찰하면서, 이윽고 비례 관계가 도입됨으로써 이소노미아가 변질되는 것을 시사하고 있다(pp. 203~228).

7 헤로도토스, 『헤로도토스 역사』(하), 49쪽(5권 78). 아테네의 자유와 민주주의의 유래를 고찰하는 것이 '아고라적 역사가'로서의 헤로도토스의 중요한 목적이었다. 이에 관해서는 高山一十, 『ギリシア社会史研究』, 제1법규, 1985, 65~69쪽이 상세하다. 아고라적 역사가 헤로도토스가 아테네 민주주의를 바라보는 시선과, 아크로폴리스적 역사가 투퀴디데스가 아테네 민주주의

이 이세고리아의 이념을 웅변적으로 말했던 것이 에우리피데스의 기원전 420~415년경 작품 『탄원하는 여인들』이다. 이 비극에서는 테바이에서 온 무명의 사자와 아테네의 영웅 테세우스 사이에서 대화가 오간다. 이 비극도 『폴뤼네이케스』처럼 오이디푸스의 두 아들에 얽힌 이야기이다. 폴뤼네이케스와 함께 테바이를 공격하다 전사한 일곱 장수들은 승리한 테바이의 왕 크레온에 의해 매장을 금지당해 성문 밖에 시신이 방치되었다. 시신들을 수습해달라는 부탁을 받은 아테네의 테세우스가 이를 승낙한 찰나, 테바이의 사자가 방문하여 "누가 이 나라의 독재자요?"고 묻는다. 이에 테세우스는, 아테네에는 독재자가 없다며 이렇게 답한다.

이방인이여, 자네는 첫머리부터 틀린 말을 하는군.
여기서 독재자를 찾다니 말일세. 도시는 어느 한 사람의
지배를 받는 것이 아니라, 자유로우니 말일세.
매년 번갈아 가며 백성들이 관직에 취임한다네.
우리는 부자라고 해서 특권을 주지 않으며,
가난한 사람도 똑같은 권리를 누린다네.

이를 통해 바람직한 정권은 어떤 것인지, 과두제인지 민주제인지 하는 논의가 시작된다. 사자는 과두제를 옹호하고 민주제에서는 말솜씨로 국민을 선동함으로써 여론이 움직여진다고 주장한다. 그러나 테세우스는 아테네의 민주제를 옹호하며, 일단 법이 성문화되면 힘없는 자나 부자

를 바라보는 시선의 차이에 관해서는 David Stockton, *The Classical Athenian Democracy*, Oxford University Press, 1990의 6장도 참조하라.

나 동등한 권리를 갖게 되며 누구나가 의회에서 자유롭게 발언할 권리를 갖는다고 찬양한다.

> 자유란 이런 것일세. "누가 도시에 유익한 안건을
> 갖고 있어 공론에 부치기를 원하십니까?"
> 원하는 자는 이름을 날리고, 원치 않는 자는 침묵하면
> 된다네. 도시에 이보다 더한 평등이 어디 있겠는가?[8]

여기서 참주제를 채택한 테바이와, 민주제를 채용한 아테네의 정치적 우열이 겨루어지고 있다. 이 작품이 발표된 것은 아테네와 스파르타를 맹주로 삼아 그리스 전체를 휩쓴 펠로폰네소스 전쟁이 한창인 때였다. 아테네의 적이었던 스파르타는 그리스의 여러 도시국가들에서 참주제나 과두제를 수립하는 경향이 있었고, 민주제를 채택했던 도시국가들은 아테네와 동맹하는 경향이 있었다. 이 때문에 아테네가 민주제의 우월함을 자랑스러워하는 것은 정치적으로는 동맹국을 불리려는 의미가 있었던 것이다.

테세우스가 자랑스럽게 말하는 "누가 도시에 유익한 안건을 갖고 있어 공론에 부치기를 원하십니까?"라는 말은 아테네의 민회가 개회될 때에 전령을 통해 고해지는 말이며, 이세고리아(평등한 발언권)를 보증하는 것이다.

또한 이소노미아(법 앞에서의 평등)는 클레이스테네스의 개혁으로 부족이 재편성됐을 때에 도입되었다고 여겨지는데, 모든 아테네 자유인은

---

8 에우리피데스, 『탄원하는 여인들』, 『에우리피데스 비극 전집 2』, 386쪽.

어떤 특정한 구(區, 데모스)에 소속되며 거기서 평등한 권리를 보증받게 되었다. 아리스토텔레스의 이름으로 쓰여진 『아테네 정치제도사』는 이렇게 이야기한다.

> 민중의 지도자가 된 클레이스테네스는 먼저 그 전의 4부족 대신 전체를 10개 부족으로 나누었다. 그리고 많은 사람이 참정권을 갖도록 혼합하려 하였다. 그때부터 태생을 물으려는 사람들에 대해서는 종족을 구분하지 말라는 말을 하게 되었다.[9]

이렇게 해서 모든 부족과 그 구성원들을 평등하게 다루는 원칙으로서의 이소노미아가 확립되었다.[10] 그리고 민주주의의 세번째 원칙이었던 파레시아는 앞서 확인한 것처럼, 자유로운 시민이 자신이 생각하는 바를 발언할 권리, 특히 민회에서 자유롭게 말할 권리였다. 스파르타에는 도시국가의 버팀목이 되는 법을 비판할 자유가 없었지만, 아테네에는 언론의 자유가 있었으며 민주제 자체까지도 비판할 수 있었다. 데모스테네스는 "스파르타에서는 아테네 혹은 다른 어떤 나라의 법도 칭찬할 수 없습니다. 그뿐이 아닙니다. 스파르타에서는 국가체제(폴리테이아)와 일치하는

---

9 아리스토텔레스, 『아테네 정치제도사』, 21장, 『고대 그리스 정치사 사료』, 최자영·최혜영 옮김, 신서원, 71~72쪽. 위작 논란이 있다.

10 클레이스테네스의 개혁과 이소노미아에 대해서는 Victor Ehrenberg, *From Solon to Socrates*, Methuen & Co. Ltd., 1967가 상세하다. 에렌버그는 파레시아도 클레이스테네스 무렵에 도입되었다고 본다(p. 223). 그러나 클레이스테네스의 개혁은 새로운 부족의 편성, 평의회 설치, 아리스토텔레스가 주목한 오스트라시즘에 국한되는 것으로, 언어의 자유를 장려하는 요소는 없었던 것으로 보인다. 이에 대해서는 Josiah Ober, *Mass and Elite in Democratic Athens*, Princeton University Press, 1989, p. 73을 참조할 것. 그러나 오버도 이소노미아가 클레이스테네스의 슬로건이었다는 것은 인정하며 "클레이스테네스 개혁의 정치적 슬로건, 그 새로운 질서의 이름은 이소노미아였던 것 같다"고 말하고 있다(p. 74).

것만을 칭찬할 수 있을 뿐입니다"라고 말한다.[11] 아테네에서는 바로 언론의 자유가 민주제를 지탱하고 있었던 것이다.

다만 이 파레시아라는 권리는 법적으로 보증된 것이 아니다. 시민은 자신이 생각하는 바를 말할 용기를 가져야 했다. 시민은 발언함으로써 도시국가의 정치에 참가한다. 누구나 민회에서 자유롭게 법을 제안할 수 있지만, 그러나 그것에 책임을 지도록 요구되었다. 자유로운 발언에는 리스크가 수반되며, 파레시아는 시민 스스로가 리스크를 지고 하는 행위이다.

푸코는 고대 그리스 도시국가에서의 원초적 파레시아스테스(진실을 말하는 자)를 세 조건으로 정의한다. 우선 파레시아스테스는 자신이 진실이라고 생각하는 바를 말해야 한다. 자신이 생각하는 것을 숨김 없이 타자에게 고할 필요가 있다. 두번째로 그 발언은 자유롭게 행해져야 한다. 법정에서 증언을 요구받았을 때에 진실을 말하는 것은 파레시아라 말할 수 없는 것이다. 세번째로 파레시아스테스는 말을 거는 상대를 비판하고 돕고 개선시키기 위해 스스로 리스크를 안고 말해야 한다.

"파레시아에서는 말하는 자가 자신의 자유를 행사하고, 설득보다는 솔직함을 선택하며, 거짓이나 침묵보다 진실을 택하고, 생명이나 안정성보다 죽음의 리스크를 택하며, 아첨보다 비판을 택하고, 자신의 이익이나 도덕적 무관심보다 도덕적 의무를 택"하는 것이다.[12]

---

11 데모스테네스, 『레프티네스에 대한 항변』, 106(『デモステネス 弁論集 3』, 京都大学学術出版会, 2004, 72쪽). 이 연설에 대해서는 A. H. M. Jones, *Athenian Democracy*, Blackwell. 1957, p. 44를 참조.

12 フーコー, 『真理とディスクール: パレーシア講義』, 22쪽.

파레시아와 민주제

다만 아테네의 민주제를 지탱하는 이세고리아와 파레시아는 복잡한 관계를 맺고 있었다. 이세고리아와 파레시아는 원칙적으로 아테네에서 태어난 자유인에게만 엄격히 한정해 인정되었던 것이다. 폴뤼네이케스의 고민 역시, 이국의 도시국가에서 파레시아를 행사할 수 없었던 것이 얼마나 노예의 경우와 같았는지를 강조하는 것이었다.

그리고 아테네 시민이기 위한 자격은, 기원전 451~450년에 페리클레스가 정한 법률에 따르면, 양친 모두가 아테네 시민이어야 한다는 것이었다.[13] 아리스토텔레스에 따르면 이런 법률은 시민이 너무 많이 불어났기 때문에 정해졌는데,[14] 시민권을 확정함으로써 시민들의 권리를 확보하려 했던 것이다.

페리클레스의 법률은 아르키다모스 전쟁 중에 시민이 감소했기 때문에 폐지되었고, '아버지'가 아테네인이면 시민으로 여겨지게 되었다(이소크라테스, 「평화에 대하여」, 88). 그러나 시민권을 자유인에게만 한정하라는 요구가 강해지고 이 법률은 기원전 403년에 폐지된다.[15] 파레시아는 아테

---

13 아버지인 남성이 아테네의 시민이라는 것은 프라토리아와 데모스에 등록하는 것으로 충분했지만 어머니인 여성은 프라토리아에 정식으로 등록되지 않곤 했기 때문에 시민권의 확정에 곤란한 문제가 발생했다. 이에 대해서는 安永信二, 「古典期アテナイにおける市民権法と女性の市民資格」, 『古代地中海世界』을 참조할 것.

14 아리스토텔레스의 이름으로 쓰여진 『아테네 정치제도사』에서는 "그 후 3년째[기원전 451/450] 안티도토스 아르콘 때에 참정권자의 수가 많았으므로, 페리클레스의 제안으로 부모 둘 다 도시 출신이 아니면 도시국가에 동참하지 못하도록 했다"고 말한다(26장, 77쪽). 또한 아테네의 시민권과 파레시아의 관계에 대해서는 フーコー, 『真理とディスクール: パレーシア講義』에서 에우리피데스의 비극 『이온』에 관한 푸코의 상세한 독해를 읽어 볼 것을 권한다. 『이온』의 상세한 독해를 포함하는 Nicole Loraux, *Les enfants d'Athèna*, Editions la Découverte, 1981은 아테네에서의 여성의 지위에 대한 날카로운 고찰을 보여 준다.

15 시민권법에 대해서는 馬場惠二, 「アテナイにおける市民権と市民権詐称」, 秀村欣二, 三浦一郎, 太田秀通 編, 『古典古代の社会と思想』, 岩波書店, 1969; 一柳俊夫, 『古代ギリシア法思想史研究』를 참조하라. 또한 Phillip Brook Manville, *The Origins of Citizenship*, Princeton

네의 자유로운 시민에게만 인정되었으며, 여성과 어린이, 거류민(메토이코이) 그리고 노예는 배제되었다. 이는 그리스 민주주의의 큰 한계를 보여 주는 것이었다.

이세고리아와 이소노미아 그리고 파레시아 모두 아테네 태생의 남성에게만 인정된 권리였으며, 그 배후에는 아테네 시민이 여성에게서가 아니라 대지에서 태어난 백성(아우토크토네스)이라는 신화가 있었다. 이를테면 플라톤은 『메넥세노스』에서 전사한 병사들의 추모 연설 형식을 취하며, 아테네 백성들에게 이렇게 말했다.

우선 이분들의 훌륭한 태생은 이주민이 아닌 선조들의 출생에서 비롯되었습니다. 이분들의 선조들께선 타국에서 와서 이 자손들을 거류민(메토이쿤타스)으로 살게 만든 그런 분들이 아니라, 이 땅에서 태어난 토박이(아우토쿠톤)들이자 진실로 조국에 거주하며 살아 오신 분들입니다. (……) 이 국토가 이들과 우리들의 선조들을 낳았다는 이 말에는 그것을 뒷받침해 주는 커다란 증거가 있습니다.[16]

아테네의 민주제가 성립하기 위해서는 다음과 같은 과정이 필요했습니다. 요컨대 아테네 시민이 어머니로부터가 아닌 대지로부터 태어났다는 신화[17]를 통해 공적 영역으로부터 여성을 배제하고 자유인보다 훨씬

University Press, 1990이 상세하다.

16 플라톤, 『메넥세노스』, 이정호 옮김, 이제이북스, 2008, 63~64쪽(237b~c).

17 이 아우토크토네스의 신화와 이소노미아, 이세고리아의 관계에 대해서는 Nicole Loraux, *Né de la terre: mythe et politique à Athènes*, Seuil, 1996에 분석되어 있다. "일반화된 아우토크토네스(의 신화)는 아테네 민주제의 이데올로기의 중심을 구성한다"는 것이다(p. 57). 또한 아우토크토네스의 원리가 기본적으로 '차이의 배제'에 의거한다는 것에 대해서는 Arlene W.

뛰어난 수많은 사람들을 노예로서 예속시켰으며 아테네에 거류민(메토이코이)으로 사는 이방 백성을 배제하고 그리스 이외의 나라들을 바르바로이라 부르며 경멸했던 것이다. 플라톤은 이 연설에서 아테네를 찬양하며 이렇게 말한다.

> 실로 그 정도로 이 나라의 고귀하고 자유로운 기풍은 견고하고 강건하며 태생적으로 이민족 사람들을 싫어하는 바, 그것은 우리들이 순수한 그리스 사람들이자 이민족 사람들의 피가 섞이지 않았기 때문입니다. (……) 우리나라 사람들에게는 다른 민족에 대한 순수한 증오가 몸에 배게 된 것입니다.[18]

그리스의 도시국가는 정치적으로 이렇게 여성, 노예, 거류민, 이방인을 배제하는 것을 그 원리로 삼고 있었다. 이 정치적 한계는 알렉산드로스 아래서의 헬레니즘 세계에 이르기까지 해결되지 않고, 그리스 도시국가의 한계를 나타내게 된다.[19]

2. 나쁜 파레시아

이렇게 파레시아는 그리스 도시국가의 민주제를 상징하는 것이었지만

Saxonhouse, *Fear of diversity: The Birth of Political Science in Ancient Greek Thought*, University of Chicago Press, 1992, p. 112을 참조하라.

18 플라톤, 『메넥세노스』, 77쪽(245c~d).

19 그 후 로마에서도 바르바로이를 경멸하는 사고방식이 재생산되는 데 대해서는 マルティン・ヘンゲル, 『ユダヤ人・ギリシア人・バルバロイ: 聖書中間時代のユダヤ人の歴史』, 大島征二 訳, ヨルダン社, 1984, 94쪽 이하를 참조하라.

이윽고 정치적 자유를 발휘하는 행위와는 정반대의 의미를 갖기 시작한다. 기원전 408년경에 상연된 에우리피데스의 후기 비극 『오레스테스』는 파레시아가 갖는 문제를 분명히 드러내고 있다. 시민이 갖는 바람직한 권리였던 솔직히 말하는 행위가 언제부턴가 도시국가가 나아갈 길을 잘못되게 하는 위험한 행위로 여겨지기 시작한 것이다.

『오레스테스』라는 비극은 어머니를 살해한 오레스테스와 여동생 엘렉트라를 재판하는 극이다. 아르고스 사람들이 민회에 모이고 오레스테스의 처우를 결정하려 한다. 여기서는 오레스테스의 처형에 반대하는 측과 찬성하는 측을 대표하는 인물이 각각 발언한다. 처형에 반대하는 인물은 온건하고 용기 있는 자작농으로서, [남편이] 전투에 나가 있던 사이에 애인을 만든 어머니를 처형한 오레스테스가 표창을 받기에 충분하다고 발언한다.

처형에 찬성하는 인물은 선동적이고 수다스러운 인물로, 오레스테스와 엘렉트라를 돌로 쳐 죽이는 형에 처할 것을 제안한다. 이 인물을 형용하기 위해 파레시아라는 말이 다음과 같이 사용되고 있다.

그다음에는
대담한 것으로 한몫 보는 한 요설쟁이가 일어섰어요.
아르고스인이지만 토박이 아르고스인이 아니라, 마지못해
아르고스인이 된 그자는 군중들의 갈채와 자신의 어리석고
방종한 혀(파레시아)에 의존했는데, 청중에게 재앙을 안겨 줄 수
있을 만큼 설득력이 있었어요.[20]

---

20 에우리피데스, 『오레스테스』, 903~907, 『에우리피데스 비극 전집 2』, 340쪽.

여기서 주목할 만한 것은 파레시아가 정치적 권리로서가 아닌, 민중을 선동하고 "청중에게 재앙을 안겨 줄 수 있는" 것으로 말해진다는 것이다. 도시국가에서 태어난 자유인의 긍지이자 '체면 차리며' 지내기 위한 조건이었을 파레시아의 의미가 시대와 함께 바뀐 것이다. 왜일까?

파레시아의 이런 지위 변화를 더듬어 가기 위해서는 당시 아테네가 직면했던 상황을 생각할 필요가 있을 것이다. 비극은 언제나 시민들을 교육할 목적으로 상연되기 때문이다. 이 시대의 아테네는 펠로폰네소스 전쟁의 운명을 맞이하고 있었다. 오래 이어진 펠로폰네소스 전쟁은 많은 도시국가의 국토를 황폐화시켰을 뿐이어서, 평화의 필요성이 통감되었다.

그리고 기원전 413년에는 알키비아데스의 선동으로 시작된 시케리아 출병이 완전한 아테네의 패배로 종결되고 7천 명 가까운 병사가 노예로 팔렸다. "아테네인들은 모든 전선에서 완패했고, 그들의 고통은 엄청난 것이었다. 그들은 보병이며 함대며 모든 것을 다 잃었다. 그 많던 자들 가운데 고향으로 돌아온 자는 소수에 불과했"[21]던 것이다.

그 후 기원전 411년에 알키비아데스가 아테네로 돌아오려고 획책하지만 아테네에서는 페르시아 제국의 위협을 이유로 4백 인 과두제가 수립된다. 그리고 이 체제는 스파르타에 사자를 보내 강화를 시도한다. 그러나 스파르타의 왕 "아기스는, 아테네 민중이 옛날부터 내려오는 자유를 그렇게 금세 포기하지 않을 것이며, 적의 대군이 몰려오는 것을 보면 가만있지 않을 것이라고 믿었다. (……) 그래서 그는 4백 인의 사절단에게 비타협적인 답변"[22]을 한다.

---

21 투퀴디데스, 『펠로폰네소스 전쟁사』, 천병희 옮김, 숲, 2011, 7권 87절 5, 650쪽.
22 같은 책, 8권 71, 706쪽.

드디어 아테네에서는 4백 인 체제가 붕괴되고 5천 인 체제라는 "중용의"(투퀴디데스) 체제가 성립하고, 결석재판[피고인 없는 재판]으로 사형을 선고받았던 알키비아데스를 다시 불러 장군으로 모신다. 그 후에도 스파르타와의 평화 교섭은 이어지고 기원전 406년경에는 실현 직전까지 도달하지만, 데마고그[선동가]인 클레오폰에 선동당한 민중은 모처럼의 유리한 평화 제안을 거부하고 만다. 『아테네 정치제도사』에는 이렇게 나온다.

> 그다음 라케다이몬 사람들이 현재의 상태를 인정하는 조건으로 데켈레이아에서 철수하고 강화하기를 원하였다. 일부는 이를 받아들이려 했으나 민중은 클레오폰에게 속아 이를 거부하였다. 클레오폰은 강화를 방해하였다. 그는 술에 취해 갑옷을 가슴에 두른 채 민회로 들어와서는, 만일 라케다이몬인들이 모든 도시를 다 넘겨주지 않으면 강화를 수용해서는 안 된다고 말하였다. 이들은 그때 사태를 현명하게 처리하지 못했으며 오래가지 않아 실수를 깨닫게 되었다.[23]

이 직후에 아테네는 아이고스포타모이 해전에서 대패하고 펠로폰네소스 전쟁은 아테네 민주제의 붕괴와 함께 종결된다. 이 패전과 함께 "아테네인이 전통의 정치 체제에 따라 통치된다는 조건으로 강화 조약이 수립되었다. 이때 민주주의자들은 민중의 권위를 유지하려고 한 반면, 덕망 있는 자들 가운데서 당 조직을 가지고 있는 사람들과 망명객 가운데 강화 이후 돌아온 사람들은 과두정을 원하였다. 조직에 가담하지 않았지만 다른 모든 면에서 다른 어떤 시민에게도 뒤지지 않는 사람들은 전통의 정

---

23 아리스토텔레스, 『아테네 정치제도사』, 34장, 『고대 그리스 정치사 사료』, 84쪽.

치 체제를 원하였다. 그런 사람들 가운데는 아르키노스, 아니토스, 클레이토폰, 포르미시오스 등 많은 사람들이 있었고, 특히 테라메네스가 앞장을 섰다. 리산드로스는 과두파들의 우두머리가 되었고 민중은 협박을 받아 어쩔 수 없이 과두정을 지지하였다".[24]

이처럼 이 당시 아테네에서는 화평을 맺을 수 있을지 여부가 민주 체제의 생사를 가르는 문제였다. 에우리피데스가 묘사하는 두 인물은 이 민주제와 과두제의 대립을 그대로 반영하고 있다. 아테네의 화평을 방해한 클레오폰에게는 칼릭세노스라는 추종자가 있었지만, 이 인물은 후에 설명할 아르기누사이 앞바다 해전 후 병사의 시신을 회수하는 문제로 장군들이 재판을 받았을 때 장군들을 개별적으로가 아니라 일괄적으로 재판하는 데 동의해서 민중들의 찬동을 받은 데마고그이다.

아테네의 민회는 후에 이 재판을 후회하게 된다. 그리고 "민중[아테네 민회]을 현혹한 사람들을 고소하기로 하고, 재판을 받을 때까지 그들에게 보증인을 세우게 했다. 그중에는 칼릭세노스도 있었고, 또 다른 네 명도 보증인과 함께 구속되었다. (……) 칼릭세노스도 돌아왔으나 모두의 미움을 받아 굶어 죽었다."[25]

아테네의 민중들은 칼릭세노스와 결코 함께 식사를 하려 하지 않았고, 칼릭세노스는 결국 굶어 죽었다고 한다. 이 시기가 되면 민회에서 누구나 자유롭게 발언할 수 있는 파레시아의 권리가, 도시국가에서 결정적 실수를 일으킬 가능성이 있음이 인식되기 시작하는 것이다. 그때까지는 파레시아를 긍정적인 문맥에서 사용해 왔던 에우리피데스가 이 말을 '수

---

24 아리스토텔레스, 『아테네 정치제도사』, 34장, 『고대 그리스 정치사 사료』, 84쪽.
25 크세노폰, 『헬레니카』, 1권 7절 35, 47쪽.

다스러운' 남자에게 사용했다는 것은 파레시아가 '문제'로서 의식되기 시작했다는 것을 의미한다. 푸코는 이렇게 지적한다.

> 이처럼 민주주의와 진실에 대한 두 물음이 교차하는 장에서 태어난 파레시아의 위기를 통해, 기원전 5세기 말의 아테네에서 그 전까지는 문제시되지 않았던 자유와 권력, 민주주의, 교육, 그리고 진실의 관계가 중요한 '문제계'로서 등장하기 시작합니다. 이전의 문제는 신이 침묵하고 있을 때 어떻게 파레시아를 행할까 였습니다. 그런데 이제는 좋은 파레시아와 나쁜 파레시아의 분열 때문에 파레시아 자체가 '문제'로 등장하기 시작한 것입니다.[26]

---

26 フーコー, 『真理とディスクール:パレーシア講義』, 111쪽.

4장 · 도덕적 파레시아

1. 파레시아스테스로서의 소크라테스

이처럼 파레시아의 권리를 행사하면서 민중을 현혹하는 나쁜 파레시아스테스의 등장과 더불어 파레시아는 이전의 모습을 유지할 수 없게 된다. 누가 파레시아를 행사하느냐가 중요한 의미를 갖게 되기 때문이다. 이 이후의 파레시아는 두 가지 방식으로 이루어지게 된다. 첫번째는 도덕적 파레시아, 두번째는 왕을 상대로 행사되는 파레시아다. 이렇게 파레시아의 기능을 둘로 갈라놓은 것이 소크라테스와 플라톤이었다.

맑스의 현자론에서 소크라테스는 아테네의 윤리적 실체가 붕괴되는 장면에 등장한다. 여기서 소크라테스는 아테네의 공동체로서의 자연스러운 존재 방식을 부정하는 인물이다. 파레시아의 문맥에서 생각하자면 소크라테스는 자연스러운 파레시아를 행사함과 동시에, 이를 정치적 권역으로부터 도덕적 권역으로 전환하는 인물로 등장하는 것이다. 플라톤이 왕을 상대로 행사했던 파레시아의 기획은 이전부터 있었던 왕의 교육이라는 오랜 전통에서부터 이어져 내려오는 것인데, 이 기획에 대해서는 다음 절에서 고찰하고자 한다. 여기서는 우선 파레시아스테스로서의 소크라테스 상(像)을 고찰해 보자.

소크라테스는 우선 몇몇 국면에서 실제로 파레시아를 행사했다. 그것도 자신의 목숨이 걸린 위험한 장면에서 진실을 말하는 파레시아 행위를 실천하는 것이다. 소크라테스 자신의 회고로부터 그 두 국면을 돌아보도록 하자.

우선은 민주제 아테네에서 소크라테스가 대중이 바라지 않는 것을 굳이 주장함으로써 자신의 목숨을 위험에 노출시킨 사건이다. 기원전 406년의 일이다. 펠로폰네소스 전쟁 한복판에서 아테네 해군은 아르기누사이에서 칼리크라티다스가 이끄는 강력한 스파르타 해군과 정면 대결했다. 칼리크라티다스가 바다에 빠져 죽는 등, [스파르타로서는] 불행한 우연도 있었던 덕에 아테네 군은 승리를 거뒀지만, 25척의 함선과 선원들을 잃었다.

문제는 장군들이 이 25척의 배의 선원들을 구조하려 했지만 "바람과 풍랑 때문에" 구조하지 못하고 선원들의 시신을 포기했다는 것이다. 소포클레스의 『안티고네』에서 목숨 걸고 오빠의 시신을 묻는 안티고네의 모습이 보여 주듯, 당시 그리스에서 시신을 매장하지 않는 것은 인륜을 거스르는 중죄였다.

그래서 귀국한 장군들은 재판에 회부되었다. 그리고 구조의 책임자로 여겨졌던 테라메네스가 자신의 죄를 면하기 위하여 "난파선의 선원들을 구하지 못했던 것에 대한 해명"[1]을 장군들에게 요구했다. 그리고 테라

---

1 크세노폰, 『헬레니카』, 42쪽(1권 7절 4). 이 사건과 소크라테스의 관계에 대해서는 桜井万里子, 『ソクラテスの隣人たち: アテナイにおける市民と非市民』, 山川出版社, 1997과 橋場弦, 『丘のうえの民主政: 古代アテネの実験』, 東京大学出版会, 1997도 참고할 만하다.

메네스는 앞서 등장했던 칼릭세노스를 이용하여 장군들의 유죄를 개별적으로가 아니라 합쳐서 판결할 것을 제안하였다.

이 제안은 아테네의 법률에 반하는 것이었기 때문에, 적법하지 않은 제안을 한 혐의로 [테라메네스를] 소환하자는 여론이 형성됐다. 그런데 리키아스라는 인물이 등장하여 이러한 소환 명령을 철회하지 않는 자는 "장군들과 동일한 방식으로 평결에 걸어야 한다고 말했고, 군중은 다시금 큰 목소리로 환영했기 때문에 소환 명령은 어쩔 수 없이 철회되었다".

'대표 행정의원' 중 몇몇이 이 위법한 평결에 반대했지만 칼릭세노스가 다시 단상에 올라 행정의원들을 고발했다. 아테네 대중도, 반대하는 행정의원들까지 피고로 소환하자고 요청했으므로 대표 행정의원들은 반대 입장을 철회하고 장군들을 다 함께 평결에 부치자는 안에 찬성했다. 그러나 소크라테스는 달랐다. "소프로니스코스의 아들 소크라테스를 뺀 나머지 대표 행정위원들은 모두 겁에 질려 표결에 찬성했다. [그러나] 소크라테스는 합법적이 아닌 일에는 동참하지 않겠다고 말했다."[2]

소크라테스는 이 사건을 회상하며 이렇게 말한다. "그때 협의회의 업무를 관장하던 부족 사람들 가운데서는 저 혼자서만 여러분께서 법률에 어긋나는 그 어떤 것도 하지 말도록 반대했으며, 또한 반대 투표까지 했습니다. 그래서 연설가들은 저를 고발하고 체포할 태세였고, 여러분 또한 그리 하도록 촉구하며 고함을 질러댔지만, 제가 구금이나 죽음을 두려워하여, 올바르지 못한 결정을 내리려는 여러분 편이 되느니 오히려 법(nomos)과 올바른 것(to dikaion)의 편이 되어 온갖 위험을 무릅써야만 한

---

2 크세노폰, 『헬레니카』, 44쪽(1권 7장 15~16). 칼릭세노스가 한 제안의 위법성에 대한 상세한 고찰은 Ostwald, *From Popular Sovereignty to the Sovereignty of Law*, pp. 439~441을 참조하라.

다고 저는 생각했습니다."[3]

여기서 소크라테스가 전형적인 파레시아스테스로서 행동하고 있다는 것은 명백하다. 대중에게는 장군들까지도 처벌할 권리가 있으며, 선동된 대중은 장군들의 처형을 강하게 원하고 있다. 그리고 대중들에게 간하고자 하는 평의원들도 동일한 죄로 재판하려 하는 것이다. 그때 소크라테스는 자신의 목숨을 위험에 노출시켜 가면서 법률을 왜곡하는 데 반대한다. 침묵하고 있을 수도 있었지만 굳이 자신의 의지로, 권력을 가진 상대의 마음에 들지 않는 진실을 말하는 파레시아 행위를 실행했던 것이다.

소크라테스는 이후 30인 참주 과두제에서도 정치적 파레시아를 실행한다. 이 악명 높은 과두제 정부는 플라톤이 정치를 단념하는 계기가 되었다고 말해질 정도이며, 다수의 유력자를 근거 없이 처벌하고 재산을 수탈했다. 이런 폭정으로 30인 참주 과두제는 곧 붕괴했지만 이 통치자들 중에는 소크라테스의 제자들이 포함되어 있었고, 또 그들이 권력을 쥐고 있었다. 이것이 훗날 소크라테스의 재판에서 중요한 의미를 갖게 된다.

그때 30인 참주 정부는 소크라테스를 포함한 다섯 명에게 아테네인 장군이었던 레온이라는 인물을 살라미스로부터 연행해 오도록 명령했다. 그러나 소크라테스는 이를 거부하고 집으로 돌아가 버린다. 남은 네명이 레온을 잡아 왔고 레온은 사형에 처해진다. 이 사건에 대해서도 소크라테스는 "만약에 그 정권이 빨리 무너지지 않았던들, 아마도 저는 이 일로 해서 처형되었을 겁니다"(32d)[4]라고 회고한다.

이 두 번의 사건은 소크라테스가 재판이나 경찰권 집행이라는 정치

---

3 플라톤, 『변론』, 32b, 『에우티프론, 소크라테스의 변론, 크리톤, 파이돈』, 박종현 옮김, 서광사, 2003, 156~157쪽. 이하에서는 본문에 인용한 곳을 표시하겠다.
4 원서에는 20d라고 되어 있지만 32d가 맞다. —옮긴이

의 장면에서 파레시아를 행사했다는 것을 말해 주는 것인데, 그 후로는 '공인'으로서 이러한 정치적 파레시아를 행사하지 않게 된다. 그 의미에 대해서는나중에 생각하고자 하는데, 소크라테스는 그의 생애 마지막에 '공인'으로서가 아니라 '사인'으로서 정치적 파레시아를 행사하게 된다. 그것이 목숨을 걸고 싸웠던 소크라테스의 재판장이다. 그리고 이 재판에서의 변론에서 소크라테스는 아테네 민중들에게 자신의 과거와 현재를 다시 바라봐 줄 것을 강력하게 촉구했다. 그리고 동시에 소크라테스는 대중이 과거에 부적절한 행위를 해왔다는 것을 날카롭게 지적한다. 자신의 정치적 파레시아 행위를 대중들에게 상기시키면서 몇 번이고 "여러분 또한 그리 하도록 촉구하며"라든지, "올바르지 못한 결정을 내리려는 여러분 편이 되느니" 온갖 위험을 무릅쓰겠다고 반복한다.

그러나 이 『변론』에서는 소크라테스의 파레시아가 이러한 정치적 파레시아이기만 했던 것은 아님을 분명히 한다. 소크라테스는 자신의 파레시아, '진실 말하기'의 행위는 그때까지 아테네에서 행해져 온 그 어떤 진실 말하기 방식과도 다른 독자적인 것임을 밝힌다. 그리고 공인으로서 정치적 파레시아를 행사하는 것을 그만두고, 사인으로서 도덕적 파레시아를 행사해 왔다고 밝히는 것이다.

2. 『변론』에서의 파레시아

재판의 언어와 파레시아

그런데 소크라테스가 공인으로서 정치적 파레시아의 행사를 그만둔 이유는 무엇이었을까? 여기에 대해서는 몇 가지 설명과 이유가 제시되어 있다. 첫번째는 생명이 위험했기 때문으로, 소크라테스 자신이 이야기한 바 있다. 공인으로서의 파레시아 행위에 대해 말하면서 소크라테스는 "그러니, 만일에 제가 공적인 일에 매달렸다면, 그러면서도 선량한 사람에 어울리게 처신하면서 올바른 것들을 거들었다면, 또한 마땅히 그래야 하듯 그걸 가장 중히 여겼다면, 그처럼 여러 해 동안 제가 살아남았을 것으로 여러분께서는 생각하십니까? 아테네인 여러분, 그건 어림도 없습니다. 아니, 다른 어느 누구도 살아남지 못했을 것입니다"(32e)라고 설명한다.

또 다른 곳에서는 "공적으로 여러분의 대중 집회에 등단해서 나라에 조언하려 하지 않는 것"은 다이몬이 나타나 그 일을 하지 말도록 말렸기 때문이라고 이야기한다(31c~d). 다이몬은 국사에 관여하는 것을 금지하는데, 그렇지 않으면 "오래 전에 죽었을 것"이라고 소크라테스는 상기한다(31d).[5]

그러나 이것은 하나의 이유에 불과하다. 소크라테스는 단순히 목숨이 아까워 공인으로서 행동하기를 그만둔 것이 아니다. 소크라테스는 다른 진실 말하기가 중요하다고 생각했던 것이다. 이제부터 살펴보겠지만 소크라테스의 『변론』은 그것을 처음부터 밝히고 있다.

우선 소크라테스의 『변론』이 진실과 진실 말하기의 문제로부터 시작한다는 데 주목해 보자. 소크라테스는 원고들이 "진실(알레테스)이라곤 거의, 아니 전혀 말하지 않"는다고 지적한다. 그리고 재판하는 아테네의 민중은 원고로부터가 아니라 자신으로부터 모든 진실(알레테이아)를 듣게 될 것이라고 주장한다(17b). 이 변론은 소크라테스에 대한 진실을 둘러싼 변론으로 시작된다. 피고 소크라테스는 우선 자신에 대한 '진실'을 제시하도록 요구받기 때문이다.

---

5 원서에는 31e로 되어 있다. —옮긴이

그리고 이것을 지적하는 동시에 소크라테스는 말투에 대해서도 지적한다. 원고는 "미사(레마)와 여구(오노마)로 윤색되고 정연한 연설(로고스)"(17c)로 말했지만 소크라테스는 이러한 말투를 선택하지 않는다. 소크라테스는 그때그때 생각나는(에피튀쿠신) 낱말들로 되는 대로 말하겠다고 주장한다. 그것은 원고처럼 거짓을 말하려면 윤색할 필요가 있을지도 모르지만 자기가 "말하는 것들이 올바른(디카이아) 것들이라 믿기" 때문이다(17c).

여기서 이미 소크라테스는 레토릭에 의존하지 않고 생각하는 대로를 말하는 파레시아의 사람으로서 민중 앞에 등장한다. 이 소크라테스의 연설 배경에는 그리스에서의 진실과 수사학의 대립에 대한 오랜 전통이 있다. 소크라테스와 플라톤은 수사학에 비판적이었다. 레토릭에서는 말하는 주체가 말하는 내용을 믿고 있는지 여부가 문제시되지 않는다. 믿지 않더라도 말하고 변론할 수 있는 것이 웅변가의 자격이다. 플라톤은 소피스트인 고르기아스를 이러한 인물로 묘사했다. 여기서는 깊이 들어가지 않겠지만 이 수사학과 진실을 말하는 철학의 대립은 당시 그리스에서는 이소크라테스와 플라톤의 대립으로 표현되고, 훗날 유럽에서는 문학과 철학의 대립으로 이어졌다.

어쨌든 이 변론에서 소크라테스는, 자신은 재판에서 통상적으로 구사되는 변론술을 사용하지 않을 것이며, 재판관인 민중들에게는 화려한 언변에 마음을 빼앗기지 않고 다만 말해지고 있는 것이 **올바른지** 여부에만 주목해 달라고 요구한다. 왜냐하면 "재판하는 사람(배심원, 디카스테스)의 덕목(훌륭함: aretē)은 이것(말해진 것이 올바른지(디카이아) 여부에 주목하는 것)인 반면, 변론(연설)하는 사람의 덕목(훌륭함)은 진실을 말하는 것이기 때문"이다(18a).

『변론』의 구조

그런데 소크라테스는 자신의 무죄를 주장하기 위해 『변론』에서 두 가지 변론을 한다. 하나는 멜레토스에 대한 변론인데, 여기서는 소크라테스에 대한 진실, 소크라테스가 실제로 어떤 인물이며 고소당할 만한 일을 했는지 여부가 해명된다. 또 하나는 아테네인들을 꾸짖는 변론인데 여기서는 소크라테스의 진실이 아니라 아테네 민중과 정치 그리고 도덕의 진실이 폭로된다. 소크라테스는 두 가지 의미에서 파레시아의 사람으로 등장한다. 꾸밈없이 생각나는 대로 솔직하게 자신에 대한 진실을 말하는 자로서, 그리고 자신의 신변의 위협을 감수하고 자신을 사형에 처할 수 있는 권력을 가진 상대를 비판하는 자로서 말이다.

그런데 소크라테스는 이 재판에서 잘 알려져 있듯이 두 가지 이유로 고소당한 상태이다. 디오게네스 라에르티오스의 『그리스 철학자 열전』에는 이렇게 기록되어 있다. "소크라테스는 국가가 인정하는 신들을 인정하지 않고, 다른 새롭고 기묘한 신령 따위들을 들여오는 죄를 저지르고 있다. 또 청년들을 타락시키는 죄도 저지르고 있다. 이리하여 사형을 구형한다."[6] 다시 말해 종교적 전통을 위반했다는 것과 청년들을 홀려서 타락시켰다는 것이다.

이 정식 소인(訴因)에 대해서는 소크라테스가 원고 멜레토스를 반박하면서 변론한다. 거기서 밝혀지는 것은 원고 멜레토스가 이 소인에 대해 진지하게 생각하지 않았다는 것. 소크라테스는 이런 소인이라면 얼마든지 반박할 수 있다. 그리고 소크라테스는 확실히 멜레토스를 추궁해서 이

---

6 디오게네스 라에르티오스, 「소크라테스」, 2권 5장 40, 『그리스 철학자 열전』, 전양범 옮김, 동서문화사, 2008, 108쪽.

소인을 물리친다.

그리고 이 최초의 변론에서 주목할 만한 것은 소크라테스가 자신의 진실을 밝히면서 그때까지 아테네에서 진실이 말해지던 세 가지 심급을 들어 자신의 진실 말하기 방식이 그러한 심급들과는 다른 완전히 새로운 종류의 것임을 밝히고 있다는 점이다.[7]

엘렝코스에서의 세 심급

우선 소크라테스는 신의 신탁이라는 심급을 문제 삼는다. 소크라테스는 친구인 카이레폰이 아폴론 신전에 가서 소크라테스보다 더 현명한 이가 있는지 물었던 일을 설명한다. 이에 대해 아폴론은 소크라테스보다 더 현명한 자는 아무도 없다고 응답했다(21a). 아폴론의 신탁은 일반적으로 의심해서는 안 되는 것이다. 신은 진실을 말하며, 보통 신탁을 받은 자는 그 의미를 해석하고 그 해석이 맞는지 여부를 지켜본다.

그러나 소크라테스가 말하는 진실은 이 신탁에 대한 진실이 아니고 예언자로서 진실을 말하는 것도 아니다. 소크라테스는 이 진실로서의 신탁에 대해서 아테네 시민이면서 현자로 알려져 있는 사람들을 찾아가 신탁을 반박해 보려고 한다. 소크라테스는 '찾아 다니다'(제테오)라는 동사를 사용하는데(22a), 신탁이 진실인지 여부를 시험하려는 것이다. 그리고 이 탐구 과정에서 신탁이 진실이라는 것을 반대로 증명하게 되고 만다.

소크라테스가 제기하는 두번째 심급은 현자의 심급이다. 소크라테스는 멜레토스를 반대 심문하여 소크라테스에 대한 비난이 "그는 해를 돌이라 말하는가 하면, 달은 흙이라고 말한다"(26d)는 것 때문임을 폭로한

---

7 다음은 푸코의 1984년 콜레주 드 프랑스 강의에 의거하고 있다.

다. 그러나 소크라테스가 지적하듯, 하늘의 실체나 우주의 원소에 대한 이런 이론이 그 이전까지 그리스 자연철학의 이론이긴 해도, 소크라테스는 이런 종류의 우주나 자연에 대한 '진실'을 말하려 하지는 않는다.

소크라테스는 이런 종류의 진실이 아낙사고라스의 책에 쓰여 있으며 "기껏해야 1드라크메를 주고서도 가끔 오르케스트라에서(26e)" 살 수 있다고 지적한다. 현자의 '진실'은 문자로 쓰여져 있고 누구나 손에 넣을 수 있다. 여기서 소크라테스는 자신이 그러한 설을 자기 것으로서 주장했다면 모두에게 웃음거리가 됐을 것이라고 말하면서 그런 설을 주장하지 않았다는 근거로 든다.

그러나 소크라테스가 말하는 진실은 문자로 쓰여진 책으로서의 진실과는 전혀 다른 성질의 것이라는 점도 여기서 암묵적으로 시사된다. 플라톤이 『파이드로스』에서 지적하듯이, 책에 쓰인 언어는 "장소를 가리지 않고 그것을 이해하는 사람들 주변과 그 말이 전혀 먹히지 않는 사람들 주변을 똑같이 맴돌면서, 말을 걸어야 할 사람들과 그렇지 않은 사람들을 가려 알지 못하"는 것이다.[8] 소크라테스가 말하는 진실은 이렇게 문자로 쓰여진 진실, 말해야 하는 상대를 가릴 수 없는 진실이 아니라는 것이 여기서 암묵적으로 제시된다.

그런데 소크라테스가 제기하는, 진실을 말하는 세번째 심급은 스승들이다. 스승은 제자에게 진실을 전달한다. 그것이 진실이라는 것은 스승이라는 신분을 통해 보증된다. 그리고 스승은 마치 그 진실을 돈주머니와 맞바꾸듯 처신한다. 소피스트에게서 전형적으로 볼 수 있듯이 이러한 선생들에게서는 진실과 정치와 도덕이 분리되어 있다. 진실과 그 진실을 말

---

8 플라톤, 『파이드로스』, 조대호 옮김, 문예출판사, 2008, 143~144쪽(275e).

하는 주체는 관련되어 있지 않고, 기하학의 정리처럼 추상적인 것으로서 말해진다.

그러나 소크라테스가 강조하는 것은 자신이 "어느 누구의 선생이 되어 본 적이 없"(33a)다는 것이다. 소피스트처럼 돈을 받고 어떤 진실을 가르치거나 변론 기술을 가르치지 않는다. 소크라테스에게는 진실에 대한 테크네가 없다. 소크라테스는 언제나 길가에서, 모든 사람들과 이야기하면서 상대를 계속해서 시험한다. "돈을 받으면 대화를 하나, 받지 못하면 하지 않는 일도 없으며, 부자에게나 가난한 사람에게나 똑같이 저 자신이 질문에 응하도록 합니다. 그야 혹시 누군가가 제가 대답하는 가운데 하는 말을 듣고자 한다면 말입니다."(33b)

소크라테스는 이렇게 진실의 세 심급을 들면서 자신이 진실을 말하는 심급이 전통적 심급과는 전혀 다르다는 것을 보여 준다. 그는 어떻게 진실을 말하는 것일까?

도덕적 파레시아

소크라테스가 말하는 진실이 이렇듯 세 가지 심급으로 말해지는 진실과 어떻게 다른 것인지 다시 한 번 확인해 보자. 소크라테스의 진실 말하기는 선생의 진실 말하기와 다르다. 선생과 달리 소크라테스는 보수를 받고 진실을 말하거나 하지 않는다. 소크라테스가 말하는 것은 누구에게나 전수할 수 있는 테크네와 같은 그러한 성질의 것이 아니다. 그런가 하면 현자와도 다르다. 소크라테스는 우주나 자연에 대한 교설을 진실로서 말하거나 하지 않고 그것을 책으로 남기지도 않는다. 상대에게 어울리는 대화 속에서 진실을 말하는 것이다. 그리고 신탁의 진실처럼 일방적으로 신에 의해 고지되는 진실과도 다르다. 그렇다면 소크라테스가 말하는 진실이란 과연 어떤 것일까? 그것을 밝히기 위해 소크라테스는 마을로 나가 여러 사람들을 시험했던 것이다. 이 탐구 작업 자체가 소크라테스의 '진실 말하기' 행위였던 것이다.

소크라테스는 우선 일류 정치가들(폴리티코스)들을 방문하여 시험한다. 그 결과 다음과 같은 결론에 도달한다. "신으로 해서 찾아다니게 된 저에게는 가장 평판이 좋은 자들이 거의가 가장 모자라는 자들인 반면에, 이들보다는 한결 못한 걸로 여겨지고 있는 다른 사람들이 분별이 있다는 점에서는 더 나은 이들"(22a)이었음이 밝혀졌다는 것이다. 정치가를 '탐구'한 결과 소크라테스 쪽이 차라리 더 분별이 있다는 점에서 더 현명하다는 것이 밝혀지고 신탁이 진실이었다는 것도 밝혀지게 된다.

다음으로 소크라테스는 시인들(포이에테스)을 방문하여 시에 표현되어 있는 진실에 대해 시인들에게 묻는다. 그리고 밝혀진 것은, 시인들보다도 그 주위에 같이 있던 사람들 쪽이 시 속에 담긴 진실에 대해 더 잘 말할 수 있었다는 것, 시인들은 영감을 얻은 상태에서 진실을 말하며, 자신들이 말하는 것들에 대해서 아무것도 알지 못한다는 것이었다(22c).

마지막으로 소크라테스는 장인(케이로테크나스)들을 방문한다. 기술을 훌륭히 발휘하는 사람들, 공예품을 만드는 사람들을 방문한 것이다. 그리고 소크라테스가 발견한 것은 케이로테크나스는 확실히 공예품을 만들기 위한 기술을 갖고 있지만 문제는 그래서 자신이 다른 중요한 사항에 대해서도 지식을 갖고 있는 것처럼 착각하고 있다는 것, 그리고 실은 다른 중요한 사항에 대해서는 완전히 무지하다는 것이었다(22e).

이렇게 해서 소크라테스는 정치와 예술과 기술 세 분야에서 진정한 의미에서의 현자가 존재하지 않는다는 것을 확인했다. 소크라테스는 처음에 이렇게 말한다. "그러면 여러분께 저의 편력에 대해서, 그것이 마치 어떤 고역들을 치른 사람의 것이라도 되는 듯이, 밝혀드려야만 하겠는데, 이로써 그 신탁의 선언이 저로서는 반박할 수도 없는 것이 되고 맙니다"(22a)라고 말이다. 확실히 신탁의 선언이 맞았다. 모든 사람들이 스스로 지혜가 있다고 생각하고 있지만 그것은 사소한 지식이며 자기 지식의 존재 방식에 대해서는 무지하다는 것을 증명하고 말았던 것이다.

여기서 소크라테스는 이미 거의 파레시아스테스로 행동해 온 것을 증명했다. 소크라테스는 정치가, 문학자, 예술가 등 도시국가의 유력자들을 방문해서 그 사람들이 스스로를 현자라고 믿고 있지만 실은 진정한 지식을 갖고 있지 않다고 그 정체를 폭로했기 때문이다.

소크라테스는 침묵을 지킬 수 있었는데도 스스로의 의지로 도시국가의 유력자를 붙들고 그 인물에 대한 진실을 폭로했다. 여기서 소크라테스가 파레시아테스로서의 정의를 충족시키고 있음이 분명할 것이다. 여기서 소크라테스는 공인으로서 정치의 장이나 재판의 장에서 행동하고 있지는 않기 때문에 이것은 정치적 파레시아가 아니다. 소크라테스는 도덕적 파레시아를 행사하고 있는 것이다.

이렇게 소크라테스는 아테네에 살면서 사람들과 대화함으로써 파레시아테스로서의 역할을 이미 담당하고 있었다. 이 대화 속에서 사람들은 신이 말하는 진실도 아니고 책에 쓰여진 우주에 대한 진실도 아니며 스승에게서 전수받는 진실도 아닌, 살아 있는 소크라테스와의 대화 속에서 자신에 대한 진실을 자각하게 됐던 것이다. 그리고 소크라테스는 생애 마지막에 이르러 마지막 파레시아의 장면을 법정에서 연출한다.

도발로서의 파레시아

소크라테스의 마지막 변론은 법정이라는 공적인 장에서 이루어지는 정치적 파레시아와, 대화라는 형태로 이루어지는 도덕적 파레시아가 일체가 된 희귀한 장이었다. 소크라테스는 멜레토스를 상대로 소인을 반박한후, 이 재판의 재판관인 500명의 배심원들을 향해 더 다른 종류의 '변론'을 한다. 소크라테스는 멜레토스의 소인에 대한 반론뿐만 아니라 아테네 사람들에 대한 도발적 발언을 통해 사형을 초래하는 듯이 보인다. 그렇다면 소크라테스는 왜 아테네 사람들을 도발했을까?

크세노폰의 『변론』과 플라톤의 『변론』을 비교해 보면 알 수 있듯이,[9] 크세노폰의 『변론』에서 소크라테스는 자신에게 제기된 죄를 변론하고 끝나지만 플라톤의 『변론』에서 소크라테스는 아테네 사람들에 대한 통렬한 비판을 전개한다. 소크라테스는 "실은 제가 여러분께 몇 가지 다른 걸 말씀드릴 참인데, 이것들에 대해서 아마도 여러분께서는 고함을 지르실 겁니다"(30c)라고 말하면서 대중을 비판하기 시작한다.

변론의 전반부에서 소크라테스는 자기에 대한 '진실'을 밝혔다. 그러나 대중을 향해 말하는 후반부 변론에서 밝혀지는 진실은 소크라테스 개인의 진실이 아니라 대중의 진실이다. 이 아테네 사람들에 대한 변론에서 소크라테스는 파레시아테스로서의 진정한 모습을 분명히 한다. 자신의 목숨을 걸고 간언하는 것이다.

여기서 소크라테스의 도덕적 파레시아와 정치적 파레시아가 완벽히 겹친다. 그럼으로써 소크라테스는 유죄 판결을 초래하고 말지만, 그것은 자기 자리를 떠나지 않는 병사로서의 임무인 것이다. "저로 하여금 지혜를 사랑하며(철학하며) 또한 저 자신과 남들을 캐물어 들어가면서 살아야

---

9 두 『변론』은 동일한 사건을 다루고 있으나 비교하여 읽어 보면 흥미로운 차이점들이 있다. 일독을 권한다.

만 한다고 신이 지시하였는데, 이 마당에 제가 죽음이나 또는 그 밖의 어떤 것이든 이를 두려워하여 제 자리를 뜬다면, 저는 무서운 짓들을 한 셈이 될 것입니다"(28e~29a).

이 선언이 의미하는 것은 저잣거리에서 사람들을 시험하는 철학 행위가 소크라테스에게는 전장에서의 싸움과 같았다는 것, 소크라테스는 병사로서 철학을 했다는 것이다. 소크라테스는 정치적 파레시아를 그만두고 저잣거리의 철학자가 되었다. 그러나 그것은 자신의 목숨을 아까워했기 때문이라기보다는 도덕적 파레시아를 행사하기 위해서였고, 그 행위를 통해서 아폴론이 내린 신탁의 진실을 증명하기 위해서였다.

여기서 기묘한 역설이 나타난다는 데 주의하고자 한다. 소크라테스가 신이 파견한 병사로서, 아테네의 시가지에서 사람들에게 자기 배려를 호소할 때, 소크라테스 자신에 대해서는 자기 배려를 하지 않는다는 것이다. 소크라테스는 일반적인 아테네인이라면 누구나 종사할 흥미로운 활동, 이익을 얻는 활동, 자기 마음에 드는 활동을 모두 포기하면서 이 활동에 종사하고 있는 것이다. 소크라테스 자신의 재산도, 시민으로서의 이익도, 모든 정치적 이력도 포기한다.

소크라테스는 아테네인들에게 자기를 배려하도록 촉구한다. 그러나 소크라테스는 철학자로서 자기를 배려하지 않고 자기를 희생하면서 타자를 배려하고 있다. 자기 배려가 여기서는 타자의 배려라는 회로를 매개로 해서만 이루어진다. 타자에게 자기를 배려하라고 요구하는 소크라테스는 자기를 배려하지 않는다. 여기서 소크라테스는 '신의 선물'로서, '신의 도구'로서 행동한다.

타자에게 자기 배려를 요구하는 행위에서 소크라테스는 자신이 아테네라는 좀 굼뜬 말을 일깨우는 등에 같은 역할을 한다고 지적한다. 인용하자면, "마치 덩치가 크고 혈통이 좋긴 하나 덩치 때문에 굼뜬 편이어서 일종의 등에에 의한 자극을 받을 필요가 있는 말처럼, 영락없이 [그런 꼴인] 이 나라에 신에 의해서 붙어 있게 된 이런 사람을 말씀입니다. 바로 그런 것으로서 신이 저를 이 나라에 붙여 놓게 된 것으로 제겐 생각됩니다. 온종일 어디에고 여러분 개개인에게 달라붙어서는 여러분을 일깨우고 설득하며 나무라기를 결코 그만두지 않는 그런 사람으로서 말씀입니다" (30e~31a).

소크라테스의 이런 역할에서 그가 '각성시키는' 역할을 하고 있다는 것이 주목된다. 자기를 배려하기 위해서는 잠으로부터 깨어나는 것, "최초의 빛"을 봐야 할 필요가 있는 것이다.[10] 2부에서 다시 한 번 검토하겠지만, 이 깨어남이라는 주제는 고대 철학에서 중요한 주제가 된다. 현자는 아직 사람들이 본 적 없는 아침놀 속에서 사물을 볼 수 있는 사람이고 그 능력을 통해 타자의 각성을 재촉할 수 있는 사람인 것이다.

이 역설은 파레시아스테스로서의 소크라테스에게 특유한 모순이라고 해도 좋을 것이다. 소크라테스는 아테네 시민들에게, 시민들이 자기 자신의 영혼을 배려하지 않는다고 끊임없이 이야기한다. 시민들이 신경 쓰는 것은 돈이나 명성(독사doxa)혹은 평판뿐이다. 이것들은 진실(알레테이아)의 대극에 있는 것으로, 소크라테스는 시민들에게 이러한 삶의 방식이 잘못되었다는 것을 계속해서 직언한다.

『변론』에서 소크라테스가 말하는 것처럼, 젊은이들 앞에서 자신을 현자라고 착각하고 있는 성인 남성이 실은 무지하다는 것을 끊임없이 폭

---

10 Michel Foucault, *L'Herméneutique du sujet*, Gallimard/Seuil, 2001, p. 7[『주체의 해석학』, 동문선, 심세광 옮김, 48쪽].

로했기 때문에 그는 사람들로부터 미움을 받게 되었으며, 그것이 소크라테스의 재판에서 결국 유죄 판결을 이끌어 내게 된다. 소크라테스는 정치적 파레시아를 포기했지만, 결국은 사인(私人)으로서 아테네 시민들로 하여금 자신들의 진실과 직면하게 했고 죽음을 언도받는다. 공인의 파레시아를 포기하고 사인의 파레시아에 전념했던 것도 동일한 귀결에 이르게 된 것이다.

이제부터 살펴보겠지만, 푸코는 이 등에로서의 파레시아스테스의 죽음이라는 것으로부터, 또 다른 파레시아테스로서의 소크라테스 상을 묘사해 낸다.

3. 시금석으로서의 소크라테스

『라케스』에서의 파레시아

앞서 살펴본 대로 아테네 사람들을 괴롭히는 등에로서의 소크라테스는 사형이라는 길을 가게 된다. 그렇다면 타자에게 자기 배려를 요구하면서 자기는 배려하지 않는 이 역설의 결론을 바꾸기 위해서는 어떻게 해야 좋을까? 소크라테스는 소에 붙은 등에처럼 도시국가의 시민들을 그저 일방적으로 괴롭히는 것이 아니다. 그는 타자와의 상호적인 존재 방식 속에서 자기 배려를 요구해야 한다고 생각한다.

푸코는 제2의 파레시아스테스로서의 소크라테스의 모습을 묘사하기 위해 플라톤의 『라케스: 용기에 대하여』를 선택한다. 이는 얼핏 의외의 선택인 듯 보인다. 아주 초기의 대화편으로 여겨지는 『라케스』에서 소크라테스는 전술적 문답법을 사용하면서 자기 역시 용기에 대해서 아무것도 모른다는 것을 인정하고 끝나 버리기 때문이다.

그럼에도 불구하고 푸코가 『라케스』를 선택한 것은 우선, 이 짧은 대화편에서 세 번이나 파레시아라는 말이 사용되고 있기 때문이다(178a, 179c, 189a). 플라톤이 이 말을 거의 사용하지 않는다는 것을 감안한다면 이런 사실에 주목할 만하다고 푸코는 지적한다.[11]

두번째 이유는 이 대화편 첫 부분에서 대화 참가자의 특징이, 각각의 파레시아에 대한 자세에 따라 묘사되어 있다는 점이다. 이 대화편은 등장인물들의 위치 설정이 명확하게 이루어지면서 그 막이 열린다는 점에서 다른 대화편과 다르다. 이 대화에 등장하는 것은 아테네의 정치사에서 중요한 역할을 담당해 온(혹은 담당하게 될) 세 세대의 사람들이다.

가장 나이가 많은 세대는 아테네의 패권을 확립하는 데 공헌해 온 노장군들인 뤼시마코스와 멜레시아스이다. 그 아랫세대가 현역 정치가이면서 장군이기도 한 라케스와 니키아스이다(니키아스는 펠로폰네소스 전쟁에서 아테네가 기원전 422년에 스파르타와 체결한 평화조약 '니키아스의 평화'로 유명하다). 그리고 가장 나이 어린 세대는 노장군들의 아들로, 이제부터 무예를 습득하려 하는 아리스티데스와 투퀴디데스 세대이다.

그리고 이 대화편의 서두에서 가장 나이 많은 세대인 두 사람은 라케스와 니키아스에게 "두 분께야 터놓고 말씀(파레시아제스타이)드려야" 한다고 선언한다.[12] 노장군들은 라케스와 니키아스의 솔직한 충고를 듣고 싶었기 때문에 이 대화를 시작했으며, 그래서 자신이 파레시아를 사용한다는 것을 분명히 해둘 필요가 있다고 생각했기 때문이다. 푸코가 지적하는 것처럼 이 파레시아라는 개념은 아테네에서 일상적으로 사용되던 정

---

11 フーコー, 『真理とディスクール: パレーシア講義』, 132~133쪽.
12 플라톤, 『라케스』, 178a, 『플라톤의 프로타고라스/라케스/메논』, 박종현 옮김, 서광사, 2010, 202쪽.

치적 파레시아와 동일한 의미에서 사용되고 있다. 이것은 소크라테스의 파레시아와는 분명 다른 것이다.

그런데 푸코가 지적하는 것처럼 이 대화편은 이론적 관점에서 볼 때에는 실패로 끝난다. 대화의 주제인 '용기'에 대해 아무도 합리적이고 진실하며 만족스러운 정의를 제시할 수 없었기 때문이다. 그러나 푸코는 대화의 마지막까지 소크라테스가 충분한 정의를 제시할 수 없었음에도 불구하고 대화의 참가자인 니키아스, 라케스, 뤼시마코스, 멜레시아스가 소크라테스야말로 아들들의 최선의 스승이라는 것을 인정한다는 데 주목한다. 뤼시마코스와 멜레시아스는 소크라테스에게 선생이 되어 달라고 요청하고 소크라테스는 이를 받아들인다.

시금석으로서의 파레시아스테스

그렇다면 답을 낼 수 없었던 소크라테스에게 이렇게 큰 신뢰를 보이는 것은 왜일까? 그것은 소크라테스가 자기 배려라는 새로운 개념을 제시한 데 있다고 푸코는 생각한다. 소크라테스에 따르면 무엇보다도 중요한 것은 "우리 자신들을 지금 상태로 그냥 있도록" 하지 않는 것이고, 그러기 위해서 "우리 모두가 누구보다 우리 자신들을 위해서라도 최선의 교사를 함께 찾아야만" 한다고 강조한다(201a). 중년이 되어 스승에게 배운다고 비웃는 사람이 있더라도 신경 쓰지 말고 "함께 우리 자신들과 젊은이들에 대해 마음 쓰는 일을 하도록"(201b) 해야 한다고 단언한다.

푸코는 이 대화편이, 자기의 삶을 시험하기 위한 파레시아스테스를 찾는 것을 중심적 주제로 삼는 대화편이라고 생각한다. 그러나 흥미롭게도 이 대화편에서 묘사되는 파레시아스테스는 에우리피데스의 비극처럼 자기에 대한 진실을 말하는 인물도 아니고 정치의 장에서 진실을 말하는 인물도 아니다. 이 대화편에 등장하는 것은 타자를 위한 진실을 말하는 자인 것이다.

텍스트에 의거하여 좀더 상세히 살펴보자. 이 대화편 첫 부분에서 노인들은 무예인의 실연(實演)을 보고 있다. 푸코는 이것이 대화편의 진행에서 중요한 의미를 갖는다고 생각한다. 이 스테실레오스라는 인물은, 파레시아스테스로서의 소크라테스의 '그림자 상'으로서 제시되고 있다. 이 남자는 중장보병의 전투술 호플로마키아를 가르치는 '선생'이다. 이 교사는 기술자이고 사람들 앞에서 연기하는 배우이며 예술가이다. 이 남자는 실제 무예를 하는 것이 아니라 그 흉내를 내서 돈을 모으는 선생인 것이다. 나중에 라케스에게 호되게 비웃음을 당하는 이 남자는 무예에서의 소피스트이며 실전에서는 아무것도 할 수 없는 우스운 남자이다.[13]

그렇기 때문에 이 남자의 연기를 본 후에도 뤼시마코스와 멜레시아스는 아들들에게 제공해야 할 교육이 이런 무예의 소피스트 같은 교육이어야 하는지 아닌지를 결정하지 못하고 라케스와 니키아스에게 의견을 묻는다. 그러나 질문을 해보니 두 사람이 서로 군사적 기능에 대해서 정반대의 의견을 갖고 있다는 것이 밝혀진다. 니키아스는 이 소피스트적 교육이 젊은이에게 유익하며 군사적으로 뛰어난 교육이라고 생각한다. 이에 비해 라케스는 이런 교육은 무익하고 아무도 이를 통해 싸움에서 이름을 날릴 수 없고 그리스 최강의 군대인 스파르타에 이런 소피스트는 없다

---

13 노인들이 아이들을 교육할 선생을 찾기 위해 무예가의 연기를 보러 가는 것이 신기하게 생각되지만, 중장보병들이 전쟁에서 중시되고 있었던 민주제 그리스 도시국가에서 무예는 교육의 중요한 일환이었다. 스파르타에서 젊은이의 교육은 곧 무기 다루는 법에 대한 교육이었다. 이에 대해서는 H. I. マルー, 『古代教育文化史』, 橫尾壮英 外 訳, 岩波書店, 26~27쪽을 참조하라. 또 호플로마키아가 실전과 관계 없는 것이었다는 데 대해서는 같은 책, 52쪽을 참조하라.

고 지적한다. 라케스는 스테실레오스가 싸움에서는 웃기는 실패만 하고 있는 남자이며 병사라 부를 수도 없다고 비웃는다.

가장 바람직한 교육이 무엇이냐는 문제에 대해서는 일반적인 시민뿐만 아니라 정치적으로나 군사적으로도 전문가인 유명한 장군이나 정치가들의 의견도 대립하고 있음이 드러난다. 토론 마지막에 두 사람은 그때까지의 경험, 높은 지위와 명성에도 불구하고 의견의 일치를 볼 수 없다는 데 합의하고 소크라테스에게 의견을 구하게 된다.

의견을 요구받은 소크라테스는 여기서 교육의 문제를 근본부터 다시 묻는다. 교육이란 무엇을 목적으로 하는가의 견지에서 볼 필요가 있다고 강조한다. 교육은 기술의 습득이 아니라 젊은이들의 '영혼을 위해' 이루어져야 한다는 것이 소크라테스의 주장이다. 여기서 토론은 크게 전환된다. 교육의 유용성이, 군사적 기술처럼 그 기술을 습득하고 사용할 수 있게 되는 것이라는 통상적인 관점으로부터, 그것이 젊은이의 '영혼을 위한' 것이라는 관점으로 이행하게 되는 것이다.

이것은 이 대화편 본래의 의도에서 벗어나는 듯이 보인다. 두 노인은 아버지로부터 좋은 교육을 받지 못하면 정치에서나 군사에서나 '명성 없는 사람'이 된다는 이유로 두 정치가의 충고를 구하고 있기 때문이다. 그러나 푸코는 플라톤이 이렇게 논리를 전회시킨 것이, 자기 배려 없이는 좋은 정치가가 될 수 없다는 확신 때문이라고 생각한다.

그런데 여기서 파레시아라는 말이 다시 등장한다. 라케스는 소크라테스와 대화를 나눈 경험이 없지만 전장에서 싸우던 태도는 본 적이 있으며, 소크라테스가 전장에서 '행한 바'에 대해 이렇게 평가한다.

한데, 저는 소크라테스가 한 말들에 대해서는 경험하지 못했습니다만, 그의 행동들에 대해서는 전에 제가 시험을 해보았던 것 같으며, 또한 거기에서는 그가 훌륭한 말들에 걸맞으며 무슨 말이든 할(파레시아) 자격이 있는 사람임을 알게 되었습니다(188e).

이에 비해 이미 소크라테스와 대화한 적이 있는 니키아스는 소크라테스와 대화하는 것은 소크라테스로부터 '시험'을 받는 것이고, 소크라테스와의 사이에서 파레시아의 게임을 전개하는 것에 다름 아니라는 것을 알고 있다. 그리고 이 게임 속에서 교육 문제가 처음으로 해결될 수 있을 것이라고 시사한다. 니키아스는 소크라테스에 대해 아래와 같이 소개하는데, 푸코는 이것이 소크라테스를 파레시아테스로서 묘사한다고 생각한다.

어르신께서는 이 사실을 모르시는 것으로 제게는 생각됩니다. 소크라테스와 아주 가까이 있으면서 대화를 하며 사귀게 되는 사람은, 사실 처음에는 다른 것과 관련해서 대화를 하기 시작하더라도, 이 사람으로서는 논의에 의해 그에게 이끌리어 다니기를 멈추지 못하다가, 마침내는 제 자신에 대해서 자기가 지금 어떤 식으로 살고 있으며 지난날의 삶은 어떻게 살았는지 이야기를 해주는 상황에 처하지 않을 수 없게 된다는 걸 말씀입니다. 한데 일단 이 상황에 처하게 되면, 이 모든 걸 충분히 그리고 훌륭히 심문해 보기(바사니세이) 전에는, 이 사람을 소크라테스가 보내 주지 않는다는 걸 말씀입니다. 하지만 저야 여기 이 사람에게 익숙해져 있거니와 이런 일들을 이 사람으로 해서 사람들이 겪는 건 불가피하다는 걸 알고 있습니다. 그리고 또 더 나아가서는 제 자신이 이런 일들을 겪을 것이라는 것도 잘 알고 있습니다. 리시마코스 님! 사실 저는 저 사람과 사귀는 걸

기뻐합니다. 그리고 우리가 잘하지 못했거나 잘하지 못하고 있다는 걸 지적받는 것은 전혀 나쁜 것이 아닙니다. 그런 것들을 회피하지 않고 솔론의 말을 따라 하고자 하며, 살아 있는 동안은 배우는 걸 귀히 여기는 이는, 또한 노령이 지각(지성)을 갖고서 자신에게 다가오는 것으로는 생각하지 않는 이는 이후의 삶에 대해 더 신중해지기 마련입니다. 그래서 저로서는 소크라테스에게 심문당하는(바사니제스타이) 것이 전혀 익숙지 않은 것도 아니며 또한 불쾌한 것도 아니고, 소크라테스가 참석했을 경우에는, 우리의 논의는 청소년들에 관련된 것이 아니라, 우리 자신들에 관련된 것이 되기 십상이라는 사실도 진작 알고 있었습니다. 그러니 제 말은 소크라테스가 바라는 대로 그와 시간을 함께 보내는 걸 막을 게 제 경우에는 아무것도 없다는 것입니다(187e~188c).

여기서 푸코는 바사니세이와 바사니제스타이라는 용어에 주목한다. 이것들은 모두 바사노스(시금석)라는 명사로부터 파생된 것인데, 금을 바사노스 위에 문질러서 나타나는 긁힌 자국으로 금의 진위나 질을 조사했던 것이다. 소크라테스는 대화에서 이 시금석의 역할을 담당한다. 자신에게 가까이 와서 '긁히는' 사람에게서 로고스가 비오스(삶)와 '조화'를 이루고 있는지 여부를 판단하는 척도가 되는 것이다.

플라톤은 『고르기아스』에서 대화 상대가 시금석의 역할을 하는 경우가 있다고 강조했다. 소크라테스는 대화자인 칼리클레스가 '시금석'이라고 농담 반 진담 반으로 단언하고 이렇게 말한다. "올바르게 사는 혼과 그렇지 않은 혼을 충분히 시험하고자 하는 자는 자네가 가진 지식과 호의와 솔직함, 이 세 가지를 모두 가져야 한다는 생각에서 하는 말이네."[14]

여기서 시금석이 필요한 것은 대화 상대에게 혼을 문질러 보아서 자기가 스스로의 혼을 제대로 배려하고 있는지 여부를 확인하기 위해서이다. 소크라테스는 그 직전에 이렇게 말했다. "공교롭게도 내가 금으로 된 혼을 가졌다면, 칼리클레스, 사람들이 금을 시험하는 데 사용하는 저 돌들 가운데 하나를, 그것도 가장 좋은 것을 내가 발견하게 되어 좋아할 거라고 생각하지 않나? 그래서 그것에다 나의 혼을 갖다 대고 시험했을 때, 혼이 보살핌을 잘 받았다고 그것이 나에게 동의해 주면, 나는 만족스러운 상태에 있으며 더 이상 다른 시험이 전혀 필요 없다는 것을 마침내 내가 잘 알게 될 거라고 생각하지 않는가?"[486d, 140쪽]

여기서는 소크라테스가 대화 상대의 혼이 "보살핌을 잘 받았"(칼로스 테라페우오)는지 여부를 알아보는 시금석으로서 묘사된다. 라케스는 앞서 인용한 니키아스의 발언 후에 다음과 같이 말하는데, 이것은 소크라테스의 '시금석'으로서의 역할에 대한 증언이며, 여기서 파레시아라는 말이 사용되고 있다.

> 니키아스, 제 경우에야 논의에 대해서 단순하죠. 아니, 괜찮다면 단순한 게 아니라 이중적이라 하겠습니다. 그야 어떤 사람에게는 논의를 좋아하는(philologos) 사람으로도 또 한편으로는 논의를 싫어하는(misologos) 사람으로도 여겨지겠기 때문입니다. 왜냐하면 어떤 사람이 [사람으로서의] 훌륭함(덕 : aretē)에 대해서 또는 어떤 지혜에 대해서 대화하는 걸 제가 듣게 될 때, 그 사람이 진실한 사람이고 또한 자기가 하는 말들에 걸맞을 때, 말하는 사람과 하는 말이 서로 맞고 조화를 이루는 것들임을 보게 되면, 저는 굉장히 기뻐하니까요. 그리고 제게는 그런 사람이 정말로 음악적

---

14 플라톤, 『고르기아스』, 김인곤 옮김, 이제이북스, 2011, 141쪽(487a).

(시가적 : mousikos)이라 여겨지는데, 그는 가장 아름다운 선법(harmonia)을 리라(lyra)나 놀이 악기로 조율해 내는 것이 아니라, 실제로 자신의 삶을 스스로 언행일치의 상태로 조율해 내죠. 영락없이 도리스 선법으로지, 이오니아 선법으로도 아니며, 프리기아 선법이나 리디아 선법으로도 아니라고 저는 생각하는데, 도리스 선법이야말로 유일하게 헬라스적인 선법(Hellēnikē harmonia)입니다. 그래서 그런 사람이 말하면 저를 기쁘게 하여, 누구에게나 제가 논의를 좋아하는 사람으로 보이게 만든답니다. 그가 하는 말을 저는 이처럼 열성적으로 받아들입니다. 하지만 이와 반대로 하는 사람은 저를 괴롭게 하는데, 이 사람이 말을 잘하는 것으로 생각될수록, 그만큼 더 괴롭게 하여, 이번에는 저로 하여금 논의를 싫어하는 사람으로 여겨지게끔 만듭니다. 한데 저는 소크라테스가 한 말들에 대해서는 경험하지 못했습니다만, 그의 행동들에 대해서는 전에 제가 시험을 해보았던 것 같으며, 또한 거기에서는 그가 훌륭한 말들에 걸맞으며 무슨 말이든 할(파레시아) 자격이 있는 사람임을 알게 되었습니다. 그러므로 그가 이런 점까지도 갖추고 있다면 저는 저 사람과 동조하거니와, 그런 사람한테서 캐물음을 당하는 걸 더할 수 없이 즐거워하고 배우게 되는 걸 성가셔하지도 않을 것이니, 오히려 저 또한 솔론이 한 말에 한 가지만 덧붙이고서 동의합니다(188c~189a).

푸코가 지적하듯이,[15] 이 대화극이 시작되는 시점의 소크라테스는 저 명인사가 아니고 라케스나 니키아스보다 젊으며, 라케스가 장군으로 이끌었던 군에서 뛰어난 용기를 보여 줬던 것을 제외하면 군사 교육에 대

---

15 フーコー, 『真理とディスクール : パレーシア講義』, 145쪽.

해서도 특별한 능력을 갖고 있지 않다. 그렇다면 고명한 장군인 라케스와 니키아스가 소크라테스의 '시험'을 받으려는 것은 어째서일까?

여기에 대해 답을 내놓는 것은, 철학적 논의를 좋아하고 소크라테스와의 대화에서 가치를 이끌어내는 니키아스가 아니라, 대화에서의 로고스보다는 실천을 존중하는 라케스이다.[16] 라케스가 소크라테스를 평가하는 것은 로고스와 실천이 조화되어 있기 때문이다. 로고스와 실천의 조화, 그것이 소크라테스를 '시금석'으로 만들며, 누군가가 '시금석'인지 아닌지를 판단하는 수단이기도 하다.

삶의 엘렝코스

정확히 말하면, 라케스는 소크라테스에게서 이론과 실천이 조화되어 있음을 발견한 것은 아니다. 그는 아직 소크라테스의 '시험'을 받은 적이 없고 소크라테스라는 인물에 대해서 잘 모른다. 그가 알고 있는 것은 단지 소크라테스가 로고스에 뛰어나다는 니키아스의 보증, 그리고 자신이 지휘한 군에서 보여 준 소크라테스의 용기 있는 행동이다.

소크라테스에게서는 로고스와 삶이, 이론과 실천이 일치한다는 것을 아는 라케스는, 소크라테스라는 시금석에 자신의 로고스를 문질러 봄으

---

16 그 후의 역사가 기록하는 바에 따르면 니키아스는 장군으로서는 사고력이 달려서 아테네에 거대한 손실을 끼치게 된다는 것이다. 알키비아데스의 선동으로 아테네가 시케리아로 대군을 보냈던 역사적 전투에서 니키아스가 시케리아로부터 군을 퇴각시키려고 한 밤에 갑자기 월식이 일어난다. 그리고 "이 사건은 니키아스를 비롯하여, 그러한 광경에 벌벌 떨 만큼 무지하거나 미신에 약한 사람들에게 크나큰 두려움으로 다가왔다. (……) 그러나 당시 니키아스에게는 전문적인 예언가도 없었다. 니키아스의 동료이자 그의 미신을 떨쳐 주던 스틸비데스가 죽은 지 얼마 되지 않은 시점이었기 때문이다"(『플루타르코스 영웅전』 3, 이다희 옮김, 2010, HUMAN & BOOKS, 148쪽). 니키아스는 이렇게 미신에 홀려 포로가 되고 사형당했다.

로써 시험하는 것을 받아들인다.[17] 더 나아가 푸코는 니키아스의 발언이 이미 이러한 시험을 경험한 자가 소크라테스와의 사이에서의 '파레시아 게임'을 묘사한 것이라고 생각한다.

이제까지의 정치적 파레시아에서는, 이를테면 집회에서 대중(데모스)를 향해 발언하는 파레시아스테스처럼, 파레시아를 행사하는 주체는 단독자로서 타자를 향해 발언했다. 이때 파레시아스테스에게 필요한 자격은 시민의 신분뿐이다. 그러나 소크라테스가 시작한 '파레시아 게임'은 일대일로 마주 본 관계를 필요로 한다. 푸코는 처음에 "소크라테스 가까이에 있으면서 그 가까이에서 그와 이야기한다면"이라는 말이 대면 관계를 나타낸 것이라고 지적한다. 이 파레시아 게임에 참가하기 위해서는 소크라테스에게 가까이 가서 '가까움'의 관계를 확립할 필요가 있다.

더 나아가 이 파레시아 게임에서 대화자는 소크라테스의 말에 인도된다. 대화자가 수동적 위치에 놓이는 것이다. 그러나 이 게임에서 대화자의 수동성은 민중 집회에서 청중들의 수동성과는 다르다. 정치적 파레시아 게임에서 청중의 수동성은 말하는 자에게 설득당한다는 데 있다. 그러나 이 소크라테스의 파레시아 게임에서 듣는 사람은 소크라테스의 말에 인도되어 "자기 자신이 현재 어떤 방식으로 살고 있는지, 또 어떤 방식으로 생활해 왔는지"에 대해 '자기에 대한 로고스'를 말하기 시작한다.

---

17 라케스는 소크라테스를 음악가(무지코스)라고 부른다. 플라톤은 옛날, 체육이 신체의 교육을 담당하고 음악이 정신을 위한 교육을 담당했다고 회고한다(『국가』, 376e). 플라톤에 따르면 "음악에 의한 인간 형성은 도덕적 힘을 갖는다"(マルー, 『古代敎育文化史』, 56쪽)고 한다. 음악의 교육적 역할이 신학적 사유의 대상이 됐다는 데 대해서는 マルー, 『古代敎育文化史』, 48쪽을 참조하라. 또 아테네에서 음악이 정치적 의의를 갖는 것으로 여겨지고 있었다는 데 대해서는 다음을 참조하라. Penelope Maurray & Peter Wilson, *Music and the Muses*, Oxford University Press, 2004

여기서 주목되는 것은 푸코가 이 대화편을, 통상 생각하는 것처럼 '용기'에 대한 정의를 구하지만 끝내 용기의 적절한 정의를 얻지 못하는 대화편이 아니라고 생각한다는 점이다. 가토 노부아키(加藤信朗)가 『초기 플라톤 철학』의 『라케스』론에서 지적했듯이, 이 대화편은 '아포리아적 대화편'으로서 '~이란 무엇인가?'라는 정의를 둘러싼 초기 대화편 중 하나, 그리고 탐색이 실패로 끝나는 대화편으로 여겨지곤 한다.[18]

그러나 가토도 지적하듯이,[19] 이 대화편의 진정한 목적은 용기에 대한 정의를 추구하는 데 있지 않다. 소크라테스가 목표로 하는 것은 용기를 적절하게 정의하는 것이 아니라, 삶에 대해 이성적으로 판단하고 우리 삶에서의 행위와 로고스를 일치시키는 데 있다. 언어로 표현되는 것과 우리 삶의 양식이 일치하지 않는 것이 문제이며, 이것을 어떻게 일치시킬 것이냐는 문제에 이 대화편은 초점을 맞춘다.

푸코가 지적하듯이, 소크라테스의 논의가 사실 정의를 둘러싼 것이 아니라 자기 배려의 필요성을 주창하기 위한 것이라고 생각하면, 파레시아스테스로 인정되는 소크라테스는 올바른 정의가 중요한 것이 아니라

---

18 이를테면 『라케스』에 대한 이쿠시마 간조(生島幹三)의 해설은, 그의 작품이 "플라톤의 초기 소크라테스 대화편의 예에 해당되며, 아포리아에 빠진 채로 끝난다"고 지적하며, "결론은 부정적인 형태로 끝나고 있다. 다른 한편 이데아론이나 영혼에 관한 이론 등 이론적 발전이나 심화가 아직 보이지 않는다"고 결론 내린다(258~260쪽). 또 미시마 데루오(三嶋輝夫)의 해설에 따르면 이 대화편의 대략적인 줄거리에 대해 "다른 초기 대화편에서의 전개와 마찬가지로 여기서도 또한 라케스와 니키아스 두 사람이 각각 용기의 정의를 제안하고 소크라테스가 그 정의들을 시험하며 그 결과 언제나처럼 그들이 제안한 정의의 불충분함과, 그들을 포함한 모두의 무지함이 확인되며, 심화 탐구의 필요성을 서로 확인한 상태에서 대화편이 끝난다"고 정리한다(102쪽).
19 가토 노부아키는 『라케스』에서의 '덕이란 무엇인가'라는 탐구는 "이 물음을 탐구해 가는 도정 자체가 우리 스스로의 영혼을 변화시키고 덕으로 다져져 가는 도정"이라고 지적하며, 단순한 덕의 정의를 추구하는 대화편이 아님을 강조한다(加藤信朗, 『初期プラトン哲学』, 東京大学出版会, 1988, 188쪽).

(올바르게 정의한다는 것은 로고스하고만 관련된다) 도덕적인 삶의 방식과 자기를 배려하는 마음 씀(즉 삶)이야말로 중요하다는 것을 명백히 하고 있는 것이다.

푸코는 소크라테스가 이 자기 배려를 통해 이제까지의 정치적 파레시아를 전환시키고 새로운 파레시아를 낳는다고 생각한다. 이 소크라테스의 파레시아는 두 사람 사이에서 전개되며 대중(데모나)이나 왕과의 사이에서의 파레시아가 아니다. 정치적 파레시아에서는 로고스와 진실 그리고 용기의 관계가 문제였지만, 소크라테스적 파레시아는 이것에 새로운 요소를 덧붙인다. 바로 비오스, 즉 삶이다. 푸코는 이 비오스라는 주제가 소크라테스의 파레시아에서 중심적 요소를 이룬다고 지적한다.

소크라테스나 철학자에게서는 비오스와 로고스가 도리아식 조화를 드러내며, 이것이 소크라테스의 파레시아테스로서의 역할을 기초 짓는다. 그리고 동시에 이것이 바사노스(시금석)로서의 소크라테스의 기능에 대한 알기 쉬운 기준이 되는 것이다. 대화자가 자신의 삶을 설명함으로써 비오스와 로고스의 관계가 드러나며, 소크라테스와 비교함으로써 그 조화가 '시험'된다.

소크라테스와 진실 사이에는 대화자에게서 드러나기 위해 필요한 모든 요소가 갖춰져 있기 때문에 소크라테스는 대화자의 실존적 진실과의 관계를 '시험'할 수 있는 것이다. 이 소크라테스의 파레시아스테스로서의 활동 목적은 로고스, 덕, 용기, 진실 간에서 조화를 획득할 수 있는 비오스를 대화자가 선택할 수 있도록 하는 데 있다.[20]

이제까지 파레시아란, 정치에 대해서나 타자에 대해서 자유롭게 발

---

20 フーコー, 『真理とディスクール: パレーシア講義』, 146쪽.

언하는 권리였다. 여기서 자기의 문제는 발생하지 않았다. 그러나 소크라 테스가 시작한 파레시아 게임에서는 자기 삶을 시험하는 것, 자신이 바르 게 살아 왔는지 도덕성을 시험하는 것이 문제가 된다.

등에로서의 파레시아스테스 행위에서, 말 걸어진 쪽은 소크라테스를 자신의 안정을 세차게 뒤흔들고 사람들 앞에서 자신의 무지를 드러내는 기분 나쁜 인간으로 느꼈다. 그것이 소크라테스가 재판을 받은 원인이었 던 것이다. 그러나 이 시금석으로서의 파레시아스테스와의 대화는 상대 의 승낙을 받은 상태에서, 소크라테스라는 인물의 '가까움'에서, 행위와 말이 일치하는 드문 인물에게, 자기를 시험하도록 하는 방법으로 행해지 게 된다.

여기서 파레시아스테스로서의 소크라테스는 상대에게 자기 자신을 시금석으로 사용하도록 하는데, 그가 시금석의 역할을 할 수 있는 것은 소크라테스의 삶의 방식이 뛰어나기 때문이다. 여기서는 등에로서의 파 레시아스테스가 갖고 있던 기묘한 역설, 즉 자기 배려를 포기해야만 타자 의 영혼을 배려할 수 있다는 역설이 거의 자취를 감춘다. 그러나 아직 소 크라테스는 어딘지 모르게 '신의 선물'로서 행동하는 듯이 보인다. 소크 라테스는 이 시험에서 자기 배려를 무화하고 있는 것처럼 보이는 것이다. 정말로 파레시아스테스의 모순은 해결될 수 있을 것인지 의문이 남는다.

그런데 플라톤이 묘사하는 또 한 명의 소크라테스는 이 파레시아의 역설을 완전히 해소하는 듯하다. 이로써 소크라테스는 에로스의 길 속에 서 타자와의 완전한 상호적 우정의 관계를 맺는다. 플라톤은 우정과 에로 스의 관계 속에서 도덕적 파레시아의 또 다른 존재 방식이 가능하다는 것 을 보여 준다.

5장 · 에로스의 변증법

에로스와 진실

알키비아데스의 수염

플라톤은 자기 저작에서 단 두 번, 알키비아데스의 콧수염을 언급한다. 우선 『프로타고라스』의 첫머리에서는 친구가 소크라테스를 만나고 어디서 왔는지 물으며 "알키비아데스를 만나고 오는 것이겠지"라고 야유한다. 실제로 소크라테스는 알키비아데스를 만나고 오는 길이었는데, 그 친구는 알키비아데스는 이미 수염이 짙어졌다고 지적한다. "실은 그를 최근에 본 내게도 그는 여전히 미남으로 보이던데요. 소크라테스, 우리끼리 하는 말이지만, 사실은 벌써 턱수염조차 갖기 시작한 사내입니다."[1]

이에 비해 소크라테스는 호메로스도 수염이 나기 시작했을 무렵의 젊은이가 가장 아름답다고 말한다며 반박한다. 그리고 알키비아데스가 "내게 조언을 구해 왔다"고 그의 근황을 이야기한다. 수염이 나기 시작하

---

1 플라톤, 『프로타고라스』, 309a, 『플라톤의 프로타고라스/라케스/메논』, 39~40쪽.

고 이제 막 어른이 되어 소크라테스의 조언을 구하러 온 알키비아데스, 이를 묘사한 대화편이 『알키비아데스 I』이었다.

두번째는 『향연』에서인데, 여기서 파우사니아스가 고귀한 우라니아 에로스[천상의 사랑]에 대해 설명하면서 소년의 수염을 문제 삼는다. 소년의 수염은 그가 더 이상 어리지 않다는 것, 어른이 되기 시작하는 나이에 이르렀다는 것을 상징한다. 소년이라면 어른의 말을 들을지도 모르지만 수염이 날 무렵의 젊은이는 자신의 의견을 가지고 덕에 대해 생각하기 시작한다. 그러면 어른에 의해서 신체를 향유당하는 것이 자유인의 존재 방식이 아니라는 것을 깨닫는다. 그리고 이제 어른은 제멋대로 젊은이의 육체를 향유할 수 없게 된다.

여기서는 젊은이의 수염에 대해 논할 뿐이고 그것이 알키비아데스와 연결되고 있지는 않지만, 후반부에 등장하는 알키비아데스의 고백이 이 대화편의 절정이라는 것을 감안한다면 이 수염이 알키비아데스의 수염이라고 생각해도 괜찮을 것이다. 그리고 이 대화편에서 문제가 되는 것은 이 소년애와 진실의 주제이다.

알키비아데스는 수염이 눈에 띄기 시작했다. 신체의 변화, 특히 몸 여기저기서 털이 자라나는 것은 소년애의 계절에 종언을 고하는 상징으로 여겨지고 있었다. 성장한 젊은이가 벌거벗은 몸을 보여 주지 않게 되면 사람들은 소년애가 끝났음을 알고 젊은이를 놀렸던 것이다. 콧수염이 자라기 시작하고 나서도 어른들로부터 소년애의 대상이 되는 것은 별로 품위 있는 일이 아니라고 생각되었다. 그러나 소년애는 고대 그리스 사회 내에서 인정된 관행이었다. 그리고 소년애는 하나의 미적인 삶의 방식으로서 살아 있었던 것이다.

그래서 젊은이에게는 미적인 삶의 방식에 어울리는 품행이 요구됐다. 젊은이는 자신의 이익을 위해 몸을 맡겨서는 안 되고 상대가 말하는 대로 해서도 안 되며, 이 사람 저 사람에게 옮겨 다녀서도 안 된다. 젊은이가 어떻게 자신의 몸을 지키느냐에 따라 젊은이의 삶의 방식과 성격이 시험대에 오르게 되며, 소년애에서의 평가가 훗날 젊은이의 정치 생명에 중요한 영향을 끼칠 가능성도 있었다.

더 나아가 그리스에서는 매음(賣淫)했다고 여겨지는 자에 대해 시민권을 박탈하도록 정해져 있었다는 것을 지적해야 할 것이다. 소년애의 시기를 어떻게 보내느냐는 그리스 젊은이들에게 중요한 문제였다. 푸코가 지적하듯, "육체를 어떻게 활용하느냐에 따라 어느 정도 좌우되는 소년의 명예는 또한 어느 정도 미래의 그의 역할과 평판을 결정지을 터인데, 바로 이 소년의 명예가 중요한 관건이다".[2]

그러나 문제는 젊은이가 소년애의 대상이 된다는 것의 의미이다. 젊은이가 상대방의 성적 욕망에 따르는 것은 욕망의 대상이 되는 것인데, 이것을 미적이라고 말하기는 어렵다. 그리스에서는 이 행위에서 쾌락을 느끼는 젊은이는 '음란하다'고 생각해서 정치적 활동을 하기에 적합하지 않다고 여기는 경향이 있었던 듯하다.

푸코는 이를 "소년의 모순"[3]이라 부른다. 그리스 시민들에게 젊은이를 쾌락의 대상으로 삼는 것은 정당한 행위이고 여성을 쾌락의 대상으로 삼는 것보다 '고급'이기까지 했다. 그러나 이제 성인이 되어 시민이 될 젊은이에게, 성행위에서 타자의 쾌락의 대상이 된다는 것은 타자에게 지배되는 것이고 이것은 용인되기 어려운 일이었다.

---

2 Michel Foucault, *Histoire de la sexualité 2 : L'usage des plaisirs*, Gallimard, 1984, p. 235[『성의 역사 2 : 쾌락의 활용』, 문경자·신은영 옮김, 나남, 246쪽].
3 *Ibid.*[같은 책, 254쪽].

그러나 젊은이는 상대의 욕망을 무시해서도 안 된다. 푸코는 이 풀기 힘든 모순을 "해결"할 수는 없고, 어떻게 "가능한 한 멀리 옮겨 놓으려"는 "거부와 회피의 게임"만이 가능했었는지를 지적한다. 그리고 젊은이는 이 게임 속에서 시험대에 오르게 된다. 이것은 푸코가 지적하듯 젊은이뿐만 아니라 젊은이와 젊은이를 사랑하는 자 사이에 전개되는 '게임'이며, 두 사람의 공동 작업이다. 젊은이를 사랑하는 자도 또한 젊은이가 아름다운 삶을 쌓아 나갈 수 있도록 협력해야 하는 것이다.[4]

에로스의 게임을 피하지 말고 그 게임 속에 살며 시험되는 것이 중요하다. 푸코가 지적하듯, 이 모순에 대해 당시 그리스에서 생각했던 해결책은, 회피하던가 아니면 처음부터 없었던 것처럼 해소해 버리는 것이었다. 이를테면 크세노폰은 영혼의 사랑만을 진정한 사랑으로 찬양하고 모든 애정으로부터 육체의 차원을 제거하고자 한다. 크세노폰이 『소크라테스 회상』에서 묘사하는 소크라테스는, 에로스에 사로잡히면 노예와 동등한 신분이 된다고 이야기하면서 육체적 욕망을 엄격히 경계하며 "미소년에게 입을 맞추면 어떤 꼴을 당할 것 같은가? 자유로운 인간이 당장 노예가 되고, 많은 자산을 쓸데없는 쾌락에 탕진하며, 고상하고 유익한 일에 써야 할 많은 시간을 잃고, 미치광이조차 문제 삼지 않을 일에 열중하게 되지 않겠는가"라고 말한다.[5]

그리고 크세노폰이 묘사하는 소크라테스는 아름다운 젊은이에게 입을 맞춘 사람은 "상처를 치료하기" 위해 1년 동안 외국에 체류하도록 권

---

4 그리스에서 소년애와 교육은 밀접한 관계에 있었다. 연장자는 소년애라는 형태로 젊은이를 교육하도록 기대되었다. "소년애는 교육 중에서도 가장 완전하고 가장 아름다운 형태의 것"(크세노폰)이었던 것이다. マルー, 『古代教育文化史』, 45쪽을 참조하라.
5 크세노폰, 『소크라테스 회상』, 최혁순 옮김, 범우사, 1998, 1권 3장, 40쪽.

고한다. 그러나 이것은 이 에로스 게임을 회피하는 것이다. 이러한 방법은 도덕론으로서는 쉽고 누구나 이해할 수 있는 것이지만, 그리스 사회에 통상적으로 존재하던 상황을 무시하고 일방적이고 도덕적인 규칙을 정하는 것에 불과하기 때문이다.

또는 아리스토파네스처럼 이런 문제가 아예 없는 듯이 행동함으로써 이를 해소해서도 안 된다. 아리스토파네스는 『향연』에서의 에로스론에서 태곳적에 인간은 세 가지 성(남·남, 남·여, 여·여)을 갖고 있었다는 신화를 이야기한다. 그리고 오만해진 인간을 벌하기 위해 제우스가 이 인간을 둘로 쪼개 버렸다. 그래서 인간은 찢어진 반쪽을 쉼볼론처럼 애타게 그리워한다는 것이다.[6]

소년애에 빠진 남자는 오래 전 남자·남자였던 것이다. 그렇다면 남자가 남자를 사랑하는 것은 너무나 자연스러운 것이 된다. 그리고 이러한 태생의 젊은이는 자연히 남자를 사랑하게 된다. 아리스토파네스는, 소년애로 나아가는 젊은이가 '후안무치'하다고들 말하지만, 이는 잘못된 일이라고 지적한다. 이들은 "소년들과 젊은 사내애들 가운데 가장 훌륭한 자들"[7]이라는 것이다.

이 신화는 보통 남성과 여성 간 연애 관계의 근원적 원인을 밝히는 것이라고 여겨지기 쉽지만 젊은이의 이율배반을 해소하기 위해 고안되었다고도 말할 수 있다. 소년애에 빠진 남성이야말로 "본성상 가장 용감한 자들"이라 여겨지기 때문이다. 그리고 "다 자란 후에 국가의 일들을 할 만한 남자라고 판명되는 자들은 오직 이런 자들뿐"[8]이라는 것이다. 이렇

---

6 플라톤, 『향연』, 강철웅 옮김, 이제이북스, 2014, 100쪽(191d).
7 같은 책, 101쪽(192a).
8 같은 곳.

게 생각하면 소년애는 본성에 들어맞는 것으로서, 어떤 '문제'도 되지 않게 된다. 그리고 당시 그리스에서 모순으로서 받아들여지던 문제를 눈 가리고 아웅하는 식으로 감춰 버린다. 젊은이가 성행위에서 쾌락을 구하는 것이 당연해지기 때문이다.

푸코는 플라톤이 크세노폰이나 아리스토파네스처럼 문제를 거부하거나 해소하는 것이 아니라 이 난문을 진실을 향해 나아가는 길로 다듬어 냈다는 데 주목한다. 플라톤은 소년애가 갖는 이 모순을 부정하지 않으면서 역으로 이 모순이 진실을 향해 가는 계기로 이용되도록 만든다. 플라톤은 크세노폰처럼 연애에서 육체를 배제하려 하지 않는다. 아름다운 육체야말로 진실을 향해 가는 길의 입구인 것이다.

두 개의 에로스론

플라톤은 소년애와 진실의 관계를 고찰하는 가운데 두 개의 에로스론을 썼다. 『향연』과 『파이돈』이다. 둘 다 아름다운 육체를 바라보는 데서부터 젊은이를 사랑하는 자(에라스테스)와 사랑받는 젊은이(에로메네스)가 함께 변증법적 절차를 경유하여 진실을 향하게 된다는 이야기이다. 우선 『향연』에서의 사랑의 변증법부터 고찰해 보자.

『향연』에서는 디오티마라는 여성이 소크라테스에게 사랑의 비의를 가르치는 형태로 에로스의 비의가 이야기된다.[9] 이 길에 뜻을 둔 자는 우

---

9 소크라테스가 디오티마라는 여성을 필요로 했다는 것에 대해서는, D. M. ハルプリン, 『同性愛の百年間』, 石塚浩司 訳, 法政大学出版局, 1995의 6장 「왜 디오티마는 여성일까?」를 참조하라. 디오티마라는 여성의 입을 빌림으로써 소년애라는 남성 간의 애정에 '생식성'이라는 위엄이 덧붙여지는데, 이는 동시에 여성의 본래적 여성성을 박탈한다는 할프린(David M. Halperin)의 지적이 흥미롭다. 또 소크라테스는 '산파'로서 타자가 사상을 출산하는 것을 돕는 역할을 하는데, 이로부터 소크라테스와 플라톤 철학의 체계에 여성적인 것이 구조적으로 포함되어 있으며,

선 아름다운 신체를 사랑하는 것부터 시작한다. 아름다운 신체에 욕망을 품는 것, 그것이 첫걸음이다. 이 욕망이 존재하지 않고서는 이 비의가 애초에 가능하지 않다는 점에 주목하자. 사랑의 변증법의 첫 단계에서는 사랑하는 자가 주체이고 사랑받는 자가 객체이다.

다음으로 아름다운 신체에 대해 아름다운 로고스를 말하는 법을 배울 필요가 있다. 아름다움을 칭송하고 찬양하는 법을 배워야 하는 것이다. 그리고 로고스라는 보편적 수단을 통해 하나의 개별적 신체의 아름다움을 찬양하면서 그 개별적인 신체의 아름다움이 다른 신체의 아름다움과 공통되는 것임을 배우게 된다. 자신이 사랑하는 사람의 신체만이 아름다운 것이 아니라 모든 아름다운 신체에 깃들어 있는 아름다움을 끌어낼 필요가 있다.

여기서 플라톤이 인도하는 길은 분명 아름다움의 이데아로 향한다. 첫 단계에서는 한 신체의 아름다움에 매혹되면서 그 아름다움이 한 육체에만 있는 것이 아니라, 다른 많은 신체에 있다는 것을 알게 된다. 그리고 그것을 위한 수단이 아름다움을 찬양하는 로고스이다. 이 아름다움의 로고스에 기초하여 다음 단계에서는 아름다움이 신체에만 있는 것이 아니라는 것을 배운다.

이 에로스의 비의로 나아가는 사람은 다음으로 신체의 아름다움은 그리 크지 않지만 영혼의 아름다움이 큰 사람이 있다는 것을 배운다. 여기서는 아름다움의 의미가 보편적이 되면서 어떤 역전이 생겨난다.[10] 신

그래서 디오티마라는 '산파'가 등장해야 했다는 지적은 Adriane Cavarero, *Platons Töchter*, Rotbuch-Verlag, 1997의 4장, 특히 pp. 146~147에 나타나 있다.

10 이 에로스의 비의에서는 다음 단계로 올라갈수록 보편화가 행해지기 때문에 수직적인 움직임과 수평적인 움직임이 교차 발생한다는 것에 대해서는 A. W. Price, *Love and friendship in*

체가 아름다운 사람은 영혼도 아름답다고 생각하고 싶어지지만, 실은 반드시 그런 것도 아니며, 영혼의 아름다움을 드러낼 수 있는 사람이 신체적 아름다움은 드러내지 못하는 경우도 많기 때문이다.

그리고 디오티마는 이 단계로 나아간 사람에 대해, 영혼의 아름다움을 국가의 여러 장소에서 이끌어 내도록 한다. 사람들의 갖가지 행위, 사업, 삶의 방식, 법률 등에도 영혼의 아름다움이 존재한다는 것을 인정해야 한다. 여러 학문과 지식에도 영혼의 아름다움이 투영되어 있기 때문이다.

이렇게 사랑의 길을 더듬어 온 사람은 여기서 에로스의 비의의 궁극적인 장에 도달한다. 디오티마는 다음과 같이 이야기한다.

올바르게 에로스 관련 일들을 향해 가는, 혹은 다른 이에 의해 이끌리는 것이란 바로 이것이니까요. 즉 이 아름다운 것들에서부터 시작하여 저 아름다운 것을 목표로 늘 올라가는 것 말입니다. 마치 사다리를 이용하는 사람처럼 그는 하나에서부터 둘로, 둘에서부터 모든 아름다운 몸들로, 그리고 아름다운 몸들에서부터 아름다운 행실들로, 그리고 행실들에서부터 아름다운 배움들로, 그리고 그 배움들에서부터 마침내 저 배움으로, 즉 다름 아닌 저 아름다운 것 자체에 대한 배움으로 올라가게 됩니다. 그렇게 되면 마침내 그는 아름다운 바로 그것 자체를 알게 되는 거죠.[11]

그런데 이렇게 해서 젊은이를 사랑하게 된 자는 젊은이의 신체적 아

Plato and Aristotle, Clarendon Press 1989, pp. 38f부터 참조하라.
11 플라톤, 『향연』, 145~146쪽(211b~c).

름다움이 아닌, 아름다움 자체를 관조하게 된다. 물론 젊은이의 신체가 아름다움을 넘어서지는 않고, "아름답고 고상하며 천성이 좋은 영혼"[12]을 만나면 아주 반기게 된다. 그리고 이런 젊은이를 상대로 하는 "덕에 관한 이야기들, 그리고 훌륭한 사람이 어떠해야 하고 무슨 일들을 실행해야 하는지에 관한 이야기들"[13]이 풍부해져서 이 젊은이를 가르치려 시도하게 된다. 교육받은 젊은이는 이렇게 사랑하는 자와 함께 "아름다운 일"을 하고, 주체적 자세를 채용하게 되며 사랑하는 자와 사랑받는 자는 함께 "서로에 대해 아이들에 대한 공유보다 훨씬 더 중대한 공유와 더 확고한 친애를 얻게 된다"[14]는 것이다.

여기서 에로스의 비의가 목적은 아름다움 자체를 보는 것이 된다. 이 아름다움은 죽기 마련인 육체의, 어떤 부정에도 더럽혀지지 않은 아름다움 자체이며 "진실하고 순수한, 섞이지 않은 아름다움 자체", "신적 아름다움 자체", "진실"이라고 불린다. 이것이 플라톤이 생각했던 이데아의 이데아이다. 알려져 있다시피 이 이데아를 보는 체험은 신에게 도달하는 체험으로서, 신플라톤주의의 중요한 과제로 이어진다.

신플라톤주의에서 철학을 한다는 것은 연습을 거듭하여 아름다움 자체, 이데아의 이데아를 보고 신에 도달하는 통로로 여겨지게 된다. 그러나 플라톤과 신플라톤주의의 차이는, 플라톤이 철학적 명상을 통해 이러한 비밀스러운 의식에 참여할 수 있다고는 생각하지 않았다는 것이다. 신플라톤주의의 대표적인 철학자인 플로티노스는 몸을 삼가고 사유를 순수하게 하여 철학적 연습과 명상을 거듭함으로써 진정한 앎을 체득하고,

---

12 같은 책, 142쪽(209b).
13 같은 책, 142쪽(209b~c). ─ 옮긴이
14 같은 책, 142쪽(209C).

어느 순간 일자와 합일하는 황홀한 체험의 획득을 목표로 하고 있었다.

플로티노스의 제자 포르피리오스는, 스승인 플로티노스가 생애에 몇 번이나 이러한 신비적 체험을 했다고 말한다.[15] 이 신비적 체험의 전통은 그리스도교에도 이어져서 아우구스티누스도 동일한 견신(見神) 체험을 했다고 『고백록』에서 이야기한다.[16]

그러나 플라톤은 이러한 신적인 것과의 합일을 목표로 하는 것이 아니라, 사랑하는 자와 사랑받는 자가 더불어 진실을 향한 길로 나아가는 것을 목표로 한다. 여기서 사랑의 변증법이 두번째 단계에 이르렀음에 주목하도록 하자. 젊은이를 사랑하는 자가 사랑받는 객체의 위치에 서게 되는 것이다. 젊은이는 이제 사랑받는 객체가 아니라 사랑하는 주체이며, 사랑받는 자의 아름다움 자체보다도 이데아로서의 아름다움이 사랑의 대상이 되고 젊은이는 아름다움의 대상으로서의 대상으로서 원래 가졌던 지위를 부정당하게 된다.

이 단계에 도달하면 사랑하는 자는 사랑스러운 젊은이의 아름다움 자체로부터 눈을 돌려 아름다움 그 자체를 보게 된다. 사랑하는 자에게 젊은이의 아름다움은 이데아로서의 아름다움으로 향하기 위한 '계기'에 지나지 않는다. 사랑받는 젊은이에게서도 상대방의 아름다움은 이데아의 아름다움으로 향하기 위한 계기에 불과하다. 확실히 사랑하는 자는 젊은이에게 진실을 가르치고 육체적으로 부부가 되는 것보다도 강한 '끈'으

---

15 "참고로 내가 그의 곁에 있었던 시기(264~268년)에, 말로 표현할 수 없는 (영혼의) 활동에 의해 네 번이나 그는 이 목표[신과의 합일]에 도달했다." 포르피리오스, 『플로티노스의 일생과 그의 저작 순서에 대해』, 24(『プロティノス·ポルピュリオス·プロクロス』, 水地宗明 訳, 中央公論新社, 1980, 116쪽).

16 "이리하여 눈 깜빡할 순간에 '존재 자체'에 도달하게 되었습니다." 아우구스티누스(어거스틴), 『성 어거스틴의 고백록』, 선한용 옮김, 대한기독교서회, 1990, 7권 17장, 222쪽.

로 연결된다고 이야기된다. 그러나 이 변증법의 두번째 단계는 너무 간단히 묘사되어 부부애와 동성애의 비교로 끝나 버린다. 사랑하는 자와 사랑받는 자는 이미 상대를 바라보지 않는 듯하다. 여기서 연애 관계는 승화된다. 에로스는 상대방과는 다른 선(善)이며, 아름다움을 향하는 충동과 같은 것에 불과하다. 플라톤은 이 '결함'을 해결하기 위해 『파이돈』에서 새로운 에로스론을 전개한다.

히메로스의 형이상학

『파이드로스』에서 소크라테스는 파이드로스와 대화하며 영혼이 젊은이의 아름다움에 사로잡혔을 때 이미 주체 안에 큰 변동이 일어난다고 말한다. 사랑하는 자는 젊은이의 아름다운 신체를 바라보면서 어떤 미세한 입자(멜레)를 받아들인다. 이것은 사랑에 대한 열망(히메로스)이라고 불리는데, 이 히메로스를 받아들이면 그 자는 커다란 기쁨을 향유할 수 있다.[17] 이 자에게는 영혼의 날개가 돋아나고 젊은이를 바라보는 동안 늘 이 '커다란 쾌락'을 맛볼 수 있으며, 바라보지 않는 동안에는 그 기억을 즐길 수 있다.

『크라튈로스』에서의 어원 해석에 따르면 이 열망(히메로스)이란 "혼을 가장 강력하게 끌어당기는 흐름"이며, "세차게 흐르고 사물들을 덮치며", "격류에 힘입어 혼을 세차게 끌어당기"[18]는 힘이다. 이 힘이 외부로

---

17 플라톤, 『파이드로스』, 251c. 헤시오도스에 따르면 히메로스는 에로스와 더불어 아프로디테가 태어날 때 함께 태어난 신이다. "그런데 그녀(아프로디테)가 태어나고 처음으로 신들의 가족에 들어갈 때 에로스와 아름다운 욕망(히메로스)이 함께했다"(헤시오도스, 『신들의 계보』, 천병희 옮김, 숲, 2009).
18 플라톤, 『이온/크라튈로스』, 천병희 옮김, 숲, 2014, 130~131쪽(420a).

부터 사랑하는 자를 압도하고, 기쁨에 떨게 한다. 『향연』에서 에로스는 그 자체를 외부를 향해 샘솟게 하는 내적인 힘이었다. 그러나 히메로스는 외부로부터 폭력적이기까지 한 힘을 발휘하여 주체를 빼앗아 버린다.

이 히메로스는 안에서 바깥으로 향하는 『향연』에서의 에로스와는 반대 방향의 힘으로서, 바깥으로부터 작용한다는 것이 명백하다. 그러나 이것도 에로스의 한 모습이라는 것은, 플라톤이 『크라튈로스』에서 에로스를 "외부로부터 영혼으로 흘러드는" 정념이며, "이 흐름은 사랑을 품고 있는 자에게 본래부터 있는 것이 아니라 눈을 통해 바깥으로부터 옮겨 온 것"[19]이라 재정의하고 있는 것으로부터도 알 수 있다. 에로스는 바깥으로 향하는 힘만이 아니라 바깥에서부터 오는 힘으로서의 모습을 취할 수도 있는 것이다.

젊은이를 사랑하는 자는 젊은이의 신체를 해하지 않고 젊은이를 "섬기는 신과 모든 점에서 똑같은 상태로 이끌기 위해 할 수 있는 온 힘을 다하게"[20] 된다. 그리고 젊은이를 위해 모든 봉사를 한다. 젊은이는 이러한 숭고한 동경으로 타오르는 사람의 봉사를 받아 그것이 진실한 우정임을 깨닫고, 상대에게 흘러든 히메로스가 눈을 통해 젊은이에게 역류한다. 이 히메로스의 작용을 플라톤은 이렇게 설명한다.

그 아름다움의 흐름은 다시 아름다운 자에게 되돌아가, 영혼에 이르는 입구인 그의 눈을 통과한 뒤 영혼에 이르러 날개의 출구들을 들어올리고 그것들을 부풀려 날개가 자라게 하고 사랑받는 이의 영혼을 사랑으로 가득

---

19 같은 곳. 히메로스에 관한 이러한 해석은 K. I. ブドゥリス, 『正義·愛·政治』, 山川偉也 訳, 勁草書房, 1991를 참고했다.
20 플라톤, 『파이드로스』, 80쪽(253c).

채우네.[21]

　여기서는『향연』의 경우와 비교하여 사랑의 변증법의 두번째 단계가 상세하게 전개된다.『향연』에서 묘사되었던 에로스의 비의는 사랑하는 자에게서의 비의이고, 젊은이는 그 비의의 은혜를 받을 뿐이다. 젊은이 스스로가 비의를 경험하는 것은 사랑받는 아름다운 신체의 소유자로서, 처음부터 부정되고 있다. 사랑은 상호적인 것처럼 보이지만 진정한 의미에서는 상호성을 결여하고 있다.

　그런데『파이드로스』에서 묘사된 에로스론에서는, 히메로스는 눈을 통해 젊은이에게 역류하고, 젊은이에게도 날개가 돋아 "자기 자신을 지배하고 질서 있게" 되며 사랑하는 자와 함께 진실을 향한 길로 나아가게 되는 것이다. 이 히메로스의 형이상학[22]에서 특징적인 것은, 사랑하는 자와 사랑받는 자가 더불어 날개 돋은 자가 되어 "그들은 빛나는 삶을 이어가며 행복하게 동반의 길을 가고, 때가 되면 사랑의 힘으로 똑같이 날개가 생겨나게"[23] 되는 것에 있다. 사랑하는 자와 사랑받는 자는 히메로스가 된 에로스의 힘으로, 삶을 함께하면서 진실을 향해 나아가게 된다.

　그리고 플라톤은 파이드로스가 애호하는 수사학에 대해서도, 책도 아니고 플라톤이 가리키는 대화의 길, 디알렉티케의 길만이 진실에 도달하는 길이라는 것을 가르친다. 이것이 사랑의 변증법에서의 세번째 단계인데, 젊은이나 사랑하는 자나 단순한 객체가 아니라 상대와 진실을 더불어 사랑하는 주체로서 행동한다. 그리고 소크라테스는 파이드로스에게

21　같은 책, 85쪽(255c~d[원서는 255a로 오기]).
22　ブドゥリス,『正義·愛·政治』, 3장 참조.
23　플라톤,『파이드로스』, 87쪽(256d).

젊은이와 젊은이를 사랑하는 자 모두가 주체가 되어 진실에 이르는 길을 나아가는 비의를 가르친다.[24]

『향연』에서 알키비아데스는 소크라테스와 밤을 함께 보내며 소크라테스가 자신에게 손대지 않음에 감명받는다. 소크라테스는 젊은이를 사랑하면서 젊은이에게 자신의 극기심을 보여 주는 방법으로 역으로 젊은이의 마음을 사로잡는 것이다. 여기서 젊은이는 소크라테스에게 예속됨으로써 진실에 참여하는 것이지, 자기 자신의 힘으로 자기를 지배함으로써 진실에 참여하는 것이 아니다. 알키비아데스가 술에 취해 이 향연의 장에 들이닥치는 것은 그가 "자기 자신을 지배하고 질서 바르게" 하는 데 실패했다는 것을 상징하는 듯하다.

그러나 『파이드로스』에서 소크라테스는 대화를 통해 진실에 이르는 길로 나아가는 방법을 보여 준다. 그리고 젊은이를 사랑하는 자가 진실에 이르는 길에 스스로 참가할 가능성을 보여 주고, 그것이 젊은이와 젊은이를 사랑하는 자의 '공동생활' 가운데 있다는 것을 보여 준다.

푸코는 플라톤이 이 대화편들에서 사랑의 문제 속에 진실의 문제를 근본적인 문제로서 도입했다고 지적한다.

『향연』과 『파이드로스』는 상대방의 자유와 '환심을 사려는 행위'에 맞추어 만들어진 연애술로부터 주체의 금욕과 진리[진실]를 향한 공동의 접근에 관심의 초점이 놓여진 연애술로의 이행을 보여 준다.[25]

---

24 플라톤이 젊은이 쪽의 수동성을 배제함으로써, 이제 젊은이는 능동적인 욕망을 가진 자로서 "부끄러울 것도 없고 버릇 없다는 비난을 신경 쓸 것도 없이, 자유롭게 연장자인 사랑하는 자의 정열에 응할 수 있게" 되었다고 한다. 이에 대해서는 ハルプリン, 『同性愛の百年間』, 227쪽을 참조하라.

푸코는 이 책에서 파레시아라는 말을 사용하지 않는다. 그러나 곧 밝혀지겠지만 푸코는 이 자기 제어 자체가 윤리적 파레시아의 행위라고 생각하는 것이다. 앞으로 설명할 「일곱째 편지」에서는 진실이 책에서 드러나지 않는다고 밝혀져 있다. 함께 사는 삶에서, 진실은 영혼 속에 머무른다. 진실은 말해지는 말 속에, "영혼 속에 쓰인 말"(『파이드로스』, 276a)로서만 나타난다.

이것은 진실이 존재론적 조건을 필요로 한다는 것이고, 플라톤은 이 대화편들에서 이를 위한 조건이 충족되는 최고의 장이 에로스의 장이라 여기고 있다. 이 에로스는 성적인 의미를 포함하고 있으면서도 신체적 관계를 포기하고 타자를 진심으로 배려함으로써 타자와 함께 진실을 향해 나아갈 수 있다는 것을 보여 준다. 소크라테스는 젊은이와의 우정의 장 안에서, 젊은이의 우정과 존경을 향유하며 함께 진실을 향해 나아가는 운동을 전개한다.[26]

---

25 Foucault, *Histoire de la sexualité 2 : L'usage des plaisirs*, p. 267[『성의 역사 2 : 쾌락의 활용』, 278쪽].

26 물론 소크라테스와 알키비아데스의 이러한 관계를, 그리스 도시국가에서의 욕망하는 신체의 조직화로 해독할 수도 있다. 리오타르는 『리비도 경제』에서 알키비아데스와 소크라테스의 '불가능한 위험'의 관계는, 시민들 사이에서 '에로스'가 얼마나 중요했었는지를 보여 줄 뿐만 아니라 "오히려 우리에게 폴리테이아에서의 욕망하는 신체의 순환적 조직화가, 그 신체를 필연적으로 동등한 교환 안에, 등가성 안에 기입한다는 것을 가르쳐 준다"고 이야기한다(Jean-Francois Lyotard, *Économie libidinale*, Éditions de minuit, 1974). 젊은이는 남성에게 몸을 맡기고 지위와 지혜를 획득한다. 남성은 아름다운 젊은이의 신체를 향유한다. 젊은이는 이윽고 남성이 되어 또 다른 젊은이와 동일한 관계를 구축한다. 그리스의 도시국가는 이 원 안에서 성립한다. 정치 역시 이러한 관계 속에 있다. 그러므로 페니스-아누스의 영역(알키비아데스)과, 담론이라는 입의 영역(소크라테스)의 항들은 교환 가능하다는 리오타르의 니체적 해독은 훌륭하다. 또한 마지막에 소크라테스의 '노예'가 되어 버린 알키비아데스의 지위가, 진실의 변증법의 불가능성을 밝히는 것은 아닌지 의문을 던진 누스바움의 「알키비아데스의 발언」도 재미있다. 이 논고는 Martha C. Nussbaum, *The Fragility of Goodness*, Cambridge University Press, 1986, pp. 165~199에 수록되어 있다.

2. 소년애와 파레시아

소년애의 존재론

소년애의 문제를 파레시아와 관련지어 생각하기 위해 기원전 4세기에 아테네에서 활약했던 변론가 아이스키네스의 어떤 탄핵문을 살펴보자. 푸코는 『성의 역사 2: 쾌락의 활용』에서 성인 남성의 남창으로 여겨진 젊은 이가 어떤 취급을 받았는지를 보여 주는 한 예로, 탄핵문 「티마르코스 탄핵」을 고찰한다. 이 연설은 "고전기 아테네에서는 공적인 장에서 동성애라는 주제에 대해 거리낌 없이 말할 수 있었다는 견해를 아는 실마리가 되는, 현존하는 유일한 원전"[27]이며, 그리스의 소년애와 자유의 문제를 생각하는 데 귀중한 단서가 된다.

우선 이 변론의 경위를 살펴보자. 아이스키네스는 기원전 346년에 마케도니아 대사를 지낸 후 집무 보고를 제출했다. 아테네의 모든 공무원은 임무가 종료된 후 자신의 임무를 점검받아야 했기 때문이다. 이 시대에는 관리의 책임감이 매우 엄격히 문제시되고 부정부패 여부, 부적절한 처신 등이 조사되었다. 그리고 문제를 발견한 자는 누구나 고발할 수 있었다. 그래서 당시 고소고발이 범람하고 고소고발을 통해 생계를 꾸리는 고소고발자(쉬코판테스)라는 사람들까지 등장했을 정도였다.[28]

---

27 K. J. ドーヴァー, 『古代ギリシアの同性愛』, 中務哲郎·下田立行 訳, 青土社, 2007, 16쪽. 이 책에서는 이 연설을 상세히 연구한다. 그 밖에 ハルプリン, 『同性愛の百年間』의 5장 「民主的身体」나 Giulia Sissa, "Sexual Bodybuilding: Aeschines against Timarchos", ed. James I. Porter, *Construction of the Classical Body*, The University of Michigan Press, 1999, p. 147~168 등, 이 연설을 다룬 고찰이 많다. 이 절에서는 특히 이 연설과 파레시아의 관계를 생각한다.

28 이 공직자의 의무와 쉬코판테스에 대해서는 橋場弦, 『アテナイ公職者弾劾制度の研究』, 東京大学出版会, 1993이 상세하다.

아이스키네스는 마케도니아와의 화평을 주장하며 데모스테네스와 대립했던 정치가이고, 반대파 데모스테네스는 화평파 아이스키네스를 실각시키기 위해 티마르코스라는 정치가에게 아이스키네스를 고소하게 했다고 한다.[29] 그래서 아이스키네스는 이에 대항하기 위해 원고 티마르코스가 고소인의 자격이 없다는 것을 증명하려 했는데, 그것이 이 탄핵문이다.

아테네에서는 자유로운 시민이라면 누구나 원고가 될 수 있었다. 아테네는 모든 사람들이 서로를 감시하는 가혹한 감시 사회였던 것이다.[30] 『아테네 정치제도사』는 이러한 감시의 엄격함을 노골적으로 말한다. 이를테면 합창단 봉사자나 3단 노선에서 노를 젓는 봉사 같은 공공 봉사 가운데, 비극 경연의 합창단에 봉사하는 경우에는 가장 부유한 세 명에게 봉사가 명해졌다. 만약 이를 명받은 시민이 자신보다 부유한 사람이 있다고 생각할 경우에는 그 사람을 지명할 수 있었다. 지명된 사람은 공공 봉사를 받아들이든가, 지명한 사람이 더 부유하다는 것을 실증하기 위해 지명된 상대와 재산을 교환해야 했다. 또 부모 학대, 여자 상속인 학대, 고아 학대 등이 있으면 누구나 고소할 수 있었다.[31] 시민들은 서로의 생활 내용

---

29 이 논쟁의 배경이 된 당시 아테네와 마케도니아의 관계에 대해서는 Claude Mossé, *Athens in decline, 404-86 B.C.*, tr. Jean Stewart, Routledge & K. Paul, 1973이 참고할 만하다.

30 아테네에서는 시민으로서 등록되는 시점과 매년 평의원에 등록되는 시점에 공적 지위와 품행의 시험이 행해졌는데, 민회에서 발언하는 자에게는 더욱더 엄격한 시험이 행해졌다. 이에 대해서는 John J. Winkler, *The constraints of desire : the anthropology of sex and gender in ancient Greece*, Routledge, 1990, 특히 티마르코스의 탄핵 재판에 대해 고찰한 1부 2장이 상세하다. 또 아테네의 이 시기 민주제와 재판 기구에 대해서는 Stockton, *The Classical Athenian Democracy*에 잘 정리되어 있다. 조금 오래됐지만 Jones, *Athenian Democracy* 도 참고할 만하다. 橋場弦, 『丘のうえの民主政: 古代アテネの実験』도 구체적 실례를 들어 이야기하므로 이해하기 쉽다.

31 아리스토텔레스, 『아테네 정치제도사』, 56장, 『고대 그리스 정치사 사료』, 104쪽.

과 재산 내용까지 숙지하는 것이 전제되었던 것이다.

이러한 감시 사회에서는 누구나 타자의 품행을 알게 되고, 이 탄핵에서도 아이스키네스는 티마르코스의 품행을 문제 삼아 그를 시민으로부터 배제하려 한다. 당시 아테네에서는 특정 행위를 했거나 하지 않았을 경우 민회에서의 발언권, 즉 이세고리아의 권리를 박탈당하게 되어 있었다. 앞서 지적한 것처럼 아테네 민회에서는 의제가 제시된 후에 "누가 도시에 유익한 안건을 갖고 있어 공론에 부치기를 원하십니까?"라고 묻는데, 이 이세고리아의 권리를 부여하지 말아야 할 인물에 대한 규정이 있었던 것이다.

아이스키네스는 그 자격 심사를 차례로 진행시킨다(28~32절). 최초의 자격 심사는 부모의 양육에 관한 것으로 "아버지나 어머니를 폭행하거나, 양육하지 않거나, 머물 곳을 제공하지 않는 자"에게는 발언이 허용되지 않는다. 세번째는 매춘을 한 자로, "매춘한 자, 또는 자신의 신체를 판 자"는 발언할 수 없다. 자신의 신체를 스스로 파는 사람은 적에게 도시국가도 팔아넘길 것임에 틀림없다는 것이 아이스키네스의 의견이다(29절). 네번째는 부모로부터 물려받은 재산을 낭비한 자이다. 자신의 재산을 제대로 관리할 수 없는 자는 도시국가도 관리할 수 없다는 것이 그 이유이다.

네번째 이유를 제외하고 이 악행들은 불명예(아티미아)이며 시민권을 잃게 되어 있었다. 여기서 문제는 세번째, 매춘에 있다. 민회에서 발언하는 것은 성인 남성이기 때문에, 매춘이라 함은 일반적으로 젊은이가 신체를 파는 것을 가리킨다. 고대 그리스에서 소년애는 지극히 일상적인 행위이며 그것 자체는 문제가 아닐 터였다. 그러나 만약 젊은이가 돈을 대가로 받고 몸을 팔았다고 판단되는 경우에 그 젊은이는 매춘을 했다고 간

주된다.

이 행위 자체는 사적인 행위이고 공적 영역에서의 사항이 아니다. 한나 아렌트는 그리스 도시국가에서 사적 오이코스와 공적 폴리스[도시국가]가 명확히 분리되어 있다고 강조했지만,[32] 앞서 지적했던 것처럼 감시사회인 도시국가에서 오이코스 내부만의 문제라는 것은 없다. 도시국가를 유지하기 위해서 아내와 성교하는 최소 횟수까지 정해져 있었고, 언제나 공적 시선이 집안의 어둠을 꿰뚫고 있는 것이다.[33] 그래서 이 젊은이는 잠재적으로 시민권을 상실한 자로 간주되고 만다.[34]

그러나 이 상태에서는 아직 아무것도 일어나지 않는다. 이것이 문제시되는 것은 이 젊은이가 성장하여 자유로운 시민이 되어 시민권이 있는 것처럼 행동할 때이다. 그때 매춘했었다는 사실이 증명된 자는 사형에 처해진다. 이는 메토이코이가 시민권이 있다고 주장하여 그 근거 없음이 밝혀졌을 경우와 동일하다. 그리고 시민 누구나 이를 고발할 수 있었다. 아이스키네스는 이 입장에서 티마르코스의 시민권 박탈, 가능하다면 사형선고를 목표로 하는 것이다.

우선 아이스키네스는 젊은이의 '정결'을 지키기 위한 법률을 차례로 읽어 내려간다. 교사는 학교를 새벽이 되기 전에 열어서는 안 되고, 날이

---

32 한나 아렌트, 「공적 영역과 사적 영역」, 『인간의 조건』, 이진우·태정호 옮김, 한길사, 1996.
33 솔론의 법에 따르면 남편인 자는 적어도 '한 달에 세 번'은 아내와 성관계를 가져야만 한다. 아내의 본처로서의 지위에 존경을 표시하기 위해서이기도 하고 동시에 자손을 확보하기 위해서이기도 하다. 아테네에서의 여성의 생활과 지위에 대해서는 Sarah B. Pomeroy, *Goddesses, Whores, Wives, and Slaves : Women in Classical Antiquity*, Schocken Books, 1975의 4장부터 6장까지가 상세하다. 부부의 성관계에 관한 규정은 p. 87을 참조하라.
34 공적인 영역은 정치적 영역에만 한정되지 않고 도시국가에 대한 시민의 모든 의무의 영역에 관련되어 있었다. 이에 대해서는 David Cohen, *Law, Sexuality and Society : Enforcement of Morals in Classical Athens*, Cambridge University Press, 1994, 특히 p. 77을 참조하라.

저물고 나서까지 열어 놓아서도 안 된다. 젊은이가 알몸으로 체조하는 체육관의 감독은 성인을 관내에 들여서는 안 된다. 자유인 젊은이를 '강간'한 성인에 대해서는 보호자가 고소하여 벌금형 혹은 사형을 구형할 수 있다.[35] 다음으로 매춘한 젊은이에 대한 규정을 읽어 보자.

매춘한 자는 (……) 전령이 될 수 없고 동의를 제안할 수 없으며, 공공 예배장에 들어갈 수 없고, 시민들이 모여 화환을 몸에 두르고 있을 때 화환을 두를 수 없다. 또 아고라의 신성한 영역에 들어갈 수 없다. 매춘했음이 선고된 후에 이 규제를 따르지 않은 경우에는 사형에 처한다.[36]

동의를 제안할 수 없다는 것은 우선 이세고리아의 권리를 부정당한다는 것이고, 민회에서 발언할 수 없다는 것이다. 그러나 그것뿐이 아닌 듯하다. 아이스키네스가 이렇게 말하기 때문이다.

법률이 정한 바에 따르면 (……) 아버지 등으로부터 타자에게 신체를 파는 것(헤타이레인)을 강요당한 젊은이는 성인이 되어도 아버지를 부양할 의무가 없고 주거를 제공할 의무도 없다. 아버지가 사망한 경우에는 아버지를 매장하고 그 밖의 의례를 실행해야 한다. 아테네인 제군, 이 규칙이

---

35 이것은 휘브리스의 법이라고 불린다. 오만함을 뜻하는 휘브리스는 성폭행이나 강간, 법적으로는 개인에 대한 심각한 상해를 의미했다. 이 휘브리스의 법에 대해서는 Cohen, *Law, Sexuality and Society*, pp. 176f가 상세하다. 또 Louis Gernet, *Recherches sur le Développement de la Pensée Juridique et Morale en Grèce*(그리스에서의 법적 및 도덕적 사유의 발전에 관한 연구), étude sémantique, A. Michel, 2001에서 휘브리스를 고찰한 장(pp. 191~204)을 참조하라.
36 아이스키네스, 『티마르코스에 대한 반론』, 21절(*The Speechs of Aeschines*, Loeb, 1919). 피셔의 주해서도 참조했다(Nick Fisher, *Aeschines Against Timarchos*, Oxford University Press, 2001).

얼마나 공정한 것인가? 이 법률에 따르면 아버지가 살아 있는 동안에는 양친을 양육해야 할 아들의 의무를 향유할 수 없다. 그것은 아버지가 아들로부터 발언의 자유(파레시아)를 빼앗았기 때문이다.[37]

이 젊은이는 매춘을 강요당한 것 때문에 이세고리아뿐만 아니라 파레시아도 잃어버린 것이다. 파레시아란 시민으로 태어남으로써 향유할 수 있는 권리였지만 만약 불명예스러운 일을 한 경우에는 이 권리를 잃고 시민들과 더불어 화환을 두를 수 없으며 아고라의 신역에 들어갈 수도 없다. 이것은 단순히 민회에서의 발언권을 부정당하는 것뿐만 아니라 더 넓은 시민적 교제의 가능성을 부정하는 것이었다.

그런데 아이스키네스는 이 변론을 어떻게 전개하는 것일까? 피고가 매춘했다는 것을 증명할 수 있으면 그는 목적을 달성할 수 있을 것이다. 그러나 티마르코스의 나쁜 품행이 유명함에도 불구하고[38] 매춘했다는 사실을 증명하는 것은 쉽지 않다. 그래서 그는 두 가지 변론 방침을 세우고 배심원들을 혼란스럽게 하면서 유리한 판결을 얻으려고 한다.

첫번째 변론 방침은 고대 그리스에서 동성애가 일반적이었음을 인정하면서, 소년애에는 고상한 실례가 많다고 인정하는 것이다. 아킬레우스와 파트로클로스 등, 그러한 실례는 적지 않기 때문이다.[39] 그러나 매춘,

---

37 아이스키네스, 『티마르코스에 대한 반론』, 13~14절. 피셔는 헤타이레인을 폴네이아와 구별하고 헤타이레인은 은혜를 얻기 위해 신체를 제공하는 것이고 폴네이아는 현금을 얻기 위해 신체를 제공하는 것이라고 지적한다(Fisher, *Aeschines Against Timarchos*, p. 41). 다만 그도 인정하듯이 이 두 가지의 구별이 어려운 경우도 있다.
38 아이스키네스는 후에 "시민들이나 친척들을 대하는 그의 몸짓, 부끄러울 만큼의 유산 낭비, 자기 신체의 납용(휘브리스)에 대해 알맞은 태도는, 내가 말하기 전에 여러분도 이미 알고 계시는 대로이며, 내 설명은 상기시켜드리기 위해서였다"고 말한다(아이스키네스, 『티마르코스에 대한 반론』, 116절).

즉 돈을 받고 몸을 파는 것은 문제라고 변론하는 방침이다. 이는 재판의 기본적 순서일 것이고, 증인으로 등장하는 장군이나 지식인을 향한 노선이다. 그러나 아이스키네스는 동시에 소년애라는 행위가 남성의 신체를 갖고서도 여성처럼 행동함으로써 '자연에 반하는' 행위이고 역겨운 것이라는 이미지를 확대한다. 이는 배심원인 민중을 향한 노선이며 이것이 성공하여 아이스키네스는 승소하게 된다.

아이스키네스는 고귀한 소년애가 있다는 것을 인정하면서도 "더럽혀지지 않고 사랑받는 것은 고귀한 일이지만, 돈에 현혹되어 자신의 몸을 파는 것을 부끄러운 일"[40]이라고 주장한다. 그리고 티마르코스가 바로 이런 부끄러운 인간임을 보여 주기 위해 티마르코스의 알몸을 보자고 요구한다. 체조 선수는 그 뛰어난 신체 때문에 한눈에 분간된다. 그리고 매춘을 해 온 자는 매춘 현장이 목격된 적이 없다 하더라도 그 신체의 일반적인 몸짓에서 파렴치한 몸짓을 분간해 낼 수 있다는 것이다.

이 재판 수일 전에 티마르코스는 공공의 장에서 자신의 알몸을 드러내고 있었다. "그리고 취기와 그 밖의 신체 남용 때문에, 신체가 몹시 부끄러운 상태가 되어 있는 것을 드러냈다. 고상한 사람들은 도시국가의 수치를 느끼고 얼굴을 가렸다"[41]고 한다. 티마르코스의 신체는 그 부끄러운 행위들이 기록되어 있는 수첩과 같은 역할을 하는 것이다.

---

39 『일리아스』에서 두 전사의 애정은 유명하다. 파트로클로스를 방문한 아킬레우스는 "제가 사랑하는 사람을 죽인 헥토르를 만나기 위해서, 제 죽음의 운명은 다른 불사신들께서 이루기를 원하시는 때에 언제든지 받아들이겠어요"(18권, 114~115, 천병희 옮김, 단국대출판부, 405쪽)과 죽음의 예언에도 불구하고 전장에 나간다. 이 둘의 애정에는 육체적 요소가 없는 것으로 묘사되어 있다.

40 아이스키네스, 『티마르코스에 대한 반론』, 137절.

41 같은 책, 26절.

그리고 아이스키네스는 고발한다. "여러분께서는 가장 부끄러운 행위를 한 티마르코스를 무죄로 보시겠습니까? 남성의 신체를 가지고 여성의 죄를 범한 사람을 말입니다"[42]라고 말이다. 아이스키네스는 어떤 근거도 없이 티마르코스가 젊은이로서 뒤로부터 삽입당한 일을 고발한다. 그 증거로 제시된 것이 사람들이 눈을 가리는 신체의 퇴폐이다. 사람들은 이 퇴폐적인 신체를 가진 인물과 함께 민회에서 논의하고 싶지 않다고 느낀다. 그리고 이런 기분이, 완전히 다른 차원의 매춘이라는 용의를 용인하는 기분이 들게 하는 것이다. 아이스키네스는 승소하고 티마르코스는 완전한 불명예(아티미아)를 선고당하여 정치 경력에 끝을 고하게 된다.

여기서 주목하고자 하는 것은 아이스키네스가 말하는 스파르타의 예이다. 언젠가 스파르타에서 부끄러운 생활 방식을 영위해 왔지만 어쨌든 유능한 법안 제안자인 남자가 민회에서 발언하려 했다. 그리고 그 남자의 제안에 따라 투표가 이루어질 때 어느 노인이 자리에서 일어난다. 이 노인은 한평생을 뛰어난 품행으로 생활해 온 것으로 유명한 인물이었다. 그리고 이런 남자의 제안에 따라서는 안 된다고 말하며 다른 남자를 불러왔다. 이 남자는 정의를 지키고 전쟁에서 명예를 획득해 온 인물이지만, 말은 잘하지 못했다. 노인은 이 남자에게 품행이 나쁜 남자의 제안을 토씨 하나 틀리지 않게 다시 말하게 한 뒤 스파르타 사람들에게 "좋은 남자의 말에 따라"[43] 투표하도록 했던 것이다.

고대 그리스에서는 완전히 같은 말이라도 그 말을 말하는 인물의 존재론적 위치가 다르면 동일한 의미를 가질 수 없었다. 품행이 나쁜 인물

---

42 같은 책, 185절.
43 같은 책, 181절.

에게는 파레시아를 행사할 자격이 없고 뛰어난 제안이라도 그 의미를 잃고 만다고 여겨졌다. 남성이면서 여성처럼 행동하는 자는 대중에게 매춘부와 동일한 존재로 여겨지고 파레시아의 자격을 부정당하기도 했다. 소년애의 모순은 파레시아와도 깊은 관련을 갖는 것이다.

소크라테스는 젊은데도 신체가 빈약한 제자 에피게네스를 붙잡고 "자신의 태만으로 해서 육체를 노쇠케 한다면 자신의 신체가 얼마나 아름다우며 얼마나 뛰어난 힘에 이를 수 있는가를 모를 것이니 그야말로 수치인 것일세"[44]라며 꾸짖는다. 아곤(경쟁)의 세계였던 고대 그리스에서 신체는 자기 배려의 표식과 같은 것이었으며, "자기의 아름다움과 힘을 최대한으로 발달시키는 것은 시민의 의무"[45]였다.

3. 소크라테스와 자기 배려

양심과 수치

앞서 4장에서 고찰한 것처럼 소크라테스는 아테네 사람들에게 자기의 영혼을 배려하도록 요구하면서 파레시아테스로서의 역할을 했다. 그런데 이 '자기'가 무엇인지는 그다지 자명해 보이지 않는다. 자기란 무엇인가? 이런 물음이 생겨난다는 것 자체가 어떤 문화와 역사에 고유한 사정을 보여 준다.

만년의 푸코는 "개인이 자기에게 주의를 기울이고 자기를 해독하고 자기를 인식하고 스스로를 욕망의 주체라 고백"[46]하기에 이르는 역사를

---

44 크세노폰, 『소크라테스 회상』, 최혁순 옮김, 범우사, 1998, 3권 12장, 165쪽.
45 Edward Norman Gardiner, *Greek Athletic Sports and Festivals*, Macmillan and Co., 1910
46 Foucault, *Histoire de la sexualité 2 : L'usage des plaisirs*, p. 11[『성의 역사 2』, 19쪽].

고찰하는 데 전력을 기울이게 된다. 애초에 개인이 자기를 '주체'로 생각하기에 이르는 경위, "개인이 주체로서 자기를 구성하고 인식하는 절차로서의 자기와의 관계의 형성과 양식" 자체가 거대한 수수께끼로 가득 차 있는 것이다.

개인이 자기를 어떻게 주체로 여기게 되느냐는 물음을 고찰할 때, 그리스 역사가 남긴 상세한 증거들이 도움이 될 것이다.[47] 이 시대를 고찰함으로써 현대에 이르기까지의 자기 개념의 의미를 조사할 수 있고, 푸코가 만년에 그리스의 자기와 도덕 개념을 고찰하게 된 데에는 충분한 이유가 있는 것이다.

애초에 호메로스의 시대에는 아직 신체와 정신이라는 개념이 존재하지 않았다. 호메로스는 단수로 신체(소마)라고 하는 대신 사지(구이아)라고 한다. 자신의 신체를 씻는다고 표현할 때에는 피부(크로스)라고 한다.[48] 그리고 영혼(프쉬케)이라는 것은 인간이 숨을 쉬고 있는 한에서 그 사람에게 머물러 있는 것이고 죽음과 더불어 그 사람으로부터 떠나가는 것이다. 호메로스에게 영혼이라는 말은 살아 있는 인간의 활동으로서 묘사되는 것이 아니라 "프쉬케와 살아 있는 인간의 분리가 가까워졌거나 이미 일어난 경우에 한정된다".[49]

그리스어 사전에 따르면 호메로스에서 신체(소마)라는 말은 이미 죽은 사람으로부터 프쉬케가 빠져나온 후에 남겨진 시체를 지시했다. 스넬

---

47 Louis Gernet, *Recherches sur le développement de la pensée juridique et morale en Grèce*, Albin Michel, 2001. 이 책은 죄나 수치 혹은 휘브리스 개념을 실마리 삼아 고대 그리스에서의 '개별적인 것'의 탄생의 역사를 고찰한다.
48 브루노 스넬, 『정신의 발견』, 김재홍 옮김, 까치글방, 2002, 23~25쪽.
49 Erwin Rohde, *Psyche : Seelenkult und Unsterblichkeitsglaube der Griechen*, Alfred Kroner Verlag, p. 8.

에 따르면 그리스에서는 기원전 7세기에서 기원전 5세기경 사이에, 인간의 시체에 사용되던 소마라는 말이 살아 있는 자의 사지를 가리키게 된다. 그리고 인간의 살아 있는 신체에도 소마라는 말이 사용되게 되었다고 한다. "신체와 영혼의 구별에 의해서 무엇인가가 발견"되었다.[50] 그리고 이 시대에 처음으로 '호메로스'처럼, 무명적 혹은 집단적 이름이 아닌 개인의 이름으로 된 작품이 쓰여지게 된다.

또 호메로스라는 인물에게서는 영혼의 '내면'과 같은 것도 존재하지 않는다. 이를테면 아킬레우스는 아가멤논으로부터 모욕을 당하고 그 자리에서 칼을 뽑아 상대를 죽이려고 하는데, 아테나 여신이 그의 금발을 잡아당기며 "날개를 가진 언어"로 말을 걸어서 아킬레우스에게 인내하도록 요구한다. 아킬레우스는 "마음속으로 아무리 화가 나더라도"[51] 신의 말에 따르는 것이 좋다고 생각을 고쳐먹는다.

호메로스의 경우 영웅들의 감정이나 의사, 사상 등은 그 내면으로부터 생겨나는 것이라기보다는 신들이 불어넣는 것이라는 인상이 강하다. 아직 인간의 내면적 감정이나 사상 자체로서는 등장하지 않고 신적인 것과 잘 분리되어 있지 않은 것이다.[52]

기원전 4세기경이 되면 그리스 비극 중에 자신의 의지와 감정 아래 행동하는 자율적 인간이 등장하게 된다. 아이스퀼로스의 『자비로운 여신들』에서는, 아폴론이 '악귀들'(74행)이라고 부른 복수의 여신 에리뉘스들

---

50 스넬, 『정신의 비밀』, 44쪽.
51 호메로스, 『일리아스』, 33쪽(1권 216~217절).
52 스넬은 이 아킬레우스의 '결의'에 대해 '우리라면 여기서 아킬레우스의 '결의', 즉 그 자신의 숙려와 그 자신의 행위를 짝지을 것이다. 그런데 호메로스에게서 인간은 스스로 결의를 일으켰다는 자각을 아직 갖고 있지 않다'고 지적한다(같은 책, 63쪽).

에게 저주받아 쫓기는 오레스테스의 모습이 묘사된다. 오레스테스는 원고 에리뉘스들에게 왜 어머니를 죽였냐는 질문을 받고 아폴론의 신탁에 따른 것이라고 답하며 "그렇소, 그리고 지금까지 해온 일을 후회는 하지 않소"(596행)라고 단언한다. 아폴론의 신탁에 따라 행한 아버지의 복수가 정의로운 일이었음을 믿고 신들의 도움을 구하는 것이다.

그런데 에우리피데스의 『오레스테스』에서는 숙부인 메넬라오스 왕이 오레스테스의 이상한 모습을 추궁하자 오레스테스가 이렇게 답한다.

오레스테스　그래요. 저는 가련하신 어머니를 죽였으니까요.
메넬라오스　들었다. 나쁜 일에 관해서는 되도록 말을 아껴라.
오레스테스　아껴야죠, 비록 운명은 제게 불행을 아낌없이 보내 줬지만.
메넬라오스　너를 괴롭히는 게 뭐냐? 어떤 병이 너를 망치고 있는 게냐?
오레스테스　그 병은 양심(쉰에시스)입니다. 즉 끔찍한 짓을 저질렀음을 인식하고 있는(쉰오이다) 것입니다.[53]

오레스테스는 자신의 '양심', 자기의 죄를 의식했기 때문에 광기에 쫓기고 있는 듯하다고 고백한다. 앞서 2장 마지막에서 다룬 것처럼, 오레스테스는 이미 아이스퀼로스의 『오레스테스』 3부작에서 아테네 법정의 무죄 판결을 받는다. 그러나 에우리피데스가 묘사하는 오레스테스는 양심의 법정으로부터 벗어날 수 없다.

이 법정에서는 피고도 오레스테스이고 원고도 오레스테스, 증인도 오레스테스, 그리고 재판관도 오레스테스이다. 양심에는 이렇게 법정과

---

53 에우리피데스, 『오레스테스』, 392~396절, 『에우리피데스 비극 전집 2』, 319쪽.

재판이라는 의미가 붙어 있다. 이 양심의 법정 이미지는 세네카로부터 아우구스티누스를 경유하여 칸트에게까지 이어지게 된다.[54]

'양심'(쉰에이데시스)이라는 말은 '에이데인'(보다, 알다)이라는 말에 '더불어'(쉰)이라는 접두사가 붙어 만들어졌다. 누군가와 함께 '보다', '의식하다', '증인이 되다'라는 의미이다. 영어로는 의식(consciousness)과 양심(conscience)이라는 말이 나뉘어져 있지만, 프랑스어 '콩시앙스'(conscience)에는 의식과 양심이라는 두 의미가 그대로 남아 있다. 의식은 애초에 타자와 함께 의식하는 것, 양심을 갖는다는 의미가 포함되어 있는 것이다.

그리스어에서 이 말은 '증언하다', '인식하다'라는 문맥에서 사용되는 일이 많고, 양심이라는 의미로 사용되는 경우는 아주 희박했다. 그보다는 자신의 마음속에 어떤 타자가 존재한다는 의식이 이 시기에 등장했다는 것이 주목된다. 이 타자의 존재를 고지하는 것이 '수치'라는 개념이다. 이를테면 데모크리토스는 소크라테스와 마찬가지로 "불의한 일을 하는 것보다는 불의한 일을 당하는 것이 낫다"는 역설을 주장하면서 수치라는 주제에 관한 논의를 전개한다. 데모크리토스는 "쾌활한 사람(euthymos)은 올바르고 적법한 행위를 하게끔 이끌리며 밤이나 낮이나 기뻐하고 강건하며 근심이 없다. 그러나 정의(dikê)를 무시하고 마땅히 해야 할 일을 하지 않는 사람은 그런 일들을 불쾌해하며 [그것들 가운데] 어떤 것을 기억할 때마다 두려움에 빠지고 자신을 질책한다"고 말한다.[55]

---

54 양심론과 재판 모델의 계보에 대해서는 金子武蔵 編, 『良心』, 以文社, 1977, 특히 「양심론의 자료와 문헌」을 참조하라.
55 「레우키포스와 데모크리토스」, 단편 B 174, 『소크라테스 이전 철학자들의 단편 선집』, 김인곤 외 옮김, 아카넷, 2005, 602~603쪽.

이 문장에서 데모크리토스는 정신 건강이라는 관점에서 불의한 일을 행하지 않는 것의 이익을 설명하고 있는 듯 보이지만 다른 문맥에서 보면 데모크리토스가 플라톤과 마찬가지로 자기 마음에서의 분열을 피하려 했다는 것을 알 수 있다. "그대는 혼자 있을 때라도 나쁜 것을 말하지도 행하지도 말아라. 다른 사람들 앞에서보다 오히려 자신 앞에서 부끄러워할 줄 알아라."[56]

여기서 스스로 부끄러워하는 것(아이도스)이 중요한 역할을 한다. 설령 귀게스의 반지[57]가 있어서 아무에게도 보이지 않는 상태로 불의를 저지를 수 있다 하더라도, 꺼림칙한 행위를 한 후 마음속에서 '타자'의 시선을 받으며 스스로에게 부끄러워하는 그런 일이 있어서는 안 된다고 데모크리토스는 강조한다. 이 '수치'는 나쁜 짓을 들켜서 처벌되는 듯한 외적인 두려움으로부터 생겨나는 성질의 것은 아니라는 데 주목하고자 한다. 데모크리토스는 "두려움(포보스) 때문이 아니라, 마땅히 그러지 말아야 하기 때문에 잘못에서 벗어나라"고 훈계하기 때문이다.[58]

다른 사람이 아니라 자기 자신을 부끄러워해야 한다는 것은 자기 마음속에 보이지 않는 '타자'가 존재하고 있어서 그것이 자신과 '더불어 아는'(쉰에이데시스) 자가 되고 그래서 '수치'가 생겨나기 때문이다. 이 수치

56 같은 책, 단편 B 244, 620쪽.
57 플라톤의 『국가』 2권에 나오는 가상의 마법 반지. 이 반지를 끼고 흠집난 곳을 안으로 돌리면 투명인간이 될 수 있다. '사람은 왜 올바르게 행위하는가'라는 주제와 연관해 자주 논의된다.
58 「레우키포스와 데모크리토스」, 단편 B 41, 『소크라테스 이전 철학자들의 단편 선집』, 584쪽. Douglas L. Cairns, *Aidos: The Psychology and Ethics of Honour and Shame in Ancient Greek Literature*, Oxford University Press, 1993, pp. 363~369는 이 데모크리토스의 훈계의 내적 성격을 강조한다. 다만 그리스의 쉰에이데시스의 용법 중 상당수는 타자나 신들에 의한 처벌의 두려움과 연결되어 있었다. 이에 대해서는 K. J. Dover, *Greek Popular Morality: In The Time of Plato and Aristotle*, Blackwell, 1974, pp. 220f를 참조하라.

라는 개념이 당시 그리스에서 '양심'을 대신하는 관념으로서 형성되고 있었다는 것이 여러 글들에서 증명된다.

이를테면 에우리피데스의 『힙폴뤼토스』에서는 자신이 의붓아들(사위)을 사랑하고 있다는 것을 유모에게 고백한 후 파이드라가 인간의 마음의 모순을 이야기하면서 이런 수치(아이도스) 개념에 대해 다음과 같이 구구절절 고백한다. 이것은 이러한 관념이 존재했다는 증거로 들 수 있을 것이다.

우리는 무엇이 옳은지 이해하고 알지만 실천하지 못하는 거죠. 더러는 태만하기에, 더러는 어떤 쾌락을 선보다 선호하기에. 인생에는 많은 쾌락이 있지요. 장시간의 수다라든가, 게으름이라든가—그건 즐거운 악이지요—수치심이라든가. 수치심에는 두 가지가 있는데, 그중 하나는 해롭지 않지만, 다른 하나는 가정에 부담이 되지요.[59]

"무엇이 옳은지 이해하고 알지만 실천하지 못한다"는 이 거의 바오로적인 한탄은 "나쁜 걸로 여기게 되는 것들로는 아무도 향해서 가려고도 하지 않고, 이것들을 자발적으로 취하려 하지도 않습니다"[60]라는 소크라테스의 단언을 비꼬는 것처럼 들린다. 나쁜 것에 의지하는 게 소크라테스의 말처럼 있을 수 없는 일이라 해도, 인간의 마음에 분열이 있는 경우에는 선한 의지가 실현된다고 하는 보장이 없는 것이다. "이성이 지닌 도덕적 무기력"[61]을 에우리피데스의 비극 주인공들은 실감하고 있다.

---

59 에우리피데스, 『힙폴뤼토스』, 380~387절, 『에우리피데스 비극 전집 1』, 천병희 옮김, 숲, 2009, 106쪽.
60 플라톤, 『프로타고라스』, 358e, 『플라톤의 프라타고라스/라케스/메논』 176쪽.

또 한 명의 여성, 메데이아가 스스로의 마음의 분열에 괴로워하는 모습은 바라보기 두려울 정도다. 메데이아는 남편에 대한 복수로서 두 아이를 살해하기로 결정한다. 그 결과가 얼마나 자신에게 있어 '악'인지를 충분히 알면서도 복수의 마음을 달랠 수 없다. 메데이아는 자신의 마음에게 타인처럼 말을 걸고 탄원한다. "아아! 내 마음이여, 너는 절대로 그런 짓을 해서는 안 돼! 가련한 마음이여, 애들을 내버려 두고, 애들을 살려 줘! 애들이 그곳에서 함께 살면 너를 행복하게 해줄거야."[62] 그러나 완고한 메데이아의 영혼은 이를 허락하지 않는다. 아버지와 어머니와 아이들 모두에게 참극이 될 짓을 포기할 수 없는 것이다.

비극이 아니라 실생활에서의 이 '꺼림칙함'이 도덕적 기준으로 의식되고 있다는 것을 보여 주는 작품이 있다. 안티폰의 「헤로데스 살해에 대하여」에서는 피고가 배심원들에게 다음과 같이 변론한다. 배심원들은 일반 민중으로 구성되어 있었기 때문에 이는 어느 그리스인이 듣더라도 납득할 수 있는 생각이었을 것임에 틀림없다.

게다가 잘 아시겠지만, 이러한 것에 대해 조금이라도 꺼림직한 데가 있었더라면, 이 나라에 돌아오기로 결심하지 않았을 것이오. 그런데 실제로는 정의를 믿었기 때문에 돌아왔소. 정의보다 가치 있는 전우는 없으니 말이오. 불경한 일을 했다는 꺼림직함은 아무것도 없소. 신들을 모독한 적 없는 자에게는 말이오. 왜냐하면 지금까지도 이런 경우에 신체가 피로하더라도 영혼이 구출해 준 적이 있기 때문이오. 꺼림직한 것이 없기에 간난

61 에릭 R. 도즈, 『그리스인들과 비이성적인 것』, 주은영 옮김, 2002, 까치글방, 142쪽.
62 에우리피데스, 『메데이아』, 1056~1058절, 『에우리피데스 비극 전집 1』, 천병희 옮김, 숲, 2009, 70쪽.

신고할 준비가 되어 있는 영혼이. 이에 비해 꺼림직한(쉰에이데)이 있으면 그것 자체가 제일의 적이다. 왜냐하면 신체(소마)가 아직 건강하더라도 영혼(프쉬케)이 먼저 약해지기 때문이오. 자신에게 다가오는 보복을 불경한 모독 행위의 그것이라고 생각해서 말이오. 그러나 나는 그러한 것은 아무것도 꺼림직한 것이 없기 때문에 당신들 앞에 와 있는 것이오.[63]

이 살인 사건의 피고는, 아테네를 방문한 이유가 마음에 꺼려짐(쉰에이데)이 없기 때문이라고 주장한다. 그리고 신체(소마)와 마음(프쉬케)을 대비시키면서 신체가 건강하더라도 마음에 거리낌이 있다면 '약해지고' 말지만, 영혼에 거리낌이 없는 신체는 피로에도 견딜 수 있다는 것이다.

또한 「합창대원에 대하여」라는 변론의 서두에서도 "인간에게 가장 기쁜 것은, 재판관 여러분, 몸에 아무런 위험도 생기지 않는 것이고, 기도하는 자라면 누구나 그것을 기도할 것입니다. 따라서 만에 하나 위험을 피할 수 없게 될 경우에도 꼭 준비해 주셨으면 하는 것, 이러한 사태에서도 가장 중요하다고 제가 믿는 것이 있습니다. 요컨대 자기는 아무 잘못도 저지르지 않았고, 스스로에게 켕기는 것이 없고, 어떤 재앙이 일어나도 그것은 악덕이나 수치와는 관계 없이, 즉 불의에 의해서라기보다는 오히려 운에 의해서 일어난다는 것입니다"[64]라고 강조한다. 자신이 저지른 불의에 의한 거리낌이 없기를 기도하고자 한다고 말하는 것이다. 이 시대

---

63 안티폰, 「헤로데스 살해에 대하여」, 93절(富田章夫 訳, http://web.kyoto-inet.or.jp/people/tiakio/antiphon/ant0.html). 또한 Cairns, *Aidos*, p. 345에서는 이 변론에서 "보통의 아테네 사람들이 신기해하거나 그들에게 낯선 관념이 사용될 가능성은 극히 적다"고 지적한다.
64 안티폰, 「합창대원에 대하여」, 1절(富田章夫 訳). 또한 도미타 아키오(富田章夫)가 개설한 메일링 리스트 '바르바로이'(バルバロイ)로부터 큰 자극과 시사를 얻었던 데 대해 감사한다.

의 그리스에서 이미 현대의 양심에 해당하는 관념이 생겨났으며 영혼이 분열되어 있다는 것, 소위 양심의 꾸짖음을 느끼는 것은 위험한 일, 부끄러운 일로 느껴졌던 것이다.

신체와 영혼의 이원론

이렇게 그리스 고대부터 신체와 영혼이 서로 다른 성질의 것이라는 사상이 면면히 전해져 왔는데, 이것을 형이상학적으로 확립한 것이 플라톤이었다. 플라톤은 인간의 '시각으로 포착할 수 없는 것'과 '시각으로 포착할 수 있는 것'을 대비시키면서 한쪽을 영혼(프쉬케), 다른 한쪽을 육체(소마)라고 부른다. 영혼은 신적인 것에 속하고 육체는 가사(可死)적인 것에 속한다. 그리고 육체는 죽으면 주검이 되지만 깨끗한 영혼은 옷을 벗듯 육체를 벗어나서 "신적이며 죽지 아니하고 지혜롭게 하는 것이 있는 데로 떠나가, 이곳에 이른 혼은 행복할 수 있을 것이니, 이런 혼은 헤맴과 무지, 두려움들, 사나운 욕망들 그리고 그 밖의 인간적인 나쁜 일들에서 벗어나"[65]게 된다.

그리고 철학의 역할은 영혼에게 이 신체라는 감옥으로부터 탈출하는 길을 가르치는 것이다. "혼을 철학이 떠맡을 때, 혼이 몸속에 꼼짝없이 꽁꽁 묶인 채로 들러붙어서, 존재하는 것들(ta onta)을 고찰함에 있어서도 혼은 그 자체로만 하지를 못하고, 마치 감옥을 통해서 보듯, 몸을 통해서 고찰하지 않을 수 없게 되어, 전적인 무지 속에서 뒹굴고 있다. (……) 철학은 이 감옥의 교묘함을, 즉 이것이 욕망을 통한 것이라는 걸, 그래서 구속된 자 자신이 누구보다도 그 구금 상태의 협력자이게 한다는 것을 간파하

---

65 플라톤, 『파이돈』, 81a, 『에우티프론, 소크라테스의 변론, 크리톤, 파이돈』, 346쪽.

고 있다"[66]는 것이다.

이 플라톤의 신체와 영혼의 관계는 아름다운 신체를 통해서 이데아에 이르는 에로스의 형이상학과는 완전히 다른 것이며, 『크라튈로스』에서는 오르페우스로부터 전래된 것으로 여겨졌으므로 이것이 플라톤의 신체론이라고 간단하게 생각할 수는 없다. 그러나 신체가 감옥이고 영혼이 그 감옥에 갇혀 있다는 이원론이 여기서 묘사되고 있음은 분명하다.[67]

영혼이 감옥에 매여 있다는 것을 자각하고 있는 듯 보이지만, 육체적 욕망 때문에 영혼은 육체라는 감옥에서 벗어날 수 없다. 그러나 인간은 이성(누스)을 통해 육체 외부에 "아름다운 것과 좋은 것, 그리고 이와 같은 모든 존재(우시아)"(76d)가 있음을 알고 있고 영혼을 그 감옥으로부터 탈출시키려고 꾀할 수 있는 것이다.

이 플라톤의 '신화'는 두 가지 의미를 갖고 있다. [우선] 인간은 영혼으로서는 애초에 깨끗한 것이지만 육체라는 감옥에 갇혀 있으며, 이 육체야말로 악의 장이고 욕망이 영혼을 신체, 즉 넓은 의미에서의 이 세상에 연결시킨다고 하는 복잡한 악의 기원론을 보여 준다. 또 하나로는 영혼이 불멸이고 마지막에는 우시아(ousia)에 이를 것인지 아니면 동물적 신체로 떨어질 것인지는 생전에 행한 바에 따라 결정된다고 하는 영혼의 심판 이론이 제시된다.[68]

이 두 가지 의미 모두 다 그리스도교 교의에 중요한 영향을 끼치게

---

66 같은 책, 82e~83a, 353쪽.
67 오르페우스교가 플라톤에게 끼친 "불행한 영향"에 대해서는, W. K. C. Guthrie, *Orpheus and Greek Religion : A Study of the Orphic Movement*, Princeton University Press, 1993, pp. 156f를 참조하라.
68 영혼의 신적 기원과 선악의 관계에 대해서는 William Chase Greene, *Moira : fate, good, and evil in Greek thought*, Harvard University Press, 1944, pp. 292f를 참조하라.

되는데, 여기서는 이 영혼 불멸과 최후의 심판 이론이 야기한, 악에 관한 기묘한 역설을 생각해 보자. 플라톤은 『고르기아스』에서 인간이 불의한 일을 행하는 경우와 불의한 일을 당하는 경우를 비교하여, 불의를 행하는 것은 악이고 영혼이 이러한 악으로부터 해방되어 있는 것이야말로 최대의 행복이라고 말한다. "혼 속에 나쁜 상태를 가지고 있지 않은 자가 가장 행복"[69]하다.

이 대화편에서 칼리클레스가 주장하듯, 속세의 사회에서 행복한 것은 불의한 일을 당하지 않는 것이고, 또한 처벌받지 않는다면 불의한 일을 행하고 쾌락을 얻는 것이라는 게 소위 세상의 통념이다. 이 통념에서 보자면 너무나 역설적인 이 소크라테스의 주장의 근거를 보여 주기 위해 플라톤은 두 가지 이유를 든다.

첫번째는 최후의 심판이라는 '신화'이다. 소크라테스에 따르면 경건하고 바르게 일생을 보낸 인간은 "축복받은 자들의 섬들"로 보내지고, 거기서 완전한 행복 속에 지내게 된다. 그러나 불의하게, 그리고 신들을 소홀히 여기는 일생을 보낸 인간은 "응보와 심판의 감옥", 즉 '타르타로스'로 가야 한다는 것이다.[70] 소크라테스는 이것이 신화(뮈토스)가 아닌 진짜 이야기(로고스)라고 강조하면서 말하는데, 이렇게 강조해야만 한다는 것 자체가 소크라테스가 말하는 심판의 신화성을 드러내 준다.

이 신화에 따라 소크라테스는 "혼이 여러 부정의한 행위들로 가득 차서 하데스에 이르는 것은 모든 나쁜 것들 중에서도 가장 극단적인 것"[71]이라고 지적한다. 그리고 정의롭지 못한 행위를 하는 자는 그 행위를 당하

---

69 플라톤, 『고르기아스』, 478d, 김인곤 옮김, 이제이북스, 2011, 127쪽.
70 같은 책, 523b, 208쪽.
71 같은 책, 522e, 207쪽.

는 자보다 불행해진다는 것을 '증명'하는 것이다.

그런데 이 이유는 신화를 믿는 자에게만 타당하다. 신들을 믿지 않고 일생을 보내는 사람에게는 그런 것이 무의미하기 때문이다. 그런데 소크라테스가 드는 또 하나의 이유가 매우 흥미롭다. 소크라테스는 정의롭지 못한 일을 하는 것이 자기 안에 어떤 분열을 만들어 낸다는 데 주목하는 것이다. 소크라테스는 우선 불의가 정의에 반하는 것이고 인간은 누구나 정의를 바란다는 점을 지적한다. 그리고 "불의를 저지르고 싶어 하는 사람은 아무도 없고 불의를 저지르는 자들은 모두 본의 아니게 불의를 저지른다"[72]는 사실을 확인한다. 그런 뒤에 정의롭지 못한 행위를 하는 것은 자신의 의지에 반하는 것이기 때문에 정의롭지 못한 행위를 하면 자기 안에 불일치가 생겨난다고 지적한다.

> 만약 자네가 논박하지 않고 그냥 놓아둔다면, 이집트인들의 신인 그 개에게 맹세컨대 칼리클레스, 칼리클레스는 칼리클레스와 일치하지 않고 생애 내내 틀린 음을 낼 거네. 그렇지만, 지극히 훌륭한 이여, 나는 비록 혼자지만 내가 나 자신과 맞지 않는 음을 내고 모순된 말을 하는 것보다는 차라리 나의 뤼라(lyra)도, 내가 후원했으면 하는 합창단도 어울리지 않는 음을 내고 틀린 음을 내는 것이 더 낫고, 대다수 사람들이 나에게 동의하지 않고 모순되는 말을 하는 것이 더 낫다고 생각하네."[73]

여기서 소크라테스는, 현대적 용어로는 양심이라는 말을 사용해야

---

72 같은 책, 509e, 185쪽.
73 같은 책, 482b~c, 133쪽.

하는 곳에, 마음과의 부조화라는 개념을 제시한다. 고전고대 그리스에서는 아직 양심(쉰에이데시스)이라는 개념이 무르익지 않았기 때문이다. 그 대신에 소크라테스는 자기 마음속에서의 '일치'가 무엇보다도 중요하다는 것을 강조한다. 이 마음의 불협화음의 비유가 4장에서 『라케스』를 고찰했을 때 본 '시금석' 개념과 가까운 것임은 분명하다. 『라케스』에서는 실천과 담론의 일치가 중시되었지만 여기서는 사유와 행동의 일치가 강조되고 있다는 것만이 다르다.

여기서 주목할 만한 것은 소크라테스가 생각하는 '마음' 속에 어떤 차이가 도입되고 있다는 것이다. '나는 한 사람인데도', 나의 마음은 하나여야 하는데도, 내 안에 내가 불의를 저지르는 것에 반대하는 자가 있다는 것이다. 자기에 대한 의식이란, 자기 안에 어떤 타자가 존재한다는 경험이다. 신체와는 다른 차원에 "내적 인간"[74]이 탄생하는 것이다. "차이는 나의 단일성에 삽입된다"[75]는 것이 자기와의 관계에서 중요한 출발점이 된다.

자기의 발견

그런데 푸코는 플라톤에서의 영혼과 신체의 이원론적 형이상학이 자기와의 관계에서 중요한 전환을 야기했다는 것에 주목한다. 푸코가 이 자기의 문제를 중심적으로 다룬 것이 플라톤의 『알키비아데스 I』의 고찰이다. 이 대화편에서는 소년애의 문제가 『향연』이나 『파이드로스』처럼 에로스라는 관점이 아니라 자기 배려라는 파레시아적 관점으로 고찰되며, 푸코

---

74 Georg Misch, *A History of Autobiography in Antiquity*, Vol. 1, Routledge & Kegan Paul, 1950, p. 103.
75 한나 아렌트, 『정신의 삶 1: 사유』. 홍원표 옮김, 푸른숲, 2004, 284쪽.

는 1982년 콜레주 드 프랑스 강의에서 이 대화편에서의 자기 문제를 상세히 고찰한다.

이 대화편에서는 수염이 나기 시작한 알키비아데스에게 소크라테스가 다가가 그의 바람을 묻는다. 알비키아데스는 도시국가를 통치하고 싶다고 말하는데, 소크라테스는 타자를 통치하기 위해 무엇이 필요한지를 보여 주려 한다. 타자를 통치하기 위해서는 우선 자기를 알고 자기를 통치하며 배려할 필요가 있다는 것이다.

여기서는 우선 자기를 아는 것이 문제이다. 자기란 무엇인지를 밝혀야지만 자기를 배려할 수 있기 때문이다. 소크라테스는 이렇게 말한다.

> 자기(아우토스)를 알면 아마 우리는 우리 자신에 대한 돌봄(에피멜레이아)을 알 테지만, 모르면 결코 우리 자신에 대한 돌봄을 알지 못할 것이네. (……) 그렇다면 그 자기(아우토스)라는 것은 그 자체로서 어떤 방법으로 발견될까?"[76]

그런데 이 '자기'란 무엇인지를 묻고, 자기를 어떤 방법으로 '발견'할 수 있는지 묻는 물음에는 기묘한 역설이 숨어 있다. 왜냐하면 이 물음에는 '~란 무엇인가?'라는 통상적인 물음을 통해서는 답을 얻을 수 없는 요소가 포함되어 있기 때문이다.

그것을 소크라테스는 사용하는 물건과 만드는 물건이라는 '수수께끼'로 보여 준다. 구두장이는 칼과 가죽을 사용하여 구두를 만든다. 만들어진 구두는 객체이고 만드는 구두장이는 주체이다. 그런데 인간은 신체

---

76 플라톤, 『알키비아데스 I』, 129a~b.

를 사용한다. 그렇다면 인간은 신체와는 다르다는 것이다. 인간이 주체이고 신체가 객체이기 때문이다. 그런데 이 주체인 인간이란 무엇인가? "사람은 혼(프쉬케) 말고 다른 게 결코 아닌"(130c) 것은 아닐까? 그렇다면 인간을 안다는 것은 영혼을 안다는 것일 게다.

그러나 여기서 난감한 문제가 발생한다. 영혼이 인식해야 할 객체라면, 영혼은 인식하는 주체일 수 없는 것은 아닐까? 객체인 것이 주체로서 작동한다고 생각하는 것은 기묘하지 않은가? 영혼은 자기를, 영혼 자체를 인식할 수는 없는 것이 아닐까? 주체는 주체로서만, 인식이라는 행위를 수행할 수 있기 때문이다.

여기서 소크라테스는 유명한 비유를 가져온다. 인간은 거울을 사용함으로써 자신의 신체를 바라볼 수 있다. 그러나 이 거울은 왜곡되어 있을지도 모른다. 단순한 도구이기 때문이다. 그렇다면 왜곡되지 않은 거울이란 무엇인가? 단순한 도구가 아닌 거울은 무엇일까? 그것은 인간이다. 철저하게 주체로서 행동하는 인간만이 왜곡되지 않은 거울로서의 기능을 할 수 있다고 소크라테스는 생각한다.

그렇다면 인간은 어떻게 거울이 될 수 있을까? 바라보는 행위를 통해서이다. 소크라테스는 인간이 눈동자를 통해 바라보지만 도구나 사물이 아니라 타자를 바라볼 때, 그 인간은 객체가 되어 응시된다는 것에 주목한다. 서로 바라보는 행위 속에서 사람은 주체임과 동시에 객체가 된다. 키아슴[chiasme, 교차대구법]처럼 교차하면서, 나를 보는 눈은 내가 보는 눈이다. 그럼 이렇게 하면 어떨까, 소크라테스는 제안한다. 바라보는 상대의 눈동자를 가만히 들여다 보는 것이다. 눈동자를 바라보고 있으면 그 눈동자에 자신의 모습이 비치지 않는가, 그리고 자신의 얼굴에 상대를 바라보고 있는 자신의 눈동자가 비춰지고 있지 않은가, 라고 말이다(133a).

여기서 주체인 눈동자는 살아 있는 인간 안에서 객체인 자기를 인식할 수 있게 된다. 마찬가지로 영혼이 '자기'를 인식하려 한다면 자기 자신의 영혼으로 다른 영혼을 들여다 보고 거기서 자기를 인식해야 한다. 그러기 위해 필요한 것이 말, 로고스이다. "그러니까 나와 너의 말(로고스)를 사용해서 혼으로 혼을 상대로 서로 교제"(130d)해야 한다.

영혼이 자기이고 주체라는 것은 영혼이 타자의 영혼과 '교제'해야 한다는 것이다. 타자의 영혼을 개입시키지 않고서는, 영혼은 자기를 인식할 수 없다. 그리고 영혼에 의한 자기 배려란 단순히 자기를 자기로서 배려하는 것이 아니라, 타자의 자기 배려에까지 관여하는 것이다. 『알키비아데스Ⅰ』의 존립 가능성이 이 영혼의 타재(他在)적 구조 속에 있다.

그것은 대화편 마지막에서 분명해진다. 알키비아데스는 영혼이 자기를 무시하는 '노예' 상태에 있다는 것을 자각했을 때 그 상태로부터 탈출하는 길을 발견한다. "오늘부터 제가 노예처럼 당신을 따르고, 그리고 당신은 저의 따름을 받게 될 것입니다"(135d). 그리고 소크라테스는 효심 깊은 황새의 비유를 사용하면서 이렇게 답한다. "만일 자네에게 날개 달린 사랑이란 알을 낳고 나서 다시 그것에 의해 돌봄을 받는다면, 나의 사랑은 황새와 다르지 않을 것이네"(135e).

이 영혼과 영혼의 상호적 관계, 소크라테스의 영혼이 알키비아데스의 영혼을 배려할 뿐만 아니라 알키비아데스의 영혼이 소크라테스의 영혼을 배려하는 관계, 게다가 서로의 자기를 배려함에 있어서 타자의 자기 배려를 배려한다고 하는 교착적 관계에서, 자기와 배려의 진정한 의미가 떠오른다. 이 상호적 관계에서 이제까지 고찰해 온 소년애의 진실을 둘러싼 변증법이 반복되는 것이다.

푸코는 이렇게 지적한다.

소크라테스가 알키비아데스에게 말을 건네기 위해 그가 나이 들기를 기다리고, 그의 가장 화려한 청춘이 지나가기를 기다렸다는 사실은, 다른 연인 및 알키비아데스 추종자들과는 달리 소크라테스가 배려한 것이 알키비아데스 그 자체, 그의 영혼, 행위 주체로서의 그의 영혼이었음을 증명합니다. 보다 정확히 말해서 소크라테스는 알키비아데스가 자기 자신을 배려하는 방식을 배려한 것입니다.[77]

이 대화편은 고대 그리스에서의 자기에 관한 문제에서 중요한 점 두 가지를 제시해 준다. 하나는 자기란 신체가 아니라 영혼 자체라는 것, 신체는 영혼이라는 '거울'을 통해 고려된다는 것이다. 플라톤에게는 앞서 살펴본 대로 신체를 실마리 삼아 이데아로 향하는 길도 존재하지만,『파이돈』과 『알키비아데스 I』에서 보이듯 신체보다는 영혼을 중시하는 길도 있다.

또 하나 중요한 점은 자기라는 개념이 '나의 단일성 안에서의 차이', 즉 타인이라는 개념을 암묵적으로 포함한다는 것, 자기를 개선하고 배려하기 위해서는 타자의 계기를 포함해야 한다는 것이 확인되는 것이다. '나'가 '나'라는 자기성과 정체성 자체 내에 타자 개념이 포함되어 있다. 타자 없이 '나'는 '나'일 수 없다.

푸코가 지적하는 것처럼,[78] 여기서의 '자기'란 어딘가에 실체처럼 존재하는 '어떤 것'이 아니라 주체로서의 영혼이며, 게다가 타자와 맺는 배려의 관계로만 존재하는 행위 안에 있는 것이다. 자기는 관계 속에서 끊

---

77 Foucault, *L'Herméneutique du sujet*, p. 58[『주체의 해석학』, 99쪽].
78 *Ibid*., p. 56[같은 책, 98쪽].

임 없이 구축되어 간다. 바로 이 대목에서, 그리스 사상 최초로 자기 개념이 확립된다.

그중 하나의 귀결로서 자기 배려 속에 '스승' 개념이 도입되게 된다.[79] 소크라테스와 알키비아데스가 마지막으로 확인하는 것처럼, 소크라테스는 스승으로서 제자인 알키비아데스를 필요로 하고 알키비아데스는 제자로서 스승 소크라테스를 필요로 한다. 자기 배려는 공허한 가운데 이루어지는 고독한 행위가 아니라, 우정으로 자란 '사제' 관계에서, 대화를 나눌 때의 '불꽃' 속에서 행해져야 할 것이다. 자기 배려는 타자와의 시선 가운데 자기를 소재로 계속되는 것이다.

이 우정의 공간이 그리스 철학 행위의 장 자체였다는 것은 이미 『파이드로스』에서 히메로스의 형이상학을 고찰하면서 검토했다. 철학이 가능하기 위해서는, 그리고 자기를 배려하기 위해서는 무엇보다도 이 타자와의 우정이 필요하다고 여겨진다.

여기서 소크라테스의 영혼과 알키비아데스의 영혼은 우정을 통해 대화하는 듯하다. 여기서 '발견'된 영혼에는 말하자면 개성이 각인되어 있다. 그러나 이 '개성적'인 영혼에는 몇몇 한정이 있다는 데 주의해야 한다. 우선 이 대화편이 애초에, 정치가가 되고자 하는 알키비아데스에게 먼저 필요한 것은 '배려'(에피멜레이아)라는 것, 특히 영혼의 배려라는 것을 호소하기 위해 전개되고 있다는 것이다. 알키비아데스는 분명 자기 영혼을 배려하지만 그것은 도시국가를 지배하는 정치가로서 타자를 배려하기 위해서이다. 자기 영혼에 대한 배려는 정치가의 육성과 도시국가의 지배라는 목적을 향하고 있다. 여기서는 자기 영혼 자체에 가치가 있는 것이

---

79 *Ibid.*, p. 58[같은 책, 99쪽].

아니라 도시국가를 위해 사용됨으로써 비로소 가치가 있는 것이다.

그리스 도시국가에서 사람들 각각의 개성 자체에 대한 가치는 아주 낮았다. 사람들은 도시국가에서 자신의 이름을 빛내기 위해, 그리고 도시국가에 공헌하기 위해 서로 경쟁했던 것이다. 아이스퀼로스가 자신의 묘비명에 높이 평가받은 다수의 비극을 창작한 것에 대해 한마디도 쓰지 않고 마라톤 전투의 전사였다는 것만을 남겼다는 사실이 상징적이다. 페리클레스가 아테네 전사들의 죽음을 애도하는 추도 연설에서 말했듯, 그리스 도시국가에 사는 사람들의 가치는 도시국가에 대한 공헌도로 측정되었다.

그럼에도 불구하고 소크라테스가 이 영혼의 배려를 고찰하는 가운데 무엇인가 새로운 것이 등장한 것은 확실하다. 『법률』에서는 모든 사람들이 "신체에 달라붙는"(898e) 영혼의 책임을 져야만 한다고 단언되고 있는 것이다.

> 그러나 영혼(프쉬케)이 어떤 성질의 것이 되는 원인들을 그는 우리들 각자의 의지(불레시스)에 그 책임이 있다고 했습니다(아이티오스). 누군가가 어떤 쪽으로 욕구하며 그 영혼이 어떠한가에 따라, 거의 이 방향으로 그때마다, 그리고 그런 사람으로 우리 모두가 대개는 되니까요.[80]

---

80 플라톤, 『법률』, 904c. 여기서 플라톤은 신체를 영혼의 장소(토포스)라고 부르고, 다른 곳에서는 영혼의 자리(코라)라고 부른다. 『티마이오스』에서 말해지는 코라의 원초적 성격을 생각하면, 신체는 단순히 벗어던지는 옷과 같은 것이 아니라 영혼이 달라붙어서 나타나는 '자리'로서의 지위를 점한다는 것을 잊지 말아야 할 것이다. 플라톤의 텍스트로부터 읽어낼 수 있는 이원론적 대비와는 별개로, 플라톤에게서의 신체가 감옥이나 묘지에 불과한 것은 아니다.

소크라테스는 이리하여 영혼의 배려가 각자의 책임이며 어떤 인간이 되는가는 이 영혼에 대한 배려에 의해 결정된다는 것을 보여 주었다. 이 '소크라테스적 전회'[81]의 중요성은 아무리 강조해도 지나치지 않을 것이다. 이러한 자기는 그 안에 타자와의 대화를 구조적으로 갖고 있는 것으로서 확립되는 것이다.

여기서의 자기가 도시국가 세계 내에서 열린 구조를 취한다는 것, 인간은 자기 의지로 영혼을 정화하도록 배려할 필요가 있음이 강조되는 것이 주목할 만하다. 여기서는 아직 타자로부터 닫힌 자기 내면의 가치는 무시되고 있다. 헤라클레이토스는 꿈꾸는 자는 공동적인 것으로부터 벗어나 있다고 지적했지만 이 시대의 그리스에서는 나중 시대와 같은 의미에서의 내면적 '자아'는 아직 존재하지 않는다고 봐야 할 것이다[82]

---

81 Karl Joachnim Weintraub, *The Value of the Individual : Self and Circumstance in Autobiography*, The University of Chicago Press, 1978의 p. 11을 참조하라.

82 개인의 존재 방식을 푸코의 방식에 따라 그리스 시대의 개인, 그레코-로만기의 주체, 그리스도교 시대의 자아로 나누어 고찰한 ジャン=ピエール・ヴェルナン, 「都市国家における個人」 (ポール・ヴェーヌ 他, 『個人について』, 大谷尚文 訳, 法政大学出版局, 1996)을 참조하라. 와인트롭은 이 소크라테스의 자기 개념이 개인의 발견에 역행하는 경향이 있었다는 역설에 대해, 이성이라는 추상적 원리를 중시하는 것이 개별성을 경시하는 경향을 포함하고 있었던 데 있다고 지적한다(Weintraub, *The Value of the Individual*, p. 11). 스토아 학파에서도 종자적 로고스를 중시함으로써 개인의 인격 문제는 이차적인 것이 된다. 개인이 그 구원을 포함하여 개인으로서의 문제가 된 것은 그리스도교 시대에 이르러서라는 장-피에르 베르낭의 지적이 흥미롭다. 와인트롭도 개별성이 개화하는 것이 아우구스티누스의 『고백』으로부터라고 생각하고 있다. "그리스도교에서는 극히 진중한 자기 시련과 자기 이해가 필요해졌기 때문에 자기를 시험하는 습관이 깊어짐으로써 이윽고 개인성이 등장하게 된다"(*Ibid*, p. 46). 개인의 시험과 개인의 인격성의 관계는 본서 2부의 중심적 주제가 될 것이다.

6장 · 왕과 현자
플라톤의 시험

플라톤의 시켈리아 방문

이제까지 살펴본 것처럼, 그리스 아테네의 도시국가에서 자유인이 향유하던 정치적 파레시아는, 소크라테스를 기점으로 도덕적 파레시아, 삶의 파레시아로 전환되어 왔다. 한편으로 정치적 파레시아는 이제 민회에서가 아니라 왕의 궁정에서 행해지게 된다. 왕이나 참주에 대한 간언이라는 의미를 갖기 시작하는 것이다.

『아테네 정치제도사』에서 저자는, 페이시스트라토스의 참주정에서 비판적 파레시아의 실례를 든다. 알려져 있다시피 아리스토텔레스는 페이시스트라토스를 인간적이고 좋은 참주로 높이 평가했으며, 아테네에 매우 유익한 참주로 여겼다. 그리고 페이시스트라토스가 '수확의 10분의 1'을 과세했던 사건에 대해 다음과 같이 말한다.

> (페이시스트라토스는) 또 몸소 시골로 자주 나가 살펴보고 분쟁을 해결함으로써 사람들이 도시에 자주 들락거리면서 일을 등한시하는 일이 없도록 하였다. 그가 언젠가 한 번 나들이를 할 때 생긴 일 때문에 그 후부터

히메토스에서 경작하는 사람들의 땅을 면세 농장이라 부르게 되었다고 한다. 어떤 사람이 온통 돌천지 밭을 파서 일구는 것을 보고 놀란 그가 아이에게 명하여 밭에서 무엇을 생산하는지 물어보도록 하였다. 그러자 농부는 "고통과 수고요. 이 같은 고통과 수고에서 페이시스트라토스가 10분의 1을 가져가는 것이라오"라고 말했다. 그 사람은 묻는 사람이 누군지 모르고 이같이 대답하였다. 페이시스트라토스는 그 솔직함(파레시아)과 근면에 흡족하여 그에게 모든 세금을 면제해 주었다.[1]

말하자면 파레시아는 아테네라는 도시국가의 장을 떠나기 시작한 것이다. 플라톤도 또한 아테네 민회에서의 파레시아 행위를 단념하고 시켈리아의 참주 디오뉘시오스 1세 아래서 파레시아를 행사하게 된다. 이 장에서는 플라톤의 파레시아 행위에 대해 푸코가 1983년 2월 콜레주 드 프랑스에서 행한 강의[Le gouvernement de soi et des autres]를 참고하면서 생각해 보고자 한다.

우선 역사적 사실부터 검토해 보자. 플라톤은 다해서 세 번 시켈리아를 방문한다. 첫번째는 기원전 388년 여름부터 기원전 387년 초봄까지로, 이탈리아를 방문하면서 이를테면 관광객으로서 시켈리아를 방문했다.[2] 플라톤은 아직 40세 정도였다. 「일곱째 편지」에서 그는 음식들이 너무 사치스럽다고 불평하지만,[3] 디오게네스 라에르티오스는 『그리스 철학자 열전』에서 견유주의자로 유명한 디오게네스의 입을 빌어, 플라톤이 이

---

1 아리스토텔레스, 『아테네 정치제도사』, 16장, 『고대 그리스 정치사 사료』, 66쪽.
2 플라톤의 첫번째 시라쿠사이 방문 경위에 대해서는 Brian Caven, *Dionysius I Warlord of Sicily*, Yale University Press, 1990, p. 168를 참조하라.
3 플라톤, 「일곱째 편지」, 326b, 『편지들』, 강철웅·김주일·이정호 옮김, 이제이북스, 2009, 86쪽.

사치스러운 음식들에 반하여 시켈리아를 방문했음에 틀림없다고 뒷말을 흘린다.[4] 이때 플라톤은 시켈리아를 방문하여 참주의 조카인 디온에게 강한 영향을 주고, 『국가』에서 말한 바 있는 철학자 왕 설(說)을 불어넣음과 동시에 [스스로] "의식하지는 못했지만 (……) 어떤 의미에서 장차 참주정의 붕괴를 기도"하고 있었다".[5] 일설에 따르면 플라톤은 디오뉘시오스와 만나 얼굴을 마주보며 왕의 역할을 지적하고 그가 참주임을 비판했기 때문에, 화가 난 디오뉘시오스에 의해 동맹국 스파르타의 외교 사절에게 넘겨져 아이기나 섬에서 노예로 팔리게 되었으며,[6] 플라톤의 친구들이 그를 다시 사서 아테네로 귀국할 수 있었다고 한다.[7]

참주로서의 디오뉘시오스 1세의 '수완'은 아리스토텔레스의 『경제학』 등에도 자세히 쓰여 있는데, 그가 철학자 플라톤의 의견에 귀를 기울일 여지는 거의 없었을 것이다. 그러나 이 참주도 기원전 367년에 사망하고 디오뉘시오스 2세가 뒤를 잇게 된다. 이 시점에서 플라톤의 제자 디온은, 새로운 왕을 철학자로 만듦으로써 시라쿠사이를 개혁하고자 열정을 쏟기 시작한다. 그리고 플라톤을 시라쿠사이로 부르도록 왕을 설득한다.

이 방문에서 플라톤은 디오뉘시오스 2세를 군주로, 게다가 철학자로서의 군주로 만들기 위한 교육에 전념하지만 별다른 성공을 거두지 못한다. 게다가 플라톤을 시라쿠사이로 부른 디온은 모반의 혐의로 국외 추방당하고 전쟁이 시작됐기 때문에 플라톤은 일시적으로 귀국한다.

---

4 라에르티오스, 『그리스 철학자 열전』, 6권 2장 25절, 354쪽.
5 플라톤, 「일곱째 편지」, 327a, 『편지들』, 87쪽.
6 라에르티오스, 『그리스 철학자 열전』, 3권 1장 19~20절, 186쪽. 다만 카벤은 『디오뉘시오스 1세』에서는 플라톤이 디오뉘시오스와 직접 만나지 않았다고 보았다.
7 『그리스 철학자 열전』에 따르면, 플라톤의 몸값을 지불한 사람은 그의 벗들이 아니라 퀴레네 사람 안니케리스였다고 한다. ─옮긴이

세번째 방문은 기원전 361년경에 이루어진다. 디오뉘시오스 2세의 강력한 초빙에 따른 것이었으며, 플라톤은 추방되었던 디온과 왕을 화해시키고 싶기도 하여 시라쿠사이를 방문한다. 이번에 플라톤은 디오뉘시오스 2세가 얼마나 진지하게 철학을 배우고자 하는지를 알아보기 위해 그를 시험한다. 철학의 제1원리에 대한 개관을 제시하고 그에 도달하기 위해 필요한 연구 절차와 도덕적 생활에 대해 이야기한 것이다. 그 결과 디오뉘시오스 2세의 소질이 철학자 쪽은 아니라는 것을 알게 되고 머지 않아 플라톤은 귀국한다.

플라톤은 이렇게 두 번에 걸쳐 디오뉘시오스 2세를 교육하고 시험한다. 물론 시라쿠사이의 참주를 철학자로 교육함으로써 이상 국가를 만들어 내는 것을 목표로 하긴 했으나, 첫 방문 때처럼 자기 신변의 위험을 각오한 상태에서 적국이나 다름없는 시라쿠사이를 방문하고 참주가 듣기 싫어하는 것을 고하는 것이 파레시아 행위의 전형인 것이다.

폴리테이아의 목소리

플라톤이 기원전 352년경, 두번째 방문과 세번째 방문 사이의 시기에 디온의 동료들에게 보낸 「여덟째 편지」에 따르면, 이 참주제를 뛰어난 왕정으로 전환시키는 데 필요한 수순을 설명하기 위해 파레시아를 행사한다고 한다. 그는 이를 다음과 같이 설명한다.

그러니 누군가가 내가 말하게 될 것보다 더 온당하고 좋은 치유책을 가지고 있다면, 공개적으로 내놓으세요. 그러면 그는 '그리스를 사랑하는 사람'이라는 아주 온당한 말을 듣게 될 겁니다. 나로서는 지금 어떤 방식으로든 내게 좋아 보이는 치유책을 아주 솔직하게(파세이 파레시아이), 그리고 불

편부당하고 정의로운 언사를 구사하면서 보여 주려 시도하겠습니다.[8]

플라톤이 자신의 견해를 파레시아로서 제시하는 것은 아마도 디온의 동료들이 시도하고 있는 정치 개혁이 플라톤이 제시하는 개혁, 즉 참주정으로부터 왕정으로 가는 온건한 개혁과는 다른 노선이었고 [따라서] 디온의 동료들로부터 미움을 받을 위험이 있었기 때문일 것이다.[9]

플라톤이 이 시기에 여러 도시국가들로부터 의견을 요청받거나 혹은 입법자로서 초청을 받았으리라는 것은, 비슷한 시기에 쓰여진 마케도니아 왕 페르디카스에게 보내는 「다섯째 편지」에서도 드러난다. 다만 플라톤은 왕을 철학자로 만들 호기가 아주 드물게 온다는 사실을 잘 자각하고 있었던 것 같다. 그는 철학자가 정치에 관여할 때에 중요한 것은 왕에게 철학을 설명하는 것이 아니라 여러 폴리테이아(정치 체제)의 '목소리'를 분별하는 것이라 여겼던 것이다.

어떤 동물들의 경우에 그렇듯, 정치 체제들 각각에는 그것들 특유의 어떤 목소리가 있습니다. 민주정의 목소리가 다르고, 과두정의 목소리가 다르며, 일인정의 목소리가 또한 다릅니다. 하고많은 사람들이 이 목소리들을 알고 있다고 주장하겠지만, 소수의 사람들 외에는 이것들을 알아보는 데턱없이 부족하지요. 그런데 그 정치 체제들 중에서 신들과 인간들을 향해 자신들의 목소리를 내고, 또 그 목소리에 부합하도록 행위를 해내는 정치 체제는 늘 번성하고 잘 유지되지만, 다른 정치 체제를 모방하면 망하게

---

8 플라톤, 「여덟째 편지」, 353e~354a, 『편지들』, 130쪽.
9 S. Sara Monoson, *Plato's Democratic Entanglement : Athenian Politics and the Practice of Philosophy*, Princeton University Press, 2000, p. 151 참조.

됩니다.[10]

플라톤은 좋은 입법자와 좋은 철학자는 그 폴리테이아의 목소리, 이를테면 국가의 본질과도 같은 것을 분별할 '귀'를 갖고 있어야 한다고 주장하고 있다. 플라톤이 디온의 동료들에게 과격한 민주정을 구축하기보다는 참주정을 왕정으로 변혁시키라고 이야기하는 것은 이 폴리테이아의 목소리에 귀를 기울인 결과이다. 이 경우에는 민중의 의견에 저항해서라도 국가의 목소리를 대표하는 것이 파레시아 행위가 된다.[11]

이 서신에서 또 한 가지 주목되는 점은, 플라톤 스스로 아테네에서 파레시아스테스로서 행동하지 않았던 데 대한 이유를 들고 있다는 것이다. 플라톤은 아테네라는 국가가 이미 너무 낡아서, 이미 꽤 나이를 먹은 민중들은 앞선 사람들의 영향으로 플라톤이 하게 될 조언과 배치되는 많은 것들을 행하는 습관이 들어 있다고 지적한다.[12] 조언하는 행위가 위험을 동반하지 않는다고 여겨졌더라면 조언했을 것이라고 말이다.

이 논의는 플라톤이 아테네에서의 정치적 활동을 방기한 이유를 설명하는 것이기도 하지만, 철학자가 정치적 행동을 하기 위해 필요로 하는 조건에 대해 플라톤이 어떻게 생각하고 있었는지도 분명하게 보여 준다. 앞서 기술한 대로 애초에 소크라테스의 생애가 가르쳐 준 것은 정치적 파

---

10 플라톤, 「다섯째 편지」, 321d~e, 『편지들』, 78쪽.
11 플라톤이 정치적 파레시아를 때로 비판한다 하더라도, 정치 이론 전체를 통해서는 사람들이 자유롭게 발언하는 파레시아 행위를 전제하며 또 높이 평가하고 있었다는 것이 모노손의 책의 전체적 결론이다. 또한 모노손의 논문 「파레시아, 민주주의, 철학」(S. Sara Monoson, "Frank Speech, Democracy, and Philosophy", *Athenian political thought and the reconstruction of American democracy*, ed. J. Peter Euben & John R. Wallach & Josiah Ober, Cornell University Press, 1994)도 같은 결론을 내놓는다.
12 플라톤, 「다섯째 편지」, 322a~b, 『편지들』, 79쪽. ── 옮긴이

레시아스테스로서 행동하는 것의 위험성이었다. 플라톤이 소크라테스 사후에 정치 활동을 방기하고 철학의 길로 나아간 것도 소크라테스의 생애를 교훈으로 삼았기 때문이라고 말할 수 있을 것이다.[13]

이 「다섯째 편지」에는 플라톤이 소크라테스로부터 배운 교훈이 나타나 있다고 말할 수 있다. 플라톤은 아테네에 정치적 파레시아스테스로 행동하기 위한 조건이 결여되어 있다고 생각하는 것이다.

그리고 그보다 조금 후에 쓰인 것으로 여겨지는 「일곱째 편지」의 서두에서도, 플라톤은 민주제로 되돌아간 아테네에서 정치에 관여하고 싶었음에도 실제로는 관여하지 않았던 이유를 설명한다. 플라톤은 민주제가 소크라테스를 사형에 처한 것에 절망했을 뿐만 아니라, 아테네에는 '우정'(필리아)과 '호기'(카이로스)가 결여되어 있다고 판단한 것이다.

플라톤은 「다섯째 편지」에서와 마찬가지로 당시에 아테네라는 국가가 이미 '노쇠'해 있었으며 체제를 변혁하기 위해서는 "친분 있는 사람들과 믿을 만한 동지"[14]가 있어야 한다고 생각했다. 또한 변혁을 실행하기 위해서는 '호기'가 와야 하는데 아직 그 시기가 오지 않았다고 생각했던 것이다. "그런 나라들의 법률 상태는 행운을 동반한 놀랄 정도의 대책 없이는 거의 구제가 불가능하기 때문"[15]이다. 그러나 동시에 플라톤은 철학자가 국가를 통치하거나 혹은 국가의 유력자가 "신적 도움을 받아" 철학

---

13 플라톤은 『파이돈』에서 소크라테스의 지적 경력을 재차 더듬고 「일곱째 편지」에서는 자기 자신의 지적 경위를 다시 더듬어 나간다. 그런 의미에서 이 서신은 플라톤의 지적 자서전으로 읽힌다. 이에 대해서는 Misch, *A History of Autobiography in Antiquity*, p. 16을 참조하라.

14 플라톤, 「일곱째 편지」, 325d, 『편지들』, 85쪽. ──옮긴이

15 같은 책, 86쪽. 앞으로 「일곱째 편지」에 대해서는 본문상에 스테파누스 쪽수[앙리 에스티엔 Henri Estienne는 1578년 제네바에서 플라톤의 전 저서를 세 권으로 편집한 르네상스판을 만든다. 이때 각 페이지의 숫자와 세로단을 다섯으로 나누어 붙인 a~e의 알파벳을 합쳐서 스테파누스 쪽수라고 부른다. 스테파누스는 에스티엔의 라틴어 이름이다]를 넣도록 하겠다.

을 하게 되지 않는 한 인간은 악한 짓을 그만둘 수 없다고 생각했다.

카이로스

그런데 플라톤은, 두번째로 방문했을 즈음의 시라쿠사이에 아테네와는 다른 상황이 존재한다고 생각했다. 당시의 시라쿠사이에는 디온이라는 '동지'가 궁정에서 중요한 위치를 점하고 있었으며, 디온은 플라톤에게, 국가의 유력자로 하여금 철학을 배우게 해야 한다는 플라톤의 지론을 실행에 옮김으로써 '행복하고 참된 삶'을 모든 지역에 걸쳐 가져다 줄 수 있다고 역설했기 때문이다. 게다가 디온은 참주인 디오뉘시오스 2세도 철학에 관심을 갖고 있으며 플라톤의 이론을 믿고 실행할 가능성이 높다는 것을 강조했다. 이리하여 플라톤은 "뭔가 신적인 행운에 의해 지금 주어진 호기보다 더 큰 호기가 주어지기를 기다리겠다는 것입니까"(327e)라는 디온의 말을 듣기로 한 것이다.

이리하여 플라톤이 정치적 파레시아스테스로서 행동하기 위해 필요하다고 생각했던 두 조건, 즉 아테네에는 결여되어 있었던 '우정'와 '호기'의 두 요소가 갖추어진다. 플라톤의 두번째 시라쿠사이 방문에서 참주의 교육에 관여하기 위한 전제 조건이 갖추어진 것이다.

플라톤은 「일곱째 편지」에서 자신이 참주정의 고문이 된 것에 대해 이 우정과 호기를 이유로 들며 거듭 변명한다. 그러나 플라톤이 정치적 파레시아스테스로서 행동하는 데 열정을 느꼈던 것은 디온에게 설득당했기 때문만은 아니다. 플라톤은 철학이 단순히 탁상 이론하고만 관련된 것이 아니라 실천과 관련된 것이라고 믿었으며, 자신이 "그저 말만 하고 결코 자발적으로 하는 행동은 하나도 없는 사람"이 아님을 증명하고 싶었기 때문이기도 하다. 그리고 플라톤은 시라쿠사이를 방문하여 디오뉘시오스 2세에게 철학자 왕이 될 소질이 있는지를 시험해 보게 된다.

철학자에 의한 정치가 혹은 지배자의 교화라는 주제는 플라톤이 대화편에서 반복하여 묘사한 바 있다. 『알키비아데스 I』에서 소크라테스는 장차 아테네의 유력 정치가가 될 것이 분명한 알키비아데스에게 철학을 가르치려고 시도한다. 푸코는 이 강의에서 소크라테스와 알키비아데스라는 조합, 그리고 플라톤과 디오뉘시오스 2세라는 조합에 공통점과 차이점이 존재한다고 지적한다.[16]

공통점이라 함은 시라쿠사이 방문에 우정과 호기가 존재했던 것처럼 소크라테스와 알키비아데스 사이에도 '우정'와 '호기'가 존재했다는 것이다. 우정으로서는 소크라테스가 오랫동안 알키비아데스에게 호의를 보였고 알키비아데스도 소크라테스를 좋게 생각했다는 것을 들 수 있다. 디오뉘시오스 2세가 플라톤의 국가 및 입법 이론에 관심을 보였던 것처럼 알키비아데스는 소크라테스와의 대화를 통해 배우는 것에 강한 관심을 갖고 있었던 것이다.

게다가 소크라테스는 알키비아데스의 수염이 나는 시기를 기다리고 있었다. 소년에게 수염이 나기 시작하는 시기, 몸의 털이 짙어지고 목소리가 변하기 시작하는 시기는 소년을 사랑하기 좋아하는 자에게 미묘한 시기이다. 알키비아데스가 단순히 사랑받는 소년으로서 응석받이 취급을 받는 것이 아니라 제대로 된 어른으로서 행동하도록 기대되는 시기가 도래함과 동시에 알키비아데스에게 말을 거는 사람들도 줄어들게 된다. 소크라테스에게 이것은, 지배자가 될 인간에게 철학과 자기 배려의 중요성을 가르칠 '호기'인 것이다. 플라톤에게 철학을 몹시 배우고 싶어 했던

---

16 푸코의 1983년 2월 9일 콜레주 드 프랑스 강의 녹음 테이프에 의거.

젊은 참주 디오뉘시오스 2세의 등장 역시 플라톤으로서는 놓칠 수 없는 '호기'였다.

설득의 조건

두번째 방문은 디온이 추방당하면서 별다른 성과 없이 끝나게 되는데, 그의 철학에 관심이 많은 디오뉘시오스 2세의 요청으로 플라톤은 다시 시라쿠사이를 방문하여 철학자 왕으로서 통치하도록 왕을 설득한다. 그러나 철학자가 왕을 설득하는 데에는 몇 가지 조건이 있다. 푸코는 이 강의에서 이러한 조건을 세 관점에서 제시한다.[17]

첫번째 조건은 철학자의 담론에 귀를 기울이려는 인물의 존재이다. "상담 내용에 관해 조언해 줄 경우 따를 용의가 있다고 여겨지"는 조건이 충족된다면 플라톤은 "기꺼이 조언해 주고 (……) 그저 욕 안 먹을 정도로 적당히 끝맺지는 않"겠다고 말한다(331b). 플라톤은 의무감뿐만 아니라 열정을 갖고 있는 것이다.

플라톤은 이 서신에서 정치적 조언을 의사의 충고와 같은 성질의 것으로 생각하려 한다. 철학을 의술이나 항해술의 비유로 이야기하는 것은, 그리스에서는 익숙한 이야기 방식(토포스)이었던 것이다. 의사가 충고를 요청받으면 조언하는 것이 당연하지만, 자신의 조언을 들을 생각이 없는 상대에게 충고하는 의사는 '남자답지 않다'고 플라톤은 생각한다. 상대방에게 들을 마음이 있는지 여부가 중요한 기준이다.

두번째 조건은, 철학자의 충고를 듣게 될 상대의 어떤 존재론적 조건이다. 플라톤은 이 서신에서, 들을 생각이 없는 사람이라면 자신의 아들

---

17 푸코의 콜레주 드 프랑스 1983년 2월 16일 강의.

이라 하더라도 강제하지 않겠지만, 노예라면 강제해서라도 따르게 하겠다고 말한다. 그러나 부모에게 강제하려 하는 것은 미친 사람이나 하는 짓이며 경건하지 못한 것이라고 한다.

플라톤의 『법률』에 동일한 존재론적 구별이 있었음을 상기해 보자. 플라톤은 의술에서 상대의 신분에 따라 다른 방법이 필요하다고 지적했다. 의사에는 자유인인 의사와 노예인 조수가 있는데, 각각의 의사가 치료하는 환자는 신분도 치료 방법도 다르다.

노예인 의사 조수는 주로 노예 신분의 환자를 치료한다. 노예의 치료 방법은 병의 성질에 대한 설명 없이 "다만 자신의 경험을 통해서 좋은 것으로 판단되는 것들을, 스스로 정확하게 알고 있는 사람처럼, 지시합니다. 마치 참주처럼 고집스럽게 말씀입니다. 그리고선 다른 환자인 가노에게로 훌쩍 옮겨가 버리는"[18] 것이다. 노예의 의사는 병든 노예에게 처방을 할 뿐이다.

이에 비해 자유인 환자는 자유인 의사가 치료하는데, 이 경우에는 강제적으로 처방하는 것이 아니라 환자를 설득하고 병이 아닌 환자의 생활 방식 자체를 바꾸려고 시도한다. "어떤 식으로든 납득이 되기 전에는 지시를 내리지 않고, 언제나 환자를 설득과 함께 고분고분해지도록 준비를 한 그때에야, 건강으로 인도함으로써 만족한 결과를 얻도록 노력"[19]한다.

의사의 경우와 마찬가지로 철학자가 현실과 만날 때에는 자유인을 대하듯 철학자가 주장하는 방법이 옳다고 설득하고, 상대방에게 그 올바름을 확인시킬 필요가 있다고 플라톤은 생각한다. 역으로 말하자면 철학

18 플라톤, 『법률』, 720c.
19 같은 책, 720d~e.

자가 설득하는 상대는 자유인이며, 적절한 이성을 갖추고 철학자의 설득을 들을 용의가 있는 인물이어야만 한다. 노예의 처방처럼 일방적으로 철학자가 지도하고 입법하고 실행시킨다면 철학자의 담론은 현실과 만날 수 없다.

세번째 조건은 들을 생각이 있는 인물이 철학자의 주장을 받아들이는 능력이다. 이것은 두번째 조건과 같은 존재론적 조건이 아니라 그 개인이 가지는 일회적이고 역사적인 능력이라고 생각할 수 있다. 이를 위한 기본적 기준으로서 플라톤은 쉬이 배우는 능력, 좋은 기억력, 그리고 물음과 대답을 통해 진리를 이끌어내는 능력을 들었다(344a~c).

푸코는 플라톤에게서 철학자의 설득 상대가 이 조건을 만족시키지 않는다면, 철학자의 설득은 효과 없이 끝나고 철학이 현실과 만나는 것도 불가능해진다고 지적한다. 그리고 상대방이 이 조건을 만족시키고 있는지 어떤지는 매번 '시험'을 통해 알아볼 필요가 있다. 플라톤은 세번째로 시라쿠사이를 방문했을 때에 디오뉘시오스 2세에게 이 시험을 행했다.[20] "쉬이 배우는 젊은 사람이 말할 만한 가치가 있는 것들에 대하여 귀동냥을 해서 최선의 삶에 대한 사랑에 빠지는 것은 전혀 놀랄 일이 아니라는 생각이 들었습니다. 그래서 도대체 어느 쪽에 사태의 진실이 있는지를 명확히 검토해야"(339e)한다고 생각했기 때문이다.

---

20 모노손은 앞의 책에서 플라톤의 시라쿠사이 방문이 디오뉘시오스 2세를 교화하여 철학자 왕으로 만들려 했던 것은 아니라고 지적하지만(Monoson, *Plato's Democratic Entanglement*, p. 148), 다른 곳에서는 인정하는 바, 그 가능성 여부를 시험하지 않는다면 "디온과 자신의 철학에 대한 배신"이 될 것이라고 우려했다는 것은 확실할 것이다.

플라톤의 시험

이러한 시험의 결과, 디오뉘시오스 2세는 다음의 두 가지 점 때문에 불합격된다. 하나는, 왕이 플라톤이 제시한 길을 따르려 하지 않고 자신이 철학에 대해서 충분히 안다고 생각하고 있었다는 것이다. "그는 다른 자들에게서 귀동냥한 것을 가지고 자신이 가장 중요한 것들을 많이 알 뿐만 아니라 그것으로 충분한 척했기 때문입니다"(341b).

그러나 푸코는 디오뉘시오스 2세가 플라톤의 시험에 실격한 것은 이 어설픈 지식 때문만이 아니라 주워들은 것들을 자기 자신의 철학 강요(綱要)와 같은 '책'으로 만들었기 때문이라고 지적한다. 디오뉘시오스 2세가 단순히 플라톤의 이론을 자신의 이론인 것처럼 이야기하는 것이 문제가 아니라, 그것을 '책'으로 만든 것이 문제라는 것이다. 푸코는 플라톤이 이 점에서 디오뉘시오스 2세에게 중대한 철학적 결함이 있다고 판단하고 젊은 참주를 불합격시켰다는 데 주목한다.

책을 썼다는 사실에 주목하는 것은, 푸코의 꽤나 독창적인 점이며 통설과는 다르다. 보통은 참주가 "그가 그때 들었던 것들에 대해서, 그가 들었을 내용과는 전혀 다른 내용으로 마치 자신의 작품인 양 구성해서"(341B) 책으로 정리한 표절 행위를 책망했다고 여겨지곤 한다. 그러나 푸코는 표절보다도 책을 쓰는 행위 자체가 문제였다고 보는 것이다. 이 문제를 고찰하기 위해 당분간 플라톤의 에크리튀르[écriture: 쓰여진 것과 쓰는 행위] 이론을 생각해 보자. 그러면 이 서신에서 플라톤이 시라쿠사이의 방문과는 직접 관계가 없는 것처럼 보이는 '앎'의 이론을 전개하고 있는 이유도 명백해질 것이다.

에크리튀르 이론

알려져 있다시피 플라톤은 철학자가 써서 남긴 에크리튀르(책)가 철학자의 말(파롤)보다 열등하다고 지적했다. 이를테면 『파이드로스』에서는 디오뉘시오스 2세의 책을 떠올리게 하는 표현으로, 말이 한 번 쓰여지고 나면 "모든 말은 장소를 가리지 않고 그것을 이해하는 사람들 주변과 그 말이 전혀 먹히지 않는 사람들 주변을 똑같이 맴돌면서, 말을 걸어야 할 사람들과 그렇지 않은 사람들을 가려 알지 못하네. 잘못된 대우를 받고 부당하게 비판을 당하면 언제나 아비[저자]의 도움을 필요로 하지"[21]라고 말한다.

책과 문자에 대한 플라톤의 이론에 대해서는 데리다가 상세히 분석한 바 있다.[22] 데리다는 플라톤에게 문자가 '기억과 지혜의 약'(파르마콘)으로서의 위상을 가진다는 점에 주목한다. 그러나 이 약은 상기하기 위한 약(파르마콘)이기는 해도, 진리나 기억에는 독약(파르마콘)으로 작용한다고 지적하는 것이다.

문자로 쓰여진 책에 의존하기 때문에 사람들은 더 이상 기억하지 않게 된다. 이것은 "지혜의 겉모양이지 [지혜의] 진상이 아니다"(『파이드로스』, 141~142쪽[275a]). 책에 의지하는 자는 "자신들이 많이 안다고 생각하겠지만 사실 대부분 그들은 무지하고 상대하는 데도 어려움이 있을 것이니 그들은 지혜로운 자가 아니라 겉보기에 지혜로운 자"(『파이드로스』, 142쪽[275a~b])인 까닭이다.

데리다는 이 문자가 '아비'의 도움을 필요로 하는 아들, 게다가 서자의 위치에 있다는 점에 주목한다. 적자의 위치에 있는 것은 말해진 언어,

---

21 플라톤, 『파이드로스』, 143~144쪽(275d~e).
22 데리다, 「플라톤의 파르마케이아」(Jacques Derrida, *La dissémination*, Seuil, 1972, pp. 79~213에 수록).

"살아 있는 로고스", "배우는 자의 영혼 속에 지식과 함께 쓰여지는 말"이며 "자기 자신을 방어할 수 있고, 또 말하든 말하지 않든, 누구에 대해서 그리해야 하는지를 알고 있는 말", "영혼이 불어넣어져 있는 말"[23]이다. 문자는 이 적자의 '영상'(에이드론)이며 회화가 현실 사물의 모사, 즉 시뮬라크르인 것과 마찬가지(275d)인 것이다.

그러므로 책을 쓴다는 것은 시뮬라크르를 하나 더 보태는 것일 뿐, 플라톤에 따르면 이것은 소피스트가 하는 일이다. 『라케스』의 서두에 등장하는 연기자처럼 진실된 무술을 가르치는 것이 아니라 그 흉내를 가르칠 뿐이며, 진리를 감추는 독약의 역할을 하는 것이다. 소크라테스는 지식이 있다고 생각하던 사람들을 시험하여 실은 그들이 '무지'함을 밝혀냈는데, 책은 부지불식간에 사람들을 무지하게 만들어 버린다고 플라톤은 주장한다.

소크라테스는 『변론』에서도, 문자로 쓰여진 책이 아고라에서 팔리고 있으며 누구라도 살 수 있다는 것을 지적한다. 책은 진리를 '민주적인' 것으로 만드는 효과가 있으며 문자에는 정치적 의미가 있다. 헤겔은 그리스의 법률이 명문화되어 있었다는 데 주목하며, "무엇이 금지되어 있고 무엇이 허용되어 있는지에 대해 사람들이 명확한 의미를 갖기 위해서는 법률이 **문자로 쓰여질 필요가 있다**"[24]고 강조한 바 있다.

소크라테스가 사람들을 시험하는 시금석의 기능을 함으로써 도덕적 파레시아를 행했다면, 문자로 쓰여진 책은 나쁜 파레시아와 마찬가지로 사람들로 하여금 잘못을 저지르게 할 수도 있어 위험하다.

---

23 Derrida, *La dissémination*, p. 96.
24 ヘーゲル, 『歴史哲学』中, 武市健人 訳, 岩波書店, 1971, 169~170쪽(강조는 헤겔)

데리다는 이 플라톤의 텍스트를 분석하면서 실은 말해진 언어가 "마음에 새겨진" 문자라는 비유로 말해진다는 점에 주목한다. [플라톤은] 말해진 언어(파롤Parole)가 쓰여진 문자(에크리튀르écriture)의 비유로서만 말해지기 때문에 여기에 '논리의 오염'이 존재한다고 생각한다.[25]

데리다는 플라톤의 이러한 에크리튀르 이론에서 서양 형이상학의 전통인 현전성의 우위를 끌어냈다. "파롤/에크리튀르, 삶/죽음, 아버지/아들, 주인/노예, 첫번째/두번째, 적자/서자, 영혼/신체, 안/밖, 선/악, 진심/장난, 낮/밤, 태양/달이라는 대립 관계"[26]는 이집트나 바빌로니아의 신화뿐 아니라 서양 형이상학 전체를 관통하는 것이기 때문이다. 에크리튀르가 언제나 파롤보다 열등하다고 여겨짐으로써 현재라는 시간에 현전하는 말이 우선시되며, 그것이 서양의 로고스중심주의의 핵심을 형성한다는 것이다.

데리다는 다른 책에서, 대화에서의 "직접성은 의식의 신화"라고 보고, 푸코가 여기서 전개하고 있는 '파레시아'를 다음과 같이 비판한다(물론 데리다가 파레시아라는 말을 사용하지는 않는다. 그러나 데리다가 사용하는 '솔직하게 말하기'franc-parler는 파레시아의 프랑스어 번역이다).

하이데거는 자유를 현전의 조건, 즉 진리의 조건으로 삼았던 것을 반복하면서 형이상학의 역사를 요약했다. 이때 목소리는 그 자신으로부터 자유를 구가하는 언어이고, 언어의 자유이고, 자신의 기표를 세계의 외재성에서 차용할 필요가 없는 진솔한 언어이며 따라서 그 같은 언어는 박탈당할

---

25 Derrida, *La dissémination*, p. 187.
26 *Ibid.*, p. 105.

여지가 없다.[27]

후설 비판으로 시작되는 데리다의 '목소리'의 현전성과 파롤 비판에 비추어서, 지금까지 살펴본 플라톤의 주장을 다시 생각해 보자. 우선 플라톤은 쓰여진 책에 큰 불신을 보이고 있었다. 플라톤이 디오뉘시오스 2세에게 보냈다고 알려진 「둘째 편지」에서는 이전에 믿고 있었던 것이 이제는 믿을 수 없는 것이 되고, 이전에 믿을 수 없다고 생각했던 것이 이제는 믿을 수 있게 된 예를 들어 다음과 같이 충고한다.

> 그러니 이런 점들을 고려해서 이것들이 결코 지금 쓸데없이 남의 손에 들어가 당신에게 후회가 되는 일이 없도록 주의하세요. 가장 큰 방책은 글을 쓰지 말고 완전히 외워 버리는 것입니다. 글로 쓴 것들은 남의 손에 들어가지 않을 수 없으니까요. 이런 이유로 나는 이것들에 관하여 전혀 글을 쓴 적이 없으며, 이것들에 관한 플라톤의 저작도 전혀 없으며 없을 것이고, 현재 이야기되는 것들은 아름답고 젊어진 소크라테스 선생님의 것입니다.[28]

이 서신이 위작이라는 의심을 받긴 하지만, 여기서 "글로 쓴 것들"이라 불리는 것은 이미 나온 디오뉘시오스 2세의 저작을 가리키는 것일지도 모른다. "플라톤의 저작"이 없다는 것은 불가사의한 표현이다. 쓴 사람은 "아름답고 젊어진 소크라테스"가 아니라 플라톤이기 때문이다.

---

27 데리다, 『그라마톨로지』, 김성도 옮김, 민음사, 2010, 416쪽(Derrida, *De la Grammatologie*, Les Editions de Minuit, 1967, p. 237).
28 플라톤, 「둘째 편지」, 314b~c, 『편지들』, 63~64쪽.

이에 대해서는 데리다가 『우편엽서』(*La carte postale*)에서, 소크라테스의 배후에서 책을 쓰도록 지시하는 플라톤의 엽서를 인용했던 것을 상기하면 좋을 것 같다. 데리다는 쓴다는 것 내에 포함되는 '차연'이라는 요소와, 저자의 이름이라는 문제를 고찰하기 위해 이 엽서를 제시하는데, 플라톤의 에크리튀르 이론에 대한 비판이 그 배경에 있음이 확실하다.[29]

플라톤은 여기서, 이론은 바뀔 수 있는 것인데도 책이 그것을 고정시켜 버린다고 지적하면서, 쓰는 행위를 경계한다. 푸코는, 플라톤이 디오뉘시오스 2세가 타자(플라톤)의 이론을 자신의 책으로 참칭하는 것을 비판하는 것이 아니라, 애초에 디오뉘시오스 2세가 '썼다'는 것을 비판하고 있는 것이라고 생각하며, 그 근거는 이 「둘째 편지」에서도 엿볼 수 있다. 표절은 고대 그리스에서도 비판 받았겠지만, 중세까지의 전통을 생각해 본다면 오리지널리티에 대한 사고방식은 현대의 사고방식과는 상당히 다른 것이었고 여기서 지적되는 것은 표절 그 자체보다도 철학 이론을 '쓴다'는 행위의 위험성이라고 생각된다. 플라톤이 이렇게 말하고 있기 때문이다.

그것들에 대한 나의 저술은 있지도 않고 결코 나오지도 않을 겁니다. 왜냐하면 그것은 다른 학문(mathêmata)들처럼 말로 옮길 수 있는 것이 결코 아니라, 주제 자체와 관련하여 이루어진 오랜 교유와 공동생활로부터, 예컨대 튀는 불꽃에서 댕겨진 불빛처럼 갑자기 혼 안에 생겨나서 비로소

---

29 Jacques Derrida, *La carte postale*, Flammarion, 1980, pp. 91f. 데리다는 이 문제가 "소크라테스로부터 프로이트에 이르는 시대의 통일성, 그리고 그것을 넘어서는 형이상학적 표식"을 상징한다고 지적한다(p. 93).

자기 자신을 스스로 길러 내기 때문입니다.[30]

여기서도 플라톤이 대화편이라는 책 자체의 존재와 의미를 부정하는 듯이 표현한다는 데 주목할 수 있다. 푸코는 플라톤이 철학과 그 외 학문 간의 차이를 중시하고 있다는 데 주목한다. 다른 학문에서는 스승의 가르침을 듣고 이것을 암기하여 자신의 지식으로 삼는 것이 습득의 길이다. 이에 비해 철학은 실천(프라그마)이며 공동생활(쉰우시아스)이라 여겨지고 있다. 푸코는 이 쉰우시아스라는 표현이, 함께 사는 것이자 거의 성적인 관계에 가깝게 그려지고 있다는 데 주목한다.[31] 그리고 진리는 이 생활 속에서 램프의 불이 타는 것처럼 영혼 속에서 빛나며, 쓴다는 행위도 이 공동생활의 일부로서 생각할 필요가 있다.

철학에서의 진리 개념은 책에 쓰여진 것이 아니라 실천 속에서만 가능한 것으로 여겨진다는 점에 주목하자.[32] 이것은 푸코가 이제까지 다루어 온 파레시아의 실천적 개념과 공통되는 요소이다. 하이데거는 플라톤의 진리 개념을 분석하면서, 고대 그리스에서의 진리(알레테이아)는 "망각으로부터 되돌리는"(아-레테이아) 것이며, "덮인 것을 치우는" 행위를 통해 모두의 눈앞에 드러나는 것으로 등장한다고 지적했다. "숨기지 않음

---

30 플라톤, 「일곱째 편지」, 341c~d, 『편지들』, 111쪽.
31 푸코의 1983년 2월 16일 강의. '함께 사는 것'을 원래 의미로 갖는 쉰우시아는, 보통 사회적 교류를 의미하지만 성교를 의미하기도 한다. 이를테면 아리스토텔레스는 『정치학』, 1269c에서 '남성 상호 간의 교섭', 즉 소년에 대한 남성의 '쉰우시아'라는 말을 사용하며, 플라톤은 『향연』, 206c에서 '남녀의 성교'에 '쉰우시아'라는 말을 사용한다.
32 에크리튀르로 진리를 말함으로써 파롤에 발생한 위기에 대해서는 Henri Joly, *Le renversement platonicien*, Vrin, 1994가 사물과 단어의 관계를 고찰한 플라톤의 『크라튈로스』를 실마리 삼아 데리다의 분석을 더 심화시키고 있어 참고가 된다.

으로서의 진리는, 숨겨진 것으로부터 박탈된 것을 의미하는" 것이다.[33]

　확실히 동굴의 비유에서도 진리는 태양에 비추어지듯 모든 사람의 눈에 드러나는 것으로서 제시되었다. 그러나 동시에 플라톤은, 동굴 밖으로 나와 태양빛 아래 드러난 진리를 본 철학자가 다시 비-진리의 동굴 속으로 들어간다고 말한다. 플라톤에게서의 진리가 이데아로서 보여지는 것이라 할지라도, 진리에 도달하기 위해서는 언제나 주체의 어떤 '단련'이 필요하다는 것 역시 확실하다. 진리를 볼 수 있기 위해서는 진리를 보는 주체에게 어떤 존재론적 조건이 필요하다는 것이다.

진리의 이론

플라톤이 「일곱째 편지」에서 다음으로 진리와 지식의 이론을 전개하는 것은 그 진리를 볼 수 있기 위한 존재론적 조건을 보이기 위해서이다. 「일곱째 편지」의 342b 이하에서 플라톤은 앎의 다섯 가지 요소를 제시한다. 플라톤에 따르면 우선 이름, 정의, 모상이라는 세 요소가 필요하다. 플라톤이 원을 예로 드니, 원에 대해 생각해 보자. 우선 어떤 것을 인식하기 위해서는 그것을 '원'이라는 이름으로 부를 수 있어야 한다. 다음으로 '평면 위의 한 점으로부터 같은 거리에 있는 점의 집합'이라는 원의 정의가 필요하며 다음으로는 실제로 그려진 원의 이미지가 필요하다. 그러나 원 그 자체는 이 세 요소와는 다른 어떤 것이다.

　다음으로 필요한 '네번째 것'은 앎이며, 플라톤은 구체적으로 앎(에피스테메), 지성(누스), 참된 의견(독사)을 들고 있다. 흥미로운 점은 독사가

33　ハイデガー, 「『テアイテトス』における虚偽論」, 『ハイデガー選集』 2卷, 木場深定 訳, 理想社, 48쪽.

말하는 것에는 미치지 못한다는 것이며,『국가』나『메논』등에서 그리고 플라톤을 이어받은 아리스토텔레스에게서 최고의 앎이자 진리를 인식하는 능력이라 여겨졌던 에피스테메나 누스가, 여기서는 아직 진리를 인식할 수 없다고 여겨진다는 사실이다.

플라톤은 이 서신에서 누스나 에피스테메 모두 인식하는 주체의 영혼 내부에 있으므로 원의 존재 그 자체를 파악할 수는 없다고 지적한다. 확실히 이 네번째 것은 진리의 인식에 도달하기 위한 필요조건이다. 그러나 이 앎 중에서 최고인 누스도 아직은, 진리의 인식에 가장 가깝기는 하지만, 진리, 진정한 실재, 다섯번째 것을 인식할 수는 없다.

그것은 이 모든 것들이 '언어'로 진리에 도달하려 하기 때문이며 플라톤은 언어로 진정한 실재에 도달하려는 것은 어차피 불가능한 시도라고 생각한다. '책'도 이렇게 "허약한 언어"(342e)로 쓰여진 것에 불과하며 그 한계는 분명하다.

그러나 플라톤이 인간의 로고스로는 이 진정한 실재에 도달할 수 없다는 불가지론을 주장하는 것은 아니다. 그것은 분명 가능하며 그러기 위해서는 철학적 실천(프라그마)에 스스로의 육체로써 관여할 필요가 있다고 생각한다. 다섯번째 것은, 대화에서 "예컨대 튀는 불꽃에서 댕겨진 불빛처럼 갑자기 혼 안에 생겨나"(341d)는 것이다. 진리는 공동생활 속에서, 히메로스에 잠기면서 행해지는 대화의 행위 속에서만 획득될 수 있다고 플라톤은 생각한 것이다.

이러한 플라톤의 모습은, 디알렉티케의 중요성을 설파하고 아테네의 마을을 배회하면서 아테네 시민들을 등에처럼 쏘고 돌아다닌 소크라테스를 방불케 한다. 진리는 실천 속에서, 대화 속에서만 드러난다. 진리는 말해진 진리로서 대화 속에서 표현되어야 하고, 대화 상대자 속에서 등불처럼 타오르는 것이라고 플라톤은 생각한다.

플라톤은 이미 철학과 현실이 만나기 위해서는 귀를 기울여 줄 사람과의 우정이 존재하는 호기(카이로스)가 필요하다고 말한 바 있다. 그러나 그뿐 아니라 서로 간의 논의, "호의를 품은 검토 과정에서 검토가 되고 질투심 없는 물음과 대답을 이용"(344b)하는 것이 절대적으로 필요하다. 그리고 에크리튀르에는 그러한 "램프가 타오르기 위한" 조건이 부족하다고 플라톤은 생각하는 것이다.

플라톤은 『법률』을 떠올리게 하는 표현으로, 입법가가 법에 대해 말했다 할지라도 그 책이 입법가의 가장 훌륭한 것은 아니라고 지적한다. "그가 가장 진지하게 대하는 것은 그의 것들 중 가장 아름다운 장소에 놓여 있"(344c)으며, 문자로 된 책 속에는 분명 나타나 있지 않을 것이다.

그러므로 푸코의 주장처럼, 플라톤은 디오뉘시오스 2세의 '표절'을 나무란 것이 아니다. 애초에 플라톤 철학을 책으로 만든다는 행위 자체가 잘못되었다는 것이다. 플라톤은 다섯 가지 인식 능력과 진리의 인식에 대해 말한 직후에 "디오뉘시오스든 그보다 능력이 더하거나 덜한 어떤 사람이든 자연과 관련하여 절정이자 최우선적인 것들 중 무엇인가를 글로 썼다면, 나의 견해에 따르면 그가 쓴 것들 중에서 그가 변변하게 듣거나 배우고서 쓴 것은 아무것도 없다는 사실을 잘 알 것입니다"(344d)라고 말한다.

푸코는 이 강의에서, 플라톤의 에크리튀르 비판에 대하여 데리다에게 위와 같이 반론한다. 로고스중심주의라는 데리다의 플라톤 비판에는, 이미 지적한 바, 파레시아 비판이 내재되어 있기 때문이다. 그러나 푸코에게 파레시아란, 문서에 남길 수 있는 것이 아니라 현실 세계 내에서 '살아가는' 것일 수밖에 없다.

데리다의 이론에서는 말하는 목소리의 현전성을 중시하는 것이 서양 철학의 전통이라 말하지만, 플라톤이 여기서 에크리튀르를 비판하는 것은 그것에 파롤의 현전성이 결여되어 있기 때문이 아니라, 진리에 도달하기 위해서는 마치 성적인 관계처럼(쉰우시아) 함께 살아야 할 필요가 있으며 진리 그 자체를 사는 것이 중요하기 때문이다.[34]

진리와 우정

플라톤이 이렇게 디오뉘시오스 2세를 시험해 본 결과, 디오뉘시오스 2세에게는 철학 자체에 대한 이해가 결여되어 있음이 명백해졌다. 디오뉘시오스 2세는 시험에서 낙제한 것이다. 플라톤은 이 디오뉘시오스 2세에게, 그럼에도 불구하고 파레시아를 행사하려고 한다. 플라톤 앞에서 자기 신하[헤라클레이데스]의 안전을 보장하는 데 동의했던 디오뉘시오스 2세가 다음 날 플라톤의 눈앞에서 "나는 크든 작든 당신과 동의한 것이 없"다고 말하자, 플라톤은 "맹세코, 당신은 지금 이 사람[테오도테스]이 하지 말 것을 요구하는 것들에 대해 동의했습니다"라며 왕을 정면으로 힐난한다(349c). 이는 성 안에 갇힌 플라톤으로선 목숨을 건 발언이었다고도 할 수 있을 것이다.

　그러나 이미 디오뉘시오스 2세에게 철학을 배우는 왕이 될 소질이 없음이 '시험'을 통해 분명해진 이상, 플라톤으로서는 시라쿠사이 탈출 밖

---

34 여기서 플라톤이 디오뉘시오스 2세를 비판하는 것은, '파롤이냐, 에크리튀르냐' 라는 데리다적 논의의 차원에서의 비판이 아니라 철학의 한계에 대한 논의이며, 디오뉘시오스 2세는 철학의 원리를 비망록(휘포므네마타hypomnemata)으로 기억함으로써 상기(휘포므네시스hypomnesis)의 원리에 의거하는 소피스트의 행위를 흉내 내고 있다는 것, 그럼으로써 아나므네시스(anamnesis)의 원리에 기초하는 철학 행위로부터 일탈하고 만다는 것을 지적하는 Claude Gaudin, *Platon et l'alphabet*, Presse universitaire de France, 1990도 참조하라(특히 p. 97).

에는 길이 없다. 플라톤은 이 시험 전에 이미 디오뉘시오스 2세의 많은 결함을 지적했다. 우선 디오뉘시오스는 교육을 받고 있지 않았고 적절한 교제도 하고 있지 않았다. 또한 친구, 특히 덕을 추구하는 동지가 없었다. 그래서는 황폐한 시라쿠사이의 도시를 재건할 수 없고 법률(노모스)과 정치 체제(폴리티아)를 통해 도시국가를 결합할 수 없었다. 플라톤은 이러한 결함들을 디오뉘시오스 2세에게 암시한다. 있는 그대로 지적하는 것은 '안전하지 않기' 때문에 간접적인 파레시아로서 간언하는 것이다.

그러나 푸코는 플라톤이 이렇게 디오뉘시오스 2세의 결함을 지적한 것들이 그다지 중요한 것은 아니었다고 생각한다.[35] [푸코는] 플라톤의 비판에서 가장 중요한 점은, 디오뉘시오스 2세가 자신의 '주인 되기'도, 충실한 친구 만들기도 하지 않았다는 데 있다고 본다. 디오뉘시오스 2세가 철학을 즐기면서도 플라톤이 바란 '철학자 왕'이 될 자격을 결여하고 있었던 것은, 이미 지적한 것과 같은 여러 결함 때문이기도 했지만 근본적으로는 디오뉘시오스 2세에게 '자기 통제'가 결여되어 있었기 때문이다.

플라톤은 『국가』에서 철학자가 국가를 지배하는 것이 바람직하다고 지적하는데, 그것은 국가의 지배자가 철학의 이론을 습득하거나 철학의 이론적 고찰로 하루하루를 보내기 위함이 아니다. 철학을 한다는 것은 자신이 자신의 '주인'이 되는 것, 자기를 통제하는 것을 배우기 위함이다. "가장 훌륭하고 가장 올바른 자가 가장 행복하며, 이 사람은 가장 왕도 정체적인 인간이며 자신을 군왕처럼 다스리는 자"[36]이기 때문이다. 여기서 플라톤의 파레시아가 두 가지 의미에서 겹쳐져 있음이 명백해진다.

---

35 푸코의 1983년 2월 23일 강의.
36 플라톤, 『국가·정체』, 박종현 옮김, 서광사, 2005, 581쪽(580c).

플라톤은 디오뉘시오스 2세를 향해, 그에게 무엇이 결여되어 있는지를 지적한다. 이것은 정치적 파레시아 행위이다. 플라톤이 디오뉘시오스 2세에게 간접적으로라도 간언했을 때, 플라톤은 파레시아스테스로서 행동한 것이다. 그러나 플라톤이 디오뉘시오스 2세에게 설명하고 있는 그 내용도 또한 진리에 관계된다. 플라톤은 철학 행위가 진리를 보는 것에 있다는 것을 강조하면서 그것을 실천으로서 나타냈다. 이 실천에서 진리는 "튀는 불꽃에서 댕겨진 불빛"처럼 영혼 속에 머무르는데, 이것은 친구와의 대화에서, 말 속에서 표현되는 것이다. 소크라테스가 했던 대화라는 것은 궁극적으로는 영혼 속에 그 진리의 램프를 타오르게 하기 위한 행위이며 그 자체가 진리를 말하는 행위라는 것이다.

소크라테스의 대화에서 진리가 진리로서 나타나는 것은 아니다. 소크라테스는 거의 언제나 진리의 부재를 보이는 것으로 대화를 끝내곤 하기 때문이다. 소크라테스의 대화에서는, 이를테면 '용기'란 무엇인가에 대한 '진리'는 나타나지 않는다. 그러나 푸코가 주목하는 바는, 플라톤이 이 서신에서 보여 주는 것처럼, 친구와의 대화라는 실천을 통하지 않고서는 '진리'에 도달할 수 없다는 것이다. 문자로 쓰여진 책에서가 아니라 친구와의 대화 속에서 진리가, 자기와 타자의 진리가 살 수 있는 것이다. 고대 그리스에서 진리와 우정의 연결이 얼마나 중요했는지가 여기서 드러난다.

7장 · 헬레니즘 시대의 현자

'정원'의 사상

파레시아와 우정

맑스는 '정원'의 사상가 에피쿠로스에서 그리스 철학이 종언을 맞이하고 현자의 상이 완성된다고 생각했다. 어떤 의미에서 에피쿠로스는 소크라테스적 우정과 자기 점검의 기술을 완성시킨 현자라고 말해도 좋을 것이다. 이번 절에서는 에피쿠로스에게서의 현자의 존재 방식에 대해 생각해보고자 한다.

에피쿠로스가 우정에 대해 말한 약간의 글들은 어딘가 모순적으로 보여 플루타르코스 등으로부터 조소에 찬 비판을 받았다. 에피쿠로스는 친구가 중요하다면서 친구가 없으면 식사도 맛이 없다고 말하지만 친구 때문에 마음이 흐트러지는 것은 거부하기 때문이다.

이를테면 에피쿠로스는 이렇게 말했다. "고결한 사람(gennaios)은 무엇보다도 현명함(소피아)과 우정(필리아)에 신경을 쓴다. 이들 중 전자는 사멸하는 선(agathon)이고 후자는 불멸하는 선이다."[1] "일생 동안의 축복을 만들기 위해서 지혜가 필요로 하는 것들 중에서 가장 위대한 것은 우정의 소유이다."[2] "동요되지 않는 사람(아타라코스)은 자기 자신이나 다른 사람에 대해서 근심하지 않는다."[3] 확실히 논리가 일관적이지 않아 보인다. "모든 우정은 그 자체로 바람직하다. 비록 그것이 이득으로부터 시작하기는 하지만……"[4]도 모순적으로 보인다. "우정에 너무 적극적인 사람과 너무 머뭇거리는 사람은 모두 옳지 않다. 하지만 우리는 우정을 위해서 모험을 해야 한다"[5]는 것도 기묘한 논리다.

그러나 에피쿠로스의 우정론은 정합적인 것이다. 에피쿠로스의 우정론은, 철학자의 생활 방식에 대해 스토아 학파 철학자 크뤼시포스가 말했다는 잠언을 배경으로 생각해야 한다. 디오게네스 라에르티오스에 따르면 크뤼시포스는 현자에 대해 다음과 같이 말했다고 한다.

> 현자는 무엇을 위해 생계를 꾸려 나가야 하는 것일까? 만일 그것이 살기 위해서라면, 사는 것은 아무래도 좋은 일이고, 또 쾌락을 위해서라면, 쾌락 또한 아무래도 좋은 것이기 때문이다. 그러나 만약 덕을 위해서라면, 덕은 그것만으로도 행복해지기에 충분한 것이다. 다른 한편 생계를 꾸리기 위한 여러 방법도 비웃을 만한 것이다. 예를 들어 왕에 의해 생계를 꾸리는 방법도 있는데 그것은 왕에게 굴종해야 할 것이기 때문이다. 또한

---

1 에피쿠로스, 「단장」, 『쾌락』, 오유석 옮김, 문학과지성사, 1998, 35쪽.
2 같은 글, 20쪽.
3 같은 글, 35~36쪽.
4 같은 글, 27쪽.
5 같은 글, 27~28쪽.

우정에 기대는 방법이 있는데 그런 경우에는 우정을 이득으로 사는 것이 될 것이다. 또한 지혜에 의해서 얻는 방법이 있는데 그때에는 지혜가 삯일을 하게 될 것이기 때문이다.[6]

이 크뤼시포스의 말은 현자가 직면하고 있던 문제를 예리하게 찌르고 있다. 왕에 대한 파레시아와 간언으로 사는 현자는, 왕의 심기를 불편하게 하면 목숨을 위협받고 생계를 꾸릴 수 없게 된다. 이것은 플라톤이 디오뉘시오스 2세의 궁정에서 맛본 경험이었다. 한편 지혜만으로 생계를 꾸려 나가려고 하면 소피스트와 마찬가지로 지혜를 조금씩 잘라서 팔아야 한다. 남은 유일한 방법은 우정에 기대는 방법인데, 그렇게 하면 우정에 타산이 발생하고 친구와의 관계가 타산으로 더럽혀지게 된다.

에피쿠로스는 이것을 확실하게 인정한다. 우정은 이익으로부터 발생하는 것이다. 그러나 동시에 우정은 위험을 감수할 가치가 있는 '좋은' 것이다. 이러한 곡절을 말하고 있는 것이 다음의 단편이다.

> 항상 도움을 청하는 사람은 친구가 아니며, 도움을 우정과 결부시키지 않는 사람도 친구가 아니다. 왜냐하면 전자는 호의의 대가로 보상을 취하며, 후자는 미래의 희망을 파괴하기 때문이다.[7]

에피쿠로스의 친구의 변증법은 물질적 원조가 아닌, "미래에 대한 희망"으로 성립한다. 에피쿠로스는 아테네에 학원을 열었을 때 제자들과 함

---

6 라에르티오스, 『그리스 철학자 열전』, 7권 7장 189절, 506쪽.
7 에피쿠로스, 「단장」, 29쪽.

께 살고 배우는 '정원'을 열었다. 에피쿠로스의 '정원' 안에서는 문답법을 대하기 위한 경제적 기반을 '우정'에 두고 있었다. '정원' 안에서의 생활은 매우 소박했던 듯하다. "사치스럽지 않고 단순한 음식에 길들여지는 것"[8]이 건강에도 불운에 대한 공포를 제거하는 데에도 중요하다고 여겨졌기 때문이다.

그러므로 유산을 남길 정도였던 에피쿠로스의 재산이나 다른 참가자가 갖고 온 재산으로 '정원'은 충분히 꾸려졌으리라. 그러나 에피쿠로스는 이런 방법으로 생활하기를 거부했다. 피타고라스는 '벗들의 것은 공동'이라는 원칙을 적용했지만 에피쿠로스는 이러한 방법으로는 우정을 쌓을 수 없다고 생각했던 것이다.

디오게네스 라에르티오스가 전하는 에피쿠로스의 말에 따르면, 재산을 공유하는 것은 "서로 신뢰하고 있지 않은 사람들이나 하는 것이고, 서로 신뢰하고 있지 않은 사람들이 하는 일이라면 벗들이 할 일은 아니"[9]라고 한다. 현실의 생계는 어떻게든 꾸릴 수 있는데, 그것을 공유라는 '불신의 원리'가 아닌, 상호적 원조라는 '기대의 원리'에 의거하려는 것이다. 에피쿠로스는 곤란할 때 친구로부터 원조를 받을 수 있으리라고 기대하며, 또 친구가 곤란을 겪을 때에는 친구를 원조할 수 있다고 기대하는 것이 내일 먹을 빵의 문제보다도 중요하다고 생각했다.[10]

소크라테스의 우정의 원리는 더욱 일방향적인 것이었다. 소크라테스

---

8 에피쿠로스, 「메노이케우스에게 보내는 편지」, 『쾌락』, 47쪽.
9 라에르티오스, 『그리스 철학자 열전』, 10권 1장 11절, 662쪽.
10 이 우정과 유용성의 관계에 대해 푸코는 "유용성을 배제하는 그 순간, 우정 관계는 미래에 대한 건전한 희망을 버리는 것이기 때문"이라고 설명한다(Foucault, *L'Herméneutique du sujet*, pp. 196[『주체의 해석학』, 227쪽]).

는 우정 관계하에서의 대화 상대에게 자기 자신을 거울로서, 시금석으로서 제공하지만, 소크라테스가 상대로부터 받는 은혜는 없는 것처럼 보인다. 등에처럼 영혼의 배려에 대한 각성을 호소하는 "신이 보내신 도구"라는 사명감이 소크라테스를 움직였다. 그러나 에피쿠로스의 '정원'에서는 그 안에서, 그리고 외부의 친구와의 사이에 상호적 우정의 관계가 확립되어 있다. "역경에 처했을 때 현자를 다른 사람들과 비교해 보면, 현자는 받기보다는 나눠 주는 것을 더 잘 안다. 그가 발견한 자기만족(아우타르케이아)이라는 보물은 아주 크다"는 것이다.[11]

에피쿠로스 '정원'의 경제는 이 상호적 우정의 원리에 의거하고 있었다. 이미 아리스토텔레스가 『니코마코스 윤리학』에서 자기애로 시작하면서 그럼에도 불구하고 타자 그 자체를 사랑하는 상호적 우정에 대해 말한 바 있다. 우정은 우선 '각자에게 좋은 것'에 대한 사랑이어야 한다.[12] "각자는 자신에게 좋은 것을 사랑"한다. 적어도 '좋아 보이는' 것을 사랑하는 것이다. 이것이 출발점이다.

그러나 사람들은 단순히 자기에게 좋은 것을 사랑하는 것이 아니라, "친구(필로스)가 잘 되기를 바랄 때는 친구를 위해서"[13] 그리해야 한다는 것이다. 이렇게 그리스의 우정 이론은 후에 고찰하게 될 그리스도교의 아

---

11 에피쿠로스, 「단장」, 30쪽.
12 아리스토텔레스, 『니코마코스 윤리학』, 이창우·김재홍·강상진 옮김, 이제이북스, 2007, 8권 2장, 280쪽.
13 같은 책. 아리스토텔레스의 '타자를 위한 사랑'에 대해서는 Martha C. Nussbaum, *The Fragility of Goodness: luck and ethics in Greek tragedy and philosophy*, Cambridge University Press, 1986, pp. 355f를 참조할 것. 또 아리스토텔레스가 자기애를 비롯하여 타자와의 우정을 주장하는 배후에 숨어 있는 역설을 해결해 가는 과정에 대해서는 Suzanne Srern-Gillet, *Aristotle's Philosophy of Friendship*, State University of New York Press, 1995의 5장이 참고할 만하다.

가페 이론과 달리 자기애가 기본 축이 되면서, 신에 대한 사랑이 아니라 타자 그 자체의 사랑으로서 작동하는 것이다. "사람들은 친애(필리아)를 쌍방 간에 성립하는 선의라고 하기"[14] 때문이다.

그리고 '정원'에서의 가르침과 자기 점검도 이 상호적 우정의 원리에 지배되고 있었던 듯하다. 에피쿠로스 학파의 철학자 필로데모스에 따르면 우정 그 자체는 상호적 파레시아의 원리로 구축되어 있었다. "많은 선한 사항이 우정을 통해 태어난다지만, 자신의 마음속에 있는 것을 말하는 사람이 있고 또 동시에 그 말에 귀를 기울이는 사람이 있다는 것만큼 좋은 일은 없다. 우리들의 본성에는 자신이 생각하는 바를 타인에게 말하고자 하는 강한 욕망이 있기 때문이다."[15]

'정원'이 있는 것은 생활을 지탱하기 위해서만이 아니라, 자신의 기분을 솔직하게 말하기 위해서이기도 하다. '정원'에서 중요한 것은, 누구나 꾸밈없는 말로 상대의 결점을 지적하고 자신의 결점을 고백하는 것이다. 파레시아를 행사함으로써 '상호 구제'가 가능해진다고 여겨지는 것이다.[16] 그리고 이 파레시아 그 자체가 우정을 기초로 하고 있었다. 아도가 지적한바, "에피쿠로스의 공동체에서는 우정 그 자체도 영적인 행위이며 편안하고 즐거운 분위기 속에서 실현되었다. 공적인 장에서 자신의 과오

---

14 *Ibid*. 또한 이 아리스토텔레스에게서의 우정의 상호성에 대해서는 Price, *Love and friendship in Plato and Aristotle*, pp. 124f를 참조할 것. 또한 우정 관계와 경제적 원조에 대해 고대 그리스에서 어떻게 생각하고 있었는지에 대해서는 David Konstan, *Friendship in the Classical World*, Cambridge University Press, 1997, pp. 78f의 고찰이 흥미롭다. 고대 그리스 도시국가에서는 시민들 간의 우정이 중요한 화두(토포스)였던 것이다.

15 Philodemus, *On Frank Criticism*, Introduction, translation, and notes by David Konstan, Scholars Press, 1998, pp. 44~45.

16 푸코는 이 '서로 구제하는 것'(알레론 소제스타이. 필로데모스의 단편 36)을 자기 배려 행위 중 하나로 든다(Foucault, *Histoire de la sexualité 3 : La Souci de Soi*, p. 67[『성의 역사 3 : 자기 배려』, 70쪽]).

를 인정하는 행위, 그리고 의식 점검과 연결된 동료 간의 교정 행위 속에서 말이다."[17]

단, '정원'에는 여러 계층의 사람들이 모여 있었기 때문에 이는 쉽지 않은 일이었다. 필로데모스의 『파레시아에 대하여』에는, 솔직한 비판을 받고 여러 가지 반응을 보이는 학생들에게 대처하는 방법이 상세하게 나와 있다. 그리고 현자는 여기서 상대를 비판함과 동시에 타자로부터 비판을 받는다. 필로데모스는 "현자, 혹은 교수 일반에 관한 사항이라고 생각되는 경우에도 정화가 필요하다. 현자도 또한 자신이 완벽하지 않다는 것을 알고 있으며 누구나가 잘못할 가능성이 있다는 것을 인식하고 있기 때문"[18]이라고 말한다.

에피쿠로스의 파레시아

이렇게 '정원' 전체가 우정이라는 유일한 유대를 기반으로, 서로에게 진리를 말하면서 자신을 고양시켜 나가는 것을 목적으로 하고 있었다. 소크라테스가 타자와 직면하는 일대일 관계로 행했던 것을 '정원'의 조직 전체로 확장한 것이다. 필로데모스에 따르면 이 파레시아에는 두 종류가 있었다. 모든 사람에게 말해야 할 파레시아와 친밀한 관계를 기초로 한 파레시아이다.[19]

이 두 파레시아의 관계는 복잡한 것이었다. 아마도 많은 사람들에게 말하는 파레시아보다도 친밀한 관계의 파레시아 쪽이 중시되었던 것 같다. 특히 소크라테스와 같은 유형의 일대일 파레시아를 중시하는 전통이

---

17 Pierre Hadot, *Exercices Spirituels et Philosophie Antique*, Albin Michel, 2002, pp. 37~38.
18 Philodemus, *On Frank Criticism*, 단편 46.
19 *Ibid.*, p. 78의 해설을 참조.

있었음은, 교사의 등급이 있었던 것으로부터도 상상할 수 있다. 디윗에 따르면 이 '에피쿠로스의 정원'에는 세 종류의 교사가 있었다. 첫번째 등급은 오직 한 사람의 현자(소포스)이며 에피쿠로스 혹은 그 후계자이다. 다음 등급의 교사로는 세 명의 지도 교사(카테게몬)들이 있었다. 에피쿠로스의 시대에 이 세 명은 메트로도로스, 헤르마코스, 폴리아이노스였다. 이 세 명은 학급에서 강의하는 것 외에도 개인적으로 대면하여 파레시아를 실천할 수 있었던 듯하다. 그 아래에는 일반 교사(카테게테스)들이 있어서 이들 교사는 학급에서만 가르쳤다.[20] 높은 등급의 교사에게만 파레시아가 허락되어 있었음을 고려한다면, 얼굴을 맞대는 파레시아가 존중되고 있었다고 볼 수 있다.

다만 에피쿠로스의 교의는 '정원' 안뿐만 아니라 모든 사람들에게 전해졌다. 에피쿠로스는 그런 의미에서의 파레시아를 자신의 의무로 생각했던 것이다. 에피쿠로스는 자연 연구에 대해서 "나는 자연을 탐구하면서 솔직히 말하겠다(파레시아). 즉 대중의 의견에 영합해서, 쏟아지는 군중의 갈채를 받기보다는, 설령 아무도 내 말을 이해하지 못하더라도, 모든 사람에게 도움이 되는 말을 신탁처럼 말하겠다"고 술회한다.[21] 에피쿠로스에게는 "모든 인간"을 위한 파레시아가 동료 간의 파레시아와 마찬가지로 중요한 역할을 했다고 생각할 수 있다.

이것은 우정에도 해당한다고 볼 수 있다. 에피쿠로스에게서 우정은

---

20 Norman Wentworth de Witt, *Epicurus and his philosophy*, University Of Minnesota Press, 1954, p. 94를 참조할 것. 푸코는 『주체의 해석학』(1982년 1월 27일 강의 전반부, pp. 131~132[171~172쪽])에서 디윗의 이 저서를 참조하면서, 에피쿠로스의 학교의 구조를 설명한다. フーコー, 『真理とディスクール: パレーシア講義』, 167~170쪽에서도 동일한 주제를 다루고 있다.

21 에피쿠로스, 「단장」, 28쪽.

플라톤적 소년애를 넘어 모든 인류를 대상으로 하게 된 것이다. "우정은 춤추면서 세상(사람이 사는 온 땅—오이쿠메네) 주위를 돈다. 그리고 우리 모두에게 외친다: '일어나서, 행복한 삶을 칭송하라.'"[22] 우정은 그리스 국내 뿐만 아니라 "사람이 사는" 모든 지역을 아울러야 할 귀중한 연대인 것이다.

에피쿠로스의 '정원'에서는 모든 참가자에게 차별이 없었다. 노예는 해방되고 여성이나 외국인도 받아들여졌다.[23] 그리스 철학이 갖고 있던 제한은 타파되었지만, 이는 정치 참여를 거부하고 '정원'이라는 닫힌 장소 안에 머무름으로써만 가능했던 일이다. 파레시아는 외부의 인간이 아니라 내부의 사람들 사이에서 극히 신중하게 행사되어야 하는 것이었다.[24] 에피쿠로스에게 그리스 정치철학의 틀로부터의 해방은 정치의 부정이라는 형태로만 행해졌던 것이다.

2. 스토아 학파의 자기 기술

자기 배려의 황금 시대

헬레니즘 세계에서 에피쿠로스 학파와 함께 파레시아 전통을 이어받은 것이 스토아 학파였다. 알렉산더가 인도에까지 이르는 제국을 구축한 후,

---

22 에피쿠로스, 「단장」, 32쪽.
23 다만 여성은 파레시아에 대한 저항이 강했던 듯하다. 그리고 파레시아로 진실을 말하면 울어버리는 경향이 있었다고 한다. Philodemus, *On Frank Criticism*, pp. 124~125(22b)도 참조할 것. 또 Martha C. Nussbaum, *The Therapy of Desire*: *theory and practice in Hellenistic ethics*, Princeton University Press, 1994의 4장은, 만약 니키디온이라는 여성이 이 우정의 '정원'에 들어오기를 바랐다면 어떻게 받아들여졌는지를, 상상을 통해 묘사하고 있다.
24 에피쿠로스의 정원에서의 파레시아 행사와 우정의 관계에 대해서는 Konstan, *Friendship in the Classical World*, pp. 108~113도 참조할 것.

4대 제국으로 분열된 헬레니즘 시대가 견유주의 철학자들로 상징되듯이, 개인은 세계 속에 독립된 코즈모폴리턴으로서 스스로를 상상하게 되었다. 개인을 둘러싸고 있던 "정치적·사회적 틀이 약화"된 시대이며, "개인들은 도시국가 속에 보다 느슨하게 편입되어 서로에게서 훨씬 더 격리된 채 자기 자신에게 더 의존"[25]하게 된 시대였다.

이전까지 도시국가에서는 아곤의 원리 속에서 사람들이 자신의 명예를 빛내기 위해 경쟁했다. 행동의 원리가 이미 전제로 깔려 있었던 것이다. 그러나 헬레니즘에서 로마 제국에 이르는 시대에는 "개인의 생활이 여러 가지 방법으로 자유롭게 전개되게 되었다는 것"[26]이 중요한 특징이다. "개인의 존재에 대한 사고방식이 다양화되고, 깊이 숙고된 생활 방식 또한 다양해졌다"[27]는 것이다.[28] 철학 분야에서도 견유주의 학파에서부터 에피쿠로스 학파, 스토아 학파, 철학 이론 이상으로 여러 학파가 그 생활 방식의 다양성에서 사람들의 주목을 받게 되었다.

이 시기에 "사람들은 깊고 친밀한 경험 속으로 헤치고 들어가, 모든 경험에 감추어진 통일성을 발견하려고" 시도한다.[29] 이때 사람들의 개성은 타자와의 경쟁이 아니라 "완전하게 내적인 것으로서 구축되게 되고,

---

25 Foucault, *Histoire de la sexualité 3 : La Souci de Soi*, p. 55[『성의 역사 3 : 자기 배려』, 58쪽].

26 Georg Misch, *A History of Antobiography in Antiquity*, Routledge & Kegan Paul, 1950, Vol. 1, p. 180.

27 *Ibid.*, p. 180.

28 "헬레니즘과 로마 시대에 철학을 한다는 것은 사는 방식, 사는 방법, 존재 양식을 나타내는 것"이었으며, "철학에서는 단순히 예술 작품을 만들어 내는 것뿐만 아니라 자기 스스로를 다시 만들어 내는 것이 중요했다"는 것에 대해서는 앞서 언급한 Hadot, *Exercices Spirituels et Philosophie Antique*, p. 294를 참조할 것. 혹은 Roger-Pol Droit & Jean-Phillippe de Tonnac, *Fons comme des sages: Scènes grecques et romaines*, Seuil, 2006의 서문도 참조할 것.

29 Misch, *A History of Antobiography in Antiquity*, Vol. 1, p. 179.

인간 영혼의 성채가 진정한 의미에서의 피난처"가 되는 것이다.[30]

　　그리고 이 시대에 여러 가지 '개인주의'의 탐구가 행해졌다. 개인이 갖는 절대적 가치를 고찰하는 길도 있고, 가족과 사회에서의 개인의 위치로부터 개인의 중요성을 고찰하는 길도 있다. 또한 자기와의 순수한 관계로부터, 자기의 구제와 정화를 목적으로 하는 길도 있다.[31] 이 모든 측면에서 자기에 대한 주목과 배려가 중시되게 된다. 제정기 최초 2세기는 자기 배려의 "황금기"[32]가 되며, 스토아 학파는 이 모든 측면에서 자기 배려를 전개하게 된다.

프네우마 개념

스토아 학파의 철학자들은 소크라테스의 전통으로부터 이어받은 자기 배려를, 하나의 기술로까지 구축한다. 푸코는 이 기술을 자기의 기술, 혹은 단련(아스케시스)이라고 부른다. 철학자가 일상생활에서 말과 삶을 일치시키기 위해서는 여러 가지 단련이 필요하다는 것이다. 여기서 소크라테스의 자기 배려는, 자기에 대한 앎을 추구하는 것이 아니라, 자기를 '작품'처럼 구축해 나가는 끊임없는 운동이 된다. 이 시대에 자기와의 사이에서 새로운 관계가 탄생한 것이다.

　　앞서 고찰한 바, 소크라테스와 플라톤에게서 처음으로 자기에 고유한 영혼(프쉬케)에 대한 배려가 탄생했다. 배려해야 할 자기를 발견한 것이다. 단 소크라테스의 이 발견이 '영혼'(프쉬케)이었다는 것을 잊어서는 안 된다. 프쉬케란 리들·스콧(Liddell & Scott)판 『그리스어 사전』에 따르

30　*Ibid.*, p. 181.
31　Foucault, *Histoire de la sexualité 3 : La Souci de Soi*, p. 56[『성의 역사 3 : 자기 배려』, 58~59쪽].
32　*Ibid.*, p. 59[같은 책, 61~62쪽].

면 우선 생명이고, 망령이며(호메로스), 영혼의 비물질적이고 불사하는 요소이자, 정동, 욕망, 애정의 중심으로서의 의식적 자기 내지는 인격이고, 자기의 여러 측면이다.

플라톤은 『법률』에서 영혼을 "자신이 자신을 움직일 수 있는 동(動)"(896a)이라고 정의했다. 영혼은 "모든 변화와 운동의 원인"(896b)이며 "선한 것과 악한 것, 아름다운 것과 추한 것, 옳은 것과 옳지 않은 것 및 모든 상반되는 것의 원인"(896d)이다. 자기 영혼을 책임지고 배려해야 하는데, 모두에게는 동일한 영혼이 부여되어 있어서, 영혼을 어떻게 배려하느냐에 따라 남자로 태어나기도 하고 여자로 태어나기도 하며 동물로 태어나기도 한다는 것이다(『티마이오스』, 42b~d). 이렇게 영혼이 추상적인 물질처럼 여겨지는 경우에 영혼을 축으로 개인의 삶을 생각하는 것은 "개인성의 감각의 성장을 촉진하기보다는, 반대로 저해하는"[33] 귀결을 가져왔다.

앞에서 본 대로 플라톤에게서는 영혼이 하나라는 것이 중시되었다. 그리고 영혼은 국가와 유비되는 것이기 때문에 그 영혼이 단일한 것이 좋은 국가의 중요한 조건이며, 국내의 대립(스타시스)는 국가의 병이었다. 그리고 국가와 마찬가지로 영혼에도 병이 발생하는 일이 있다. 그것은 '화'인데, 그것이 하나의 영혼이 취하는 '상태'인지, 하나의 영혼에서 대립되는 '부분'인지는 확실치 않지만 어쨌든, "각자로 하여금 자신의 의도를 따르는 것과는 반대되는 쪽으로 동시에 몰고 가는"[34] 것이다.

플라톤은 영혼이 분열되어 이러한 "격정과 두려움, 쾌락과 괴로움,

---

33 Weintraub, *The Value of the Individual*, p. 11 참조.
34 플라톤, 『법률』, 863e.

시기심들과 욕망들의 전제적 지배"[35]를 받는 상태를 "불의"라고 부른다. 『소피스테스』에서는 이 상태가 "악덕"(나쁨)이라 불리며 영혼의 질병으로서 지적되었다.[36] 이에 비해 단순한 무지 때문에 영혼이 잘못할 경우 그것은 "불구"라고 불린다. "불구"에는 "체육"을 강제할 수 있지만, "질병"은 "의술"로 치료해야 하는 상태인 것이다.[37]

플라톤은 『티마이오스』에서는 영혼을 가사(可死)적인 것과 불사의 것으로 나누어 말한다. 본래 영혼은 데미우르고스가 제작한 불사의 것이며, 인간 내에 있는 이성은 신적인 것이어서 이것은 목을 경계로 '머리'에 머무른다. 나아가 가사적인 영혼은 신적인 영혼과 만나지 않도록 횡경막으로 가로막혀 복부에 머무르며, "그 자신 속에 무섭고 불가피한 감정들(pathêmata)을 지니고 있"[38]다. 이를테면 "나쁜 것의 가장 강력한 미끼인" 쾌락, 좋은 것들을 멀리하는 고통, 어리석은 조언자인 만용과 두려움, 달래기 힘든 격정 그리고 오도하기 쉬운 희망 등이다.

이 불사의 영혼은 다이몬이라 불리며 "이것은 우리가 우리 몸의 꼭대기에 거주하고 있다고 말하는 바로 그것이요, 우리를 땅에 속하는 생물(phyton)이 아니라 하늘에 속하는 생물로서 지상에서 천상의 동류(syngeneia)한테로 이끌고 가는" 것이다.[39] 플라톤은 영혼의 대립을 내란(스타시스)으로서가 아니라, 가사적인 영혼과 불사하는 영혼의 대립으로

---

35 같은 곳.
36 플라톤, 『소피스테스』, 김태경 옮김, 한길사, 2000, 113쪽(228e).
37 같은 책, 229a. 영혼은 이렇게 추해지거나 병에 걸릴 수 있지만, 만년의 플라톤에게 영혼은 그럼에도 불구하고 '신'에 가까운 것이며 "만물은 신들로 가득 차 있"는 것이다. 영혼이 우주 구석구석을 채우고 있는 고귀한 것임에는 변함이 없었다.
38 플라톤, 『티마이오스』, 196쪽(69d).
39 플라톤, 『티마이오스』, 250쪽(90a).

서 신적인 영혼은 몇 번이라도 인간 안에 다시 돌아온다는 『파이돈』의 사고방식에 가까운 생각으로 되돌아온 것이다.

플라톤의 영혼 개념을 더 밀고 나갔던 아리스토텔레스에게서도 이러한 상황은 마찬가지다. 아리스토텔레스는 『영혼에 관하여』에서 플라톤을 날카롭게 비판하며 "영혼은 신체로부터 분리될 수 없다"고 주장했다.[40] "어떤 것의 질료와, 질료가 그것일 수 있는 곳이 하나냐고 묻는" 것은 어리석은 일이기 때문이다. 영혼을 신체의 '현실태'(엔텔레케이아)로서 생각한다면, 신체는 옷처럼 바꿔 입을 수 있는 것이 아니라는 사실은 명백할 것이다.

아리스토텔레스는 이렇게 영혼(프쉬케)과 신체의 연결을 더욱 강화하는 한편, 혼(프네우마)이라는 새로운 개념을 도입했다. 마찬가지로 『그리스어 사전』에 따르면 프네우마는 바람이며 호흡이고 숨이며 신적 영감이고 신의 영이다. 그리고 고대 그리스에서 인간의 숨으로서의 프네우마는 불이며 하늘의 에테르의 일부를 이루고 있었다. 아리스토텔레스는 이것을 부연하여 인간의 이성(누스)과 영혼(프쉬케)을 연결하는 고리로서 프네우마 개념을 도입했던 것이다. 아리스토텔레스는 『동물 발생론』에서 영혼 내에 하늘의 속성을 가진 것으로서 다음과 같이 말한다.

모든 영혼(프쉬케)의 능력은 모든 '원소'와는 다른, 그것들보다도 신적인 어떤 물체와 관계가 있는 듯하다. 그리고 영혼들이 귀천의 정도에 따라 서로 다른 것처럼, 그러한 물체도 서로 다르다. 즉 모든 것의 정액 속에는 정액에 생식력을 부여하는 것, 이른바 뜨거운 것이 내재되어 있다. 이것

---

40 아리스토텔레스, 『영혼에 관하여』, 2권 1장, 유원기 옮김, 궁리, 2001.

은 불이나 그런 것이 아니라 정액과 거품 형태의 것 안에 가두어져 있는 숨(프네우마)과 숨 속에 포함되어 있는 성계(星界)의 원소에 상당하는 것이다.[41]

이 "성계의 원소"가 바로 '아이테르'라고 불리는 것이며, 스토아 학파는 이것을 이어받아 하늘의 에테르와 인간의 이성적 영혼의 연결을 강화하기 위해 프네우마 개념을 활용하게 된다. 『티마이오스』나 『법률』 등 후기 플라톤의 영향을 강하게 받은 초기 스토아 학파는 우주적 영혼과 같은 것을 상정했다. 그러기 위해서, 후에 그리스도교 세계에서 사용되는 신의 존재론과 닮은 논거가 이용된다. 스토아 학파의 창시자인 키티온의 제논은 이렇게 말했다고 전해진다.

로고스적인 것은 로고스적이지 않은 것보다 우월하다. 그런데 우주보다 우월한 것은 없다. 그러므로 우주는 로고스적이다. 지적이라는 것, 영혼을 가지고 있다는 것에 대해서도 마찬가지이다. 지적인 것은 지적이지 않은 것보다, 영혼을 가지고 있는 것은 영혼을 가지고 있지 않은 것보다 우월하다. 그런데 우주보다 우월한 것은 없다. 그러므로 우주는 지적이며 영혼을 갖고 있다.[42]

---

41 아리스토텔레스, 『동물 발생론』, 2권 3장(『アリストテレス 全集 9』, 島崎三郎 訳, 岩波書店, 1968, 163쪽). 여성에게는 이 프네우마를 포함한 정액이 없기 때문에 영혼의 원리가 결여되어 있다고 생각했던 것에 대해서는 Georges Duby et al., *Storia delle donne in Occidente: L'Antichità*, Vol. I, Laterza, 2009을 참조할 것.
42 『初期ストア派断片集 1』, 中川純男 訳, 京都大学学術出版会, 2000, 94쪽.

이 우주 안에서 '종자적 로고스'(로고스 스페르마티코스)인 신이, 만물을 구성하는 4원소(불, 물, 공기, 흙)을 창조했다. 그리고 이 "우주의 어느 부분에나 지성이 고르게 침투되어 있"는 것은, "인간 신체의 모든 부분에 영혼(프쉬케)가 침투되어 있"는 것과 마찬가지이다.[43]

이 우주에는 불의 원소인 아이테르가 하늘 가장 높은 곳에 있어서 "아이테르의 가장 순수한 부분이 우주의 총괄적 부분(헤게모니콘)"[44]이 되는데, 인간의 영혼도 오감, 종자적 원리(생식 기능), 음성 기능, 이성적 부분으로 구성되며 이 이성적 부분이 총괄적 부분(헤게모니콘)이라 불린다. 그리고 이 영혼은 "따스함을 가진 숨(프네우마)"[45]이다.

제논은 "[신체에] 내재하는 숨(프쉬케)"인 영혼에 대해 다음과 같이 생각했다.

무엇인가 빠져 나감으로써 동물이 죽는다면, 그 빠져 나간 것은 물체이다. 그런데 내재하는 숨이 나감으로써 동물은 죽는다. 그러므로 내재하는 숨은 물체이다. 그런데 내재하는 숨은 영혼이다. 그러므로 영혼은 물체이다.[46]

인간은 이 우주적 영혼을 부여받았으며, "인간의 자연(본성)은, 우주 만유의 자연스러운 부분"이기 때문에 인생의 목적은 "자연과 일치화합(호모로그메노스)하여 사는 것"이고 "각 사람이 자기 자신의 자연(본성)에

---

43 라에르티오스, 『그리스 철학자 열전』, 7권 1장 138절, 474쪽.
44 같은 책, 7권 1장 139절, 475쪽.
45 같은 책, 7권 1장 157절, 483쪽.
46 제논의 단편 137(『初期スㅏア派斷片集 1』, 108쪽).

도, 또한 우주 만유의 자연에도 따르며 사는"[47] 것이며, 이러한 삶에서는 "공통의 법(코이노스 노모스)이 ─즉 그것은, 만물에 두루두루 미치고 있는 올바른 로고스(오르토스 로고스)이며, 그것은 또한 존재하는 모든 것을 질서지울 때의 지도자이며, 제우스와 동일한 것인데 ─그 공통의 법이 통상 금지하는 것은 아무것도 행하지 않는 것"[48]이다.

스토아 학파에게 덕이란 "그 자체 때문에 선택해야 하는 것"[49]이며 "로고스에 의해 만들어진 영혼의 주도적 부분의 상태 혹은 힘"[50]이다. 인간의 이 주도적 부분은 신적인 것이며 인간은 자연에 따라 사는 것으로 이 덕을 실현할 수 있을 것이다. 그런데 인간의 영혼에는 로고스적이지 않은 것이 존재한다. 그것이 파토스이다. 파토스란 "옳은 논리(라티오)를 배신하고 자연 본성에 반하는 영혼의 움직임"[51]이다. 혹은 "과잉되고 로고스의 명령에 따르지 않는 충동, 혹은 자연 본성에 반하는 영혼의 비로고스적 움직임"[52]이다.

그러므로 스토아 학파의 윤리학은 두 중요한 행위로 구성되게 된다. 유덕한 것, 인간에게 걸맞은 것을 언제나 계속해서 선택(프로아이레시스)하여 마침내 현자의 경지에 다다르는 것, 그리고 파토스에 마음이 움직이지 않는 영혼의 평정을 지키는 것이다.[53] 이는 스토아 철학자가 언제나 자

---

47 라에르티오스, 『그리스 철학자 열전』, 7권 1장 87절, 451쪽.
48 같은 책, 7권 1장 88절, 452쪽.
49 같은 책, 7권 1장 89절, 452쪽.
50 제논의 단편 202(『初期ストア派断片集 1』, 146쪽).
51 제논의 단편 205B(같은 책, 147쪽).
52 제논의 단편 205F(같은 책, 148쪽).
53 로데는 스토아 학파의 프네우마 이론에 어떤 분열이 포함되어 있음을 지적한다. 우선 스토아 학파는 세계의 고독한 코즈모폴리턴을 자인한 견유학파의 윤리학을 이어받았기 때문에 자율적인 개인의 윤리를 추구한다. 그리고 동시에 세계 속의 종자적 이성의 이론, 유일한 모나스로서의 헤게모니콘 이론을 이어받았기 때문에 개인의 의지를 방기하고 이 세계적 로고스와 일

기에게 작업을 가하고, 자기를 개혁하는 작업에 종사해야 한다는 것을 의미한다.[54]

이렇게 해서 스토아 학파에게 자기는 작업을 가하는 주체인 동시에 작업이 가해지는 객체이며, 아스케시스의 대상이 된다. 아스케시스는 현대어로 금욕을 의미한다. 그리고 그리스도교 시대의 아스케시스는 자신의 욕망을 포기하는 것이었다. 그러나 고대의 아스케시스는 무엇인가를 포기하는 것이 아니라 무엇인가를 획득하는 것이었다. 푸코는 여기서 획득되는 것이 '자기 그 자체'라고 생각한다. 아스케시스의 목적은 "자기를 자신의 실존의 목표로 세우는" 것이며, "무엇인가를 몸에 익히는 것"이고 진리와의 유대를 만드는 것이다.[55] 스토아 학파는 자기와 아름다운 관계를 구축하는 것만을 목적으로 한다. 영혼의 평정을 확립하여 자기를 향유하기 위해 자기를 단련하는 것이다. 여기서 소크라테스가 말하는 의미에서의 배려 대상과는 다른 자기와의 관계가 등장한다.

푸코는 「자기의 기술」이라는 강연에서 스토아 학파의 여러 기술을 분석하는데, 우선 이러한 실천 방법을 검토하면서 그것이 실제로 어떻게 적용되고 있었는지를, 영혼의 단련과 신체를 사용한 단련으로 나누어 구체적으로 살펴보고자 한다. 주로 푸코가 들었던 사례를 중시하겠지만, 고

체화하는 요청이 생겨난다. 이렇게 해서 스토아 학파의 윤리학과 영혼의 형이상학 간의 긴장이 생겨난 것이다. Erwin Rohde, *Psyche, the cult of souls and belief in immortality among the Greeks*, K. Paul, Trench, Trubner, 1925, pp. 499f를 참조할 것.

54 Nussbaum, *The Therapy of Desire*의 9장은 스토아 학파가 영혼의 평정을 획득하기 위해 어떤 치료법을 이용했는가를 상세하게 검토하고 있다. 이 장에서도 에피쿠로스의 경우와 마찬가지로 엔키디온이라는 여성에게 스토아 철학자의 문을 두드리게 한다고 상정하고서 여러 장면을 고찰하기 때문에 이해하기 쉽다.

55 Foucault, *L'Herméneutique du sujet*, p. 305[『주체의 해석학』, 346쪽]. 아스케시스 개념에 대해서는 フーコー, 『真理とディスクール: パレーシア講義』이 상세하게 설명하고 있다.

대 문헌으로부터 여러 가지 실례를 취하여 고찰해 보자.[56] 아래에서는 '영혼의 단련'과 '신체를 통한 단련'이라는 두 그룹으로 크게 나누어, 이러한 자기의 기술에 대해 검토한다.

• 영혼의 단련

심상의 점검

첫번째로 들 자기의 기술의 예는, 영혼의 끊임없는 점검과 경계이다. 특히 스토아 학파에서 이 기술이 중시되었다. 마음속에 어떤 상이 들어오는지 끊임없이 경계하지 않으면 영혼의 평정은 실현될 수 없기 때문이다. 푸코가 반복해서 언급하는 에픽테토스의 문장을 인용해 보자.

> 소크라테스는 자주, 점검하지 않는 방식으로 살지 말라고 말했는데, 마찬가지로 우리는 점검하지 않은 인상(판타시아)을 받아들이지 말아야 한다. 우선 "잠깐, 당신 누구야, 어디서 왔어?"라고 물어야 한다. 야경꾼(뉴크토휴라케스)이 "당신 통행증(쉰테마)을 보여 주게"라고 말하는 것처럼 말이다. "당신은 자연히 태어났다는 표식(쉼볼론)을 갖고 있는가, 이 표식이 없다면 받아들일 수 없다".[57]

푸코가 지적하는 것처럼 에픽테토스는 이 심상의 점검을 야경꾼과 환전상의 비유로 이야기하고 있다. 환전상은 환전을 할 때 "화폐가 진짜

---

56 이 장에서는 특히 Hadot, *Exercices Spirituels et Philosophie Antique*을 참조하고 있다.
57 エピクテトス, 『人生談義』(下), 鹿野治助 訳, 岩波書店, 1958, 3권 12장(번역은 대폭 수정).

인지를 살피고 검사하고 무게를 달고 금속의 질이나 새겨진 초상을 점검"한다. "그 화폐에 누구의 각인이 있는가. 트라야누스인가, 그렇다면 이쪽으로 넘겨라. 네로인가, 그렇다면 던져 버려라. 그것은 통용되지 않는다. 그것은 녹슬 것이다."[58]

게다가 에픽테토스는 다음과 같이 말하기도 한다.

그러므로 철학자에게 무엇보다도 중요한 첫번째 작업은, 여러 심상을 시험하고 구별하며, 시험되지 않은 그 어떤 것도 받아들이지 않는 것이다. 여러분들은 우리의 이해와 관계된다고 생각되는 화폐의 경우에 우리가 어떻게 기술을 발견했는지, 또 화폐 검사자(아르규로그노몬)가 화폐를 시험하기 위해 보거나 만지거나 냄새를 맡고 마지막에는 소리를 듣기도 하며 얼마나 힘을 쏟는지를 볼 것이다.[59]

더 나아가 이 점검이 신성한 싸움의 성격을 갖는다는 것은 에픽테토스의 다음과 같은 말만 봐도 알 수 있다.

그러나 우선 이 격렬함에 노출되지 말 것. 오히려 "심상이여, 조금 기다려다오. 네가 무엇인지, 무엇에 대한 심상인지 보여다오, 너를 조사할 수 있게 해다오"라고 말해야 할 것이다. (……) 그리고 만약 자네가 그렇게 해서 훈련에 익숙해진다면 스스로 어떤 어깨, 어떤 힘줄, 어떤 긴장력을 가지게 될지 알 수 있을 것이네. (……) 이러한 심상에 대해 자기 자신을 단

---

58 같은 책, 4권 5장.
59 같은 책, 1권 20장.

련하는 자야말로 진정한 수행자(김나존)인 것이다. 움직이지 말고 심상에 노출되지 않도록 하라. 이 싸움(아곤)은 위대하며 이 업은 신성(티오스)한 것이다. 왕국을 위해, 자유를 위해, 행복을 위해, 평정을 위해.[60]

이 단련은 '지금' 이 순간을 중시한다. 현자는 언제나 그 시점에서 자신에게 떠오른 심상에 주의를 기울일 필요가 있기 때문이다. 마찬가지로 스토아 학파 철학자인 마르쿠스 아우렐리우스는 이렇게 말한다.

현재의 상황에 경건한 마음으로 만족하는 것, 현재의 이웃을 공정하게 대하는 것, 어떤 것도 검정을 거치지 않은 채 마음속에 몰래 스며들지 못하도록 현재의 인상을 세심하게 분석하는 것, 이것은 네가 어디서나 할 수 있는 일이다.[61]

언제나 자신의 마음에 떠오르는 인상(심상, 판타지아)를 끊임없이 지켜보는 것, 그리고 현재에 만족하면서 경계를 게을리하지 않는 것이 중요한 것이다. 스토아 학파의 철학자들은 특히 '지금'의 순간을 중시한다. 과거에 사로잡히지 않고 미래에 대한 걱정에 얽매이지 않으며 현재의 이 순간을 향유하고 현재의 이 순간을 향유할 수 있는 자기와의 관계를 구축하는 것에 힘쓰는 것이다. "미래의 일로 불안해하지 마라."[62] 이것이 아우렐리우스의 훈계이다.

---

60 같은 책, 2권 18장.
61 마르쿠스 아우렐리우스, 『명상록』, 7권 54장, 『그리스로마 에세이』, 천병희 옮김, 숲, 2012, 117쪽.
62 같은 책, 7권 8장, 107쪽.

현재에 집중함으로써 사람은 진정한 자기로 되돌아갈 수 있다. "내가 진정한 의미에서 자기 자신이고 자유로운 것은 내가 자기와 세계 등에 능동적으로 작업을 가했을 때뿐이다. 그리고 내가 능동적으로 작업을 가하는 것은 현재에서뿐이다. 현재의 나만이 나의 것이며 내가 살고 있는 것은 현재뿐이기 때문이다."[63]

이 심상의 점검은 단순히 허가 없이 심상이 들어오지 않도록 하는 단련 외에도, 눈에 보이는 것에 대해 자신의 욕망이 동요되지 않았는지 여부에 관한 단련으로서도 이루어진다. 에픽테토스는 그러기 위해서 일부러 일찍 일어나서 거리를 산보하는 것이다. 근대의 루소에 이르기까지 산보는 철학과 중요한 연결고리를 맺고 있는데, 에픽테토스의 산보 훈련은 그 단서라고도 말할 수 있을 것이다.

날이 새면 곧바로 집을 나와서, 누구와 만나고 누구의 말을 듣든지 간에 그 상대를 시험하고 물음에 답하는 것이다. 무엇을 보았는가? 아름다운 남자와 아름다운 여자를 보았다. 거기서 규칙(캐논)을 적용한다. 그것은 도덕적 목적의 영역 외부의 것인가 내부의 것인가? 외부의 것이다. 그렇다면 그것을 피하라. 자기 자녀의 죽음을 슬퍼하고 있는 남자를 보았다. 규칙을 적용하라. 죽음은 도덕적 목적의 영역 외부이다. 그것을 피하라. 의원(議員)과 만났다. 규칙을 적용하라. 의원이라는 직업은 어떤 것인가? 그것은 도덕적 목적의 영역 외부인가 내부인가? 외부이다. 그것도 피하라. 기준에 맞지 않는다. 그대에게 관련된 사항이 아닌 것이다. 계속해서

---

63 Pierre Hadot, *The Inner Citadel : The Meditations of Marcus Aurelius*, tr. Michael Chase, Harvard University Press, 1998, p. 119.

새벽부터 밤까지 이 원칙을 마음에 연습하는 것이다. 그렇게 하면 신께 맹세컨대, 무엇인가를 실현할 수 있을 것이다.[64]

이 단련은 심상의 점검임과 동시에 다음 부분에서 다룰 원칙 적용의 훈련을 포함한다. 스토아 윤리의 기본 원칙은 자기 의지에 의존하는 것만이 선과 악과 관련되어 있으며 그 이외의 것은 선도 악도 아니라는 것을 반복해서 기억하고 그것을 점검하는 것이다. 여기서 에픽테토스는 이 원칙을 마음의 상에 맞춰 봄으로써 원칙을 강화하려고 한다.

아름다운 여성과 소년의 심상에 욕망이 움직였는지, 이해관계에 관련되어 있는 의원의 심상에 움직였는지를 점검하면서 이를 통해 '도덕적 목적의 영역'을 구별한다는 스토아 학파의 기본 원칙을 상기하고 재확인하는 것이다. 그것은 "자기에 대한 주권"[65]을 확립하기 위한 중요한 훈련이었다.

아우렐리우스는 더욱 과격하다. 모든 심상의 말살을 제안하기 때문이다. 이는 영혼의 치유를 목적으로 심상을 소거하는 방법이다.

"나는 지금 내 이 영혼 안에 어떤 악도, 어떤 욕망도, 간단히 말해 어떤 동요도 생겨나지 못하게 할 능력이 있다. 나는 오히려 만물의 실체를 보고 각각의 사물을 그 가치에 따라 이용한다"고 너 자신에게 말함으로써 표상(판타시아)들을 지워 버려라. 자연이 네게 준 이러한 권능을 상기하라.[66]

---

64 エピクテトス, 『人生談義』, 3권 3장.
65 フーコー, 『真理とディスクール: パレーシア講義』, 240쪽.
66 아우렐리우스, 『명상록』, 8권 29장, 『그리스로마 에세이』, 133쪽.

그런데 이 심상의 점검은 혼자서 하는 것이 아니라 대화 속에서 이루어지기도 한다. 에픽테토스는 이렇게 말한다.

소피스트적인 물음에 답하는 연습을 하면서 우리도 감각을 통해 받아들이는 인상에 대해 매일 연습(김나제스타이)해야 한다. 인상도 또한 우리에게 묻기 때문이다. 누군가의 자식이 죽었다. 답은 "그것은 도덕적 목적의 권역 바깥에 있다. 그것은 악이 아니다"이다. 누군가 아버지로부터 절연을 당했는데 자네는 어떻게 생각하는가. "그것은 도덕적 목적의 권역 바깥에 있다. 그것은 악이 아니다." 황제가 그에게 유죄 판결을 내렸다. "그것은 도덕적 목적의 권역 바깥에 있다. 그것은 악이 아니다". 그는 이 모든 것을 한탄하고 있다. "그것은 도덕적 목적의 권역 내에 있다. 그것은 악이다." 그는 이 모든 것을 남자답게 견뎌 내었다. "그것은 도덕의 목적 권내에 있다. 그것은 선이다." 이러한 습관을 획득하면 우리는 진보할 것이다. 납득할 수 있는 감각의 인상에만 동의하기 때문이다.[67]

여기서는 대화의 상대가 보여 주는 상황의 심상에 대해, 가능한 한 신속하게 그것이 도덕적 영역의 것인지 아닌지를 답하는 훈련이 행해진다. 그것은 대화인데, 산보의 훈련이 보여 주는 것처럼 단독으로는 행할 수 없다. 플라톤의 대화가 모두 상상의 대화이며 실제로는 플라톤의 독백인 것처럼, 현자가 한가하게 마음속에서 행하는 사색은 실은 마음속 또 다른 자기와의 대화이다. 사색은 언제나 디알렉틱(대화적, 변증법적)한 성질을 지니고 있는 것이다.

---

67 エピクテトス, 『人生談義』, 3권 8장.

상상력 수업

스토아 학파에서 흔히 행해졌던 것이 여러 상황을 떠올리는 일이다. 이미 대화 수업에서 이미 친구의 자식이 죽었을 경우, 유산 상속이 거부되었을 경우 등 나쁜 상황을 떠올리는 단련이 행해지고 있었다. 이 단련은 더욱 조직적으로 행해졌다. 그 극단적인 예는 자신의 죽음을 떠올리는 것이다.

『파이돈』에서 일찍이 죽음을 목전에 둔 감옥의 소크라테스는 죽음이 아무것도 아니라는 것, 철학은 죽음의 '연습'이라는 것을 제자들에게 이야기했다. 이러한 전통을 이어, 당장이라도 죽을 것처럼 살도록 제창된다. 아우렐리우스는 자기 자신을 향해 "너는 죽었어. 너는 썩었어"라고 말한다.[68] 그리고 "당장이라도 세상을 떠날 수 있는 사람처럼 모든 것을 행하고, 말하고, 생각하라"[69]고 이야기한다.

에픽테토스는 죽음의 각오를, 배에서 도중에 내린 사람의 마음가짐으로 이야기한다. "항해 도중 배가 육지에 닿았을 때 만약 네가 물을 길러 내린다면, 도중에 딴짓을 하며 작은 조가비나 작은 알뿌리들을 줍는 것은 상관없지만, 마음은 배 쪽을 향하고 선장이 부르지 않는지 언제나 되돌아가야 한다. 그리고 만약 부른다면 양처럼 묶여서 배에 던져지지 않도록 그 모든 것들을 버려야 한다. 인생도 마찬가지여서 작은 알뿌리나 작은 조가비 대신에 귀여운 처자식들이 주어진다면 가지고 있어도 괜찮을 것이다. 하지만 만약 선장이 부른다면 그 모든 것들을 버리고 망설임 없이 배로 서둘러 가야 할 것이다. 하지만 만약 네가 노인이라면 불렀을 때 결코 남겨지지 않도록 배에서 멀리 떨어지지 말아야 할 것이다".[70]

---

68 아우렐리우스, 『명상록』, 9권 39장, 『그리스로마 에세이』, 157쪽.
69 같은 책, 2권 11장, 34쪽.
70 エピクテトス, 「提要」7, 『人生談義』, 하, 256쪽.

세네카 역시 네로로부터 자결 명령을 받는다면 어떻게 할 것인지를 끊임없이 생각했고, 식탁을 떠날 때 이것이 마지막 식사라고 스스로에게 말했다.

세 개의 환원

푸코는 이러한 최악의 사태를 예측하는 스토아 학파의 상상력 훈련을 세 개의 '형상적 환원'으로 분류할 수 있다고 지적한다.[71] 이것은 후설의 현상학적 환원에서 배운 것이며, 사고 실험의 성격을 가진 환원이다. 첫번째 환원은 미래에 어떤 상황이 발생할지를 떠올리는 것이 아니라, 최악의 사태가 반드시 일어날 것이라고 상정하여 마음속에 떠올리는 것이다. 일어날 수 있는 나쁜 사태는 반드시 일어난다고 상정하는 환원이다. "죽음이나 추방 등 무시무시하다고 생각되는 모든 것을 매일 눈앞에 떠올려 보라, 모든 것 중에서도 특히 죽음을"이라고 에픽테토스는 논했다.[72]

두번째 환원은 나쁜 사건이 먼 미래에 일어날 것이 아니라 이미 일어나고 있다고 생각하는 것이다. 추방될지도 모른다고 상상하는 것이 아니라 이미 추방되고 고문받아 죽어가고 있다고 상상하는 것이다. 이것은 소위 종말론적 환원이다. 이 종말론적 환원은 아우렐리우스의 다음 짧은 문장이 똑똑히 보여 준다.

마치 지금까지 살다가 세상을 떠난 듯이 여생을 덤으로 살되 자연에 맞게 살도록 하라.[73]

---

71 Foucault, "Les techniques de soi", *Dits et Écrits*, vol. 4, p. 901(『ミシェル・フーコー思考集成 10』).
72 エピクテトス, 「提要」21, 『人生談義』(下).

세번째 환원은 나쁜 사태를 나쁜 것이 아닌, 그저 수용할 수밖에 없는 것으로 간주하는 환원이다. 나쁜 사태를 상상하는 것은 고통을 맛보기 위함이 아니라 그 전모를 명백히 하여 영혼의 평정을 유지하기 위함이다. 죽음의 고통도 고문의 고통도, 그것이 아무것도 아니라는 것을 알게 되면 미래의 공포에 전율하지 않게 될 것이기 때문이다.

푸코가 말하지 않은 네번째 환원도 언급해 두자. 자신의 신체를 그것의 구성 요소로 환원함으로써 신체나 삶에 대한 집착을 없애는 사고 실험이다. 이것은 미녀를 해골로 환원하는 중세의 메멘토 모리(Memento mori) 작업과 닮아 있으므로 해골의 환원이라고 부를 수 있을 것이다.

이것의 실례는 마르쿠스 아우렐리우스에게서 풍부하게 발견된다.

잠시 뒤면 너는 재나 유골이 될 것이며, 이름만, 아니 이름조차 남지 않을 것이다. 그리고 이름은 공허한 소리나 메아리에 불과하다. 살아 있는 동안 높이 평가받던 것들도 공허하고, 썩고, 하찮으며, 서로 물어뜯는 강아지들이나, 금방 웃다가 금방 울음을 터뜨리는 앙살스러운 아이들 같다.[74]

이 환원은 나아가 욕망을 억누르기 위해서도 사용된다.

맛 좋은 요리나 그와 비슷한 다른 음식들을 보고는 이것은 물고기의 사체이고 이것은 새나 돼지의 사체라고 생각하고, 팔레르누스산 포도주를 보고는 이것은 포도송이의 액즙에 불과하다고 생각하고, 자포(紫袍)를 보고

---

73 아우렐리우스, 『명상록』, 7권 56장, 『그리스로마 에세이』, 118쪽.
74 같은 책, 5권 33장, 83쪽.

는 이것은 조개의 피에 담갔던 양모에 불과하다고 생각하고, 성교라는 것도 장기의 마찰과 진액의 발작적인 분비라고 생각하는 것은 얼마나 멋진 발상인가.[75]

취침 전의 의식과 해몽

피타고라스 학파 이후의 전통을 이어받아 취침 전에는 그날 하루의 점검이 이루어졌다. 피타고라스 학파에서는 "그 날의 모든 행동을 검토하기 전에는 부드러운 잠이 눈꺼풀 아래로 미끄러져 들어오지 못하도록 해야 한다. 나는 어떤 실수를 범했는가, 해야 할 일을 하지 않은 것은 아닌가 라고"[76]라 가르쳤다. 피타고라스 학파의 규칙을 참고한 히에로클레스는 영혼이 그 날의 행동을 점검하여 "이미 주어져 있는 규칙과 조화를 이루어 그 날을 지낸 것을 확인하면 신적 환희의 과실 관을 쓰게 된다"[77]고 해석한다. 이 점검은 자신의 행동을 점검하여 신적인 경지에 가까이 가는 것을 목적으로 했다.[78] 스토아 학파에 가까운 세네카는 신적 환희를 위해서가 아니라 마음이 '칭찬'받도록 취침 전 점검을 실행할 필요가 있다고 설명했다.

네 감각 또한 강해져야 한다. 마음이 감각을 타락시키는 일을 그만두기만

---

75 같은 책, 6권 13장, 88쪽.

76 Hierocles, *Les Vers d'or*, Editions de La Maisnie, p. 220.

77 *Ibid.*, p. 224.

78 베르낭은 피타고라스 학파의 이러한 행위가 일상적인 삶의 상기(아나므네시스)로서 엄밀하게 실행되고, 기상 직후의 첫 행위에서부터 취침하기 전 마지막 행위에 이르기까지, 생략 없이 자신의 모든 행위를 점검하는 것이며, 이는 매우 어렵다고 지적한다(Jean-Pierre Vernant, "Le fleuve Amélès et la métélé thanatou", *La Grèce Ancienne*, tome 2, L'espace et le temps, Seuil, 1965, pp. 168~169).

하면 감각이란 원래 참을성이 있고 무던하다. 그러므로 너는 매일 마음을 점검하고 다스려야 한다. 이것이 섹스티우스가 사용한 방법이다. 하루해가 저물면 그는 잠자리에 들면서 자신에게 이렇게 물었다. "오늘은 네 마음의 악덕 중에서 어떤 것을 고쳤는가? 너는 오늘 어떤 악덕에 저항했는가? 어떤 점에서 너는 조금이라도 나아졌는가?" 매일 재판관 앞에 호출되어야 한다는 것을 알면 너의 화도 그칠 것이고 좀더 통제가 될 것이다. 하루의 일상을 꼼꼼히 들여다보는 것보다 더 좋은 습관이 있겠는가? 이러한 자기 성출 후에 찾아오는 잠이란 어떤 것일까? 자신의 마음에 대해 칭찬할 것은 칭찬하고 책망할 것은 책망한 뒤에, 아무도 모르는 비평가와 검열관에게 자신의 성격을 평가받은 뒤에 찾아오는 잠은 얼마나 평안하고, 얼마나 깊고, 얼마나 조용하겠는가! 나 역시 이러한 재판의 형식을 빌려 매일같이 나 자신에 대한 변론을 한다. 불을 끄고 자리에 누워, 이제 완전히 나의 것이 된 습관을 아는 아내가 옆에서 조용히 잠이 들면, 나는 하루 동안 있었던 일들과 나의 언행을 꼼꼼히 반추한다. 나 자신을 속이는 일도 없고 어떤 것도 그냥 지나치지 않는다.[79]

세네카는 취침 전의 어둠 속에서 그 날 자신의 행동을 점검한 후에 편안하게 잠에 든다. 그리고 다음 날 눈을 뜬 후에는 자신의 꿈을 해석했다. "만약 각자가 잠든 동안에 수치스러운 것에서는 어떤 기쁨도 느끼지 못하고, 또 끔찍하고 옳지 못한 행위를 참지 못하거나 저지르지 않[게 된다면], (……) 꿈 속에서 덕 쌓기의 진전을 하고 있다"는 것이다.[80] 이 "부끄

79 세네카, 『화에 대하여』, 3권 36, 김경숙 옮김, 사이, 2013, 235~236쪽.
80 플루타르코스, 『플루타르코스의 모랄리아』, 허승일 옮김, 서울대학교출판문화원, 2012, 396~397쪽(「덕을 쌓는 사람은 어떻게 알아볼 수 있는가」, 12절).

러운 꿈"을 꾸지 않게 됨으로써 영혼의 진보를 꾀하는 방법은 후에 그리스도교의 수도원에서도 활발하게 활용된다.

기억하기

에피쿠로스 학파와 스토아 학파 모두에게서, 중요한 원칙의 기억이 중요시되었다. 이안브리코스에 따르면 "지원자에게 5년간의 침묵을 부과하고 어느 정도로 자기를 잘 제어하는지 시험했다". 그리고 교설을 전수하기에 어울린다고 판단되면 "5년의 침묵 후에는 계속해서 내부자(에소테리코스)가 되어 피타고라스의 이야기를 장막 속에서 듣고, 그를 볼 수도 있게 되었다. 그때까지는 장막 바깥에서, 그의 모습을 보지도 못하고 그저 그의 말을 듣기만 했던 것이다".[81] "화환을 잡아뽑지 말 것, 제비에게 집을 빌려 주지 말 것, 일어날 때 이부자리를 정돈하여 몸의 흔적을 남기지 말 것"[82] 등의 교설(아쿠스마타)를 끊임없이 듣고, 그것을 기억하는 것이다.

또한 에피쿠로스의 '교설'은 간단하고 짧으며 기억하기 쉽게 만들어져 있다. 기억함으로써 제자들은 이 원칙에 따라 행동하고 사고하고 판단할 수 있기 때문이다. 이를테면 헤로도토스에게 보낸 편지의 서두에서는 이 편지가 에피쿠로스의 체계와 교설을 기억할 수 있도록 쓰여 있다는 것이 다음과 같이 이야기된다.

이것은 그들이 적어도 각 분야의 가장 일반적인 원리들을 충분히 기억할 수 있도록 한 것이며, 그들이 자연에 대한 탐구를 떠맡는 한 결정적인 순

---

81 B. チェントローネ, 『ピュタゴラス派』, 斎藤憲 訳, 岩波書店, 93쪽.
82 ジョン・バーネット, 『初期ギリシア哲学』, 西川亮 訳, 以文社, 1975, 142쪽.

간에 가장 중요한 것들에 있어서 스스로를 도울 수 있도록 한 것이다.[83]

또한 피토클레스에게 보내는 편지에서도 에피쿠로스는 "이것들 모두를 잘 지키고, 명심하며, 세심히 살펴라"[84]라고 반복해서 강조한다. 더나아가 스토아 학파의 에픽테토스는, 기억하는 것을 통해 언제라도 원칙을 목전에 두는(프로 오프탈몬) 것이 중요하다는 것을 강조한다.

"그렇다면 바른 생각이란 무엇입니까?", "그것은 인간이 언제나 마음을 써야 하는 것이다. 즉 자신의 것이 아닌 것에는, 친구에게도, 장소에도, 연습장에도, 아니 자기 자신의 육체에도, 아무것에도 애착하지 말고 법칙을 기억하며 그것을 눈앞에 두는 것이다."[85]

기억이라는 기술은 어떤 의미에서는 무용 등에서 신체적으로 패턴을 기억하는 작업에 가까운 것이다. 아우렐리우스는 사는 법을 무용이나 격투기 연습에 비교했다. 둘 다 패턴을 연습하는 것인데, 아우렐리우스는 산다는 것이 격투기에 가깝다고 생각했다. "불의의 공격에 대비하며 꿋꿋이 서 있어야 한다는 점에서 삶의 기술은 무용 기술(오르케스티케)보다는 레슬링 기술(파라이스티케)과 더 비슷하다."[86]
또한 같은 스토아 학파의 세네카는 『은혜에 대하여』에서, 체조에서는 기본 동작을 습득함으로써 여러 사태에 준비할 수 있다고 말했다. 완

---

83 에피쿠로스, 『쾌락』, 51쪽.
84 같은 책, 90쪽.
85 エピクテトス, 『人生談義』, 2권 16장.
86 아우렐리우스, 『명상록』, 7권 61장, 『그리스로마 에세이』, 119~120쪽.

전히 신체적으로 기억해 버리면 어떤 것에도 대처할 수 있다고 생각했던 것이다. 체조가 신체의 아스케시스라면 원칙이나 교의의 기억은 영혼의 아스케시스이자 고대의 자기 기술에서의 '격투기'[87]이며, 모든 사태에 대처할 수 있도록 하기 위한 기술인 것이다.

• 신체를 통한 단련

듣기

기억을 위해 중요한 기술로 여겨진 것이 '듣기'이다. 잠시 콜레주 드 프랑스에서 푸코가 강의했던 『주체의 해석학』에 기초해, 듣기의 특별한 의미에 대해 생각해 보자. 플루타르코스는 「철학자들의 강의는 어떻게 들어야 하는가」라는 논문에서 듣는 행위의 특수성을 강조한다.

인간의 오감 중에서 청각은 후각과 함께 특수한 위치를 점하고 있다. 다른 감각은 감관을 닫아 버리면 외부로부터의 영향을 차단할 수 있다. 눈을 감으면 아무것도 보이지 않게 된다. 그러나 귀를 닫을 수는 없다. 인간은 귀를 통해 언제나 외부 세계와 이어져 있으며 플루타르코스는 듣는 것이 가장 파토스적 경험이라는 테오프라스토스의 주장에 동감한다.

테오프라스토스는 청각이 모든 감각 중에 가장 민감한 것이라고 주장하지. 보는 시각, 맛보는 미각, 만지는 촉각은 그 어떤 것도 듣는 청각만큼 사람을 미치게 하거나 혼란스럽게 하고 흥분시키지 못하기 때문이지. 갑자기 쨍그랑하며 나는 소리, 무언가 세게 부딪치는 소리, 야수들이 으르

---

87 Foucault, *L'Herméneutique du sujet*, p. 307[『주체의 해석학』, 349쪽].

렁거리는 소리가 청각을 건드릴 때 우리는 혼을 빼앗기거든.[88]

사람은 들은 것에 강력히 동요된다. 유혹당하지 않도록 기둥에 몸을 묶고 사이렌의 노래를 듣던 오뒷세우스가 몸을 던지려고 끈을 풀도록 명령했을 정도이다. 들음으로써 인간의 영혼은 마술에 걸린다. 언어에 의한 아부, 레토릭, 음악의 바람직한 효과와 나쁜 효과에 계속해서 노출되는 것이다. 인간은 들음으로써 정념이 격하게 동요당한다.

그러나 냄새 등과는 다르게 듣기에는 '로기코스적' 의미, 즉 로고스를 습득한다는 의미가 있다. 플루타르코스는 다른 모든 감각에서 인간은 악덕을 배우지만 듣기에서는 덕을 배울 수 있다고 지적한다.[89] 덕은 로고스와 뗄래야 뗄 수 없는 것이며 로고스는 이성이 합리적으로 분석한 언어이다. 로고스는 귀를 통해서만 들어오는 것이다.

플루타르코스가 이 서간체 문장에서 눈과 독서를 언급하고 있지 않다는 것이 기묘하긴 하다. 눈으로 읽는 것도 또한 덕을 익히는 중요한 계기가 되기 때문이다. 그러나 이 시대의 읽기는 곧 음독이었음을 생각해야 할 것이다. 이 시대의 그리스어 문장은 단어를 나누어 쓰지 않았다. 문자는 낭독하는 것이었기 때문이다. 그러므로 읽기는 음독이었고, 읽기는 듣기와 동일한 의미를 갖고 있었다고 생각해야 할 것이다.[90]

---

88 플루타르코스, 「철학자들의 강의는 어떻게 들어야 하는가」, 『플루타르코스의 모랄리아』, 205쪽.
89 플루타르코스는 앞의 인용에 이어서 이렇게 말한다. "그러나 청각은 정통적인 것인 이상으로 이성적인(로기코스) 것이다. 신체의 많은 장소나 부분을 통해 악덕이 들어가고 영혼 속에 확실하게 자리를 점한다. 젊은이들에게 덕이 들어갈 수 있는 것은 귀를 통해서뿐이다──젊은이들이 애초부터 아첨으로 망가져 있지 않고 나쁜 말의 영향도 받지 않았으며 더럽혀져 있지 않은 한에서 말이다."
90 물론 묵독을 전혀 하지 않았던 것은 아니다. 음독한다는 것은 다른 사람으로 하여금 듣게 하거나 혹은 의도하지 않더라도 다른 사람에게 들리는 것이기 때문에, 다른 사람이 들어서 곤란하

그래서 플루타르코스는 젊은이들이 말하는 법을 배우기 전에 우선 듣는 기술을 익혀야 할 필요가 있다고 지적한다. 캐치볼을 하는 사람은 공 받는 법을 배움과 동시에 던지는 법을 배우는데, 이 두 가지를 떼어놓을 수는 없다. 그러나 듣기와 말하기는 분리할 수 없는 것이 아니다. 젊은이들은 자신의 생각을 말하기 전에 우선 제대로 듣는 것을 배워야 한다. 플루타르코스는 듣는 자가 상대방에게 보여야 할 자세를 이야기한다.

이를테면 듣는 사람은 말해진 내용이 마음에 들지 않더라도 말하는 사람이 이야기하는 도중에 중단시키지 말아야 하며 중단했을 경우에도 금세 끼어들지 말아야 한다. 말하는 사람이 뭔가 덧붙일 수도 있고 의견을 수정할 수도 있기 때문이다. "기능을 쌓은 교사는 젊은이들에게, 많이 듣고 적게 말하도록 가르친다"는 것이다.[91]

에픽테토스도 제자의 '듣는 자세'에 대해 가르친다. 제자는 교사가 말하는 것을 경청하고 있다는 자세를 보이고, 이해가 되는지, 납득이 가는지를 신체적으로 표현하면서 들어야 한다. 에픽테토스는 제자가 그러한 '듣는 자세'를 보이지 않을 때에는 말하기 싫다면서 담화를 거부한다. "철학자들로부터 듣고자 하는 자는 듣는 법에 대해 상당한 숙련이 필요"하기 때문이다.[92]

세네카 역시 듣기에서의 수동성(파토스)과 능동성(로고스)의 양의적 의미를 고찰한다. 세네카는 어쨌든 철학 수업을 듣는 것이 중요하다고 강

다면 소리를 내지 않고 읽는 수밖에 없었을 것이다. 예를 들어 에우리피데스의 『히폴뤼토스』에서 테세우스는 왕비가 남겨 놓은 서신을 읽는데, 코러스는 무엇이 쓰여져 있었는지를 묻는다. 여기서 테세우스는 묵독하고 있는 것이다(865~874행).

91 플루타르코스, 「철학자들의 강의는 어떻게 들어야 하는가」, 211쪽.
92 エピクテトス, 『人生談義』, 2권 24장.

조한다. 주의가 산만한 상태로 듣는다 하더라도 영혼 속에 뭔가가 남는다. 로고스가 영혼에 어떤 '작업'을 하기 때문이다. 세네카는 "자연이 모든 사람에게 미덕의 소지와 씨앗을 부여해 주었기 때문"이라고 말하는데,[93] 세계의 모든 합리적 영혼에는 덕의 씨앗이 뿌려져 있다고 생각하기 때문이다. 이 씨앗은 주체가 받아들인 진리의 로고스로 인해 발아하는 것이다.

씨앗의 비유는 예수의 비유를 상기시킨다. 예수의 씨앗은 뿌려진 장소에 따라 운명이 바뀐다. "자, 씨 뿌리는 사람이 씨를 뿌리러 나갔다. 그가 씨를 뿌리는데 어떤 것들은 길에 떨어져 새들이 와서 먹어 버렸다. 어떤 것들은 흙이 많지 않은 돌밭에 떨어졌다. 흙이 깊지 않아 싹은 곧 돋아났지만, 해가 솟아오르자 타고 말았다. 뿌리가 없어서 말라 버린 것이다."[94] 좋은 땅에 떨어진 씨앗은 그 백 배도 되지만 나쁜 땅에 떨어진 씨앗은 말라 버린다. 마찬가지로 스토아의 합리적인 영혼 이론에서는 듣는 것이 파종에 상당한다. 그리고 마찬가지로 아첨하는 말이나 나쁜 말로 인해 이 싹은 말라 버린 것이다.

푸코는, 듣기 속에 있는 의도하지 않은 파토스의 요소를 제거하면서 로기코스의 요소를 유지하고 듣는다는 행위를 순수한 것으로 만들기 위해 스토아 학파에서 주로 네 가지 방식을 채용했다고 생각한다.

첫번째는 침묵하기이다. 플루타르코스는 이전에 대화를 가로막지 않는 것으로서 이 규칙을 이야기했었다. 그리고 침묵은 신적인 것이라 생각했다. "그래서 우리에게 말하는 법을 가르치는 건 인간이지만, 침묵하는

---

93 세네카,『윤리 서간집』, 108,『セネカ哲学全集 6』, 大西英文, 兼利琢也 編, 岩波書店, 2006, 275쪽.
94 「마태오 복음서」, 13장, 3~6절.

법은 신들이 가르치는 것 같다. 우리가 비의(祕義)에 입문할 때 침묵하는 법부터 배우기에 하는 말이다."[95] 이미 말한 것처럼, 피타고라스 학파에서는 입문자에게 5년간의 침묵을 규칙으로 정해 놓고 있었다. 플루타르코스의 문장에는 침묵을 지키지 않았기 때문에 목숨을 잃은 사람들의 예가 생생하게 묘사되어 있는데, 플루타르코스는 침묵을 지키지 못하고 수다를 떠는 사람에게는 생리학적 이상이 있다고까지 생각했다. 귀로 들어간 말이 영혼과 대화를 하는 것이 아니라 혀와 직결되어 버리기 때문이다.

> 수다쟁이들은 아마도 귀가 마음과 연결된 것이 아니라 혀와 연결되어 있는 듯하다. 그래서 다른 사람들은 말을 마음에 간직하는 데 반해, 수다쟁이들은 말을 흘려보내며 실속 없이 시끄럽기만 한 빈 수레처럼 사방으로 돌아다니는 것이다.[96]

침묵을 지킬 수 없는 사람의 경우에는 기껏 뿌려진 씨앗도, 로고스가 영혼에 다다르지 못하고 회로에서 새어나가 버리기 때문에 싹을 틔울 수 없다. 그리고 수다의 말에는 그 누구도 귀를 기울이지 않고 결실을 맺지 못한다. "수다쟁이의 말은 불완전하고 결실을 맺지 못하는 법"[97]이라는 것이다.

두번째 방법은, 듣기 위한 자세를 지키는 것이다. 듣기 위해서는 어떤 자세가 필요하다. 스토아 학파의 텍스트에는 이 자세에 대한 주의가 많다. 듣기 위한 자세를 지키는 것에는 두 가지 기능이 있다. 하나는 간섭이

---

95 플루타르코스, 『수다에 관하여』, 천병희 옮김, 숲, 2010, 545쪽(8절).
96 같은 책, 533쪽(1절).
97 같은 책, 536쪽(2절).

나 동요 없이 듣는 것에 집중하는 것이다. 다른 하나는, 영혼이 혼란 없이 로고스를 받아들일 수 있기 위해서는 신체가 마음의 평정을 표현할 필요가 있는데, 신체를 평정 및 부동의 상태로 유지함으로써 로고스를 받아들이는 그릇으로 만드는 것이다. 이것이 소리를 내며 굴러다니는 플루타르코스의 깡통이 되지 않게 해준다.

알렉산드리아의 퓌론(Pyrrhon)은 유대교 분파의 테라페우타이라는 종파에서 행해진 경청의 문화에 대해 말하고 있다. 옛사람들이 남긴 법이나 학설의 상세에 대해 가장 학식 있는 고령자부터 차례대로 그 주에 배운 것을 낭랑하게 말한다. "그것은 귀 끝에 머무르는 것이 아니라 청각을 통해 영혼에까지 도달하며 그곳에 확고히 머무른다. 다른 사람들은 모두 정숙하게 귀를 기울이고 얼굴(눈)의 표정이나 머리의 움직임을 통해 그저 한결같이 칭찬하는 기분을 분명하게 표현한다."[98] 고대의 신체 문화에서는 침묵하는 가운데 신체를 제어하고 자세를 유지하는 것이 주체의 주권을 증명하는 것으로 여겨졌다. 자기 신체를 지배하지 못하는 사람에게 의심의 시선이 향했던 것이다.

또 하나의 기능은 이 자세와 함께 주의를 기울이고 있음을 드러내 보이는 것이다. 퓌론은 납득했다는 표시로 미소를 지을 것, 반대한다는 표시로 오른손 엄지로 신호할 것을 권하고 있다. 에픽테토스도 '듣기 단련'을 강조한다. "들을 수 있는 자네 자신을 보여 주게. 그렇게 하면 어떻게 그대가 그 말하는 사람을 움직이게 할 수 있는지 알 수 있을 것이네."[99]

세번째 방법은 말해지는 말이 진정한 목표로 삼고 있는 것에 주의를

---

98 필론, 「관상적 생활」, 3장(『觀想的生活·自由論』, 土岐健治 訳, 教文館, 2004, 13~14쪽).
99 エピクテトス, 『人生談義』, 2권 24장.

집중하는 것이다. 진리를 말하는 말에도 문법의 측면이나 수사학의 측면이 있다. 그러나 이러한 측면에 주의를 빼앗겨 버리면 말해지고 있는 것을 올바르게 파악할 수 없게 된다. 에픽테토스는 이것을 여인숙에 비유해 말한다. 여행을 하는 것은 어떤 목적지로 가기 위함이다. 도중의 여인숙이 마음에 든다고 해서 그곳에 체류한다면 본래의 목적을 잊어버린 것이다.

그것은 마치 어떤 사람이 자신의 고향으로 돌아가려고 아름다운 여인숙에 묵었을 때, 그 여인숙이 마음에 들어서 그 여인숙에 머무르게 되는 것과 같다. 이보게, 그대는 그대의 목적을 잊어버렸네. 그대는 여기로 여행을 온 것이 아니라 이곳을 통과하는 것이라네.[100]

또 세네카는 『윤리 서간집』 108에서 '도덕적으로 듣기'에 대해 말한다. 이것은 문장의 수사에 신경을 빼앗기지 않고, 말해지고 있는 도덕적 내용을 즉각적으로 파악하면서 듣는 것이다. 에픽테토스는 또한 "도대체가 우리는 젖을 떼야 하지 않겠나, 그리고 철학자들에게 들은 것을 상기해 내야 하지 않는가 —만약 우리가 그들로부터 마술의 노래로서 들은 것이 아니라면"[101]이라고 말한다. 진리는 마술의 노래처럼 들어서는 안 되고 로고스의 말로서 들어야 하는 것이다.

네번째 방법은 들은 이후의 처리와 관련된 것이다. 진리를 들은 경우에는 곧바로 그것을 기억할 필요가 있다. 한동안 침묵하고 그 진리에 대

---

100 같은 책, 2권 23장.
101 같은 책, 3권 24장.

해 음미하고 자신의 영혼 안에 새겨 넣고 체조의 자세처럼 언제라도 사용할 수 있도록 해두는 것이다. 그리고 그러기 위해 쓰는 것이 중요한 의미를 띠게 된다. 기록해 둠으로써 기억에 새겨 둘 수 있는 것이다.

쓰기와 읽기

스토아 학파의 시대에는 쓰기와 읽기가 중요한 역할을 하게 된다. 진리의 말을 듣고 그것을 기록하며 그것을 낭독하고 또 듣는다. 이 말의 회로 속에서 진리는 거의 육체적인 것이 된다.

에픽테토스는 들은 것과 읽은 것을 기록하고 언제나 손이 닿는 곳(엔 케르시)에 둘 것을 권한다.

> 이상에서 서술한 것을 밤낮으로 가까이에 두는 것(프로케이라)으로 삼아야 할 것이다. 그것들을 쓰고 읽어야 할 것이다. 그것들에 대해 자기 자신과도, 다른 사람과도, "이것에 대해서 너는 나를 도와줄 수 있겠느냐"고 이야기해야 할 것이다. 그리고 차례로 다른 사람에게 가야 할 것이다. (……) 이상의 것을 만약 그대가 언제나 준비하고 있어서 스스로가 스스로에게 잘 복습하여, 그리고 손에 닿는 곳에 있는 것(엔 케르시)으로 삼는다면 그대는 결코 위로해 줄 사람이 필요치 않을 것이고 또한 기운을 차리게 해 줄 사람도 필요치 않을 것이다.[102]

이렇게 스토아에서 쓰기는 단순히 잊지 않기 위함이 아니다. 하나의 단련으로서, 아스케시스로서 진리를 언제나 "손이 닿는 곳에" 준비해 두

---

102 같은 책, 3권 24장.

고 격투기의 자세처럼 신체적 장비로 만들어 놓는 것이다. 사고를 손이 닿는 곳에 두기 위해 기록하는 것인데, 쓰는 것과 생각하는 것이 일치함으로써 진리를 영혼 속에 새겨 넣는 것이다. 진리를 가상적인 의미에서 '신체화'하는 것이다.

들고, 들은 것을 쓰고, 쓴 것을 소리 내어 읽고, 자기 목소리를 들으면서 영혼 속에 진리를 새겨 넣는다. 플루타르코스가 말했던 수다스러운 사람에게서는 귀로 들어간 로고스가 마음에 머무르지 못하고 입으로 나와 버린다. 귀와 입이 직결되어 있는 것이다. 그에 비해 현명한 사람들은 "언제나 귀로 넣고 마음에 새기고 손이 닿는 곳에 놓아"[103] 둔다.

스토아 학파의 쓰기 기법, 자기의 에크리튀르의 기법에서는 귀로 들어간 말이 마음을 통과하여 쓰는 손을 경유하고 손에서부터 눈을 통해 입으로 말해진다. 그리고 입에서 나온 말이 귀로 들어감으로써 다시금 마음에 진리가 기록된다. 귀에서 손으로, 손에서 입으로, 입에서 귀로 이르는 이러한 회로를 로고스가 순환하는 사이에 진리가 육화되는 것이다.[104] 그런데 푸코는 이 진리가 순환하는 절차에 대해서 두 기술 ―수첩과 서신 ―을 고찰하고 있다. 여기서는 이 두 장치에 대해 고찰해 보자.

---

103 플루타르코스, 『수다에 관하여』, 561쪽(17절).
104 그런데 이 말하는 행위에는 신체에 대한 배려의 의미도 있었다는 것에 유의하자. 로마 공화국에서는 연설이 중시되었는데 특히 목소리를 단련하기 위해 텍스트를 기억하고 그것을 낭랑하게 낭독할 것을 의사가 권하기도 했다. 갈레누스는 신체에 가장 좋은 것은 서정시를 음송하는 것이라고 지적했다. 또한 스토아 학파의 철학자인 프론토는 친구인 아우렐리우스 황제에게 원로원에서의 연설문의 내용을 배려하는 것뿐만 아니라 연설 도중에 숨이 끊어지지 않도록 목소리를 단련할 것을 권고한다. 이 주제에 대해서는 Aline Rousselle, *Porneia*, Blackwell, 1993, pp. 11~12를 참조.

수첩

이것은 중요한 것을 기록해 두는 비망록이다. 이 수첩(휘포므네마타)은 개인이 작성하는 메모로, 여기에는 인용, 작품의 단편, 실례, 성찰, 추론 등 귀로 들었거나 마음에 떠오른 여러 가지 것을 기록해 둔다. 이 기록은 후에 국외 추방, 사랑하는 사람의 죽음 등 곤란한 상황을 극복하는 데에도, 노여움이나 질투, 수다, 추종 등 개인적인 결함을 방지하는 데에도 도움이 된다고 여겨졌다.

때로 휘포므네마타는 그것을 기록한 개인의 다양한 생각 전체를 나타내는 것으로서, 자서전에 상당하는 의미를 가지기도 했다. 자전이라는 장르가 탄생하지 않았던 시기에는 이러한 비망록과 같은 것이 그 인물에 대한 기록물로서 다루어졌던 것이다. 이를테면 2세기의 소피스트인 아에리우스 아리스테이데스는 사람들의 초상화가 '신체의 비망록'(휘포므네마타 톤 소마톤)이라면 책은 '마음의 비망록'(휘포므네마타 톤 로곤)이라고 말한다.[105]

또한 플루타르코스는 『영혼의 평정에 대하여』에서, 친구가 긴급하게 영혼의 동요를 막기 위한 조언을 구했을 때에는 이 휘포므네마타에서 글귀를 베껴 보냈다. 단 이것은 비망록이라기보다 "읽고, 다시 읽고, 성찰하고, 자기 혹은 타자와 대화하는 훈련을 빈번하게 실행하기 위한 수단"이다.[106] 이 수첩을 "손이 닿는 곳에"(엔 케르시) 놓아 두고 끊임없이 참고함으로써 진리가 눈, 귀, 마음 속을 순환하도록 하는 것이다.

쓰여진 것, 특히 타자의 로고스를 사용하여 자기를 배려한다는 것은

---

105 자전으로서 휘포므네마타와 아리스테이데스의 인용은 Misch, *A History of Autobiography in Antiquity*, Vol. 1, p. 186을 참조할 것.

106 Foucault, "Ecriture de soi", *Dits et Écrits*, vol. 4, p. 419.

어딘지 모르게 기묘하긴 하다. 그러나 스토아 학파 철학자들은 몇 가지 이유로 이 기술이 중요하다고 생각했다.

우선 세네카가 강조하는 것처럼, 자신의 행동 지침으로 삼는 모든 원칙을 자기 자신 안에서 퍼올릴 수는 없는 것이다. 타자의 로고스가 필요하다. 반대로 타자의 로고스가 너무 많아져도 자기와의 적절한 관계를 유지할 수 없다. 세네카는 글을 지나치게 읽는 것을 경계했다. 너무 많이 쓰면 "지력을 막히게 하며 고갈시켜 버리고", 너무 많이 읽으면 "이완시키고 천박하게 만든다"는 것이다. 세네카는 꿀벌에 비유하여 "독서에서 모아 놓은 모든 것을 글로 씀으로써 형태 있는 것으로 만드는 것", 말하자면 "운반해 온 것을 분배하고" 정리할 것을 권한다.[107] "책으로부터 책으로 끊임없이 옮겨가며 잠시 멈추지도 않고 (……) 그래서 비망록을 만들지도 않고 문서로 자기 자신을 위한 독서의 보물을 만들지도 않았다가는, 급기야 아무것도 기억하지 못하고 종잡을 수 없는 생각에 어지러워 자기를 망각하는 처지가 되기" 때문이다.[108]

수첩에 써 넣음으로써 독서의 성과를 확보하지 않고 계속해서 다음 책을 읽어서는 아무것도 자기 것으로 하지 못하고 영혼이 동요할 뿐이다. 수첩에 써 넣고 수첩을 반복해서 읽으면 이 영혼의 동요를 막을 수 있다. 수첩은 이미 획득한 원칙을 바로잡음으로써 영혼이 동요하지 않도록 하는 수단인 것이다.

두번째로 수첩에 과거의 현자가 말했던 것을 기록해 둠으로써 그것을 자신의 현재 상황에 맞게 이용할 수 있다. 게다가 수첩에는 여러 현자

---

107 세네카, 『윤리 서간집』, 84, 『セネカ哲学全集 6』, 36쪽.
108 Foucault, "Ecriture de soi", p. 420.

들의 말이 어지럽게 쓰여 있어서 여러 정황에 맞추어 이용할 수 있다.

　세번째로 이 수첩에는 여러 글들이 쓰여 있는데 써 넣은 것은 본인이다. 써 넣는 행위에서 이미 본인의 주관이 반영되어 그것을 읽음으로써 본인의 자기가 다시금 확립된다. "즉 우리들이 섭취한 음식이 소화되지 않고 원래의 성질을 유지한 채로 위 속에서 떠다니는 한, 그것은 부담이 될 뿐이다. 하지만 그때까지의 성질로부터 변화하면 그때에 비로소 힘이 되고 피가 된다. 우리의 지성을 키우는 행위인 독서에서도 마찬가지가 되도록 하자. 즉 취한 것은 무엇이든 원상태로 두어서는 안 된다. 그것들을 우리에게 동화되지 않는 이물질인 채로 두어서는 안 된다. 독서로부터 얻은 것을 소화하자. 그렇지 않으면 기억에는 도달하더라도 지성에는 닿지 않는다."[109] 수첩을 작성하는 것은 하나의 "신체"[110]를 만들어 내는 것이며, 써 넣고 읽은 것이 "힘이 되고 피로 변화하는" 것이다. 씀으로써 "생각하던 사항을 스스로에게 동화"시킬 수 있다. 푸코의 지적처럼 씀으로써 "그것이 자신의 영혼과 육체에 뿌리내리도록 하고, 그것을 일종의 습관이나 신체적 잠재성"으로 바꾸는 데 도움이 되는 것이다.[111]

서신

플루타르코스의 예에서처럼 이 수첩을 타인에게 보내면 서신으로 이용할 수 있다. 세네카는 『윤리 서간집』 99에서 자녀를 잃은 말라스에게 보내는 편지를 복사하면서 이 편지가 3중의 역할을 할 것이라고 이야기하고 있다. 이 서신은 말라스를 위로하는 데에 도움이 되고 이 서신을 복사하

---

109 세네카, 『윤리 서간집』, 84, 『セネカ哲学全集 6』, 38쪽.
110 한글 번역에서는 자료체(corpus)로 되어 있다.──옮긴이
111 Foucault, *L'Herméneutique du sujet*, p. 342[『주체의 해석학』, 386쪽].

여 루킬리우스에게 보냄으로써 같은 경우를 당했을 때에 루킬리우스에게도 도움이 된다. 그리고 (누군가가) 세네카에게 긴급한 조언을 요청했을 때에도 이 서간의 복사가 도움이 되는 것이다.

에피쿠로스의 교의는 그 대부분이 친구나 제자에게 보낸 편지로 남아 있다. 서양 철학의 역사에서 플라톤에서부터 데카르트, 스피노자, 라이프니츠, 칸트에 이르기까지 서신은 철학자가 자신의 사고를 전개시키고 타자의 비판에 답한다는 의미에서 중요한 역할을 했다. 특히 스토아 학파나 에피쿠로스 학파에서는 오늘날의 이메일처럼 서신이 중요한 사고 도구였던 것이다.

스토아 학파 철학자에게 서신을 쓰는 행위는 한가하다는 것을 의미했다. 한가한 때에 타자를 배려하면서 자신의 사고를 깊게 하고 자기를 배려하는 수단이었던 것이다. 그리고 때로는 타자에게 보낸 서신이 다시 여차할 때 되돌아와 본인에게 도움이 되는 일도 있었다. 우정의 원 안에서 자기와 타자를 배려하기 위한 서신이 순환되면서 몇 번이고 되읽히게 되는 것이다. 말하자면 날개 달린 수첩이다.

더 나아가 서신에서 사람은 자기의 진정한 얼굴을 내보인다. 상대방에게 쓴 서신에서 본인의 모습이 여러 가지로 묘사된다. 쓰는 본인은 서신에서 시련과 점검을 받는 것이다. 그리고 이것은 타자에 의한 점검일 뿐만 아니라 자기에 의한 점검이기도 하다. 이전에 쓴 서신을 다시 읽음으로써 과거의 자신이 사고했던 바가 폭로되고 그 사고로부터의 진전 혹은 퇴보를 측정하게 된다.

세네카는 루킬리우스에게 보내는 서신에서, 사람은 "마치 모두의 시선 아래서 지내고 있는 것처럼"[112] 살아야 한다고 말하는데, 서신은 상대에게 자신의 사고를 보냄으로써 모든 사람의 시선 아래에 자신의 사고를 내보이는 것과 같은 의미를 가지기 시작한다.

키케로가 가족과 주고받은 서신에서는 행동하는 주체가 환경이나 사건에 어떻게 반응해야 하는가가 보고된다. 그러나 세네카, 아우렐리우스 등의 서신에서는 자기에 대한 이야기는 행동의 측면에서가 아니라 자기와의 관계에서 이야기된다. 이 자기에 대한 이야기에서는 특히 영혼과 신체의 관계와, 한가할 때에 행한 것이 이야기되었다.

신체와의 관계에 대한 이야기는 자기 건강에 대한 보고가 아니다. 이를테면 세네카는 서간 78에서 질환과 고뇌를 어떻게 '활용하는가'라는 주제를 말한다. 가벼운 병에 걸린 루킬리우스가 신체 증상을 불평하는 것에 대해서, 세네카는 이전에 경험했던 질환에 대해 말을 꺼낸다. 그리고 세네카는 자살도 생각했지만 "나 자신이 어떻게 강한 마음으로 죽을 수 있을까가 아니라, 아버지가 어떻게 강한 마음으로 쓸쓸해하지 않으실 수 있을까"를 생각하여 살아야겠다는 결심을 했다고 이야기한다.[113] 자신의 죽음보다도 아버지나 친구를 배려함으로써 철학의 길에 매진할 수 있었다면서, 루킬리우스에게도 같은 길을 가리키는 것이다.

또 한가할 때의 활동에 대한 이야기에서, 세네카는 매일매일의 생활을 말하며 이를테면 만취에 대한 제논의 추론 등을 주제로, 어떻게 성찰하면서 한가한 시간을 보내는가를 전한다. 서간 83에서는 이 한가할 때의 자기 점검 행위가 이야기된다. 세네카는 이 서신을 쓰면서 자기의 점검에 대해 이야기할 뿐만 아니라 동시에 자기의 점검을 수행하고 있는 것이다. 세네카가 취침 전에 행했던 영혼의 점검은 서신을 쓰면서도 수행된다.[114]

---

112 세네카, 『윤리 서간집』, 83, 『セネカ哲学全集6』, 25쪽.
113 세네카, 『윤리 서간집』, 78, 『セネカ哲学全集5』, 344쪽.
114 이 부분은 Foucault, "Ecriture de soi", pp. 415~430에 의거하고 있다.

3. 자연 연구의 변증법

헬레니즘 자연 연구의 특징

헬레니즘 시대부터 로마 시대에 걸쳐 몇몇 자연 연구가 철학 행위로서 실행되었다. 그리스 시대의 자연 연구는 아리스토텔레스처럼 동물학을 중심으로 한 생물학적 연구로서 수행되었다. 그러나 헬레니즘 시대의 자연 연구에는 두 가지 큰 특징이 있다.

하나는 이 자연 연구의 영역에 윤리학이 포함되었다는 것이다. 그때까지의 윤리학은 도시국가에서 살아가는 인간의 학문이었다. 아리스토텔레스는 도시국가 안에서 살아가기에 가장 바람직한 인간을 형성하기 위한 학문을 윤리학이라고 불렀다. 애초에 아리스토텔레스에게 있어 윤리학과 정치학은 양쪽 다 '인간과 관련된 학문'이며 윤리학은 도시국가에서 살아가기 위한 인간을 이론적으로 고찰하는 것, 정치학은 그것을 실천적으로 고찰하는 것일 따름이었다.

바로 그렇기 때문에 『니코마코스 윤리학』의 마지막 장에서 그때까지 고찰해 온 것을 정리하면서 "이렇게 해서 이런 문제들과 탁월성에 관해, 더 나아가 친애와 즐거움에 관해 개략적으로 충분히 이야기했다면, 우리의 애초 계획은 그 목적을 성취했다고 생각해야만 할 것인가? 아니면 우리가 말한 것과 같이 실천적인 일에 있어 목적은 각각을 관조하고 아는 것이 아니며 오히려 그것들을 행위하는 것이기에, 탁월성에 관해서는 아는 것으로 충분하지 않고 탁월성은 소유하고 사용하도록 노력해야 하는 것인가?"[115]라고 이야기하며 그대로 정치학 고찰로 이어 나가는 것이다.

---

115 아리스토텔레스, 『니코마코스 윤리학』, 10권 9장, 378쪽.

아리스토텔레스에게 '알다'(기그노스케인)는 '행하다'(프라테인)의 전제에 불과하며 정말로 중요한 것은 도시국가라는 정치 사회에서 적절히 행동하는 것이다. 윤리학은 그것을 위한 이론적 학문이며 생물학과 같은 자연 연구와는 전혀 다른 영역과 목적을 가지는 학문이었다.

그런데 도시국가라는 정치적 공간을 잃은 헬레니즘과 그레코-로만 세계에서 윤리학은 이제 더 이상 정치학의 일부가 아니라 자연학의 일부가 된다. 에피쿠로스, 스토아, 회의주의의 세 유파에서 모두 자연학은 윤리학을 포함한다. 여기서 윤리학은 인간을 정치적 존재로서가 아니라 동물과 같은 우주 속의 자연 존재로 여기면서 윤리와 정의의 모습을 고찰하려 한다. 이것은 정치적 변동의 귀결임과 동시에 뒤에 올 시대에도 정치적으로 중요한 영향을 미치게 된다.

또 하나의 특징은 아리스토텔레스의 『천체론』과 같이 천체나 우주에 대해 고찰할 경우에도 그 고찰 자체에 의미가 있다기보다는 그 고찰을 함으로써 고찰하는 주체에 미치는 영향이 중시된다는 것이다. 천체의 고찰은 과학적 목적보다는 주체의 자기 배려라는 성질을 갖고 있었던 것이다.

세네카는 앞서 인용한 『자연 연구』 4부 서문에서 이러한 점을 지적했다. '한가'한 시간을 취하여 자연을 연구하는 것은 수다의 덫에 걸리지 않기 위한 수단으로 여겨졌던 것이다. 후에 상세히 검토하겠지만, 세네카가 나일 강을 고찰하기 전에 추종에 대한 고찰을 삽입한 것도, 자신에게 자연 연구가 어떤 의미를 갖는지를 보이고 싶었기 때문일 것이다. 세네카에게 자연을 연구한다는 것은 근대적 의미에서의 과학적 목적을 추진하는 것과는 다른 관점이었던 것이다. 이 두 변화에 대해 생각하면서 고대 그리스에서부터 헬레니즘 시대, 그리고 그레코-로만기까지 자연과 인간에 대한 시선이 어떻게 변화해 가는지를 고찰해 보자.[116]

에피쿠로스의 자연 연구

에피쿠로스에게서 자연 연구는 이미 양극으로 분기하고 있다. 에피쿠로스는 인간 윤리학의 목적이 인간의 욕망을 분절하여 각각의 성질에 적절한 대처 방법을 선택하는 데 있다고 생각했다. 인간의 욕망에는 자연스러운 필연적 욕망, 자연스럽지 않고 필연적이지 않은 욕망, 자연스럽지도 않고 필연적이지도 않은 욕망이 있다. 그리고 자연스러운 필연적 욕망과 해롭지 않은 자연스러운 욕망을 채움으로써 자연에 따를 수 있다고 주장한다. "우리는 자연에 거역해서는 안 되며, 자연에 복종해야 한다. 우리는 다음과 같을 때 자연에 복종할 것이다: 우리의 필연적 욕망들을 충족시킬 때, 그리고 우리에게 해를 끼치지 않는 육체적 욕망들은 충족시키는 반면, 해로운 욕망들은 완강히 거부할 때."[117]

에피쿠로스가 명확하게 말하지는 않지만, 키케로에 따르면 이 자연스러운 욕망과 선악에 대한 판단은 갓 태어난 동물의 자연스러운 판단에서 찾아진다. "우선 내 생각에는 생물의 출생으로부터 최고선의 출처가 구해지는 것으로 보인다네. 동물은 태어나자마자 쾌락을 즐기고, 그것을 선으로 추구하며, 고통을 악으로 거부한다네. 그런데 그는 악과 선에 관한 판단이 가장 잘 내려지는 것은 전혀 왜곡되지 않은 상태에 있는 동물에 의해서라고 한다네."[118]

아리스토텔레스는 인간이란 도시국가에서 살아가는 동물이라고 정의하고 인간과 다른 동물의 차이는 도시국가에서 사는지의 여부라고 말

---

116 고대 그리스에서의 자연 연구가 갖는 영적인 의미에서 대해서는 Hadot, *Exercices Spirituels et Philosophie Antique*, pp. 54f를 참조하라.
117 에피쿠로스, 『쾌락』, 26~27쪽.
118 마르쿠스 툴리우스 키케로, 『키케로의 최고 선악론』, 김창성 옮김, 서광사, 1999, 70쪽(2권 31).

했는데, 에피쿠로스에게 인간은 더 이상 도시국가 내에서 살아가는 특수한 동물이 아니다. 존재론적으로 인간은 다른 동물과 같은 지위에 있는 것이다. 도시국가로부터가 아니라, 동물로서의 자연스러운 삶의 방식 속에서 인간의 윤리적인 자세가 고찰되게 된 것이다.

키케로가 소개하는 에피쿠로스주의자 토르콰투스는 자연스러운 판단력이 유아에게도 동물에게도 갖춰져 있다며 다음과 같이 이야기한다. "어린 삼척동자나 심지어는 말하지 못하는 짐승들조차도, 본성이 스승이요 인도자가 될 때에, 쾌락이 없으면 바람직한 것이 없고 고통이 없으면 어려울 것도 없다는 점을 말할 것입니다. 이 같은 점에 대해서 뒤집거나 불공저하게 판단하지 않는다면, 본성의 목소리 같은 것을 철저히 듣고 본성을 매우 확실하고 신중하게 이해하여 건전하게 사는 모든 자를 기쁘고 평안하고 안정되고 행복하게 살도록 인도한 그에게 감사해야 하지 않을까요?"[119] 여기서는 '뒤집힘'과 '불공정'이 없는 어린아이와 짐승만이 인간의 진리를 말하고 있는 듯하다.

에피쿠로스는 (행복한) 삶의 목적이 "몸의 건강과 마음의 평안"[120]에 있다고 생각했으며, 현자란 이 신체의 건강(휘기에이아 투 소마토스)과 영혼의 평정(아타락시아 테스 프쉬케스)를 실현하는 삶의 방식에 다름 아니라 보았다. 맑스는 에피쿠로스가 그리스 현자의 이상적인 모습이라고 말했고, 키케로 역시 스스로를 현자라 칭한 것은 거의 에피쿠로스뿐이라고 지적한다.[121] 그러나 이것은 교만이 아니다. 어린아이와 짐승조차 도달할 수 있는 경지인데도, 인간은 여러 욕망이나 망상 때문에 도달하지 못하고

119　같은 책, 47쪽(1권 71).
120　에피쿠로스, 『쾌락』, 45쪽.
121　키케로, 『키케로의 최고 선악론』, 55쪽(2권 7).

있다. 만약 자연스러운 삶의 방식에 눈을 뜬다면 지극히 평범한 보통 사람이라도 '현자'라고 부를 수 있을 것임에 틀림없다.

그런데 이 현자란 가장 윤리적인 삶의 방식을 취함으로써 현재를 향유하는 존재이다. 현자는 "항상 쾌락의 상태에 있습니다. 사실상 그에게는 쾌락이 고통보다 더 크지 않을 때가 없습니다. 지난 것들을 즐겁게 회상하고, 현재의 것들을 향유하며, 현재의 쾌락이 얼마나 크고 유쾌한지에 관해서 주의하면서 미래에 매달리지 않습니다."[122]

현자는 자신의 정신과 신체를 배려하고 제어함으로써 현재를 향유하는 자이며, 고통 가운데서는 과거의 좋은 기억을 통해 과거를 향유하면서 현재의 고통을 견디는 존재이다. 자기 지배야말로 쾌락을 맛보고 "사려 깊고(후모니오스) 아름다우며(카코스) 정의롭게(디카이오스) 사는"[123] 현재의 존재 방식을 가능하게 하는 것이다.

이렇게 에피쿠로스의 윤리학은 동물이나 어린아이라는 인간의 자연스러운 존재 방식에 대한 고찰, 그리고 자기를 지배하고 향유하는 자기에 대한 배려의 전략에 기초하고 있었는데, 천체나 기상에 대한 우주론으로서의 자연 연구에서는 자기 배려의 의미가 더욱더 강하게 드러난다.

에피쿠로스에게 자연 연구란, 자연에 대한 지식을 확대하는 것을 그 목적으로 하는 것이 아니었다. 이것을 가장 명확하게 보여 주는 것이 자연 연구에서 데모크리토스와 에피쿠로스의 '차이'일 것이다. 맑스는 이미 이 차이의 중요성에 주목한 바 있다. 데모크리토스는 모든 일들의 원인을 찾기 위해 '세계의 끝'까지 여행하는데, 에피쿠로스는 아테네에 자리를

---

122 같은 책, 43쪽(1권 62).
123 에피쿠로스, 『쾌락』, 48쪽.

잡고부터는 거의 여행을 하지 않는다. 에피쿠로스에게는 데모크리토스에게 중요했던 세상 일들의 진정한 원인 따위는 별로 중요하지 않았던 것이다.[124]

키케로는 『최고 선악론』(*De Finibus Bonorum Et Malorum*)에서 이 두 사람의 학문적 성격의 차이에 대해 "데모크리토스는 박식하였고 기하학을 통달한 것이 분명하네. 그는 태양이 거대하다고 보았던 데 비해서, 에피쿠로스는 발의 길이 정도일 것으로 생각하였네. 그는 태양의 크기가 눈에 보이는 것만 하고 기껏해야 약간 더 크거나 작다고 보았던 것이지"[125]라고 지적했다.

데모크리토스와는 정반대로 실증적 학문을 경멸하면서도 에피쿠로스는 자연 연구를 중시한다. 그러나 에피쿠로스가 자연을 연구하는 것은 자연의 변화에 흔들리지 않기 위해, 영혼의 평정(아타락시아 테스 프쉬케스)를 획득하기 위해서다. 에피쿠로스의 인식론은 독창적이다. 만약 태양이 발과 같은 크기로 보인다면 인간의 감각을 믿는 수밖에 없다. 만약 물에 잠긴 막대기가 휘어 보인다면, 그것은 착각이라기보다도 그렇게 보이는 대로라고 생각해야 하는 것이다. 사각의 탑이 멀리서 봤을 때 둥글게 보인다면 인간의 그 지각을 믿어야 하고, 지각에는 착각도 오류도 없다. 탑이 네모나다고 판단했을 때 비로소 오류가 발생한다.

말하자면 에피쿠로스는 고대의 현상학자이며, 인간의 자연스러운 지각의 건전함을 믿는다. 그리고 지각을 통해 진위를 판단할 수 없는 사항에 대해서는 회의주의자처럼 판단을 유보하는 것이 아니라 복수의 이론

---

124 맑스, 『데모크리토스와 에피쿠로스 자연철학의 차이』, 46쪽.
125 키케로, 『키케로의 최고 선악론』, 20쪽(1권 20).

들을 제시한다. 이를테면 태풍이 일어나는 이유, 달이 차고 기우는 이유 등에 대해서 에피쿠로스는 몇 가지 설명을 제시한다. 번개가 치는 것은 불을 뿜는 원자의 집합이 구름으로부터 미끄러져 나와서일 수도 있고, 구름이 압축되어서일지도 모르고, 바람이 구름 속에서 연소하기 때문일 수도 있다. 번개는 "몇 가지 방법으로"(카타 플레이우스 트로푸스) 일어날 수 있다. 천둥도 "그 밖의 여러 방법으로(카타 플레이우스 트로푸스) 일어날 수 있다".[126]

그리고 이 "몇 가지 방법"(카타 플레이우스 트로푸스) 중 어느 것을 채용할지는 독자에게 맡기는 것이다. "다만 미신만은 추방되어야 한다."[127] 이러한 천체의 일들에는 절대적인 설명을 제시하지 말아야 하고, 이것 아니면 저것이라는 형태로 설명해야 한다고 생각한다.

그러나 에피쿠로스는 당시 그리스의 지적 분위기하에서는 천체론이 지식인이나 대중에게 큰 장해가 된다고 생각했다. 그 이유는 두 가지인데, 하나는 그리스의 철학 전통에서는 천체를 신성한 것으로 여기는 '성신신학'(星辰神學)이 큰 위치를 점하고 있었다는 것을 든다. 플라톤은 천체를 신성한 것으로 여겼고 아리스토텔레스도 달 위의 세계는 인간의 세계와 다른 세계이며 신성한 것이라 여겼다. "하늘이나 천상의 장소를 고대 사람들은 신에게 할당했다. 그것만이 불멸한다고 생각했기 때문이다. 또한 우리의 현재 이론이 보여 주는 것으로도 그것은 소멸하지 않으며 생성하지 않는다는 것, 필멸의 존재가 직면하는 어려움을 경험하지 않는다는 것이 분명하다."[128]

---

126 에피쿠로스, 『쾌락』, 101쪽.
127 같은 책, 103쪽.
128 아리스토텔레스, 『천체론』, 2권 1장. 다만 헬레니즘 세계에서 혹성의 나쁜 영향이 근심거리

이에 비해 에피쿠로스는 이 '성신신학'을 인정할 경우에는 영혼의 평정이 손상된다고 생각했다. "인간 영혼에 있어 최대의 동요는, 영혼이 이 천체들을 지극히 복스러운 것이고 불사의 것으로 판단하면서, 게다가 동시에 의지라느니 행위라느니 동기라느니, 지복이나 불사와는 정반대의 것을 갖고 있는 것처럼 판단한다는 데서 생겨나며, 또한 신화가 이야기하는 바에 따르거나……"[129] 에피쿠로스는 그리스의 전통적인 천체 신학을 타파할 필요가 있고 그러기 위해서도 자연 연구가 필요하다고 믿었다.[130]

또 하나는 천체가 불멸이라고 생각하는 신화가 대중들 속에 인간 영혼의 불사와 사후 세계에 대한 이야기, 그리고 신들에 의한 인과응보의 신념을 자라나게 한다고 생각했기 때문이다. 에피쿠로스는 신들의 존재를 부정하지는 않지만 사후 세계가 있다고 믿는 것은 영혼의 평정을 크게 방해하기 때문에 자연 연구로 천체의 운행에 대해 설명하는 것이 중요하다고 생각했다. 앞서 살펴본 것처럼 이 자연 연구로 자신이 믿는 바를 이야기하는 것이야말로 에피쿠로스의 '파레시아'였다.

이렇게 에피쿠로스 자연 연구의 특징은, 그것이 천체의 초월을 부정하는 내재의 철학이라는 데 있다. 인간이 지각하는 감각과 인간이 신체로 느끼는 쾌락, 그것만을 판단의 근거로 삼는 에피쿠로스의 철학에서는 천체나 우주의 초월성을 부정하는 것이 무엇보다 중요했다. 에피쿠로스에게 자연철학은 태양을 눈에 보이는 크기로 환원시키고, 우주의 모든 것을

였다는 것에 대해서는 Alan Scott, *Origen and the Life of the Stars : A History of an Idea*, Clarendon Press, 1991의 6장을 참조하라.

129 에피쿠로스, 『쾌락』, 83쪽.

130 에피쿠로스의 성신신학 비판에 대해서는 André-Jean Féstugière, *Épicure et ses dieux*, Press Universitaires de France, 1946, 특히 5장이 상세하다.

인간 지각의 소여로 환원하는 내재의 원칙에 의거하여 실행됐던 것이다. 푸코가 지적한 것처럼, 그것은 천체를 동경하지도 않고 두려워하지도 않으며 "자기 자신과의 충만한 관계 속에서 쾌락과 관능을 체험할 수 있는 가능성"[131]의 확보를 그 목적으로 하는 행위였다.

초기 스토아 학파의 자연 연구

에피쿠로스와 동시대의 스토아 학파는 철학을 말의 학, 윤리학, 자연학으로 분류하는 방법을 처음으로 제창했는데, 이 세 학문 분야는 서로 다르다기보다, 동일하게 인간과 자연의 현상을 고찰하지만 그 관점을 달리하는 것이다.

초기 스토아 학파의 제논이나 클레안테스에게 최고의 좋음이란 "자연과 일치화합해서(호모로그메노스) 사는 것"[132]이었고, 그러기 위해서도 바른 인식을 통해 진실을 파악하고 가장 좋은 상태에 있는 인간의 이성과 조화하여 사는 방식을 취해야 한다는 것이었다. "인간에게 본성에 따라서 사는 것이 선들 중에서 궁극이라고 하는 점이 이해되어야 할 것"[133]이기 때문이다. 우주의 사상(事象)과 인간의 사상은 모두 동일한 로고스의 나타남이기 때문이다. 스토아 학파에서 "윤리학과 자연학은 기초를 이루는 윤리학적 이유를 갖고 있고, 윤리학 그 자체는 전체에 걸쳐서 자연학 및 윤리학과 결합되어 있"[134]는 것이다.

초기 스토아 학파도 에피쿠로스와 마찬가지로 자연학에 입각하여 인

---

131 Foucault, *L'Herméneutique du sujet*, p. 231 [『주체의 해석학』, 274쪽].
132 라에르티오스, 『그리스 철학자 열전』, 7권 1장 87절, 451쪽.
133 키케로, 『키케로의 최고 선악론』, 220쪽(5권 26).
134 A. A. ロング, 『ヘレニズム哲学』, 金山弥平 訳, 京都大学学術出版会, 2003, 283쪽.

간의 존재 방식과 천체론 모두를 고찰한다. 그리고 마찬가지로 인간의 윤리적 존재 방식과 도시국가에서 사는 인간으로부터가 아니라 동물의 사고로부터 시작한다. 스토아 학파는 "생물은 자기 자신을 보존하려는 근원적인 충동(호르메)을 지니고 있다"[135]고 생각했다. 크뤼시포스는 "모든 생물에게 무엇보다도 가장 친근한 것(오이케이온)은 자기 자신의 (몸의) 성립과 그것에 대한 의식"[136]이라고 말하는 것이다.

그리고 스토아 학파도 어린아이의 상태를 고찰한다. "만약 어린 짐승이 자신의 현 상태를 아끼지 않고 그것이 파괴되는 것을 두려워하지 않는다면, 그들이 무언가를 추구한다는 것은 불가능합니다. 따라서 기초가 되는 원리는 자기 사랑(se diligendo)으로부터 추론되어야 마땅합니다."[137]

후에 이 자기 보존의 욕구를 스피노자는 '코나투스'라고 부르고 모든 선악의 기준으로 삼는다.[138] 다만 스토아 학파가 스피노자나 에피쿠로스 학파와 다른 것은 이 어린아이나 왜곡되지 않은 동물의 자기 보존 상태가 선악의 기준이나 이상으로 여겨지지 않는다는 데 있다. 스토아 학파에서는 자기 보존뿐만 아니라 이성적인 모든 선택이 이루어지게 되어, "영구적이고 끝까지 일관성을 지니며 본성에 부합하는 것"이 된다. "여기에 원초적인 것이 존재하기 시작하고, 이로부터 실제로 무엇이 선이라고 말해

---

135 라에르티오스, 『그리스 철학자 열전』, 7권 1장 85절, 451쪽.
136 같은 곳.
137 키케로, 『키케로의 최고 선악론』, 127쪽(3권 16). 자기에 대한 이러한 감각(쉰에이데시스)이 애초에는 자기에게 가장 좋은 것을 판단하는 능력과 같은 것이었다는 데 대해서는 Julia E. Annas, *Hellenistic Philosophy of Mind*, University of California Press, 1992, p. 57을 참조하라. 이것은 후에 주체로서의 의식, 그리고 더 나아가 양심이 되는 개념이다.
138 스피노자, 『에티카』, 강영계 옮김, 서광사, 1990, 139쪽. 3부의 정리 6에서는 "각각의 사물은 자신 안에 존재하는 한에서 자신의 존재 안에 남아 있으려고 한다"라고 쓰여 있다. 아리스토텔레스의 역학에서 유래하는 코나투스라는 개념을 스피노자는 "자신의 존재 안에서 지속하고자 하는 노력"(정리 7)이라는 개념으로 대체한다.

질 수 있는가가 인지되기 시작"[139] 한다.

그리고 인간이 자신에게 '친근한 것'을 지키려는 노력으로부터 '정의' 개념이 생겨난다. "우리가 시민 공동체에 연합되는 것은 바로 본성에 의해서입니다. 이렇게 생각되지 않은 경우에는 정의나 양심의 여지는 전혀 없습니다."[140]

인간의 부모 자식 간은 서로 사랑하는 것이 '본성'이며, 인간은 누구나 자기를 보존하려는 충동[141]에 사로잡히는 것이 '본성'이다. 그리고 "인간의 세계에서는 사람에 대한 공통의 본성적인 보호가 있"[142]고 "우리는 본성에 의해서 회합, 민회, 국가에 적합하게 되어 있"[143]다는 것이다.

이렇게 인간이 "자연과 일치하여 살기" 위해서는 우주와 인간의 삶을 모두 지배하는 "공통의 법"(코이노스 노모스)에 따르도록 요구받는다.[144] 어린아이는 자연 상태에 있지만 궁극의 목적인 자연 자체와 일치하는 것은 아니다. 인간은 이성을 통해 정의를 인식하고 인간의 최고선을 목표로 한걸음씩 나아간다.

스토아 학파에게 현자란, 이 발걸음의 저편에 있는 것이다. 에피쿠로스 학파와는 달리 스토아 학파는 현자를 자칭하지 않는다. 스토아 학파의 현자는 그 어떤 정동에 의해서도 동요되지 않는 인물이다. 이런 사람이 되기란 불가능하다고 여겨진다. 그러나 자연과 하나가 되면 그것이 가능하다고 스토아 학파는 생각했으며, 바로 그렇기 때문에 자연이 준 이성으

---

139 키케로, 『키케로의 최고 선악론』, 130쪽(3권 20).
140 같은 책, 152쪽(3권 66).
141 라에르티오스, 『그리스 철학자 열전』, 7권 1장 85~86절, 451~452쪽.
142 키케로, 『키케로의 최고 선악론』, 150쪽(3권 62).
143 같은 책, 151쪽(3권 64).
144 라에르티오스, 『그리스 철학자 열전』, 7권 1장 88절, 452쪽.

로서 그 이상을 향해 나아가야 한다고 여겼던 것이다.

키케로의 우주론

그런데 스토아 학파의 우주론에서는 종자적 이성이 인간과 우주에 공통적으로 존재한다고 여겨졌기 때문에 인간은 우주 안에 내재하는 것이 되었다. 그리고 우주 전체로부터 인간을 고찰하는 관점이 생겨났기 때문에 매우 보편적인 이념이 등장하게 된다. 스토아 학파로부터 큰 영향을 받은 키케로에게 자연 연구라고 할만한 것은 없지만, 『국가에 대하여』의 마지막을 장식하는 '스키피오의 꿈'에서의 우주의 이미지는 인상적이다.

　마지막 부분에서 『파이드로스』를 베낀 것만 보더라도 플라톤의 영향이 강력하긴 했지만, 키케로의 묘사는 플라톤이 말하는 에르의 신화(뮈토스)와는 다른 성질의 것이다. 키케로는 에피쿠로스의 자연론을 이어받아 우주를 무한히 먼 곳으로부터 보려 한다. 꿈을 말하는 스키피오는 아프리카누스가 "불타는 별 가운데서 가장 찬란한 광채를 내는 구역[은하수]"에서 지구를 가리키는 것을 본다. 그리고 스키피오는 그 위치에서 지구를 보며 그 작은 크기에 놀라는 것이다.

　　이 말에 따라서 곰곰이 생각해 보니 모든 것이 내게는 더욱 훌륭하고 놀라운 일로 보였습니다. 한편 저 별들은 이곳에서는 우리가 결코 본 적이 없는 것이었고, 모든 별의 거대함은 우리가 상상도 못해본 것이지요. (……) 한편 저 둥근 별들은 땅의 크기를 쉽게 압도해 버렸지요. 이제 땅은 사실상 나에게 매우 작은 것으로 보여서, 우리의 제국이란 마치 땅의 한 점에 우리가 접근하는 것 같으므로 나에게는 하찮은 것으로 여겨졌습니다.[145]

플라톤의 신화에서는 지구라는 별을 우주의 한 점으로부터 보는 관점은 제시되지 않았다. 플라톤의 이원론은 지상의 세계에 대해 내재적 관점을 넘어서지 않는다. 키케로에게서 로마라는 국가가 얼마나 '지구 위의 한 점'에 지나지 않으며, 지구가 로마 제국을 뛰어넘는다는 것, 우주가 지구를 뛰어넘는다는 것을 실감한다고 이야기된다.

이 관점에서 봤을 때 국경, 노예 등의 신분, 남성과 여성의 차이 등은 거의 의미를 갖지 못한다. 지구 규모에서의 보편적 관점이 설정되기 때문이다. 우주의 미묘한 음악이라는 비유가 나오는 것만 봐도 분명하듯, 성신신학은 여전히 유지되고 있지만 우주라는 초월적 관점에서 봤을 때 인간 삶의 영위도 명예로 하잘것없는 것임을 분명히 하고 있다.

이 보편적 인간성이라는 관점은 어디서 생겨난 것일까? 그리스의 도시국가에서 사람들은 도시국가의 정치 행위에서 이름을 높이고 후세에까지 이름이 회자되는 것을 명예로 여겼다. 다만 그 명예는 그리스 세계 내에 한하고, 게다가 자유인인 도시국가의 구성원 사이에 한한다. 여기서는 어린이나 여성이나 노예, 메토이코이라 불리는 거류민, 바르바로이라 불리는 이방인들은 전혀 고려에 들어가지 않는다.

아리스토텔레스에게서도 이 도시국가의 정치학의 제약은 타파되지 않는다. 이것을 타파한 것은 알렉산드로스의 제국과 그 후의 그레코-로만기 사회에서 인간과 자연에 대해 고찰한 스토아 학파의 이론이다. 에피쿠로스의 '정원'에서는 이미 노예나 여성을 받아들이고 있었다.

그리고 앞서 살펴본 것처럼 에피쿠로스 학파에서나 스토아 학파에서나, 인간과 그 윤리를 고찰하는 것은 동물이나 어린아이로부터 시작된다.

---

145 키케로, 『국가론』, 6권 16, 김창성 옮김, 한길사, 2007, 305쪽.

그리고 국가라는 인간 공동체를, 그리고 복수 국가 간의 우주를 통치하는 것은 인간의 자연에 기초한 자연법이다. "다른 것들이 인간과 신을 위해서 생겼으나, 법률은 인간 자신의 공동체와 사회를 위한 것입니다. 그리고 그런 유익이 시민법처럼 인간에게 도입될 때에, 이를 보존하는 의뢰운 자이며, 그것에서 벗어나는 자는 불의한 자가 됩니다."[146]

키케로에게는 인간의 자연을 연구하는 것이 우주의 자연스러운 존재 방식과 공통성을 갖고 있었으며, 이 스토아 학파의 보편적 자연법의 관점이야말로 지구를 바깥에서부터 보는 시선을 가능하게 했다. 여기서 그리스 국가가 갖고 있었던 도시국가의 틀은 붕괴하고 만다. 키케로가 묘사하는 스키피오의 꿈은 이 보편성의 관점이 그리스도교의 성립 이전에 이미 서양의 정치 사상 속에서 탄생하고 있었다는 것을 증언하는 것이다.

헬레니즘과 우주론

그러나 이 관점이 생겨난 것은 그리스 도시국가의 정치 공간이 붕괴한 결과라는 것도 잊지 말아야 한다. 그리스의 도시국가의 시민들은 그 수가 한정되어 있었고, 그 한정된 수의 시민들이 공적 공간에서 각자의 힘과 지혜를 겨루었다. 그러나 공화제 로마에서 이제 이러한 닫힌 공간은 소멸한다. 그리고 제국의 성립과 더불어 우주적 시선이 생겨난다.

스토아 학파 황제 마르쿠스 아우렐리우스는 이러한 관점으로부터 그리스와 로마의 정치 공간을 비교하며 이렇게 말한다. "오오, 우주여! 너와 조화를 이루는 것은 나와도 조화를 이룬다. 너에게 시의적절한(카이로스) 것은 나에게도 너무 이르지도, 너무 늦지도 않다. 자연이여, 너의 계절들

---

146 키케로, 『키케로의 최고 선악론』, 152쪽(3권 67).

이 가져다주는 것은 나에게도 결실이다. (……) '케크롭스의 사랑스러운 도시(아테네)여!'라고 시인은 말하고 있다. '오오, 제우스의 사랑스러운 도시여!'라고 너는 말하지 않겠느냐?"[147]라고 이야기한다. 이제 아테네가 아니라 제우스가 통치하는 우주 전체가 황제 마르쿠스 아우렐리우스의 시선 아래에서 정치적 공간이 된 것이다.

이 공간은 실은 정치적인 것을 상실하고 사람들이 무정치적으로 살아가는 공간이다. 헬레니즘 세계에서는 "절대적 군주정이 정치 참여의 뿌리를 말려 버렸고 제국의 조직이 도시국가의 교육적 사명을 조소의 대상으로 여겼다"[148]고 한 월린(Sheldon S. Wolin)의 말이 맞다. 이 그레코-로만 사회에서의 정치 활동은 사람들의 이익을 중심으로 조직된다. 거기서 그리스적인 의미에서의 '정치'는 자취를 감춘다.

그리고 그 후 비정치적이고 무세계적인 그리스도교가, 중세의 오랜 기간을 통해 그리스도교 교리를 바탕으로 정치적 개념을 구축해 나가는 아이러니한 역할을 맡는다. 이 그리스도교의 '빛'으로서의 은혜는 현대에까지 이어진다. 슈미트가 갈파하듯, "현대 국가론의 중요 개념은 모두 세속화된 신학 개념"[149]인 것이다.

후기 스토아 학파: 세네카

에피쿠로스의 내재적 자연·우주론과, 키케로의 초월적 자연·우주론을 경유하여, 세네카에 도달해서는 새로운 관점으로 자연을 고찰하게 된다. 세네카는 여가 속에서 내재와 초월을 통합하는 방법을 발견한다. 우선 여

---

147 아우렐리우스, 『명상록』, 4권 23장, 58쪽.
148 シェルドン S. ウォーリン, 『西洋政治思想史 I』, 尾形典男 外訳, 福村出版, 1994, 180쪽.
149 칼 슈미트, 『정치신학』, 김항 옮김, 그린비, 2010, 54쪽.

가란 무엇인지를 생각해 보자. 여가(오티움)란 공적 생활로부터 벗어나 자신의 여가를 즐기는 것이다.

로마에서는 그리스를 흉내 내어, 이 여가를 위한 공원이나 체육관을 지었다. 시민은 자유로운 존재로서 여가를 즐겼다. 키케로는 이 개념을 정치적 의미로 이용하고 국가 내부에 내분 없는 '평온한' 상태를 유지하려 했다.[150] 그러나 세네카는 자연을 연구하는 데 여가를 할애한 것이다.

이는 앞서 언급했던 세네카의 『자연 연구』 4부의 서문만 봐도 알 수 있다. 세네카는 하천에 대해 고찰하기 전 느닷없이 루킬리우스를 부르는 대목을 적어 넣었다. 옮긴이(모테기 모토조)도 불가사의하게 여기듯이 이 부름은 본문과는 아무 관계가 없다.

내 친구 루킬리우스 군, 자네는 이 편지에도 쓰여 있듯이 시켈리아의 땅과 여가에 축복받은(우티오사에) 한직을 기뻐하고 있겠지. 이 기쁨은 만약 자네가 이것을 그 한도 안에 고정하고 단순히 직무에 불과한 것을 권력으로까지 높이기를 바라지 않는다면 앞으로도 이어지리라. 자네가 그렇게 하리라는 것을 나는 의심치 않는다네. 나는 알고 있네, 자네가 그 어떤 야망과도 거리가 멀고 여가(오티움) 및 학문과 친밀하다는 것을. 사건과 인간의 **다툼**을 열망하는 것은 자기를 제어하는 **기술**을 모르는 자에게 맡기면 그만인 걸세. 자네는 자네 자신과 가장 잘 화합되어 있네.[151]

여기 짧은 글 안에서 몇 가지 사항이 이야기되고 있다. 우선 여가란

---

150 Neal Wood, *Cicero's Social and Political Thought*, University of California Press, 1988, p. 194를 참조하라.
151 セネカ, 『自然研究』, 4巻, 茂手木元蔵 訳, 東海大学出版会, 1993, 155쪽.

정치적 야망이나 바쁜 활동으로부터 벗어난 시기이다. 이 시기의 세네카는 네로 황제로부터 벗어나서 철학 연구에 골몰해 있었다. 친구인 루킬리우스와는 달리 이 여가는 세네카가 정치 생명을 걸고 획득한 귀중한 시간이었다.

이 여가 중에 무엇을 해야 할까? 학문을 해야 할까? 물론이다. 그러나 단순히 학문을 연구한다는 의미가 아님은 이 인용문의 마지막 문장에서 명백히 드러난다. 여가 속에서 현자는 자기를 제어하고 자기와 가장 잘 화합할 수 있는 것이다.

그 방법에 대해 세네카는 이 글 마지막 쪽에서 "사건과 인간의 다툼"으로부터 "도피하여, 자기 자신으로 **돌아가야** 한다. 아니, 오히려 자기 자신으로부터 **떠나야** 한다"[152]고 수수께끼 같은 말을 한다. 자기로 돌아가고, 자기로부터 사라진다는 것은 어떤 것일까? 세네카는 여가 속에서 자기와의 사이에 어떤 양의적 관계를 맺는 것일까?

이 양의성에 대해 설명한 글이 3권 서문에 쓰여 있다. 세네카는 이 『자연 연구』라는 책에서 세계의 여러 지역의 지리를 분석하며, 이 분석이 필요한 이유에 대해 이야기한다. 세네카는 이제까지 많은 시간을 공허하게 낭비해 왔지만, 노년을 맞이하여 이제는 시간을 공허하게 쓸 수 없다는 것, 정치의 세계를 떠나 여가의 시간을 확보할 필요가 있다는 것, 그리고 이 여가 속에서 노동(라보르)할 필요가 있다고 호소한다. 세네카는 노동이 여가 속에서 '자기로 되돌아가는' 것이라고 말한다.

그러나 여가 속에서 자기로 되돌아간다는 것이 이를테면 세네카가 취침 전에 하는 점검처럼, 그 하루에 자신이 정한 도덕적 원칙을 지켰는

152　セネカ,『自然研究』, 4卷, 161쪽.

지 여부를 조사하는 것은 아니다. 이 '노동'에서는 천체나 자연을 연구할 필요가 있다. 이런 의미에서는 '자기로부터 떠나는' 것이다.

세네카는 인간의 위대함이, 국가의 법에 의해서 자유로운 것이 아니라 본성의 권리상에서 자유롭다는 데 있다고 말한다. 인간은 자연법에 기초함으로써 자유로우며, 예속을 벗어남으로써 자유롭다. 그런데 예속 중에서 가장 큰 예속은 자기에 대한 예속이다. 게다가 정치적 행위 등은 활동과 보수의 체계 속에 있고, 자기에 종속된 채이다. 여가 속에서 인간이 진정으로 자유롭기 위해서는 자기에 대한 종속으로부터 '떠나'야 할 필요가 있고, 그러기 위해 자연 연구가 필요하다. 자연 연구는 이렇게 자기로부터 '떠남'으로써 자기로 '되돌아오는' 행위가 된다.

세네카에게 자연 연구의 의미는 이 책 서두의 서문에서 더 상세히 이야기된다. 세네카는 철학의 의미에 대해 고찰하면서 두 가지 학문 체계를 채용한다. 바로 자연에 관한 학문과 인간에 관한 학문이다. 인간에 관한 학문은 "지상에서 무엇을 해야 하는가를 가르치는" 학문이고, 자연에 관한 학문은 "천상에서 무엇이 이루어지고 있는가를 가르치는" 학문이다. 물론 여기서 천상이라는 것은 피안이 아니라 우주 전체, 천체, 지구를 의미한다. 이 학문을 배움으로써 철학자는 인간의 삶이 얼마나 작은지를 실감하는 것이다.

다시 말해 마음이 우주를 고루 돌고 돌아, 게다가 지구라는 좁고 대부분 바다로 덮여 있는 곳, 그 수면으로부터 드러나 있는 부분조차도 널리 황폐하고 탔거나 얼어 있는 곳, 그러한 지구를 위에서 내려다보고 이렇게 혼잣말을 했다. "아, 이렇게 점처럼 작은 것을 수많은 종족들이 칼과 불을 주고받으며 나눠 가지고 있는 것인가."[153]

이런 관점은 키케로와 동일해 보인다. 세네카는 키케로와 동일하게 자연법을 기초로 인간이 자유롭지만 우주에서 내려다보면 너무나 작다는 것을 실감하고 있다. 그러나 세네카에게는 키케로와는 다른 측면이 있다. 키케로는 이 우주로부터의 부감을 '꿈'으로밖에 표현하지 못하고 각성해 있는 동안에는 정치 생활에 헌신했다. 아프리카누스가 말하는 다음과 같은 말에서도 명백히 드러나듯, 키케로에게 영혼의 좋음이란 정치적 업무들인 것이다.

너는 최선의 것들 속에서 이것을 행하라! 조국의 안녕에 대한 관심이 최선인데, 이런 것에 의해서 움직여지고 강해진 정신은 이 자리로 그리고 자신의 집으로 더 빨리 날아갈 것이며, (……) 스스로 육체의 쾌락에 전념하고 시종처럼 그것에 자신을 바치고 정욕의 자극과 쾌락에 귀를 기울이는 자들의 정신은 (……) 육체에서 미끄러져 나와서는 땅 주위를 돌고서 수백 년 동안 비난받지 않았다면 이곳으로 되돌아오지 않을 것이다.[154]

이 글 마지막 부분의 표현은 거의 플라톤의 에르 신화에 가까운데, 키케로에게 대립 축이 정치와 쾌락, 국가를 배려하기와 자기 욕망에 종속되기 사이에 있음은 확실할 것이다. 그러나 세네카의 대립 축은 다르다. 국

---

153 セネカ, 『自然研究』, 1卷, 5쪽.
154 키케로, 『국가론』, 315쪽(6권 29).

가를 위한 활동으로부터 멀어져서 여유로운 와중에 자기로 되돌아가면서 자기를 배려하고, 동시에 자기를 고집하지 않고 자기로부터 벗어나는 방법이 중요하며, 거기에 자연 연구의 중요성이 존재하는 것이다.

세네카는 천체와 자연의 연구에서 "마음은 이러한 호기심으로 가득 찬 구경꾼으로서 개개의 사항을 구석구석 탐색하고 또 그것을 연구한다. 연구하지 않을 수 없다. 그 사항들이 자기와 관계가 있다는 것을 알기 때문이다"라고 설명한다. 천체의 연구에서 인간은 비로소 "신을 안다". 그리고 "신을 평가하고 나면 그 밖의 것들은 모두 세세한 것에 불과하다"는 것을 인식하게 되는 것이다.[155]

이 운동에서 세네카는 자신을 벗어나서 신의 관점과 일체가 되고 가장 높은 장소에서 세상을 바라본다. 벤야민은 역사의 천사가 과거를 마주 보면서 바람에 의해 미래로 밀려난다고 말한 적이 있다(「역사의 개념에 대하여」). 천사는 과거의 비참으로부터 눈을 돌릴 수 없고 과거를 바라본 채로 "등을 돌리고 있는 미래 쪽으로" 떠밀려 간다. 동일하게 세네카의 시선은 지구와 자기의 존재를 바라본 채로 우주 저 멀리로 떠밀려 간다. 그리고 자기의 덧없음을 실감한다.

푸코가 지적하는 것처럼 플라톤 철학은 이 세계를 초월한 진정한 실재의 세계를 묘사해 낸다. 그러나 세네카의 스토아 학파적 행위는 자기를 벗어나지 않으면서 자기를 떠날 수 있다. "스토아주의의 운동은 (……) 우리 자신에 대한 눈길을 결코 떼지 않으면서, 또 우리가 속해 있는 이 세계로부터 결코 눈길을 떼지 않으면서 세계에서 가장 높은 영역에 도달할 수 있는" 것이다.[156] 세네카는 역사의 천사와 마찬가지로 자기를 바라본 채

---

155 セネカ, 『自然研究』, 1卷, 68쪽.

로 우주 저 멀리 떠밀려 가고, 거기서 자신의 덧없음을 통감하는 것이다.

이렇게 세네카는 여가 중 자기 안에 은거함으로써 천사와 자연이라는 초월적 세계를 이해할 수 있게 된다. 세네카의 여가 중 자연 연구에서, 에피쿠로스의 자연 연구에서의 내재와 키케로의 초월이 방법론적으로 통합된다. 인간 연구를 떠나서 자연 연구를 향하지 않고서는, 세네카는 인간을 우주 위에서 내려다보는 부감적 시선을 소유할 수 없었던 것이다.

이 방법에서 세네카는 우주나 천체의 위치에서 자신을 봄으로써 자신이 얼마나 작은지, 또 정치적 생활이 목적으로 삼는 국가가 얼마나 작은지를 인식한다. 동시에 세계의 사물을 세세하게 점검함으로써 그로부터 신의 이성을 인식하고 이 신의 이성이 인간의 이성과 동일하다는 것을 인식한다. "신의 본성과 우리 인간의 본성은 어떻게 다를까? 우리 안에서는 여러 부분 중 마음이 다른 부분들을 이기는데, 신 안에는 마음 이외의 그 어떤 부분도 없다. 전체가 이성이다."[157] 차이는 이성이 모든 것을 점하느냐 일부만을 점하느냐이며, 신의 이성과 인간의 이성은 동일하다는 것이다.

마르쿠스 아우렐리우스

세네카는 시선을 자기에게로 향하기 위해 몸 앞쪽을 자기가 있는 곳을 향하게 하고 등 쪽으로 우주 끝까지 나아갔다. 이에 비해 마르쿠스 아우렐리우스의 시선은 세네카처럼 세계의 끝을 향하지 않는다. 끊임없이 자기와 자기 안의 사물의 심상(판타지아)을 향한다. "네 안을 들여다보라.

---

156 Foucault, *L'Herméneutique du sujet*, p. 265[『주체의 해석학』, 307쪽].
157 セネカ, 『自然研究』, 1卷, 7쪽.

네 안에는 선의 샘이 있고, 그 샘은 네가 늘 파내어야 늘 솟아오를 수 있다",[158] "이제 더는 [너 자신의 바깥에서] 헤매지 마라",[159] "너 자신 속으로 물러가라. 지배적이고 이성적인 부분은 그 본성상 자신의 옳은 행동과, 그것이 가져다주는 마음의 평정에 만족한다"[160]는 것이 아우렐리우스의 모토인 것이다. 우선 아우렐리우스는 사물의 표상으로 시선을 돌리고 그 사물을 정의하며 그 사물을 구성 요소들로 환원하여 각각을 재정의하는 정신적 단련법을 제창한다.

> 머릿속에 떠오르는 모든 대상을 정의하고 기술하여 그 대상이 그 본질에서는, 발가벗었을 때는, 전체로서는 그리고 부분들로서는 어떤 것인지 볼 수 있게 하고, 그 대상의 고유한 이름과, 그것들로 그 대상이 이루어져 있고 그것들로 그 대상이 해체될 요소들의 이름을 너 자신에게 말할 수 있게 하라.

> 마음의 도량을 키우는 데는 우리가 인생에서 마주치는 것을 하나하나 체계적으로 올바르게 검토하되, 항상 그것이 어떤 종류의 우주에 어떤 이익을 가져다주며, 한편으로는 전체에 대하여, 다른 한편으로는 다른 국가는 모두 그것의 한 세대나 다름없는 가장 높은 국가의 시민으로서의 인간에 대하여 어떤 가치가 있는지 알 수 있도록 고찰하는 것만큼 도움이 되는 것이 없다. 그리고 지금 내 머릿속에 인상을 일깨우는 것은 대체 무엇이며, 어떤 요소들로 이루어져 있으며, 그 본성에 따라 얼마나 오래 존속할 수 있으며, 그것은 내게 이를테면 온유, 용기, 진실, 성실, 소박, 자립 등등

---

158 아우렐리우스, 『명상록』, 7권 59장, 119쪽.
159 같은 책, 3권 14장, 48쪽.
160 같은 책, 7권 28장, 112쪽.

의 미덕 가운데 어떤 것을 요구하는지 분명히 알고 있는 것도 도움이 된다.[161]

아우렐리우스의 시선은 두 개의 길로 사물과 사건을 해부한다. 우선 여러 사물이나 사건을 그 구성 요소로 분해하고 각각의 요소에 이름을 붙인다. 다음으로 이 사물들이나 사건이 우주와 어떤 관계에 있는지, 인간의 '하늘인 국가'와 어떤 관계가 있는지를 응시하는 것이다. 이 거의 데카르트적인 시선에서 드러나는 것은 사물의 '벌거벗은 모습'이다.

앞서 인용한 것처럼 아우렐리우스의 이 환원의 시선은 식사를 새나 물고기의 시체로 환원하고 성행위를 점액의 방출로 환원하며, "이성적 분석에 따라 죽음과 관련된 인상을 모두 벗겨내고 죽음 자체만을 살펴본다면 죽음은 자연의 작용 외에 아무것도 아니"[162]라고 말하고, 이와 같은 방법을 통해 죽음을 두려워하는 것을 아이 같은 행위로 단정한다.

이 환원과 분석의 행위는 마음의 도량을 키우는(메가로프로쉬네) 행위라고 아우렐리우스는 말한다. 먹음직스러운 식사를 동물의 시체로 여기고, 죽음을 자연의 행위로 여기는 자연주의적 환원을 통해 사람은 무엇도 두려워할 필요가 없다는 것을 인식할 수 있기 때문이다. "잠시 뒤면 너는 재나 유골이 될 것이며 (……) 이름은 공허한 소리나 메아리"에 불과하다[163]는 것을 깨달으면 마음의 평정이 흐트러질 일이 없기 때문이다.

아우렐리우스는 "나라는 존재는 육신(사르키아)과 짧은 호흡(프네우마티온)과 지배적 이성(헤게모니콘)에 불과하다"[164]는 것을 간파하고, 육

---

161 같은 책, 3권 11장, 46~47쪽.
162 같은 책, 2권 12장, 35쪽.
163 같은 책, 5권 33장, 83쪽.

신이란 피와 뼈이며, 호흡이란 바람에 불과하다고 생각한다. 그리고 인간은 이 지배적 이성을 통해 세계의 일부가 될 뿐이다. 세네카는 인간을 주체로 구성하는 데 여가를 활용했다. 아우렐리우스는 어딘가 인도의 행자와 닮은 환원 방법을 통해 인간을 분해하고 "위로부터 아래로 굽어보는 시선"[165]을 통해 인간의 정체성을 세계 이성의 일부임에서 찾으려 한다.

세네카와 마찬가지로 아우렐리우스도 인간이 세계 이성의 일부라는 데에서 그 존재 이유를 끌어낸다. 그러나 아우렐리우스에게 이 이성은 세네카에게서처럼 자기로 귀환하는 이성이 아니다. 자기를 세계 이성 안에 용해시킴으로써 삶과 죽음을 그 벌거벗은 모습 속에서 보는 것을 가능하게 하는 이성이다.

> 너를 괴롭히는 수많은 불필요한 것들에서 너는 벗어날 수 있다. 그것들은 네 의견 속에만 존재하기 때문이다. 네 마음으로 전 우주를 안고, 영원한 시간과 개별 사물의 재빠른 변화를 생각하라. 생성과 소멸 사이의 시간은 짧아도 생성 이전의 시간은 무한하고 소멸 이후의 시간도 끝이 없다는 것을(……).[166]

여기서 아우렐리우스의 세계상이, 부정하는 시선 뒤에도 여전히 화려하다는 데 주목하도록 하자. 환원의 시선은 향기로운 요리를 동물의 시체로, 달콤한 사랑의 행위를 점액의 방출로 환원했다. 그러나 그 후에 우주로부터 환원하는 시선으로 본 세계는 다시 향기로운 것으로 돌아온다.

---

164 같은 책, 2권 2장, 31쪽.
165 Foucault, *L'Herméneutique du sujet*, p. 293[『주체의 해석학』, 337쪽].
166 아우렐리우스, 『명상록』, 9권 32장, 155쪽.

환원하는 이성은 세계 이성과 통합되고 세계 이성의 시선으로 사물을 보는 것을 배운다. 그런데 세계 이성으로 가득 찬 이성의 시선은 "가장 완전하고 다른 자연을 모두 포괄하는 그 자연은 어떤 기술자의 창작 재능에도 뒤지지 않"[167]음을 발견한다. 그리고 이 자연은 완전할 뿐만 아니라 아름답고 사랑스러운 것이기도 하다.

우리는 자연적으로 발생하는 것에 수반되는 현상들도 우아하고 매력적인 면이 있다는 점에 유의해야 한다. 예컨대 빵을 굽다 보면 몇 군데 균열이 생기는데, 이런 균열은 어떤 의미에서는 빵 굽는 사람의 의도에 어긋나지만 우리의 주목을 끌어 나름대로 식욕을 돋운다. 무화과도 가장 잘 익었을 때 갈라지고, 농익은 올리브도 썩기 직전에 나름대로 아름답다. 고개 숙인 이삭, 사자의 주름진 이마, 멧돼지의 입에서 흘러내리는 거품 등등은 따로 떼어서 보면 아름다움과는 거리가 멀지만 자연적으로 발생하는 것에 수반되는 까닭에 그것들을 돋보이게 하고 나름대로의 매력이 있는 것이다. 따라서 누군가 우주 안에서 발생하는 것들을 살피는 데서 감수성과 더 깊은 통찰력을 갖고 있다면, 그런 부수 현상이라 하더라도 나름대로 전체와 즐겁게 조화를 이루는 것처럼 보이지 않는 것은 거의 아무것도 없을 것이다.[168]

키케로는 천체를 바라보다가 묘한 음악을 들었다. "나의 귀를 크고도 감미로운 소리"에 경탄한다.[169] 세네카는 자연을 관찰하고 우주를 바라보

---

167 같은 책, 11권 10장, 183쪽.
168 같은 책, 3권 2장, 40장.
169 키케로, 『국가론』, 6권 18장, 308쪽.

면서 마음이 오랜 세월 추구해 온 것, '신을 아는' 기쁨을 맛본다. 날카로운 환원의 시선으로 생과 사를 아무것도 아닌 것으로 보았던 아우렐리우스조차도 자연의 아름다움과 완벽함에 즐거워했다. 에피쿠로스 학파와 스토아 학파의 자연 연구(퓌지올로기아)는 자기의 영혼을 배려하는 행위임과 동시에 세계와 자기를 향유하는 행위였다.[170]

스토아의 아스케시스와 그리스도교의 금욕

자연을 환원하면서도 아름다운 것으로서 향유하는 이러한 자연 연구를 포함하여, 스토아 학파의 이러한 여러 자기 기술들은 모두 자기를 배려하고 그 주체가 세계 속에서 아름다운 삶의 방식을 영위할 수 있도록 하기 위해 행해지는 것이었다. 스토아 학파의 아스케시스 기술은 자기를 향유하기 위해 사용된다. 그리스도교 세계에서도 이 자기 기술은 이어진다. 그러나 그리스도교에서의 자기란 향유해야 하는 것이 아니라 포기해야 하는 것으로 여겨진다.

    이를테면 아타나시우스의 『성 안토니우스전』에서도 스토아 학파가 구사했던 기술과 닮은 자기의 서법(書法)이 상세히 고찰되는데, 거기서 서법은 "정신적 투쟁의 무기"이며, "하나의 시련, 하나의 시금석"으로서의 의미를 갖는다. 다만 이 시련은 주체를 기만하는 악마와의 투쟁에서의 시련이고, "스스로 적의 책략에 빠지는 내부의 어둠을 떨쳐내기"[171] 위한 것이다. 자기의 사념 속에서 악마적인 것과 싸우기 위해 자기 의지를 포기하고 욕망을 포기하도록 요구되는 것이다.

---

170 고대의 우주론과 통치의 연결고리에 대해서는 柴田有, 『グノーシスと古代宇宙論』, 勁草書房, 1982, 특히 169쪽 이하를 참조하라.
171 Foucault, "Ecriture de soi", p. 418.

푸코가 고대 그레코-로만기의 자기 기술에 주목하는 것은 이 그리스 도교와 스토아 학파 간의 자기 기술의 차이가, 푸코가 살았던 유럽 문명을 다시 보는 데에 도움이 되었기 때문이다. 푸코는 "오늘날 그리스를 다시 생각하려는 것은 그리스의 도덕을, 우리가 사유하는 데 필요한 '도덕' 자체로서 통용시키기 위해서가 아닙니다. 유럽의 사유가 그리스의 사유를, 언젠가 한 번 주어졌던 경험으로서 받아들이고 그것으로부터 완전히 자유로워지고 재출발할 수 있도록 하기 위함입니다"[172]라고 말한다. 그렇다면 자기를 발명하고 자기와의 사이에서 바람직한 관계를 맺으며 자기를 향유할 것을 요구하는 그리스와 그레코-로만기의 자기와의 관계와는 대조적으로, 자기를 감시하고 교정하고 포기함으로써 자기의 구원을 추구하는 그리스도교적인 유럽의 자기와의 관계는 어떻게 형성되었던 것일까?

---

172 Foucault, "Le retour de la morale", *Dits et Écrits*, vol. 4, p. 702.

2부

목 자 의

권 력

1장 · 사목자의 권력

1. 그리스와 히브리

백성의 목자

1부에서 고찰한 바, 그리스의 공간은 대등한 시민들 사이에 대화가 이루어지는 공간이었다. 고대 그리스인은 페르시아 제국의 위협에 대처하기 위해 폭력이 아닌 설득으로 도시국가의 방침을 결정하는 자유로운 정치 공간을 만들어 냈다. 정치학은 동방의 제국에서가 아니라 그리스의 도시국가에서 최초로 탄생했던 것이다.

그런데 같은 무렵 팔레스타인에서는 전혀 다른 성질의 정치적 개념이 탄생하고 있었다. 그것은 자기에 대한 배려나 설득이 아닌, 타자에 대한 배려와 감시에 기초한 정치이다. 푸코는 이러한 정치를 수행한 권력을 사목자의 권력이라고 부른다. 사목자란 양치기, 즉 양들을 지켜보고 안전을 확보하며 양들의 복지를 배려하는 자이다.

이 개념의 원형은 유대교의 구약 성서에서 발견된다. 처음에 유대교 사람들은 양 치는 일을 주된 업으로 삼고 있었다. 「탈출기」(출애굽기)에서도 60만 명의 이스라엘 사람들이 양이나 소 등 많은 가축과 함께 이주하는 모습이 묘사된다. 구약 성서는 양치기의 비유로 가득 차 있다.

그리고 유대교의 신은 양치기라고 불린다. 「시편」 23장에서 다윗은 신에게 이렇게 말을 건다.

주님은 나의 목자, 나는 아쉬울 것 없어라.
푸른 풀밭에 나를 쉬게 하시고 잔잔한 물가로 나를 이끄시어
내 영혼에 생기를 돋우어 주시고 바른길로 나를 끌어 주시니 당신의 이름 때문이어라.

신이 목자인 것과 마찬가지로 부족장도 목자로 여겨진다. 나쁜 목자들에게 예언자 에제키엘은 이렇게 호소한다. "그러므로 목자들아, 주님의 말을 들어라. 내 생명을 걸고 말한다. 주 하느님의 말이다. 나의 양 떼는 목자가 없어서 약탈당하고, 나의 양 떼는 온갖 들짐승의 먹이가 되었는데, 나의 목자들은 내 양 떼를 찾아보지도 않았다. 목자들은 내 양 떼를 먹이지 않고 자기들만 먹은 것이다"(「에제키엘서」, 34장 7~8).

사목자의 권력

부족 사람들은 양이고 그 지배자는 목자이다. 이 사목자의 권력에는 페르시아 등 동양의 제국과도 다르고 그리스의 정치적 공간과도 다른 큰 특징이 있다. 푸코는 「전체적인 동시에 개별적으로」(Omnes et Singulatim)라는 글에서 사목권력과 로마의 권력을 비교하면서 사목권력을 그것의 대상과 목적 그리고 역할이라는 세 측면에서 고찰한다.

우선 이 권력은 영토가 아니라 그 영토의 주민을 대상으로 한다. 로

마나 중국과 같은 제국에서 국가의 권력은 보통 영토를 기초로 한다. 로마의 역사는 영토 확장의 역사이다. 그러나 양치기의 권력은 이동하는 양떼를 지켜본다. 이 권력은 영토를 지배하는 권력이 아니라 자신의 책임 아래 있는 주민을 지배하는 권력이며 고정된 국토와 관련된 권력이 아니라 이동하는 무리로서의 개인과 관련된 권력이다.[1] 푸코는 그리스의 신들과 히브리의 신을 비교하며 다음과 같이 지적한다.

> 그리스의 신은 자신의 도시국가를 지키기 위해 성벽에서 모습을 드러냅니다. 그에 비해 히브리의 신은 그야말로 사람이 도시를 떠나 성밖으로 나갈 때, 사람들이 초원을 가로지르는 길을 따라가기 시작할 때 모습을 드러냅니다.[2]

다음으로 이 권력은 밖에서 오는 적들에 대한 승리가 아니라 자신이 지키는 사람들의 행복 확보를 그 목적으로 한다. 카이사르의 『갈리아 전기』에 생생하게 묘사되어 있듯이, 로마 제국에서는 외부 영지를 정복하고부나 노예를 챙겨 돌아오는 것이 권력의 중요한 역할이었다. 이에 비해 이 사목자의 권력은 자신이 지키고 있는 무리 속 개인의 생활을 안락하게 하는 것을 목적으로 한다. 양들이 성장하고 쾌적하게 지낼 수 있도록 하는 것이 이 권력의 목적인 것이다. 양치기는 양들의 '구원'을 위해 양들을

---

1 이번 절은 전체적으로 「전체적인 동시에 개별적으로」(Foucault, "Omnes et singulatim", *Dits et Écrits*, vol. 4, Gallimard, 1994, pp. 134~161)를 참조하고 있다[『촘스키와 푸코, 인간의 본성을 말하다』, 이종인 옮김, 시대의창, 2010, 218~258쪽].

2 Foucault, *Sécurité, Territoire, Population*, Gallimard/Seuil, 2004, pp. 129~130[『안전, 영토, 인구』, 오트르망 옮김, 난장, 2012, 184~185쪽].

감시하는 임무를 맡고 있다. 그러기 위해서라도 양치기는 개개의 양들을 주의하여 살피고 약한 양을 특히 우선시한다.[3]

마지막으로 이 사목자들의 역할은 사람들의 생활을 보증하는 것, 그리고 사람들을 위해 힘쓰는 것이다. 양치기는 양을 위해 존재한다. 양들이 양치기를 위해 존재하는 것이 아니다. 양들은 말하자면 신을 위해 존재하고 양치기가 그 양들을 돌본다. 이것을 로마 황제들의 전설적인 생활방식과 비교해 보면 너무나도 대조적이다. 황제들은 자신의 욕망을 채우기 위해 신하의 희생도 마다하지 않는다. 그리고 여차하면 자신의 생명을 희생하는 것이 좋은 신하의 의무이기도 하다. 이에 비해 사목자의 권력에서는 반대로, 필요하다면 지배자는 자신이 지배하는 주민을 위해 자신의 목숨을 희생하도록 요구받는다.

이 권력은 상당히 이상한 권력이다. 그리스 같은 도시국가의 권력과도 다르고, 중국이나 로마 같은 제국의 권력과도 분명 다르다. 영토가 아닌 이동하는 다양한 구성원들에게 작동하고, 무리 속 개인의 생활 향상을 목적으로 하며, 그러기 위해서라면 자기를 희생할 준비가 되어 있는 사목자의 권력은 강제나 폭력을 통해서가 아니라 헌신하는 방식으로, 필요하다면 자신의 목숨까지 희생하는 방법으로 권력을 행사한다.

그러기 위해서 사목자에게 요구되는 의무는 무엇일까? 사목자는 무

---

3 동아시아에서의 이동하는 무리를 감시하는 양치기에 관한 조사에 따르면, 양치기는 모든 양을 특정하고 그들의 친자·형제 관계를 특정할 수 있다고 한다. 그리고 이동하는 무리로부터 떨어진 새끼 양을 어머니의 젖 아래 밀어 넣어서 수유할 수 있도록 한다고 한다(谷泰, 『神·人·家畜: 牧畜文化と聖書世界』, 平凡社, 1997). 이것이 가능하기 위해서는 양치기가 새끼 양의 어머니를 특정할 수 있어야 한다. 다니 유타카는 또한 「탈출기」 당시에 어린 숫양의 희생 제의는 "목부(牧夫)와 수컷의 관계를 축으로 한 방목 양 관리 패턴을 모델로 이스라엘 백성의 해방 사업을 묘사하고 있다"고 해석한다(谷泰, 『「聖書」世界の構成論理』, 岩波書店, 1984, 72쪽).

리를 끊임없이 지켜본다. 무리를 감시하고, 이상한 사태나 유행병이 발생하지는 않았는지, 혹여 한 마리라도 행방불명이 되지는 않았는지, 언제나 지켜보고 있어야 한다. 그리고 양치기는 개개의 양의 상태에 따라 풀을 먹인다. 튼튼한 양은 뒤로 돌리고 약한 양, 어린 양들부터 먹인다. 이 지배자는 무리 전체를 지켜봄과 동시에 언제나 개별적으로 각 구성원을 지켜보고 있는 것이다.

그리고 동시에 사목자는 죄를 범한 사람들을 발견하고 고백하게 하고 속죄하게 한다. 히브리 사회에서 하나의 죄는 공동체 전원에게 미치는 것으로, 모든 사람이 타자의 죄에 연대 책임을 지고 있기 때문이다.

물론 이것은 푸코가 제시한 하나의 모델이다. 고대 그리스에서도 왕이 목자라는 사상이 존재했다는 것은 호메로스의 『일리아스』에서 아가멤논 왕이 '병사들의 목자'라 불렸다는 데서도 엿볼 수 있다.[4] 또 수메르 등 고대 동방에서 왕과 인민이 목자와 양의 이미지로 묘사되었다는 것은 우르 제3왕조의 슐기 왕 찬가에서도 명백히 드러난다. 슐기 왕은 스스로에 대해 다음과 같이 노래했다.

나는 왕, 타고난 용사이다.
나는 슐기, 나면서부터 강자이며
매서운 눈의 사자이고 용이 낳은 자.
사계(四界)의 왕이자
'검은 머리들'(인민)의 파수꾼, 양치기이다.
……

---

4 호메로스, 『일리아스』, 2권 85절, 54쪽.

내가 국토에 기초를 놓은 도시들은 내 밑으로 찾아왔다.

숫양만큼 많은 '검은 머리'의 인민을 나는 따뜻한 눈으로 바라보았다.[5]

그러나 수메르 이야기는 신화적 상징에 불과하고 그리스의 양치기 모델에서 양치기는 양들을 돌보기보다는 양들의 품종 개량에 더 신경을 쓰는 듯하다. 도시국가를 좋은 시민으로 채우는 것이 중시되었으며 약한 양을 소중히 여기기보다 강한 양만을 키우려 했던 것이다.

이 육종의 사상은 플라톤의 『국가』나 『법률』을 채색하고 있을 뿐 아니라 실제로 스파르타에서는 공동 생활과 영아 유기를 통해 우생학적 조치를 시행하고 있었다. 스파르타는 우생 국가였던 것이다.

이에 비해 유대교에서 탄생하여 그리스도교로 이어지는 사목자의 권력은 사람들의 복지를 목적으로 한다. 좋은 씨앗이 중요하다기보다는 사람들이 행복하게 살아감으로써 사회가 번영하는 것이 목적인 것이다. 그리고 이를 위해 권력은 스스로를 파괴하는 듯한 자세를 보이게 된다.

2. 이스라엘의 정치 구조

그런데 히브리 사회에서 사목자로서의 역할을 담당한 것은 누구였을까? 푸코의 글에는 그 사실이 명시되어 있지 않다. 히브리 국가의 정치적 구조로 제시되고 있을 뿐이다. 여기서는 유대 국가의 정치적 역사와 구조로

---

5 슬기 왕 찬가(『古代オリエント集』, 五味亨·杉勇 訳, 筑摩書房, 1978, 73~74쪽). 참고로 수메르에서 가장 이른 시기에 목자라 자칭한 것은 "바우신이, 목자에 적합하도록 우루카기나를 낳았다"고 쓰여 있는 "초기 왕조 라가시 시대의 왕 우루카기나인데, 왕이 항상 목자로 여겨지는 것은 우르 제3왕조 시대 이후"라고 한다(前田徹, 『メソポタミアの王·神·世界観』, 山川出版社, 2003, 76쪽).

부터 이러한 사목자상(像)을 더욱 깊게 파 내려가 보고자 한다.

그러기 위해서는 우선 이스라엘이라는 국가의 특수성을 고찰할 필요가 있다. 이 불가사의한 정치적 개념을 탄생시킨 것은 어떤 국가였을까? 그리고 사목자라는 것은 어떤 존재였을까?

동방의 국가 유형

막스 베버는 고대 국가 형성의 모습을 크게 둘로 나누어 라이투르기(국가봉사 의무) 국가와 폴리스적 도시국가 유형을 상정한다.[6] 두 경우 모두 그 근저에는 방벽을 가진 농민 공동 조직이 있다. 자유로운 모든 농민들이 토지를 소유하고 이 조직에 참가한다. 이 조직에 정치적 장이 존재하는 것은 전쟁 때뿐이며 연장자가 조언을 한다. 어떤 씨족장이 전쟁이나 재판에서 명예를 획득하면 그 씨족이 우선권을 갖게 된다.

그리고 우선권을 갖는 씨족이 다른 씨족을 압도하는 형태로 왕이 된다. 호메로스의 『일리아스』에서도 아가멤논 왕은 동년배들 가운데 일인자이다. 왕은 성벽을 구축하고 이로써 도시와 흡사한 어떤 것이 형성된다. 왕은 토지, 노예, 가축, 귀금속을 소유함으로써 다른 씨족과 구별된다. 이 성채 왕정은 풍요로운 토지에서 지대를 징수하고 무역으로 이윤을 축적함으로써 성립한다.

성채 왕정으로부터 두 가지 길을 생각할 수 있다. 하나는 그리스의 여러 도시에서 발생한 것처럼 왕정 안쪽에서부터 차츰차츰 귀족제 도시국가가 성립되는 길이다. 무장한 귀족은 토지와 노예를 소유함으로써 도시의 아크로폴리스에서 귀족적 생활을 할 수 있다. 왕정과 마찬가지로, 평

---

6 マックス・ウェーバー, 『古代社会経済史』, 渡辺金一 外訳, 東洋経済新報社, 1955.

지에서 지대를 징수할 수 있는 장소나 연안에서 상업을 통한 화폐 축적이 가능한 장소에서 이러한 도시국가가 성립된다.

이 정치의 특징은 관료제를 갖지 않는다는 데 있다. 이 귀족적 도시국가는 이윽고 아테네처럼 중장보병의 도시국가, 민주제의 도시국가가 되는 경우가 있는가 하면 스파르타처럼 귀족제의 특징을 계속해서 유지하는 경우도 있다. 어느 쪽이든지 간에 그리스의 정치 체제는 이 발전의 길에서부터 탄생한 것이다.

그런데 다른 종류의 성채 왕정도 가능하다. 왕이 경제력을 축적하고, 자신을 따르는 자들과 군사들을 지배하며 국민을 통치하는 관리자 신분을 만들어 낸다. 도시는 왕궁이 있는 장소이다. 군대와 관료 기구를 정비한 이 왕정으로부터 독재적 라이투르기 국가가 생겨나기도 한다.

이 국가에서 신민은 국왕의 궁정을 위한 부역과 공납의 의무를 지고 국왕은 독점적으로 지배한다. 이집트, 바빌로니아, 페르시아 등 동방 전제 국가는 이렇게 해서 등장한다. 라이투르기 국가의 경제적 기반은 신민의 봉사에 있는데, 여기서 두 패턴이 발견된다. 이집트에서는 한 곳에 수용된 부자유 노동자들에 의한 경영, 부자유 가내수공업, 소작으로 [경제적 기반이] 형성된다. 바빌로니아에서는 사적 기업과 사적 자본 이용이 중요한 역할을 한다.[7] 양쪽 모두 자유로운 것은 왕뿐이며 모든 신민이 왕에게 예속을 강요받는다. 자유민이 국가의 기반을 이루는 그리스형 도시국가와의 차이는 분명하다.

그런데 이러한 분기의 발생에서 중요한 것은 국가와 종교의 관계이다. 메소포타미아에서는 종교 사제가 관료제를 장악했다. 그리고 종교를

---

7 같은 책, 157쪽.

통한 왕의 신격화 역시 통치의 정당성을 확보하는 데 중요하다. 이집트의 왕은 신격화되고 바빌론의 왕은 신의 봉신으로서 매년, 신년에 새롭게 서임되었다.[8] 바빌론에서 신전은 곡물 및 화폐의 최대 대여자가 된다.

그러나 크게 둘로 나눈 이 유형에 들어가지 않는 이상한 국가가 있었는데, 그것이 고대 이스라엘이다. 베버는 유대교와 그리스도교라는 두 중요한 종교를 탄생시킨 이 고대 이스라엘 국가의 성립을 『고대 유대교』[한국어판은 『야훼의 예언자들』]에서 상세하게 추적한다.[9] 베버의 사고 궤적을 쫓아가면서 푸코가 분석한 히브리적 사목권력의 장인 이 이상한 국가에 대해 앞으로 한동안 고찰하고자 한다. 이스라엘의 고대사에 대해서는 여러 논의가 나와 있으며 확정적으로 말하는 사람은 없다. 그런 만큼 여기서는 역사적 경위보다는 베버와 함께 사회적 유형에 주목하고자 한다.

이스라엘의 특수성

고대 이스라엘은 이집트와 메소포타미아뿐만 아니라, 페니키아 등의 상업 국가로부터도 영향을 받았다. 민족으로서의 이스라엘은 양치기, 농민, 수공업자 등 복수의 집단으로 구성되어 있었는데, 구약 성서 전체는 이렇게 다양하게 구성된 백성들의 자취를 사후에 추적한 것이다.

현재의 고고학적 증거에 기초한 연구에 따르면, 이스라엘의 부족 사회가 탄생한 것은 기원전 11세기부터 12세기에 걸쳐 이집트 제국의 지배가 느슨해지고, 기상학적 악조건이 겹쳐 가나안 도시국가에서의 생활이 힘들어지면서, 사람들이 도시로부터 퇴거하여 이스라엘의 산지에 계단

---

8 같은 책, 83쪽.
9 베버의 유대교와 이스라엘 연구의 문제의식에 대해서는 內田芳明, 『マックス·ウェーバーと古代史研究』, 岩波書店, 1970의 2부를 참조하라.

식으로 밭을 만들고 부족 사회를 구축하면서부터라고 추정된다.[10]

이러한 절차에 대해서는 그 토지에 거주하던 사람들을 '정복'했거나 아니면 평화적으로 통합해 나갔거나 혹은 농민이 도시에 반항하는 형태로 '내란'을 일으켰다는 등의 설이 있다.[11] 어느 쪽이든 간에 이 이주와 "이스라엘의 출현"은 "도시국가 제도 아래서의 열악한 생존 상태에서 벗어나, 가나안 도시에 있는 평지보다 비옥하진 않지만 독립된 팔레스타인의 산지에서, 보다 큰 자립을 필연적으로 강요당하는 새로운 생활을 시작하려고 했던 개인과 가족에 의한 행동"[12]이라 보는 것이 타당할 것이다.[13]

이동의 원인이 무엇이든 간에, 이를 통해 농민과 양치기 등의 유목민들이 함께 살게 된 것은 틀림없다. 이 이스라엘 사회 탄생의 기억이 성서에서는 이집트 탈출의 기억으로 그려진다. 그것은 성서의 이 부분 기록이 바빌론 포로 생활이 끝난 시기에 최종적으로 확립되었다고 볼 수 있다는 점에도 영향을 받을 것이다.

이스라엘 백성은 이스라엘 산지로부터 제국의 도시 바빌론으로 끌려가 거기서 고향을 그리며 탄식했지만 이윽고 페르시아의 허가를 얻어 예루살렘으로 돌아오게 된다. 이러한 과정을 반전시키기라도 한 것처럼 성서는 이스라엘 백성이 이집트 제국으로부터 가나안 땅으로 신에게 이끌

---

10 이 고고학적 발견에 대해서는 P. K. マッカーター 他, 『最新·古代イスラエル史』, 池田裕·有馬七郎 訳, ミルトス, 1993 혹은 F. S. フリック, 「生態環境·農業·居住パターン」(『古代イスラエルの世界』, 木田一, 月本昭男 監訳, リトン, 2002)를 참조하라.
11 이러한 설들에 대해서는 J. D. マーティン, 「部族社会としてのイスラエル」(『古代イスラエルの世界』)이나 Niels Peter Lemche, *The Israelites in History and Tradition*, Westminster John Knox Press, 1988, pp. 71~78이 상세하다.
12 マーティン, 「部族社会としてのイスラエル」, 153쪽.
13 다만 렘케는 그 자본 집약적이고 고도의 기술이 필요한 농업 방식 배후에 이집트 제국에 의한 기술 원조가 있었을 가능성을 시사한다. Lemche, *The Israelites in History and Tradition*, p. 76을 참조하라.

려 갔다고 기술한다. 말하자면 신은 두 번에 걸쳐 백성들을 고향으로 이끌었다는 것인데, 이집트 탈출은 하나의 "메타포"[14]로 생각해야 하는 것인지도 모른다.

이 기억 가운데서 남유대를 중심으로 한 양치기 집단과 그들의 존재방식이 이스라엘 정체성의 핵심이 되었다는 것은 구약 성서의 구성에서 확실히 드러난다. 푸코가 지적하듯 이집트를 탈출한 이 집단에서 "모든 것은 사목이라는 형태로 전개됐"는데, "왜냐하면 신은 목자였고, 유대 백성의 방황은 자신들의 초원을 찾아나서는 무리의 방황"[15]이었기 때문이다. 이스라엘은 양을 치는 집단으로서, 전형적으로 라이투르기 국가였던 이집트로부터 집단 탈출했다는 전설을 기초로 스스로의 정체성을 구축했던 것 같다.

이스라엘은 자신들의 민족적 특수성이 양으로 제사를 지내는 데 있다고 생각한다. 이집트 왕이 유대 백성에게 국내에서 희생 제의를 올리라고 하자 모세는 "그렇게 하는 것은 옳지 않습니다. 저희가 주 저희 하느님께 바치는 제물[양]을 이집트인들이 역겨워하기 때문입니다. 이집트인들이 역겨워하는 것을 그들이 보는 앞에서 저희가 제물로 바치면, 그들이 저희에게 돌을 던지지 않겠습니까?"라고 반론한다(「탈출기」, 8장 22).

물론 유대 백성이 희생 제의에서 바치는 것이 양이었기 때문에 이집트에서는 양을 희생 제물로 바치는 것이 금지되어 있었던 것이다. 히브리 백성은 이 양의 희생 제의라는 한 가지 점에서 이집트인과 다른 정체성을 확립한다. 농사를 짓는 이집트인들과는 달리 유대 백성은 소규모 가축 사

---

14 *Ibid.*, p. 97.
15 Foucault, *Sécurité, Territoire, Population*, p. 155[『안전, 영토, 인구』, 218쪽].

육자로서, 농민이 소유하는 토지를 이동하면서 살아간다.

양치기들의 감수성에서 정주하는 농민은 이질적인 존재였다. 아브라함이 '밭 가는 자' 카인과 '양 치는 자' 아벨 둘 다에게서 공물을 받으면서도 카인의 공물을 무시한 것은 이 양치기의 에토스에 의한 것이다.[16]

카인이 아벨을 죽였기 때문에 아브라함은 카인을 추방하지 않을 수 없었다. 이 카인은 "성읍을 세우는" 자이며 카인의 자손들은 "집짐승을 치는 자의 조상", "비파와 피리를 다루는 모든 이의 조상", "구리와 쇠로 된 온갖 도구를 만드는 이의 조상"이 된다. 카인은 가축을 치는 자를 상징할 뿐만 아니라 도시 생활자, 음악을 연주하는 자, 농기구와 무기를 만드는 자의 조상으로서의 지위를 갖는다. 이윽고 이렇게 해서 양치기인 족장이 거느리는 집단도 도시에 정주하게 된다.

역사적 사실과는 별개로, 이스라엘의 고대 부족 사회는 방금 언급한 형태로 형성되었다고 전해진다. 이 부족 사회에서 자유로운 이스라엘인은 모두 전투 능력이 있다고 여겨졌고 도시의 시민은 아테네에서와 마찬가지로 깁보림(전사)으로 여겨졌다. 게다가 도시 외부에는 자유로운 농민이 살고 있었다. '드보라의 노래'(「판관기」, 5장)에는 이스라엘의 자유 농민 "4만 명"이 방패와 창을 가지고 시스라가 지휘하는 가나안 도시 동맹과 싸워 승리했다는 내용이 나온다.

아주 초기의 이스라엘 국가를 형성하고 있었던 것은 이러한 자유민으로 구성된 씨족이며 "완전한 **자기 무장 능력**이 있는, 따라서 경제적으로

---

16 이스라엘의 종교 연합을 구성했던 정주 농민, 양치기, 상인, 수공업자들 중에서도 특히 양치기들은 외부 주민들과의 계약 이행이 생존을 좌우했기 때문에 "계약 결성의 이행에 특별한 관심"이 있었다고 한다. 이에 대해서는 內田芳明, 『マックス·ウェーバーと古代史研究』, 231쪽을 참조하라.

전투 능력과 전투 의무를 충분히 갖는, 그러므로 정치적 특권을 완전히 소유하는 씨족들"[17]이었다. "도시는 이 도시 영주 씨족의 가부장들에 의한 하나의 과두 정치로서 출현"[18]한 것이다.

이렇게 초기 이스라엘 사회는 그리스와 같은 도시국가를 형성해 민주 정치의 공간을 만들어 내지도 않았고 이집트와 같은 라이투르기 국가를 만들어 내지도 않았다. 베버에 따르면, 오래된 형태의 율법이 보여 주는 것은 "바람직하고 오래된 가부장적 윤리를 확고히 함과 동시에, 아울러 **채무자**인 농민의 이해(利害) 또한 꾀하려"[19] 하는 체제라고 지적한다. 율법에서 채무 노예의 기한을 한정한 것(요베르의 연年 규정), 폭력으로 노예를 대하지 않도록 한 것, 자유인과 노예의 결혼을 어느 정도 보증한 것, 아내로 사 온 이스라엘인은 여자 노예와는 다르게 취급하도록 한 것, 노예의 신체가 훼손당하지 않게 한 것, 가축에게 상처를 입지 않도록 한 것, 차압에 제한을 가한 것, 유대인끼리의 채무 징수에 제한을 둔 것, 형법과 보복의 규정이 정해져 있는 것 등 사회의 여러 약자에 대한 배려가 더해져 있는 것이다.[20] 이것은 이를테면 지배자가 사회의 여러 약자에 대해 깊이 배려하는 마음을 갖는 사목자적 사회의 모습이다.

이윽고 다윗 이후의 왕국 시대에 오리엔트적인 라이투르기 국가가 형성되고 군사 문벌과 사제 문벌이 대립하게 된다. 그리고 기원전 6세기

---

17 막스 베버, 『야훼의 예언자들』, 진영석 옮김, 백산출판사, 2004, 37쪽. 베버는 그 배후에, 그리스 종교 동맹인 인보 동맹(隣保同盟)과 같은 것이 이스라엘에도 존재했다고 상정한다. 현재 이러한 상정은 부정되고 있지만 수장을 중심으로 한 부족 사회가 상당히 평등하게 구성되었으리라는 것은 인정되고 있다.

18 같은 책, 37쪽.

19 ウェーバー, 『古代社会経済史』, 161쪽.

20 같은 책, 162~163쪽.

의 포로 생활을 계기로 관료제와 신정 정치가 확립된다. 야훼 신앙이 유일신교로서의 성격을 확립하는 것은 이 포로 생활기 이후인 듯하다. 그때까지 야훼는 은혜를 베푸는 신으로 신앙되었다. 바알 등 주위의 신들 가운데 이스라엘 백성에게 토지와 자연의 은혜를 베푸는 신으로서 신앙되었던 것이다.

그러나 포로 생활에 의해 북이스라엘이 붕괴되고 아시리아가 이곳으로 이주시킨 백성들과 더불어 지내면서 피와 문화, 종교가 서로 섞여 야훼 신앙은 사라진다. 그러나 예루살렘으로 돌아온 유대에서는 은혜를 내려야 할 신이 왜 백성을 멸망시켰느냐는 신학적이고 현실적인 물음이 발생하게 된다. 그 답은, 백성이 야훼와의 계약을 위반하고 다른 신을 숭상했기 때문이라는 것이었다. 야훼는 배신한 백성에게 벌을 내리기 위해 북이스라엘을 멸망시킨 것이다. 그렇다면 유대 백성이 살아남기 위해서는, 이제부터는 필수적으로 야훼만을 신으로 숭상해야 한다. 야훼는 바알 등 다수의 신들 중 하나가 아니라 유일한 신이라는 것이다. 여기서 배타적 일신교가 성립된다.[21]

그런데 포로 생활 후 히브리 사회가 외부에 '닫히기' 전 초기 이스라엘 사회에서는 앞으로 고찰할 세 종류의 통치자를 기초로 사목자적 지배가 확립되어 있었다고 생각할 수 있다.

사제의 지위

이스라엘의 사목자적 통치자는 크게 셋으로 분류할 수 있다. 판관으로서

---

21 배타적 일신교로서의 야훼 신앙의 성립에 대해서는 グレゴリーJ. ライリー, 『神の河: キリスト教起源史』, 森夏樹 訳, 青土社, 2002 혹은 加藤隆, 『一神教の誕生: ユダヤ教からキリスト教へ』, 講談社 2002 등을 참조하라.

의 사제, 왕 그리고 예언자이다. 세 주체 모두 서로 돕는 형태로 사목자로 서의 역할을 담당한다. 이것을 이스라엘의 가장 기본적인 정치 구조를 정한 모세의 율법으로부터 살펴보자. 이 율법에서는 여러 종교적 규정들과 더불어 정치적 기구에 관한 규정들을 정하고 있으며 그로부터 유대 국가의 정치적 행동 주체의 상 역시 뚜렷이 드러나게 될 것이다.

이 율법을 말하고 있는 「신명기」17장과 18장에서는 정치적 주체로서 우선 판관을 들고 있다. 이 판관은 "성안에서 살인이나 다툼이나 폭력과 관련하여 너희가 판결을 내리기 어려운 송사가 있을 경우에는, 일어나 주 너희 하느님께서 선택하시는 곳으로 올라가야 한다. 너희는 레위인 사제들과 그때에 직무를 맡은 판관에게 가서 문의해야 한다. 그러면 그들이 너희에게 그 사건의 판결을 알려 줄 것이다"(「신명기」, 17장 8~9).

이것은 정확히는 상고의 수순이며 이교의 신을 숭배한 자는 '성문'에서 '온 백성'이 돌을 던져 죽이도록 정해져 있다. 공동체로서의 성이 우선 '문'에서 재판을 하게 되는데, 이것은 사법 기구로서 명확하게 정해져 있는 것이 아니다. 정해져 있는 것은 "레위인 사제들과 그때에 직무를 맡은 판관"이다. 그런데 이들은 어떤 사람들일까?

여기서 "레위인 사제"라는 표현에 주목해 보자. 유대인 공동체를 이집트로부터 이끌고 나와 새로운 공동체를 백지 상태에서부터 창설한 것은 모세였다. 모세는 예언자이며 율법을 부여한 자이고 '왕'에 상당하는 지위에 있었다. 모세가 이끄는 공동체에서는 정치적 지도자와 종교적 지도자가 구별되어 있지 않았다. 이 이스라엘 공동체는 "사제들의 나라 (……) 거룩한 민족"(「탈출기」, 9장 6)으로서 신정 통치 아래 있는 것이다.

그런데 신이 모세의 형제인 아론을 사제로 지명함으로써 마침내 모세의 신정 일치적 지위에 금이 가게 된다. "너는 이스라엘인들 가운데 너의 형 아론과 그의 아들들을 너에게 가까이 오게 하여, 사제로서 나를 섬기게 하여라. 곧 아론과 그의 아들인 나답, 아비후, 엘아자르, 이타마르이다"(「탈출기」, 28장 1). 이스라엘에서 사제가 될 수 있는 것은 이 네 명의 일족들뿐이다.

이스라엘에서는 이러한 "사제직을 수행하도록 직무를 받은, 곧 기름부음을 받은 사제들"(「민수기」, 3장 3) 이외에도 더 많은 자들이 백성의 종교적 욕구를 채우기 위해 필요해진다. 그래서 유대 12지파 중 하나인 레위 지파가 지명되었다. "너는 레위 지파를 가까이 오게 하여, 그들을 아론 사제 앞에 세워서 그를 시중들게 하여라. 그들은 성막의 일을 하여, 만남의 천막 앞에서 아론을 위한 임무와 온 공동체를 위한 임무를 수행해야 한다. 그들은 또한 만남의 천막에 있는 모든 기물을 보살피고 성막의 일을 하여, 이스라엘 자손들을 위한 임무를 수행해야 한다"(「민수기」, 3장 6~8).

레위 지파의 사람들은 이스라엘의 경제 활동으로부터 배제되었다.[22] 토지를 상속할 수 없었고 경제 활동에 종사할 수도 없었다. 율법을 공부하고 공물을 먹으며 생활할 수밖에 없는 것이다. "레위인 사제들을 비롯하여 온 레위 지파는 이스라엘과 함께 받을 몫이나 상속 재산이 없다. 그래서 그들은 주님께 바치는 화제물과 사람들이 그분의 상속 재산에서 바치는 예물을 먹고 살아야 한다. 그들에게는 자기 동족 가운데에서 차지할

---

22 레위인의 임무는 다양했으며 "불경한 사건이 일어났을 때 부족 간의 군사적·정치적 교섭" 등, 부족 간 조정 역할을 담당했을 뿐만 아니라 "국내외의 정치, 법, 종교, 이성을 지배하고, 군사적 동원에 필요한 교섭의 힘, 분쟁을 해결하는 법적인 힘, 종교가 전문화함에 따라 부여된 상징적 힘, 축복을 주거나 함으로써 부를 가져다주는 경제적 힘"을 갖고 있는 것으로 여겨졌다고 한다. 이에 대해서는 山森みか, 『古代イスラエルにおけるレビびと像』, 国際基督教大学比較文化研究会, 1996, 26~27쪽을 참조하라.

상속 재산이 없다. 주님께서 그들에게 이르신 대로, 주님께서 바로 그들의 상속 재산이시다."(「신명기」, 18장 1~2)

그래서 레위 지파는 때로 빈곤에 허덕이기도 했다. 마을의 사제인 레위 지파는 토지를 상속받을 수 없었기 때문에 다른 사람들보다 가난한 생활을 강요받기도 했던 것이다.[23] 그러나 그런 만큼 레위인에게는 율법을 공부할 시간이 있었고 재판에 관여할 시간이 있었다. 그래서 '판관'이 되는 것은 거의 대부분 레위 지파의 사제들이었던 것 같다. 『탈무드』에 따르면 "관리는 처음에는 레위 지파에서만 선택되었다".[24]

이스라엘의 신 야훼는 "질투하는 하느님"이며 야훼를 "미워하는 자들에게는 조상들의 죄악을 3대, 4대 자손들에게까지 갚는다"(「탈출기」, 20장 5)고 경고한다. 그리고 이러한 계약하에서는 이스라엘 백성이 다른 나라의 신들을 믿는 등, 계약 위반의 '죄'를 범하는 경우 신의 분노가 자연재해나 정치적 불운을 초래한다.[25]

그러므로 만약 질병 등의 자연재해가 발생하거나 다른 나라로부터 침략을 당하는 등의 불운이 생기면 이스라엘 백성이 어떻게 계약을 어겼는지를 명백히 할 필요가 있다. 이 계약 위반을 해명하는 역할을 담당했던 것이 레위인 사제들이었다. 레위인은 신도의 영혼을 탐색하고 죄를 고

---

23 레위인이 이렇게 가난한 자들과 같은 대우를 받으며 경시되면서도 또 동시에 "영혼의 바탕"을 파악하는 자로서 중시되었기 때문에 레위인은 언제나 양의성을 갖고 있었다고 한다. 이에 대해서는 같은 책, 40쪽 등을 참조하라. 레위인은 유대 사회에서 때로 트릭스터와 같은 기묘한 역할을 담당했다.

24 Martin Sicker, *The Judaic State : A Study in Rabbinic Political Theory*, Praeger, 1988, p. 63 을 참조하라.

25 법률이 백성들의 집회에서 만장일치로 받아들여졌다는 것에 대해서는 다음의 지적을 참조하라. 요컨대 단언의 형태로 훈계 받는 것이 "고대적 의미에서의 민중집회이다. 여기서 레위인 사제는 법문을 낭독하고 회중은 큰 목소리로 아멘을 함께 외치며 주술 하나하나를 스스로 받아들여야 했다."(角間太郎, 『古代イスラエル法講義』, 眞文舍, 1977, 42쪽).

백하게 하며 필요한 희생을 지정한다. "그것은 희생의 봉사에 관한, 특히 '영혼의 바탕'에 관한 것을 상세히 말하기 때문에, 야훼에 호의를 다하여 그의 노함을 풀게 하는 수단에 대해 상담을 할 수 있다는 것이 그들의 탁월한 의례적 훈련"이었다.[26]

그리스에서는 델포이의 무녀들이 여러 신탁을 들려 주었다. 신탁은 아테네에서 가장 현명한 사람이 누구냐는 식의 소위 쓸데없는 물음에서 부터 그리스를 공격하면 어떻게 되느냐는 중요한 정치적 물음에 이르기 까지 모든 물음에 답했다.[27] 그러나 이스라엘에서 사제들은 신의 진의가 어디에 있는지, 어떤 분노를 사고 있는지만을 문제 삼았다. 그리고 "야훼 에 대한 배반을 속죄제, 속건제, 단식, 기타 등등의 수단을 통해 대속하기 위해, 그리고 또 그럼으로써 눈앞에 닥친 화를 소거하고 이미 시작되고 있는 화를 되돌리기 위한 의례적 지식"에 기초하여 신도들의 고민에 답 한다.

여기서 중요한 것은 이 신도의 죄가 개인의 문제가 아니라는 것이었 다. 개인의 죄에 대해 공동체 전체가 연대 책임을 지게 된다. 베버가 지적 하는 것처럼 "고대 이스라엘의 연합법이 유난히 두드러지게 윤리적인 방 향을 향하고 있다는 것의 근거는, 각 개인이 저지른 모든 범죄에 대해 연 합 편성원이 종교적 연대 책임을 진다는 데 있었다"[28]는 것이다.

---

26 베버, 『야훼의 예언자들』, 242쪽.
27 다만 퓌티아가 누구나 알아들을 수 있는 말로 이야기했던 것은 아니다. "퓌티아는 빙의 상태 에서 말하며 그 말이 프로페테스(예언자)라 불리는 자에 의해 해석되고 육각운(hexameter) 의 시 형태로 수정"되었다(J. S. モリスン, 「古代ギリシア·ローマ世界」, ミハエル·レーヴェ, カーメン·ブラッカー 編, 『占いと信託』, 119~120쪽). 아리스토파네스가 「새들」에서 비웃었 듯이, 자주 받는 질문에 맞춘 표준 신탁 모음과 같은 것이 남겨져 있었던 모양이다.
28 베버, 『야훼의 예언자들』, 193쪽.

이 연대 책임에는 선조에 대한 연대 책임과 공동체 구성원들의 연대 책임이라는 두 측면이 있다. 모세가 말하는 것처럼 야훼는 "벌하지 않은 채 내버려 두지 않고 조상의 죄악을 아들, 손자를 거쳐 삼대, 사대까지 벌한다"는 것이다(「탈출기」, 34장 7). 물론 "아버지가 신 포도를 먹었는데 자식들의 이가 시다"(「예레미야서」, 31장 29)는 식의, 선조의 죄에 대한 연대 관념은 「에제키엘서」에 이르러서는 이윽고 명확히 부정되지만, 베버가 지적하는 것처럼 피안에서의 응보라는 관념이 결여되어 있었고 게다가 "각 개인이 반드시 자신의 죄나 선행에 따라 벌을 받거나 보상을 받지는 않는다는 것을 반복해서 보고 겪어 왔던 듯하기 때문에, 신의론(神義論)의 목적을 위해서는 아무래도 선조의 죄에 대한 응보의 사상이 반드시 필요했다".[29]

야훼가 자손의 처벌을 약속했었다는 것은 "주님은 분노에 더디고 자애가 충만하며 죄악과 악행을 용서한다. 그러나 벌하지 않은 채 내버려 두지 않고 조상들의 죄악을 아들을 거쳐 삼대, 사대까지 벌한다"는 데서도 분명히 드러난다(「민수기」, 14장 18).

또한 어떤 한 사람이 범한 죄만으로 그 회중 전원이 벌을 받은 사례 역시 적지 않다. 「민수기」에는 모세를 지도자로 인정하지 않는 코라라는 인물 때문에 공동체 전체가 참살당할 뻔한 사건이 기록되어 있다. "코라는 그 두 사람에게 맞서 온 공동체를 만남의 천막 어귀로 모이게 하였다. 그러자 주님의 영광이 온 공동체에게 나타났다. 주님께서 모세와 아론에게 이르셨다. '너희는 이 공동체에게서 떨어져 서라. 내가 그들을 한순간

---

29 같은 책, 290쪽. 예수의 시대에도 여전히 민간에서 이러한 사고방식이 사라지지 않고 있었다. 제자는 예수에게 "스승님, 누가 죄를 지었기에 저이가 눈먼 사람으로 태어났습니까? 저 사람입니까, 그의 부모입니까?"라고 물었던 것이다(「요한 복음서」, 9장 2).

에 없애 버리겠다.' 그러자 그들[모세와 아론]이 얼굴을 땅에 대고 엎드려 말하였다. '하느님, 모든 육체에 영을 주시는 하느님, 죄는 한 사람이 지었는데, 온 공동체에게 격분하십니까?'"(『민수기』, 16장 19~22).

이것이 의미하는 바는 중요하다. 공동체의 운명이 각 개인의 죄와 그것의 속죄에 의해 크게 좌우된다는 것이기 때문이다. 야훼라는 단 한 명의 신과의 관계에서 신의 명령에 따른다는 계약을 체결하고 있기 때문에 모든 신도의 영혼을 탐색하는 것이 정치적으로 중요한 의미를 갖는 것이다. "사람들이 간절히 바라는 것은 말할 것도 없이, 우선 희생봉납의 의례적 엄정성이 얼마나 중요하든 간에, 그 희생봉납 자체가 아니라, 오히려 야훼의 의지와 그 의지에 반해 행해진 과오를 탐구"[30]하는 것이었고 바로 이것이 사제의 임무였다.

사람들이 신이 정한 윤리를 지키고 신의 의지에 반하는 행위를 하지 않는 것, 거기에 공동체의 운명이 걸려 있다. 신도들이 바르고 선하게 사는 것이 사회 전체를 위한 것이며 사제는 이 '영혼의 탐색'에서 중요한 역할을 하고 있었다.

이 때문에 병에 걸리거나 불행을 당한 사람은 신의 분노를 진정시킬 방법을 알기 위해 사제를 방문한다. 그리고 사제는 그 사람이 범했을지도 모르는 죄를 심문한다. 그것을 알기 위해 레위인은 여러 죄의 일람표를 작성했다. 『신명기』에는 이러한 목록이 넘쳐난다. '성적 십계'라 불리는 일람표에서는 "아버지의 아내와 동침하는 자는 아버지의 옷자락을 들추었으므로 저주를 받는다"거나, "짐승과 관계하는 자는 저주를 받는다", "아버지의 딸이든 어머니의 딸이든 제 누이와 동침하는 자는 저주를 받

---

30 베버, 『야훼의 예언자들』, 231쪽.

는다", "장모와 동침하는 자는 저주를 받는다"는 등 근친상간이나 수간의 금지 등이 상세하게 열거되어 있다(『신명기』, 27장 20~23).

사제는 참회하러 온 사람에게 하나하나 이러한 일을 했는지를 묻고 고백과 참회와 속죄를 요구했다. 베버는 이러한 목록을 '뒤집음'으로써 '십계'가 만들어졌다고 생각했을 정도이다.[31]

또한 이스라엘의 모든 사람들은 3년에 한 번씩 수확한 것의 10분의 1을 세금으로 납부할 때에 주 앞에서 이 수확한 것을 레위인과 이방인과 고아와 과부에게 주었다는 것, 주의 명령을 거스르지 않았다는 것, 그리고 "애도할 때에 십일조에서 아무것도 먹지 않았고, 저희가 부정할 때에 그것을 떼어 놓지 않았으며, 그것을 죽은 자에게 바친 적이 없"다는 것을 맹세해야 했다(『신명기』, 26장 14). 그리고 이러한 고백을 하지 않는 자는 "죄의 참회 및 죄의 표시에 관심을 갖는 공동체"[32]로부터, 특히 압박받는 하층민들부터 저주를 받았던 것이다.

그리고 "주님이 모세를 통하여 말한 모든 규정을 이스라엘 자손들에게 가르치"(『레위기』, 10장 11)는 것을 임무로 하는 사제 자신도, 이 의례에서 죄인과 신의 '중보자'(仲保者)로서 자신의 생명을 바치게 된다. 대사제 아론[의 아들들]은 죄를 갚는 의식에 바쳐진 동물의 고기를 먹지 않았기 때문에 신의 '저주'를 받게 되었다. 모세는 아론[의 아들들]에게 "어찌하여 그 속죄 제물을 거룩한 곳에서 먹지 않았느냐? 그것은 가장 거룩한 것으로서, 공동체의 죄를 벗기고 주님 앞에서 그들을 위하여 속죄 예식을 거행하라고, 주님께서 너희에게 주신 것"이라고 힐책한다(『레위기』, 10

---

31 같은 책, 316쪽.
32 같은 책, 317쪽.

장 17). 사제들은 산제물의 고기를 먹는 행위를 통해 "회중의 죄를 감내하는" 것이다.[33]

이렇게 해서 공동체의 모든 성원들은 사제의 눈길 아래 자기의 죄와 선조의 죄뿐만 아니라 공동체와 자기 자신을 해칠 가능성이 있는 타자의 죄에 대한 감수성을 연마하게 된다. 죄를 범하고 고백하지 않는 자, 혹은 죄를 애초에 자각하지 못하는 자는, 죄를 범하고 제대로 속죄를 한 자보다 훨씬 더 악질적이고 위험한 존재가 될 수밖에 없다. 이스라엘에서 사제는 단순한 의례를 위해서라기보다는 이러한 신도들의 죄에 대한 '속죄 의식'을 위해 등장한 듯하다.[34] 사제는 공동체의 모든 성원의 이익을 위해 신도 개개인의 영혼을 배려하고 법률을 위반한 자가 없는지를 계속해서 감시한다. 위반한 자가 있을 경우에는 공동체 전체에 그 피해가 미치지 않도록 그 자를 벌하고 혹은 희생[제물]을 바침으로써 속죄시킨다. 이스라엘의 첫번째 사목자, 그가 바로 사제이다.[35]

왕의 지위

그런데 「신명기」 17장과 18장에서는 정치적 주체로서 재판관 다음으로 왕을 들고 있다. 최초의 지도자인 모세는 '왕'과 같은 지위에 있으면서도 '왕'으로서가 아니라 "야훼께서 얼굴을 마주 대시고" 선택한 예언자로서 죽은 것이다. 이는 모세가 사후에 지도자의 자리를 자신의 아들에게 물려

---

33 게르하르트 폰 라트, 『구약성서신학 I』, 허혁 옮김, 분도출판사, 1976, 274쪽(2부 IV장 6절 e).
34 같은 책, 281쪽(2부 IV장 6절 f).
35 다만 푸코도 지적하듯이, 히브리 사회 공동체 내부에 아직 사목자 제도가 확립되지 않았다. 사제와 왕 그리고 예언자 모두 진정한 양치기인 신으로부터 백성을 돌보도록 위탁 받은 것에 불과하다. Foucault, *Sécurité, Territoire, Population*, p. 155[『안전, 영토, 인구』, 218쪽]도 참조하라. 진정한 의미에서 '영혼을 돌보는 자'가 등장하는 것은 그리스도교 사회가 되고부터이다.

줄 수 없었다는 데서도 드러난다. 모세는 약속의 땅에 들어가지 못하고 죽으리라는 것을 신으로부터 들었을 때, 공동체의 지도자를 지명해달라고 신에게 의뢰한다. "모든 육체에게 영을 주시는 주 하느님께서는 이 공동체 위에 한 사람을 세우시기 바랍니다. 그들 앞에 서서 나가고 그들 앞에 서서 들어오는 사람, 그들을 데리고 나가고 그들을 데리고 들어오는 사람입니다. 그리하여 주님의 공동체가 목자 없는 양 떼처럼 되지 않게 하시기를 바랍니다"(「민수기」, 27장 16~17)라고 말이다. 그러자 신은 모세의 종자(從者) 눈의 아들 여호수아를 이 공동체의 지도자로 지명했다.

성서의 전통에서는 동방의 다른 지역에서 많이 발견되는 신정일치 체제를 회피하고 종교적 권위와 정치적 권위를 분리하는 경향이 강하다.[36] 다만 이스라엘의 전통에서는 왕에 대해 강한 양가감정이 따라다닌다. 모세와 여호수아는 예언자로서의 성격을 잃지 않고, 「신명기」에서도 "너희는 주 너희 하느님께서 너희에게 주시는 땅으로 들어가서 그 땅을 차지하고 그곳에 자리 잡은 다음, '우리도 우리 주위에 있는 모든 민족들처럼 임금을 세워야지'하는 생각이 들거든, 반드시 주 너희 하느님께서 선택하시는 사람을 임금으로 세워야 한다. 너희는 너희 동족 가운데에서 임금을 세워야 하며, 너희 동족이 아닌 외국인을 임금으로 삼아서는 안 된다"(「신명기」, 17장 14~15)고 정해져 있다.

이스라엘의 전통에서 왕은 선호되지 않는다. 그래서 여호수아 이후에도 곧바로 왕이 세워지지 않고 공동체 내부에서 재판을 진행하고 전쟁을 지휘하는 '사사'(士師)들이 차례로 배출된다. 이 사사와 왕의 주된 차이

---

36 왕이 등장하고부터 왕과 사제의 관계에 대해서는 Joseph Blenkinsopp, *Sage, Priest, Prophet : Religious and Intellectual Leadership in Ancient Israel*, Westminster John Knox Press, 1995의 2장을 참조하라.

는 다음과 같은 점에 있다.[37] 우선 왕만이 '기름 부음 받는다'. 사사에게 그러한 종교적 의례는 필요치 않다. 왕은 예언자가 선택하지만 사사는 자발적으로 등장한다. 왕에게는 여러 특권이 인정되지만 사사에게 특권이 없다. 사사가 사사라서 받는 혜택은 거의 없지만 왕은 유산을 자손에게 상속할 수 있다. 왕은 왕조를 형성한다.

이스라엘 공동체는 동방 제국들보다 비교적 소규모의 국가였기 때문에 왕이 필요하지 않았으며 사사가 통치와 전쟁 지휘를 하는 것으로 충분했다.[38] 그러나 국가 내적 대립이 격렬해지고 더욱이 해안 평야에 거주하며 철기와 전차를 이용하는 페리시테[블레셋]인과의 싸움이 격화되면서, 이스라엘은 이에 대항하기 위해 국가 형성을 추진하고 왕조를 필요로 하게 된다.[39] 이때 왕의 조건은, 이스라엘의 '동족' 중에서 신에 의해 선택될 것, "은이나 금을 너무 많이 늘려서도 안 되고"(「신명기」, 17장 17), 율법의 모든 말과 규정을 지키며 "계명에서 오른쪽으로도 왼쪽으로도 벗어나지 말아야 한다. 그러면 그와 그의 자손들이 이스라엘에서 오랫동안 왕위에 앉"(「신명기」, 17장 20)게 된다는 것이다.

---

37 Sicker, *The Judaic State*, p. 92을 참조하라.
38 야혜르스마가 지적하듯이, 아직 사사 단계의 기록을 남긴 「여호수아기」에서 이웃나라 하초르 및 그 동맹국들과 싸워 승리를 얻은 여호수아는 "군마 뒷다리 힘줄을 끊고 병거들을 불에 태웠다"(11장 9). 이 단계의 이스라엘에서는 전차나 말의 사용법을 몰랐던 것이다. 이스라엘에 전차가 유입되는 것은 왕국을 형성한 다윗과 솔로몬의 시대에 이르러서이다(ヘンク・ヤーヘルスマ, 『旧約聖書時代のイスラエル史』, 筑波古代オリエント史研究会 訳, 山川出版社, 1988, 106쪽). 물론 다윗과 솔로몬의 왕국에서 한 시기는 임금이 메소포타미아의 다른 지역과 마찬가지로 "전사로서 사회를 방어하고 재판관으로서 정의를 보증하며 사제로서 예배를 바르게 규정하는"(『古代イスラエルの世界』, 179쪽) 역할을 담당하려 했다는 것, 그리고 「시편」이 왕정 이데올로기로 흘러 넘치고 있다는 것은 확실하다. 그러나 이스라엘의 임금은 이 지역의 다른 나라들과는 명확히 다른 성질을 지니고 있으며 그것이 사목자로 규정되고 있다는 것이 중요하다.
39 이 시대의 상황과 왕국이 형성되는 경위는 ヤーヘルスマ, 『旧約聖書時代のイスラエル史』의 7장이 상세하다.

그러나 왕을 받드는 것이 어떤 귀결을 가져올 것인가에 대해서는 예언자가 이미 분명하게 말했다. "그는 여러분의 가장 좋은 밭과 포도원과 올리브 밭을 빼앗아 자기 신하들에게 주고, 여러분의 곡식과 포도밭에서도 십일조를 거두어, 자기 내시들과 신하들에게 줄 것이오. 여러분의 남종과 여종과 가장 뛰어난 젊은이들, 그리고 여러분의 나귀들을 끌어다가 자기 일을 시킬 것이오. 여러분의 양 떼에서도 십일조를 거두어 갈 것이며, 여러분마저 그의 종이 될 것이오"(「사무엘기 상권」, 8장 14~17). 이것이 참주와 같은 왕 아래서 생활하는 조건이다.[40]

그러나 유대 백성은 한사코 왕을 원했다. 이렇게 해서 "적들로부터 이스라엘을 수호하는 것 — 전에는 야훼의 독점적인 관할권에 속해 있었다 — 은 이제 왕권에 의해 통제되었다. 이로써 이미 고질적인 분쟁이 싹튼 것이다."[41] 그리고 동시에 국내의 계층 분해가 급속하게 진행되게 된다. "왕의 거대한 라티푼디움(latifundium, 대토지 소유 제도) 자체가 이스라엘의 사회 구조를 근본적으로 바꾸어 버리는 역할을 한" 것 같다. "고고학적 발굴로부터 그 흔적을 확인할 수 있을 정도로, 왕국의 성립과 함께 시작된 사회층 분화의 영향은 매우 크고 현저"[42]해져 간다.

다윗과 그의 아들인 솔로몬[43] 아래서 이스라엘은 거대한 제국이 되고 번영은 극에 달한다. 솔로몬의 영광과 영화는 유명하다. 그러나 이스라엘

---

40 물론 링그렌이 지적하듯, 임금을 신적인 것으로 여기는 이데올로기가 여기저기서 의심받고 있었던 것은 확실하다(H. リングレン, 『イスラエル宗教史』, 荒井章三 訳, 教文館, 1976, 268쪽). 「에제키엘서」에서는 임금과 대사제의 연결 고리를 볼 수 있다. 그러나 많은 예언자들은 언제나 임금을 격렬히 비난했고 임금이 곧 신이라는 이집트적인 관점은 히브리에서 경멸받았다.
41 폰 라트, 『구약성서신학 I』, 71~72쪽(1부 C장 4).
42 H. J. ベッカー, 『古代オリエントの法と社会』, 鈴木佳秀 訳, ヨルダン社, 1989, 136쪽.
43 원저에 '사무엘'로 되어 있으나 솔로몬이 맞다. ─옮긴이

의 왕은 로마 황제들과 달리 자신의 권력과 명예와 부만을 추구하지는 않는다. 그리고 자신의 죄과는 스스로 책임지려고 한다. 다윗은 군을 편성하기 위해 인구 조사를 했다. 이는 성전의 뜻에 반하는 것이었다. 성스러운 전쟁에서 승패를 결정하는 것은 신이지, 병사 수가 아니기 때문이다.[44]

그래서 신은 다윗을 벌하기 위해 이스라엘 백성에게 역병을 내린다. 다윗은 많은 백성의 죽음에 직면하여 "제가 바로 죄를 지었습니다. 제가 못된 짓을 하였습니다. 그러나 이 양들이야 무슨 잘못이 있습니까? 그러니 제발 당신 손으로 저와 제 아버지의 집안을 쳐 주십시오"라고 신에게 탄원한다(『사무엘기 하권』, 24장 17). 왕은 확실히 절대적 권력자이기는 하지만 동시에 신에게서 양들을 위탁받은 사목자이기도 하다. 왕은 양들의 행복을 위해 스스로를 희생할 각오를 요구받았다.

예언자의 지위

더욱이 모세의 율법에서는 제3의 정치적 주체로서 예언자를 들고 있다. "주 너의 하느님께서 너희 동족 가운데에서 나와 같은 예언자를 일으켜 주실 것이니, 너희는 그의 말을 들어야 한다"(『신명기』, 18장 15). 신의 말을 누군가가 알아들어야 하기 때문에, 그리고 말하자면 정치적 이론과 실천 사이에서 계속적으로 균형을 잡기 위해[45] 예언자가 이용된다.[46]

---

44 폰 라트, 『구약성서신학 I』, 71쪽(1부 C장 4). 폰 라트는 다윗과 더불어 "실제로 마치 이스라엘이 완전히 야훼의 지배권에서 벗어난 듯한 인상을 보여 주었다"(52쪽)고 지적하면서도 "왕은 신 자신으로부터 통치권을 위임받았고, 완전한 공의와 지혜로 통치하며, 그 백성을 돌보는 위대한 은인이고 목자이며, 이 백성은 그의 통치하에서 번영한다"고도 지적한다(54쪽).

45 예언자의 이러한 기능에 대해서는 Sicker, *The Judaic State*, pp. 73~81을 참조하라.

46 성서에는 예언자(나비)에 대해 "옛날 이스라엘에서는 (……) 오늘날의 예언자를 (……) 선견자라고 하였다"(『사무엘기 상권』, 9장 9)고 쓰여 있을 뿐, 정식으로 정의를 내리고 있지 않다는 것에 대해서는 R. P. キャロル, 「予言と社会」(『古代イスラエルの世界』, 293쪽)를 참조하라.

예언자의 목적은 무엇보다도 이스라엘 공동체가 본래의 방향을 향하고 있지 않을 때에 경고를 주는 데 있다. 예언자는 공동체가 혹은 특히 왕이 율법으로 정해진 규정에 따르지 않을 때, 이교의 신을 숭배할 때, 격한 말로 그것을 탄핵하는 것을 정치적 임무로 삼는다.

특히 포로로 살던 동안이나 포로에서 귀환할 때 등, 이스라엘 역사의 거대한 '틈'에서 예언자들은 신의 말로 백성에게 경고한다. 기원전 8세기 아시리아에 의한 최초의 포로 생활 때에는 호세아, 아모스, 이사야가 목소리를 높였고 기원전 6세기 바빌로니아에 의한 포로 생활 때에는 스바냐, 하박국, 예레미야, 에제키엘이 거듭 등장했다. "그러나 이 역사 연관성 내에서 예언자는 이른바 이미 거의 정지 상태에 들어간 신의 역사가, 돌연 극적으로 다시 움직이기 시작하는 교차점에 처해 있었다. 예언자들이 소리쳐 말한 장소는 절정에 달한 위기의 장소, 아니 거의 죽음의 장소였다. 이런 점에서 이 위기에 처해 있는 사람들은, 옛 기구들의 구원 능력으로는 이미 구원에 도달하게 될 수 없게 되었으며, 오로지 오는 자에게 돌아올 때에만 생명이 그들에게 약속되었던 것이다."[47]

첫번째 주체였던 사제도 마찬가지로 역할을 할 때가 있었지만 예언자가 특이한 건 사제처럼 일정한 가족이나 씨족 출신이라는 형태를 취하지 않는다는 점이다. 신은 모세에게 "동족 가운데에서 너와 같은 예언자 하나를 일으켜, 나의 말을 그의 입에 담아 줄 것"(「신명기」, 18장 18)이라고 말한다. 신이 지명하지 않으면 예언자는 등장하지 않고, 예언자의 말은 신의 말로서 "듣는"(「신명기」, 18장 19) 것이 의무로 정해져 있다.

이 '청종'(聽從)의 의무는 절대적인 것이었다. 왕의 명령은 때로 율법

---

47 게르하르트 폰 라트, 『구약성서신학 II』, 허혁 옮김, 분도출판사, 1977, 295쪽(2부 H장 결론)

에 반하는 것이었는데, 율법의 근본에 반하는 왕의 명령에는 모든 백성들이 저항했고 왕이 자신의 명령을 강제할 수 없는 경우가 많았다. 그러나 예언자의 명령에서는 신이 절대적 복종을 명하며, 이 국면에서는 예언자가 왕보다도 높은 지위에 놓인다.

단 백성이 언제나 예언자의 말에 따르는 것도 아니었다. 때로 야훼는 백성의 마음을 완고하게 해서 예언자의 말에 귀 기울이지 않도록 하기 때문이다. 그리고 그것을 이유로 이스라엘 백성에게 계속 벌을 준다.

모세로부터 시작되는 예언자 역시, 히브리의 신들을 모시고 히브리 백성을 인도하려고 한다. 예언자에서 특징적인 것은 예언자가 신과 직접 대화하는 존재라는 사실이다. 백성은 신의 얼굴을 볼 수 없고 신과 이야기할 수도 없다. 사제가 필요한 것은 신의 마음을 이해하기 위해, 백성의 죄과를 묻기 위해서였다.

그런데 예언자는 신과 직접 교류할 수 있는 특권적 존재이다.[48] 그렇

---

48 예언자는 우선 신으로부터 촉각의 자극을 받고 다음으로 시각적 자극을 받으며 마지막으로 청각적 자극을 받는 것이 일반적이다. 우선 피부로 느끼고 다음으로 무엇인가를 환시하며 마지막으로 신의 목소리를 듣는 것이다. "어떤 입김이 내 얼굴을 스치자 내 몸의 털이 곤두섰다네. 누군가 서 있는데 나는 그 모습을 알아볼 수 없었네. 그러나 그 형상은 내 눈앞에 있었고 나는 이렇게 속삭이는 소리를 들었다네"(「욥기」, 4장 15~16). 폰 라트, 『구약성서신학 II』, 73쪽(1부 D장)을 참조하라. 다만 모세만은 단순히 예언자가 아니라 임금이자 사제이기도 했다는 것은 앞서 지적한 바 있다. 환시에 있어서뿐만 아니라 신과 직면하여 말할 수 있는 것은 모세뿐이라고 여겨졌다. 갈대 바다에서 야훼를 찬양하는 노래를 부른 "예언자이며 아론의 누이인 미르얌"(「탈출기」, 15장 20)은, 모세에게는 누이이지만 예언자에 불과하며 모세처럼 신과 얼굴을 마주보고 이야기할 수는 없다. 모세가 예언을 독점하고 있다는 데 대한 불만을 토로하는 미르얌을 야훼는 꾸짖으며, "너희는 내 말을 들어라. 너희 가운데에 예언자가 있으면 나 주님이 환시 속에서 나 자신을 그에게 알리고 꿈속에서 그에게 말할 것이다. 나의 종 모세는 다르다. 그는 나의 온 집안을 충실히 맡고 있는 사람이다. 나는 입과 입을 마주하여 그와 말하고 환시나 수수께끼로 말하지 않는다. 그는 주님의 모습까지 볼 수 있다. 그런데 너희는 어찌하여 두려움도 없이 나의 종 모세를 비방하느냐?"(「민수기」, 12장 6~8)라고 말한다. 그리고 미르얌은 주의 진노로 악성 피부병에 걸리고 모세의 중재로 간신히 회복하게 된다.

기 때문에 때때로 스스로를 희생하여 신에게 용서를 구하기도 했다. 모세가 십계를 새긴 판을 손에 들고 산을 내려오자, 백성들은 금송아지의 우상을 만들어 그 주위에서 춤을 추고 있었다. 모세는 산으로 돌아가 신에게 간절히 바란다. "비옵니다. 이 백성이 금으로 신상을 만들어 큰 잘못을 저질렀습니다. 하지만 이제 그들의 죄를 용서해 주셔야 하겠습니다. 만일 용서해 주지 않으시려거든 당신께서 손수 쓰신 기록에서 제 이름을 지워 주십시오"(「탈출기」, 33장 31~32)라고 자신의 목숨을 내놓고 백성의 목숨을 구걸하는 것이다. 그러나 이때 신은 예언자 모세를 필요로 했기 때문에 모세의 목숨은 빼앗지 않고 "백성이 아론을 시켜 수송아지를 만든 데 대한 벌을 내리셨"(「탈출기」, 32장 35)다.

사제 이외에 예언자가 필요한 이유가 또 있다. 사제는 의례와 사람들의 양심을 탐색하지만, 율법에 집착한 나머지 신에 대한 신앙을 경시하는 경향이 있기 때문이다. 야훼는 예레미야의 입을 빌려 히브리 백성에게 말한다. "사제라는 것들은 '야훼께서 어디에 게시냐?'고 찾지도 않았다. / 법 전문가라는 것들은 나의 뜻은 알려고도 하지 않았다. / 백성의 목자라는 것들은 나를 거역하기만 하였다. / 예언자라는 것들은 바알의 말이나 전하며 / 아무 데에도 쓸모없는 것들만 따라 다녔다"(『예레미야』, 2장 8).

사제나 예언자는 히브리 백성의 마음을 인도하고, 왕은 히브리 백성의 생활을 인도하기 위한 '목자'일 것이다. 그러나 "내 백성은 목자를 잘 못 만나 / 이 산 저 산 헤매다가 흩어진 양 떼처럼 되었었다. / 보금자리를 잃고 / 산과 언덕을 헤매었다"(『예레미야 50장 6』). 이렇게 되자 신은 어떤 인간을 선택하여 그를 예언자로 삼게 된다.[49]

---

49 예언자가 양치기여야 할 임금이나 종교적 지도자들을 규탄함으로써 양치기의 양치기 역할을

히브리의 예언자에는, 신들린 것처럼 자신이 본 환상을 말하는 샤먼적 견자(見者, 로에)와, 환상을 볼 뿐만 아니라 신의 말을 하도록 강요당한다고 느껴 예언하는 자(나비)가 있다.[50] 양쪽 모두 공중 앞에서, 광장에서 말하는 것은 같지만, 그리스의 신탁을 말하는 무녀들이나 특별한 힘을 받은 아폴론의 말을 말하는 테이레시아스와 같은 예언자와는 달리, 히브리의 예언자는 '동포'라면 누구나 될 수 있다는 것이 특징이다.

앞서 고찰한 것처럼 고대 그리스에서는 진실을 말하기 위해 어떤 존재론적 조건이 필요하다고 여겨졌다. 『일리아스』에서는 전사들의 회의에서 하찮은 인물이 말을 꺼냈다가는 질책을 받고 침묵해야 했다(『일리아스』, 2권). 고전기 아테네에서도 아테네에서 나고 자란 자유민이 아니면 파레시아를 행사할 수 없는 것이 원칙이었다.

그러나 히브리에서는 신이 특정한 사람을 선택해 예언을 하게 한다. 거부할 수도 없다. "저는 아이라서 말할 줄 모릅니다"(「예레미야서」, 1장 6)라며 도망치려 해도 신은 손을 그 자의 입에 대고 "이제 내가 너의 입에 내 말을 담아 준다"(「예레미야서」, 1장 9)며 거부를 허락하지 않는 것이다.[51]

예언자는 그 시대의 사제나 왕이나 다른 예언자들을 날카롭게 비판

한다는 것에 대해서는 Elena Bosetti, *Yahweh : Shepherd of the People*, St. Pauls, 1993가 각 예언자 별로 검토하기 때문에 이해하기 쉽다.

50 예언자의 이러한 원초적 형식에 대해서는 H. Wheeler Robinson, *Inspiration and Revelation in the Ole Testament*, The Clarendon Press, 1946, 특히 2부 「신과 인간」을 참고할 만하다.

51 예언자가 야훼에 대해 어느 정도의 '자유'를 갖고 있었는지는 「예언자의 자유」(폰 라트, 『구약성서신학 II』, 1부 E장)가 여러 측면에서 고찰하고 있어 참고할 만하다. "우리는, 신의 말을 듣도록 지명되고 이 말을 들음으로 많은 자유를 행사하되 자기 자신이 때에 따라 압도적 세력의 강압에 굴복했다고 보았으나 역시 역설적으로 다름 아닌 신의 부르는 말을 통해 전혀 새로운 자유를 얻는 방식으로 자유를 구사한 한 인간의 상을 본다"(83쪽). 요컨대 예언자는 때로 압도적인 복종을 통해 그의 자유를 행사하고, 또 때로 그 무게의 한계에 이르기까지 행사했다는 것이다.

한다. 그 때문에 사람들로부터 몹시 미움을 받는다. 예레미야는 탄식한다. "아, 불행한 이 몸! 어머니, 어쩌자고 날 낳으셨나요? 온 세상을 상대로 시비와 말다툼을 벌이고 있는 이 사람을. 빚을 놓은 적도 없고 빚을 얻은 적도 없는데 모두 나를 저주합니다"(「예레미야서」, 15장 10). 예언자가 성읍에 재앙을 내리겠다는 신의 말씀을 전하자, 사람들은 이를 원망해 그를 박해하려 한다. "그리고 예레미야가 주님께서 온 백성에게 전하라고 하신 말씀을 모두 마쳤을 때, 사제들과 예언자들과 온 백성이 그를 붙잡아 말하였다. '너는 반드시 죽어야 한다'"(「예레미야서」, 26장 8). 예언은 목숨을 건 행위인 것이다.[52]

예언자와 파레시아스테스

사람들 앞에서 그들의 죄를 고발하는 예레미야는, 자신을 재판할 아테네 민회에서 사람들이 자신의 영혼을 배려하지 않았음을 비난하는 소크라테스와 닮아 있다. 둘 다 자기 목숨을 위험에 노출시키면서까지 자신이 진실이라고 생각하는 것을, 사람들이 듣기 싫어하는 것을 말하는 것이다. 파레시아스테스도 진정한 예언자도 백성의 개심을 목적으로 한다.[53]

이를테면 가장 파레시아적인 예언자인 예레미야는 바빌로니아의 군대에 포위된 예루살렘 주민들에게 투항하라고 말한다. "주님께서 이렇게 말씀하신다. 이 도성에 머무는 자는 칼과 굶주림과 흑사병으로 죽겠지만,

---

52 이렇게 백성 가운데서 저주받은 존재로 선출된 예언자는 구약 문학에서 매우 특이한 존재이다. 집합적 의미가 아닌 개인으로서 '나'라고 말하는 인물이 등장하는 것은 예언자부터이다. 이 "현저하게 배타적인 '나'"를 말하는 예언자는 "새로운, 결코 유사한 예가 없는 상황에서 자신을 자기와 다른 사람들 앞에서 변호해야 하는 숙명 앞에 섰던 사람들이었다. 예언자는 그에게 일과 지식, 책임을 맡기고 그를 신 앞에 홀로 서게 한 사건을 보도한다"(같은 책, 61쪽).
53 베버, 『야훼의 예언자들』, 507쪽

칼데아인들에게 나가 항복하는 자는 죽지 않고 제 목숨을 전리품으로 얻어 살게 될 것이다. 주님께서 이렇게 말씀하신다. 이 도성은 반드시 바빌론 임금의 군대에게 넘어가 점령당할 것"(「예레미야서」, 38장 2~3)이라며, 주민에게 항복할 것을 권고했다.

그러나 절대 저항을 주장하는 성 사람들에게는 듣기 거북한 권고일 뿐이다. 그 직전에 이집트군이 진격해 와서 바빌로니아군은 포위를 풀고 있었기 때문이다. 대중이 좋아하지 않는 '진실'을 말하는 예레미야는 훼방꾼이 된다. 그리고 성의 대신들은 왕에게 "이런 자는 마땅히 사형을 받아야 합니다. 그가 이 따위 말을 하여, 도성에 남은 군인들과 온 백성의 사기를 떨어뜨리고 있습니다. 사실 이자는 이 백성의 안녕이 아니라 오히려 재앙을 구하고 있습니다"(「예레미야서」, 38장 4)라고 말한다. 그리고 대신들은 왕의 허가를 얻어 "예레미야를 붙잡아 경비대 울안에 있는 말키야 저수 동굴에 집어넣었다"(「예레미야서」, 38장 6). 이것은 예레미야의 정치적 파레시아의 귀결로 보인다.

그런데 예레미야의 말이 듣고 싶어진 왕은 아슬아슬하게 예레미야의 목숨을 구한다. 그리고 예레미야에게 예언을 말해 달라고 한다. "내가 그대에게 한 가지 묻겠으니 무엇이든 나에게 숨기지 마시오"(「예레미야서」, 38장 14). 그러나 예레미야는 주저한다. "제가 임금님께 사실대로 아뢰면 임금님께서 반드시 저를 죽이실 것이고, 제가 임금님께 조언을 드린다 해도 임금님께서 제 말을 들으실 리가 없습니다"(「예레미야서」, 38장 15).

이에 치드키야 왕은 예레미야에게 맹세한다. "우리에게 목숨을 주신 주님께서 살아 계시는 한, 내가 그대를 죽이지도 않고 그대의 목숨을 노리는 자들 손에 넘기지도 않을 것이오"(「예레미야서」, 38장 16). 이렇게 해서 치드키야 왕과 예언자 예레미야 간에 소위 '파레시아 계약'이 체결되고 예레미야는 자기 눈앞에 생생히 보이는 진실을 말하기 시작한다.

그리스 백성이나 히브리 백성이나, 좀처럼 '개심'하려 하지 않는다. 그리스의 대중은 자신들이 듣고 싶어 하지 않은 것을 말하는 소크라테스에게 사형을 선고한다. 예레미야의 말을 들은 사람들은 "혀로 그를 치고 [헐뜯고], 그가 하는 말은 무엇이든 무시해 버리자"(「예레미야서」, 18장 18) 며 음모를 꾸며 예레미야를 죽이려고 한다.

그러나 그리스의 파레시아와 히브리의 예언에는 큰 차이가 있다. 파레시아스테스로서의 소크라테스는 침묵을 선택할 수 있을 때에도 도덕적 재촉 때문에 진실을 말하려 한다. 재판에서 진실을 말하도록 강요받은 자는 파레시아스테스라고 불리지 않는다. 마찬가지로 신의 말이 입에 담겨 강제로 진실을 말하는 예언자는 파레시아스테스로 간주될 수 없다.

예레미야는 예언자가 되기를 스스로 바라지 않았다. 예레미야는 거듭 소명을 한탄하고 저항하려 한다. "주님, 당신께서 저를 꾀시어 저는 그 꾐에 넘어갔습니다. 당신께서 저를 압도하시고 저보다 우세하시니 제가 날마다 놀림감이 되어 모든 이에게 조롱만 받습니다. 말할 때마다 저는 소리를 지르며 '폭력과 억압뿐이다!' 하고 외칩니다. 주님의 말씀이 저에게 날마다 치욕과 비웃음거리만 되었습니다."(「예레미야서」, 20장 7~8)

폰 라트는 여기서 '꾐'이라는 말에 본래 '소녀를 구슬려서 유혹하다'의 의미가 있다고 지적한다. 예레미야는 신이 꾀는 말에 넘어가서 예언자가 되고 말았던 것이다. 그러나 그걸 깨달았을 땐 이미 늦었다. 저항하려해도 그럴 힘이 없는 것이다. "'그분을 기억하지 않고 더 이상 그분의 이름으로 말하지 않으리라' 작정하여도 뼛속에 가두어 둔 주님 말씀이 심장속에서 불처럼 타오르니 제가 그것을 간직하기에 지쳐 더 이상 견뎌 내지못하겠습니다"(「예레미야서」, 20장 9).

예언자와 신은 힘의 관계에서 그 균형이 너무나 기울어져 있고, "그는 이 견딜 수 없는 임무에서 벗어나려고 애쓴 사실을 고백한다. 그러나 그의 귀에 이미 들어온 말은, 불처럼 그의 마음속에서 이글거린다. 그러므로 그는 할 수 없이 예언자이기를 면치 못한 것이다".[54] 그리고 예언자는 이렇게 몸속에서 타오르는 말만을 말할 수 있다. 베버가 지적하듯이, 신이 강제하지 않고 스스로의 의지로 말하는 자는 진실의 예언자로서의 자격이 없는 것이다.[55]

또 예언자는 신이 보여 주는 환상을 보고 깨달아 신이 말하게 하는 말을 듣고 "누가 이를 이해할 만큼 지혜로울까?"(『예레미야서』, 9장 11)라고 말한다. 소크라테스는 시금석처럼 단단하고, 상대는 변하지 않는 소크라테스와 대화함으로써 자신의 영혼을 점검할 수 있다. 그러나 예언자는 예언자가 됨으로써 이제까지와는 완전히 다른 인물이 된다. 백성들보다 앞서 스스로 변신하고 전회를 경험하며 개심하는 것이다. 베버가 지적하는 것처럼 개심하는 것은 '예언자의 자격을 결정하는' 거대한 표지이다.[56]

더 큰 차이는 파레시아스테스는 스스로가 진실이라 믿는 바를 말한다는 것이다. 진실이 아닌 것을 진실인 양 수사(修辭)하는 것은 파레시아의 자격을 부정하는 것이다. 그러나 예언자는 허위를 말하기도 한다. 허위가 진실의 역할을 하는 경우가 있기 때문이다. 예를 들어 예레미야는 바빌론 왕의 대신들이 유대의 왕 치드키야가 있는 곳을 물었을 때 치드키야에게 들은 대로 거짓말을 한다. 거짓말을 하면 죽임을 당하는 일이 없을 것이라고 [치드키야로부터] 들었기 때문이다(『예레미야』, 38장 24~27).

---

54 폰 라트, 『구약성서신학 II』, 200쪽(2부 D장 2절).
55 베버, 『야훼의 예언자들』, 369쪽.
56 같은 책, 383쪽.

또 파레시아스테스의 말은 상대의 마음에 가 닿지 않으면 의미를 잃는다. 친구에게 훈계하든 대중에게 훈계하든 상대가 귀를 기울이지 않으면 전혀 효과가 없다. 또 파레시아스테스가 진실을 말하는 자로서 두려움의 대상이 되지도 않는다. 그러나 예언자의 말은 신의 말로서 강력한 위력을 갖는다. 그것만으로도 예언자는 두려움의 대상이 된다.

파레시아스테스의 말은 사태를 변화시키는 것이 아니라 사람들의 마음을 변화시키며, 스스로를 되돌아보게 하려는 기획이다. 그러나 예언자의 말은 사태를 변화시키는 힘을 갖는다. 예레미야가 메고 있던 멍에를 벗긴 가짜 예언자 하난야는 그 무모한 행위 이후 "그해 일곱째 달에"(「예레미야서」, 28장 17) 죽는다. 그리고 예언자인지 가짜 예언자인지는 예언의 실현 여부로 드러난다. "평화를 예언하는 예언자는 그 예언자의 말이 이루어질 때, 비로소 그가 참으로 주님께서 보내신 예언자로 드러나는 것"(「예레미야서」, 28장 9)이다.

파레시아스테스는 스스로 '혼자'라는 것을 자랑스럽게 여기는데, 예언자는 신과 자신이 분열되어 있다는 것을 끊임없이 의식하게 된다. 예언자는 도덕적 이유 때문에 진실을 말하는 것이 아니라 "신의 명령에 따르는 도구나 노예"[57]로서 말하는 것이며, 허위를 말하는 것이 예언자의 양심에 거스르는 일은 아닌 것이다.

또 예언자는 백성의 '파수꾼' 역할을 한다. 마지막 대예언자인 에제키엘은 야훼로부터 "이스라엘 집안의 파수꾼"(「에제키엘서」, 3장 17) 역할을 명받는다. "내가 어떤 나라에 칼을 끌어들이려 할 때, 그 나라 백성이 저희 가운데에서 한 사람을 뽑아 파수꾼으로 세웠다고 하자"(「에제키엘

---

57 같은 책, 284쪽.

서」, 33장 2).

이 파수꾼은 "자기 나라로 칼이 쳐들어오는 것을 보면, 나팔을 불어 백성에게 경고"(「에제키엘서」, 33장 3)하는 역할을 한다. 이 파수꾼의 비상 나팔 소리를 듣고 경계하면 백성은 목숨을 건질 수 있다. 그러나 파수꾼이 비상 나팔을 불지 않는다면 백성은 죽임을 당한다. 백성은 자신의 죄 때문에 죽지만 그 죽음의 책임은 예언자에게 있는 것이다.

이 예언자의 임무는 얼마나 기묘한가? 죄를 범하고 있는 것은 백성이다. 그리고 그 백성을 지속적으로 지켜보면서 죄 짓기를 멈추도록 경고하는 것은 예언자의 사명이다. 죄 짓기를 그만둔다면 백성은 목숨을 건질수 있다. 그러나 파수꾼이 경고하지 않으면 백성은 죄 때문에 목숨을 잃게 되고 그 책임은 예언자에게 있다. "그가 죽은 책임은 너에게 묻겠다"(「에제키엘서」, 33장 8)는 것이다. 그리고 만약 예언자가 경고했는데도 백성이 죄 짓기를 그만두지 않으면 백성은 죽지만 "너는 목숨을 보존할 것이다"(「에제키엘서」, 33장 9). 이 경우 예언자에게는, 백성의 죄를 지켜보고 항상 경고하는 것이 백성과 자신의 목숨을 구하는 유일한 길이다. 예언자란 참으로 부조리한 존재인 것이다. 그리고 예언자는 백성에게 경고하는데 목숨을 걸어야만 한다.

이러한 예언자의 존재가 히브리 종교에 어떻게 활기를 불어넣고 백성의 신앙심을 북돋우는지는 성서에서 말하는 대로이지만, 역으로 말하자면 사제의 타락을 고백하는 예언자는, 습관화된 의례로서가 아닌 진실한 의미에서의 율법을 준수할 것을 대중에게 촉구하고 "레위인이 설교하는 사회윤리적인 모든 사랑의 명령을 격정적으로 설득하는"[58] 존재이다.

---

58 같은 책, 356쪽.

타락한 사제 대신 진실한 양치기가 되어야 하는 존재이다. "그런 다음 나는 내가 그들을 쫓아 보냈던 모든 나라에서 살아남은 양들을 다시 모아들여 그들이 살던 땅으로 데려오겠다. 그러면 그들은 출산을 많이 하여 번성할 것이다. 내가 그들을 돌보아 줄 목자들을 그들에게 세워 주리니, 그들은 더 이상 두려워하거나 당황하지 않고, 그들 가운데 잃어버리는 양이 하나도 없을 것"(「예레미야서」, 23장 3~4)이라는 신의 "생존자들"(「이사야서」, 49장 6)의 예언을 실행하는 것은 예언자뿐이다.

3. 유대교의 형성

교단 국가의 형성

이처럼 사제, 왕, 예언자라는 세 정치적 심급이 기능함으로써 이스라엘은, 이집트처럼 종교 권력과 정치 권력이 통일된 신정 국가가 되지 않고 특유의 사목권력을 구축할 수 있었다. 그러나 포로 생활과 함께 이스라엘의 이러한 태도가 바뀌어 가게 된다.

바빌론 유수를 통해 유대인들의 신앙은 새로운 단계를 밟아 나가기 시작한다. 그 이전 아시리아에서의 포로 생활 때, 아시리아 제국은 포로로 잡은 사람들을 여러 장소에 나눠 살게 하고 그들의 고향인 북이스라엘에는 다른 민족 사람들을 이주시켰다. 이로 인해 북이스라엘은 역사에서 완전히 사라져 버린다.

그러나 신(新)바빌로니아는 "포로들을 분산시키지 않고, 그들의 변두리 지방에 정착시켰으며, 주민들을 추방한 새로운 점령지에 외국 이민단을 정착시키는 것을 소홀히 했다."[59] 그리고 포로로 끌려온 것은 새로 정복한 남유대의 지배자, 지식인, 상류 계급의 사람들뿐이었다. "그러나 친위대장은 그 나라의 가난한 이들을 일부 남겨, 포도밭을 가꾸고 농사를 짓게 하였다"(『열왕기 하권』, 25장 12). 하층 계급 사람들은 그대로 남아 있었던 것이다. 이들은 거의 농노와 같은 생활을 강요당한 듯하다. 신전은 파괴되었고 여전히 남아 있던 가나안의 종교가 퍼졌던 것으로 보인다.

이에 비해 포로들은 바빌론에 한데 모여 거류민으로서 살고 있었다. 그들의 유일한 바람은 언젠가 유대의 고국에 귀향하는 것이었다. 그리고 그것을 위한 끈이 야훼의 가르침이었다. 예레미야는 남유대에 남은 사람들을 "썩어서 먹지 못할 무화과"에 비유하고 포로들을 "좋은 무화과"에 비유한다. "내가 이곳에서 칼데아인들의 땅으로 내쫓은 유대의 유배자들을 이 좋은 무화과처럼 좋게 보아 주겠다. 나는 그들이 잘되게 눈길을 주고, 그들을 이 땅으로 돌아오게 하겠다"(『예레미야서』, 24장 5~6).

그러나 이 좋은 무화과가 심어져 있는 토지는 더럽혀졌고 "내가 이스라엘 자손들을 민족들 사이로 내쫓으면, 그들은 그곳에서 이처럼 부정한 빵을"(『에제키엘서』, 4장 13) 먹게 된다는 것이다. 이렇게 이방 민족 가운데에서 사는 사람들은 자기 정체성을 명확하게 보여 주는 수단을 필요로 했다. 그래서 "할례를 행하지 않는 민족 가운데서 살았던 그들에게 이 유서 깊은 관습은 일거에 구별의 표식으로 변할 수밖에 없었다".[60] 그리고 모든 공희(供犧)가 중지되었기 때문에, 공희가 아닌 생활 습관 속에서 다른 백성과의 구별을 나타내기 위해 안식일이 중시되었다. 유수의 와중에 이 두 가지가 유대 백성임을 명확하게 보여 주는 '계약의 표식'으로서 중시되게 되었던 것이다.

---

59 폰 라트, 『구약성서신학 I』, 89쪽(1부 D장).
60 같은 책, 88쪽(1부 D장).

이윽고 페르시아가 대두하고 신바빌로니아가 멸망한다. 페르시아는 각 민족의 종교를 중시하여 제의를 부활시키는 정책을 채용했으며 남유대의 포로들은 예루살렘 귀환을 허락받는다. 그 후 기원전 445년에는 페르시아의 아르타크 세르크세스 왕의 헌작관(獻酌官)[61]으로 일하던 느헤미야가 왕에게 간원하여 예루살렘 재건을 시도한다. 우선 느헤미야는 "여러분이 보시다시피 우리는 불행에 빠져 있습니다. 예루살렘은 폐허가 되고 성문들은 불에 타 버렸습니다. 자, 예루살렘 성벽을 다시 쌓읍시다. 그리하여 우리가 더 이상 수치를 당하지 않게 합시다"(「느헤미야기」, 2장 17)라며 예루살렘 성벽 재건 계획을 추진한다.

이렇게 성벽을 수복하여 예루살렘의 방위 능력을 회복한 후, 느헤미야는 유대 국민의 일부를 예루살렘에 모으고 집주(集住, synoikismos)를 통해 주민을 보충한다. "백성의 수령들은 예루살렘에 자리를 잡았다. 나머지 백성은 제비로 열 사람 가운데에서 하나를 뽑아 거룩한 도성 예루살렘에 자리를 잡게 하고, 아홉은 다른 성읍들에서 살게 하였다. 그리하여 백성은 예루살렘에 자리를 잡겠다고 자원한 모든 사람에게 축복하였다"(「느헤미야기」, 11장 1~2).

다음으로 모세의 책이 낭독되고 유대 전통 율법이 재확인되었다. 이에 기초하여 느헤미야는 차례차례 종교 개혁을 추진한다. 우선 처음 손을 댄 것은 이민족과 혼혈 주민의 배제였다. "그날 사람들은 모세의 책을 백성에게 읽어 주었다. 거기에서 이러한 사실이 쓰여 있음을 발견하였다. 곧 암몬인과 모압인은 하느님의 회중에 영원히 들어올 수 없는데, 이는 그들이 양식과 물을 가지고 이스라엘 자손들을 맞아들이기는커녕, 그들

---

61 왕에게 술을 올리는 직책—옮긴이

을 저주하려고 발라암을 고용하였기 때문이라는 것이다. 그리고 우리 하느님께서 저주를 축복으로 바꾸어 주셨다는 것이다. 백성은 이 율법을 듣고 이스라엘에서 모든 이방 무리를 분리시켰다"(「느헤미야기」, 13장 1~3). 또한 유대인들이 이민족과 결혼한 것을 확인하면, "우리도 당신네 말을 듣고, 이민족 여자들과 혼인하여 이렇게 큰 악을 저지르며 우리 하느님을 배신하라는 말이오?"(「느헤미야기」, 13장 27)라고 몰아세우면서 "꾸짖고 저주하였으며, 그 사람들 가운데 몇몇을 때리기도 하고 머리털을 뽑기도 하였다"(「느헤미야기」, 13장 25).

이렇게 이스라엘의 순혈을 확보하자, 제사실이 다른 용도로 이용되던 것을 멈추게 하고 "방들을 정결하게 하라고 지시하였다. 그런 다음에 하느님의 집 기물들과 곡식 제물과 향료를 도로 가져다 두게 하였다"(「느헤미야기」, 13장 9). 다음으로 종교세인 십일조를 부활시켜 "모든 유대인이 곡식과 햇포도주와 햇기름의 십일조를" 바치게 했다(「느헤미야기」, 13장 12). 또한 당시 유대에서 안식일에 포도주를 빚고 곡식 단을 나르고 온갖 종류의 과일과 짐을 나르고 물고기 등의 양식을 파는 것을 발견하자, 예루살렘의 성문을 닫게 하고 안식일이 지나기까지 문을 열지 않았다. 이렇게 해서 "그들은 안식일에 나타나지 않았다. 나는 레위인들에게 자신들을 정결하게 하고 와서 성문들을 지켜, 안식일을 거룩하게 지내라고 지시하였다"(「느헤미야기」, 13장 21~22).

또한 "이스라엘의 하느님께서 주신 모세의 율법에 능통한 학자"(「에즈라기」, 7장 6)이며, 페르시아의 아르타크 세르크세스 왕의 "사제이며 율법 학자"(「에즈라기」, 7장 11)인 에즈라는, 왕의 명령에 따라 "하늘의 하느님께서 내리신 법"(「에즈라기」, 7장 12)을 유대 백성이 있는 곳에서 실현하는 작업을 개시했다. 에즈라는 예루살렘 신전의 재건을 완료시키고 거기에 더해 이스라엘의 순혈성을 높이기 위한 작업을 수행한다. 유대 민족이 범한 최대의 악행이 이민족 여성과의 결혼이라고 여긴 에즈라는, "여러분은 배신하여 이민족 여자들과 혼인하고, 그럼으로써 이스라엘에 잘못을 더 보탰습니다. 이제 주 여러분 조상들의 하느님께 찬미를 드리고 그분의 뜻을 실행하십시오. 이 지방 백성들, 그리고 이민족 아내들과 갈라서십시오"(「에즈라기」, 10장 10~11)라고 명한다.

그리고 에즈라는 모세 율법의 책을 회중 앞에서 낭독하는데, "첫날부터 마지막 날까지 날마다 하느님의 율법서를 읽어 주었다"(「느헤미야기」, 8장 18). 그리고 레위인들이 "백성에게 율법을 가르쳐 주었다. 백성은 그대로 서 있었다. 그들은 그 책, 곧 하느님의 율법을 번역하고 설명하면서 읽어 주었다. 그래서 백성은 읽어 준 것을 알아들을 수 있었다"(「느헤미야기」, 8장 7~8). 백성들은 율법을 들으면서 울고 있었는데, 에즈라는 "오늘은 주 여러분의 하느님께 거룩한 날이니, 슬퍼하지도 울지도 마십시오 (……) 주님께서 베푸시는 기쁨이 바로 여러분의 힘이니, 서러워하지들 마십시오"라고 타이른다(「느헤미야기」, 8장 9~10). 그들은 그 말을 듣고 울음을 멈추었으며 "자기들에게 선포된 말씀을 알아들었으므로, 가서 먹고 마시고 몫을 나누어 보내며 크게 기뻐하였다"(「느헤미야기」, 8장 12).

이렇게 해서 순혈 유대인들 안에서 닫힌 교단 종교로서 유대교가 형성되어 가며,[62] 이 유대교에서는 율법이 절대적 규칙으로서 경직되어 간

---

62 포로 생활을 하다 돌아온 유대 땅에서 일종의 종교 개혁이 계획되고 이미 이민족들이 살던 북이스라엘을 포함한 유대 백성의 나라 '이스라엘'의 재건이 기획되고 있었다는 것, 이런 복잡한 상황 때문에 「신명기」에서 모세가 말하는 중요한 말에서 "이스라엘아, 들어라! 주 우리 하느님은 한 분이신 주님이시다. 너희는 마음을 다하고 목숨을 다하고 힘을 다하여 주 너희 하느님을 사랑해야 한다"(6장 4~5)고 3인칭의 이스라엘을 부르고, 너라고 2인칭으로도 부르며, 우리의 신이라는 1인칭 복수로도 부르는 복잡한 구도가 생기게 되었다고 한다. 이에 대해서는 鈴

다. 그래서 유대 백성은 주변 민족들이 보기에 고립되고 이질적인 백성으로 보이게 된 것이다.

"이제 이스라엘은 수수께끼로 가득한 역사 너머에 살며 그 신에게 봉사한다. 따라서 물론 다른 민족과의 연대성도 결정적으로 제거되어 버렸다. 이러한 급격한 분리를 통해 다른 민족에게는 섬뜩한 존재가 되어 버리고 미움을 받으며 교류 없는 자(아믹시아, amixia)라는 비난을 받았다."[63]

이렇게 다른 민족으로부터 차단되어 유대인의 신성 국가가 형성되었다. 베버가 지적하듯이 고대 그리스가 사제 정치로부터 자유로웠던 것은 페르시아 전쟁에서 페르시아에게 승리했기 때문이며, 델포이의 신탁은 페르시아에 유리한 것이었다. 그리스가 패배했더라면 유대인들과 마찬가지로 "페르시아의 지배와 함께 절대적 지배권을 획득한 사제 정치의 지배"가 관철되었을 것임에 틀림없다.[64] 유대인의 국가는 이렇게 해서 페르시아의 보호하에서 사제의 교단으로서 형성되었다.

이 페르시아의 지배하에 있었던 시대에 "느헤미야/에즈라의 개혁"[65]이 실행되고 율법이 확립되며 신전 의례가 정해졌다. 그리고 율법은 "하느님 법과 임금의 법"(「에즈라기」, 7장 26)으로서 성스러운 것으로 여겨지고, 이제 더 이상은 개혁할 수 없는 것이 되었다.[66] 이방의 정치적 지배하

木佳秀, 『ヘブライズム法思想の源流』, 創文社, 2005, 136쪽 이하를 참조하라.

63 폰 라트, 『구약성서신학 I』, 130쪽(2부 A장 3절).

64 베버, 『야훼의 예언자들』, 446쪽.

65 赤司道雄, 『旧約聖書捕囚以後の思想史』, 大明堂, 1973, 22쪽. 이 개혁의 주안점이 '민족주의적 유대교'의 확립에 있었다는 것은 같은 책, 73쪽을 참조하라. 또 느헤미야와 에즈라의 역사적 관계에는 복잡한 문제가 있다. 이에 대해서는 山我哲雄, 『聖書時代史: 旧約篇』, 岩波書店, 2003, 204~205쪽을 참조하라.

66 페르시아가 유대 율법을 정식으로 승인한 것은, 유대를 후원하기 위해 "정식으로 합의된 어떤 기초를 필요로 했"기 때문이고, "그것은 특히 제국의 징세 문제와 관련되어 있었다"는 점에 대해서는 H. G. M. ウィリアムソン, 「変容するイスラエルの概念」(『古代イスラエルの世界』, 213

에서, 유대로서는 민족적 종교만이 자기들 정체성의 근거가 되었다. "안식일, 할례, 음식물 규정을 중심으로 한 율법의 체계는, 이 이후 여러 이민족에게 지배되면서 어디에서나 유대인이 유대인일 수 있기 위한 기반이 되었다"[67]는 것이다.

이렇게 해서 유대교가 확립되는데, 이 유대인의 국가에는 여러 문제점이 있었고, 그 가운데서 예수와 그리스도교회가 탄생하게 된다.

쪽)을 참조하라.

67 山我哲雄, 『聖書時代史 : 旧約篇』, 181쪽.

2장 · 그리스도교와 사목

1. 이스라엘 종교에서 분파의 성립

한편 정치적 독립을 잃어버린 유대는(포로 생활이 끝나고 예루살렘으로 귀환한 백성들의 나라를 '유대'라 부르도록 하자), 닫힌 종교 시스템 아래에서 그리고 헬레니즘 제국의 지배 아래에서 긴 시간을 보내게 된다. 페르시아는 알렉산드로스의 군대에 굴복하고 팔레스타인은 프톨레마이오스 왕조의 지배 아래 들어가는데, 시리아를 지배하는 셀레우코스 왕조와의 대립에 휘말리게 된다.

프톨레마이오스 왕조 아래에서는 헬레니즘화가 진행되어 그리스 이름을 갖는 많은 도시가 건설되며, "헬레니즘적 행정관료제는 지방에도 침투하고, 그리스인 상인과 관리는 팔레스타인의 촌구석 농부의 오두막에까지 밀어닥쳤다".[1] 이렇게 해서 그리스의 디오뉘소스 신앙이 도입되었다. 프톨레마이오스 왕조는 지배를 위해 팔레스타인 토착 귀족에게 은혜

---

1 ヘンゲル, 『ユダヤ人·ギリシア人·バルバロイ』, 52쪽.

를 베푸는 한편, "광범위한 민중들 각층은 여러 형태의 국가적이고 사적인 활용의 강화를 통해 점점 더 많이 착취"[2]당한 것이다.

그 후 셀레우코스 왕조의 지배 아래에 놓인 팔레스타인에서 유대 대사제인 아리스토블루스는 그리스적인 왕의 칭호를 이용하게 되었고,[3] 동생은 그리스어를 새긴 화폐를 발행했으며, 사제 하스모니아 가문의 국가를 '헬레니즘'적 군주 국가[4]로 변모시키게 된다. 이윽고 유대는 헤로데 아래서 완전한 헬레니즘적 군주 국가의 지배를 받게 된다.

이 헬레니즘적 국가의 유대교 내부에서 토라(율법)의 취급 방식을 둘러싸고 분열이 발생해 서로 경쟁하고 있었다. 예수는 이러한 급진적 유대교 유파 중 하나의 예언자로 등장했다. 당시 상황을 잠시 살펴보자.

우선 이 국가를 경제적으로 지지했던 것은 헬레니즘의 영향을 받아들이려던 유대 귀족 상류 계급으로, 이 사람들은 주로 사두가이파라고 불리는 교의를 믿고 있었다. 사두가이파에게 토라의 핵심은 "신에 의해 선택된 성소에서 제사를 정기적으로 드리는 것"[5]이었다. 예루살렘 신전을 관리하는 종교 지도자가 정치 지도자와 밀접하게 협력하는 것이 중요했던 것이다.

사두가이파는 기본적으로 유대교를 민족 신앙으로 생각하고 있었다. 그래서 종교도 유대라는 민족의 필요성이라는 관점에서 생각하려 했다. 토라는 필요하지만 "이교 권력과의 밀접한 관계가 필연적으로 요구되는 정치를 행하기 위해서는 어떻게든 정치적 편의와 경제적 이익을 사항의

---

2 같은 책, 55쪽.
3 요세푸스, 『요세푸스 II: 유대 고대사』, 13권 11장 1절, 김지찬 옮김, 생명의 말씀사, 2006, 178쪽.
4 ヘンゲル, 『ユダヤ人・ギリシア人・バルバロイ』, 120쪽.
5 エチエンヌ・トロクメ, 『キリスト教の揺籃期』, 加藤隆 訳, 新教出版社, 1998, 20쪽.

최종적 판정자로 삼아야 한다"고 주장한 것이다.[6] 더욱이 철학적으로 사두가이파는 전통적 유대 사상의 영혼관과 죽음의 이론에 기초하여 영혼은 소멸하는 것으로 생각했다고 요세푸스는 증언한다.[7]

이에 비해 중류 계급의 지지 아래 유대의 헬레니즘화에 저항했던 것이 바리사이파였다. 바리사이라는 말은 분리라는 말에서 유래하는 것으로, 사람들로부터의 분리를 중시한다. "바리사이인이라는 것은 자기를 의롭다 여기고 타인으로부터 자기를 분리하여 '나에게 가까이 오지 마라, 나는 깨끗하니까'라고 말하는 자들이다".[8]

바리사이파의 이 '깨끗함', 성결을 그들이 확보하는 방식은 이러하다. 요컨대 법률의 가르침을 사제뿐만 아니라 모든 사람에게 준수하도록 하고, 신전에서뿐만 아니라 모든 장소에서, 언제나 준수하는 것을 법도로 삼는 것이다.[9] 그래서 바리사이인은 상업적 이유나 경제적 이유 등 여러 이유로 의례를 지킬 수 없는 땅의 사람들(암 하레츠)과 함께 식사하기를 거부하고 식사 전에는 손을 씻는다. "암 하레츠의 손님이 되지 않"[10]으며, "부정한 음식이나 (두번째) 십일조, 혹은 거제[제사에 올리는 것]를 만지기 전에는 (……) 간단히 양손을 씻어야 한다."[11] "손 씻기, 특히 식전·식후의 손 씻기는 신전 내의 행위, 혹은 그와 등가치의 행위를 널리 사회 전반으로 확장하는 의미를 갖고 있었"[12]던 것이다. 예수의 제자들이 식사 전

6　イジドー・エプスタイン, 『ユダヤ思想の発展と系譜』, 安積鋭二・小泉仰 訳, 紀伊国屋書店, 1975, 113쪽.
7　요세푸스, 『요세푸스 II: 유대 고대사』, 18권 1장 4절, 498쪽.
8　오리게네스, 『마태오 복음서 주해』, 23-23. 바리사이파에 대한 자료를 모은 J. ボウカー, 『イエスとパリサイ派』, 土岐正策・土岐健治 訳, 教文館, 1977, 322쪽에서 인용.
9　ボウカー, 『イエスとパリサイ派』 43쪽.
10　미쉬나 2-2; 데마이 2-2, 3(ボウカー, 『イエスとパリサイ派』, 184쪽).
11　미쉬나 2-17; 하기가 2-4, 5(같은 책, 194쪽).

에 손을 씻지 않아 엄한 꾸짖음을 당하는 것은 그 때문이다.

이렇게 바리사이파는 토라를 "백성 각 사람에 대한 도덕적 율법으로서 재파악"[13]했다. 바리사이파는 이 도덕적 가르침을 통해 사람들로부터 강한 지지를 얻고 있었다. "이런 교리들 때문에 바리새파는 유대인들에게 큰 영향력을 행사할 수가 있었다. 유대인들은 하나님께 제사를 드릴 때나 기도를 할 때나 희생을 드릴 때에는 바리새인들이 시키는 대로 하였다."[14] 사두가이파에게는 대중의 지지가 없었고 바리사이파에게 따르지 않으면 "백성들이 그들을 용납하지 않"[15]았다.

이렇게 대중의 지지를 획득하여 정치적 권력까지 쥐고 있던 바리사이파의 철학적 이론에 대해 요세푸스는 『유대 고대사』에서, 그들은 영혼이 불멸한다고 믿으며 "이 세상에서 선하게 살았는지 악하게 살았는지에 따라 상벌을 받게 되는데, 선하게 살았을 경우에는 소생하여 다시 살 수 있는 능력을 받게 되고 악하게 살았을 경우에는 영원한 감옥에 갇히게 된다고 믿었다"[16]고 설명했다.

영혼이 불멸한다는 사상은 유대의 전통적 사상의 흐름으로부터는 벗어나지만, 일상생활에서 율법을 도덕 규칙으로서 파악하기 위해서는 선행에 대한 보답을 피안에서 받을 수 있도록 영혼의 불멸이 요청되었던 것이다. 바리사이파의 이런 사상에 그리스도교의 부활 사상과 공명하는 지

---

12 ボウカ-, 『イエスとパリサイ派』, 136쪽에서 인용. 또한 바리사이파와 사두가이파의 논쟁을 상세히 분석한 Louis Finkelstein, *The Pharisees*, Jewish Publication Society of America, 1962의 Vol. 2, pp. 639~752를 참조하라.
13 トロクメ, 『キリスト教の揺籃期』, 21쪽.
14 요세푸스, 『요세푸스 II: 유대 고대사』, 18권 1장 3절, 497쪽.
15 같은 책, 18권 1장 4절, 498쪽.
16 같은 책, 18권 1장 3절, 497쪽.

점이 있었다는 것은 「마르코 복음서」에 기록되어 있다.

그리고 주목할 만한 것은 사두가이파와는 대조적으로 바리사이파는 신이 유대 백성만을 위한 것이 아니라고 가르쳤다는 사실이다. "바리사이파는 모든 인류의 신으로서의 신을 인정했기 때문에, 그들은 신에 대한 개인의 관계와 책임이라는 교의를 굳게 주장하고, 따라서 개인의 영혼이 살아남아 저세상에서 응보를 받는다는 것을 믿었"다.[17]

요세푸스에 따르면 이 밖에 주요 유파로서는 에세네파가 있다. 에세네파는 율법을 완전히 지키는 것을 중시하고, 그래서 "평화와 안전 속에서 경건한 생활을 보내기 위해 사악한 세상을 내버려 두고"[18] 더러운 사람들로부터 차단되어 광야에서 지낸다. 모든 것을 신의 손에 맡기고 재산을 공유하며 일반 사람들과는 다른 청결 의식을 따르기 때문에, 모든 사람들이 드나드는 "신전의 역내로부터는 쫓겨난"다.[19] 에세네파는 극단적인 엄격주의에 이르도록 율법을 준수했으며, 이는 안식일 규정을 극히 엄중하게 지켰다는 것으로부터도 알려져 있다.

에세네파는 그리스의 오르페우스 교단과 같은 영혼관을 갖고 있었던 것 같다. "육신의 속박으로부터 벗어난 영혼은 마치 오랜 노예 생활 끝에 자유로워진 것처럼 기뻐하며 하늘 높이 솟아오른다"[20]고 한다.

그렇기 때문에 악을 행하기보다는 덕을 쌓는 것을 중시하는 것이고, 유대 전쟁에서도 로마의 잔혹한 고문에 꿋꿋하게 견뎠던 것이다.[21]

---

17 エプスタイン, 『ユダヤ思想の発展と系譜』, 113쪽.
18 같은 책, 119쪽.
19 요세푸스, 『요세푸스 II: 유대 고대사』, 18권 1장 5절, 498쪽.
20 요세푸스, 『유대 전쟁사 I』, 2권 155,, 박찬웅·박정수 옮김, 나남, 2008, 120쪽.
21 같은 책, 2권 152, 206~207쪽.

또 에세네파 중에서는 결혼의 중요성을 강조하는 집단이 있었다고 요세푸스는 기록하고 있다. 아무도 결혼하지 않으면 민족이 멸절될 것이라고 두려워한 이 집단은, 여성을 3년간 시험해 보고 자손을 낳을 능력이 있는지 확인이 되면 아내로 삼았다고 한다. 그들은 "임신 중에는 부부간의 성관계를 갖지 않는데, 이를 통해 그들의 결혼이 쾌락을 추구하는 것이 아니라 자녀를 생산하기 위한 것이라는 점을 입증"[22] 하고 싶어 했다고 한다.

마지막으로 요세푸스가 네번째 철학 유파라 부르는, 갈릴리의 유다스가 지도자였던 유파가 있다. 이 유파의 주장은 "다른 모든 면에서는 바리새파와 같았으나 자유에 대한 신념과 불가분의 관계를 맺고 있다는 점만이 달랐다".[23] 이 유파의 사람들은 율법의 규칙을 완벽히 지키는 것을 목표로 삼고 율법을 지키지 않는 자들을 처벌하는 데 이상한 열정을 기울인다. 그리고 "어떠한 죽음[비정상적인 형태의 죽음]에도 개의치 않"았고, 로마 황제를 주(主)라 부르는 자는 가까운 친지나 친구라도 상관없이 습격했다.[24]

이 유파의 사람들은 열심당(제로타이)이라고 불렸으며 유대 전쟁의 중심이 되는 사람들이다. 암살자를 의미하는 시카리파라고 불리기도 했다. 이 유파는 주님으로 불리는 신은 야훼뿐이라는 것을 명확히 하고 팔레스타인의 헬레니즘화에 대한 저항의 논리적 근거를 제공했다.

헤로데는 팔레스타인의 헬레니즘화를 급격히 진행시켰다. 아우구스투스가 원수로 즉위한 기원전 27년에 헤로데는 페니키아에 있는 스트라

---

22 같은 책, 2권 160, 208쪽.
23 요세푸스, 『요세푸스 II: 유대 고대사』, 18권 1장 6절, 499쪽.
24 같은 곳.

톤이라는 마을에 항구 도시 카이사리아를 건설했는데, "약간 높은 언덕에는 신전이 세워져 있어서 항구를 향해 들어오는 배들이 멀리서도 바라볼 수 있었다. 또한 이 항구에는 로마와 케라스의 상(像)이 한 개씩 있었다".[25]

이곳은 아직 유대 영지 밖이었지만, 머지않아 로마 황제 칼리굴라가 예루살렘 신전에 자신의 상을 세우도록 하여 대반란을 일으킬 수밖에 없는 사태를 맞게 된다. 황제의 상을 반입하려 하는 페트로니우스 총독 앞에 몇만 명의 유대인들이 몰려들어서 "만일 총독께서 이 케사르의 상을 가져다가 굳이 성전 안에 세우시겠다면 먼저 우리를 죽이시고 그다음에 마음대로 하십시오"[26]라고 탄원했던 것이다. 유대 사람들에게 황제 숭배는 그토록 흉측한 것이었고 제로타이는 "황제 지배 거부에 대해 명확한 '신학적' 근거를 제공했다".[27]

"로마적 황제 형이상학과 가까워 오고 있는 신의 왕적 지배 사이에는, 세속 정치의 영역에서조차 그 어떤 타협도 있어서는 안 된다는 신념에 기초하여, 제로타이는 유대 해방 운동에 그 기본적 전투 형태를 제공했다."[28] 제로타이는 「다니엘서」에서 발견되는 종말론적 환상을 유대의 정치적 공간으로 가져와 실제로 유대 국가의 멸망을 야기시킨다. 에세네파도 유대 전쟁에 참가하고 역사에서 사라져 간다. 유대 종교를 후대에 전하게 되는 것은 타협한 바리사이파 일파이며, 야브네의 땅에 재건된 바리사이파가 후일 유대교 랍비 전통의 단초가 된다.[29]

---

25 같은 책, 15권 9장 6절, 346쪽.
26 같은 책, 18권 8장 2절, 543쪽.
27 マルティン・ヘンゲル, 『ゼーロータイ』, 大庭昭博 訳, 新地書房, 1986, 94쪽.
28 ヘンゲル, 『ゼーロータイ』, 96쪽.
29 랍비 요하난 벤 자카이에 의한 야브네에서의 재건에 대해서는 エプスタイン, 『ユダヤ思想の発展と系譜』, 12장이 상세하다.

2. 광야로

이 유대교의 네 유파는 도시의 정치적 공간에 머물러 있었지만 당시의 급진적인 운동 중에는 광야로 돌아가 고립된 공동체에서 지내는 종파도 있었다. 에세네파 중에 광야에서 지내는 사람들이 있었다고 앞서 소개한 바 있다.

그런데 필론이 소개하는 에세네파는 남성들만의 집단이었던 것 같다. 이 집단에는 성인 남성뿐이었으며 기혼자는 한 명도 없었다. 에세네파에게 여성, 특히 아내는 이중의 의미에서 위험했다. 우선 여성은 남성의 마음을 어지럽히고 영혼의 집중을 흩트린다. "여성은 이기주의적인 생물로, 과도하게 질투에 마음을 빼앗기며, 남성의 자연스러운 성향을 교란시키고 뒤집어엎기 위해 무시무시한 계산을 한다. 그리고 끊임없이 속임수를 사용하여 남성이 실수하도록 만든다"[30]는 것이다.

그뿐만이 아니다. 여성은 남성을 타자에게 완전히 다른 사람이 되게 만들어 버린다. "여성의 매혹이나 어린이의 영향에 붙잡힌 남성은 자연의 필연적 인연에 의해 애정의 충동에 압도되고 타자에 대해서 더 이상 동일한 인간이 아니게 된다. 깨닫지 못한 채로 자유인이 아닌 노예가 되며 전혀 다른 인간이 되어 버린다."[31] 여성이 남성 마음의 통일을 흩트리고 타자에 대해 한 얼굴이 아닌 두 얼굴을 갖게 만든다고 생각한 것이다.

그 당시의 종교적 문서의 보고인 쿰란 사해문서에 따르면, 쿰란에는 도시에서 떨어진 종교 공동체가 구축되어 있었다. 이 집단은 엄격한 규제

---

30 필론, 『유대인을 위한 변명』, 11~15(Philo, *Hypothetica*, *Philo*, volume IX, Loeb Classical Library, 1941).
31 같은 책, 11~17.

하에 "사독의 아이들, 즉 계약을 지키는 사제들과 계약에 충실한 공동체의 사람들 다수"로 구성되고, 모든 소유물을 공유하며, "율법과 소유물과 규칙에 관한 모든 사항이 정해진다. 진실, 공동과 겸손, 의와 공정과 은혜와 사랑을 행하고 그의 모든 길을 겸허하게 걸어갈 것"이 요구되었다. "영원의 공동체를 위해 진실의 기초를 놓는" 것을 목적으로 했던 것이다.[32]

요세푸스는 에세네파 중에 결혼을 허락하는 집단이 있었음을 암시하지만, 필론은 에세네파가 결혼하지 않는다고 말했다. 무엇보다 '회중규정'(會衆規定)에서 회원이 만 20세가 되어 "선과 악을 분별하기 전까지는, 사귀기 위한 목적으로 여자에게 가까이 가서는 안 된다"[33]고 정하고 있다.

이 종단에서는 입회 의례 때 회개를 시키고 세례까지 주었다. 이것은 "완고한 마음"을 가진 자는 "속죄를 통해 정결해지지 않고, 정결해지는 물을 통해 깨끗해지지 않으며, 바다나 강을 통해 정결해지지 않고, 그 어떤 세례의 물을 통해서도 깨끗해지지 않는다"[34]고 여겨졌다는 데서도 드러난다.

필론은 또한 테라페우타이라는 집단을 소개한다. 이 집단 역시 도시

---

32 종규요람 5장(『死海文書: テキストの翻訳と解説』, 日本聖書学研究所 編, 山本書店, 1993, 100~101쪽). 사해문서를 남긴 집단은 에세네파라고 여겨지지만, 이 문서만으로는 소유했던 집단을 에세네파로 특정할 수 없다. 베르거(Klaus Berger)는 이 시대에 '광야'에 머무르던 집단으로 다음의 여섯 집단을 상정해야 한다고 지적한다. 1. 세례자 요한과 그 제자들. 2. 광야에서 회개의 고행을 하고 풀을 먹으며 문명의 은혜를 포기한 사람들. 이를테면 「다니엘서」에 묘사된 네부카드네자르. 3. 에세네파. 이는 플리니우스, 『자연지』(自然誌)가 전하는 집단이다. 4. 예언자의 제자들. 이를테면 이사야의 제자들. 5. 마카베오 그룹과 유대 마카베오. 『마카베오 하』에 기재되어 있는 사람들. 6. 쿰란의 주민들. クラウス·ベルガー, 『死海写本とイエス』, 土岐健治 訳, 教文館, 2000, 57~58쪽 참조. 이들 집단들 중 어느 집단이든, 사해문서로 남겨진 문서를 모았다고 보기에 이상할 것이 없다.
33 회중규정 1장(『死海文書』, 115쪽).
34 종규요람 3장(『死海文書』, 97쪽). 또한 쿰란의 세례 의례에 대해서는 マシュウ·ブラック, 『死海写本とキリスト教の起源』, 新見宏 訳, 山本書店, 1966의 5장이 상세하다.

를 버리고 광야에서 집단으로 수도원과 같은 건물을 세워 거기서 각각 고독하게 명상의 나날을 보냈다. 이 건물도 "태양의 열기와 차가운 공기"[35] 정도나 막아 주는 간소한 것이었다. "마실 것도 먹을 것도, 그 밖에 육체를 유지하는 데 꼭 필요한 것조차 들여오지 않고, 법(토라), 예언자의 말, 시편, 그 외에 지식과 경건을 증가시키고 완성시키는 것만을 들여왔다."[36]

그리고 여성들은 대부분 처녀로, 모두 순결을 지키고 있었다. 순결을 지키는 것은 예지(叡智)의 찬미와 사랑 때문이며, "지혜와 함께 사는 것에 열심이고 육체에 관한 쾌락을 무시하며 죽을 수밖에 없는 자손이 아닌 불사의 자손을 추구하기 때문인데, 그러한 자손은 신에게 사랑받는 영혼만이 스스로 [산파의 도움을 받지 않고—인용자] 낳을 수 있기 때문이다."[37]

이렇게 이 집단 사람들은 영혼을 신과 연결시키고 한눈도 팔지 않고 명상 속에 사는 것을 바라고 있었다. 그리고 일주일에 한 번 사람들은 모여서 찬가를 부른다. 남성 코러스와 여성 코러스가 "하나의 코러스"[38]로 융합하고 모세 뒤에서 홍해가 다시 하나가 된 것처럼, 사람들의 영혼과 목소리가 일체가 되어 융합하고 "순수한 포도주를 마시는 것처럼 신에게 칭찬받는 것"[39]을 맛보고 마음을 녹이는 것이다.

이 집단이 상징하는 것은 이 시대에 새로운 감성이 등장하여 그리스적인 것에도 유대적인 것에도 없는 어떤 순수성이 추구되게 되었다는 것이다. 테라페우타이에는 여성도 참여했지만, 이는 예외적인 경우였고 알

---

35 필론, 「관상적 생활」, 3장 24(『観想的生活·自由論』, 12쪽).
36 같은 책, 3장 25(12쪽).
37 같은 책, 8장 68(22쪽).
38 같은 책, 11장 85(28쪽).
39 같은 책(27쪽).

렉산드리아 교외에 존재하던 여러 집단에서 여성이 참여했던 것은 테라페우타이뿐인 듯하다.[40] 다른 모든 집단에서 여성은 "마음이 둘"인 존재로 여겨지고 있었던 것 같다.

또 쿰란 종단과 마찬가지로 광야에서 세례를 하는 예언자 집단도 있었다. 그중 하나가 세례자 요한이다. 요한에 대한 자료는 적지만 요세푸스는 헤로데가 죽인 요한이 "의로운 인물"이며 그가 "유대인들에게 서로 의를 행하고 살 것과 하나님 앞에서 경건하게 살 것을 강조하면서, 그렇게 하고 와서 세례를 받으라고 주장"했다고 말한다. 이 세례는 범한 죄의 용서를 구하기 위한 것이 아니라, "이미 의로 인해 영혼은 완전히 정결케 되었음을 믿고 이제는 몸을 정결케 하기 위해서 세례를 받는다고 생각하는 사람만이 세례를 받을 수 있다"고 한다.[41] 요한의 이 세례 집단에는 다수의 제자들이 모여서, 기원후 1세기까지 이 공동체가 존재했던 것으로 보인다.[42] 예수는 요한의 세례를 받고 요한의 집단 중 한 명으로서 활동을 개시했던 것이다.

3. 예수의 등장

이스라엘 종교가 갖는 여러 문제를 끊어 버리려고 등장한 것이 예수였다.

---

40 Peter Brown, *The Body and Society*, Columbia University Press, 1988, p. 39. 본서는 푸코도 참조한 바 있는 역사가 피터 브라운의 저서, 특히 『신체와 사회』로부터 큰 영향을 받았다. 그런데 에우세비오스는 이 테라페우타이의 모임을 초기 그리스도교도 집회로 본다. "필론은 축복에 의한 가르침을 최초에 전한 자들이나, 처음부터 사도들을 통해 전해진 관습을 알고 있었고 그것을 기록해 놓았다"(エウセビオス, 『教会史』, 秦剛平 訳, 山本書店, 1986, 2권 7장, 111쪽).
41 요세푸스, 『요세푸스 II: 유대 고대사』, 18권 5장 2절, 517쪽.
42 トロクメ, 『キリスト教の揺籃期』, 29쪽.

예수는 바리사이파의 율법주의를 비판하면서[43] 땅의 백성들의 입장에 섬으로써 유대교를 혁신하고 유대 사회를 개혁하려 했다.[44]

그런데 예수의 사상에 대해서는 역사상의 예수를 이야기하는 것으로 보이는 '전승된 예수'와, 그리스도교단에서 만들어 낸 '부활한 예수'의 두 예수상을 분리할 필요가 있다.

이 '전승된 예수', 역사적 예수의 사상을 복원하는 것은 역사적 소크라테스의 상을 복원하는 것과 마찬가지로 어려운 과제이다. 우리가 "예수의 생애의 한 장면으로 믿어 온 일련의 대표적 장면이 모조리 복음서 기자의 창작으로 밝혀지는 것"을 피할 수 없기 때문이다.[45] 그럼에도 불구하고 마태오, 마르코, 루카의 세 공관 복음서로부터 전승 예수의 사상을 재구성하는 작업이 이어져 오고 있고, 이것은 끝없는 작업이지만 마르지 않는 즐거움이기도 하다.

여기서는 이 예수상을 어디까지나 사도들이 상상한 상으로부터 취할 수밖에 없다는 것을 잊지 않으면서도 예수의 비유를 실마리 삼아 예수의 사상을 메타노이아와 아가페라는 관점에서 고찰해 보자. 메타노이아는

---

43 바리사이파를 가상의 적으로 삼은 경위에 대해서는 荒井献, 『イエス・キリスト』(上·下), 講談社, 2001 등을 참조하라. 또한 여성을 차별했던 유대 사회 쪽이 남녀 차별을 원리적으로 부정했던 그리스도교회보다도 더 여성에게 너그러웠다는 역설도 있다(이에 대해서는 이 책의 2부 5장 1절을 참조하라). 그리스도교회가 서양 사회에 들어온 여성 멸시의 시선은 엄청난 귀결을 불러왔기 때문에 이런 역설은 사상적 간략화가 용인되지 않는 부분이다.

44 예수의 가르침을 급진 바리사이파 사상으로서 읽을 수도 있다는 데 대해서는 유대 사상가인 마르틴 부버(Martin Buber)가 『그리스도교와의 대화』에서 "토라에 대한 산상설교의 태도와 바리사이파의 태도는 대립된 것처럼 보이지만, 사실 그것[예수의 가르침]은 어느 특정한 본질적 관점에서 보면 바리사이파의 한 가르침을 거듭제곱한 것에 불과하다"고 말했다는 것을 지적해 두자(ブーバー, 『キリスト教との対話』, 板倉敏之 訳, 理想社, 1968, 79쪽). 부버는 또 "예수 자신의 가르침 안에서는 순 유대적인 원리가 지배하고 있다"(같은 책, 11쪽)고도 말한다.

45 ルドルフ·ブルトマン, カール·クンズィン, 『聖書の伝承と様式』, 山形孝夫 訳, 未来社, 1967, 26쪽.

회개라는 의미로 사용되는데, 본래는 시선의 방향을 바꾸는 것으로, 플라톤의 동굴의 비유에서 '머리 방향 바꾸기'라는 의미로 사용되는 에피스트로페에 가까운 개념이다. 푸코는 그리스 철학과 그리스도교의 중요한 접점을 이 말에서 끌어내고 있다.[46] 또한 신의 사랑이라 불리는 아가페는 사목자적 사랑의 전형인데, 푸코의 사목자 개념을 이해하기 위해서는 아가페에 대해 깊이 생각해 볼 필요가 있다.

여기서는 예수가 말했다고 전해지는 몇 가지 비유로부터 '전승 예수'의 사상에 대해 생각해 보고자 한다. 예수의 비유는 제자들로서도 이해하기 어려워서 사도가 예수에게 비유로 말하는 이유를 물어볼 정도였다.[47] 비유는 신약 성서 필자들로서도 이해하기 어려웠다는 사실 때문에 '전승 예수'의 말에 가장 가깝다고 여겨진다.[48] 특히 그리스 도시국가에서 배제되어 있었던 탓에 그리스 사상의 한계에 있었던 여성, 이방인, 노예의 세 유형에 관련된 비유를 생각해 보자. 유대 사상에서도 많든 적든 배제되어

---

46 메타노이아에 대해서는 Foucault, *L'Herméneutique du sujet*, pp. 202~207[『주체의 해석학』, 244~251쪽]을, 에피스트로페에 대해서는 *Ibid.*, pp. 199~202[같은 책, 241~244쪽]을 참조하라. 푸코는 에피스트로페의 모델은 '각성'이고, 메타노이아의 모델은 '자기 및 자기에 의한 자기 포기의 경험으로서의 죽음과 부활'이라고 지적한다(*Ibid.*, pp. 208[같은 책, 252쪽]). 이 두 개념은 이 책 2부의 중심 주제와 관련된다. 그리고 신의 사랑으로서의 아가페와 부부애의 착종된 관계 또한 2부의 기본적인 문제 구성 중 하나이다.

47 다만 「마르코 복음서」에서는 제자들의 무능함을 보여 주기 위해 제자들이 비유를 이해하지 못하는 것을 꾸짖는 예수가 의도적으로 묘사되어 있는 것처럼 보인다는 것과 관련해서는 加藤隆, 『新約聖書はなぜギリシア語で書かれたか』, 大修館書店, 1999, 243쪽을 참조하라.

48 스힐레벡스는 "예수는 비유이며, 예수는 비유를 말한다. 비유를 '설명'할 수 있는 것은 비유뿐이다"라고 지적하면서, 비유는 '역설과 신기함'을 핵으로 하는 것으로, '발부리에 걸리는 돌'이 되는 핵심을 포함하고 있다고 말한다. Edward Schillebeeckx, *Jesu : An Experiment in Christology*, trans. Hubert Hoskins, Seabury Press, 1979, p. 156(スヒレベーク, 『イエス』1巻, ヴィセンテ·アリバス 他訳, 新世社, 2003, 190쪽). 애초에 비유(파라볼레)에는 속인다는 뜻도 있는데, 어원은 던지다(파라볼로)이며, 사람들 앞에 무엇인가를 던져서 사람들의 주의를 끌고 그 사이에 자신은 도망친다는 의미를 포함한다. 예수는 비유로 말함으로써 사람들을 역설로 끌고 들어가는 것이다.

있던 이 사람들에 대해 예수가 어떤 사상을 품고 있었는지, 유대 사상의 한계를 얼마나 돌파할 수 있었는지를 살펴보고자 한다.[49]

죄 많은 여인의 비유

우선 이 비유의 부분을 읽어 보자.

> 바리사이 가운데 어떤 이가 자기와 함께 음식을 먹자고 예수님을 초청하였다. 그리하여 예수님께서는 그 바리사이의 집에 들어가시어 식탁에 앉으셨다.
>
> 그 고을에 죄인인 여자가 하나 있었는데, 예수님께서 바리사이의 집에서 음식을 잡수시고 계시다는 것을 알고 왔다. 그 여자는 향유가 든 옥합을 들고서 예수님 뒤쪽 발치에 서서 울며, 눈물로 그분의 발을 적시기 시작하더니 자기의 머리카락으로 닦고 나서, 그 발에 입을 맞추고 향유를 부어 발랐다.
>
> 예수님을 초대한 바리사이가 그것을 보고, '저 사람이 예언자라면, 자기에게 손을 대는 여자가 누구이며 어떤 사람인지, 곧 죄인인 줄 알 터인데' 하고 속으로 말하였다.
>
> 그때에 예수님께서 말씀하셨다. "시몬아, 너에게 할 말이 있다." 시몬이 "스승님, 말씀하십시오" 하였다.

---

49 다만 이방인에 대해서만큼은 예수의 사상에 자연스러운 제약이 포함된다. 예수에게 이방인을 배제할 의도가 없었다 할지라도, 완전히 낯선 이방인에게 포교할 생각은 없었다. 가나안의 여인이 딸을 악령으로부터 치유해달라고 부탁해도 예수는 "자녀들의 빵을 집어 강아지들에게 던져 주는 것은 좋지 않다"고 말한다. 그러나 이 이방 여인은 "강아지들도 주인의 상에서 떨어지는 부스러기는 먹습니다"라고 재치 있게 대답하여 딸을 치료받게 한다(「마태오 복음서」, 15장 26~27).

"어떤 채권자에게 채무자가 둘 있었다. 한 사람은 오백 데나리온을 빚지고 다른 사람은 오십 데나리온을 빚졌다. 둘 다 갚을 길이 없으므로 채권자는 그들에게 빚을 탕감해 주었다. 그러면 그들 가운데 누가 그 채권자를 더 사랑하겠느냐?"

시몬이 "더 많이 탕감받은 사람이라고 생각합니다" 하고 대답하자, 예수님께서 "옳게 판단하였다" 하고 말씀하셨다.

그리고 그 여자를 돌아보시며 시몬에게 이르셨다. "이 여자를 보아라. 내가 네 집에 들어왔을 때 너는 나에게 발 씻을 물도 주지 않았다. 그러나 이 여자는 눈물로 내 발을 적시고 자기의 머리카락으로 닦아 주었다. 너는 나에게 입을 맞추지 않았지만 이 여자는 내가 들어왔을 때부터 줄곧 내 발에 입을 맞추었다. 너는 내 머리에 기름을 부어 발라 주지 않았다. 그러나 이 여자는 내 발에 향유를 부어 주었다.

그러므로 내가 너에게 말한다. 이 여자는 그 많은 죄를 용서받았다. 그래서 큰 사랑을 드러낸 것이다. 그러나 적게 용서받은 사람은 적게 사랑한다."

그러고 나서 예수님께서는 그 여자에게 말씀하셨다. "너는 죄를 용서받았다."

그러자 식탁에 함께 앉아 있던 이들이 속으로 '저 사람이 누구이기에 죄까지 용서해 주는가?' 하고 말하였다.

그러나 예수님께서는 그 여자에게 이르셨다. "네 믿음이 너를 구원하였다. 평안히 가거라." (「루카 복음서」, 7장 36~50[저자는 37절부터 인용])

이 유명한 여성은 '죄 많은 여자'(하마르토로스)라 불리고 있다. 「루카 복음서」에서 투석형에 처해졌다가 예수가 구한 '간통한 여자'일지도 모른다. 이 식사 자리는 바리사이파 모임이며 공적인 장으로 묘사되고 있다.[50] 이런 공식 석상에는 애초에 여성의 출입이 허락되지 않았다.

이 향연의 주인인 바리사이파 시몬이 화를 내며 의아해하는 것은 몇 가지 차원으로 나눠 생각해 볼 수 있다. 시몬은 유대교의 규율에 반하여 이 공식 석상에 여성이 들어왔다는 것, 하필이면 간통죄를 범해 원래라면 사형에 처해졌을 여성 혹은 창녀가 이 장에 난입한 것을 참을 수 없다.

다음으로 예수가 예언자라면 이 여자를 꿰뚫어 볼 텐데도, 그대로 발을 닦게 하고 기름을 붓도록 놔둔 것에 의심의 눈초리를 보낸다. 예수는 예언자가 아닌 것인가, 창녀에게 몸을 만지도록 하고 더러움이 묻는 것에 태연한 것은 왜인가? "창녀가 만지는 것은 종교적으로 더러워지는 것이라고 여겨졌기 때문에, 예수가 이 여자의 존재 전체를 전면적으로 수용했다는 것을 알 수 있다."[51]

여기에는 이 여성이 이미 중요한 정신적 전기(轉機)를 경험했다는 것이 전제되어 있다. 이를테면 「요한 복음서」에서 이야기되는 것처럼, 투석형에서 건져져 자신의 죄를 뉘우치며 예수 쪽으로 '돌아서기'(메타노이아)가 이루어진다. 그렇지 않다면 값비싼 기름을 붓는 이 여성의 행위를 이해할 수 없고, 예수가 "너는 죄를 용서받았다"고 말한 것의 의미도 이해할 수 없다.

이 여성의 메타노이아는, 여자로서의 죄의 극한에 놓여 사람들이 던지는 돌에 맞거나, 창부로서 업신여겨지는 사회 밑바닥의 장소로 떨어진 후에, 예수와 만남으로써 말하자면 '자연스럽게' 일어나는 것처럼 보인다. 예수는 여기서 구원자로서의 역할을 적어도 직접적으로는 달성하지

---

50 유대보다는 이웃나라에 더 가까운 갈릴리에 있는 예수가 바리사이인의 식탁을 방문한다는 것이 이상하기도 해서 루카의 조작을 의심케 한다.
51 宮本久雄, 『福音書の言語宇宙』, 岩波書店, 1999, 95쪽.

않는다. 이 여성과 예수의 관계는 여성 쪽이 한결같은 사랑을 하는 것처럼 보인다.

예수는 창부와 함께 식사를 하고 몸을 만지게 허락하는 등 종교적 금기를 범함으로써 이 여성을 받아들인다. 이 여성은 메타노이아를 상징하는 눈물로 예수의 발을 적시고 머리카락으로 닦으며 양발에 입을 맞추며 향유를 붓는 행위를 통해 '많이 사랑한다'(에가페센 폴뤼). 이 여성의 아가페의 크기가 그 죄를 사한 것이다.

여기서 이 여성의 죄는 먼 장래의 신의 나라에서가 아니라 그 자리에서 이미 사해졌다는 사실에 주목하자. 예수는 신의 나라의 도래라는 환시를 경험하고 있다. 종말이 이미 시작되었다는 것이다. 그리고 이 여성은 사랑(아가페)이라는 행위를 통해 신의 나라에 들어갈 자격을 증명했다. 용서하는 것은 '아버지'(아파)이지 예수가 용서하는 것이 아니다. 예수는 용서의 '계기'와 같은 것에 불과하다.

이 여성은 「요한 복음서」에 묘사된 마리아와 동일 인물인 것으로 보이는데, 예수와 이 여성의 교류는 독자의 마음을 강하게 울린다. 그런데 이 여성의 메타노이아의 성질을 생각하기 위해, 이 여성의 한 모습을 그린 「요한 복음서」 부분을 살펴보자. 아라이 사사구(荒井献)는 이 여성이 '회개'하지 않았다고 주장하기 때문이다.[52] 우선 인용을 보자.

이른 아침에 예수님께서 다시 성전에 가시니 온 백성이 그분께 모여들었다. 그래서 그분께서는 앉으셔서 그들을 가르치셨다. 그때에 율법 학자들과 바리사이들이 간음하다 붙잡힌 여자를 끌고 와서 가운데에 세워 놓고

---

52 荒井献, 「問い掛けるイエス」, 『荒井献著作集 2』, 岩波書店, 2002, 425쪽.

예수님께 말하였다. "스승님, 이 여자가 간음하다 현장에서 붙잡혔습니다. 모세는 율법에서 이런 여자에게 돌을 던져 죽이라고 우리에게 명령하였습니다. 스승님 생각은 어떠하십니까?"

그들은 예수님을 시험하여 고소할 구실을 만들려고 그렇게 말한 것이다. 그러나 예수님께서는 몸을 굽히시어 손가락으로 땅에 무엇인가 쓰기 시작하셨다.

그들이 줄곧 물어 대자 예수님께서 몸을 일으키시어 그들에게 이르셨다. "너희 가운데 죄 없는 자가 먼저 저 여자에게 돌을 던져라."

그리고 다시 몸을 굽히시어 땅에 무엇인가 쓰셨다.

그들은 이 말씀을 듣고 나이 많은 자들부터 시작하여 하나씩 하나씩 떠나갔다. 마침내 예수님만 남으시고 여자는 가운데에 그대로 서 있었다.

예수님께서 몸을 일으키시고 그 여자에게, "여인아, 그자들이 어디 있느냐? 너를 단죄한 자가 아무도 없느냐?" 하고 물으셨다.

그 여자가 "선생님, 아무도 없습니다" 하고 대답하자, 예수님께서 이르셨다. "나도 너를 단죄하지 않는다. 가거라. 그리고 이제부터 다시는 죄짓지 마라." (「요한 복음서」, 8장 2~11절)

이 일화는 예수를 덫에 걸리게 하려는 시험이다. 예수가 여자를 투석형에 처해야 한다고 말한다면 율법 공동체의 세계의 일원이라는 것을 증명하게 되고 여자를 사형시켜서는 안 된다고 말한다면 율법을 무시하고 부정하는 자라는 것을 증명하게 된다. 어느 쪽이든 바리사이파 사제들이 바라는 대로 되는 것인데, 예수는 언제나처럼 이 덫으로부터 슬쩍 빠져나온다. 땅에 낙서를 하기 시작하는 것이다.

계속해서 추궁당하자 바리사이인들을 바라보면서 스스로에게 죄가 없다 확신하는 자가 여자에게 돌을 던지라고 말한다. 그리고 땅에 낙서를 계속한다. 이윽고 얼굴을 들어 여성을 바라보며 "나도 너를 단죄하지 않는다. 가거라. 그리고 이제부터 다시는 죄짓지 마라"라고 말한다.

아라이에 따르면 이 일화는 원래 「요한 복음서」에 들어 있지 않았다고 한다. 이 일화가 정전인 「요한 복음서」에 포함된 것은 4세기가 되어서이다. 아라이에 따르면 우선 이 일화가 당초에 포함되지 않았던 이유는 두 가지라고 한다. 첫번째 이유는 그리스도교에서는 간통이 중요한 죄이고, 성립기의 도덕주의적 그리스도교에서 간통을 "단죄하지 않는다"는 것은 "너무 급진적"인 것으로 생각되었기 때문이다. 두번째 이유는 이 일화가 유대인 그리스도교의 '성문서'(聖文書), 소위 외전에 포함되어 있었기 때문이라고 한다.

그리고 이 일화가 4세기경에 「요한 복음서」에 포함된 이유는, '간통한 여자'를 [배교했다가] '회개한 자'의 은유[53]로서 포착했기 때문이라고 아라이는 생각한다. 그리스도교가 국교로 인정받기 이전에는 극심한 박해가 있었고 많은 신자들이 '배교자'로서 그리스도교를 부인했다. 후에 회개를 통해 교회에 이러한 자를 받아들일지 말지가 큰 논쟁이 되었다.

결국 가톨릭은 이러한 배교자가 회개한 경우에는 받아들이도록 결정하고 그 근거로서 이 일화를 「요한 복음서」에 삽입했다고 한다. 그러나 회개는 단 한 번으로 엄격히 정해졌다. 이 죄인과 마찬가지로 죄를 회개함으로써 배교자는 교회에 받아들여지지만, "이제부터 다시는 죄짓지 마라"라고 말하는 것이다.

아라이는 가톨릭 교회의 이러한 태도를 지적하면서, 이 일화의 최초

---

53 같은 책, 424쪽.

형태에서는 여자가 '죄인'으로 묘사되어 있지 않았다고 생각한다. 확실히 간통은 유대 사회에서 죄이지만, 자신이 완전하게 무고하다고 믿는 자 여자에게 돌을 던지라고 예수가 도발하자 누구 하나 돌을 던지는 자가 없었다. 예수의 도발로 명백해진 사실은 "인간은 원래 율법을 완벽하게 지킬 수 없다. 즉 인간은 원초적으로 '죄인'이라는 인간의 한계"[54]이다.

따라서 이 여성은 죄인이 아니며 예수의 마지막 말은 가톨릭 교회가 두번째 회개를 부정하기 위해 덧붙인 것이라고 아라이는 생각한다. "예수는 '간통한 여자'를 '회개'를 필요로 하는 '죄인'으로 보지 않는다. 예수는 그녀를 있는 그대로 무조건 받아들였다"[55]는 지적이 맞는 것 같다.

다만 이 여성의 영혼의 돌아섬(메타노이아)은 예수나 성직자를 향한 죄의 고백이나 회개로서가 아니라, 그때까지의 삶의 방식을 바꾸는 것으로서 행해지고 있을 것임에 틀림없다. 예수의 양발에 눈물과 기름을 붓는 여자의 모습은 이 메타노이아 이후의 한 모습일 것이다.

이방인의 비유

두번째 비유는 유명한 사마리아인의 비유이다. 잘 알려진 이야기지만 한 번 읽어 보자.

어떤 율법 교사가 일어서서 예수님을 시험하려고 말하였다. "스승님, 제가 무엇을 해야 영원한 생명을 받을 수 있습니까?"
예수님께서 그에게 말씀하셨다. "율법에 무엇이라고 쓰여 있느냐? 너는

---

54 같은 책, 427쪽.
55 같은 책, 430쪽.

어떻게 읽었느냐?"

그가 "'네 마음을 다하고 네 목숨을 다하고 네 힘을 다하고 네 정신을 다하여 주 너희 하느님을 사랑하고' '네 이웃을 너 자신처럼 사랑해야 한다' 하였습니다" 하고 대답하자,

예수님께서 그에게 이르셨다. "옳게 대답하였다. 그렇게 하여라. 그러면 네가 살 것이다."

그 율법 교사는 자기가 정당함을 드러내고 싶어서 예수님께 "그러면 누가 제 이웃입니까?" 하고 물었다.

예수님께서 응답하셨다. "어떤 사람이 예루살렘에서 예리코로 내려가다가 강도들을 만났다. 강도들은 그의 옷을 벗기고 그를 때려 초주검으로 만들어 놓고 갔다. 마침 어떤 사제가 그 길로 내려가다가 그를 보고서는, 길 반대쪽으로 지나가 버렸다. 레위인도 마찬가지로 그곳에 이르러 그를 보고서는 길 반대쪽으로 지나갔다. 그런데 여행을 하던 어떤 사마리아인은 그가 있는 곳에 이르러 그를 보고서는, 가엾은 마음이 들었다. 그래서 그에게 다가가 상처에 기름과 포도주를 붓고 싸맨 다음, 자기 노새에 태워 여관으로 데리고 가서 돌보아 주었다.

이튿날 그는 두 데나리온을 꺼내 여관 주인에게 주면서, '저 사람을 돌보아 주십시오. 비용이 더 들면 제가 돌아올 때에 갚아 드리겠습니다' 하고 말하였다.

너는 이 세 사람 가운데에서 누가 강도를 만난 사람에게 이웃이 되어 주었다고 생각하느냐?"

율법 교사가 "그에게 자비를 베푼 사람입니다" 하고 대답하자, 예수님께서 그에게 이르셨다. "가서 너도 그렇게 하여라." (「루카 복음서」, 10장 25~37)

이 이야기는 네 명의 관점에서 말해진다. 노상강도를 만난 유대인, 그 유대인을 보고 "길 반대쪽으로" 간 사제, 완전히 똑같이 행동한 레위인, 그리고 "가엾은 마음이 들어" 유대인을 돌봐 준 사마리아인. 사제와 하급 사제인 레위인은 초주검이 된 유대인을 아마도 죽은 사람으로 생각하고 더러움을 피하기 위해 "길 반대쪽으로" 걷는다. 초주검이 된 유대인은 사제에게서도, 유대의 율법을 담당하는 하급 관리인 레위인에게서도 버림받고 자신이 유대 공동체로부터 무시당하는 죽은 자가 되었음을 실감한다. 자기가 사회 밑바닥으로 떨어졌다는 것을 인식하는 것이다.

여기서 사제와 레위인이 죽음에 처한 유대인을 돌보지 않은 것은 율법에 따른 행동이다.[56] 그렇다면 사제와 레위인을 비난할 것도 없다. 그러나 동포의 고통을 돌보지 말라고 요구하는 율법이 애초에 어떤 의미를 갖는지, 예수가 암묵적으로 묻고 있음이 확실하다. 예수의 '성직자' 비판은 단순히 언행 불일치를 비판하는 차원을 넘어서서, '깨끗함의 율법' 그 자체에 대한 비판으로 나아가게 될 것이다.[57]

그런데 여기서 사마리아인이 나타난다. 유대 사회에서 사마리아인은 더러운 백성이다. "유대인에게 사마리아인은 이방인이며, 그런 사람에게 은혜를 입는다는 것은 더러운 것에 닿는 것이고 더 나아가 메시아적 종말을 지연시키는 원인이 된다고 여겨지고 있었"기 때문이다.[58]

미야모토 히사오가 지적하는 바, 유대인은 사제와 레위인의 행동을

---

56 "자기 백성 가운데 죽은 이 때문에 부정하게 되어서는 안 된다[부모와 자식과 형제는 예외이나, 출가한 누이는 해당됨]"(「레위기」, 21장 1~4). 율법에 따르면 설령 가족이라도 시신에 닿아서는 안 되었다. 이 유대인은 아직 죽지 않았지만 돌보는 동안 죽는다면 율법에 따라 더럽혀진다.
57 荒井献, 「イエスとその時代」, 『荒井献著作集 1』, 岩波書店, 2001, 108쪽.
58 宮本久雄, 『福音書の言語宇宙』, 105쪽.

보고 성스러운 선민 전체와 "그 전통(크로노스)으로부터 소외되었다"[59]고 느꼈을 것이며, 그 절망의 끝에서 사마리아인의 간호를 받아들일 수 있게 되었다는 것이다. 그때까지 이방인으로 부정되던 인물이 갑자기 타자의 모습으로 다가왔을 때 이 유대인은 유대 전통 율법의 세계로부터 이방인을 '이웃'으로 볼 수 있는 곳으로, 고개를 돌리는(메타노이아) 것이다.

이 메타노이아의 경험을 통해 죽음에 처한 유대인은 선민과 더러운 백성의 구별을 버리고 모든 사람을 이웃으로 볼 수 있게 된다. 바리사이파의 율법 전문가는 '누가 이웃인가'라는 존재론적 물음을 던진다. 유대의 율법에서는 유대의 동포, 게다가 율법을 지키는 사람만이 이웃이다. 이웃인지 아닌지는 그 존재를 통해 규정되는 것이다.

그리고 이웃을 사랑하는 것은 적을 증오하는 것이었다. 여기서 사마리아인은 그 존재 자체로 이웃일 수 없는 자이며 적이다. 적이라면, 미워해야 하는 대상이다. 그러나 죽음에 직면한 이 유대인은 "사마리아인이 유대인의 이웃이 되고 유대인이 사마리아인의 이웃이 되는 놀라운 역전"[60]을 경험함으로써 눈을 뜬다. 아무도 구해 주려 하지 않았던 자신에게 이 '적'이 손을 내민 것이다. 그리고 유대인은 사마리아인의 눈으로 자신을 바라볼 수 있게 된다. 그 시선의 역전 속에서 유대인은 처음으로 이제까지 '적'으로 여겼던 사마리아인의 호의를 받아들일 수 있게 된다. 이렇게 해서 그는 유대 율법의 협소한 세계로부터 탈피할 수 있었다.[61]

---

59 같은 책, 106쪽.

60 川島重成, 『イエスの七つの譬え』, 三陸書房, 2000, 63쪽.

61 다만 이웃 사랑이 랍비 세계에서는 이미 이스라엘 공동체를 초월할 가능성을 품고 있었다는 것은 예수 이전의 기원전 1세기 랍비 힐렐이, 이스라엘의 가장 중요한 가르침은 "자기가 당하고 싶지 않은 것을 남에게 하지 않는 것"이라고 말했다는 데서 나타난다. 다만 유대의 현자들은 신의 사랑만을 중심으로 생각하여 이웃 사랑에 대해서는 거의 말하고 있지 않다고 한다. 이

여기서도 메타노이아가 예수의 힘과는 무관한 형태로 묘사되고 있다는 것에 주목하자. 유대인이 눈을 뜨게 된 것은 사제, 레위인, 사마리아인, 이 세 사람의 행동을 봄으로써이다. 예수만이 아니라 여기서는 신의 힘 자체도 작동하지 않는 것처럼 보인다. 유대인은 자신의 경험을 통해서 시선의 방향을 바꾼 것이다.

그런데 이 사마리아인은 나그네이다. "떠돌아다니는 보부상으로밖에는 살아갈 수 없고, 객지를 방랑하며 월경하는 자"[62]이다. 이 사마리아인은 모든 이들에게 버림받은 유대인을 돕는다. 사마리아인 자신이 타향에서 지내는 괴로운 입장에 선 자이며 소외된 자로서, 유대인을 돕는 대가 없는 행위를 할 수 있다. 미야모토가 지적하는 바, "나와 너"라는 이웃 관계를 확립하는 것이 아니라, "일생에 한 번뿐인 기회(카이로스)·어떤 만남을 넘어서, 또 다른 상처받은 사람과의 만남을 예감하면서 월경·방랑하는"[63] 자이다. 이 이야기는 이웃의 정의(定義)에 대한 이야기가 아니라, 타자와 만날 가능성을 묘사한 이야기로 읽을 수 있다.[64]

노예의 비유

다음으로 노예와 동등한 신분으로까지 떨어지고서야 메타노이아를 경험하는 젊은이의 비유를 읽어 보자.

에 관해서는 市川裕, 『ユダヤ教の精神構造』, 東京大学出版会, 2004, 169쪽을 참조하라.

62 宮本久雄, 『福音書の言語宇宙』, 107쪽.

63 같은 곳.

64 이 상처 입은 유대인과 사마리아인의, 공동체 율법으로부터의 '타자'되기, "이 두 사람이야말로 법률 체계 및 유대교적 존재-신-론의 동일성에 대한 타자로서 도래하는 것"이라는 존재론적 고찰에 대해서는 宮本久雄, 『他者の原トポス』, 創文社, 2000, 412쪽을 참조하라.

예수님께서 또 말씀하셨다. "어떤 사람에게 아들이 둘 있었다. 그런데 작은 아들이, '아버지, 재산 가운데에서 저에게 돌아올 몫을 주십시오' 하고 아버지에게 말하였다. 그래서 아버지는 아들들에게 가산을 나누어 주었다. 며칠 뒤에 작은아들이 자기 것을 모두 챙겨서 먼 고장으로 떠났다. 그러고는 그곳에서 방종한 생활을 하며 자기 재산을 허비하였다. 모든 것을 탕진하였을 즈음 그 고장에 심한 기근이 들어, 그가 곤궁에 허덕이기 시작하였다.

그래서 그 고장 주민을 찾아가서 매달렸다. 그 주민은 그를 자기 소유의 들로 보내어 돼지를 치게 하였다. 그는 돼지들이 먹는 열매 꼬투리로라도 배를 채우기를 간절히 바랐지만, 아무도 주지 않았다.

그제야 제정신이 든 그는 이렇게 말하였다. "내 아버지의 그 많은 품팔이 꾼들은 먹을 것이 남아도는데, 나는 여기에서 굶어 죽는구나. 일어나 아버지께 가서 이렇게 말씀드려야지. '아버지, 제가 하늘과 아버지께 죄를 지었습니다. 저는 아버지의 아들이라고 불릴 자격이 없습니다. 저를 아버지의 품팔이꾼 가운데 하나로 삼아 주십시오.'

그리하여 그는 일어나 아버지에게로 갔다. 그가 아직도 멀리 떨어져 있을 때에 아버지가 그를 보고 가엾은 마음이 들었다. 그리고 달려가 아들의 목을 껴안고 입을 맞추었다.

아들이 아버지에게 말하였다. "아버지, 제가 하늘과 아버지께 죄를 지었습니다. 저는 아버지의 아들이라고 불릴 자격이 없습니다."

그러나 아버지는 종들에게 일렀다. "어서 가장 좋은 옷을 가져다 입히고 손에 반지를 끼우고 발에 신발을 신겨 주어라. 그리고 살진 송아지를 끌어다가 잡아라. 먹고 즐기자."

그때에 큰아들은 들에 나가 있었다. 그가 집에 가까이 이르러 노래하며 춤추는 소리를 들었다.

그래서 하인 하나를 불러 무슨 일이냐고 묻자, 하인이 그에게 말하였다. "아우님이 오셨습니다. 아우님이 몸성히 돌아오셨다고 하여 아버님이 살진 송아지를 잡으셨습니다."

큰아들은 화가 나서 들어가려고도 하지 않았다. 그래서 아버지가 나와 그를 타이르자,

그가 아버지에게 대답하였다. "보십시오, 저는 여러 해 동안 종처럼 아버지를 섬기며 아버지의 명을 한 번도 어기지 않았습니다. 이러한 저에게 아버지는 친구들과 즐기라고 염소 한 마리 주신 적이 없습니다. 그런데 창녀들과 어울려 아버지의 가산을 들어먹은 저 아들이 오니까, 살진 송아지를 잡아 주시는군요."

그러자 아버지가 그에게 일렀다. "애야, 너는 늘 나와 함께 있고 내 것이 다 네 것이다. 너의 저 아우는 죽었다가 다시 살아났고 내가 잃었다가 되찾았다. 그러니 즐기고 기뻐해야 한다." (「루카 복음서」, 15장 11~32)

여기서 동생은 아버지의 유산을 먼저 받아 타지로 가서는 거기서 무일푼이 된다. 그리고 기아에 고통받고 어느 이방인의 집에서 '돼지치기'를 하며 지내게 된다. 유대인에게 돼지는 더러운 동물이며, 돼지를 친다는 것은 "동생이 이방인의 노예가 되어 종교적으로 더럽혀지고 유대교 신정 체제로부터 배척받는 자가 되었다"[65]는 것이다.

"돼지들이 먹는 열매 꼬투리로라도 배를 채우기를 간절히 바랐지만, 아무도 주지 않"는 비참한 상태에서 동생은 먼 고향으로 눈을 돌린다. 아

---

65 宮本久雄, 『福音書の言語宇宙』, 74쪽.

사에 직면하여 "제정신을 차리고" 회개하는 메타노이아의 경험을 한 것이다. 이 메타노이아는 여기서도 결의의 힘으로만 행해진다.[66] 예수나 신이 개입하지 않고 아들은 아주 자연스럽게 고향의 집과 '아버지'를 떠올리고는 노예의 처지에서 빠져나가기로 결의하는 것이다.[67]

이렇게 결의하는 것만으로 동생은 아버지로부터 '가장 좋은 옷'과 '반지', '신발'을 받고 '잔치'에서 환영받는다. 신발은 자유인만 신는 것으로, 동생은 노예의 지위에서 해방된 것이다. 동생의 복권에 형은 불복을 외친다. 동생은 아직 율법으로 정해진 속죄를 다하지 않았기 때문이다.

올바르게 처신하고 집을 위해 일해 온 형은 정당한 평가와 보수를 요구한다. "저는 여러 해 동안 종처럼 아버지를 섬기며 아버지의 명을 한 번도 어기지 않았습니다. 이러한 저에게 아버지는 친구들과 즐기라고 염소 한 마리 주신 적이 없습니다"라는 말은 아주 정직한 요구인 것이다.

그러나 아버지는 여기서 죄인이고 노예이며 방탕한 아들이었던 아들에게 무조건적으로 자발적인 사랑을 쏟는다. 그리고 율법에서 정해진 의례를 정면으로 무시하고 노예의 몸으로까지 떨어졌던 아들을 맞이하여 잔치를 연다.[68] 예수가 죄인인 여자와 식사를 하는 것은 이 아버지와 마찬

---

66 다만 예수가 사람들에게 요구했던 것은 가정이나 직업을 버리고 즉시 예수를 따르는 종말론적 메타노이아였다. 이 메타노이아에는 경험을 넘어서는 믿음이 필요하다고 여겨졌으며, 사도들은 이 메타노이아의 힘으로 권위를 획득한 것이다. 이 예수의 메타노이아에 대해서는 ス ヒレベーク, 『イエス』 1巻, 22쪽 이하를 참조하라.

67 이 메타노이아는 자업자득으로 이러한 상태를 야기했다는 인식과 같은 것이며 "지극히 평범한 세속적 분별의 영역을 벗어나는 것은 아니었다"는 것, 그러나 아버지의 사랑에는 그것으로 충분했다는 것과 관련해서는 川島重成, 『イエスの七つの譬え』, 119쪽을 참조하라.

68 「레위기」에서는 돼지를 "새김질을 하지 않으므로 너희에게 부정한 것"(11장 7)이라 정의하고 "그것에 몸이 닿는 이는 모두 부정하게 된다"(11장 26)고 단죄한다. 그리고 "그것[돼지에게 몸이 닿았다는 것을 알지 못하였을지라도 부정하게"(5장 2) 되며, 사제에게 그 죄를 범했음을 고백해야 한다고 한다. 여기서 아버지가 살진 송아지를 잡는 것은 이것이 속죄가 아니라 환영의 잔치임을 보여 주는 것이다. 이 '식탁 공동체'라고도 말할 수 있는 아버지의 잔치와 예수의 식

가지로 행한 것이고 예수는 율법의 세계에서 일탈하여 사랑(아가페)을 보임으로써 율법을 지킨 자에게 정당한 평가와 보수가 주어지는 유대의 율법주의를 통렬하게 비판하는 것이다.

'전승 예수'는 이 비유들에서 율법 엄수에만 집착하는 유대의 전통적 교의를 부정한다. 그리고 "종교적 상상력이 갖는 비교할 수 없을 정도로 성스러운 소박함으로",[69] "늑대가 새끼 양과 함께 살고 표범이 새끼 염소와 함께 지내리라. 송아지가 새끼 사자와 더불어 살쪄 가고 어린아이가 그들을 몰고 다니니라. 암소와 곰이 나란히 풀을 뜯고 그 새끼들이 함께 지내리라. 사자가 소처럼 여물을 먹고 젖먹이가 독사 굴 위에서 장난하며 젖 떨어진 아이가 살무사 굴에 손을 디밀리라"(「이사야서」, 11장 6~8)와 같은 궁극적인 평화의 세계를 지향하는 제2이사야의 환상과 "현명한 이들은 창공의 광채처럼 많은 사람을 정의로 이끈 이들은 별처럼 영원무궁히 빛나리라"(「다니엘서」, 12장 3)라는 다니엘의 종말론적 환상이, 지금 여기에 실현될 것처럼 말하는 것이다.

구약 성서의 예언자들이 '나'라는 개인적 표현을 사용했다는 것을 앞서 고찰한 바 있다. 신으로부터 선택받은 예언자는 단독의 개인으로서 사회 속에서 행동해야만 했기 때문이다. 그러나 유대교는 기본적으로 '민족 종교'의 틀을 벗어날 수 없었다. 신 앞에서 그 구제의 대상이 되는 단독의 '나'가 모습을 드러내는 것은 종말론적인 가르침과 예수의 원시 그리스도교부터이다.[70] 그리스도교에서 신에게 해명하는 것은 단 한 명의 '나'이

사에 대해서는 宮本久雄, 『存在の季節』, 知泉書館, 2002, 특히 6장을 참조하라.

69 니버, 『道德的人間と非道德的社会』(『現代キリスト教思想叢書 8』 263쪽).

70 히브리 종교가 '민족 종교'로 출발했고 현대 유대교도 유대 민족의 종교이지만 그리스도교에서는 "한 점인 예수 그리스도를 통하여 주어진 계시는 개인으로부터 개인으로 전달되며 민족

다. 이 고립과 고독의 감정은 그리스도교의 큰 특징이 된다.

예수의 두 개의 목숨

'전승 예수'를 생각할 때, 이런 비유에서 엿볼 수 있는 예수의 해방적 사상과는 별개로, 구원론적 예수에 겹쳐지는 사상이 떠오르는 장면이 있다. 후에 교단은 구약 「이사야서」의 제2이사야에 겹쳐지는 형태로 예수의 메시아로서의 사명을 구약 성서의 긴 전통 속에 접목시키고, 그리스도교를 유대교의 율법을 계승하고 완성하는 것으로서 자리매김하려고 했다.[71]

이를테면 「사도행전」의 신비로운 장면을 상기해 보자. 주는 필리포스에게 "예루살렘에서 가자로 내려가는 길을 따라 남쪽으로 가거라"라고 명하고, 거기서 필리포스는 "자기 수레에 앉아 이사야 예언서를 읽고" 있는 에티오피아인 내시를 만난다(8장 26, 28). 그는 「이사야서」, 53장 7절 "도살장에 끌려가는 어린 양"(「사도행전」, 8장 32)이 나오는 주님의 종 부분을 낭독하고 있었다.

필리포스는 이 내시에게 그리스도가 어떻게 이 이사야의 '주님의 종'의 재래인지를 말하면서 마침내 그리스도교를 믿게 하고 세례까지 주게된다. 그리스도교는 이러한 「이사야서」의 상징적인 장면을 통해, 그리고 예수의 죽음을 통해, 유대 구약 성서의 오랜 전통에 예수의 가르침을 끼

적 한계는 여기서 문제가 아니게 된다"는 것에 대해 有賀鐵太郎, 『キリスト教思想における存在論の問題』, 創文社, 1981, 125~126쪽을 참조하라. 그리스도교의 종말론이 "현저하게 개인적·내면적으로 향해 있다"는 데 대해서는 같은 책, 211쪽을 참조하라.

71 그리스도교는 구약 성서를 예수의 이야기로 다시 읽음으로써 유대교 경전을 자신의 정전으로 삼았다. 첫 두 세기 동안 그리스도교도 사이에서 이러한 구약 성서 다시 읽기가 그리스도교 '신학'의 중심 주제였다고 한다. 이에 대해서는 Wayne A. Meeks, *The Origins of Christian Morality : The First Two Centuries*, Yale University Press, 1993, pp. 207~210을 참조하라.

워 넣으려고 한 것이다.

이런 끼워 넣기 중에는 나중에 교단이 조작한 것도 있어 보인다. 예수 이후 그리스도교단에서는 "구약의 전체 구원사가 성육신이라는 목표를 지향한다는 인식, 그것을 이해하는 것이"[72] 가능하게 되었을 뿐만 아니라, 필수적인 것이 된 것이다. 예수는 '사람의 아들'을 자칭함으로써 이미 이러한 조작을 준비하고 있었는데, 예수의 죽음은 절망 속에서의 죽음처럼 보인다. 그런데 예수의 가르침 중에는 자신의 죽음을 절망 속에서의 죽음으로 여기지 않고 새로운 교단의 희망으로 여길 수 있는 사상이 포함되어 있었다. 그것이 두 개의 목숨이라는 사고방식이다. 그것은 영혼 혹은 '생명'이 이 세상의 신체에서 소멸하지 않고, 다른 세계에서 새로운 생명을 맞이한다는 사상이다. 「마르코 복음서」에서 예수는 이렇게 말한다.

> 예수님께서 제자들과 함께 군중을 가까이 부르시고 그들에게 말씀하셨다. "누구든지 내 뒤를 따르려면 자신을 버리고 제 십자가를 지고 나를 따라야 한다. 정녕 자기 목숨을 구하려는 사람은 목숨을 잃을 것이고, 나와 복음 때문에 목숨을 잃는 사람은 목숨을 구할 것이다. 사람이 온 세상을 얻고도 제 목숨을 잃으면 무슨 소용이 있느냐? 사람이 제 목숨을 무엇과 바꿀 수 있겠느냐? (8장 34~37)

유대의 전통적 사유에서 사후의 생은 존재하지 않는다. 피안이 아니라 단지 명계(冥界)가 있을 뿐이다. 그래서 플라톤처럼 영혼이 옷을 갈아입듯 신체를 갈아입는다고 생각하지도 않았고, 목숨을 잃으면 그것으로

---

72 O. クルマン, 『キリストと時』, 前田護郎 訳, 岩波書店, 1954, 126쪽.

끝인 것이다. 그러나 예수는 자신의 진정한 목숨은 이 세상의 목숨이 아닌 다른 목숨이라고 말한다. 「마태오 복음서」에서 예수는 "육신은 죽여도 영혼은 죽이지 못하는 사람들을 두려워하지 마라. 오히려 영혼도 육신도 지옥에서 멸망시키실 수 있는 분을 두려워하여라"라고 경고한다(10장 28). 여기서 영혼이란, 이 세상의 목숨과는 다른 별개의 목숨이며 내세에서의 목숨, '신의 나라'에서의 목숨인 것이다.

이승에서 죽는 것만으로는 사라지지 않는 목숨에 대한 이 가르침은, 그 자체로는 추상적으로 보인다. 그러나 예수는 십자가에 매달림으로써 이 가르침이 옳다는 것을 스스로 증명한다. 예수는 인간으로서, '죄 없이' 육화된 인간으로서 고난받음으로써 이승의 목숨을 버리고 신의 나라에서 목숨을 받는 부활의 가능성을 그 육체로 드러내 보여 주는 것이다.

예수는 자신의 생명을 십자가에서 버림으로써 자신의 나라가 신의 영적 나라라는 것, "내 나라는 이 세상에 속하지 않는다"(「요한 복음서」, 18장 36)는 것을 증명하려 한다.[73] 신의 나라란 가난한 사람, 굶주린 사람, 우는 사람을 위한 나라이다(「루카 복음서」, 6장 20~21). 그리고 현재 이 세상에서 "부유한 사람들, 배부른 사람들, 웃는 사람들, 모든 사람이 좋게 말하는 사람들"(6장 24~26)은 신의 나라에서 맞이할 수 없다.

역사적 사실로서의 예수가 어디까지 자각하고 있었을지는 의문이지만, 여기서 이 세상과 신의 나라의 가치관이 완전히 전도되고 사람들은

---

73 또한 예수는 자신을 「탈출기」에서 희생된 어린양과 동일시했다. 이는 예수 스스로가 구약 성서 이야기를 반복하려는 자세를 보여 준 것이다. 다니 유타카는 여기서 '자기 살해의 연출'과 '죽음의 정치학'을 끌어낸다(谷泰, 『聖書』世界の構成論理』, 332쪽). 자신의 삶을 포기함으로써 반대로 유대교의 정통성을 빼앗는 전략이라고 생각한 것이다. 사목자의 논리에 꼭 들어맞는 독해라고 생각한다.

영원의 피안에 모든 희망을 걸도록 요구받는다. 바오로는 이윽고 이 두 가지 생명을 '내적 인간'과 '외적 인간'이라는 개념으로 대비시키게 된다. 외적 인간은 쇠약해져 죽어가지만 '내적 인간'은 나날이 새로워지는 것이다. 그리고 바오로는 '보이지 않는 것'에 주목한다. "보이는 것이 아니라 보이지 않는 것을 우리가 바라보기 때문입니다. 보이는 것은 잠시뿐이지만 보이지 않는 것은 영원합니다"(「고린도 후서」, 4장 18). 이것이 예수의 사상 자체였는지는 의문이지만, 바로 여기서 니체가 통찰한 그리스도교의 새로운 윤리가 탄생하는 것이다. 그리고 이 사상으로부터 다음에 고찰할 '구출자'로서의 예수상이 만들어진다.[74]

4. 교단의 그리스도상

새로운 예수상

그런데 '복음서'를 통해 재구성할 수 있는 '전승 예수'의 상과는 별개로, 그리스도의 부활을 믿음으로써 그리스도교를 형성한 교단 안에서는 새로운 그리스도상이 형성된다. 예수가 '부활'했다는 것은, '시간의 중심' 이후에 찾아온 '교단의 시간'[75]을 맞이한 그리스도교단에서는 가르침의 근간이 되는 것이었다.

　이 교단에게는, 예수가 부활했다는 '사실'을 확신함으로써 비로소 예

74　이 부활의 사상을 통해 "그리스도교도들이 로마인의 박해에서 승리하고 최종적으로는 제국에도 승리했다"는 것과 관련해서는 ライリー, 『神の河: キリスト教起源史』, 262~263쪽을 참조하라.

75　콘첼르만이 지적하듯이, "구원사의 차례에서 승천 다음에 오는 사건은 이제 더 이상 예수의 길과 관련되지 않고, 예수를 중개로 한 교회와 관련되지도 않으며, 교회와 직접 관련"되게 된다. コンツェルマン, 『時の中心: ルカ神学の研究』, 田川建三 訳, 新教出版社, 1965, 340쪽.

수가 죽은 것의 의미를 이해할 수 있게 되고, 그리스도교의 가르침이 가능하게 된 것이다. 그런 의미에서는 '고지하는 자'인 예수가 '고지되는 자'로서의 그리스도로 바뀐다.[76] 오누키 다카시는 과거를 돌이켜 보면 그때까지 의지해 온 도덕의 뒷편에 새로운 기호가 쓰여 있었던 것이 보인다는 비유로 이 부활이 갖는 의미의 중요성을 이야기했는데,[77] 예수의 시간이라는 시간에서 보아 교단의 시간이라는 시간이 시작된 것이고, 이 새로운 시간은 부활이라는 신앙을 통해 생겨난 것이다.[78]

이 새로운 예수상이 형성되고 원시 그리스도교단의 신앙이 형성되기 위해서는 하나의 외적 사건이 필요했다. 바로 유대 전쟁이다. 예수는 제로타이의 '도적'과 함께 로마 제국의 총독에게 '유대인의 왕'을 자칭하는 자로서 처형되었다고 여겨진다(이것이 '사건'이었던 것은 초기 그리스도교단에서만이다). 그리고 그 후 예루살렘은 평화를 희구하는 사제군, 저항과 로마군 공격을 원하는 과격한 사람들, 그리고 도시를 지배하는 "위대한 권력자들"이 "삼파전"을 벌였다고 기록되어 있다.[79]

마을은 폭력으로 넘쳐나게 되고, 예루살렘은 66년 유대 전쟁과 함께 무너진다. 예수의 죽음은 그 서곡과 같은 것이었다. 예루살렘 함락에 즈음해서 「마르코 복음서」가 집성되는데,[80] 이 복음서에서 묘사되는 예수의 모습은 전승 예수와는 상당히 다른 요소를 포함한다. 첫번째로는 이 복음

---

76 ルドルフ・ブルトマン, 「新約聖書のキリスト論」, 『信仰と理解』, 『ブルトマン著作集 11』, 新教出版社, 1968, 300쪽.
77 大貫隆, 『イエスという経験』, 岩波書店, 2004, 225~226쪽.
78 荒井献, 『イエス・キリスト』 上, 48쪽.
79 요세푸스, 『유대 전쟁사 II』, 5권 2장, 105~111쪽.
80 예수 사후 30년이 지나 처음으로 '복음서'가 등장하게 되는 경위와 「마르코 복음서」를 작성했다고 여겨지는 집단에 대해서는 加藤隆, 『福音書=四つの話』, 講談社, 2004를 참조하라.

서의 예수 이야기를 둘러싸고 우주론적 이야기가 전개된다는 것을 들 수 있다. 세례를 받은 예수는 사탄의 유혹을 받는다. "그 뒤에 성령께서는 곧 예수님을 광야로 내보내셨다. 예수님께서는 광야에서 사십 일 동안 사탄에게 유혹을 받으셨다. 또한 들짐승들과 함께 지내셨는데 천사들이 그분의 시중을 들었다"(「마르코 복음서」, 1장 12~13)는 것이다.

그 후에도 예수는 사탄과 악령과의 싸움을 계속한다. 예수는 신의 나라를 가르치는 것이 사탄과의 싸움이라며 이렇게 말한다. "먼저 힘센 자를 묶어 놓지 않고서는, 아무도 그 힘센 자의 집에 들어가 재물을 털 수 없다. 묶어 놓은 뒤에야 그 집을 털 수 있다"(「마르코 복음서」, 3장 27). 예수는 "힘센 자"인 사탄을 묶어 놓고 사람들을 구하려는 자로 자칭하는 것이다.

그리고 예수의 마지막 가르침은 세상의 종말과 구세주 도래의 예언이다. "그 무렵 환난에 뒤이어 해는 어두워지고 달은 빛을 내지 않으며 별들은 하늘에서 떨어지고 하늘의 세력들은 흔들릴 것이다. 그때에 '사람의 아들'이 큰 권능과 영광을 떨치며 구름을 타고 오는 것을 사람들이 볼 것이다. 그때에 사람의 아들은 천사들을 보내어, 자기가 선택한 이들을 땅끝에서 하늘 끝까지 사방에서 모을 것이다"(「마르코 복음서」, 13장 24~27). 여기서는 전승 예수와 명확히 다른 구세주 예수의 상이 묘사된다.

마르코가 덧붙인 또 다른 중요한 요소는 예수가 죽은 원인이 바리사이파에게 있다고 주장한 것이다. 예수를 처형한 것은 폭력적이기로 유명한 로마의 총독 필라투스[빌라도]이다. 그러나 마르코는 필라투스를 선인으로 묘사한다.

필라투스는 "수석 사제들이 예수를 시기하여 자기에게 넘겼음을 알고 있었다"(15장 10)기 때문에 예수를 구하려고 한다. 군중이 예수의 처형을 원하자 필라투스는 "도대체 그가 무슨 나쁜 짓을 하였다는 말이오?"(15장

14)라고 반론한다. 마르코는 예수 죽음의 책임이 유대인 군중에게 있는 것처럼 묘사하는 것이다.

그리고 예수가 죄인 및 세리들과 더불어 음식을 먹는 것을 보고 예수의 제자들에게 "저 사람은 어째서 세리와 죄인들과 함께 음식을 먹는 것이오?"라고 말한 것은 "바리사이파 율법학자들"이며(2장 16), 안식일에 예수의 제자들이 밀 이삭을 뜯을 때 예수에게 "보십시오, 저들은 어째서 안식일에 해서는 안 되는 일을 합니까?"라고 묻는 것도 "바리사이들"이다(2장 24).

이렇게 마르코는 예수 죽음의 원인을 바리사이파에게 떠넘기려 한다. 사실 바리사이파는 재판장에 등장하지 않고 「루카 복음서」에서 보이듯이 예수의 운동을 동정하는 모습도 보였다. 바리사이파와 그 뒤를 잇는 랍비들의 기록에 예수의 모습은 기록되어 있지 않다. 예수라는 인물은 기억에 남아 있지도 않다는 듯이 말이다. 신약 성서에서 바리사이파는 바오로 등의 사제들에게 동정적이고, 공관 성서의 원 자료에는 바리사이파가 아닌 단순한 율법학자로 기록되어 있었을 뿐이다. 전도를 위해서 바리사이파를 예수를 탄압하는 수괴로 묘사한 것처럼 보인다.[81]

마르코는 이러한 바리사이파나 군중의 배후에서 사탄의 모습을 읽어 낸다. 페이겔스가 지적하듯, "바리사이파와 헤로데파가 예수의 암살을 기획할 때, 다름아닌 그들 자신이 악의 대리인으로 일하고 있다고 마르코는 암시한다"[82]는 것이다. 바리사이파가 이렇게 예수 죽음의 책임자가 된 이유로는, 유대 전쟁 이후에 살아남은 유일한 당파인 바리사이파가 율법

---

81 J. ニューズナー,『パリサイ派とは何か』, 長窪専三 訳, 教文館, 1966의 1장을 참조하라.
82 エレーヌ・ペイゲルス,『悪魔の起源』, 松田和也 訳, 青土社, 2000, 46쪽.

준수를 통해 유대인의 정체성을 확보하려 했다는 것, 그리고 그러기 위해 시나고그에서 유대교도 이외의 사람들을 배제했기 때문에 그리스도교는 독자적인 이론 체계와 조직을 필요로 했다는 것을 들 수 있다.

그때까지 시나고그에서 유대교의 한 분파로 활동하던 원시 그리스도교 집단은 새로운 교의 아래 이스라엘 외부에서 가르침을 전개하려 한다. 「루카 복음서」, 「마태오 복음서」, 「요한 복음서」는 "각각 당시의 대표적 그리스도교 공동체의 정체성을 창조해 내기 위해 고투"[83]한 산물이다. 특히 「마태오 복음서」에서는 바리사이파 비판이 강한데, 유대교의 생존자인 바리사이파와의 대립을 염두에 두고 시대착오적으로 이 시대 상황을 묘사한 듯하다.

구제형과 구출형 그리스도상

이렇게 유대교로부터 독립한 그리스도교단의 가르침에서는 예수가 신의 아들이고 그리스도이며 구세주라는 것을 명백히 하는 것이 유대교와의 차이를 명확히 하기 위해 무엇보다도 필요한 것이었다. 그리고 교단의 근간이 되는 것이 예수가 죽은 뒤 부활했다는 확신이었다.

이 그리스도 전승에서는 부활 자체가 이중의 의미를 갖고 있었다. 그 이중적 의미의 존재 방식에 따라 두 가지 전혀 다른 의미의 그리스도상이 생겨나는 것이다. 우선 첫번째 그리스도상은 예수가 신에 의해서 부활되었다는 것을 신앙으로서 인정하는 형태의 것이다. 바오로의 편지에 따르면 이는 다음과 같이 표현된다. "예수님은 주님이시라고 입으로 고백하고 하느님께서 예수님을 죽은 이들 가운데에서 일으키셨다고 마음으로 믿

---

83 같은 책, 109쪽

으면 구원을 받을 것입니다"(『로마서』, 10장 9).

예수는 십자가 위에서 죽었지만, 교단 입장에서야 그렇게 끝낼 수는 없었기 때문에 "그러나 하느님께서는 그분을 죽음의 고통에서 풀어 다시 살리셨습니다. 그분께서는 죽음에 사로잡혀 계실 수가 없었던 것입니다" (『사도행전』, 2장 24)라고 말하게 된다. 이 신앙의 핵은 형을 받아 죽은 예수를 신이 되살렸다고 하는 단 한 가지 점에 있다.[84]

이 신앙의 '핵' 아래서 첫번째 그리스도상이 등장한다. 다음의 글을 읽어 보자.

나도 전해 받았고 여러분에게 무엇보다 먼저 전해 준 복음은 이렇습니다. 곧 그리스도께서는 성경 말씀대로 우리의 죄 때문에 돌아가시고 묻히셨으며, 성경 말씀대로 사흘날에 되살아나시어, 케파[베드로]에게, 또 이어서 열두 사도에게 나타나셨습니다. (『고린도 전서』, 15장 3~5)

이 그리스도상에는 부활의 신앙 외에 몇 가지 새로운 요소가 추가되어 있다. 우선 그리스도의 죽음이 단순히 십자가에서의 형사(刑死)가 아니라 "우리의 죄" 때문에, (구약) "성경 말씀대로" 죽었다는 것이다. 구약 성서 『이사야서』에 등장하는 "주님의 종"은 "폭행을 저지르지도 않고 거짓을 입에 담지도 않았건만 (……) 악인들과 함께 묻히고 (……) 죽어서 부자들[불의한 자들]과 함께 묻혔다"(『이사야서』, 53장 9)고 한다.

---

84 그런 의미에서는 예수의 말과 초기 교단의 추억(아나므네시스)의 '상호작용'을 항상 염두에 둬야 한다. "상세한 추억은 공동체 안에서 살아 있는 예수의 이미지를 새롭게 칠하고, 그 추억은 예수의 완성된 생애의 빛에 비추어져 정화된다." 이리하여 제자들의 자기애는 각각의 예수의 이해와 깊은 관계를 갖게 된다(スヒレベーク, 『イエス』1卷, 76쪽.)

여기서 주목하고 싶은 것은 그리스도의 죽음이 단순히 제2이사야의 예언을 실현하는 것으로서 구약 성서의 세계와 통합된 것이 아니라, 그리스도가 인간의 죄 때문에 죽었다고 강조된다는 사실이다. 이것도 물론 구약 성서의 예언대로이다. "우리는 모두 양 떼처럼 길을 잃고 저마다 제 길을 따라갔지만 주님께서는 우리 모두의 죄악이 그에게 떨어지게 하셨다"(「이사야서」, 53장 6)고 이야기되기 때문이다.

그러나 그리스도교단은 단순히 구약 성서의 유대교 예언을 성취하는 것을 목표로 할뿐만 아니라, 유대교에 포함되어 있던 목자의 사상을 그대로 이어받음으로써 예수의 죽음에 인간의 죄를 대속한다는 의미를 덧붙인 것이다. 신은 그리스도를 인간의 죄 때문에 죽게 하고 부활시켰으며, 그리스도는 "많은 이들의 죄를 메고 갔으며 무법자들을 위하여 빌었다"(「이사야서」, 53장 12). 그리고 신은 이스라엘 백성과의 계약을 그리스도를 통해 실현하게 된다. 그리스도교는 최후의 심판 때에 '중재'하는 역할을 담당하는 것이다.

이 그리스도론에서 그리스도의 죽음과 부활의 목적은 인간의 죄를 대속하고 구제하는 것이다. 이 첫번째 그리스도론을 "구제형"이라고 부를 수 있을 것이다. 인간은 죄 많은 존재이지만 그리스도를 믿음으로써 그 죄로부터 구원받는 것이다. 이것은 아라이가 지적한 것처럼 구약에서 신과 계약하던 전통이 강하게 남아 있는 유대적 그리스도교도 가운데서 우세했다고 생각할 수 있을 것이다.[85]

그런데 이 구제형 그리스도상에 따르면 인간의 죄에도 불구하고 신

---

85 荒井献, 『イエス・キリスト』上, 48쪽. 또 이런 유형의 호명에 대해서는 八木誠一, 『新約思想の構造』, 岩波書店, 2002를 참조하라.

앙을 가지는 것만으로 용서를 받을 수 있게 된다. 앞의 '방탕한 아들' 비유를 생각해 보자. 작은 아들은 고향을 떠나 노예와 다름없는 생활을 했지만 어느 날 고향을 떠올리는 메타노이아의 경험을 하는 것만으로도 고향에 귀환하여 아버지로부터 용서와 환영을 받을 수 있게 되는 것이다. 그런데 두번째 '구출형' 그리스도상에서 사태는 더 복잡해진다. 인간은 이제 스스로의 메타노이아만으로는 구원받을 수 없다고 여겨지게 된다. 이러한 상을 보여 주는 글을 읽어 보자.

> 만물이 그분 안에서 창조되었기 때문입니다. 하늘에 있는 것이든 땅에 있는 것이든 보이는 것이든 보이지 않는 것이든 왕권이든 주권이든 권세든 권력이든 만물이 그분을 통하여 또 그분을 향하여 창조되었습니다. 그분께서는 만물에 앞서 계시고 만물은 그분 안에서 존속합니다. (「골로새서」, 1장 16~17)

> 율법이 육으로 말미암아 나약해져 이룰 수 없던 것을 하느님께서 이루셨습니다. 곧 당신의 친아드님을 죄 많은 육의 모습을 지닌 속죄 제물로 보내시어 그 육 안에서 죄를 처단하셨습니다. (「로마서」, 8장 3)

> 하느님께서는 그리스도 안에서 그 능력을 펼치시어, 그분을 죽은 이들 가운데에서 일으키시고 하늘에 올리시어 당신 오른쪽에 앉히셨습니다. 모든 권세와 권력과 권능과 주권 위에, 그리고 현세만이 아니라 내세에서도 불릴 모든 이름 위에 뛰어나게 하신 것입니다. (「에베소서」, 1장 20~21)

이 그리스도상이 '구제형' 그리스도상과 몇 가지 점에서 명확히 다르다는 것을 금세 알 수 있다. 이 그리스도의 이미지에는 죄 많은 인간이 '귀환할' 고향과 같은 것이 없다. 최후의 심판이 있을 뿐이다. 그리고 인간은 죄 많은 존재이며, 그리스도는 예수라는 '죄 많은 인간의 모습'으로 이 세상에 보내졌다. 그리고 율법 아래서 인간은 "악령·죄·죽음의 힘 아래 있었다". 그리고 인간은 그리스도의 성육신과 죽음 없이는 이 '육신'이라는 죄 많은 존재 방식에서 벗어날 수 없는 것이다.[86]

그리스도교단은 예수의 사상을 더 복잡하게 해서, 구제형 예수와는 다른 예수상을 만들어 낸다. 이 그리스도상을 야기 세이이치의 주장에 따라 '구출형'이라 부르자.[87] 죄의 세계로부터 인간은 자력으로 탈출할 수 없고 그리스도라는 중보자의 힘으로 비로소 구원받았기 때문이다. '방탕한 아들'의 비유에서 아들은 자력으로 고향에 돌아갈 수 있었다. 그러나 그것을 방해하는 자가 있다면, 혹은 고향을 완전히 잊었다면 인간은 언제까지나 구원받을 수 없으리라. 인간은 이 세상에서 완전히 '유기된' 존재로서 살 수밖에 없는 것이다.

진주의 노래

이러한 상태를 다양하게 묘사하는 이야기가 그노시스적 신약 성서 외전 「토마 행전」 속 '진주의 노래'이다. 사도 유다가 감옥에 갇혀 부르는 '진주의 노래'는 어느 왕자의 이야기이다. 왕자는 부모로부터, 이집트 바다에

---

86 "살과 피는 하느님의 나라를 물려받지 못"한다(「고린도 전서」, 15장 50)고 생각했던 바오로는 인간이 부활할 때에는 이 살을 버린다고 믿었는데, 2세기 이후 테르툴리아누스부터는 육체의 부활을 믿게 되었다고 한다. 이에 관해서는 荒井献, 「身体のよみがえり」(『荒井献著作集 5』, 岩波書店, 2001, 293~305쪽)을 참조하라.
87 八木誠一, 『新約思想の構造』, 102쪽.

서 용이 지키고 있는 진주를 가져 오면 대를 잇게 해주겠다는 약속을 받는다. 왕자는 이집트에서 용을 깨우지 않도록 하면서 호기를 노리지만 이집트 사람들은 왕자가 이방인임을 알고 "꾀를 내어" 접근한 뒤 식사를 대접한다. "내가 왕자였음을 잊고 그들의 왕을 섬겼다. 게다가 나는 진주를 잊었다. 부모님이 그것 때문에 나를 보냈는데도 말이다."[88]

이 망각의 심연에 잠긴 왕자에게 부모가 편지를 보낸다. "네가 왕자라는 것을 떠올리거라. 네가 노예 꼴로 누구를 섬기는지를 보거라. 진주를 떠올려라"라고. 이 편지를 읽은 왕자는 용에게 주문을 걸어 진주를 빼앗고 고향으로 돌아가려 한다. "나는 더러운 옷을 벗고 그것을 그들 나라에 두고 왔다". 그리고 고향으로 가는 길 위에서 부모가 보낸 "나의 빛나는 옷"을 본다. 그러자 갑자기 "빛나는 옷이 나의 거울처럼, 나와 같이 되었다. 나는 그것을 전부 내 안에서 보았다. 그리고 나는 그 속에서 나를, 나의 눈 앞에서 보았다"[89]는 것이다.

여기서 왕자가 벗어 던지는 더러운 옷이란 지상에서의 신체이고, 부모가 보낸 옷은 '인식(그노시스)의 운동'이 작동하는 것으로서 본래의 자기이다. 왕자는 한 번은 자기 신분을 망각하고 노예가 되어 살고 있었지만, 부모의 편지로 각성하고 본래의 자기를 인식(그노시스)하는 것이다.

이렇게 '진주의 노래'와 '방탕한 아들'에는 큰 공통점이 있다. 방탕한 아들과 왕자 모두, 원래는 풍요롭게 살고 있었지만 어떤 이유 때문에 타향을 방문하고 거기서 고향을 망각하여 노예로 살고 있다. 그리고 두 사람 모두 어떤 계기로 고향을 떠올리고 고향으로 다시 고개를 돌린다(메타

---

88 「使徒ユダ·トーマス行伝」(『新約聖書外典』, 荒井献 訳, 講談社, 1974, 268쪽).
89 같은 책, 269~272쪽.

노이아). "그리고 그는 일어나,[90] 자신의 아버지 계신 곳으로 (돌아)갔다." 이렇게 해서 방탕한 아들은 고향으로 귀환하고 노예 신분으로부터 구제되며, 왕자도 "빛나는 옷"을 보고 스스로 각성한다.

그러나 '방탕한 아들'이 '진주의 노래'와 다른 점은, 방탕한 아들의 경우 아들이 스스로 회심하여 집으로 돌아간다는 데 있다. 그 아들을 아버지는 환영하고 맞아들여 신발을 신기고 노예 신분으로부터 해방시키고 잔치를 연다. 아버지인 신이 한 일은 그저 받아들이고 환영한 것뿐이다. 방탕한 아들은 비본래적 존재 방식으로부터 각성하여 귀향하고 신에게 받아들여진 것이다.

이에 비해 '진주의 노래'에서 왕자는 망각 속에서 살고 있다. 자신의 힘으로는 귀환할 수 없는 것이다. 왕자를 각성시키는 것은 '신적인 재촉', 즉 아버지인 왕으로부터의 편지이다. 왕자는 스스로 각성할 수 없기 때문에, 왕자가 노예로 살고 있는 세계는 작은 아들이 노예로 돼지를 치던 세계와 차원이 다르다. 작은 아들은 언제라도 고향으로 귀환할 수 있었고 그 계기는 메타노이아로 충분했다. 고향의 세계와 "피로 연결되어 있"[91]었기 때문이다. 그러나 왕자는 부모의 편지가 없었더라면 영원히 세속 세계, 어둠의 세계에 갇혀 있었을 것이다. 이 세계와 왕국은 서로 떨어져 있는 세계, 이승과 저승처럼 넘어설 수 없는 세계였던 것이다.

---

90 미야타가 지적하듯, 여기서 '일어나다'(아나스타스)라는 말은 서다(아니스테미)라는 동사의 에오리스트(Aorist)형이며, 이 동사로부터 부활(아나스타시스)라는 말이 나왔다. 일어서는 것은 되살아나는 것이기도 하다(宮田光雄, 『新約聖書をよむ:「放蕩息子」の精神史』, 岩波書店, 1994, 9쪽)

91 宮本久雄, 『福音書の言語宇宙』에서는 오히려 이 비유 이야기를 "개인이나 타자를 신성의 자동성에 흡수하고 동일화해 버리는 그노시스적 전체주의의 돌파"로 본다(81쪽).

그노시스의 인간상

그런데 이 '진주의 노래'의 배경에 있는 것은 그노시스주의[영지주의] 특유의 인간론이었다. 일반적인 정의에서 그노시스주의는, 인간을 둘러싼 물질적 세계의 배후에 존재론적으로 다른 지위를 갖는 초우주적이고 신적인 영역의 존재를 상정하는 반우주적 이원론을 기축으로, 인간은 본질적으로 이러한 초우주적 영역과 동질적인 본래적 자기를 소유하고 있지만 그것을 망각한다고 상정한다. 그리고 이 망각으로부터 인간을 구해 내기 위한 지각으로서 그노시스의 중요성이 말해지는 것이다.[92]

발렌티누스주의적인 『3가지 본성에 관하여』에 따르면, 이러한 구원을 가져다주는 그노시스의 관점에서 보아 인간은 세 종류로 분류할 수 있다. 영(pneuma, spirit)적 인간과 영혼(psyche, soul)적 인간, 그리고 질료(hyle)적 인간이 있다. 아버지인 창조자는 "말해질 수 없는 자"이며 "스스로 태어나고 자기 자신을 사유하며 있는 그대로의 자신을 알고 있는"[93] 감미로운 존재이다. 이윽고 이 감미롭고 말해지기 어려운 존재에 대해 사유하기를 원하는 중간적 존재가 형성된다. 이것이 로고스이다.

이 로고스는 "아버지의 영광을 위해" 탄생한 존재이지만, 깊은 착란에 빠져 아래에 있는 심연을 바라보고 말았고, 자기를 의심하여 분열된다. 로고스의 반신인 "완전한 자"는 아버지 곁으로, 하늘의 세계(플레로마)로 귀환해 버린다. 남겨진 반신은 "자만"이며, 플레로마의 그림자, 모사에 불과하다. 거기서부터 질료(휠레)적 인간이 탄생한다. "자기들이 자기 스스로 존재하고 있으며 시원을 갖지 않는다고 생각"(27절)하는 자들

---

92 이 정의는 1996년의 '멧시나' 제안에 의거한다. 이 제안에 대해서는 大貫隆 他編, 『グノーシス：陰の精神史』, 岩波書店, 2001, 4~5쪽을 참조하라.
93 荒井献·大貫隆 編, 「三部の教え」, 7節, 『ナグ·ハマディ文書 II』, 岩波書店, 1998, 222쪽.

이며, 반항적이고 "순종적이지 않은 자, 패권을 좋아하는 자"이다.

이들은 "암흑과 같아서 빛의 반짝임으로부터 몸을 숨긴다. 왜냐하면 빛의 출현은 그것을 없애 버리기 때문이다"(64절). 이들은 "구세주에 거역하는 자로, 모든 수단을 통해 멸망할" 자들(65절)이고, 구원받지 못할 자들, "잃어버린 자들"(67절)이다.

다음으로 영혼(프쉬케)적 인간은 로고스의 병으로부터 태어난 것이 아니라 "좋은 생각으로부터 나온 자들"(30절)이다. 자신을 좋은 자로 향하게 하고, 거기서 영광으로 가득 찬 선재자(先在者)를 찾으며, 기도하는 "성향"(30절)을 가진 자들이다. 이들은 아직 선재자가 무엇인지를 인식하고 있지 않지만 그 성향만은 갖고 있는 것이다. 이들은 "자기들보다 높은 분이 존재한다는 고백과, 그 분을 향한 기도와 탐구의 형편에 따라 그들을 만들어 낸 자들의 구원에 관여"(66절)한다.

그러나 이들이 "주를 거부하고, 그에게 간계를 꾸미며", 교회를 향해 "증오와 질시와 질투"를 보내는 경우, 그리고 "명예욕 때문에 자만하며 한때의 영광을 사랑하고, 권력이 그들의 손에 맡겨지는 것은 한순간에 불과함을 잊고, 바로 그런 이유로 신의 아들이 만물의 주이며 구세주임을 고백하지 않아, 분노로부터도, 또 악인들과의 닮음으로부터도 이제껏 벗어나지 못한"(67절) 경우에는, "잃어버린 자들"과 함께 심판을 받게 된다.

마지막으로 선택된 영(프네우마)적인 자들은, 교회에 속하는 인간이며 "기쁨, 희망을 품고 있는" 자들이다. 그리고 "구원이 고지되었을 때, 완전한 인간은 즉시 인식(그노시스)을 받고, 서둘러 자신의 유일성의 기원으로, 그가 그곳으로부터 온 장소로"(68절) 되돌아갈 수 있는 자들이다.

이 세 종류의 인간 중에서 그노시스주의자가 영적인 인간이리라는 것은 분명할 것이다. 발렌티누스에 따르면, 그리스도교도는 예수라는 구세주의 가르침을 받았기 때문에 영적 인간이며, 그노시스의 가르침을 받음으로써 구원에 이를 수 있다. 이교도들은 질료적 인간이고 완전히 구원을 거부하고 있다는 것이 된다.[94]

이 그노시스적 인간론의 배후에 있는 것은 고전적인 우주론의 근본적 전도였다. 고대의 우주론은 두 번에 걸친 큰 전환을 경험했다. 그리스 신화에서는 올림포스 산들에 신들이 존재하고 히브리에서는 하늘의 왕좌에 신이 있었다. 예수의 시대에도 여전히 신의 왕좌 오른편에 예수가 앉아 있다고 여겨졌다.

그러나 이러한 소박한 우주론에 대해 철학으로부터의 격렬한 비판이 전개되었다. 이미 크세노파네스는 신이 인간과 동일한 모습일 리 없고, 인간처럼 성교하거나 질투할 리도 없다고 비판했다. 이윽고 엘레아 학파 파르메니데스의 진리와 존재의 이론과 함께, 신은 하나인 존재(모나스)이며, 하늘 어딘가에서 잔치를 하는 등의 일은 있을 수 없다고 확인하게 되었다. 신들은 갈 곳을 잃은 것이다.[95] 이것이 최초의 우주론적 전환이다.

아리스토텔레스의 우주론에서는 지구를 중심으로 달 아래의 세계와

---

94 다만 그노시스 유파에 따라서는 이런 예정설과는 다른 구성을 채용하기도 한다. 이를테면 『ヨハネのアポクリュフォン』, 73節에서는 제3의 종류의 인간 "만물을 인식하지 않은 자들"에 대해 "저주스러운 영이 그들 중에 증대되어 버렸던 것이다. 그리고 그것은 그 영혼을 밀어붙여서 악한 일로 끌고 가 망각으로 내던진다"고 지적하면서도 "망각으로부터 눈을 뜨고 인식을 받아들인"다면 "완전한 자가 될" 수 있다고 말한다(『ナグ・ハマディ文書 I』, 岩波書店 1997, 111~112쪽). 그노시스주의의 구원론에 대해서는 野町啓,「流離と回帰」(大貫隆 他編, 『グノーシス : 陰の精神史』)에 잘 정리되어 있다.

95 이 그리스 철학의 모나스 개념이 우주론에 끼친 엄청난 영향에 대해서는 ライリー, 『神の河 : キリスト教起源史』이 상세하다(특히 71~83쪽). 유대교에서도 70인역을 통해 '나는 스스로 있는 자이다'라는 신의 자기 규정은 '에고 에이미 호 온'이라는 플라톤적 존재론의 용어로 번역됨으로써 신의 인격적 측면이 옅어진다. "그리스어 성서의 신은 애초부터 자신과 어깨를 나란히 하는 다른 어떤 힘이나 권위도 허용하지 않는 무제한적이고 보편적인 신이었다"는 것인데, 이것이 전통적인 유대적 신관으로부터의 큰 일탈이 된다는 것에 대해서는 ヘンゲル, 『ユダヤ人・ギリシア人・バルバロイ』, 154쪽 이하를 참조하라.

달 위에서 불규칙하게 이동하는 혹성의 세계 그리고 규칙적인 운동을 보여 주는 항성의 세계, 이렇게 천체의 세계에 명확한 계층 구조가 있다고 여겨지고 있었다. 신들은 이 항성의 세계에 사는 것으로 되어 있었다.

그런데 그노시스 우주론과 함께 두번째 전환이 찾아온다. 그노시스의 우주론에서는 궁극의 장소에 신들이 사는 것이 아니라 그 위에 더 진정한 신의 세계가 있다고 여겼다. 그때까지 신들이 머무는 곳이라 여겨지던 곳은 이제 가짜 신들이 머무는 곳이 되었고 이 가짜 신들이 사람들을 속여서 지배하고 있다고 여겨지게 된 것이다.

진정한 창조주가 아닌 아르키게네토르가 "나야말로 신이다. 나 외에는 아무것도 존재하지 않는다"고 구약의 신과 똑같은 말을 하자 이 세계 창조의 직접적 원인이 된 피스티스가 심하게 반박한다. "네놈에 앞서서, 불사의 빛의 '인간'이 존재하는 것이다. 그가 마침내 네 녀석들이 만든 것들 가운데 나타나리라. 그는 네놈을 뭉개 버릴 것이다"라고 말이다.[96]

그러나 이 '인간'이 나타나기 전까지 사람들은 가짜 신에게 속아서 계속 이 신이 진정한 신이며, 이 세계가 진짜 세계라고 생각한다. 이러한 사기로부터 인간을 구원하기 위해 그 위의 진정한 신은 구세주를 보내는 것이고, 이 구세주 없이는 인간은 가짜 신들에게 속게 되는 것이다.[97]

이 이원론에 기초한 인간론에서는 그노시스주의자들조차도 구세주의 힘 없이는 하늘인 플레로마로 돌아갈 수 없다는 것에 주목하자. 그리

---

96 「この世界の起源について」, 23~25節, 『ナグ·ハマディ文書I』, 164쪽.
97 고대의 우주론, 특히 이 2세계론이 그노시스의 중요한 특징이었다는 것은 이미 확인한 바 있다. 반우주론에 대해서는 柴田有, 『グノーシスと古代宇宙論』, 勁草書房, 1982도 참조하라. 또한 ハンス·ヨナス, 『グノーシスの宗教』, 秋山さと子, 入江良平 訳, 人文書院, 1968의 10장에 코스모스에 대한 그리스적 가치가 그노시스에 의해 "근본적으로 역전"된 것이 아주 명쾌하게 설명되어 있다.

고 인간의 여러 악은 그 시원의 망각 속에서 생겨난다. 반대로 구세주의 은혜에 따라 한 번 그노시스에 참여할 수 있다면, 모든 더러움이 사라지고 하늘로 귀환할 수 있다는 것이다. 인간은 누구나 이러한 무지의 상태에 있으며, 구제형 예수와 달리 구출형 예수상에서는 그 누구도 스스로의 힘으로는 선으로 되돌아가거나 완전한 삶으로 되돌아갈 수 없다.[98]

이 그노시스에서의 이원론은, 마침내 선과 악의 이원론으로서 마니교에서 체계적으로 구성된다.[99] 현실 세계에 악이 존재한다는 것과 인간을 구원하기 어렵다는 것은 신의 선성으로 설명할 수 없기 때문에, 그노시스에서처럼 선하고 진정한 신과 악한 가짜 신을 상정하는 이원론적 설명은 설득력을 갖는다. 이 마니의 악 개념은 나중에 아우구스티누스를 강하게 사로잡게 되고, 아우구스티누스는 원죄로 악의 존재를 설명하기 전까지 이 마니의 악 개념의 힘을 부정할 수 없었다.

육이라는 개념

그런데 바오로는 이 그노시스주의에 대항하기 위해서라도 새로운 인간상을 필요로 했다. 바오로는 '영의 말씀'과 '인간의 지혜'를 대비시키면서 "그러나 자연에 속한 사람은 하느님의 영에게서 오는 것을 받아들이지 않습니다"(「고린도 전서」, 2장 14)라고 말한다. 이 "자연에 속한 사람"은

---

98 구원자로서의 예수를 세우는 그리스도교 이론에서는 2원론적 그노시스의 우주론에 대항하기 위해, 혹은 그것을 흡수하기 위해, 구원자와 대항하는 우주론적 기원의 사탄을 필요로 하게 되었다. ニール·フォーサイス, 『古代悪魔学: サタンと闘争神話』, 野呂有子 監訳, 法政大学出版局, 2001가 지적하듯이, 사탄은 그때까지 존재하지 않았지만 "교회는 사탄을 발명해야만 했을 것"(421쪽)이 확실하다.
99 그노시스와 마니교에서의 거의 구원이 없는 2세계론과 선악의 이원론에 대해서는 S. ペトルマン, 『二元論の復権: グノーシス主義とマニ教』, 神谷幹夫 訳, 教文館, 1985가 상세하다.

"프쉬키코스 안트로포스"이며, 신의 영에게서 진리를 받지 않는 사람이다. 이에 비해 "영에 속한 사람", "프네우마티코스 안트로포스"(같은 책, 2장 15)는 프네우마로 가득찬 사람인 것이다.

이 인간이 종말에는 "자연적인 몸"(소마 프쉬키코스)에서 "영적인 몸"(소마 프네우마티코스)으로 변한다고 여겨진다(같은 책, 15장 44). 이 프쉬케적 인간과 프네우마적 인간 간의 대비가 그노시스적 인간상에 대응한다는 것은 명백하다.

그런데 "자연에 속한 사람"과 "영에 속한 사람" 사이에 또 하나의 인간 개념이 등장한다. "육에 속한 사람"(사르키코이)이다. 육에 속한 사람이란 그리스도교의 가르침을 믿으면서도 아직 "영에 속한 사람"이 되지 못한 사람들이다. 바오로는 고린토 교회의 회중에게 보낸 편지에서, 고린토의 신도들이 파벌로 나뉘어 싸우고 품행을 고치지 않는 것을 꾸짖으면서 이렇게 쓴다. "형제 여러분, 여러분에게 이야기할 때, 나는 여러분을 영적이 아니라 육적인 사람[육에 속한 사람], 곧 그리스도 안에서는 어린아이와 같은 사람으로 대할 수밖에 없었습니다."(같은 책, 3장 1). 육에 속한 사람들은 다투는 사람들이다. "여러분 가운데에서 시기와 싸움이 일고 있는데, 여러분을 육적인 사람이 아니라고, 인간의 방식대로 살아가는 사람이 아니라고 할 수 있습니까?"(같은 책, 3장 3).

그런데 바오로는 신앙에 따라 이렇게 구별하는 것에서 더 나아가 존재론적으로 인간을 구별한다. 이것은 '내적 인간'(에소 안트로포스)과 '외적 인간'(엑소 안트로포스)이라는 대립 개념에 대응한다. "그러므로 우리는 낙심하지 않습니다. 우리의 외적 인간은 쇠퇴해 가더라도 우리의 내적 인간은 나날이 새로워집니다"(「고린도 전서」, 4장 16).

'외적 인간'은 신체를 가진 인간으로, 이러한 신체와 외적 인간을 표현하기 위해 바오로는 몸(소마), 영혼(프쉬케), 육(사르코스), 지체(肢體, 멜로스)라는 네 개념을 사용한다. 몸(소마)은 아주 중성적인 개념이며, 인간들은 '그리스도의 몸'이다. 프쉬케라는 몸의 개념은, 앞서 기술한 것처럼 프네우마라는 몸에 대립하는 것으로서 사용된다. 지체(멜로스)는 소속 관계를 나타낼 때 사용된다. 육(사르코스)이라는 개념이야말로 바오로에게 가장 중요한 개념이다.

인간의 정신과 신체의 관계는 바오로에게서 복잡해지고, 물심 이원론 혹은 육신과 영혼의 대립으로 여길 수 없게 된다. "비본질적인 것에 속하는 '외적 인간'이 몸을 갖는 것과 동시에, '내적 인간'은 위로부터 받은 영적 생명과 영적인 몸(소마)을 갖게 되는 것이며, 몸이 없는 정신은 바오로로서는 생각할 수 없는 것"[100]이었기 때문이다.

그런데 인간의 몸이 그리스도의 지체인 것과 반대되는 의미에서, 사람은 자신의 몸을 자기 자신의 의지로 더럽힐 수도 있다. 바오로는 "여러분의 몸이 그리스도의 지체라는 것을 모릅니까? 그런데 그리스도의 지체를 떼어다가 탕녀의 지체로 만들 수 있겠습니까? 결코 그럴 수 없습니다. 아니면, 탕녀와 결합하는 자는 그와 한 몸이 된다는 것을 모릅니까? '둘이 한 몸이 된다'는 말씀이 있습니다. 그러나 주님과 결합하는 이는 그분과 한 영이 됩니다"(「고린도 전서」, 6장 15~17)라고 말한다. 여기서 중요한 것은, 유대교에서 율법은 인간의 행위를 지배하는 것이었다는 것이다. 간음하지만 않으면 마음속에 아무리 격한 욕정을 품었다 해도 율법에 반하는 것은 아니다. 그는 신의 명령에 따르고 있고 구원받는다.

그러나 예수가 가르친 것은 사람의 외면적 행위보다 마음 내면이 중

---

100 村田四郎, 『パウロ思想概説』, 新教出版社, 1957, 74쪽.

요하다는 것이었다. "그러나 나는 너희에게 이렇게 말한다. 음욕을 품고 여자를 바라보는 자는 누구나 이미 마음으로 그 여자와 간음한 것이다"(「마태오 복음서」, 5장 28). 예수는 욕정을 품게 되거든, 그 여자를 보는 눈을 빼 버리라고 명령한다. "온몸(소마)이 지옥에 던져지는 것보다 지체(멜로스) 하나를 잃는 것이 낫다"(같은 책, 5장 29).

일찍이 유대교의 율법을 믿고 그것을 준수하는 자신을 자랑스러워했던 바오로는 이 예수의 가르침을 극한으로까지 밀어붙인다. 율법이 죄를 가르쳐 주고 율법을 지키려 하면 할수록 자신의 행위와 마음은 분열되어 버린다. 육이란 신체라기보다는 이렇게 분열된 자기이다. 리쾨르가 지적하는 것처럼 "육이란, 자기가 날 때부터 저주받은 부분, 즉 이를테면 성기와 같은 육체적인 부위를 일컫는 것이 아니다. 자기가 자기 자체로부터 소외되고 자기 자체와 대립하며 외재(外在)로 투기(投企)될 때, 이러한 자기가 육인 것이다".[101]

이 육이라는 존재 방식을 하고 있는 인간은, 어떤 형태로라도 "모조리 상실된 인간"이다.[102] 그리고 두크로(Ulrich Duchrow)가 지적하는 것처럼, "인간의 영혼(내적 인간) 역시, 죽음과 죄의 기만의 손아귀에 있는 신체로부터 자신을 해방할 수는 없"다.[103] 그렇다면 이 상실된 인간은 대

---

101 폴 리쾨르, 『악의 상징』, 양명수 옮김, 문학과지성사, 1999, 241~242쪽. 소마가 바오로에게서 인격과 동등한 의미를 갖고 있었다는 데 관해서는 "소마는 인간 자신에게 있어서는 소유하는 외적인 것이 아니다. 인간 그 자체이다. 실제로 소마는 현대 용어로는 '인격성'에 매우 가까운 의미를 갖고 있다"라는 John A. T. Robinson, *The body, A Study in Pauline Theology*, SCM Press, 1952의 p. 28을 참조하라. 또한 바오로의 '살' 개념에 대한 현대까지의 여러 해석 패턴의 일람이 다음의 책 pp. 65~67에 정리되어 있다. Daniel Boyarin, *A Radical Jew, Paul and the Politics of Identity*, University of California Press, 1994.

102 ウルリッヒ・ドゥフロウ, 『神の支配とこの世の権力の思想史』, 佐竹明 他訳, 新地書房, 1980, 99쪽.

103 두크로는 여기에 묵시 사상의 전통이 있다고 지적한다. 바오로의 이 사상은 금욕을 포함한

체 어떻게 구원받을 수 있을까? 여기서 바오로가 꺼내든 것이 신의 사랑, 아가페이다. 율법은 인간에게 선악을 가르친다. 그러나 율법에 따라 살려고 하면 할수록 인간은 죄의 길로 몰리게 된다. 이를 구원하는 것은 신으로부터 일방적으로 주어진 아가페뿐이라는 것이 바오로의 신념이었다.

우리가 아직 나약하던 시절, 그리스도께서는 정해진 때에 불경한 자들을 위하여 돌아가셨습니다. 의로운 이를 위해서라도 죽을 사람은 거의 없습니다. 혹시 착한 사람을 위해서라면 누가 죽겠다고 나설지도 모릅니다. 그런데 우리가 아직 죄인이었을 때에 그리스도께서 우리를 위하여 돌아가심으로써, 하느님께서는 우리에 대한 당신의 사랑을 증명해 주셨습니다. 그러므로 이제 그분의 피로 의롭게 된 우리가 그분을 통하여 하느님의 진노에서 구원을 받게 되리라는 것은 더욱 분명합니다. 우리가 하느님의 원수였을 때에 그분 아드님의 죽음으로 그분과 화해하게 되었다면, 화해가 이루어진 지금 그 아드님의 생명으로 구원을 받게 되리라는 것은 더욱 분명합니다. (「로마서」, 5장 6~10)

율법을 통하든 사랑을 통하든, 신에게 도달할 길은 없다. 신의 아들이 십자가 위에서 죽고, 자신의 목숨으로 인간의 죄를 대속한 행위에서 나타나는 신의 사랑 아가페만이 인간을 구출할 수 있는 것이다. 바오로는 신의 대가 없는 사랑 개념을 제시함으로써 "인간으로부터 신에게 이르는 길 같은 것은 없으며, 다만 신이 인간의 곁으로 오기 위해 만든 길만이 있

모든 인간의 행위의 힘을 부정하고 그리스부터 스토아를 거쳐 필론에 이르기까지 남겨져 있던 현자의 이상을 완전히 부정하게 된다. 같은 책, 116~118쪽을 참조하라.

음을 확실히 했다".[104]

아가페

아가페의 구조를 살펴보자. 아가페는 인간의 모든 행위의 힘을 부정한다.
[아가페는] 신의 대가 없는 사랑이며, 인간이 금욕 등의 방법으로 신에 가
까운 존재가 될 가능성을 완전히 부정하는 것이다. 예수는 자기 자신을
희생 제의에 쓰이는 어린양으로서 신에게 바쳤다. 예수의 피만이 인간을
대속할 수 있었다. 이 대가 없는 사랑에 대해, 인간은 그저 그것을 타자 쪽
으로 돌릴 수밖에 없다.

　　바오로가 보기에 이웃 사랑의 가능성은 오로지 신의 이러한 대가 없
는 사랑에 있는 것이다. 바오로는 다투는 사람들에게 "그러므로 그리스도
께서 여러분을 기꺼이 받아들이신 것처럼, 여러분도 하느님의 영광을 위
하여 서로 기꺼이 받아들이십시오"("로마서」, 15장 7)라고 말한다. 그리스
도교 신자들은 신의 아가페를 타자와의 관계 속에서 모방할 필요가 있는
것이다. 나이그렌이 말하는 것처럼 바오로는 "끊임없이 사람에 대한 사랑
을, 신의 인간에 대한 사랑 속에 있는 기반과 관계 지으려 한다. 인간관계
는 아가페에 기초해야만 한다".[105]

　　그리스도교는 교회를 중심으로 공동체를 형성한다. 이 공동체에서는
"그리스도의 **십자가**에서 **구체화된 신의 사랑**을 접한 결과, 무조건적으로 자
기를 타인에게 내주는 것이 신자의 첫번째 의무가 된다는 것을 알며, 또
한 이에 힘쓰"게 된다.[106] 바오로는 "우리는 좋은 일이 생기도록, 교회의

---

104 A. ニーグレン, 『アガペーとエロース I』, 岸千年, 大内弘助共 訳, 新教出版社, 2007, 81쪽.
105 같은 책, 97쪽.
106 山内省吾, 『パウロの神学』, 新教出版社, 1950, 139쪽.

성장이 이루어지도록, 저마다 이웃이 좋을 대로 해야 합니다. 그리스도께서는 당신 좋으실 대로 하지 않으시고, '당신을 모욕하는 자들의 모욕이 제 위로 떨어졌습니다'라고 성경에 기록된 대로 하셨기 때문입니다"(「로마서」, 15장 2~3)라고 말했다.

바오로가 말하는 이러한 사랑에서, 사람들은 자기를 희생하면서까지 타자를 사랑한다. 그것은 타자에게 사랑스러운 구석이 있기 때문이 아니다. 바오로가 말하듯 예수가 죽은 것은 예수를 믿는 자를 위해서가 아니라 "불경한 자들"(같은 책, 5장 6)을 위해서이다. 그러므로 신도들은 죄인이나 적도 사랑해야 한다. 그것은 신의 사랑이 대가 없이 넘칠 정도로 부어졌기 때문이다.

그러나 사람들이 서로 사랑한다 해도 마주 본 타자의 관계에서 서로 사랑하는 것은 아니다. 신이라는 수직적 관계 아래서 신의 사랑을 경유하여 서로 사랑하는 것이다. 이 신의 사랑이 사람들 안에 조화를 가져다준다. "그래서 몸에 분열이 생기지 않고 지체들이 서로 똑같이 돌보게 하셨습니다. 한 지체가 고통을 겪으면 모든 지체가 함께 고통을 겪습니다. 한 지체가 영광을 받으면 모든 지체가 함께 기뻐합니다"(「고린도 전서」, 12장 25~26). 여기서 타자는 자기의 조건이며 자기는 타자의 조건이 된다.

이렇게 타자에 대한 시선이 자기에 대한 시선과 중첩된다. 타자의 고통은 자신의 고통이며 타자의 기쁨은 자신의 기쁨이다. 바로 이러한 아가페의 구조가 그리스도교에서 사목자의 시선을 지탱했다. 유대 공동체에서 사목자의 일을 하는 것은 사제나 왕이나 예언자였다. 그러나 그리스도교회에서 타자의 죄는 타자만의 문제가 아니다. 신을 통해서 타자를 사랑하도록 요구받기 때문에, 타자의 문제는 자신의 문제이기도 한 것이다. 이렇게 해서 양들의 영혼을 돌보는 것을 그 임무로 삼는 성직자뿐만 아니라 모든 신자에게, 사목자의 시선이 잠재적으로 갖춰지게 된다.

아가페는 플라톤의 에로스와 명백히 다르다. 플라톤의 에로스나 자기 배려는 모두 자기를 기축으로 삼고 있었다. 그리스 철학은 플라톤에서 아리스토텔레스에 이르기까지, 그리고 스토아와 에피쿠로스의 철학에 이르기까지, 모두 스스로를 행복하게 하는 것을 목표로 삼고 있었다. 그리고 그리스도교의 아가페는 신의 대가 없는 사랑을 수단 삼아 인간들 사이에 새로운 윤리적 관계를 가져다준다. "너희 아버지께서 자비하신 것처럼 너희도 자비로운 사람이 되어라"(「루카 복음서」, 6장 36). 이 사랑은 인간이 타자를 그의 사랑할 수밖에 없는 매력 때문이 아니라, 신이 자신의 대가 없는 사랑을 베풀어 주시기 때문에 사랑할 수밖에 없다고 주장한다. 생각해 보면 이 사랑의 윤리는 어지간히 이상한 것이다. 니체가 날카롭게 지적했듯, **"신을 위해 인간을 사랑한다는 것 — 이것은 지금까지 인간이 도달한 가장 고귀하고 통례에서 벗어나 있는 감정이었다"**[107]는 것도 확실하지만, 그것이 무엇을 야기했는가도 중요했던 것이다.

우선 인간은 신으로부터 대가 없는 사랑을 받고 있다. 이 사랑은 일방적이며 거부할 수 없다. 인간은 신에게 애초부터 빚을 지고 있는 것이다. 그리고 인간은 신의 사랑을 통해, 신의 사랑 때문에, 이웃을 사랑하도록 명령받고 있다. 이웃은 그의 선함 때문에 사랑받는 것이 아니라, 상대가 신의 사랑을 믿기 때문에 사랑받는 것이다. 여기서도 사랑은 일방적이다.

이 아가페 개념은, 자기 행복을 스스로의 영위 속에서 목표로 하는 고대 철학과는 완전히 이질적인 것이다. 니체가 말했던 것처럼, 이것은 "모든 고대적 가치의 전도"를 의미하는 것이다.[108] 나이그렌이 말하는 것처

---

107 니체, 『선악의 저편』, 3장 60, 김정현 옮김, 책세상, 2003, 98쪽.

럼, "윤리적인 면에서라면 아가페는 틀림없이 부정하게 보일 것이다. 그것은 현자의 이상이나 완전함을 향한 노력을 완전히 부정하는 것이었던 것이다".[109] 그리스도교와 더불어 고대 그리스의 전통과는 완전히 다른 사랑과 자기 개념이 등장하게 된 것이다.

십자가에 매달려 죽은 예수에게서 아가페는 아직 무구한 것처럼 보인다. 그러나 죽음으로서 신의 사랑을 대속했다는 예수의 구원 이론이 사도들과 더불어 등장하게 되면서, 이 무구한 사랑은 급속도로 사목자적 사랑으로 변화해 간다. 니체가 지적하는 대로, 이 고귀한 감정은 그 뿌리에 어떤 왜곡을 갖고 있다. 전승 예수와는 다른 구제론적 예수의 이미지가 여러 예수론 및 바오로의 신학과 더불어 거대하게 성장해 가는 와중에, 유대교와는 다른 새로운 사목자의 권력이 등장하게 되는 것이다.

역설적이긴 해도, 그리스도교는 이러한 시선을 받아들임으로써 고대 그리스에서의 인간 개념의 제약을 극복할 수 있었다. 인간 개념을 확장할 수 있었다는 것이다. 고대 그리스에서는 성인 남성만이 도시국가에서 활동했다. 노예나 어린이, 여성 그리고 외국인은 도시국가의 정식 구성원이 아니었고, 여성은 남성과는 아예 다른 생물처럼 여겨졌다.

그러나 바오로에 가서는 세례를 받은 회중이라면 모두 "그리스도의 지체"라는 관점에서, 남성과 여성, 노예와 자유인, 외국인과 자국민 간의 원칙적 평등이 확립된다. "우리는 유대인이든 그리스인이든 종이든 자유인이든 모두 한 성령 안에서 세례를 받아 한 몸이 되었습니다. 또 모두 한 성령을 받아 마셨습니다"(「고린도 전서」, 12장 13절). 혹은 "그리스도와 하

---

108 같은 책, 3장 46, 83쪽.
109 ニーグレン, 『アガペーとエロース I』, 182~183쪽.

나 되는 세례를 받은 여러분은 다 그리스도를 입었습니다. 그래서 유대인
도 그리스인도 없고, 종도 자유인도 없으며, 남자도 여자도 없습니다. 여
러분은 모두 그리스도 예수님 안에서 하나입니다"(「갈라티아 신자들에게
보낸 서간」, 3장 27~28).

　　이미 에피쿠로스는 우정이라는 이념에 기초하여, 그리고 스토아 학
파는 자연법의 이념에 기초하여, 여성, 노예, 외국인의 차별을 극복했다.
그리고 그리스도교는 죄로부터 벗어날 수 없는 인간이라는 부정적 인간
관을 역전시킴으로써, 이러한 차별을 극복하는 데 성공한 것이다. 그러나
서양의 그리스도교적 개인이, 사목자의 아가페적 시선의 전통하에서 탄
생했다는 것도 잊지 말아야 한다.[110] 데리다가 지적하는 것처럼, 그 배경
에 "숭고한 이코노미, 이코노미를 넘어선 이코노미의 이익"에 대한 타산
이 잠재되어 있지 않다고는 말할 수 없는 것이다.[111]

5. 그리스도교와 파레시아

바오로와 정치적 파레시아

그리스의 파레시아 개념은 그리스도교 세계에서도 모습을 바꾸어 사용
되게 된다. 이미 고찰한 것처럼 구약의 예언자는, 신으로부터 예언자로서

110　스토아 학파의 자연법 이념이 그리스도교에 큰 영향을 끼쳤다고 지적한 것은 트뢸치(Ernst
　　Troeltsch)의 『그리스도교와 사회사상』이다. 또한 두크로는 바오로가 필론을 경유하여 그리
　　스의 플라톤 존재론을 도입했으며, 이것이 그리스도교 세계에 "그리스적 전통이라는 보편적
　　장을 열었다"고 지적한다(ドゥフロウ, 『神の支配とこの世の權力の思想史』, 170쪽). 다만 두크로
　　도 지적하는 것처럼(별책 주, 47쪽), 세계에 내재하는 스토아 사상에서는 묵시적 사상 혹은 초
　　월적 세계로부터의 구원에만 의거하는 아가페와 같은 사상은 생겨날 수 없다.

111　ジャック・デリダ, 『友愛のポリティックス 2』, 鵜飼哲, 大西雅一郎, 松葉祥一 共訳, みすず書
　　房, 2003, 140쪽.

행동하도록 강요당하고, 신의 말을 위한 도구로 사용되었기 때문에, 예언자들은 파레시아스테스라고는 말할 수 없는 존재였다. 그런데 예수의 말을 전하는 사도들의 행위는 스스로 진실이라 믿는 바를 신변의 위험에 개의치 않고 말한다는 의미에서 그리스적 파레시아의 행위에 가까웠다.

구약 성서에서는, 그리스어 번역인 70인역에서조차 파레시아라는 말은 거의 사용되지 않았고 사용되는 경우에도 그리스적 파레시아와는 상당히 다른 문맥에서 사용되었다. 신이 히브리 백성을 이집트의 멍에로부터 구했다는 것을 말하는 문맥에서, "나는 너희 멍에를 부수어, 너희가 얼굴을 들고 걸어갈 수 있게 하였다"(「레위기」, 26장 13)고 말하는데, 이 "얼굴을 들고"가 파레시아로서 말해지고 있는 것이다.[112]

그러나 신약 성서에서 파레시아는 그리스적 의미에서, 특히 그 정치적 의미에서 사용되게 된다. 갈릴리를 순회하며 가르치던 예수에게 형제들은 유대에 가서 그의 진실한 가르침을 가르치라고 권한다. "널리 알려지기를(파레시아이) 바라면서 남몰래 일하는 사람은 없습니다. 이런 일들을 할 바에는 자신을 세상에 드러내십시오"(「요한 복음서」, 7장 4절). 그러나 여기서 예수는 아직 때가 오지 않았다며 파레시아를 거절한다.

또 살해되기 직전에 예수는 이미 공공연히 돌아다닐 수가 없었다. "이렇게 하여 그날 그들은 예수님을 죽이기로 결의하였다. 그래서 예수님께서는 더 이상 유대인들 가운데로 드러나게(파레시아이) 다니지 않으시

---

112 이런 파레시아들의 실례에 대해서는 G. J. M. Bartelink, *Quelques Observations sur Parresia dans la Littérature paleo-chrétienne, Supplémenta*, Dekker & Van de Vegt, 1970의 pp. 35~39이 상세하다. 브라운은 소크라테스 이래의 전통적 파레시아테스를 대신하여 그리스도교 성직자가 권력자를 향해 파레시아 행위를 행사하기 시작한 상황을 『고대 말기의 권력과 설득』(Peter Brown, *Power and Persuasion in Late Antiquity : Towards a Christian Empire*, The University of Wisconsin Press, 1992)의 3장 「빈곤과 권력」에서 상세하게 묘사한다.

고"(같은 책, 11장 53절).

그리고 예수의 처형 후, 아직 예수가 십자가에 걸리던 기억이 생생하던 시대에, 사도들은 각지를 돌며 예수의 가르침을 설명하고 다닌다. 그때 사도들은 자신이 예수의 이름으로 말하는 것을 '솔직하게' 전했던 것이다. 이를테면 협박당한 사도들은, "이제, 주님! 저들의 위협을 보시고, 주님의 종들이 주님의 말씀을 아주 담대히(메타 파레시아스) 전할 수 있게 해주십시오"(「사도행전」, 4장 29절). 그리고 "이렇게 기도를 마치자 그들이 모여 있는 곳이 흔들리면서 모두 성령으로 가득 차, 하느님의 말씀을 담대히(메타 파레시아스) 전하였다"(같은 책, 4장 31).

사도들이 이 선교에서 느꼈던 위험은 현실적이었으며, 사도들 중 하나인 스데반은 돌에 맞아 죽었다. 이 살해를 지지하고 아마도 교사했던 것이 사울, 즉 후의 바오로이다. 사울은 "주님의 제자들을 향하여 살기를 내뿜으며"(같은 책, 9장 1), 다마스쿠스의 여러 교회당에, 그리스도교도를 체포하라는 편지를 보내달라고 유대교 대사제에게 요구했다. 그러나 다마스쿠스로 향하는 길 위에서 예수의 목소리를 듣고 전향하게 된다.

사울이 사도 바오로로서 제자로 참여했을 때 제자들은 사울을 받아들이려 하지 않았지만 바나바는 "어떻게 그가 길에서 주님을 뵙게 되었고 주님께서 그에게 말씀하셨는지, 또 어떻게 그가 다마스쿠스에서 예수님의 이름으로 담대히 설교하였는지(에팔레시아사트) 그들에게 이야기해주었다"(같은 책, 9장 27). 그리하여 사울은 사도로서 인정받고, "예루살렘을 드나들며 주님의 이름으로 담대히(에팔레시아메노스)"(같은 책, 9장 28) 설교하게 된 것이다.

이윽고 바오로는 체포되어 투옥된다. 채찍질을 당하게 된 바오로는 "로마 시민을 재판도 하지 않은 채 채찍질해도 되는 것이오?"(같은 책 22

장 25)라고 묻는다. 그리고 이 로마 시민권의 힘으로 바오로는 황제에게 직접 소를 제기하고 이것이 받아들여진다.[113] 그리고 황제 앞에 나가기 전 아그리파스 왕에게서 변명할 기회를 얻는다. 그리고 총독인 페스투스에게 "미쳤다"(같은 책, 26장 24)고 비난받자, "나는 미치지 않았습니다. 진리와 양식에 따라 말을 하고 있습니다. 임금님은 이것들을 알고 있으므로 내가 그분께 담대히 말하는 것입니다(파레시아조메노스)"(같은 책, 26장 25~26)라고 변명한다. 이 바오로의 파레시아는 그리스의 고전적인 파레시아와 완전히 동일한 성질의 것이라고 말할 수 있을 것이다.

로마에서 무죄가 된 "바오로는 자기의 셋집에서 만 이 년 동안 지내며, 자기를 찾아오는 모든 사람을 맞아들였다. 그는 아무 방해도 받지 않고(아코르토스), 아주 담대히(메타 파세스 파레시아스) 하느님의 나라를 선포하며 주 예수 그리스도에 관하여 가르쳤다"(같은 곳, 28장 30~31)는 것이다. 그 후 바오로는 순교하게 되지만, 사도들이 진실이라고 믿는 예수의 가르침을 신변의 위험에도 개의치 않고 담대하게 가르치는 임무를 수행한 행동을 기록한 「사도행전」이 '아무 방해 없이'(아코르토스), '완전한 파레시아로서'(메타 파세스 파레시아스) 라는 말로 끝나는 것은 충분히 이치에 닿는 일일 것이다.[114]

---

113 바오로가 어떻게 로마의 시민권을 획득했는지에 대한 논쟁이나 이 재판의 경위에 대해서는 A. N. シャーウィン·ホワイト, 『新約聖書とローマ法·ローマ社会』(保坂高殿 訳, 日本基督教団出版局, 1967), 특히 7장이 참고할 만하다. 또 총독을 방문한 아그리파스 왕은 아그리파스 2세이며, 로마에 충실한 왕으로서 정치적으로는 중요한 역할을 하고 있지 않다. 이 왕을 둘러싼 상황에 대해서는 ヘルムート·ケスター, 『新しい新約聖書概説』上, 新地書房 訳, 1989, 518~519쪽을 참조하라.

114 「사도행전」에서는 바오로의 사명과 파레시아를 강조하기 위해선지 의도적으로 언급되어 있지 않지만 바오로는 로마에서 순교하게 된다. 에우세비오스는 "사도(바오로)는 재판을 받은 후, 가르침의 봉사를 위해 다시 파견되어 이 동부(로마)에 다시 말을 들이고 순교했다고 한다"고 말한다(『教会史』, 2권 22장, 117쪽). 또 바오로의 파레시아를 포함한 복음서와 「사도행전」

양심과 파레시아

이렇게 그리스도교 세계에서 처음에 파레시아는 두려움 없이 자기 신념을 말한다는 의미에서 정치적 의미를 갖고 있었다. 이 파레시아는 선교를 위해 행사될 때 뿐만 아니라 위험을 감수하고 자기 신념을 널리 말한다는 의미에서도 사용되었다.

곧 상세히 고찰하겠지만, 로마 제국에서 그리스도교도라는 사실 자체로 죽음에 이르게 되는 시기에 이 파레시아는 죽음을 부르는 것이었고, 에우세비오스의 『교회사』에는 재판관 앞에서 '나는 교도입니다'라고 파레시아를 행사하여 순교한 다수의 순교자들의 모습이 묘사되어 있다.

그런데 그리스도교 세계에서도 이 정치적 의미에서의 파레시아는 이윽고 도덕적인 의미를 가지게 된다. 이 전환에 대해서는 그리스 시대에 이미 등장한 양심이라는 개념이 중요한 역할을 했다고 생각된다. 그것을 현저하게 보여 주는 것이 예수와 거의 동시대에 알렉산드리아에서 활약했던 유대인 철학자 필론이다.

필론은 플라톤 등의 그리스 사상과 유대 사상을 통합시키기 위해 알레고리적 해석을 도입한 사상가이며, 파레시아 개념을 유대와 그리스도교 세계에 들여오게 된다. 필론에게 양심이란 무엇보다도 사람들 마음속에 있는 감찰관이다. 필론은 어느 글에서 거짓으로 맹세하려는 인물을 고찰한다. 그의 마음(디아노이아)은 "온화하지 않고 무질서와 혼란으로 가득 차 있다. 스스로를 나무라고 모든 종류의 불경과 욕을 견디는 것이다. 소위 마음속에 머무는 양심은 각자의 영혼을 결코 떠나지 않고, 자기 자

에서의 파레시아에 대해서는 C. F. D. Moule, *Christ's Messengers : Studies in the Acts of the Apostles*, Association Press, 1957, pp. 28~29를 참조하라.

신에게 사악한 것을 용인하는 데 익숙해지지 않고 악을 미워하며 덕을 사랑하는 본성을 언제나 가지며, 자기 자신의 감찰관(카테로고스)이며 재판관(디카스테스)이기도 하다. 감찰관으로서는 꾸짖고 나무라며 모욕하지만 재판관으로서는 회심시키기 위해 가르치고 논하며 훈계한다".[115]

히라이시가 지적하는 것처럼,[116] 이 감찰관은 '신의 로고스'로 주어졌다. "진정한 감찰관이, 회개가, 가장 순수한 빛처럼 우리의 영혼에 들어올 때 우리는 자신의 영혼 속에서 소중히 여겨 온 의도가 순수하지 않았다는 사실을 깨닫는다. 그리고 우리의 행동이 책망받아야 하는 것이고 비난받을 만한 것임을 확인한다. 우리는 그것이 악이라는 것을 모른 채로 행했지만 말이다. 이 성스러운 감찰관, 회개는 이 모든 것들을 부정한 것으로 여겨 이것들을 제거해 버리라고 명한다. 영혼이 순수한 것의 거처가 되도록 하기 위해서이다. 그리고 병이 있다면 이를 치유하기도 한다."[117]

양심은 다수의 사람들로서가 아니라 단독의 개인으로서의 마음에 말을 건다. "수많은 사람들과 함께 듣는 경우에는 다수라는 사실을 베일처럼 여겨 자신의 완고함의 구실로 삼음으로써 어느 정도는 그것에 귀를 기울이지 않게" 되지만, "개인에게 들리는 경우에는 그것에 따르는 경향이 있"[118]기 때문이다. 여기서 사람들은 다수자로서가 아니라 신 앞에 선 한 인간으로서 신의 말에 귀를 기울인다.

필론은 인간이 신체를 갖기 때문에 쾌락으로 나아가는 경향을 갖고

115 필론, 「십계에 대하여」, 86~87(Philon, "De Decalogo", *Philo Volume VII*, Leob Classical Library, 1937, pp. 48~50).

116 平石善司, 『フィロン研究』, 創文社, 1991, 258쪽.

117 필론, 「신의 불변성에 대하여」, 134~135(Philon, "Quod Desus sit Immutabilis", *Philo Volume III*, Loeb Classical Library, 1930)76~78쪽.

118 필론, 「십계에 대하여」, 39("De Decalogo", p. 24).

있다고 생각한다. 신체적 존재로서의 인간은 어떻게든 악으로 향하는 것이다. 그것은 신체가 자기애(필라우티아)적인 것이기 때문이다. 신은 인간에게 영혼과 로고스와 감각을 주었는데, 일부 사람들은 이것들을 자기애를 위해 이용한다. 이 사람들의 영혼은 타자에 대한 음모를 기획하고 비합리적인 정열로 더럽혀져 있으며 온갖 악에 둘러싸여 있다. 이러한 사람들의 로고스는 불경하고 수다스러우며 진실과 날카롭게 대립한다. 이러한 사람들의 감각은 만족을 모르며, 그것을 감시하고 교정하려는 모든 것을 무시한다.[119]

이렇듯 사악한 것의 수는 많고 자기애로 더럽혀져 있지 않은 것의 수는 적다. 그럼에도 필론은 양심(쉰에이데시스)이 감찰관으로서 이를 심판하고 회개를 구한다고 생각한다. 필론은 거짓 맹세를 한 자는 "자기 자신 안에 머무는 양심에게 꾸짖음을 당하여 스스로 검찰관이 되며, 거짓 속에서도 부정한 것을 스스로 나무라고, 범한 죄를 공적으로 고백하며(호모로게오) 용서를 빌게 된다. 말뿐인 약속이 아니라 일을 통해 회개의 진실을 보여 주는 자에게는 용서가 주어진다"[120].

그러므로 필론에 따르면 인간을 바른 행동으로 인도하는 것은 이성에 의한 판단이 아니라 이 신의 재판관 앞에서 켕기지 않는 마음을 가질수 있도록 하는 것이다. 양심은 필론에게 "재판관이며, 이 심판자는 '감찰관'으로서의 양심의 시험을 통해 자각된 자기 죄에 대해서 최후의 판결을 내리는" 기능을 하는 것이다.[121] 거기서 양심에 기초한 '회개', 그리고 삶

---

119 필론, 「성스러운 것을 계승하는 것은 누구인가?」, 106~109(Philon, "Quis rerum divinarum heres sit", *Philo Volume IV*, Loeb Classical Library, 1932, pp. 334~336).

120 필론, 「특별한 법 1」, 235~236(Philon, "De Specialibus Legibus", *Philo Volume VII*, Loeb Classical Library, 1937, p. 236).

의 방식의 '전환'(메타노이아)의 계기가 생겨난다.

"정의와 은혜의 성스러운 법을 무시해 온 자도, 마음 깊은 곳으로부터 부끄러움을 느끼고, 삶의 방식을 바꾸며, 자신의 과오를 후회하고, 순수한 마음과 영혼에 스스로 범해 온 모든 죄를 공공연히 인정하고 고백하며 전혀 거짓이 없는 양심의 진지함을 보이고, 배후에 어떤 악도 감추고 있지 않다는 것을 보인다면, 그리고 두번째로 혀를 깨끗이" 한다면, 신의 로고스와의 특별한 관계에 참여할 수 있게 된다.[122]

이렇게 신에 대해서 "전혀 거짓이 없는 양심의 진지함을 보"일 수 있는 상태를 필론은 파레시아라고 부른다. 필론은 어떤 사람이라도 자신의 양심을 점검하고 그 마음이 깨끗할 때에는 파레시아를 행사할 수 있다고 생각한다. 필론은 인간과 신의 관계를 노예와 주인의 관계에 비유하면서, 파레시아에 대해 이렇게 말한다.

그렇다면 노예가 주인에게 발언의 자유(파레시아)를 가질 수 있는 것은 어떤 경우일까? 주인에게 아무런 나쁜 짓을 하지 않고 주인을 위해 모든 것을 하며 모든 것을 말해 왔다고 의식하고 있을 때가 아닐까? 그렇다면 신의 종이 지배자이자 자신과 세계의 주인인 신에게 파레시아를 행사하는 것이 적절한 것은 어떤 경우일까? 아무런 죄도 없고 자신의 의식 속에서 주인을 사랑하며, 자신이 세계의 모든 인류에서 지고한 자이며 스스로 아무 노력도 하지 않아도 대지와 바다의 전권을 하사받는 것보다도 주의 종임을 기뻐할 때 아닐까?[123]

---

121 平石善司, 『フィロン研究』, 264쪽.
122 필론, 「응보와 벌에 대하여」, 163(Philon, "De Praemiis et Poenis", *Philo Volume VIII*, Loeb Classical Library, 1939, p. 416).

필론에게서는 이렇게 파레시아와 깨끗한 마음이 연결된다. 자신의 의식에서 켕기는 것이 없는 것, 아무런 나쁜 짓을 하지 않고 온 마음으로 신을 사랑하고 있다고 의식할 때에 신의 종은 신을 향해 머리를 들고 말할 수 있게 된다. 신에 대해 어떤 죄도 없다는 것을 자각하고 있던 욥이 "신을 향해 머리를 들었던 것(파레시아)"(「욥기」, 22장 26. 70인역)처럼. 양심에 켕김이 없는 것이 파레시아의 조건인 것이다.

신약 성서의 양심과 파레시아

신약 성서에서 양심이라는 말은 주로 바오로의 글에서 사용된다. 모두 33군데 정도가 지적되는데 그중 하나는 앞서 지적한 「요한 복음서」에서 간음한 여성에게 '양심의 가책이 없는 자'는 돌을 던지라는 색다른 문장으로 남아 있고, 나머지 대부분은 바오로의 편지에 쓰여 있다.

바오로는 이 개념을 필론을 경유하여 채용했다기보다는, 당시의 일상어였던 '알고 있다'라는 말로부터 채용한 것으로 여겨진다. 특히 주목받는 것은 바오로가 양심이라는 개념을 율법과의 관계에서가 아니라 필론과 마찬가지로 법정이라는 마음(카르디아)의 구조로서 고찰하고 있다는 데 있다.

바오로는 「로마서」에서 유대인이라는 것, 아브라함의 자손이라는 것, 법률을 지키는 것, 이 중 어느 것도 구원을 보증하지는 않는다고 역설한다. 유대의 가르침에서는 이교도인 로마인들에게 보내는 서신이기 때문이기도 했을 것이다. 선한 일을 한 자는 "먼저 유대인에게 그리고 그리

---

123 필론, 「성스러운 것을 계승하는 것은 누구인가?」, 6~7(Philon, "Quis rerum divinarum heres sit", p. 286).

스인에게까지" 영광과 명예와 평화가 내릴 텐데, "하느님께서는 사람을 차별하지 않으시기 때문(아프로소폰)"(같은 책, 2장 10~11)이다.

> 다른 민족들이 율법을 가지고 있지 않으면서도 본성에 따라 율법에서 요구하는 것을 실천하면, 율법을 가지고 있지 않은 그들이 자신들에게는 율법이 됩니다.
> 그들의 양심(쉰에이데시스)이 증언하고 그들의 엇갈리는 생각들이 서로 고발하기도 하고 변호하기도 하면서, 그들은 율법에서 요구하는 행위가 자기들의 마음(카르디아)에 쓰여 있음을 보여 줍니다. (「로마서」, 2장 14~15)

신체가 아니라 영을 통해 "마음에 받는 할례"(같은 책, 2장 29)야말로 진정한 할례라는 말은, 양심이 신도뿐만 아니라 인간 일반의 마음의 구조에 기인한다는 것이다. 그리고 이것은 마음의 구조의 문제이기 때문에 양심에 거리끼는 것이 없다는 것만으로 그 사람이 선하다는 것은 아니다.[124] 필론이 지적한 것처럼 자애심(필라우티아)이 작동하기 때문에 인간의 마음은 언제나 자신에게는 느슨해지고, 자신의 죄를 의식 아래로 억누르려는 경향이 있기 때문이다. 그래서 바오로는 이렇게 말한다.

---

124 다만 바오로의 양심론은 이 일반화를 경유하여 타자의 양심까지도 배려하는 것이다. 신이 신자의 마음에 직접 말을 건다고 상정하는 유대교나 그리스도교에서 이러한 '타자의 양심'에 대한 배려는 통상적이지 않은 것이었다고 한다. 이에 관해서는 Albrecht Dihle, *Die Vorstellung vom Willen in der Antike*, Vandengoek und Ruprecht, 1985의 pp. 92f를 참조하라. 여기서 사목자 원리의 위력을 보는 것도 가능할 것이다.

그러나 내가 여러분에게 심판을 받든지 세상 법정에서 심판을 받든지, 나에게는 조금도 문제가 되지 않습니다. 나도 나 자신을 심판하지 않습니다.

나는 잘못한 것이 없음을 압니다. 그렇다고 내가 무죄 선고를 받았다는 말은 아닙니다. 나를 심판하시는 분은 주님이십니다.

그러므로 주님께서 오실 때까지 미리 심판하지 마십시오. 그분께서 어둠 속에 숨겨진 것을 밝히시고 마음속 생각을 드러내실 것입니다. 그때에 저마다 하느님께 칭찬을 받을 것입니다. (「고린도 전서」, 4장 3~5)

스스로가 스스로를 심판하려 할 때, 양심에 거리낌이 없더라도 마음의 어둠 속에 가라앉아 있는 것에 방심해선 안 되고 자신이 깨끗하다고 착각해서도 안 된다. 양심에는 기묘한 역설이 있다. 꾸짖고 또 스스로에게 악을 느끼게 하는 것이야말로 양심의 책무이며, 신도로서는 양심이 잠드는 것을 두려워해야 한다.

그러나 여러 곳에서 세례는 '올바른 양심'을 야기한다고 이야기된다. 잠들어 있는 마음을 나무라고 검찰관으로서 심판하는 것이 양심의 본래 책무라면, 이 '올바른 양심'이라는 이중적 의미에서 역설적인 개념은 무엇을 의미하는 것일까?

이 역설적인 양심의 기묘한 메커니즘을 보여 주는 것이, 공동 서신으로 보이는 「히브리서」이다. 우선 이 서신에서는 유대교 율법으로 정해진 예물과 제물을 마련하는 것만으로는 신에게 향하는 길이 열리지 않는다고 지적한다. 양심이 그것을 막는 것이다.

이로써 첫째 성막이 서 있는 동안에는 아직 성소로 들어가는 길이 드러나지 않았음을 성령께서 보여 주시는 것입니다.

이는 현시대를 가리키는 상징입니다. 예물과 제물을 바치기는 하지만, 그것들이 예배하는 이의 양심을 완전하게 해 주지는 못합니다. (「히브리서」, 9장 8~9)

구약의 율법을 지키는 것만으로는 신자의 양심이 깨끗해지지 않기 때문에 신을 볼 수 없다는 것이다. 이는 유대교에 머무는 한, 인간의 양심은 언제나 더러운 채로 남는다는 것을 의미할 것이다. 바오로라면 바로 율법의 존재 자체를 통해 죄의식이 생겨나고 양심은 깨끗해지지 않는다고 명확하게 지적할 것이다. 율법 때문에 마음은 언제나 두 개인 채로 머무르며 하나의 마음을 만들어 낼 수 없는 것이다.

그래서 등장하는 것이 예수이다. 예수는 자신의 피를 바침으로써 사람들의 양심을 '죽음의 업'(네크로스 에르곤)으로부터 해방시킨다.

하물며 영원한 영을 통하여 흠 없는 당신 자신을 하느님께 바치신 그리스도의 피는 우리의 양심을 죽음의 행실에서 얼마나 더 깨끗하게 하여 살아 계신 하느님을 섬기게 할 수 있겠습니까? (같은 책, 9장 14)

율법과 양심의 관계를 저자는 집요할 정도로 확인한다. 율법이 양심을 깨끗이 할 수 있는 것이 아니다. 그리스도의 피가 아니라면 양심을 깨끗이 할 수 없다. 희생 제물을 바쳐도 양심을 깨끗이할 수 없고 죄의 자각을 닦아낼 수도 없다.

율법은 장차 일어날 좋은 것들의 그림자만 지니고 있을 뿐 바로 그 실체의 모습은 지니고 있지 않으므로, 해마다 계속해서 바치는 같은 제물로는 하느님께 나아가는 이들을 완전하게 할 수 없습니다.

만일 완전하게 할 수 있었다면, 예배하는 이들이 한 번 깨끗해진 다음에는 더 이상 죄의식을 가지지 않아 제물을 바치는 일도 중단되지 않았겠습니까?

그러나 제물로는 해마다 죄를 기억하게 될 뿐입니다. (같은 책, 10장 1~3)

그런데 율법으로부터 멀어져서 그리스도의 피의 대속을 받는 자들은, 예수라는 대사제 아래에서 깨끗한 양심을 가질 수 있게 된다. 이제 산 제물로 죄의 대속을 구할 필요가 없게 되는 것이다.

우리에게는 하느님의 집을 다스리시는 위대한 사제가 계십니다.

그러니 진실한 마음과 확고한 믿음을 가지고 하느님께 나아갑시다. 우리의 마음은 그리스도의 피가 뿌려져 악에 물든 양심을 벗고 깨끗해졌으며, 우리의 몸은 맑은 물로 말끔히 씻겼습니다. (같은 책, 10장 21~22)

이렇게 해서 신도는 '밝은 양심', 아름다운 양심(칼레 쉰에이데시스) 아래에서 평온해질 수 있다. 신앙과 세례를 통해, 마음으로부터 양심의 가시가 뽑혔기 때문이다. 이리하여 "우리는 밝은 양심을 갖고 있다고 확신하며 모든 일에서 훌륭히 처신하고자 합니다"(같은 책, 13장 18)라는 선언으로 「히브리서」에서 전개되는 양심론은 종점에 이른다.

이 운동의 최후에 도달한 양심, 그것은 아름다운 양심이며 가시가 뽑혀 편안해진 양심이다. 「히브리서」의 저자는, 바로 그것이 대사제 예수 아래서 신을 향해 담대히 나아갈 수 있는 조건이라고 생각한다. "그러므로 확신을 가지고 은총의 어좌로 나아갑시다. 그리하여 자비를 얻고 은총을

받아 필요할 때에 도움이 되게 합시다"(같은 책, 4장 16). 여기서 파레시아
와 양심의 깊은 관계가 명확히 드러난다.[125]

요한의 파레시아

더 나아가 요한서의 저자는 이 파레시아 개념을 그 신앙 이론의 열쇠가
되는 개념으로 사용하고 있다. 「요한1서」에서 우선 신자에게 요구하는 것
은 이웃과의 친교(코이노니아)를 소중히 여기고 이웃을 사랑하는 것, 그리
고 자신이 죄인이라고 '공공연히 말하는'(호모로게인) 것이다.

> 그러나 그분께서 빛 속에 계신 것처럼 우리도 빛 속에서 살아가면, 우리
> 는 서로 친교를 나누게 되고, 그분의 아드님이신 예수님의 피가 우리를
> 모든 죄에서 깨끗하게 해줍니다.
> 만일 우리가 죄 없다고 말한다면, 우리는 자신을 속이는 것이고 우리 안
> 에 진리가 없는 것입니다.
> 우리가 우리 죄를 고백하면, 그분은 성실하시고 의로우신 분이시므로 우
> 리의 죄를 용서하시고 우리를 모든 불의에서 깨끗하게 해주십니다. (「요
> 한1서」, 1장 7~9)

죄를 고백하고 이웃 사랑을 실천한다면, 신자는 자신의 마음에 거리
낌을 느낄 일이 없게 된다. 자신의 형제들을 사랑하는 것은 "하느님께 속

---

125 이 「히브리서」의 양심 운동에 대해서는 C. A. Pierce, *Conscience in the New Testament*,
SCM Press, 1955, pp. 101~103에 다섯 단계에 따라 상세히 분석되어 있다. 또한 Bartelink,
Quelques Observations sur Parresia dans la Littérature paleo-chrétienne, Supplémenta,
p. 14은 이 「히브리서」에서의 양심론과 파레시아론의 명확한 연결을 지적한다.

한"(같은 책, 3장 10) 일이며, "말과 혀로 사랑하지 말고 행동으로 진리 안에서 사랑"(같은 책, 3장 18)하는 것이 그리스도교 신자의 증표인 것이다.

아가페도, 타자가 타자이기 때문에 타자를 사랑하는 것이 아니라 자기의 구원을 위해 타자를 사랑한다는 굴절된 구조를 갖고 있다. "자기 형제를 미워하는 자는 모두 살인자"(같은 책, 3장 15)이며, 신으로부터 멀어지기 때문에 사람들은 서로 사랑하는 것이다.

이 사랑의 공동체 속에서 자신의 죄를 인정하는 행위를 통해 사람들은 '확신'(파레시아)을 가질 수 있다. 요한이 말하는 것은 "신으로부터 가장 멀어진 자들"이 아니라 동료들, "신심 깊은 작은 무리"[126]로서의 신자 공동체이며, 자기 죄를 서로 고백하면서 서로 사랑하는 기묘한 사람들의 집단이기도 하다.

> 사랑하는 여러분, 마음이 우리를 단죄하지 않으면 우리는 하느님 앞에서 확신을 가지게 됩니다.
> 그리고 우리가 청하는 것은 다 그분에게서 받게 됩니다. 우리가 그분의 계명을 지키고 그분 마음에 드는 것을 하기 때문입니다. (같은 책, 3장 21~22)

요한은 죄를 고백해서 깨끗한 마음을 가짐으로써 확신(파레시아)을 가질 수 있다고 말하는데, 이것은 필론이 말한 양심의 깨끗한 상태를 지시한다. 이 파레시아는 두 가지 행위를 통해 확보된다. 우선 스스로가 죄인이라는 것을 인식하고 이것을 큰소리로 말함으로써, 그리고 죄의 고백

126　ニーグレン,『アガペーとエロース I』, 124쪽.

을 통해 신 앞에 깨끗한 마음이 됨으로써이다. 불트만이 지적하듯이, "이 확신(파레시아)의 태도는 따라서 역설적인 것이다. 그것은 신 앞에서의 자유를 보여 주지만, 그러나 그것은 바로 신 앞에서의 자기 유죄 선언[정]으로부터 생겨난다".[127]

여기서 파레시아는 스스로의 죄를 자각한 나쁜 양심을 매개로 하여 죄의 고백(호모로게시스)와 밀접한 관련을 갖게 된다. 파레시아는 자신의 죄에 대해 진실을 말하는 것임과 동시에 신 앞에서 기탄이 없게 하고, 신을 직면하여 마음의 깨끗함을 향유하는 것이다.[128]

---

127 루돌프 불트만, 『신약성서신학』, 허혁 옮김, 성광문화사, 1976, 454쪽(2부 §50, "6. 계시자에 대한 관계").

128 고백(호모로기아)이 그리스도교 선교(케뤼그마)와 연결되는 것이고 동시에 그것이 개인의 실존적 체험으로서 일어난다는 데 관해서는 "에클레시아는 성령이 작용하는 장이며, 성령을 느낌으로써 '예수는 주님'이라는 고백이 처음으로 가능해진다. 거기서 사람들은 공동의 공적 선교(케뤼그마)와, 그에 응답하는 것으로서의 공적 고백(호모로기아)에 의해 하나로 연결되는 데, 그것은 또한 성령 체험이 뒷받침되는 선교 및 고백이고 그 성령은 단 하나의 작용으로서 에클레시아의 전체에 작용함과 더불어 또 각 개인의 실존에 따라 다양하게 작용한다"(有賀鐵太郎, 「キリスト教思想における存在論問題」, 『有賀鐵太郎著作集 4』, 創文社, 1981, 218쪽)이라는 아리가 데쓰타로의 지적을 참조하라. 성령은 푸코가 지적하듯 "전체적임과 동시에 개별적으로" 기능하는 것이다. 이 고백 행위에 대해서는 이 책의 2부 7장에서 더욱 상세히 고찰할 것이다.

3장 · 그리스도교와 이교 세계

그리스도교의 매력

그리스도교의 새로움

이 시대에 그리스도교가 갖는 거대한 매력은 상당히 불가사의하다. 그리스도교의 도래와 더불어 자기와의 관계가 완전히 새로워졌다는 인상이 강하게 든다. 푸코가 지적하듯 그리스도교 세계의 서양은 그리스 세계로부터 자기 배려라는 문제 구성을 이어받으면서도 '자기애'라는 부정적 개념을 축으로 삼아 자기에 대한 새로운 사고방식을 도입하고, 이것을 완전히 새로운 문제로 바꿔 버린다.[1] 이번 장에서는 사목자적 시선하에서 생겨난 새로운 그리스도교적 자기상들을 고찰하면서 그리스도교가 서양 세계에서 어떻게 사람들의 마음을 조직해 갔는지를 살펴보고자 한다.

그리스도교적 자기가 갖는 매력에 대해 생각하기 위해서는 당시 사

---

1 Foucault, "L'éthique du souci de soi comme pratique de la liberté", *Dits et Écrits*, vol. 4, p. 715~719.

회가 갖고 있던 큰 불안을 이해할 필요가 있을 것이다. 도시국가와 같이 닫힌 공간은 이제 없어지고 알렉산드로스 대왕 치하에서 인도에 이르는 거대한 제국이 구축되었다. 도시국가의 시민이 아닌 우주(코스모스)의 시민, 코즈모폴리턴이라는 개념이 제기되는 것도 이 시대였다. 이는 당시의 소설가 루키아누스가 비웃는 것처럼, 견유주의 학파 철학자들이 즐겨 자칭한 개념이었다.[2]

공간적 확장은 시야의 확장과 더불어 깊이를 알 수 없는 공포를 가져온다. 헬레니즘 시대의 사람들은 자신을 지켜 줄 수 있는 것, 그리고 자신의 불안을 막아 줄 수 있는 것을 무엇보다도 욕망했던 것이다. 이리하여 철학도, 의학도, 종교도, 일종의 마술적인 성격을 강하게 띠게 되었다.[3] 그리스의 의학은 히포크라테스 이래로 신체 내 체액의 균형을 바로잡는 것을 치료의 중심으로 삼고 있었다. 그러나 예수의 시대에 병이란 '귀신'이 쓰인 상태로 여겨지게 된 것이다.

예수가 사람들의 신앙을 모을 수 있었던 것은 무엇보다도, 예수가 많은 귀신 들림을 낫게 하고 간질과 같은 증상을 보이는 사람들과 팔다리가

---

2 루키아누스의 『철학 학파의 매각』에서 디오게네스는, 그를 사려는 사람이 그에게 어디서 왔는지 묻자 "모든 곳에서"라고 답하며 "세계시민"(코스모폴리테스)이라 자칭한다(『本当の話 : ルキアノス短篇集 1』, 呉茂一 他訳, 筑摩書房, 1943, 183쪽).

3 이 시대에 마술, 악마론, 신탁, 점성술 등이 큰 힘을 휘두르고 있었다는 데 대해서는 Georg Luck, *Arcana mundi : Magic and the Occult in the Greek and Roman Words : A Collection of Ancient Texts*, Johns Hopkins University Press, 1985를 참조하라. 이 책은 현대에는 상상도 할 수 없는 혼돈스러운 시대를 묘사해 낸다. 또한 이 시대의 종교와 마술적인 컬트에 대해서는 A. D. Nock, *Conversion : The Old and the New in Religion from Alexander the Great to Augustine of Hippo*, Clarendon Press, 1933에 생생하게 묘사되어 있다. 특히 신플라톤주의로 대표되는 신비주의적 운동의 격렬함에 대해서는 André-Jean Festugière, *Personal Religion among the Greeks*, University of California, 1960가 참고할 만하다. 같은 저자의 *La vie spirituelle en Grèce à l'époque hellénistique : on Les besoins de l'esprit dans un monde raffiné*, A. et J. Picard, 1977은, 불안의 시대 그리스의 일상 생활에서, 여러 컬트 숭배를 통해 개인주의가 승리하기까지를 묘사한다.

쇠약해져 있는 사람들을 일으켜 걷게 했기 때문이었다. 눈먼 사람을 보게 하고, 죽은 줄 알았던 사람들을 되살렸기 때문이다. 예수는 자신이 '오실 분'이라는 증거로 "눈먼 이들이 보고 다리 저는 이들이 제대로 걸으며, 나병 환자들이 깨끗해지고 귀먹은 이들이 들으며, 죽은 이들이 되살아나고 가난한 이들이 복음을 듣는"(「루카 복음서」, 7장 22) 것을 든다.

사람들은 "갖가지 질병과 고통에 시달리는 환자들과 마귀 들린 이들, 간질 병자들과 중풍 병자들"을 예수 앞에 데리고 와서 병을 치료했다(「마태오 복음서」, 4장 24). 이 사람들이 '나은' 것은, 체액의 균형이 바로잡혔기 때문이 아니라 기적을 일으키는 예수의 힘에 따른 것이며, 그것은 귀신을 내쫓을 수 있는 예수의 힘에 의한 것이었다. 예수는 우선 치유하는 신으로서 사람들의 신앙을 모았던 것이다.[4]

특히 「루카 복음서」에서는 예수의 말이 아니라 행위, 치유하는 힘에 초점이 맞춰져 있고 예수의 말은 행위 이후에, 기적에 이어지듯이 나오는 것이다. 기적을 행하지 않았던 고향에서는 예수에게 신자가 모이지 않았고, 예수는 '의사야, 네 병이나 고쳐라'라는 속담을 인용하면서 "자기 고향에서는 환영을 받지 못한다"고 인정한다(「루카 복음서」, 4장 23~24). 예수는, 치료 행위를 하지 않는 곳에서는 떠날 수밖에 없었다.

그리고 「사도행전」이나 많은 신약 외전 복음서들이 말하듯, 초기 그

---

4 치유하는 신으로서의 예수에 대해서는 "지중해 세계의 그리스도교는 치유의 신 예수의 승리, 즉 그리스도가 다른 치유의 신들을 몰아내고 최후의 승리자가 된 것으로부터 출발한다"고 지적하고 그리스의 치유의 신 아스클레피오스와의 경합을 분석하는 山形孝夫, 『レバノンの白い山』, 未来社, 1976을 참조하라(인용은 168쪽). 또 같은 저자의 『治癒神イエスの誕生』, 小学館, 1981에서는 제2신전의 붕괴 이후로 이스라엘에서 바리사이파가 완전히 권력을 장악하고, 이 방을 유랑하지 않을 수 없게 된 '유랑하는 카리스마 집단'의 첫번째 능력이 '불치병 치료'였고, 거기서부터 원시 그리스도교가 시작했다고 생각한다(85쪽). 한편으로 그리스도교가 "마술을 민주화"했다는 데 대해서는 Nock, *Conversion*, p. 57을 참조하라.

리스도교단은 예언하는 힘과 치유하는 힘을 통해 '진정한 가르침'임을 증명했었다. 또 이 시대의 감수성을 생생히 묘사하고 있는 「베드로 행전」에서 베드로는 로마의 공공장소에서 아그리파 장관의 도발에 응하여 죽은 소년을 되살린다. 그러자 군중은 모두 모여 "하느님은 오직 한 분, 베드로의 하느님뿐이시다"라고 부르짖는다.[5] 그리고 마술사 시몬과 죽은 자를 부활시키는 경쟁에서 이기자, 군중은 베드로의 신을 믿고 "베드로의 평판이 로마의 마을 전체에 날개 돋친 듯 전해졌다"는 것이다. 더 나아가 호교가(護教家)인 유스티누스는 그리스도교를 일컬어 병을 고치는 종교이며, 당시의 치유의 신 아스클레피오스와 같다고 말한다. "그[예수—인용자]가 발이 부자유스러운 자나 중풍에 걸린 자, 나면서부터 장애를 가진 자를 낫게 하고 죽은 자를 일으켰다는 점에서는 이 또한 아스클레피오스의 업적이라고 말해지는 것과 같은 종류로 봐도 좋을 것입니다."[6]

양날의 검

그러나 그리스도교가 이렇게 마술적인 기적의 힘을 발휘하여 신자들을 모은 것은 양날의 검과 같은 것이었다. [결과적으로] 그리스도교는 당시의 여러 사교들 중 하나로 여겨질 수밖에 없었기 때문이다. 이 당시 로마 제국으로는 여러 종교들이 흘러 들었고 때로는 탄압받는 것도 있었다. 기번은 이렇게 말한다.

제국의 수도였던 로마에는 세계 각지로부터 이방인들과 속주민들이 모

---

5 『신약 외경』(하), 송혜경 옮김, 한님성서연구소, 2011, 126~127쪽.
6 유스티누스, 「제1변론」, 22의 6(『ユスティノス』, 柴田有 訳, 教文館, 1992, 39쪽).

여들었는데, 이들은 자기 나라에서 믿던 미신을 로마에 가지고 들어와 계속해서 그것을 믿었다. 제국의 모든 도시에서는 조상 전래의 의식을 순수하게 유지할 수 있었다. 다만 원로원이 그들의 특권을 이용하여 외래의 의식이 지나치게 범람하는 것을 규제하는 경우는 있었다. 경멸과 혐오를 불러일으키는 이집트의 미신들이 금지되는 경우가 많았는데, 사라피스와 이시스의 신전들은 파괴되고 숭배자들은 로마와 이탈리아에서 추방당했다.[7]

그리스도교 역시 이러한 '미신'의 혐의를 벗지 못했다. 교부 테르툴리아누스는 이렇게 증언한다.

우리는 다음과 같은 악행을 저지르고 있다 하여 극악하고 비도덕적인 무리로 비난받고 있다. 요컨대 우리가 맹세를 하면서 젖먹이를 살해하고 게다가 그것을 먹으며, 그 향연 후에는 근친상간을 하는데 그때 개가 등불을 쓰러뜨려서, 어둠의 창녀가 되어 더러운 육욕의 수치를 감추는 것을 도와준다는 것이다.[8]

이 당시에는 이러한 오해가 드물지 않았고 [그리스도교 이외에도]로마에 유입된 여러 종교에 '미신'의 혐의가 씌워져 있었다. 또한 그노시스적 경향이 강한 그리스도교에서 이러한 의문을 불러일으키는 의례가 있었던 것도 사실인 듯하다. 그리스도교도인 유스티누스도 시몬의 제자 메

---

7 기번, 『로마제국 쇠망사 I』, 윤수인·김희용 옮김, 민음사, 2008, 36쪽.
8 테르툴리아누스, 『호교론』, 7장(テルトゥリアヌス, 『護教論』, 金井寿男 訳, 水府出版, 1984, 30쪽).

난드로스나 마르키온 등 그리스도교도라 불리는 사람들이 "램프를 쓰러뜨려 어둡게 하고 난교에 탐닉하며 인육을 먹는 행위"를 했다는 소문이 있음을 알고 있었던 것이다.[9]

이러한 근친상간이나 카니발리즘에 대한 비난이 "그리스도교 저술가에게서만 발견된다"는 것, "이교도의 그리스도교 비판 문서에서는 결코 **발견되지 않는다**"[10]는 것은 주목할 만하다. 하지만 플리니우스는 이러한 신앙이 '미신'이라고 생각했으며,[11] 로마의 귀족 계급이 이것을 미신에 가까운 것으로 생각했다는 사실은, 이를테면 수에토니우스가 "전대미문의 유해한 미신에 사로잡힌 인종인 크리스투스 신봉자에게 처벌이 내려졌다"[12]고 적은 걸 봐도 명백할 것이다.

그리고 『연대기』를 남긴 타키투스에 이르러서 그리스도교도가 다음과 같이 언급되며 로마 대화재의 원인으로 지목된다.

그것은 평소부터 꺼림칙한 행위로 세상 사람들이 증오하 '크리스투스 신봉자'라 부르는 자들이다. 이 일파의 명칭의 유래가 된 크리스투스라는 자는 티베리우스 치세하에 황제 속리 폰티우스 필라투스에 의해 처형되었다. 그 당장은 이 해롭기 짝없는 미신이 일시 잠잠해졌지만, 최근에 이르러 다시 이 해악의 발상지인 유대에서뿐만이 아니라, 세계에서 마음에 안 드는 파렴치한 것들이 모두 흘러들어 오는 이 수도에서조차 극도로 창

9 유스티누스 「제1변론」, 26의 7(『ユスティノス』, 42쪽).
10 R. L. ウィルケン, 『ローマ人が見たキリスト教』, 三小田敏雄 訳, ヨルダン社, 1987, 30쪽.
11 『서간 10·96』. 플리니우스와 트라야누스 황제의 서신 교환에 대해서는 弓削達, 『ローマ皇帝礼拝とキリスト教徒迫害』, 日本基督教団出版局, 1984에 상세하게 분석되어 있어서 참고할 만하다.
12 スエトニウス, 『ローマ皇帝伝 下』, 第6卷 ネロ, 第16節, 國原吉之助 訳, 岩波書店, 1986, 150쪽.

궐하고 있었다.

그래서 우선 신앙을 고백한 자를 심문하고 이어서 그들의 정보에 기초하여 실로 엄청난 수의 사람들이 방화의 죄뿐만 아니라 인류를 적으로 돌린 죄로 엮이게 되었다. 그들은 죽을 때 조롱거리가 되었다.

(……) 물론 그들은 죄인이며, 어떤 끔찍한 징벌도 받을 만하다. 그러나 그들이 희생된 것은 국가의 복지를 위해서가 아니라 네로라는 한 개인의 잔인성을 만족시키기 위해서였던 것으로 여겨졌다.[13]

타키투스가 그리스도교도들이 '인류를 적으로 돌린 죄'를 범했다고 믿었던 이유는 분명치 않다. 아시아의 피튀니아 폰투스 속주의 총독 플리니우스의 엄밀한 조사에서도 그리스도교도들에게는 기껏해야 외국의 제의, '미신'이라는 잘못밖에 없고, 다른 어떤 범죄 행위도 발견되지 않았기 때문이다. 당시의 지식인들에게 그리스도교란 단순히 무지한 가르침에 불과했다.

이를테면 그리스 철학자였던 켈수스는 부활이라는 그리스도교의 가르침에 대해 "이런 허무맹랑한 이야기를 입에 올리다니, 아이를 재우려고 어르며 노래하는 노파라도 부끄러워 어쩔 줄 모를 것"[14]이라고 말한다. 그리스도교를 믿는 것은 '집에서 모직물을 짜는 사람이나 구두장이, 세탁하고 다림질하는 사람, "그 외에 대체로 교양 없고 조야한 자들"[15]뿐이라고

---

13 타키투스, 『연대기』, 박광순 옮김, 범우사, 2005, 675~676쪽.
14 오리게네스, 『켈소스 논박』, 6·34. 당시 그리스 철학자들뿐만 아니라 거의 모든 사람들에게 예수가 십자가에서 책형에 처해진 것은, 그리스도교의 신빙성을 잃게 하는 힘을 갖고 있었다. 이 책형의 의미에 대해서는 マルティン・ヘンゲル, 『十字架: その歴史的探究』, 土岐正策, 土岐健治 訳, ヨルダン社, 1983이 참고가 된다.
15 오리게네스, 『켈수스 논박』, 3·55. [『켈수스를 논박함』, 87쪽].

여겨졌다.

그러나 귀족이나 지식인 계급 사람들이 그리스도교에 대해 가졌던 '편견'과는 별개로, 그리스도교에 대한 다른 관점도 존재했다. 그리스도교도들의 결속과 '죽음을 가벼이 여기는' 떳떳함이 주목받은 것이다. 루키아누스는 분신 자살한 견유주의 철학자 펠레그리누스의 생애를 조소 섞어 묘사하면서도 그리스도교도들의 이러한 모습에 주목한다.

펠레그리누스는 아버지를 죽인 혐의를 벗기 위해 세계 각지를 방랑했고, 팔레스타인에서는 그리스도교도와 교류하고 그 지식을 습득했으며 그리스도교도들에게 신봉되었다고 한다. 그리고 그리스도교도라는 이유로 체포되자, "그리스도교도들은 (……) 그를 구출하기 위해 (……) 그저 건성으로가 아니라 정말 열심히 모든 도움을 주었다. 그리고 새벽이 밝자마자 감옥 옆에 늙은 과부나 고아가 기다리는 것이 목격되었고, 그러고 나서 정성 들인 음식이 들어왔으며 그들의 성스러운 책이 낭독되었다"고 한다.[16]

이 기록에서도 이 시기에 그리스도교도가 그리스도교도라는 이유만으로 고소당하거나 체포당하지는 않았음에 주목할 수 있다.[17] 특별한 이유 없이는 투옥되지 않았으며, 루키아누스는 펠레그리누스가 "광기와 이를 통해 명성을 후세에 남기려는"[18] 야심 때문에 일부러 체포를 원했다고 생각했다.

---

16 루키아누스, 「펠레그리노스의 승천」(『遊女の会話』, 高津春繁 訳, 岩波書店, 1959, 157쪽)
17 그리스도교도가 '이름'에 의해 처벌되게 된 경위에 대해서는 弓削達, 『ローマ皇帝礼拝とキリスト教徒迫害』 1장에 자세히 나와 있다. 또한 松本宣郎, 『ガリラヤからローマへ: 地中海世界をかえたキリスト教徒』, 山川出版社, 1994도 이 문제를 상세히 고찰한다.
18 ルキアノス, 『遊女の会話』, 158쪽.

그리스도교도들이 공공연히 구명 운동을 전개하고 옥중에서 성서를 낭독했다는 것만 보더라도 이는 명백할 것이다. "더 나아가 아시아의 마을에서까지 사람들이 찾아왔다. 그리스도교도들이 이 남자를 도와 변호하고 격려하기 위해 공동의 비용으로 파견한 것이다. 이러한 공공의 사항이 발생할 경우에는 신기할 정도로 신속하게 행위가 이루어진다. 요컨대 그들은 아무것도 아까워하지 않는다."[19]

루키아누스는 그리스도교도들의 단결에 감동한 것처럼 보이기까지 한다. 그리스도교도들은 "모든 것을 한결같이 가벼이 여기고 공동의 것으로 생각하"며, "이 가여운 사람들은 완전히 죽지 않고 영원한 삶을 얻게 된다고 굳게 믿고 있기 때문에 대부분의 사람들은 죽음을 가벼이 여기고 스스로 나서서 몸을 바"친다.[20] 그리스도교도들은 자신의 생명을 가벼이 여기고 신앙을 위해 죽는 사람들이라고 간주되었던 것이다.

박해와 순교

아시아 총독이었던 플리니우스가 그리스도교도의 처형을 망설였듯 시리아 총독도 펠레그리누스의 처형을 꺼렸다. 이 시대의 많은 책들에서 확인

---

19 같은 책, 157~158쪽.
20 같은 책, 158쪽. 또한 펠레그리노스는 처형받을 만하지 않다고 판단되어 총독에 의해 석방된다. 그 후 금단의 것, 아마도 이교도의 제단에 바쳐진 희생 제물의 고기를 먹었다는 이유로 그리스도교단에서 추방되었고, 로마로 가서는 황제를 욕한다. 그리고 너무 솔직하고 자유로웠기 때문에(160쪽), 곧 파레시아를 행사하는 파레시아스테스로서 존경을 받았다. 이윽고 견유학파의 철학자가 되어 올림픽 경기장 바깥에서 자살을 예고한다. 그리고 "인간이 얼마나 죽기 쉬운지를 보여 주기"위해 분신한다. 매우 흥미로운 인물로, 사후에도 많은 사람들로부터 신앙의 대상이 되었다고 한다. 페터 슬로터다이크의 『냉소적 이성 비판』에서의 펠레그리노스 묘사도 참조하라. 또한 제정기에 권력자에게 파레시아를 행사하기 위해서는 권력자의 '우애'가 필요했으며, 그 밖에는 펠레그리노스처럼 세상을 버린 '철학자'만이 파레시아를 행사할 수 있었던 상황에 대해서는 Peter Brown, *Power and Persuasion in Late Antiquity towards a Christian Empire*, The University of Wisconsin Press, 1992, pp. 61~70이 상세하다.

되듯 그리스도교도의 박해는 예외적이며 많은 경우 스스로 나서서 죽음을 원하는 기묘한 사람들까지 있었던 것이다. 성자전에서는 그리스도교도들이 재판을 받을 때에, 그때까지는 고발조차도 당하지 않고 있던 사람들이 차례로 그리스도교도로서의 이름을 내세우며 처형되는 모습을 묘사하는 경우가 많다.[21]

유대인들에게도 그리스도교도들의 이러한 행동은 분명 이상하게 보였다. 유스티누스가 유대교도들과 나눴던 대화에서 유대인인 트뤼폰은 그리스도교도인 유스티누스에게 "율법에 쓰여 있는 모든 것을 행하시오, 그러면 아마도 신으로부터 동정을 받을 수 있을 것"이라고 충고하며, 그리스도라는 인물에게는 어떤 힘도 없고 "당신들은 어리석은 소문을 받아들여 스스로 그리스도라는 인물을 만들어 내고 그를 위해 이제는 무분별하게 몸을 망치고 있다"[22]고 비판한다. 유대교도들에게 그리스도에 대한 믿음은 무분별한 죽음으로 향하는 길로밖에는 보이지 않았던 것이다.

이 1~2세기의 그리스도교도들에게 자신의 신앙을 증명하고 영원한 삶을 획득하는 가장 확실한 길은 순교였다. "지금, 이 불법의 시기에, 또 도래할 좌절에 즈음하여 신의 자녀들에 어울리는 방식으로 저항하지 않는다면 우리의 생명과 신앙의 모든 기간은 아무것도 우리들에게 도움이 되지 않는다"[23]고 믿었던 것이다. "인간은 고통스러워하는 대지"[24]이며, 그리스도교도들에게 자기란, 괴로워함으로써 "우리의 영혼을 위해 고통

21 이를테면 「성스러운 프톨레마이오스와 루키우스의 순교」(『キリスト教教父著作集 第22巻』, 土岐正策, 土岐健治 訳, 教文館, 1990에 수록)의 마지막 부분을 보라.

22 「유대인 트뤼폰과의 대화」, 8장(『ユスティノス』, 214쪽).

23 「바나바의 편지」, 4·9(『使徒教父文書』, 佐竹明 訳, 講談社, 1974, 33쪽).

24 같은 글, 6·9(같은 책, 36쪽).

받는 것을 참고 견딘"[25] 예수의 수난을 반복해야 하는 존재인 것이다.

그리고 체포되어 로마로 향하는 안티오키아 교회의 지도자 이그나티오스의 유일한 바람은, 순교를 방해하는 '부정'이 가해지지 않는 것, '야수를 통해서(만) 신에게 도달한다는 것'이다. "야수가 내 몸의 그 어느 부분도 남기지 않도록, 오히려 야수를 부추겨 주십시오. 세상이 저의 몸조차도 보지 못하게 될 때, 바로 그때 저는 진정으로 예수 그리스도의 제자가 될 것입니다. 이러한 도구(야수)를 통해 제가 신에 대한 희생(제물)이 될 수 있도록 저를 위해 그리스도께 기도해 주십시오"[26]라고 말이다.

순교한 것은 그[이그나티오스]처럼 높은 지위에 있는 성직자뿐만이 아니었다. 앞서 언급한 것처럼 많은 사람들이 스스로 죽음을 원했던 것이다. 마치 죽음이 정체성의 표시라도 되는 듯 했다. 순교로 죽는 것이 자기 이야기의 '해피엔딩'이기라도 하다는 듯이 말이다.[27]

여성의 중요성

그런데 이러한 순교를 원했던 사람 중에는 여성이 많았음에 주목할 만하다. 그리스도교 시대에 여성은 정치적 영역으로부터 배제되어 고작해야 종교 의례의 장에서 그 존재를 인정받을 뿐이었다. 로마에서도 여성은 '아버지의 손' 아래 놓이고, 결혼할 때까지는 아버지의 관리 아래, 결혼하

---

25 같은 글, 5·5(같은 책, 34쪽).
26 「이그나티오스의 편지 : 로마의 그리스도인에게」(『使徒教父文書』, 125~129쪽).
27 그리스도교에서의 자기의 탄생을 고찰한 Judith Perkins, *The Suffering Self: Pain and Narrative Representation in the Early Christian Era*, Routledge, 1995의 1장 「해피엔드로서의 죽음」에서는 '자기'를 발견하기 위해 고뇌하고 죽는 그리스도 교도의 신체를 중시한다. 이 책도 푸코의 자기 탐구의 방법론에 큰 영향을 받은 책이다. *Ibid.*, pp. 4~7에 걸쳐 길게 푸코를 언급한 부분도 살펴볼 것.

고부터는 남편의 관리 아래 놓였다.[28] 일부 귀족층 여성에게 독립된 장과 지위가 부여되었었다는 것은 세네카의 생애와 그가 어머니께 보낸 서신에서 잘 알 수 있지만, 대부분의 경우 여성의 지위는 상당히 낮았다.

그런데 로마에 도래한 그리스도교에서는, 특히 초기 그리스도교 시대에 여성이 중요한 역할을 했었다. 바오로가 곤혹스러워하면서 꾸짖었듯, 교회에서도 여성이 큰 발언권을 갖고 있었다. 바오로는 "여자가 교회에서 말하는 것은 부끄러운 일입니다"(「고린도 전서」, 14장 35)라고 질책하는데, 이는 교회에서의 여성의 강한 힘을 역으로 보여 준다.

게다가 무엇보다도 초기의 교회는, 자산이 있는 여성의 집에 마련되는 일이 많았다. 「사도행전」에 의하면 투옥되어 있던 베드로가 기적의 힘으로 해방되자, 베드로는 "마르코라 하는 요한의 어머니 마리아의 집으로 갔다. 거기에는 많은 사람이 모여 기도하고 있었다"(12장 12)는 것이다.

또한 바오로는 고린도의 이러한 "집에 모이는 교회"[29]에 대해, "그리스도 예수님 안에서 나의 협력자들인 프리스카와 아퀼라에게 안부를 전해 주십시오. 그들은 생명의 위험을 무릅쓰고 내 목숨을 구하여 주었습니다. 나뿐만 아니라 다른 민족들의 모든 교회가 그들에게 고마워하고 있습니다. 그들의 집에 모이는 교회에도 안부를 전해 주십시오"라고, 여성인 프리스카의 이름을 먼저 언급하며 감사의 말을 한다.[30]

---

28 로마에서의 여성의 지위에 대해서는 벤느의 「로마 제국」(Paul Veyne, *L'empire romain*)이 알기 쉽고 명료하다. 『사생활의 역사』, 1권(*Hisoire de la vie privée*, vol. 1, Seuil, 1985; *The Roman Empire*, Harvard University Press, 1997)에 수록.

29 「로마서」, 16장 5. 이 표현과 관련해서는 モニック・アレクサンドル, 「王国の予告から教会に」(『女の歴史 1 : 古代 2』, 杉村和子・志賀亮一 監訳, 藤原書店, 2001, 692쪽)를 참조하라.

30 「로마서」, 16장 3~5. 이 "집에 모이는 교회"와 관련하여, 프리스카라는 여성의 이름이 맨 처음에 언급된다는 사실이 주목할 만하다.

가부장적인 로마 사회에서 그리스도교는 여성, 노예, 빈자 등의 피지배 계층에 강력한 호소력을 가졌던 것이다. "고대에는 수면 아래 잠긴 집단에 속했던 여성이, 새로이 탄생 중이었던 그리스도교 운동에서는 주도적 역할을 할 수 있었다. 그리스·로마 시기를 지배하는 가부장적 윤리와 대립했기 때문"이라는 페미니스트 신학자의 지적[31]은 타당하다.

그리스도교에서 여성이라는 새로운 주체의 새로운 자기 존재 방식은, 로마 세계를 이윽고 정복해 나가는 힘을 발휘하게 된다. 그리스나 로마의 정치 세계로부터 배제되어 있던 여성이나 노예, 빈자 등이 새로운 자기의 상을 만들어 내는 원동력이 됐던 것이다. 동시대의 스토아 학파 철학은, 아파테이아를 밀어붙임으로써 헬레니즘 시대 성인 남성의 윤리를 구축했다. 그러나 이 윤리는 여성이나 대중은 염두에 두지 않은 것이었다. 뿐만 아니라 스토아 학파의 윤리에서 특징적인 것은, 선하지도 악하지도 않은 자기 신체에는 관심을 품지 않도록 했다는 것이다.

이에 비해 그리스도교의 가르침은 신체에 주목한다. 신체의 부활이 중요한 의미를 가지게 되면서, 앞서 지적했듯 예수의 신체라는 '한 점'을 통해서 개체와 보편이 공명하는 구조를 취하기 때문이다. 자기 안에서 신체가 처음으로 중요한 의미를 갖기 시작한 것이다.[32]

---

31 E. S. フィオレンツァ, 『彼女を記念して: フェミニスト神学によるキリスト教起源の再構築』, 山口里子 訳, 日本基督教団出版局, 2003, 92쪽(Elisabeth Shcussler Fiorenza, *In Memory of Her: A Feminist Theological Reconstruction of Christian Origins*, Vrossroad Publishing Company, 1983).

32 스토아 학파의 윤리에서는 신체가 중요성을 갖지 않고 그리스도교의 윤리에서는 "고통받는 자, 가난한 자, 병든 자"라는 특수한 주체가 탄생함으로써 신체를 단초로 삼은 자기의 탐구가 시작되었다고 한다. 이에 대해서는 Perkins, *The Suffering Self* 의 8장, 특히 p. 202을 참조하라. 다만 퍼킨스는, 초기의 마르쿠스 아우렐리우스는 프론토와의 서신 교환에서 "서로 자신의 신체를 상대에게 열어 보임으로써 우정을 전한다. 여기서도 신체가 자기에 대해 말하기 위한 특권적 매체가 된 것이다"라고 지적한다(*Ibid.*, p. 197). 뒷날 『명상록』에서 아우렐리우스는 자기

이번 장에서는 우선 그리스도교가 여성에게 얼마나 큰 매력을 갖고 있었는지를, 페르페투아와 테클라라는 두 여성의 이야기를 통해 고찰해 보고자 한다. 다음으로 신약 성서 외전 「베드로 행전」을 실마리로 교단의 새로운 존재 방식을 고찰한다. 그리고 마지막으로 그리스도교단이 여성과 빈자를 축으로 해 도시 주민의 범주를 재구성함으로써 로마 세계의 한계를 돌파해 간 상황을 고찰해 보고자 한다.

2. 순교와 파레시아 : 페르페투아 이야기

그리스도교 세계에서 여성의 지위의 중요성을 확실하게 보여 주는 것이 페르페투아 순교의 기록이다. 이 이야기는 203년 카르타고를 무대로 한다. 점성술에 몰두했던 세베루스 황제에 의한 이 시기의 박해에서는 아프리카 북부와 알렉산드리아에서 특히 희생자가 많았고, 알렉산드리아의 오리게네스의 아버지도 이 박해에서 순교했다.

좋은 교육을 받고 자란 여성인 페르페투아는 22세였고 아이를 낳은 지 얼마 되지 않은 세례 지원자였다. 어느 날 그녀는 레오카투스와 그의 노예 페리키타스, 사투르니누스, 세쿤둘루스와 함께 그리스도교도라는 혐의로 체포된다. 페르페투아는 "결혼한 지 얼마 되지 않은 정숙한 아내였으며", 가슴에는 아이를 안고 있었는데, 이 이야기에서는 페르페투아의 남편, 아이 아버지에 대해서는 한마디도 언급되지 않는다.[33]

의 신체에는 무관심하지만 그것은 "존재의 고통을 경험하는 신체로서, 스스로의 '자기'를 느끼는 것으로부터 후퇴하기로 결정"한 결과라고 생각한다(Ibid., p. 198).

33 Ross Shepard Kraemer, *Her Share of the Blessings : Women's Religions among Pagans, Jews, and Christians in the Greco-Roman World*, Oxford University Press, 1993이 지적

당황한 아버지가 감옥에 찾아와 "페르페투아에 대한 사랑 때문에",[34] 페르페투아에게 그리스도교 신앙을 버리라고 호소한다. 페르페투아는 거기서 어떤 항아리와 물병을 가리키며, "저것을 그 실제 이름 이외의 이름으로 부를 수가 있을까요?"라고 묻는다. 아버지가 부정하자, "그렇다면 저도 있는 그대로의 저 자신이지, 그리스도교도 이외의 그 무엇이라고 말할 수는 없습니다"라고 선언한다(3절 2). 페르페투아는 자신의 정체성을, 어머니도 아니고 딸도 아닌 그리스도교도로 선언했던 것이다.

이러한 선언에 아버지는 격노하여 페르페투아의 눈을 뽑아 버리려 했을 정도였지만, "악마의 윤리"로 대항해도 "설득하지 못하고" 감옥을 떠나간다. 페르페투아는 아버지의 권리와 권위에 대항하여 자기의 정체성과 그리스도교의 가르침을 설명함으로써 가부장제적 이데올로기에 '승리'했던 것이다. 그리고 얼마 되지 않아 페르페투아는 세례를 받고 영으로부터 '육의 인내'만을 희망하라는 고지를 받는다.

페르페투아는 덥고 어두운 감옥에 갇혀 아이와 떨어져 괴로워하지만 어찌어찌 아이와 함께 감옥에 있도록 허락을 받는다. 그러자 즉시 건강을 회복하고 "감옥은 제게 갑자기 궁전처럼 되었고 다른 어떤 곳보다도 거기에 있고 싶다고 생각하게 되었습니다"(3절 9)라고까지 느끼게 된다.

페르페투아에게 신들리는 힘이 있다는 것을 알고 있던, 마찬가지로 투옥되어 있던 남동생은 앞으로 어떻게 될지, 처벌될지 아니면 해방될지

하는 것처럼(p. 161), 그 밖의 여성 순교자 전기에는 아기가 등장하지 않는 만큼, 아기의 존재와 그 아버지, 즉 페르페투아의 남편의 존재는 특징적이다. Joyce E. Salisbury, *Perpetua's Passion*, Routledge 1997에 따르면, 아우구스티누스는 페르페투아가 남편과의 육욕의 끈을 완전히 끊었지만 아직 아버지에 대한 강한 애정 때문에 악마가 남편이 아닌 아버지의 모습으로 배교를 설득했다고 해석한다고 한다(p. 174).

34 「성스러운 페르페투아와 펠리키타스의 순교」, 3절. 이제부터는 절로 인용을 표시한다.

를 알아봐 달라고 부탁한다. "주님과 친근하게 이야기하고 있음"(4절 2)을 자각하고 있던 페르페투아는 환각을 본다.[35] [거기서 그녀는] 거대한 청동 사다리를 타고 하늘로 올라가고 있었다. 그것은 좁은 사다리여서 한 사람 씩밖에는 올라갈 수가 없었다. 양쪽에는 온갖 종류의 무기가 늘어놓여 있었다. 칼, 창, 도끼 등 로마 검투사들이 사투에서 사용하는 무기로, 페르페투아의 이후 운명을 말해 준다. 조심하지 않고 오르는 자는 이 무기에 찔려 죽을 것임에 틀림없었다.

사다리 맨 밑에서는 거대한 용이 지키고 있었다. 페르페투아가 용의 머리를 밟고 사다리를 오르자, 그곳은 거대한 정원이었다. 머리가 하얗게 센 사람이 양치기 옷을 입고 앉아 있었다.[36] 키가 큰 이 사람은 양들의 젖을 짜고 있었다. 페르페투아도 젖을 받아 마셨고 그 맛은 눈을 뜬 후에도 향기롭게 페르페투아를 만족시켰다.[37] 페르페투아는 이 환각을 남동생에

---

35 페르페투아가 여성이면서도 신과 이야기할 수 있는 예언자적 힘을 갖고 있었다는 것, 그리고 카르타고에서의 사건으로 미루어 볼 때 페르페투아가 몬타누스파에 가까운 인물이었을 가능성이 높다. 이 사건이 있을 즈음(205~207년)에 몬타누스파로 개종한 테르툴리아누스가 이 사건의 기록자일 가능성도 부정할 수 없다. C. G. ユング, M-L·フォン·フランツ, 『アイオーン』, 野田倬 訳, 人文書院, 1990, 308~310쪽을 참조하라. 다만 저자를 남성, 그것도 고명한 성직자일 것이라고 생각하게 되는 것은 서양의 전통이기도 하다. 또한 페르페투아의 예언의 힘과 초기 그리스도교 공동체에서의 여성의 역할에 대해서는 Kraemer, *Her Share of the Blessings* 이 상세하다.

36 이 양치기 이미지에 대해 폰 프란츠는 "우주적 상이기도 하면서 동시에 대체로 우주 개벽론적 의미에서의 원인간(原人間), 안트로포스이다"라고 해석하지만(『アイオーン』, 332쪽), 페르페투아에게서 사목자 이미지가 선명하게 드러나는 것은 원인간을 생각하지 않더라도 충분히 이해할 수 있는 일이다.

37 페르페투아는 이 젖을 마시고 이제 이 세상에서의 삶을 바라지 않는다는 것을 확신한다. 이것은 피안에서의 삶을 보증하는 것이다. 이 젖과 격투장에서의 페르페투아의 가슴에서 흐르는 모유가 삶의 힘을 보여 주고 넘치는 피의 죽음의 힘과 대비시키고 있다는 데 대해서는 Andrew McGowan, *Ascetic Eucharists : Food and Drink in Early Christian Ritual Meals*, Oxford University, 1999, p. 102를 참조하라. 다만 아버지와 재판관이 아이를 생각해서라도 배교하라고 설득해도 페르페투아가 신앙을 위한 죽음을 선택하는 것은, 그녀의 모유의 양의적인 의미를 생각하게 한다.

게 전한다. "우리는 곧 순교를 당하리라는 것을 알았고, 이 세상에는 더 이상 어떤 희망도 두지 않게 되었습니다"(4절 10)[38]

며칠 뒤, 아버지가 다시 감옥에 찾아와 페르페투아를 설득하려고 시도한다. "딸아, 머리가 센 나를 불쌍히 여겨다오. 만약 내가 네 아비라고 불릴 만하다면 이 아비를 불쌍히 여겨다오. 나는 이 손으로 너를 이때까지 키워 왔고, 너를 다른 형제들보다도 더 소중히 여겨 왔다. 나를 다른 사람들의 웃음거리로 만들지 말아다오. 네 형제들도 생각해 주렴. 네 어머니나 아주머니도 생각해 주려무나. 네 아이도 생각해 보렴. 그 아이는 네가 죽으면 살아갈 수 없을 테지. 고집 부리지 말고 우리 모두를 무너뜨리는 일을 그만두거라. 네가 순교라도 하게 된다면 우리들 중에 그 누구도 자유롭게 이야기할 수 없게 되고 말 거야"(5절).

아버지는 페르페투아의 발 앞에 몸을 던져 애원한다.[39] 눈에 눈물을 가득 머금고, 딸이 아니라 부인이라고 부르면서 말이다(5절 5). 여기서 가부장제 이데올로기는 완전히 패배해 버렸음을 알 수 있다. 이제 아버지에게는 아버지의 권위가 없고, 딸 앞에서 마치 여주인에게 하듯 애원하는 수밖에 없는 것이다. 이에 비해 페르페투아는 사회의 권력 구조 그 자체가 전복되었다는 것을 알린다. "우리는 우리의 힘(노스토라 포테타스) 안

---

38 이 시대 그리스도교에게서의 꿈이나 환시의 중요성에 대해서는 Peter Brown, *The Making of Late Antiquity*, Harvard University Press, 1978, p. 65를 참조하라. 이 책은 고대 말기 사회에서 사람들이 성스러운 것과 대화하면서 자기를 찾아내는 작업 속에서 '개별적인 것'이 탄생해 가는 절차를 묘사한 책으로서 흥미롭다.

39 그러나 아버지의 애원에 협박의 의미가 포함되어 있지 않은 것은 아니다. 로마에서 아이를 기를지 말지를 결정할 수 있는 것은 아버지이며, 페르페투아의 남편이 부재한 상황에서는 아버지가 아이를 버릴 수도 있음을 암시하고 있을 가능성도 있다. Don S. Browning, Anne Carr, Ian S. Evison, Mary Stewart van Leeuwen, *Religion, Feminism, and the Family*, Westminster John KnoxPress, 1996, p. 130도 참조하라.

이 아니라 신의 힘(데이 포테스타스) 안에 있다는 것을 알아주세요"(5절 6).
가정은 아버지의 권력 아래 복종하는 것이 아니라 신의 권위와 권력 아래
복종한다고 여기서 단언된다.

　이윽고 페르페투아는 심판장에 불려 나오게 된다. 거기서 그리스도
교도들은 차례로 자신의 신앙을 고백한다. 죽음을 부른다는 것을 알면서
도 진실을 말하는 파레시아의 행위를 하는 것이다(6절 1).[40] 거기에 아버
지가 아이를 안고 등장하여 "절을 해다오, 아이를 불쌍히 여겨다오"라며
페르페투아에게 배교를 촉구한다. 재판관인 힐라리아누스 총독은 페르
페투아에게 "백발의 네 아비를 가여이 여기고 젖먹이 아이를 가여이 여
겨라. 황제의 건강을 기원하는 희생을 올려라"라고 말한다.[41] 그러나 페르
페투아는 이를 거절한다. 힐라리아누스가 묻는다. "너는 그리스도교도인
가?" 페르페투아가 답한다. "저는 그리스도교도입니다." 이렇게 유죄가
확정된다. 이제 페르페투아는 "로마에 속하지 않는"[42] 것이다. 아버지는
다시 한 번 [페르페투아의] 마음을 돌리려다 힐라리아누스에게 붙들려 채
찍까지 맞게 된다. "(힐라리아누스는) 우리 모두에게 유죄를 선고하고 '맹
수에게 던져 죽이는 형벌에 처하라'는 판결을 내렸습니다. 하지만 우리는
기쁘게 감옥으로 돌아갔습니다"(6절 6). 여기서 "페르페투아는 아버지의
권위와 국가의 권위 모두에 계속해서 도전하는" 것이다.[43]

---

40 에우세비오스는 재판관 앞에서 자기 신앙을 고백하고 죽음을 각오하며 자기 자신을 그리스도
　교도라고 인정하는 이 행위를 "파레시아"라고 부른다(『教会史』, 5권 1장 18).
41 광대한 로마 제국을 통합하기 위해서는 황제의 상에 예배하고 제물을 바치는 것이 중요한 의
　례적 역할을 했다. 황제의 상을 파괴하는 것만으로도 처벌될 정도였다. 그러므로 황제의 상에
　경배하기를 거부하는 것은 로마 제국의 의례와 종교를 부정한다는 의미를 갖는 것이다. 카르
　타고에서의 황제 숭배에 대해서는 J. B. Rives, *Religion and Authority in Roman Carthage
　from Augustus to Constantine*, Oxford University Press, 1995가 상세하다.
42 Salisbury, *Perpetua's Passion*, p. 91을 참조하라.

며칠 뒤 페르페투아는 기도하던 도중에 갑자기 죽은 남동생의 이름 디노크라테스를 떠올린다. 그리고 동생의 운명을 생생하게 상기해 낸다. "그리고 곧 내가 디노크라테스를 위해 기원하기에 적합하며, 또 그렇게 해야 한다고 깨달았습니다. 그래서 디노크라테스를 위해 몇 번이고 주께 신음하듯이 기도했습니다. 그러자 바로 그날 밤 저는 이런 것을 보았습니다. 저는 디노크라테스가 어두운 장소로부터 나오는 것을 보았습니다. 거기에는 다른 많은 사람들이 있었습니다. 디노크라테스는 너무 더워서 목이 마른 모양이었습니다. 옷은 더럽고 얼굴은 창백했습니다. 얼굴에는 상처가 있었는데 이것은 죽을 때 생긴 것이었습니다"(7절 2~4).

'육의 동생'인 디노크라테스는 일곱 살 때 얼굴의 종양 때문에 죽었고, 그대로 지옥에서 고통받고 있었던 것이다. 페르페투아와 디노크라테스 사이는 깊은 심연으로 떨어져 있고 남동생은 물을 마시고 싶어했다. 물이 가득한 연못이 있었지만 동생 키보다 높은 곳에 있어서 동생은 물을 마실 수가 없었다. 페르페투아는 눈을 뜨고 남동생이 괴로워하고 있다는 것을 깨닫는다. 그리고 페르페투아는 자기에게 동생을 괴로움으로부터 구해 낼 힘이 있다고 확신했다. 페르페투아는 신의 은총이 내려지도록 밤낮으로 계속 기도한다.

그리고 형무소에서 사슬에 매이던 날, 페르페투아는 디노크라테스가 깨끗하고 반듯한 옷을 입고 산뜻한 표정을 띠고 있는 환상을 본다. 얼굴의 상처도 흔적만 남았고 물이 가득한 연못이 있는 언덕은 어린아이의 허리 높이 정도로 낮아져 있어서 디노크라테스는 팔을 뻗어 물을 마시는 것

---

43 Perkins, *The Suffering Self*, p. 107을 참조하라. 또는 Browning et al., *Religion, Feminism, and the Family*에 수록된 Robert Sweetman, "Chritianity, Women, and the Medieval Familly"도 참고할 만하다.

이었다. 갈증을 달랜 어린아이는 기도하기 시작한다. 기도를 통해 동생이 괴로움으로부터 벗어났다고 페르페투아는 확신했다.

퍼킨스는 페르페투아가 감옥에서의 괴로움을 통해 남동생을 낫게 하는 힘을 획득했다는 사실에 주목한다. "이교도와 그리스도교도의 괴로움의 차이"가 거기에 있는 것이다. 이교도인 남동생도 페르페투아와 마찬가지로 덥고 좁고 어두운 것 때문에 고통을 받고 있다. 그러나 그리스도교도인 페르페투아는 남동생과는 달리, 자신의 괴로움으로 동생을 도울 수 있다고 확신한다. "그리스도교는 페르페투아에게, 자신의 괴로움을 '활용하는' 힘을 준 것이다. 그러나 그녀의 꿈은 이 힘이 그리스도교도에게만 주어진 것임을 보여 준다. 디노크라테스의 괴로움은 아무것도 가져오지 못하지만, 페르페투아의 투옥과 죽음의 감수는, 그녀의 기도 덕분으로 동생을 그 고통에서 구해 낼 수 있었던 것이다."[44]

아버지의 마지막 비탄의 장면 뒤에, 페르페투아는 마지막으로 환상을 본다. 경기장에 끌려 나간 페르페투아는 짐승과 대결하는 것이 아니라 "무시무시한 형상의" 이집트인과 대결하게 된다. 페르페투아의 옷이 벗겨지고 그녀는 자신이 남자임을 깨닫는다. 그리고 레슬링을 할 때처럼 페르페투아의 몸에 기름이 발라진다. 대결이 시작되자 이집트인은 그녀의 다리를 잡으려고 하지만 페르페투아는 "발꿈치로 이 남자의 얼굴에 상처

---

44 Perkins, *The Suffering Self*, pp. 108~109. 또한 순교자는 천국에 들어가기 전부터 기적을 일으키는 힘을 갖고 있다고 여겨졌다는 데 대해서는 Mary Rose D'Angelo, Ross Shepard Kraemer eds., *Women and Christian Origins*, Oxford University Press, 1999의 p. 351을 참조하라. 테르툴리아누스가 페르페투아의 환시를 접하고 말하는 것처럼, 순교자는 최후의 심판을 기다리지 않고 천국의 문으로 들어간다. "천국의 문을 여는 유일한 열쇠는, 당신의 생명의 피이다"(테르툴리아누스, 『영혼에 대하여』, 55절, *Ante-Nicene-Fathers*, vol. 3, WM. B. Eerdmans, p. 231).

를 냈"다(10절 10). 페르페투아의 몸이 떠오르고 위에서부터 상대를 밟아 버린다. 이윽고 상대는 쓰러지고 페르페투아는 상대의 머리를 밟고 선다. 페르페투아는 보수를 받고 '생명의 문'으로 퇴장한다. 환시에서 깨어난 페르페투아는 이제 짐승과 싸우는 것이 아니라 악마와 싸운다는 것, 그리고 이 싸움에 승리하리라는 것을 확신한다.

여기서는 검투사의 비유로 '악마'와의 싸움이 묘사되고 있다. 이전의 환시에서 페르페투아가 짐승의 머리를 밟고 이것을 발판 삼아 천국에 이르는 야곱의 사다리를 올라갔듯, 페르페투아는 이집트인의 모습으로 나타난 악마의 머리를 밟고 '생명의 문'으로 퇴장했다. 승리한 검투사는 '생명의 문'으로 퇴장하며 패배자의 시체는 '죽음의 문'을 통해 옮겨지도록 정해져 있었던 것이다.

페르페투아가 자각하고 있듯 이 '생명의 문'은 현세에서의 생명이 아닌 영원한 생명으로의 문이며, 이 싸움에서 설령 짐승과 싸워 '죽음의 문'으로 들려 나간다 해도 페르페투아의 그리스도교도로서의 싸움에서는 악마와 싸워 '생명의 문'으로 개선하는 것과 똑같은 것이다.

그리스도교 초기 시대부터 신앙 행위는 어떤 종류의 경기에 빗대어져 왔다. 바오로는 신앙을 달리기에 비유했다. "경기장에서 달리기하는 이들이 모두 달리지만 상을 받는 사람은 한 사람뿐이라는 것을 여러분은 모릅니까? 이와 같이 여러분도 상을 받을 수 있도록 달리십시오. 모든 경기자는 모든 일에 절제를 합니다. 그들은 썩어 없어질 화관을 얻으려고 그렇게 하지만, 우리는 썩지 않는 화관을 얻으려고 하는 것입니다"「고린도 전서」, 9장 24~25).

이에 비해 클레멘스는 박해에 대해 이야기하면서 "사랑하는 자들이여, 우리가 이런 것들을 써서 보내는 것은 당신들을 꾸짖기 위함이 아니라, 우리 자신도 상기하도록 하기 위해서이다. 왜냐하면 우리는 같은 격투장에 있고 우리를 기다리고 있는 것도 동일한 싸움이기 때문"이라고 격투기에 비유해 말한다.[45]

페르페투아가, 누구나 평등하게 참가하여 힘을 겨루는 바오로 식의 달리기 경기가 아니라 클레멘스 식의 격투기를 상상하고 스스로를 검투사(글라디아토르)로 환시했다는 데에는 몇 가지 중요한 의미가 있다. 우선 검투사에게는 기본적으로 해방이라는 것이 존재하지 않는다. 한 경기에서 승리하더라도 다음 경기를 이어가야만 한다. 마지막에는 반드시 '죽음의 문'으로 나오도록 정해져 있는 것이다.

또 검투사가 명예를 얻기 위해서는 반드시 주인과 관객이 필요하다.[46] 검투사는 주인의 명예를 위해 싸움으로써 영예를 획득한다. 페르페투아는 신앙과 주를 위해 싸우는 것이며, 달리기처럼 자신의 힘이나 능력을 과시하기 위해 싸우는 것이 아니다. 그리고 페르페투아는 관객들에게 자신의 싸움을 보여 줌으로써 같은 그리스도교 순교자들에게, 그리고 이교도들에게, 자기 신앙의 강력함을 보여 줄 수 있는 것이다.

리비우스의『역사』에 따르면 한니발은 전쟁 포로들에게 자군 병사들 앞에서 검투사로서 싸우다 죽는 것을 허락했는데, 많은 포로들이 이 싸움에서 죽기를 열망했다고 전해진다(21 · 42~43). 한니발은 이렇게 싸우다가 승리하거나 패배하는 것이 포로로 잡혀 있는 것보다 얼마나 더 명예로운지를 병사들에게 가르쳤다고 한다.

페르페투아는 죄인으로서 격투장에서 짐승에게 던져질 운명이었으

---

45 「클레멘스의 편지 : 코린토의 그리스도인들에게 1」, 7장 1~2(『使徒教父文書』, 60쪽).
46 Carlin A. Barton, *The Sorrows of the Ancient Romans : The Gladiator and the Monster*, Princeton University Press, 1993, p. 21.

나, 이 환시 속에서 운명을 스스로 검투사로서 싸울 의지와 명예로운 권리(죽음)를 맞이할 의지로 바꾸었다. "그리스도교도의 용어로 죽음은 승리를 의미하게 된 것이다."[47]

페르페투아는 마침내 실제로 격투장에 입장하게 되는데, "마치 하늘로 올라가듯 기뻐하며, 침착한 표정으로" 감옥을 나와 격투장으로 입장하는 것이었다. "두려움이 아닌 기쁨에" 떨면서 말이다(18절 1). 관객들은 앳된 여성의 몸을 이리저리 둘러본다. 그러나 페르페투아의 "눈빛은 모든 사람들의 시선을 압도하고 있었다". 이렇게 그녀는 보여지는 것으로서의 여성의 몸이 아니라 싸우는 주체인 검투사로서의 존재 방식을 관객들에게 전하는 것이다.[48]

페르페투아는 나체로 경기장에 들어가게 되지만, 젊은 어머니의 젖가슴에서 젖이 떨어지는 것을 본 관객들이 두려워했기 때문에 벨트 없는 튀니카를 입는 것이 허락된다. 이 희생의 장에서 여성은 누구나 풍작의 여신 케레스의 여사제 복장을 하도록 되어 있었지만, 페르페투아는 마지막까지 그것을 거부했던 것이다. 페르페투아는 짐승에게 찔리고, 검투사가 갖고 있던 검으로 스스로 목을 베어 죽는다. "부정한 영혼조차도 두려워했던 이 여성은, 자신의 의지에 의해서가 아니라면 아마도 죽임을 당할 수 없었을 것이다"(21절 10).

페르페투아 이야기는 다른 많은 순교 이야기와 더불어 죽음을 각오

---

47 Perkins, *The Suffering Self*, p. 111.
48 처형당하는 여성의 신체, 특히 나체에 대한 시선이 섹스리스 레이프(sexless rape)의 의미를 갖고 있었다는 데 대해서는 Gillian Clark, "Bodies and Blood: Late Antique Debate on Martyrdom, Virginity and Resurrection, Cominic Montserrat", ed., *Changing Bodies*, *Changing Meanings*, Routledge, 1998을 참조하라.

한 그리스도교도들의 강인함을 묘사하면서 그리스도교 신앙이 로마 제국의 지배 체제를 뒤흔들 힘을 숨기고 있음을 보여 준다. 제국은 그 권위에 도전하는 자를 죽임으로써 벌할 수 있다. 죽이는 것이 지배의 마지막 수단이다. 그러나 그리스도교도는 자신의 죽음을 '승리'로 바꿔 버린다.

페르페투아가 순교한 날은 로마 제국의 공식 휴일이었다. 세베루스 황제의 아들인 게타(Publius Septimius Geta)의 탄생일을 축하하는 군사 행사의 일환으로서 그리스도교도들의 죽음의 경기가 마련되었던 것이다.[49] 이 공적인 장에서 순교자들은 로마 제국에서 가장 지독한 처벌을 비웃고, 제국의 권력 과시의 장을 그리스도교도의 강력한 신앙을 과시하는 극장으로 전환시켜 버린 것이다.

황제의 검투사는 승리함으로써 명예를 획득하지만, 신의 검투사는 죽음으로써 명예를 얻는다. 황제의 검투사는 그 신체의 강건함을 과시하지만 신의 검투사는 파괴되고 찔리며 불에 탄 신체로 그 신앙의 강력함을 증명한다. 이리하여 죽음과 삶의 의미, 신체 기호의 의미 자체가 역전되어 버렸다. 순교자의 이야기는 로마 제국 사회에서 강렬한 정치적 의미를 발휘하게 된 것이다.

또한 페르페투아가 아버지의 탄원이나 국가의 위협을 모두 무시하고 자신의 의지를 관철한 것은 페르페투아가 자신의 자유를 행사했음을 의

---

49 페르페투아가 이 의례의 희생자로서 선택된 것의 배경에는 2년 전인 201년경에 세베루스 황제가 유대인 그리스도교도들에게 전향을 금했다는 것과, 이 금지령을 상징적으로 보여 주려 한 현지 지배자의 자세가 있었다. 이에 대해서는 Salisbury, *Perpetua's Passion*, pp. 81~82을 참조하라. 또 그리스도 교도를 공개적인 장에서 의례적으로 참살하는 것은 오락으로서의 볼거리 비용을 절약하는 목적도 있었다는 데 대해서는 エレーヌ·ペイゲルス, 『ナグ·ハマディ文書写本』, 155~156쪽을 참조하라. 그리스도교도의 고문과 사형 비용은 "한 사람 당 6아울레우스로, 5급 검투사 한 명을 고용하는 비용의 10분의 1이었으며, 검투사의 급수가 올라감에 따라 절약하는 금액도 늘어났다"고 한다(같은 책, 156쪽).

미했다. 로마 제국의 신민은 자유롭다 여겨졌지만, 그 자유는 국가의 종교에 복종하고 세금을 내며 외적으로부터 보호받는 자유였다. 자신이 믿는 종교를 신앙하고 자기가 진실이라 믿는 바를 발언할 자유는 인정되지 않았던 것이다.

자신이 믿는 바를 말하는 파레시아 개념은 로마에서 유행하지 않았다. 로마에서는 신민이 자유로이 자신의 생각을 말하는 것이 바람직하지 않다고 판단되었기 때문이다. 이에 비해 그리스도교 신도들은 자신의 생명을 걸고 자신의 신앙을 고백하며 파레시아를 행사한다. 그리스도교도들은 로마 신민의 자유는 진짜가 아니며, 자신들의 신앙이야말로 진정한 자유를 보여 주는 것이라고 주장했던 것이다.[50]

3. 자궁의 보이콧 : 로마 세계에서 여성의 저항

바오로와 테클라

로마 세계에서 이렇게 박해받아 순교한 여성들만이 제국의 지배에 저항하는 축이 됐던 것은 아니다. 제국 내부로부터, 게다가 지배층 내부로부터 새로운 저항이 등장한다. 이 주제를 아주 상징적으로 보여 준 것이 「바오로 행전」에 등장하는 테클라의 전설이다.

페르페투아의 순교는 역사적 사실의 기록으로 여겨지지만, 로마 제국에서 '바오로'의 전도를 묘사한 「바오로 행전」은 완전한 가상일 것이다.

---

50 페르페투아나 순교자들이 자랑스러워 한 자유에 대해서는 エレーヌ・ペイゲルス, 『アダムとエバと蛇』, 絹川久子, 出村みや子 訳, ヨルダン社, 1993의 130~133쪽을 참조하라. 그리스도교도는 발언의 자유(파레시아)를 주장하는 반체제 철학자 편에 서고, 체제 편에서는 이것을 단순한 방종(파레시아)으로 여겼음을 지적하고 있다(같은 책, 133쪽).

그러나 이 테클라 이야기는 많은 그리스도교도들의 마음을 사로잡았고 상상력을 작동시키는 중요한 계기가 되었다.

바오로는 많은 마을들을 돌아다니며 설교했다고 전해진다. 특히 유대교의 시나고그에서, 유대인의 개종을 목표로 했던 모양인데, 설교의 청중이 유대인들만은 아니었으리라. 그리고 그 청중 가운데 여성이 있었다는 것도 확실하다. 사도의 가르침에 귀를 기울이는 여성들은 신약 성서 외전으로 남아 있는 다수의 사도 '행전'에서 중심적 위치를 점하고 있다.

예수는 남성만을 사도로 선택했지만, 앞서 지적했듯 교회에서는 여성의 지위가 높았다. 당시 그리스도교가 다른 종교 및 유대교 등에 비해 여성들에게 인기 있었던 것은 분명 예수의 가르침에 여성 차별이 없었기 때문이다. 그리스의 종교를 포함하여 다른 많은 종교에서 남성과 여성은 별개의 집단으로 행동했지만 그리스도교에서는 여성과 남성이 함께 행동했다. 유대교에서는 여신도가 담당할 수 있는 종교적 기능이 제한적이었지만 그리스도교에서는 여신도와 남신도가 평등했다.[51]

「바오로 행전」에 따르면 이코니온이라는 마을에서 오네시포로스라는 남자가 "돌출된 코를 가진, 우아함이 넘치는" 바오로를 집에 맞이했다.[52] 그리고 바오로는 집의 교회에서 성서의 말씀을 이야기했다. 그 근처

---

51 그리스도교가 여성들에게 매력적이었다는 데 대해서는 Ben Witherington III, *Women and the Genesis of Christianity*, Cambridge University Press, 1990을 참조하라.

52 『신약 외경』(하), 417쪽. 물론 「바오로 행전」의 바오로는 「사도행전」에 묘사된 '역사적 바오로'가 아니라, 일본어 역자가 지적하는 것처럼, "바오로의 사상과는 거의 연관성을 찾기 힘들다"(같은 책, 343쪽). 그럼에도 불구하고 금욕적 엔크라테이아 학파의 색채가 강한 이 글은 3세기 초의 일반 대중 사이에서 강한 지지를 얻었던 듯하다. 제목은 「바오로 행전」이면서도 주인공은 테클라이며, 이 테클라의 상은 후에 메토디우스에 이르기까지 그리스도교의 전통 속에 굳건하게 뿌리를 내리고 있었다. 또한 「바오로 행전」과 공통된 바오로에 대한 사건을 전하는 「티모테오에게 보낸 서간」 등 모든 공동 서간은 「바오로 행전」과 거의 동일한 자료를 사용하면서도 정경에 포함된 반면, 「바오로 행전」은 외경에 머무르게 된 데에는 교회에서 여성의 발언

에서 "처녀의 몸은 행복하다. 그것들은 신을 기쁘게 하고 그녀들은 그 성 결의 보수를 잃지 않을 것이기 때문이다"라는 바오로의 말에 귀 기울이는 한 사람이 있었으니, "타미리스라는 남자와 약혼한 테클라라는 동정녀가 그 집 창문 가까이에 앉아 밤낮으로 바오로가 가르치는 정결에 관한 말씀을 들었"(7절)다.

딸이 창문에서 떠나려 하지 않았기 때문에 곤혹스러워진 어머니는 약혼자인 타미리스를 불러온다. 그리고 테클라와 이미 결혼한 것이나 마찬가지라 여겼던 이 남자에게 어머니는, 바오로가 순결한 삶을 살라고 말하는 것에 "창에 달라붙은 거미처럼 그의 말에 묶여서 새로운 정열과 끔찍한 열정에 사로잡혀 있다네"(9절)라고 호소하는 것이다.

여기에 묘사되어 있는 것은 한 젊은 여성, 결혼을 앞두고 있으며 자손을 만들라는 사회의 규칙에 따라야 할 딸이 결혼과는 다른 욕망과 정열에 사로잡혀 있는 모습이다. 이 이야기에서는 당시 사람들이 그리스도교를 이교, 게다가 수상쩍은 사교로 생각하고 있었던 것처럼 묘사된다. 역겨운 사교의 언어에 귀 기울이는 딸의 어머니는 깊은 근심에 사로잡힌다.

약혼자 타미리스는 "젊은이들로부터 아내를" 빼앗는 바오로를 총독에게 고발한다. 총독은 바오로를 투옥시키는데, 테클라는 팔찌와 거울로 문지기와 간수를 매수하여 감옥에 들어가, "바오로와 흡사 애정으로 연결되어 있는 듯한 모습"(19절)으로 바오로의 말에 귀를 기울인다.

을 금하려 한 당시 교회 조직 성직자들의 시도라는 배경이 있었다는 것, 그리고 테클라는 정경에서 배제되었지만 전설적인 여성으로서 그 후 많은 그리스도교 이론가들 사이에서 사랑받게 되었다는 것에 대해서는 Dennis Ronald MacDonald, *The Legend and the Apostle : The Battle for Paul in Story and Canon*, Westminster Press, 1983이 설득력이 있고 흥미롭다(특히 pp. 59f).

화가 난 어머니는 테클라가 법을 어겼다고 비난하며 "극장 한가운데에서 태워 죽일 것을" 요구한다. "그렇게 하면 그 남자로부터 가르침을 받은 모든 여자들은 필시 두려움을 품고 그 가르침을 버리게 될 것"(20절)이라고 믿었던 것이다. 그리하여 테클라는 화형에 처해지는데, 불은 테클라의 몸에 닿으려 하지 않고 폭풍에 꺼져 버린다. 도망친 테클라는 마을을 떠나 있던 바오로를 찾아낸다. 테클라는 세례받기를 원하는데 바오로는 테클라가 너무 아름다워서 유혹당하기 쉽다는 구실로 이를 거부한다.[53]

테클라는 바오로의 말에 따라 안티오키아로 여행을 가게 되는데, 여기서 알렉산드로스라는 남자가 테클라를 처음 보자마자 강간하려 한다. 바오로는 테클라를 외면하고, 저항한 테클라가 알렉산드로스를 대중들 앞에서 욕보였다는 이유로, 복수심에 충동질당한 남자는 테클라를 총독에게 고소한다. 이렇게 해서 테클라는 이번에는 맹수에 의한 처벌을 받게 된다. 그러나 사자는 테클라의 발을 핥을 뿐이다. 다음으로 테클라는 옷이 벗겨져 곰과 사자 우리에 던져진다. 그러나 어떤 맹수도 테클라를 죽일 수 없었기 때문에 마침내 테클라는 자유의 몸이 된다.

테클라는 아직 그리스도교가 로마에서 '사교'로 여겨지던 시대, 그리스도교도라는 것만으로도 죄인이 될 수밖에 없었던 시대에, 사도의 말에

---

53 바오로는 테클라를 끝내 여성으로서 대한다. 그리고 안티오키아에서는 습격당한 테클라를 버리는 것이다. Barbara Rumscheidt, Martin Rumscheidt, Luise Schottroff, *Lydia's Impatient Sisters : A Feminist Social History of Early Christianity*, Westminster John Knox Press, 1995가 지적하는 것처럼, 남성인 "바오로는 그 설교를 통해 처녀성이 해방의 길로 이어지는 것을 보여 주었음에도 불구하고 테클라의 의지에 반하여 두 번이나 가부장제 사회에서의 여성의 역할을 수행하라고 강요한다"(p. 107)는 것이다. 또한 『여성과 그리스도교의 기원』도 지적하듯이, 사도인 바오로마저도 여성 테클라를 쉬 받아들이려 하지 않았다는 것은 남성 우위 사회의 존재 방식이 그리스도교 내부에서도 재현되고 있다는 것을 보여 주는 것으로서 아이러니하다(D'Angelo, Kraemer, *Women and Christian Origins*, pp. 347~348).

귀를 기울이고 그 진실을 믿으며 그 말을 몸으로 실천하고 그래서 박해를
받지만 신앙을 버리지 않는 여성상의 상징으로서, 그 후 그리스도교도들
에게 큰 영향을 끼쳤다.

종교와 정치

이 시대에는 이런 여성의 모습이 빈번히 묘사되었다. 이를테면 「요한 행
전」에서는 드루시아네와 안드로니코스 부부의 이야기가 나온다. 드루시
아네는 신을 믿고 성결한 삶을 바라며 남편과의 성관계를 거부한다. 남편
은 아내를 무덤 속에 가두고 "내가 너를 예전의 아내로서 손에 넣든지, 아
니면 네가 죽든지, 둘 중 하나다!"라고 협박했던 것이다. 그러나 아내는
"신을 향한 외경 때문에 교접에 동의하지 않고 오히려 그를 설득하여 같
은 생각을 품게 만들고 말았다".[54]

　　또한 「토마 행전」에서는, 유다가 인도 왕의 딸 부부의 신혼 밤에 이
들에게 말을 건다. "너희가 이 더러운 결합에서 벗어난다면 거룩하고 깨
끗한 성전이 되어, 타격과 고통 ─ 눈에 보이는 것과 보이지 않는 것 모
두 ─ 에서 벗어나고 삶과 자식들의 걱정 ─ 그 끝은 파멸이다 ─ 에 휩싸
이지 않을 것임을 알아라." 만약 아이들을 낳으면 "그들[아이들 ─ 인용자]
은 간음이나 살인, 도둑질, 불륜에 빠질 것이며 이 모든 일들로 너희는 고
통을 받을 것이다".[55]

　　왕의 딸은 이튿날 아침 남편에 대한 경의로서 얼굴을 베일로 가리는
습관에 따르지 않은 것에 대해 야단을 맞자, 남편과 "부끄러운 일"을 하지

---

54 『신약 외경』(하), 「요한 행전」 63절에 해당하나 번역서에는 누락됨.
55 『신약 외경』(하), 647쪽.

않았으므로 베일을 쓸 필요가 없다며 다음과 같이 말한다. "저는 진정한 결혼에 초대받았기 때문에 이 부패하기 마련인 일들과 지나가는 혼인 연회라는 강탈품을 저는 경멸합니다. 저는 진정한 남편의 아내가 되었기 때문에 남편과 몸을 섞지 않았던 것입니다——남편과의 교접은 영혼의 후회와 아픔으로 끝나니까요"(14절)라고 답한다. 그리고 신랑 역시도 유다의 가르침이 "저 자신을 구하고 제 것이 아닌 것이 저를 떠나가게"(15절) 하도록 가르쳐 주었다고 감사해한다.

이러한 '행전'에서 공통적으로 보이는 것은, 여기서 문제시되는 것이 여성의 정열의 대상임과 동시에 여성 순결의 사회적 효과라는 점이다. 우선 어느 '행전'이나 묘하게 소설같은 분위기를 띠고 있다. 이 '행전'들의 배후에는 언제나 삼각관계[56]가 존재해서, 여성이 누구에게 욕망을 품느냐로 이야기가 진행된다.

「바오로 행전」에서는 중심이 되는 여성 테클라의 약혼자에 대한 애정을 바오로가 갈라놓는다. 바오로는 테클라의 욕망의 대상이 되며 테클라는 격렬한 정열에 사로잡힌다. 물론 이 욕망의 대상은 바오로의 배후에 있는 '신'을 향한 것이며, 지상에서의 결혼과 천국에서의 결혼이 경쟁하는 초점에 바오로가 서 있는 것이다.

「베드로 행전」에서는 고귀한 여성들이 남편과의 성관계를 중단하고 베드로 곁에 모인다. 여기서는 로마 제국의 귀족 계급과 신흥 그리스도교

---

56 이 '사도의 사랑의 삼각관계'에 대해서는 Kate Cooper, *The Virgin and the Bride : Idealized Womanhood in Late Antiquity*, Harvard University Press, 1996, pp. 51f를 참조하라. 이 책의 지적에 따르면, 동시대 그리스 연애소설에서는 신랑 혹은 약혼자가 히어로가 되는데, 「사도행전」에서는 신랑이나 약혼자가 안티히어로가 되도록 조직되어 있으며 이는 행전의 저자가 의도적으로 계획한 것이다.

가 여성의 정열을 두고 싸운다. 어느 이야기에서건 남편 쪽은 사회 질서
가 어지러워진 것을 통감한다. 테클라의 어머니는 사회의 법을 지키지 않
는 딸을 처형하지 않으면 다른 여성들이 계속해서 남편을 거부하게 될 것
을 두려워한다. 제국의 장관 아그리파는 자신의 욕망과 명예를 걸고 베
드로를 십자가에 건다. 문제가 일어나지 않는 것은 먼 인도 왕국에서뿐이
다. 이러한 순결 유지는 '남성 지배에 대한 도전'임과 동시에, '결혼을 토
대로 하는 사회에 대한 비판'[57]이라는 의미를 갖는다. 이 양면성 때문에
그리스도교는 로마 사회에서 '내전'[58]을 야기할 수밖에 없는 것이었다.

또 하나는 여성의 순결이 사회 유지의 문제와 밀접하게 관련되어 있
었다는 것이다. 고대 사회에서 여성은 젊어서 결혼한다. 에픽테토스가 말
한 것처럼 "여자들은 14살 때부터 남자들에게 부인이라 불린다. 따라서
그녀들은 달리 아무것도 할 것 없이 남자들과 잠자리를 갖기만 하면 된다
는 것을 알게 되면서 치장을 하기 시작하고 그것에 온 희망을 품게"[59] 되
는 것이 로마의 일반적인 여성의 생활이었다. 자손을 낳는 것이 여성들의
최대 임무로 여겨졌는데, 이것은 고대 사람들의 짧은 수명과 높은 사망률
에 맞서 사회를 유지하기 위해 여성의 번식 임무가 필수적이었기 때문이
기도 하다. 황제 아우구스투스는 사회 규율의 혼란을 꺼려 성인 남녀의
결혼을 의무화한다.[60] 아이를 낳는 여성이 있는 가정은 고대 사회의 '요

---

57 MacDonald, *The Legend and the Apostle*, p. 40. 이 책은 성인전이 소설을 몰아내는 절차를,
  화자를 분석하면서 묘사하는 흥미로운 책이다.

58 E. R. Dodds, *Pagan and Christian in an Age of Anxiety*, Cambridge University Press,
  1965, p. 115를 참조하라.

59 エピクテトス,「提要」, 20(『人生談義』下, 277쪽).

60 아우구스투스의 '개혁'과 그 영향에 대해서는 Beth Severy, *Augustus and The Family at the
  Birth of the Roman Empire*, Routledge, 2003가 참고할 만하다.

새'(무소니우스 루푸스)였던 것이다.[61]

그래서 여성들이 남편과의 성관계를 거부하는 것은, 특히 「베드로 행전」의 경우에서처럼 남편이 사회적으로 높은 지위에 있는 경우에 중요한 정치적 의미를 갖게 된다. 여기서 대립하고 있는 것은 국가의 고관인 남편들과 사도들 중 누가, 열쇠가 되는 여성의 정열을 끌어당기느냐이다. 이 싸움은 남편과 아내의 싸움이 아니라 남편과 사도의 싸움, '남자들끼리의 싸움'인 것이다. "여기서 그리스도교가 보여 준 도전은 실은 여성을 둘러싼 것도 아니고 성적 금욕을 둘러싼 것조차도 아니며, 권위와 사회 질서를 둘러싼 것이다."[62]

쿠퍼가 지적하듯 여러 '행전'의 금욕 행위는 사막 교부들의 수도와 금욕 행위에 비하면 "놀라우리만치 공허"하다.[63] 그것은 이 금욕이, 자신의 신체를 사용한 진정한 의미에서의 금욕이 아니라, 당시의 지배자들에게 자기의 제어력을 보여 주어 도덕적 우위를 강조하기 위해 행해지는 것이었기 때문이다.

이것은 로마 세속 사회와 신앙을 축으로 하는 그리스도교 집단 간에 벌어진 권력 다툼, 그리고 진실을 겨루는 싸움이었으며, 이 싸움에서 중심이 되는 것이 젊은 여성의 신체였던 것이다. 창문가에서 바오로의 설교에 도취된 테클라는 이 권력이 흘러드는 초점이다. 「요한 행전」은 예외로 하고, 이러한 여성들은 그리스도교의 진실을 남편에게 이야기하는 데에는 시큰둥한 것처럼 보인다. 중요한 것은 여성이 주체로서 진실을 말하는

---

61 Brown, *The Body and Society*, p. 8. 또한 그리스도교 사회에서의 결혼의 역설에 대해서는 본서 2부 5장에서 더 상세히 검토하고자 한다.

62 Cooper, *The Virgin and the Bride*, p. 55.

63 *Ibid.*, p. 57.

것이 아니라, 사도의 말씀에 따라 자신의 욕망을 세속적인 생활로부터 그리스도교의 '진실' 쪽으로 향하게 하는 것이다.[64]

이것은 로마 제국의 스토아적 철학자인 플루타르코스가 묘사한 여성의 모습과 대조적이다. 플루타르코스는 『영웅전』에서 여러 여성의 모습을 묘사하는데, 특히 상징적인 것이 안토니우스의 두 아내, 클레오파트라와 옥타비아이다. "플라톤은 아첨에는 네 가지가 있다고 말하지만, 클레오파트라는 수많은 종류의 아첨을 알고 있었다. 안토니우스가 심각할 때나 명랑할 때나 그녀는 언제든지 그를 위해 새로운 쾌락과 즐거움을 찾아냈다. 그녀는 그를 철저히 훈육하며 밤에도 낮에도 놓아주지 않았다."[65]

이에 비해 정실부인 옥타비아는 남동생 옥타비아누스에게 몇 번이나 안토니우스와의 전쟁을 단념케 하고 "남편이 집에 있는 양 남편 집에서 살며 남편의 자녀들을, 자기가 남편에게 낳아 준 아이들뿐 아니라 [죽은 옛 아내인] 풀비아가 낳은 아이들까지도 넓은 아량으로 헌신적으로 돌봐 주었"으며, "공무상 또는 업무상 로마로 파견된 남편의 측근들을 반가이 맞은 다음 옥타비아누스에게 부탁하여 그들이 원하는 것을 얻도록"[66] 해 준 '훌륭한 아내'였다.

당시 정치가의 아내들은 남편에게 솔직히 간언하고(파레시아), 남편을 위해 말함으로써 정치적 보조의 역할을 하도록 기대되었던 것이다. 그러나 행전의 여성들은 남편에게 의견을 말하지도 않고 그리스도교의 진

---

64 삼각관계의 축이 되는 히로인 여성이, 그리스의 연애소설에서와는 달리, 단지 이야기에 귀를 기울이는 여성이라는 점의 새로움에 대해서는 Cooper, *The Virgin and the Bride*, p. 52를 참조하라.
65 「안토니우스 전」, 29, 『플루타르코스 영웅전』, 천병희 옮김, 숲, 2010, 594쪽.
66 같은 글, 54, 같은 책, 627~628쪽.

리를 말할 것을 기대받지도 않는다. 그저 사도의 가르침에 따라 금욕하는 '자궁의 보이콧'을 통해,[67] 당시의 정치적 질서를 교란시키도록 기대되었던 것이다. 여성들은 모종의 진실을 말하는 주체이기보다는 진실의 '그릇'이며, 그 '그릇'은 진실을 담음으로써 성관계를 중단한다. 그 수동적 행위를 통해 당시 로마 세계의 질서에 파괴적인 영향을 끼치는 것, 행전의 저자들은 이러한 정치적 의도를 갖고 있었던 것이다.[68] 이것은 로마 제국의 사회에 대한 공격임과 동시에, 교회와 가정 모두에서 여성을 열등한 위치에 놓으려는 교회 조직에 대한 저항의 자세를 보여 주는 것이기도 했다.[69] 그리고 교회 조직에 스며들 수 없는 여성들은 사막을 방랑하고,[70] 혹

---

67 Peter Brown, "Bodies and Minds", p. 484. 이 논문은 『섹슈얼리티 이전』(*Before Sexuality : The Construction of Erotic Experience in the Ancient Greek World*, David M. Halperin, John J. Winkler, and Froma I. Zeitlin, eds., Princeton University Press, 1990)에 수록되어 있다. 이 논문에서 브라운은 「토마 행전」이 쓰여질 즈음 "그리스도교 사회에서의 감수성의 결정적 변동"을 확인할 수 있다고 지적하고, "여성의 신체는 모든 인간의 유대가 응축된 에센스임과 동시에, 모든 인간의 연약함이 응축된 에센스라고 여겨지게 되었다"고 지적한다.

68 Meeks, *The Origins of Christian Morality*에서는 페르페투아의 순교를 예로 들며 여성 신체의 의미를 고찰하면서 "한편으로 전통적인 가정에서 여성의 신체는 가족과 공동체가 계속되기 위해 본질적으로 필요함과 동시에 정열과 힘의 용기로서 남성과 국가의 건강과 명예에 있어 매우 위험한 것이었다"(p. 147)고 지적한다.

69 「바오로 행전」의 테클라 이야기가 여성들에게 사랑받은 것으로 보인다는 데 대해서는 Stevan L. Davis, *The Revolt of the Widows, the Social World of the Apocryphal Acts*, Southern Illinois University Press, 1980의 "「바오로 행전」은 정결을 지키는 그리스도교 여성들에게 상당한 매력을 발휘했을 것임에 틀림없다. 그리스도교도 여성들은 남성 신도들이 아직 여성을 성적 대상으로 생각하여 여성의 신앙을 진지하게 받아들이지 않으려 하는 것을 자기 자신의 생활 속에서 깨닫고 있었다"(p. 61)는 지적을 참조하라.

70 방랑하는 여성들에 대해서는 팔라디우스, 『라우소스 수도자의 역사』(http://web.kyoto-inet.or.jp/people/tiakio/urchristentum/lausos.html)를 참조하라. 수도사 엘리아스는 들판에 떠도는 2000여 명의 여성을 모아 수도원에 수용하고 그들을 돌보았다. "엘리아스라는 수행자는 처녀를 대단히 사랑하는 사람이었다. 왜냐하면 덕의 목적을 증명해 주는 영혼을 가졌기 때문이다. 그는 여성 수도자들의 무리를 불쌍히 여겼고, 아틀리베라는 도시에 자산을 갖고 있었기 때문에 거대한 수도원을 건설하고 떠도는 그녀들 모두를 이 수도원에 모으고 또 돌보며, 그녀들에게 모든 휴식과 덧밭과 생필품, 생활에 필요한 것을 마련해 주었다. 그녀들은 다양한 인생을 겪어 온 자들이기 때문에 서로 끊임없이 논쟁을 일으켰다"(29話, 富田章夫 訳). 단독 혹은 집단으로 지내던 여성 신도들이 일으킨 문제들에 대해서는 Susanna Elm, *'Virgins of God': The*

은 소수의 인원으로 산 속에 틀어박혀 독자적으로 신앙을 지키려 했으며, 이러한 운동이 그리스도교 정규 조직에게 골칫거리가 되었다.

이를테면 기원후 4세기, 막시미누스 황제에 의한 로마 제국 최후의 박해가 미쳐 날뛰고 있던 즈음, 그리스 테살로니키의 높은 산에 박해를 피해 숨은 세 여자가 있었다. 이들은 박해 때문에 나고 자란 도시와 가족 그리고 소유물까지 버리고 산 속에서 계속 신께 기도를 올리고 있었다.

이윽고 이 세 여자는 잡히게 되고 재판장에 끌려 나온다. 세 여자는 "세례의 순수함과 눈부심"을 유지하고 있었던 키오네, 주님의 은혜를 사람들에게 보여 주던 에이레네, 그리고 세번째로 "마음속 깊은 곳으로부터 신을 사랑하고 내 몸과 같이 이웃을 사랑"했던 아가페였다.[71]

재판관은 두르키티우스 총독이었는데, "신들이 가장 사랑하는 우리 황제나 부황의 명령에" 따르지 않는 광기를 꾸짖고, 아가페에게 그리스도교 신앙을 버리고 황제의 상에 희생 제물을 바칠 것인지를 묻는다. 그러자 아가페는 "저는 살리시는 신을 믿고 있으며, 저의 양심(쉰에이데시스)을 손상(아폴루미)시키고 싶지 않습니다"라고 답한다. 에이레네에게 그 이유를 묻자 신에 대한 두려움(포보스) 때문이라고 답한다. 키오네에게 묻자 "살리시는 신"을 믿고 있기 때문에 할 수 없다고 답한다.[72]

이리하여 재판관은 연장자인 아가페와 키오네에게는 곧바로 화형을 집행하지만 아직 젊은 에이레네는 감옥에 두도록 한다. 그리고 두 명의 형 집행 후에 에이레네를 불러 내어 다수의 책을 갖고 있었던 것을 꾸짖

Making of Asceticism in Late Antiquity, Clarendon Press, 1994에서 상세하게 고찰된다.

71 Herbert Musurillo, ed., *The Acts of Christian Martyrs*, Clarendon Press, 1972, pp. 282~283(『殉教者行伝』, 土岐正策, 土岐健治 訳, 教文館, 1990, 202쪽).

72 *Ibid.*, pp. 284~285(같은 책, 203쪽).

는다. 그러나 에이레네는 이 책에 모든 시간을 쏟을 수 없다는 것을 슬퍼할 뿐이다. 이 고집에 화가 난 재판관은 굴욕을 주기 위해 에이레네를 매춘굴에 집어넣고 벌거벗은 채로 지내게 했다. 그러나 아무도 그녀에게 가까이 가려고 하지 않았다.

마지막으로 재판관은 다시 한 번 에이레네를 불러내어 "여전히 어리석은 생각을 고집하고 있는가" 묻자, 에이레네는 "어리석은 생각이 아닙니다. 신을 두려워하는 마음을 품고 있는 것입니다"라고 답한다. 이렇게 해서 에이레네는 세 번의 시험 후에 아가페와 키오네와 동일한 장소에서 산 채로 화형에 처해지게 된다. 에이레네는 "신을 찬미하고 찬양하면서"[73] 죽어 간다.

이 세 명의 순교 이야기가 보여 주는 것은 가족으로부터 떨어져 자신의 신앙심을 관철시키려 했던 여성들의 강한 의지이다. 특히 아가페의 대답은 감동적이다. 황제의 명령에 따르는 것이 자신의 '양심'을 죽이는 것이라고 거절하는 강인함은, 이 시대의 사람들에게서 그 무엇에 의해서도 상처받고 싶지 않은 '양심'이 자라고 있었다는 것, 그것이 신체나 생명보다도 중요한 '자기'가 되었다는 것을 보여 준다. 자기 정체성은 자신의 양심과 신앙에 있으며, 그것을 잃느니 죽음을 맞이하는 쪽을 선택하는 것이다. 이 자기에 대한 감각은 기존 사회 체제를 비판하는 '혁명적인 힘'[74]을 가지고 있다고 말하지 않을 수 없다.

---

73 *Ibid.*, pp. 286~287(같은 책, 209쪽).
74 エルンスト・トレルチ,『古代キリスト教の社会教説』, 高野晃兆, 帆苅猛 訳, 教文館, 1999, 97쪽. 트뢸치는 이로써 그리스도교에서의 "내적 영혼의 가치의 평등성"이 실현되고, 이것이 "자기 감각"에 반드시 영향을 끼친다고 지적한다. 스토아 학파로부터 영향을 받으면서도, 스토아 학파와는 다른 형태로 그리스도교에서 이 인간 가치의 평등성이라는 감각이 생겨난다는 데 주목하고자 한다.

4. 로마와의 정치 투쟁 : 「베드로 행전」

후원의 재편성

이렇게 초기 그리스도교는 여성의 신체와 성적 교접이라는 기묘한 장소로부터 로마의 정치 체제에 공격을 가하기 시작한다. 유대인처럼 직접 정치 투쟁에 열중하는 것이 아니라 신도 획득과 신앙을 바탕으로 로마 제국의 정치 체제를 흔드는 것이다. 이 절에서는 「베드로 행전」을 실마리 삼아 이 보이지 않는 정치 투쟁과 교회 조직의 힘을 고찰해 보고자 한다.

앞서 고찰한 것처럼 로마 제국은 로마 전통 종교의 힘으로 조직되어 있었다. 키케로가 제국의 정점에 오르는 도상에서 새점을 치는 관리(鳥占官)에 취임했었다는 사실은 로마에서 종교의 중요성을 보여 준다. 키케로가 점을 친 건 아니지만 이 지위는 중요한 의미를 갖고 있었던 것이다.

로마의 종교는 무엇보다도 신들에게 희생 제물을 바치는 의례 행위에 전 국민의 참여를 요구하고 있었다. 그리스도교도가 박해를 받은 가장 큰 이유는 이 희생 제물을 바치는 의례에 참가하지 않았기 때문이다. 그리스도교를 믿는다고 인정하더라도, 황제의 조상(彫像)에 희생 제물을 바치는 '시늉'만 하면 사형을 당하지 않을 수 있었다.

258년에 체포된 카르타고의 주교 퀴프리아누스에게 카르타고 총독은, "당신은 자진하여 로마의 신들이나 신성한 종교적 의례를 무시하는 적으로 행동해 왔다"고 비난하고,[75] 퀴프리아누스에게 공회 참가를 촉구한다. 그러나 퀴프리아누스는 마지막까지 이를 거부하고 사형을 당한다. 로마 국가의 번영을 위해서는 전 국민의 의례 참여가 중요했고 이를 거부

---

75 Musurillo, ed., *The Acts of Christian Martyrs*, pp. 166~175.

하면 국민이 아니라고 여겨졌던 것이다.[76]

그러나 종교 의례에 참가를 거부하는 것만이 로마 정치 체제에 저항하는 수단은 아니었다. 이 밖에도 몇 가지 저항 수단이 존재했다. 「베드로 행전」에는 그 가운데 세 가지 방법이 생생히 묘사되어 있다.

우선 첫번째 방법은 로마 사회의 기본적 전통이었던 후원(patronage) 방식에 대한 도전이다. 로마 제국은 도시에서는 빵과 서커스로 사람들의 환심을 샀다. 아우구스투스는 "내가 개최한 검투 경기는 내 이름으로 세 번, 내 아들과 손자의 이름으로 다섯 번에 이르며, 이 경기들에서 만 명 정도가 싸웠다"[77]고 자랑한다. 또 식민지에서는 곡물을 배포했는데 "이 개선(凱旋)에 따른 시혜물을 받은 자는 식민지에서 12만 명 정도이다. 13번째 집정관의 때에, 그 즈음 공공 곡물 배포의 혜택을 받고 있던 민중에게 60데나리우스를 베풀었다. 거기에는 20만 명이 조금 넘는 사람들이 있었다"[78]고 한다.

「베드로 행전」에서는 로마의 원로원 의원 마르켈루스가 그리스도교를 믿고 있었다. 이 원로원 의원은 그리스도교의 가르침을 바탕으로 사람들을 비호했다. "그리스도를 통해 희망을 갖는 과부들은 모두 이 사람 곁에서 어려움을 피하며 비호를 구하고 있었습니다. 게다가 그는 고아들도 모두 기르고 있었습니다. (……) 가난한 자들은 모두 그를 자신들의 보호자라 불렀습니다. 그의 집은 순례자와 빈자의 집 등으로 불렸습니다."[79]

---

76 제물을 거절함으로써 "공동체 전체에 신의 분노를 초래할" 위험이 있었다는 데 대해서는 ライリー,『神の河: キリスト教起源史』, 211쪽을 참조하라.
77 「神皇アウグストゥス業績録」,『西洋古代史料集』(2版), 東京大学出版会, 2002, 181쪽.
78 같은 곳.
79 『신약 외경』(하),「베드로 행전」8절에 해당하나 번역서에는 누락됨.

그리스도교도들은 상호부조 네트워크를 형성해, 로마 사회의 기본적인 지배-피지배의 후원 관계 틀로부터 벗어나도 굶지 않을 수 있었다.[80] 그런데 "선량한 사람들을 유혹하고 박해하는 자" 시몬이 찾아와 마술적인 기술을 발휘해 보여 준다. 시몬은 하늘을 날아 보였기 때문에 로마의 그리스도교도들은 모두 시몬을 믿고 배교해 버린다. 마르켈루스도 또한 시몬을 믿고 자택에 묵게 한다. 그리고 그때까지의 자선을 후회하며 "나는 얼마나 막대한 자산을 낭비해 버렸단 말인가? 그것도 그렇게나 오랫동안. 무익하게도 신을 알기 위해 사용하고 있다고 착각하면서 말이야"(8절)라며 자선을 일체 중단한다.

그때 베드로가 찾아와 마르켈루스를 개종시키려고 시몬에 대항하여 기적을 보여 준다. 이어져 있던 개의 사슬을 풀자 개는 "인간의 목소리를 내며"(9절) 무엇을 할지 묻는다. 베드로가 명령하자 개는 시몬과 그를 둘러싼 사람들에게 달려가 베드로의 명령을 인간의 언어로 전한다.[81]

이에 놀란 마르켈루스는 납작 엎드려 베드로에게 "제 영혼을 얻기 위해 자산을 남김없이 바치겠"(10절)다며, 신과의 사이에서 중재해 줄 것을 부탁한다. 그러나 회심의 정도를 의심한 베드로는 군중 속에서 베드로의 기적을 믿지 않는 젊은이를 움직여 '황제의 조상'을 파괴하게 한다. 젊은이는 "현관에 서 있던 거대한 대리석 조상을 붙잡고 그것을 발꿈치로 밟아 부순"다. 당시 로마 제국에서 황제의 조상은 불가침의 것이었고, 조상

---

80 로마에서의 후원에 대해서는 長谷川博隆 編, 『古典古代とパトロネジ』, 名古屋大学出版会, 1992이 상세하다.

81 그리스도교에서 마술의 의미에 대해서는 C. マルクシース, 『天を仰ぎ, 地を歩む』, 土井健司 訳, 教文館, 2003의 86~87쪽을 참조하라. Stephen Benko, *Pagan Rome and the Early Christians*, Indiana University Press, 1984도 그리스도교와 마술의 관계에 대해서 상세하다.

가까이에서 소변을 보는 것만으로도 처벌당했다고 한다.[82]

이를 본 마르켈루스는 당황하여, "아, 엄청난 비행을 저질러 버렸군. 만약 황제께서 밀정을 통해 이를 아시게 된다면 우리에게 가혹한 벌을 내리실 겁니다"(11절)라고 한탄한다. 베드로는 "방금 전에는 자신의 영혼을 구하기 위해서 자산을 모두 내놓겠다고 하지 않으셨나요?"라고 놀린다. 그리고 "진정으로 참회하고 전심으로 그리스도를 믿는다면" 분수의 물을 양손으로 받아 주께 기도하고 그것을 주의 이름으로 조상에 뿌리면 원래대로 될 것이라고 가르치는 것이었다.

여기서 마르켈루스가 시험받고 있는 것은 자산 처분의 각오와 황제 숭배의 포기이다. 마르켈루스는 두 가지 모두에 어정쩡한 각오밖에는 보이지 않았기 때문에 베드로로부터 시험을 받은 것이다. 베드로는 파괴된 조상을 원래대로 되돌리는 '기적'을 행해 보여 줌으로써 마르켈루스의 신앙을 강화하려 한다. 마르켈루스의 거대한 자산의 은혜를 누가 받게 될지를 놓고 싸우고 있는 것이다.

베드로는 더 나아가 사람의 말을 하는 개로 하여금 시몬을 욕하게 하고, 말린 정어리를 연못에 넣어 헤엄치게 하며, 7개월짜리 젖먹이로 하여금 어른의 목소리로 예루살렘에서 시몬이 추방된 경위를 제자들에게 들려 주도록 하는 등의 기적을 보여 준다. 예루살렘에서 시몬은 "에우보라라는 이름의 부인 댁"에서 살았는데, 이 여성은 "막대한 양의 금과 고가의 진주를 갖고 있던" 사람이었다(17절). 시몬은 자신의 특기인 마술로 "황금을 몽땅 훔쳐" 모습을 감춘다. 처음에는 에우보라도 고용인을 의심했지만, 베드로가 쓸데없이 개입하여 시몬의 동료가 "금으로 만든 어린 사튀

---

82 Perkins, *The Suffering Self*, p. 132.

로스 상"을 전매하는 곳을 파악한다.

이렇게 해서 폼페이우스 대관은 시몬을 체포하게 되고 베드로는 에우보라를 구슬려 그리스도교단을 위해 자금을 쓰게 하는 데 성공한다. "에우보라로 말하자면 재산을 모두 돌려 받자 가난한 자들을 돕는 데 그것을 내놓았다. 그녀는 그리스도를 믿고 강해져서 주의 명령대로 이 세상을 가벼이 여기고 부정하며 과부와 고아에게 보시하고 가난한 자들에게 옷을 입혀 주었다. 그리고 오래오래 살다가 영원한 잠에 들었다"(같은 곳).

신약 성서 정전에 포함된 「사도행전」에도 시몬과 베드로가 등장한다. 여기서 시몬은 사마리아에서 베드로가 사람들에게 성령을 주는 것을 보고 돈을 가져다 바치면서 그런 권능을 나눠 달라고 부탁한다. 베드로는 "그대가 하느님의 선물을 돈으로 살 수 있다고 생각하였으니, 그대는 그 돈과 함께 망할 것"이라고 일갈한다(8장 20절). 베드로와 시몬의 싸움은 애초부터 돈 쓰는 법과 기적을 둘러싸고 전개되었던 것이다.

한편 저택에서 시몬을 쫓아낸 마르켈루스는 "지금은 과부와 노인들이 우리와 함께 기도하기 위해 깨끗이 청소한 내 집에서 당신 주위에 모이도록 준비를 해놓았다. 그들은 봉사를 한 표시로 각각 일 편의 금을 받게 되어 있다"(19절)며 베드로를 초대한다. 이렇게 해서 마르켈루스의 저택은 가난한 자들을 위한 자선의 집, 그리스도교단의 근거지가 되었다.

마지막으로 베드로가 순교하자 마르켈루스는 베드로의 시신을 거두어 "우유와 포도주로 씻고", "약 3킬로그램 반의 유향을 으깨고 거기에 25킬로그램에 이르는 몰약과 노회[알로에]와 향료를 으깨어 그것을 시신에 바르게 했습니다. 그리고 엄청난 고가의 아티카 꿀로 석관을 채우고 그것을 자신을 위해 준비해 두었던 묘지에 안치했습니다"(40절). 이 행위는 베드로의 시신에 대한 두터운 배려인 듯 보이지만, 실은 메르켈루스가 어마

어마한 부를 가진 후원자(patron)로서 자신의 부를 과시하는 전통적 행위에 여전히 젖어 있음을 보여 준다.

그 때문에 베드로는 일부러 마르켈루스의 꿈에 나와 "죽은 이들의 장사는 죽은 이들이 지내도록 내버려 두"라는 「마태오 복음서」의 말씀(8장 22)을 상기하게 하고 "당신이 죽은 사람에게 쓴 것은 잃어버린 것과 마찬가지"(같은 곳)라고, 그 행위를 꾸짖는 것이다. 이는 마르켈루스가 본능적으로 따르고 있는 로마의 전통적인 후원의 습관, 그리고 부의 과시와 배포라는 방법에 대한 혹독한 비판이며, 그리스도교단이 관리하는 방식대로 그 부를 사용하라는 지시에 다름 아니다. 마르켈루스의 재산은 이제 그가 자유롭게 처분할 수 있는 것이 아니게 된 것이다.

신도의 결집

로마 제국의 지배에 저항하는 두번째 방법은, 신도들의 신앙심을 로마의 종교와 지배자로부터 그리스도교의 가르침과 교단으로 흘러들게 하는 것이다. 그러기 위해 온갖 기적이 수행된다. 개나 벙어리나 젖먹이 아이의 기적은 단순히 사람들을 놀래키기 위한 수단에 불과한 듯 보이지만 로마 주민들이 하늘을 나는 기적을 보고 시몬을 믿었던 것처럼 바로 이러한 초자연적 행위를 통해서만 그 시대 사람들을 믿게 할 수 있었던 것이다.

베드로가 로마 사람들에게 복음서나 예언을 가르치긴 했지만 사람들이 그 이론이나 말을 통해 그리스도교를 믿었던 것 같진 않다. 그것은 시몬이 그리스도교의 역설을 날카롭게 지적한 대목에서도 잘 드러난다. 시몬은 베드로와 직접 대결한 장에서 "로마 사람들은 이성이라는 것을 갖고 있다"고 비웃으며, 그리스도교의 믿을 수 없는 점 셋을 지적한다. 신이 인간으로부터 태어났다는 불합리, 신이 십자가에 매달렸다는 불합리, 신이 자기 위에 주인 되는 또 다른 신을 갖고 있다는 불합리이다(23절).

오리게네스의 『켈수스를 논박함』이 웅변조로 보여 주듯, 성육신 이론, 속죄와 수난 이론, 그리스도론 등의 세 가지 역설은 당시의 로마인들이 그리스도교를 믿기 힘들어했던 큰 이유였다. 그러나 베드로는 시몬의 이론적 도전에 대응하지 않고 넘겨 버린다. 이론적으로는 맞서기 어려웠기 때문이다. 그래서 베드로는 시몬에게 기적을 보여 보라고 도전한다. [베드로는] 이론이 아닌 기적의 행위야말로 사람들의 진정한 신앙을 높일 수 있다고 생각했다.

그러나 베드로는 시몬처럼 하늘을 나는 초자연적 기적은 행하지 않는다. 괴로워하는 사람들을 낫게 하고 죽은 자를 살리는 치유의 기적을 통해 사람들의 신앙을 굳히면서 동시에 그리스도교단에 의거하는 사람들을 늘리려고 한다. 아그리파 장관 앞에서의 직접 대결에서 시몬은 고용인을 죽임으로써 자신의 힘을 보여 주지만 베드로는 소생시킴으로써 자신의 힘을 보여 주었던 것이다.

사람들을 되살리는 베드로의 능력에 대한 "평판은 로마의 마을 전체로 날개 돋친 듯 전해"(28절)져, 어느 원로원 의원의 어머니가 찾아와 아들을 되살려달라고 부탁하게 된다. 베드로는 여기서도 시몬에게 도전한다. 시몬에게 사람을 죽이는 힘은 있어도 되살리는 힘은 없지 않느냐고 말이다. 시몬이 수를 쓰자 "죽은 자가 머리를 들고 몸을 흔들며 눈을 뜨고 무기력하게 시몬에게 가까이 오는 듯한 몸짓을"(같은 곳) 보여 준다. 대중들은 시몬의 기적을 믿고 베드로를 태워 죽이려고 하지만 베드로는 시몬에게 죽은 자에게서 멀어져 보라고 한다. 장관이 시몬을 밀어내자 죽은 자는 다시 쓰러져 버렸다.

베드로는 원로원 의원의 아들인 니콜라스투스를 되살리겠다고 약속하지만 그 전에 어머니에게 조건을 붙인다. 아들이 죽은 뒤 노예들을 해방했는데, 아들이 되살아났다고 그들을 다시 노예로 삼는다면 "많은 사람들이 기뻐하기는커녕 상심할 것"이라며, 노예 해방을 약속시켰다. 어머니는 노예들을 해방하고 "내가 아들을 매장하는 데 쓰려고 했던 것들은 모두 이 젊은이들의 것"이라며 "일용할 양식"을 주기로 약속한다. 베드로는 더 나아가 "그 밖에 장례식 후에 집에 갖고 돌아가는 것은 과부를 돌보는 데 사용해"달라고 부탁한다.

아들이 소생하자 어머니는 일요일에 찾아와 "2천 장의 돈"을 기부한다. 그리고 "말하는 산제물"로서 자신을 바친 젊은이는 "한시도 베드로의 곁을 떠나지 않겠다"(30절)고 약속하고 더 나아가 자기 집에서 4천 장의 돈을 갖고 와서는 교단에 몸과 재산을 바친다.

베드로가 이런 부유한 사람들만 치료한 것은 아니다. "다수의 중풍 병자, 통풍 환자, 삼일열, 사일열 환자"(31절)를 낫게 하고, 아직 신앙을 갖고 있지 않았던 많은 늙은 과부들의 먼 눈을 치료하고, 사람들을 교단 내로 조직해 간다. 그리스도교단에서는 부유한 사람들이 가난한 사람들의 후원자가 되는 것이 아니라 가난한 자, 병든 자, 괴로워하는 자들에게 원조의 수단을 제공하고 이러한 사람들을 둘러싼 신도들의 핵심으로 만들어 감으로써 조직을 확장하는 것이다.

이렇게 해서 베드로는 사람들의 신앙심을 굳히고 병든 사람들을 낫게 하며 가난한 사람들에게 일용할 양식을 제공하는 교단을 조직함으로써 대중의 신망을 모은다. 아그리파 장관이 '무신론'을 이유로 베드로에게 사형을 선고하자, "형제의 무리 전체가 달려왔습니다. 부유한 자도 있고 가난한 자도 있으며, 고아, 과부 등 힘 없는 자부터 힘이 넘치는 자까지 포함된 모양새입니다. 그들은 베드로를 발견하고 되돌려 받기를 원하고 있었습니다. 시민들도 한시도 조용히 하지 않고 목소리를 모아 외치고 있었습니다. '아그리파여, 베드로가 어떤 불법을 저질렀단 말이오, 어떤 악행을 했단 말이오? 우리 로마 시민들에게 말해 주시오'라고"(36절)했다고 한다. 이윽고 폭동 일촉즉발의 상태가 된 대중을 달랠 수 있었던 것은 쿠오바디스에서의 유명한 장면처럼, 로마에서 십자가에 매달리러 가는 예수의 모습을 보고 책형에 처해지기로 결의하는 베드로뿐이었다.

침대 위에서의 저항

로마의 지배에 저항하는 세번째 방법으로서 베드로가 조직한 것은 앞서 고찰한 바 있는 중요한 방법, 다시 말해 여성들이 남편과의 성관계를 거부하는 것이었다. 앞 절에서 고찰한 것처럼 귀족 계급의 여성들에게 남편과의 성관계를 거절하게끔 하는 것은 강력한 저항의 수단이 되었다. 베드로는 "몹시 아름다운 여인으로, 카이사르 황제의 친구인 알비누스의 아내였던 크산티페"라는 여성을 "다른 귀부인들과 함께 베드로 곁에" 모이게 해놓고 남편과 잠자리를 함께하지 말라고 한다. 알비누스는 아내가 같은 침대에서 잠들지 않는 것을 의아하게 생각했는데, 베드로 때문인 것을 알고 "짐승처럼 화가 나서 베드로를 죽이고 싶어 하였다"(34절).

그리고 알비누스는 이것을 황제의 장관인 아그리파에게 고소하는데, 실은 아그리파의 첩들도 아그리파와 잠자리를 함께하기를 거부하고 있었다. 그래서 "첩들에 대한 정욕의 병에 걸려" 있던 아그리파가 베드로를 "불경[무신론]이라는 죄목으로 그를 십자가형에 처하라고 지시"했다는 것이다(36절). 베드로가 순교하는 것은 그 때문이다.

여성의 신체를 통한 저항과 '내전'의 의미에 대해서는 앞 절에서 상세히 검토한 바 있다. 경제적 원조를 조직하고 고통받는 자나 병든 자를 교단의 축으로 삼으며 남성과의 성관계를 거부하는 여성을 무기로 삼는 그리스도교단은 로마 사회를 내부로부터 붕괴시키는 힘을 발휘했던 것이다.

5. 죽은 자에 대한 애도

과부, 고아, 가난한 자를 껴안고 조직하는 교단의 존재 방식으로서 잊지 말아야 할 것은, 교단이 죽은 자를 애도하는 조직으로서도 기능했었다는 것이다. 당시 로마 제국 사회에서 사람들은 여러 종류의 조합에 소속되어 있었다. 이러한 조합에는 모직물 직인, 미장이, 과일 장사 등의 직업적 길드, 아니면 조합원의 장례를 담당하는 장례 조합, 바쿠스나 이시스 신자 등으로 구성되는 종교적 조합이 있었다.[83] 이러한 조합이 사람들의 생활을 지탱하는 중요한 역할을 하고 있었던 것이다.

그러나 이러한 조합의 종류는 명확히 구별할 수 있는 것이 아니라 겹쳐져 있었던 모양이다. "조합은 때때로 사망한 조합원의 매장을 책임지는 것을 전제로 했다. 통상 하나의 조합은 비호자로서 특정 신 혹은 여신을 가지며, 조합원이 공동으로 식사하러 모일 때에는 그 수호신을 찬양하는 종교 의식을 거행했다. 조합은 대개 동일 업종의 남자들로 구성되어 있었다. (……) 그들의 목적은 사회적인 것이었고 오락이었으며 종교 행사"였기 때문이다.[84]

그리스도교회(에클레시아)도 이러한 조합과 마찬가지로 부조 기능을

---

83 ウィルケン, 『ローマ人が見たキリスト教』의 2장, 특히 70쪽을 참조하라.
84 같은 책, 68쪽.

하고 있었다. 함께 식사하고 신을 찬양하며 조합원이 사망하면 장례 의식을 집행했던 것이다. 그러나 그리스도교회와 그 외 조합의 큰 차이는, 조합의 경우 구성원이 성인 남성으로 한정되어 있었지만 교회의 회중은 여성과 어린이를 포함하고 있었다는 것, 그리고 조합은 지역적인 성격의 것으로 대개는 각각의 도시만을 그 영역으로 삼고 있었던 데 비해 교회는 적어도 지중해 규모의 크기로 연대하고 있었다는 데 있다. 게다가 조합은 조합원의 생활의 극히 일부하고만 관련되지만 교회는 회중들의 생활 전체를 포괄하는 성격의 것이었다.[85]

당시 그리스도교회는 많은 사람들에게 신앙 단체라기보다는 이색적인 장례 조합처럼 보였던 듯하다. "그리스도교 운동이 2세기, 일반인들의 눈에 분명히 보이기 시작했던 시기에 외부 사람들에게는 예수를 창시자로 하는 종교 단체 혹은 장례 조합으로 인식되었고, 로마 세계의 도시에서 볼 수 있는 다른 조합들과 많이 닮은 것으로 여겨졌다"는 것이다.[86]

에우세비오스는 3세기 중반, 로마 교회가 155인의 성직자를 옹립하여 "주의 은혜와 인간애로 부양되는 1500명 이상의 과부와 가난한 자를 돌보았다"고 기록했다. 로마 교회는 이미 당시 로마의 그 어떤 조합보다도 규모가 컸던 것이다.[87]

장례 조합으로서 그리스도교의 기원은, 순교자의 매장인 것 같다. 그리스도교도들은 순교자의 시신을 회수하는 데 열정적이었다. 그리고 많

---

85 그리스도교회와 당시 조합의 차이에 대해서는 Wayne A. Meeks, *The First Urban Christians : The Social World of the Apostle paul*, Yale University Press, 1983, pp. 78~79이 상세하다.

86 ウィルケン,『ローマ人が見たキリスト教』, 85쪽.

87 エウセビオス,『教会史』, 6巻 43章. 218쪽. 또 당시 교회의 부조 역할에 대해서는 Peter Brown, *The Cult of the Saints*, University of Chicago Press, 1981, pp. 41f를 참조하라.

은 사람들이 순교자의 유품을 성스러운 것으로서 받들었다. 이윽고 순교하는 자의 수가 늘어나자, 교회는 이러한 순교자들을 기념하는 의례를 집행했다. "순교자와 주교의 죽음을 기념하려는 진중한 배려 덕분에, 그리스도교 공동체는 영웅들과 지도자들의 기억을 유지하는 영속적 책임을 졌다"는 것이다.[88]

다만 문제는 「베드로 행전」에서 마르켈루스가 거액을 들여 베드로의 시신을 장례 지냈던 것처럼, 이러한 순교자의 시신을 입수하고 장례 지낼 수 있었던 것은 때때로 부유한 집안에 한정되었다는 데 있었다. 가난한 집에서는 죽은 자를 극진히 모실 수 없는 경우가 많았다.

가족의 매장이 한 집안에서 중요한 의미를 갖고 있었다는 것을 생각한다면, 순교자가 나온 집에서는 시신의 매장이 큰 문제였다. 이 문제를 해결할 수 있는 것은 장례 조합으로서의 그리스도교회였다. 교회가 순교자의 시신을 입수하여 매장함으로써 순교자의 '공적 장례'와 가족에 의한 '사적 장례'를 조정할 수 있었다. 교회는 '죽은 자에의 배려'를 통해서 그 세력을 확대해 나가게 된다.

이를테면 386년에는 게르바시우스와 프로타시우스라는 순교자의 유골이 발견되었다. 두개골은 몸통에서 떨어져 있었지만 "모든 뼈가 완벽히 남아 있고 다량의 피가 있었다".[89] 그래서 밀라노의 주교 암브로시우스는 "모든 것을 준비하고", 유골 발견으로부터 이틀 후, 자신을 위해 건조해 두게 했던 회당 암브로지안으로 옮겨 제단 아래 안치했다.

이송할 때 많은 사람들이 모여 열광했다. 도중에 한 맹인이 눈을 떴

---

88 Brown, *The Cult of the Saints*, p. 31.
89 「암브로시우스가 누이인 마르켈리나에게 보낸 서간(이하 '암브로시우스 서간')」, 22-2(*Nicene and Post-Nicene Fathers*, Second Series, vol. X, WM. B. Eerdmans, p. 437).

고, 암브로시우스는 즉흥 연설을 한다. "보라, 우리의 오른손과 왼손에 있는 성스러운 유물을. 하늘에서 대화하는 사람들을. 고상한 마음의 트로피를. 이것들은 신의 영예를 찬양하는 하늘이며, 천공이 찬양하는 신의 창조물이다."[90]

순교자들은 신과 직면하여 파레시아를 행사할 힘이 있다고 여겨졌다. "하늘에서 대화하는" 순교자는 "신의 벗으로서의 가까움을 통해, (……) 신에게 중재하며 살아 있는 자들을 보호할 힘이 있다고 믿어졌던 것이다".[91]

또 순교자의 옷을 만지는 자에게는 은혜가 내린다고 믿어졌고, 적어도 암브로시우스는 그러한 이데올로기를 북돋으려 했다. "매우 많은 수의 사람들이 성자의 옷에 손을 대는 것으로 그때까지 괴로워하던 고난에서 해방되어 (……) 소위 성스러운 몸의 빛으로 많은 신체가 치유되었다."[92]

대중은 뼈는 다음 '주일'(일요일)에 옮기자고 요구했지만 암브로시우스는 이튿날에 의식을 집행하자고 강력히 주장했고, 뼈는 이리하여 회당의 제단 아래 안치되었다. 이를 통해 두 순교자는 "공동의 의례와 불가분의 형태로 연결되"어,[93] 공동체의 모든 사람들과 가까워지게 된 것이다.

암브로시우스는 더 나아가 395년에는 볼로냐에서 비탈리우스와 아그리콜라라는 순교자의 시신을 발견하고 밀라노에서는 나자리우스와 켈수스의 시신을 발견한다. 꿈에서 시신이 있는 곳을 알게 되었다고 하지만, 암브로시우스가 이 유물 숭배의 전략적 중요성을 단단히 활용했다는

---

90 「암브로시우스 서간」, 22-4(*Ibid.*).
91 Brown, *The Cult of the Saints*, p. 6.
92 「암브로시우스 서간」, 22-9(*Nicene and Post-Nicene Fathers*, p. 438).
93 Brown, *The Cult of the Saints*, p. 37.

것은 확실하다.

로마에서는 테오도시우스법으로 고인의 무덤이 지켜지고 순교자의 시신을 분해하거나 이동시키는 것이 금지되어 있었다.[94] 그러나 동방에서는 영웅이나 순교자의 시신을 분해하는 것이 관례로 인정되고 있었으며 암브로시우스가 이 방식을 확립시킨 이후부터이긴 하지만, 순교자의 시신을 분할하여 숭배하는 방식이 급속히 보급되어 있었다. 이리하여 "386년 밀라노에서의 이 순교자 유물 '발견'이, 순교자 숭배의 역사에서 중요한 한 획을 긋게 되었다"[95]는 것이다.

이 풍습이 너무 유행했기 때문에, 아우구스티누스는 유물을 팔고 돌아다니는 악질적인 수도사가 있다며 고충을 토로했을 정도이다. "어떤 자는 순교자들을, 말하자면 순교자들의 유물을 팔고 있습니다. 다른 자들은 [성구가 들어간] 작은 상자를 크게 만들거나 [자기 옷의] 술을 길게 만듭니다. (……) 그리고 이 사람들은 모두 자기 사정대로 가난한 자를 위한 기부를 모으고 또 그 위선적인 성스러움에 대한 대가를 요구합니다."[96]

이 풍습이 로마 제국의 서쪽에서 급속도로 보급된 이유로, 브라운은 다음의 세 가지 점을 든다. 우선 고대의 영웅이나 신이 된 사람들에 대한 신앙이 형태를 바꾸어 유포되게 되었으며, 주교는 그 에너지를 재'배선'했다. 고대의 영웅 숭배라는 서민적 감정이 성인이나 순교자에 대한 숭배로서 그리스도교회 내로 흘러들었던 것이다.

---

94 Angelo Paredi, *Saint Ambrose, His Life and Times*, trans. M. Joseph Costelloe, S. J., University Dame Press, 1964, p. 254.

95 *Ibid.*, 253쪽.

96 아우구스티누스, 『수도사의 노동에 대하여』, 28장(『アウグスティヌス著作集 27』, 教文館, 2003, 161쪽).

두번째 이유는 좀더 현실적인 것으로, 교회에 부가 축적되어 왔다는 데 있다. 다수의 부유한 사람들로부터 유산을 상속받은 교회의 부는, 면세 조치 덕분에 막대해졌다. 이 부는 '사적인 것이 아니'라는 역설적 성격 때문에, 교회의 사제가 자기 용도로 쓸 수 있는 것은 아니었다.

바타이유(Georges Bataille)가 지적하듯, 축적된 부는 위험한 성격을 띤다. 권력자나 대중의 질투의 대상이 되기 때문이다. 고대 로마라면 이러한 부는 아우구스투스가 자랑했던 것처럼 빵과 서커스로 배포할 수 있었다. 그러나 이제 새로운 입장에서 후원자가 된 교회의 주교는 이러한 방법으로 부를 배포할 수가 없다. 그래서 순교자의 유물을 '발견'하고, 이를 기념하는 화려한 건물을 건조해 호사스러운 의례를 행하고, 이러한 건물에서 연회를 여는 것은 "질투를 불러일으키지 않으면서 부를 지출하고, 책무 없이 후원자의 일을 할 수 있는 장이 되었다"는 것이다.[97]

세번째 이유는, 이 시대의 교회에서 도시 주민의 정의가 새로워지고 있었다는 데 있다. 고대의 도시 주민은 성인 남성이었다. 그러나 그리스도교의 새로운 공동체에서는 "빈자와 여성이라는 두 종류의 새로운, 그리고 혼란을 일으킬 원인이 되지 않을 수 없는 범주"가 포함되어 있었다.[98] 성자 숭배[99]는 주교의 후원 아래 빈자와 여성이라는 이 새로운 범주의 주민을 하나로 모으고 "연대를 위한 새로운 기초로 삼는"[100] 길을 열었다고 생각할 수 있다.

---

97 Brown, *The Cult of the Saints*, p. 41.

98 *Ibid.*

99 고대 말기부터 중세에 걸친 성자전 유행의 의미에 대해서는 Lynda L. Coon, *Sacred Fictions : Holy Women and Hagiography in Late Antiquity*, University of Pennsylvania Press, 1997 를 참조하라.

100 Brown, *The Cult of the Saints*, pp. 41~42.

이리하여 성자 숭배가 행해지는 묘지가 그리스도교 사회에서 새로운 의미를 갖기 시작한다. 도시 교외의 묘지에 건설된 순교자 기념물은, 신도들에게는 '제단과 묘지를 연결시키는 것'이자, '공적인 것과 사적인 것'을 연결하는 것이고, 묘지 안에 새로운 '도시'를 건축하는 것이 된다.[101]

묘지에서의 축제는 여성이나 가난한 자에게 큰 혜택이 되었다. 여성은 자유롭게 모임에 나갈 수 있었고 가난한 자는 자선의 형태로 풍요로운 혜택을 받을 수 있다. 로마에서는 시민이라면 곡물 배급을 받을 수 있었지만 그것은 가난해서가 아니라 시민이라는 지위를 갖고 있기 때문이었다. 시민이 아닌 가난한 주민들이 음식을 배급받을 수 있는 방식은 고대 로마 제국에서는 고안되지 않았다. 이러한 방식을 만들어 낸 것은 가난한 자와 여성을 도시의 주요한 주민으로 여기는 그리스도교 공동체였다.

고대 도시에서 "자선은 자비로운 행위가 아니라 정치적 행위였으며 정치적 행위를 수행하는 것은 남성뿐이었다. 이와는 대조적으로 그리스도교회에서는 아주 초기부터, 여성이 가난한 자에게 자신의 권리로 공적인 역할을 하도록 장려되었다. 여성은 스스로 보시하고, 병자를 돌보며, 자신의 이름을 붙인 회당이나 구빈 시설을 짓고, 이러한 회당의 식전에 참가자로서 공적인 면전에 모습을 드러내도록 기대되었던 것이다."[102]

이렇게 해서 가난한 자에 대한 배려라는 형태로 그리스도교 공동체의 풍요로운 여성들은 공적인 역할을 할 수 있게 되었고, 가난한 자들은 시민이 아니라도 돌봄과 식사의 배려를 받을 수 있는 메커니즘이 확립되었다.[103] 때로 그리스도교회는 이교도에게까지 원조의 손길을 뻗었다.[104]

---

101 *Ibid.*, pp. 8~9.
102 *Ibid.*, p. 46.
103 고대 사회에서 그리스도교만이 이렇게 빈자의 부조를 조직화하고, 그것이 이윽고 "3세기 후

그리스도교회는 이렇게 해서 로마 제국 내부에서 시민과 비시민의 범주로 구축되어 있던 도시의 구조를 가난한 자, 병든 자, 여성을 축으로 하는 구조로 개조하고 고대 도시 내부로부터 도시를 '빼앗기' 시작했다. "가난한 자를 돌보는 것은 공동체 내부에서 주교의 권위를 그리스도교다운 방식으로 표현하기 위한 극적인 요소가 되었"[105]던 것이다. 새롭게 등장한 이 그리스도교의 권력 구조에 대해 고대 도시는 너무나 무력했다.

반 이래 그리스도교 주교에게서 발견되는 국가적 지위에 대한 관심"의 계기가 된다는 것에 대해서는 マルクシース, 『天を仰ぎ, 地を歩む』, 158, 246쪽을 참조하라. 또한 교회에서의 여성의 지위에 대해서는 같은 책, 255~256쪽을 참조하라.

104 이 원조 기구의 거대함과 효력에 대해서는 M. ヘンゲル, 『古代教会における財産と富』, 渡辺俊之 訳, 教文館, 1989, 87쪽 이하를 참조하라. 다만 같은 책의 7장에서도 볼 수 있는 것처럼, 교회에 지나치게 축적된 부는 "발에 걸리는 돌"이 된다(100쪽).

105 Brown, *Power and Persuasion in Late Antiquity*, p. 96. 이 책의 3장에서는 그리스도교가 빈곤자에 대한 배려를 통해 권력을 축적해 간 절차가 상세히 묘사된다.

4장 · 결혼을 둘러싼 세 가지 역설

1. 고전고대의 역설

주체의 역전

이렇게 여성의 신체를 '요새'로서, 행동하는 주체로서 활용함으로써 그리스도교는 로마 도시와 세계를 개조해 나가게 되었다. 여기서 주체는 여성이며, 열쇠를 쥐고 있는 것은 여성의 욕망과 신체이다.[1] 이제까지 그리스세계와 제정기 세계의 중심이 되어 왔던 것이 남성의 욕망과 신체였다는 것을 생각하면 이것은 아주 큰 역전이다.

그리스 시대에 공적 세계에 등장하는 것은 남성뿐이었던 데 비해 고대 말기 그리스도교 세계에서 여성이 공적으로나 사적으로나 중요한 역

---

[1] 남성 지배적인 사회에서 여성의 신체는 생식을 통한 사회 구성원 재생산이라는 '경제적' 역할을 하기도 했지만 외경의 대상이기도 했다. 그래서 여성 보호라는 '치료적' 조치가 필요하다고 여겨졌다고 한다. 이에 관해서는 Meeks, *The Origins of Christian Morality*, pp. 142~143을 참조하라. 그리스에서는 '경제적' 측면이 중시됐지만 헬레니즘 시대에는 '치료적' 측면에 더 신경 쓰게 된다.

할을 하게 되었다는 것은 큰 의미를 갖는다. 그와 더불어 철학 세계에서도 여성의 지위가 크게 변동하기 시작했다. 이 극적인 변화는 자기와의 관계 자체의 변환으로서 나타나게 된다. 이 역전에 대하여 남성과 여성을 연결하는 핵심적 장인 결혼 제도를 통해, 푸코의 고찰을 실마리 삼아 분석해 보고자 한다. 푸코는 『성의 역사 3: 자기 배려』에서 결혼이라는 제도가 고전고대 그리스부터 제정기를 거쳐 그리스도교 시대에 이르기까지 세 가지 원칙에 관통되어 있음을 확인한다. 바로 배타성, 쾌락의 부정, 생식의 목적화이다. 부부는 결혼의 장 밖에서 성적인 교섭을 갖지 말아야 하며, 결혼을 부부 간에 쾌락을 얻기 위한 장으로서 여기지 말아야 하고, 성행위는 자손 생산의 목적을 위해 행해져야 한다는 원칙이다.[2] 다만 이 원칙이 각 시대별로 다른 형태로 적용됐던 것이다.

우선 그리스 고전고대에 결혼이라는 제도에는 기묘한 불균형이 존재했다. 푸코가 『성의 역사 2: 쾌락의 활용』 3장 「가정관리술」에서 이 시대의 결혼에서의 불균형에 대해 상세히 고찰하고 있으므로, 푸코의 분석에 의거하면서 그리스에서의 결혼의 불균형을 살펴보자.

고전고대의 도시국가에서 여성은 존재론적으로 남성과 전혀 다르다고 여겨졌다. 앞서 본서의 1부에서는 도시국가의 공간으로부터 여성이 배제되어 있었기 때문에 생겨났던 문제에 대해 고찰했다. 그리스에서 여성은 전통적으로 "새는 그릇"이며, "오염될 가능성이 있고, 이미 오염되어 있으며, 동시에 오염시키는 것"으로 느껴져 왔다.[3] 플라톤은 여성이 나

---

2 Foucault, *Le souci de soi*, pp. 213~214[『성의 역사 3: 자기 배려』, 210~211쪽].

3 Anne Carson, "Cirt and Desire : The Phenomenology of Female Pollution in Antiquity", *Constructions of the classical body*, ed. James I. Porter, University of Michigan Press, 1999, p. 87. 또한 그리스에서의 여성의 특별한 지위에 대해, 그것을 누락, 오염, 불순 등의 개념으로부

면서부터 남성보다 열등한 존재라고 생각했다. 여성은 전생의 인과 때문에 여자로 태어났다는 것이다. 『티마이오스』에는 "태어난 남자들 중에서 겁이 많고 생애를 올바르지 못하게 보낸 사람들은, 그럼직한 설명(이야기: logos)에 따를진대, 두번째 탄생에서 여자로 환생했다"고 쓰여 있다.[4]

또한 아리스토텔레스는 남성은 형상이고 여성은 형상을 결여한 존재 (질료)라고 주장했다. 형상이란 "결여된 곳이 없는 것이기 때문에 그 자신이 스스로를 바라는 일은 있을 수 없고 (⋯⋯) 실은 그보다는 오히려 질료가 이 형상을 동경하고 구한다. 마치 여성이 남성을, 추한 것이 아름다움을 동경하고 구하는 것처럼"[5] 말이다.

그리고 여성은 열등하기 때문에 남성에게 종속될 필요가 있다고 여겨졌다. 아리스토텔레스는 『정치학』에서, 남성의 판단과 여성의 판단, 그리고 노예나 어린이의 판단에는 질적인 차이가 있다고 주장한다. 남성만이 완전한 판단력을 가지며 노예와 어린이는 그 지위 때문에 애초에 판단력이 없다. 그런데 여성은 불완전한 존재이며, 정동에 휘둘리기 쉽기 때문에 판단력이 없고 불완전해진다고 한다.[6] 지배하는 것은 성인 남성의 특권이며, 여성은 '자연스럽게' 남성에게 지배되는 존재인 것이다. "남편이 처자식을 지배하는 것은, 남성은 자연적으로(퓌세이) 여성보다도 지도적(혜게모니코테론)"이기 때문이라는 것이다.[7]

터 분석해서 보여 주는 Anne Carson, "Putting Her in Her Place"도 재미있다. 이 글은 *Before Sexuality*에 수록되어 있다.

4 플라톤, 『티마이오스』, 91a.

5 아리스토텔레스, 『자연학』, 1권 9장(山本光雄 編, 『アリストテレス全集 3』, 岩波書店, 1968, 41~42쪽).

6 플라톤, 『티마이오스』, 91a.

7 아리스토텔레스, 『정치학』, 1259b(『アリストテレス全集 15』, 32쪽). 다만 생물학적으로 보아 아리스토텔레스의 '암컷'과 '수컷' 개념은 현대의 것과 다르며, 단순히 여성 경시라고 말하기 힘들다고 한다. 이에 관해서는 Robert Mayh ed., *The Female in Aristotle's Biology : Reason or*

이렇게 '자연'(퓌시스)적으로 열등한 존재인 여성과 남성이 결혼을 하고 가정을 꾸린다. 그렇기 때문에 남성과 여성은 가정에서의 의무에서 차이가 발생한다. 이 상호성의 결여와 비대칭적인 윤리 원칙 때문에 그리스의 남녀 관계에서는 기묘한 불균형이 발생한다. 푸코는 그것을 크세노폰, 플라톤, 이소크라테스의 세 텍스트를 통해 묘사한다.

크세노폰에게서의 불균형

이 상황을 뚜렷하게 묘사한 것이 크세노폰의 『가정관리술』(오이코노미아)이다. 오이코노미아란, 경제인 동시에 오이코스라는 자기 가정의 관리 기술을 의미한다. 고대 그리스에서 등장한 오이코스의 학이 중요한 의미를 갖는 것은, 도시국가에서 오이코스의 지배가 "적어도 타인을 지배하는 것이 중요하다는 점에서 정치적 기술 또는 군사적 기술과 동일한 성격을 지"[8]녔기 때문이다.

크세노폰에 따르면 이미 소크라테스가 이 공통성을 지적한 바 있다. "개인 업무의 경영과 공공 임무의 처리는 다만 양에 있어서 다를 뿐이지 그 외의 점에서는 비슷한 것이라네. 특히 무엇보다 중요한 것은 이 쌍방의 어느 것도 인간이 아니고서는 행할 수 없으며, 더구나 개인 업무를 행하는 인간과 공무를 행하는 인간은 결코 별다른 인간이 아니라는 것일세. 왜냐하면 공공 업무에 종사하는 사람들이 부리는 인간은 개인 사업을 경영하는 사람들이 부리는 것과 똑같은 인간이기 때문일세. 그리고 그들을 다스리는 통솔력을 터득하고 있는 자는 가사를 취급하든 공사를 취급하

Rationalization, University of Chicago Press, 2004이 설득력 있다.

8 Foucault, *Histoire de la sexualité 2 : L'usage des plaisirs*, p. 171[『성의 역사 2: 쾌락의 활용』, 179쪽].

든 간에 훌륭히 성공을 거두며, 터득하지 못한 자는 그 쌍방 모두가 실패하기 마련"이라는 것이다.[9]

크세노폰의 『가정관리술』에서는 농부인 이스코마코스라는 인물이 등장하여 자신의 아내를 파트너로 삼음으로써 가정관리술을 완성시켰다는 것을 자랑스러워한다. 이스코마코스에게는 부부가 힘을 합쳐 "소유하고 있는 재산을 가능한 한 최적의 상태로 유지하도록 행동"하고 "선하고 정의로운 방법을 통해서 재산이 더 불어나도록 하는 것"[10]이 가정의 목적이다.

그러기 위해 남성은 야외에서 "경작하고 씨를 거두며, [작물을] 심고 가축에게 풀을 먹인다". 여성은 비축과 비축분의 손실에 신경 쓰며 소비를 배려한다. 남성과 여성에게는 날 때부터 체질의 차이가 있고 각각에게 고유한 역할을 수행하는 것이 '규칙'에 적합한 것이다.

보호하는 남성과 보호되는 여성의 이러한 관계는 그리스의 도시국가에서 중요한 의미를 갖고 있었다. 여성은 언제나 정실부인으로서의 지위를 남편으로부터 보호받아야 한다. 그리고 남편은 아내를 정실부인으로서 대하는 한, 무엇을 하든 문제가 없었다. 가정의 주인인 남편이 여자 노예에게 손을 대는 것은 당연한 것으로 여겨졌다. 지배당하는 노예는 주인의 명령에 따라야 한다. 또한 도시국가에는 유곽이 있고 매춘은 공공연히 인정되었다. 그러나 누군가의 아내에게 손을 댔다가 현장에서 잡힌 경우에는 죽어도 할 말이 없었다. 남편이 간부(姦夫)를 죽이는 것이 법률로 인

---

9 크세노폰, 『소크라테스의 회상』, 3권 4장, 최혁순 옮김, 범우사, 1998, 122~123쪽.
10 크세노폰, 『가정관리술』, 7의 15(『경영론, 향연』, 오유석 옮김, 부북스, 2015, 66~67쪽); Foucault, *Histoire de la sexualité 2 : L'usage des plaisirs*, p. 174[『성의 역사 2: 쾌락의 활용』, 182쪽].

정되었기 때문이다.[11]

그럼에도 불구하고 이스코마코스는 아내를 향한 정절을 '자기 통제'의 한 행위로서 수행한다고 선언한다. "자신이 올바로 처신하고 가정에 전념하는 것은 일종의 자기 자신과의 격투기"라는 것을 시사하는 것이다.[12] 그리고 아내에게는 정실부인으로서의 지위를 빼앗기지 않도록 충실할 것과 정절을 지킬 것을 권고한다. 여기서는 배타성의 원칙이 전혀 다른 윤리에서 적용되는 것이다.

푸코가 지적하는 것처럼, 남편과 아내 모두에게 정절을 요구하는 이 윤리는 어떤 종류의 '상호성'이다. 그러나 이 성의 윤리에는 "근본적인 불균형"[13]이 있다. 그 윤리의 원칙이 전혀 다르기 때문이다. 아내가 정절을 지키는 것은 남편으로부터 정실부인의 지위를 빼앗기지 않기 위해, 법(노모스)에 의해 요구되는 것이다. 그리고 남편이 아내의 간통 사실을 알았을 경우에는 반드시 이혼해야 한다고 법으로 정해져 있다. 그런데 남편의 정절에 대해 법은 아무것도 정해 놓지 않았다. 남편이 아내에게 정절을 지키는 것은, 법이 요구하기 때문도 아니고 습관 때문도 아니다. 크세노폰이 묘사하는 이스코마코스는 "타자를 지배하고 자기를 통치하는 기술, 가정을 관리하는 아내를 통치하는 기술"[14]로서 정절을 지키는 것이다.

여기서 여성의 정절과 남성의 정절은 전혀 다른 의미를 갖는다. 여성은 도덕과는 관련 없이 법으로 정해져 있기 때문에 남편에게 충실해야 한

---

11 뤼시아스, 「과거 청산, 그리고 민주주의를 향한 열정: 에라토스테네스 고발 연설」, 제1변론, 『그리스의 위대한 연설』, 김헌 외 옮김, 민음사, 2015, 83~124쪽.
12 Foucault, *Histoire de la sexualité 2 : L'usage des plaisirs*, p. 128[『성의 역사 2: 쾌락의 활용』, 133쪽].
13 *Ibid.*[같은 곳].
14 *Ibid.*[같은 곳].

다. 이에 비해 남성은 법과는 관련 없이 도덕적인 자기 배려로서 아내에게 충실해야 한다는 것이다. 현대의 부부 윤리와 달리, 남편과 아내가 서로 사랑하기 때문에 정절을 지키는 것이 아니다.

두번째 욕망의 원칙에 관해, 크세노폰은 아내가 화장해서는 안 된다고 주장한다. 그리스에서 화장은 여성에 대한 사랑과 소년에 대한 사랑을 비교할 때의 중요한 논점이었다. 여성은 화장을 하는데 이것은 자신의 진짜 모습을 감추기 위해서라는 것이 고전고대로부터의 토포스[일반적인 주제]이다. "여자는 말도 자태도 모두 가짜랍니다. 설령 여자가 아름다워 보인다 하더라도 기름을 덕지덕지 바른 속임수죠. 여자의 아름다움이란 향유, 머리의 염료, 연지의 아름다움이 아니겠습니까? 그런 온갖 눈속임들을 벗겨 놓고 보면 그 이야기에 나오는, [다른 새들의 깃털로 치장했다가] 깃털을 빼앗긴 까마귀와 똑같다니까요."[15]

여성과 비교하여 소년은 그 자연스러움 때문에 칭송받는다. "소년의 아름다움이라고 한다면, 향유를 바르거나 향료로 속이지 않아도 그의 땀에서는 여자가 바르는 그 어떤 향유보다도 좋은 냄새가 납니다."[16] 여성의 거짓말은 화장에 그치지 않는다. 소년의 "입맞춤에는, 여자가 갖고 있는 지혜가 없고, 입술의 죄스러운 농간으로 희롱하지 않지만, 생각하는 대로 입맞추기 때문에 기교에 의한 것이 아닌 자연스러운 그대로의 입맞춤인 것입니다"[17]라며, 기교가 없는 진짜라는 점을 강조하는 것이다.

그런데 크세노폰이 여성의 화장을 비난하는 이유는 그것이 자연을 감추기 때문이 아니라, 그렇게 함으로써 남편의 욕망을 끌어올리려 한다

---

15 タティオス,「レウキッペとクレイトポーン」, 221쪽.
16 같은 곳.
17 같은 곳.

는 데 있다. 아내가 화장을 하여 자신의 신체에 대해 남편을 속이고, 그렇게 함으로써 남편의 사랑을 묶어 놓으려 한 것을 문제 삼는 것이다. "이스코마코스의 극기심(엔크라테이아)은 욕망과 쾌락을 강화하기 위해 이용하는 온갖 인위적인 노력을 거부"[18]한다. 여기서도 아내의 화장은 그것이 아내에게 갖는 의미 때문이 아니라 남편인 이스코마코스의 극기심 때문에 부정된다. 결혼은 이스코마코스에게 있어 극기심의 격투장으로서 묘사되고 있다.

플라톤에서의 불균형

플라톤은 『법률』에서 이상 국가에서의 성적 관계에 대해 상세히 기술한다. 우선 남성은 얼마나 아름답든지 간에, 자신의 어머니, 누이와는 몸을 섞지 말아야 한다. 여성도 아버지와 남자 형제, 아들과 몸을 섞어서는 안 된다. 이것은 자연의 규칙이며, 애초에 "그러한 관계의 욕망조차도 많은 사람들의 마음에는 전혀 일어나지 않는"[19] 것이다. 그리고 간혹 그런 욕망이 일어나더라도 그것은 '세론'(世論)을 신성한 것으로 만듦으로써[20] 막을 수 있을 것이다.

또 남성이 남성과 몸을 섞어서는 안 된다. "남자끼리의 성교를 피하게 하여 인간이라는 종족을 의도적으로 절멸시키는 일 없이, 뿌리를 내리고 열매를 맺지 못하는 바위나 돌 위에 씨앗을 뿌리지 않도록"[21] 할 필요

---

18 Foucault, *Histoire de la sexualité 2 : L'usage des plaisirs*, p. 180[『성의 역사 2: 쾌락의 활용』, 187쪽].
19 플라톤, 『법률』, 838b.
20 같은 책, 838d.
21 같은 책, 839a.

가 있다는 것이다. 또한 남성은 아내 이외의 여자와 몸을 섞어서는 안 된다. "품성이 올바른 자유인은 누구나 자신의 정실부인 이외의 자는 누구라도 참고 손대지 말 것, 그리고 적출이 아닌 사생아의 씨앗을 첩에게 뿌려서는 안 된다는 것"이 정해진다.[22]

다만 플라톤이 "자기 아내를 어여삐 여기는"[23] 것을 언급하긴 해도, 이러한 규칙이나 법률이 부부 사이에 대등한 애정을 쌓기 위한 것은 아니다. "신혼부부는 국가를 위해 가능한 한 훌륭하고 좋은 아이를 낳을" 필요가 있는데 "남편인 자는 아내와 아이를 만드는 데 마음을 기울여야 하고, 아내도 마찬가지"이기 때문이다.[24] 이리하여 태어난 "아이는 부모의 것이라기보다는 국가의 것"[25]이며, 플라톤은 이상적인 국가를 위해 부부의 화합과 생식에서의 협력을 요구하는 것이다. 부부는 우생학의 원칙에 따라서 결혼하고 자손을 만드는 것에 불과하다. 이렇게 생식을 목적으로 결혼한다는 세번째 원칙이 명시되는데, 자손을 만드는 것은 도시국가에 좋은 아이들을 제공하기 위해서이다.

이것은 아이를 만들 나이를 지나면 간통이라는 행위가 더 이상 금지되지 않는다는 것만 봐도 분명하다. 플라톤은 "법이 정하는 바에 따라 아이를 낳고 난 후에 만약 남자가 아내 이외의 여성과, 여자가 남편 이외의 남성과 동일한 관계를 갖더라도, 그 상대방이 아직 아이를 낳을 연령인 경우에는 [배우자 이외의 사람과 관계를 가진 사람이 설령 아이를 만들 나이를 넘겼다 할지라도] 아이를 만드는 연령에 있는 사람들에 대해서 말해지

---

22 같은 책, 841d.
23 같은 책, 839b.
24 같은 책, 783e.
25 같은 책, 804d.

는 것과 동일한 벌을 줘야 합니다. 그러나 그 연령을 지나서도 이러한 사항에 관해서 자제심이 있는 남녀는 매우 좋은 평판을 받고 반대인 자는 반대의 평판을, 그러므로 나쁜 평판을 받게 됩니다"[26]라고, 간통의 문제를 평판의 문제로 바꿔 버리는 것이다.

플라톤은 부부가 서로 다른 장소에서 성관계를 갖지 않는다는 독점의 원칙을 제시하는데, 이 원칙을 지키기 위해서 부부에게 자발적인 의도와 내적 설득을 기대한다. 다만 푸코가 지적하는 것처럼 "내적 확신이란 그들이 서로에게 가져야 할 애정이 아니라, 법에 대한 존중, 또는 자기 자신과 자기 평판, 명예에 대한 배려와 관련되"는 것이다.[27]

플라톤의 경우에 부부 관계의 기준이 되는 것은 국가에 아이를 제공하는 국가 배려와 자기 평판을 신경 쓰는 도덕적 자기 배려이지, 타자인 아내 혹은 남편에 대한 애착이나 강력한 '개인적 유대'[28]가 아니다.

이소크라테스에게서의 불균형

이러한 부부의 절제의 중요성을 정치적 문맥에서 말하고 있는 것이, 이소크라테스의 「니코클레스에게」라는 글이다. 이 글은 마케도니아의 왕 니코클레스에게 왕으로서의 존재 방식을 가르치기 위해 쓰여진 형식을 취하며, 전형적인 '왕의 거울' 전통의 연속선상에 있는 글이다.

여기서 니코클레스는 통치의 원칙으로서, "다른 사람들에 대해서만큼이나 너 자신에 대해서도 권한을 행사하라. 그리고 왕에게 가장 합당한

---

26 같은 책, 784e.
27 Foucault, *Histoire de la sexualité 2 : L'usage des plaisirs*, p. 188[『성의 역사 2: 쾌락의 활용』, 196쪽].
28 같은 곳.

행동은 어떤 쾌락의 노예도 되지 않고, 백성들을 다스리는 것보다 자신의 욕망을 더 잘 다스리는"[29] 데 있다고 단언한다.

니코클레스는 이 원칙의 일환으로서, 아내 이외의 여성과 몸을 섞지 않았다고 자랑스럽게 선언한다. 다만 이 독점의 원칙을 지킨 것은, 아내에 대한 애착 때문이 아니라 도덕적 모범 때문이라고 니코클레스는 분명하게 밝힌다. "나 자신의 자기 제어(소프로쉬네)를 타자에 대한 모범으로서 보인다. 국민의 풍기(에토스)는 통치자의 풍기와 닮게 되며, 내 통치가 현명하다는 증거가 있다면 그것은 나의 감독(에피멜레이아) 덕분에 백성들이 한층 더 번영하고 한층 더 정돈된 풍기를 분별하는 모습을 내가 확인할 때이다."[30]

이것은 히브리의 사목권력과는 정반대되는 권력의 모습이다. 사목권력은 양들의 생활과 영혼의 내부를 끊임없이 지켜보면서, 양들에게 행복을 가져다주려고 한다. 니코클레스는 이와 반대로 스스로가 빛나는 모범이 됨으로써 백성들의 시선을 모으고, 백성의 생활과 풍기가 개선되기를 바랐다. 여기서는 자기 배려가 통치의 원칙이 되며 백성은 자기 배려를 하는 자에게만 복종한다는 것이 원칙으로 받아들여지고 있다. "군주가 자기 자신과 맺는 관계와 그가 자신을 도덕적 주체로 세우는 방식은 정치 체계를 구축하는 데에 중요한 요소"[31]로 활용된다.

여기서도 부부 관계는 아내와 남편의 애정이나 평등한 자애로움이

---

29 이소크라테스, 「니코클레스에게」(『イソクラテス弁論集 1』, 小池澄夫 訳, 京都大学学術出版会, 1998); Foucault, *Histoire de la sexualité 2 : L'usage des plaisirs*, p. 191 [『성의 역사 2: 쾌락의 활용』, 199쪽].

30 같은 곳; Foucault, *Histoire de la sexualité 2 : L'usage des plaisirs*, p. 191 [『성의 역사 2: 쾌락의 활용』, 200쪽].

31 *Ibid.*, p. 192 [같은 책, 202쪽].

아니다. 이것은 민중에게 보여 주는 모범이며 사람들을 통치하는 왕의 자격의 증거이고 중요한 정치적 도구인 것이다. 푸코가 지적하듯 "여자의 미덕은 순종적 행동 방식의 보증이나 그것의 상관물이었다. 반면 남자의 엄격함은 스스로를 제한하는 일종의 지배 윤리에 속하는 것이었다".[32] 아내는 남편에게 복종하라는 도덕에 따를 뿐이고 남편은 지배자로서 민중에게 모범을 보이기 위해 아내를 배신하지 않는 것에 불과하다.

이스코마코스의 아내

이 윤리의 비대칭성은 그리스 고전기에 현저하게 발견되며, 부부의 애정과 관련되는 것은 하나도 없다. 부부가 서로 정절을 지키는 것은 크세노폰이든 이소크라테스든, 남편은 타자를 통치하는 기술의 일환으로서이고 아내는 정실부인의 지위를 지키기 위한 법률적 의미이기 때문이다. 그리고 플라톤에서는 타인들로부터의 평판을 떨어뜨리지 않기 위해서이다. 많은 비극이 보여 주듯, 그리스에서도 부부 사이의 애정은 인식되고 있었지만, 여성이 가정 내부에 갇히고 남성보다 열등한 존재로서 가정을 관리하는 역할만을 담당하고, 남성은 자유로운 시민으로서 정치활동에 몰두하는 체제하에서, 부부 간의 정절이 도덕적 원리로서 문제 제기되지는 않았던 것이다.

부부 사이의 정절이 남편과 아내 서로의 개인적 유대나 애정으로부터가 아니라 법률적으로 규정되며, 그것이 통치의 정통성의 근거가 된다는 역설이 야기한 기묘한 에피소드가 있다. 크세노폰이 묘사한 이상적인 남편, 가정관리술에 열중한 이스코마코스가 죽은 뒤 아내인 크뤼시라와

---

32 *Ibid.*, p. 203[같은 책, 213쪽].

딸이 남겨진다. 카리아스라는 인물이 이 딸을 아내로 맞아들이는데,[33] 그는 딸과 일 년 정도 지낸 후 어머니인 크뤼시라도 손에 넣는다. 이 사람은 "어머니와 살면서 딸과도 함께 살다니, 사람으로서 가장 사악한 남자"[34]라는 평가를 받는다.

남편의 배신을 알게 된 아내(이스코마코스의 딸)는 "살아서 사실을 보기보다는 죽는 편이 낫다고 생각하고 목을 맸지만 도중에 발견되었습니다. 그녀는 건강을 회복한 뒤 집에서 도망쳤습니다. 어머니가 딸을 쫓아낸 것입니다".[35] 카리아스도 이 어머니에게 질려 집에서 쫓아내려고 하는데, 어머니는 카리아스의 아이를 배고 있다고 주장했다. 그리고 아들을 낳는데, 카리아스는 이 아이를 자기 아들로 인정하지 않고 제단에서 맹세하며 이 아이가 자기 아들이 아니라고 부인한다. 그러나 이윽고 어머니와 다시 사이가 좋아져서 아들을 호적에 넣기 위해 다시 제단에서 맹세하며 이 아이가 자신의 아들이라고 선서한다.

이 아들에게 카리아스는 아버지이지만 자기 누나의 남편, 즉 매형이기도 하다. 어머니에게 이 아들은 아들임과 동시에 자기 딸의 남편, 즉 사위의 아이이기도 하다. 크세노폰이 가정관리술에 통달한 이상적인 남편으로서 묘사했던 이스코마코스의 아내는 "오이디푸스 혹은 아이기스토스"[36]라고 불리는 아이를 낳는 여성이 된 것이다.

---

33 칼리아스는 페리클레스와 헤어진 옛 아내의 아들로, 기원전 450년 경에 태어났으며 알키비아데스의 의붓형에 해당된다. 칼리아스는 글라우콘의 딸과 결혼한 후, 크세노폰의 『가정관리술』에 등장하는 이스코마코스의 딸과 결혼하고, 다음으로 그의 어머니인 크뤼시라와도 결혼한 듯하다. 『アンティポン/アンドキデス弁論集』, 高畠純夫 訳, 京都大学学術出版会, 2002의 해설과 378~379쪽을 참조하라.
34 안도키데스, 「비의에 대하여」, 124절(『アンティポン/アンドキデス弁論集』, 276쪽).
35 같은 글.
36 같은 글, 128절. 오이디푸스는 어머니와의 사이에서 두 딸을 얻었다. 아이기스토스는 튀에스

이 사실은 카리아스가 고소한 피고 안도키데스가 폭로했는데, 이 남자는 헤르메스 신상 파괴와 비의(秘儀) 남용을 둘러싼 재판으로 온 아테네에 회자되고 있었다. 『가정관리술』에서 크세노폰이 이 남자를 등장시킨 이유는 무엇일까?

"가부장적이고 거만하며 까다로웠던 남편의 억압적 태도로부터 해방된 아내 크뤼시라가 방탕해졌고 섹스에 빠졌다"[37]는 지적은 정확한 판단인 것도 같다. 게다가 이 책에서 이스코마코스는 크세노폰의 자화상이기도 하며, 역사적 사실과는 다른 차원에서 생각해야 할 것이다.[38] 결혼의 인연을 부부 간의 애정으로부터 끌어내는 현대적 결혼관에 입각해 판단하는 것은 피해야 하지만, 그럼에도 불구하고 남성과 여성 간의 개인적 유대임에 틀림없을 부부 관계를, 법률의 규정이나 자기 배려와 국가 통치의 정통성을 위한 배려를 기준으로 삼고 따르게 하는 것으로부터 오는 '왜곡'이라고도 생각될 수 있을 것이다.

2. 제정기의 역설

스토아 학파에서 결혼의 상호성

그런데 제정기가 되면 정절에서의 이러한 비대칭적 관계가 수정되게 된

테스가 자신의 딸 펠로피아를 강간하여 태어난 아들이다. 훗날 아이기스토스는 어머니 펠로피아의 남편 아트레우스를 죽이고 뮈케네의 왕좌를 차지하였으며 아트레우스의 아들 아가멤논을 죽이고 왕위를 잇는다.

37 D. Harvey, "The Wicked Wife of Ischomochus", Simon Goldhill, *Foucault's Virginity*, Cambridge University Press, 1995, pp. 140~141에서 인용.

38 "이스코마코스와 그의 아내의 생활은, 크세노폰과 그의 아내의 생활과 똑같다." 高山一十, 『ギリシャ社会史研究』, 第一法規出版, 1984, 44쪽.

다. 정절을 지켜야 하는 이유가, 자기 배려와 국가 통치를 위한 모범이라는 역할에서 상대에의 '경애'라는 상호적인 것으로 바뀌어 가는 것이다.

그 중요한 계기가 되었던 것이 스토아 학파의 윤리관이었다. 앞서 1부에서 검토한 것처럼, 스토아 학파는 무엇이 인간에게 선인지를 고찰하는 단서로서, 인간에게 '친근한 것'(오이케이오시스)에서부터 고찰을 시작한다. 먼저 유아에게 친근한 것은 무엇일까? 우선 "스스로의 구성과 그것의 의식"[39]이다.

그리고 다음으로 친근한 것은 분명 어머니의 젖가슴일 것이다. 히에로클레스에 따르면 "자신을 의식한다는 것은 동시에 자신을 다른 것과 관련지어 그려 보는 것이다. 아기의 자기 의식은 어머니의 가슴과 관련해서 드러난다. 그래서 어머니의 가슴에 대한 아기의 지각은 자신에 대한 지각을 이루는 데 필수불가결한 법이다".[40]

그리고 유아의 자기 의식은 자기에 대한 '애정'이라는 형태를 취한다. 모든 살아 있는 것들은 자기를 보존하기를 바라기 때문이며, 그것이 자연의 행위이다. 스토아 학파에게는 자연에 따르는 것이 '진정한 의미에서 선하다고 불릴 수 있는 것'을 선택하기 위한 기준인 것이다. 그리고 결혼하여 생식을 하는 것은 인간에게는 '자연'스러운 것이다. 키케로가 지적하는 것처럼 "자식을 낳아 종족을 번식시키려는 본능은 자연이 동물에게 부여한 공통의 속성이기 때문에, 최초의 결합의 유대는 부부 간에, 다음에는 부모 자식들 간에 나타난다. 그리하여 결국 모든 것이 하나인 가정이 이루어지는 것이다. 더욱이 가족은 도시국가의 초석이며, 마치 공화

---

39 라에르티오스, 『그리스 철학자 열전』, 7권 1장(제논) 85절, 450쪽.
40 앤소니 A. 롱, 『헬레니즘 철학』, 이경직 옮김, 서광사, 2000, 330쪽.

국의 배양소 같은 것이다."[41]

결혼하는 것, 도시와 국가의 공동체를 형성하는 것, 이것은 인간에게 있어 '자연'에 적합한 것이다. 물론 결혼과 생식이 인간에게 자연스럽다는 것은 고대 그리스 시대부터 지적되어 온 것이다. 플라톤은 『법률』에서 부부가 아이를 낳는 것은 국가에 대한 의무라고까지 말했다.

그러나 스토아 학파는 생식 그 자체보다도 남녀가 가정을 형성하여 공동의 생활(코이노니아)를 일구는 것이 중요하다고 생각했다. 스토아 학파 철학자인 무소니우스 루푸스는 "결혼 속에는 완전한 삶의 공동성이 있으며 남편과 아내 간에 상호적인 마음 씀"이 필요하다고 주장한다. "이 마음 씀이 완벽해지고 남편과 아내가 완벽히 마음 쓰며 서로에게 주는 마음 씀을 경쟁하듯 될 때, 결혼의 사명이 완수된다"는 것이다.[42]

스토아 학파에게 이상적인 현자는 "애초에 공동체의 일원으로서 존재하고 또 행동하도록 태어났"[43]으며, "결혼도 할 것이고 아이도 낳을 것이다".[44] 1, 2세기경 스토아 학파 철학자인 히에로클레스는 결혼의 의미에 대해, "인간이라는 종족은 파트너를 형성하도록 적응되어 있고, 가장 기본적인 최초의 파트너는 결혼에 의한 것이다. 가정이 없으면 도시도 없다. 그런데 미혼 남성의 가정은 불완전한 것이지만 결혼한 남성의 가정은 완전하고 만족스러운 것이다"라고 말한다.[45] 남녀가 결혼한다는 것은 서로의 파트너로서 생활하고 아이를 얻는 자연의 행위로서 필수적이라 여

---

41 마르쿠스 툴리우스 키케로, 『키케로의 의무론』, 1권 54, 51쪽.
42 *Musonius Rufus : Entretiens et Fragments*, Geolg Olms Verlag, 1973, p. 65.
43 라에르티오스, 『그리스 철학자 열전』, 7권 123절, 467쪽.
44 같은 책, 7권 121절, 466쪽.
45 Hierocles, "On Duties, On Marriage", Abraham J. Malherbe, *Moral Exhortation : A Greco-Roman Sourcebook*, The Westminster Press, 1986, p. 100.

겨졌던 것이다.

또한 스토아 학파인 에픽테토스는 결혼하는 것이 인간에게 자연스러울 뿐만 아니라 그것이 사회에 대한 의무라고 생각한다. 에픽테토스는 세 가지 논거를 들어 결혼을 거부하는 에피쿠로스 학파 사람들의 주장에 반론한다. 자손의 존재에 관한 의무, 시민으로서의 존재에 관한 의무, 그리고 본질적인 의무(타 프로에구메나)이다.[46]

자손의 존재에 관한 의무는 사회에 아이를 제공할 의무이다. 에피쿠로스 학파처럼 결혼을 거부한다면 "시민들은 어디서 올 것인가? 누가 그들을 교육할 것인가? 누가 청년의 감독관이 되고 누가 연성관이 될 것인가? 또 그들에게 어떤 교육을 할 것인가?"[47] 시민으로서의 존재에 관한 의무란 "공사에 관여하고 결혼하며 아이를 낳고, 신을 경외하고 부모를 돌보는, 종합하자면 그 각각을 해야 하듯, 즉 우리가 본래 만들어져 있는 대로(페휘카멘) 바라거나 피하거나 의욕하거나 거부하는 것이다."[48] 본질적인 의무란, "우리는 본래 어떠한가?"를 묻고 "자유롭고 고상하며 신중"하게 살기 위해 "쾌락을 하인이나 노예로서" 이러한 의무에 예속시키는 것, "자연의 본성에 의한"(카타 퓌신) 선의를 불러 일으키는 것이다.[49]

더 나아가 스토아 학파에게 결혼은 자연에 따르는 것, 사회에 대한 의무일 뿐만 아니라, 결혼을 통해서 남녀 모두 진정한 파트너를 만나 하나의 단위를 형성할 수 있는 필수의 기회이다. 결혼하지 않은 남성이나 여성은 모두 불완전하며 결혼함으로써 인간은 완전한 존재가 될 수 있다.

---

46 エピクテトス,『人生談義』, 3권 7장 26.
47 같은 책, 3권 7장 27.
48 같은 곳.
49 같은 책, 3권 7장 28.

히에로클레스는 "가정의 아름다움은 운명으로 연결된 남편과 아내가 함께 지내고, 혼인, 탄생, 가정을 맡은 신들에게 성스러운 것으로서 바쳐지고, 서로 합의하여 모든 것을 함께 하는 데 있다. 신체를 함께할 뿐만 아니라 오히려 영혼을 함께하며, 부부는 가정과 하인들을 적절히 지배하고 아이들의 양육을 배려하며, 생활에 필요한 것이 결렬하지도 않고 너저분하지도 않으며 평온하고 적절하게 되도록 배려하는 데 있다"고 주장한다.[50]

여기서 근대적인 의미에서의 서로 사랑하는 커플의 원형이 탄생하고 있다고 말할 수 있을 것이다. 남편은 아내를 사랑하고 아내는 남편을 사랑한다. 남편과 아내는 커플로서, 아이나 가정을 배려한다. 여기서는 완전한 상호성이 확립되어 있는 것처럼 보인다.[51] 이를테면 플루타르코스는 결혼에 몇 가지 종류가 있다고 생각한다. "사랑하는 자들 간의 유기적 결합인 부부도 있는가 하면, 지참금을 목적으로, 혹은 아이 욕심만으로 하나가 되는 부부도 있고, 또 개중에는 둘 다 흐트러져 있는 남자와 여자가 단지 쾌락을 원하여 잠자리를 같이 할 뿐인 경우도 있다."[52] 그리고 진정한 결론은 남편과 아내의 '공동생활'에 있다고 주장하는 것이다.

플루타르코스는 스토아 학파가 결혼의 의무라 여기는 생식 자체에 대해, "이런 것[생식을 목적으로 하는 결혼──옮긴이]은 분명 함께 살고 있다고는 할 수 있을지라도, 공동 생활을 하고 있다고는 아무도 생각하지

---

50 Hierocles, "On Duties, On Marriage", p. 102.
51 이 플루타르코스의 결혼관이 새롭다는 것에 대해서는 '결혼훈'의 주석과 해설서인 ed. Sarah B. Pomeroy, *Plutarch's Advice to the Bride and Groom, and A Consolation to His Wife*, Oxford University Press, 1999의 수록 논문 Lisette Goessler, "Advice to the Bride"의 다음 지적을 참조하라(p. 110). "「결혼훈」 전체를 통해서 발견되는 이 결혼의 영성화는 새로운 것이며, 이 형식에는 플루타르코스 이전의 그 어떤 작가에게서도 발견할 수 없는 것이 있다."
52 플루타르코스, 「결혼훈」, 34(『愛をめぐる対話』, 柳沼重剛 訳, 岩波書店, 1986, 115쪽.)

않을 것"이라 말하며, [생식이] '공동 생활'의 목적으로서 인정될 수 없다
고 생각하는 것은 주목할 만하다. 공동 생활인지 아닌지는 "사랑하는 사
람들 간의 유기적 결합"인지 아닌지로 결정되는 것이다. "액체가 섞일 때
에는 각 액체의 부분이 섞이는 것이 아니라 전체가 섞이는 것이라고 자연
학자는 말하는데, 그와 마찬가지로 결혼의 경우에도 서로의 육체와 재산
과 친구와 친척, 이 모든 것이 전부 섞이는 것이어야 한다"[53]는 것이다.

　　고대 그리스에서 아내는 정실부인으로서의 지위를 지키려는 법적인
이유 때문에, 남편은 자기 자신 및 타자에게 자기 배려를 내보이려는 이
유 때문에 정절을 지켜야 한다고 여겨졌다. 이에 비해 제정기의 이상적
결혼에서는 남편과 아내의 상호성이 확립되고 서로 상대에 대한 애정 때
문에 정절을 지키는 것처럼 보인다. 그러나 푸코는 이 이상적인 결혼의
배후에 "여성-아내가 무엇보다도 타자로서 평가되지만, 남편은 그녀를
자기와 함께 단일체를 구성하는 요소로 인정해야 한다"는 역설이 있음을
지적하면서, 이상적인 결혼은 겉보기에 불과하다고 폭로한다.[54]

　　제정기에도 남편과 아내의 상호성 배후에 그리스 시대와 동일한 남
편의 윤리적 우월이 깔려 있는 것이다. 푸코는 이 시기의 여러 텍스트를
분석하면서 그것이 진정 어떠했는지를 보여 주고자 한다. 여기서는 그리
스 시대에도 중요한 논점이었던 욕망의 배타성, 쾌락의 부정, 생식 목적
이라는 세 원칙을 축으로 하여 푸코의 분석을 추적해 보자.

　　욕망의 배타성이라는 원칙에 대해서는 남편이 하녀로부터 쾌락을 취
하는 '하녀의 문제'를, 쾌락의 단념의 원칙에 대해서는 부부 간의 '쾌락 활

53　같은 곳.
54　Foucault, *Histoire de la sexualité 3 : La Souci de Soi*, p. 191 [『성의 역사 3 : 자기 배려』, 189쪽].

용의 문제'를, 생식의 문제에 대해서는 소년애와 부부애의 대립에 대한 '소년애의 문제'를 생각해 보고자 한다. 이 세 가지 문제 모두 그리스도교 시대에 다시금 중요한 문제계로서 등장하는 주제이다.

하녀의 문제

고대 그리스 가정에서는 주인이 하녀에게 성관계를 강요할 수 있었고 그 것이 문제시되지 않았다. 그리고 제정기에도 플루타르코스가 며느리를 꾸짖는 것처럼, 하녀에게 손을 대는 일은 빈번했다.[55] 자유인이 아닌 여성이 주인의 아이를 뱄을 경우, [혹은] 해방 노예와 해방 노예 사이에서 아이가 태어났을 경우, 그 아이의 신분이 어떻게 되는지에 대한 세세한 신분 규정이 로마 법률로 정해져 있었다.[56]

그런데 무소니우스 루푸스는 이 하녀와의 성관계를 중요한 주제로 고찰한다. 푸코가 지적하는 것처럼 루푸스의 하녀 문제에서 모든 논의는 남성의 '도덕적 자기 통제'[57]를 축으로 전개된다. 우선 루푸스는 결혼이라는 정통한 틀 바깥에서 이루어지는 성행위는 자기 배려를 상실한 행위라고 지적한다.

간통의 문제는 별개로 하더라도, 여성과의 성행위는 합법적인 성격을 결여한 경우에는 부끄러운 것이며, 자기 제어의 결여로부터 행해지는 것이

---

55 로마에서의 결혼의 지위와 이데올로기, 간통 등 성적 행동에 대한 법적 규제에 대해서는 Susan Treggiari, *Roman Marriage : Iusti Coniuges from the Time of Cicero to the Time of Ulpian*, Clarendon Press, 1991가 참고할 만하다.

56 Paul Veyne, *l'empire romain, Histoire de la vie privée*, vol. 1 Seuil, 1985를 참고.

57 Foucault, *Histoire de la sexualité 3 : La Souci de Soi*, p. 201[『성의 역사 3 : 자기 배려』, 199쪽]

다. 자기를 제어하고 있는 자라면 매춘부나 결혼하지 않은 자유인 여성과 성적 관계를 갖는 것은, 하물며 자신의 하녀와도 성적 관계를 갖는 것은, 제우스께 맹세하더라도, 생각조차 하지 않을 것이다. 이러한 관계들은 합법적이지 않으며, 이것을 추구하려는 자는 불명예스럽고 비난받아야 할 자가 된다. 게다가 얼굴을 붉힐 능력을 완전히 잃어버렸을 정도의 사람이라도, 이러한 행위를 공공연히 하려는 자는 아무도 없기 때문이다. 완전히 타락한 사람이 아니라면 이러한 행위를 숨기고 비밀스럽게 하려 한다. 그러나 자기가 하는 것을 숨기려는 것은 죄를 고백하는 것과 같다.[58]

이렇게 하녀와 자는 남자는 그것을 타인에게뿐만 아니라 아내에게도 감추려고 한다. 이 사실 자체가, 그것이 부끄러운 죄의 행위라는 것을 폭로하는 것이며, 자기를 제어할 수 있는 자가 구태여 행할 만한 것은 아닌 것이다. "부끄러운 쾌락의 유혹에 굴하고 돼지처럼 자신의 치욕을 향유하는 자에게는 완전한 방탕함이 있음에 틀림없다"[59]는 것이다.

이렇게 하녀와의 행위는 자기 제어의 결여를 만인에게 폭로할 뿐만 아니라, 아내와의 상호적 관계에 상처를 입히게 된다. 루푸스는 하녀에게 손을 뻗으려는 남성에게, 그의 아내가 남자 노예와 성관계를 갖는 것을 상상해 보라고 도발한다. 그리고 이것은 상호적 관계로서만이 아니라, 여성에 대한 남성의 우위에 상처를 입힌다는 의미에서도 바람직하지 않다고 여겨진다. 루푸스는 유부녀와 남자 노예의 성관계뿐 아니라, 미혼 여성과 남자 노예의 성관계도 일반적으로 비난받고 있음을 지적한다.

---

58 루푸스, 「성적 쾌락에 대하여」(*Musonius Rufus : Entretiens et Fragments*, pp. 62~63).
59 *Ibid.*, p. 63.

남녀에게 상호적인 관계가 있어야만 한다면, 유부남뿐만 아니라 미혼 남성 역시 하녀에게 손을 대서는 안 된다는 것이다. 그런데도 유부남이 몰래 하녀에게 성관계를 강요하는 관행은 도덕적 행동에서 남성이 여성보다 열등하다는 것을 보여 주게 된다.

> 남성이 여성보다 도덕성이 낮다거나, 자신의 욕망을 제어할 능력이 없다거나, 판단함에 있어 강함을 보여 주는 자가 약함을 보여 주는 자보다도 열등하다거나, 지배하는 자가 지배받는 자보다 열등하다고 생각해도 될 것인가? 남성이 여성보다 우위에 서려거든 남성이 여성보다 훨씬 더 우월해야 할 것이다. 남성의 자기 제어가 여성의 자기 제어보다 열등하다면 도덕적으로도 열등할 것임에 분명하기 때문이다.[60]

여기서 자기 배려는 남편이 행사하는 권위의 근거이자 남편의 의무로 여겨진다. 아내의 자기 배려가 남편의 자기 배려를 상회할 때, 남편은 아내를 지배할 권위를 상실한다. 그때 여자인 아내는 남편보다도 '남성적'인 존재가 될 것이다. 남편이 하녀와 자는 집에서는, 남편이 아내보다 자기 제어가 열등하다는 의미에서 '여자'이며, 아내는 남편보다도 훌륭한 제어를 보여 준다는 의미에서 '남자'가 된다. 루푸스가 하녀와의 성관계를 금지하는 것은 여자에 대한 남자의 우위를 유지하기 위한 것이다.

아내에 대한 남편의 '충실'이, 아내에 대한 애정이 아니라 아내에 대한 지배를 유지하고, 아내에게 지배당하지 않도록 하기 위함이라는 것은 이 시대의 자기 제어가 갖는 역설의 또 다른 측면을 드러낸다. 그런데 루

---

60 *Ibid.*, p. 64.

푸스는 아내가 '남자'처럼 되는 것이 나쁘다고 생각하지 않았다. 루푸스
는 아내도 철학을 공부하여 자기 제어를 연마하라고 요구하니 말이다.

> 여성은 정절을 통해 자기 제어해야 한다. 불법적인 육체적 쾌락으로부터
> 벗어나 순수하고, 다른 쾌락을 억제하며, 욕망의 노예가 되지 않고, 논의
> 하기를 즐기지 않으며, 지출을 줄이고 의복을 너무 화려하게 하지 말아야
> 한다. 이것이 덕 높은 여성의 존재 방식이다. 그뿐만이 아니다. 분노를 억
> 누르고 정열의 폭주를, 그것이 어떤 것이든 간에 억제해야 한다. 철학이
> 란 이것들을 배우는 것이며, 철학을 배우고 실천하는 사람은 남녀를 불문
> 하고 질서 정연하며 품위 있는 인물이 될 것이다.[61]

이리하여 아내는 철학을 함으로써 자기 제어를 확립하고 남편에게
배우며 남편을 사랑하게 된다. 그러나 이 사랑은 보통 생각하는 부부의
상호적 사랑이 아니다. 남편이 노예에게 성관계를 강요하기를 단념하는
것은 아내를 여성으로서 사랑하기 때문이 아니라 지배자로서의 권위를
유지하기 위해서이다. 아내는 철학을 배움으로써 자기 욕망의 주인이 되
지만, 그것은 남편의 좋은 파트너가 되기 위해서이다. 아내에게 철학의
효용이란 "타박받지 않는 생활의 파트너가 되고, 동정심 있는 노력가가
되며, 남편과 아이들을 싫증 내지 않고 지키는 아내가 되고, 탐욕과 방만

---

61 루푸스, 「여성도 철학해야 한다는 것에 대하여」(*Ibid.*, p. 29). 루푸스는 여성에게 철학을 장려
하지만, 그것을 실행에 옮겼는지는 의문이다. '정원'에 여성을 받아들였던 에피쿠로스 학파,
그리고 여성 참가자를 거부하지 않았던 견유학파와는 대조적으로, 스토아 학파와 신피타고
라스 학파는 여성의 전통적 역할을 강화하는 경향이 있었다고 한다. 이에 대해서는 Pomeroy,
Plutarch's Advice to the Bride and Groom, and A Consolation to His Wife, p. 132를 참
조하라.

이 완전히 없어지는"[62] 것에 불과하다. 아내에 대한 남편의 지배는 손톱만큼도 흔들리지 않는 것이다.

쾌락의 활용

스토아 학파의 루푸스는 이미 독거의 원칙을 제시하면서 부부가 성행위에서 쾌락을 얻는 것을 부정했다. "바람기 있는 남자나 부도덕한 남자와는 별개로, 성관계가 허락되는 것은 결혼의 장에서뿐이며, 그것도 자녀를 가질 목적으로 행해지는 경우에 한정된다. 설령 결혼한 아내하고라도 단순히 쾌락을 추구한다면 그것은 부정하고 불법"이라는 것이다.[63]

푸코는 남편이 아내와의 성관계에서 쾌락을 얻지 말아야 하는 이유로서 플루타르코스와 세네카의 텍스트로부터 다음의 세 가지 이유를 보여 준다. 첫번째는 "아내에게 부부의 방은 단정함을 배우는 학교도 되고 음란함을 배우는 학교도 되기 때문이다. 아내에게 금지된 도락을 자기는 즐기려 하는 것은, 자신이 항복한 적과 싸우라고 아내에게 명령하는 것과 조금도 다르지 않다".[64] 아내에게 과도한 쾌락을 맛보게 하면 아내는 언제나 남편에게 이를 요구하게 된다는 훈계이다. 두번째로는 "한 여성과 함께 생활하면서, 이 사람은 내 아내이면서 동시에 창녀라고 생각하려 해도 그렇게 되지 않는다."[65] 아내로부터 과도한 쾌락을 맛보게 되면 아내가 아내로서 행동하지 않고 창녀로서 행동하게 된다는 것이다. 세번째로 세네

---

62 루푸스, 「여성도 철학해야 한다는 것에 대하여」(*Musonius Rufus*: *Entretiens et Fragments*, p. 29).
63 *Ibid.*, p. 62.
64 플루타르코스, 「결혼훈」, 47(『愛をめぐる対話』, 122쪽).
65 같은 글(113쪽).

카는 더 일반적으로, 아내에게 너무나 정열적으로 행동하는 것은 아내를 밀통의 상대로 다루는 것이라고 표현했다.[66]

그러나 더 중요한 것은 이 시기에 아내와 쾌락의 관계가 아닌, 다정한 애정 관계를 쌓는 것이 중시되기 시작했다는 것이다. 플루타르코스는 아내와의 관계가 다른 모든 관계들보다 더 훌륭하다고 찬양한다. "한편 정식으로 결혼한 여성의 경우, 신과 일심동체가 되는 비의와 마찬가지로, 여기서는 육체의 결합이 애정의 시작이다. 육체의 쾌락 자체는 순식간에 지나가지만, 거기서부터 상대에 대한 존경과 다정함, 애정과 성실함이 나날이 싹을 틔운다."[67] 육체의 상호 쾌락이 오래가지 않는다 해도, 그 상호 쾌락에서 상대방에 대한 존경과 '다정함'(카리스)이 야기되는 것이다.

여기서는 남편에 대한 아내의 애정, 아내에 대한 남편의 애정이 서로 바짝 다가붙고, 아름다운 부부애를 형성하는 듯 보인다. "남편과 아내가 한 마음으로 한 집에 있다는 것, 이렇게 큰 기쁨은 부부에게서만 얻을 수 있고 이렇게 오래가는 인간관계도 이뿐이다. 애정의 아름다움이 이 정도로 명예롭다 여겨지고 부러움을 받는 경우도 이 밖에 없다."[68]

푸코는 이 플루타르코스의 카리스 개념을 분석하면서, 소년애라는 "실천에 결여되어 있는 것은 이중으로 균형 잡힌 사랑하기의 능동성이며, 따라서 부부 관계에 갖춰진 내적 규제와 안정성이다. 애욕 행위와 우정을 결합시킨 에로스라는 완벽한 형식을 조직하는 것을 가능하게 하는 카리스를, 이 행위(소년애)는 갖지 않는다. 소년애는 카리스를 결여한 사랑이

---

66 Foucault, *Histoire de la sexualité 3 : La Souci de Soi*, p. 207[『성의 역사 3 : 자기 배려』, 204쪽].
67 플루타르코스, 「사랑에 관한 대화」(『愛をめぐる対話』, 86쪽).
68 같은 글, 90쪽.

라고 플루타르코스는 말할지도 모른다"고 결론을 내린다.[69]

그런데 기묘하게도 이 플루타르코스의 대화는 "미남인데다 명예로운" 소년 밧콘을 사랑하는 페이시미아스와, 소년을 사랑하는 미망인 이스메리도라 중 누구 편을 들 것이냐는 틀 속에서 전개되고 있다. 논의의 결론이 나지 않았기 때문에 연장자인 플루타르코스를 심판으로 하여 소년애를 변호하는 프로토게네스와 이성애를 변호하는 다푸나이오스 사이의 토론에 맡겨졌던 것이다.

도중에 플루타르코스가 개입하여, 에로스는 소년애의 신일 뿐만 아니라 여성과의 이성애의 신이기도 하다는 것을 지적하면서, 부부 간 애정의 다정함(카리스)를 강조하는 곳에서 토론은 끝난다. 그러나 그 사이에 미망인 이스메리도라가 소년 밧콘을 유혹하여 어거지로 결혼을 강요하는 사태가 일어난다. 마지막에는 등장인물이 모두 모여 이 결혼을 축하하려 하는데, 소년이 강제로 결혼하게 되었다는 것, 돈 많은 여성이 아름다운 소년에게 그 부유함으로 결혼을 승낙하게 하는 상황은, 플루타르코스가 본래 설명하는 상호적인 사랑이나 다정함과는 상당히 이질적이다. 이 이야기의 배후에는 강한 긴장이 가라앉아 있는 것이다.

플루타르코스의 에로스론은 확실히 "쾌락의 상호성을 통해 사랑이 활기 있어지는 어떤 통일적이고 통합적인 거대한 체계 속에서, 소년과의 교섭 관계는 더 이상 위치를 점할 수 없다"[70]는 것을 보여 준다. 그러나 플루타르코스가 묘사한 이 부부의 에로스론은 소년애를 배제하는 데는 성공했지만 부부 사이에 진정한 의미에서의 상호성이 생겨나는 것을 보여

---

69 Foucault, *Histoire de la sexualité 3 : La Souci de Soi*, p. 242[『성의 역사 3 : 자기 배려』, 236쪽]
70 같은 곳.

주지는 않는다.

실제로 플루타르코스가 이야기라는 틀을 벗어나 신혼인 아들 부부에게 보낸 「결혼훈」에서는, 부유한 가정에 장가든 것을 비판한다. 그리고 아내에게는 자기 기분을 버리고 남편에게 동조하기만 할 것을 요구한다. "부유한 집에 장가들었어도 그 아내가 남편의 생활에 동조하고 성격도 맞춰주지 않는다면 아무 소용이 없다. (……) 아내도 자기만의 기분이라는 것을 갖지 말고, 진지하든 장난스럽든, 생각에 잠겨 있든 웃든지 간에, 남편에게 동조해야 한다"[71]는 것이다.

확실히 부부의 애정은 상호적인 것이 된 것처럼 보인다. 그러나 "만약 남편의 바람이 그치지 않고 방종을 거듭하며, 창녀 혹은 하녀에게 손을 대더라도, 아내는 그것을 불쾌하게 생각하거나 화를 내서는 안 되고, 오히려 남편이 나를 소중하게 생각하기 때문에 술을 마시고 진상을 부리거나 방탕하게 굴거나 제멋대로 행동하는 것을 나 이외의 여성을 상대로 하는 것이라고 생각해"[72]라는 며느리에 대한 훈계야말로 플루타르코스의 '속내'일 것이다. 가정생활을 지키기 위해 남편이 '하녀에게 손을 대는 것' 자체에 관용을 보이도록 아내에게 요구하는 것이다.

생식이라는 목적

이 시대에도 소년애의 풍습은 아직 없어지지 않았다. 페트로니우스의 『사튀리콘』 1부는 여성과의 사랑과 소년과의 사랑, 요염한 여성, 남창, 소년 소녀가 회전목마처럼 차례로 등장하는 이야기이다. 그리고 이 시기는 소

---

71 플루타르코스, 「결혼훈」, 47(『愛をめぐる対話』, 103~104쪽).
72 같은 곳.

년애와 여성과의 이성애 중 어느 쪽이 더 훌륭한지에 대해 다수의 에로스론이 쓰여진 시기이기도 했다.

소년애와 여성과의 이성애의 우열에 대해서는 다수의 논점이 있지만 여기서는 특히 생식의 유용성이라는 논점을 생각해 보고자 한다. 자손을 만든다는 목적에서 보자면 남성과의 사랑은 자손을 낳지 못하는 불모의 사랑이며, 여성과의 사랑으로부터는 자손이라는 결실을 낳을 수 있다는 것이 강조된다. 플루타르코스는 "바로 이 부부애가, 만약 이것이 없다면 우리 인간 종족이 소멸될지도 모르는 것을 구하고, 아이를 낳음으로써 새로이 불을 지피며, 그러므로 인류의 불멸을 위해 공헌하고 있습니다"라며 여성과의 애정을 찬양한다.[73]

이에 비해 남성과 소년의 사랑에는 이러한 효용이 없다. "동일한 하나의 성이 잠자리를 같이 하고, 자기 자신을 상대방 안에서 확인하면서, 하는 것과 당하는 것을 부끄러워하지도 않고, 소위 '불모의 바위땅 위에 씨를 뿌리는' 작업을 하여 얼마 되지 않는 쾌락 대신에 큰 불명예"를 얻게 되는 것이다.[74]

대를 잇는 것만을 결혼의 목적으로 여기는 것은 이후 그리스도교 결혼론의 최대 논점이 된다. 그러나 제정기에는 아직 거기까지 논의가 구축되지 않았다. 반대로 자손을 낳는 이성애의 자연성은 공격의 계기가 되기도 한다. 소년애를 변호하는 자들은 바로 이러한 효용 없음 때문에 소년애가 훌륭한 것이라고 주장하는 것이다. 이는 소년애와 진실이 맺는 관계에 밀접하게 연결되어 있는데, '자연에 예속'되지 않는 것이야말로 인간

---

73 プルタルコス, 『愛をめぐる対話』, 20쪽.
74 루키아누스의 이름으로 전해지는 「異性愛と同性愛」, 『ルキアノス選集』, 内田次信 訳, 国文社, 1999, 384쪽.

에게 어울린다는 말이다.

"사자는 동성을 사랑하지 않는다. 왜냐하면 그들은 철학을 하지 않기 때문이다. 곰도 그렇다. 왜냐하면 우애에 기초한 미덕을 그들은 모르기 때문이다. 그러나 인간에게는 지식과 사려가 있어서, 몇 번에 이르는 경험에 기초해 최고의 미를 선택했고 [결과적으로] 남자들 간의 사랑이야말로 가장 흔들림 없는 사랑이라고 판단한 것이다."[75] 그리고 "여성은 오직 아이를 얻기 위한, 단지 머릿수[를 채우기 위한 것으]로 하고, 그 밖의 점에서는 우리로부터 떨어져 있어 줬으면 한다"고까지 말한다.[76]

제정기의 결혼의 역설

이렇게 제정기의 남편과 아내의 관계는 자기 제어를 축으로 전개되는데, 죄다 주체로서의 남성의 관점으로 일관되어 있기 때문에 남성과 여성 간의 진정한 의미에서의 상호성은 생겨나지 않는 것처럼 보인다. 고전고대의 그리스 시대와는 달리 여성은 자기 제어의 주체가 될 수 있지만, 그것은 어디까지나 남성의 위치로 이동하기 위해서이거나 남성의 좋은 파트너이기 위해서일 뿐이다. 아내는 남편을, 남편은 아내를 사랑하기 때문에 정절을 지키는 것이 아니라, 자신의 지위를 확보하고 자기를 배려하기 위해서, 배우자가 아닌 사람과의 성교를 피해야 하는 것이다.

그리스 시대에 여성은 남성에게 지배되어야 할 존재였으며 아내는 '밭'으로서, 자손을 만들어 내는 중요한 역할을 하고 있었다. 제정기에 아내는 결혼 상대이며, 카리스(호의)를 베풀어야 할 상대, 상호적인 애정의

---

75 같은 책, 396쪽.
76 같은 책, 398쪽.

파트너인 것처럼 보인다.

그러나 푸코가 지적하는 것처럼 거기에는 한 가지 역설이 있다. 남편이 아내를 사랑하는 것은 몇 가지 부정적 결론을 경유해서이다. 그 이전까지 선호되던 소년애는 [이제] 생식의 유용성과 쾌락의 상호성, 그리고 다정함(카리스)이 결여되어 있다는 이유로 부정된다. 또 하녀나 창녀 등 아내 이외의 상대와의 성관계도, 그것이 남편의 권위를 손상시키고 자기 배려의 결여를 나타내는 것으로서 부정되었다. 이렇게 해서 아내와의 성관계밖에 남지 않게 되었다는 것이다.

남편이 아내를 사랑하고 아내가 남편을 사랑하는 상호적 관계상에서가 아니라, 남편이 아내 이외의 여성이나 남성과 성관계를 갖는 것이 바람직하지 않기 때문에 남편은 아내를 배신하지 않는다. 이 시대에도 역시 아내를 향한 남편의 사랑은 진정한 의미에서 아내를 향하지 않고, 그러므로 아내의 사랑도 진정한 의미에서는 남편을 향하지 않는다. 남편에게 아내는 "자신의 보편적 형태, 그리고 타인들과 수립할 수 있고 또 수립해야 하는 관계"[77]로서, 자기를 구성하기 위한 하나의 "구성 요소"[78]로서 이용해야 하는 존재였던 것이다. 그것도 "자기 자신의 순수한 향유에 이를 수 있게 하는"[79] 수단으로서 말이다. 바로 이것이 푸코가 말하는 '아내의 역설'일 것이다. 푸코는 이 시기 남성의 자기 배려가 때로 그 수단으로 아내를 이용하는 무자각적인 냉랭함으로부터 나왔다는 데 주목한다.[80]

---

77 Foucault, *Histoire de la sexualité 3 : La Souci de Soi*, p. 273[『성의 역사 3 : 자기 배려』, 269쪽].

78 *Ibid.*, p. 192[같은 책, 189쪽].

79 *Ibid.*, p. 273[같은 책, 269쪽].

80 푸코는 『성의 역사 3 : 자기 배려』 마지막 부분에서, 여기서 고찰한 2세기경 그리스 소설에서 그때까지 소년애의 에로스론과도 다르고 여성에게 수동적인 자세만을 요구하던 고전적 그리스의 에로스론과도 다른, 남성과 여성이 서로에게 순결을 지키는 '새로운 에로스론'이 탄생

한 것이 아닐까 생각한다. "순결성이 성취하는 방도가 발견되는 완벽한 결혼"을 둘러싼 에로스론을 구상한 것이다(*Ibid.*, p. 266[같은 책, 264쪽]). 또한 David Konstan, *Sexual Symmetry : Love in the Ancient Novel and Related Genres*, Princeton University Press, 1994은 푸코의 이 구상에 기초하여, "이것은 사랑의 역사적 굴곡의 특별한 순간"이며, 남성이 지배하는 고전고대의 에로스론과도 다르고, 신체와 정열을 평가절하하는 그리스도교적 에로스론과도 대조적이라고 주장한다(p. 59). 그러나 이것은 Simon Goldhill, *Foucault's Virginity : Ancient Erotic Fiction and the History of Sexuality*, Cambridge University Press, 1995의 전체에서 지적되는 것처럼, 지나치게 깊이 생각한 것이라고 말할 수도 있을 것이다. 또한 Perkins, *The Suffering Self*는 남성과 여성이 서로 동정과 순결을 지키고 마지막에 결혼하는 것을 행복한 결말로 여기는 그리스 소설과 순교당하는 것을 행복한 결말로 여기는 그리스도교 소설을 비교하며, 두 문화에서 자기의 존재 방식의 차이를 제시하고 있어서 설득력이 있다.

5장 · 그리스도교에서의 결혼의 역설
그리스 교부의 전통

1. 유대 랍비 전통의 결혼관

이번 장에서는 현대 서양에까지 이어지는 그리스도교 세계에서의 결혼에 관한 도덕적 가르침과, 그리스도교 교부들의 결혼관의 역설에 대해 검토해 보고자 한다. 그러기 위해서 그와 대조적인 유대 랍비의 결혼관을 간단히 확인해 두자.

유대교의 새로운 전개

1세기 후반부터 2세기에 걸쳐, 그리스도교 세력이 강해지면서 팔레스타인의 유대인들은 그리스도교도들과는 다른 성 윤리와 결혼 윤리를 구축하기 시작했다.[1] 바오로의 육 이론이 명백히 했듯, 그리스도교에서는 기

---

1 유대교는 원시 그리스도교와 동일한 시기에 그리스도교를 포함한 유대교적 '이단'과 대항하는 외중에 이론을 형성했다. 유대교와 그리스도교는 '쌍둥이'라고도 말할 수 있는 것이다. Daniel Boyarin, *Dying for God : Martyrdom and the Making of Christianity and Judaism*, Stanford University Press, 1999은 고대에 유대교와 그리스도교가 그다지 명확하게 분리될 수

본적으로 영과 육을 대립시키며, 영이 육보다 상위에 있다고 생각하는 경향이 강하다. 물론 이번 장에서 검토하게 되겠지만, 그리스도교 이론가들도 신체를 단순히 정신보다 열등한 것으로 생각했던 것은 아니다. 바오로는 신체가 그리스도의 '궁전'이라 생각했고, 이 전통에서 신체를 중시하는 이론은 사라지지 않는다. 그러나 육은 영의 '감옥'이라는 플라톤적 전통은 그리스도교 이론 안에 확실하게 그 뿌리를 내리고 있다.

그런데 유대교의 랍비들이 제시한 것은, 신체를 신으로부터의 선물로서 감사히 받는 자세였다. 이를테면 오늘날에도 매일 읽히는 유대교의 다음 기도를 읽어 보자.

> 인간을 지혜 있는 자로 만들고, 한 사람의 육체에 우리가 살기 위한 조화로운 정맥과 동맥과 장기를 갖춰 주신 만물의 주, 우리 주이신 신이시여, 찬양받으소서. 살아 있는 모든 것을 유지하여 주시는 놀라운 치유자, 주 찬양받으소서.[2]

여기서 인간의 신체는 신의 선물이며, "신의 예지를 체현한 것으로서 신체의 물질성과 그 낮은 곳에서의 육성(肉性)"[3]이 그대로 받아들여진다. 이렇게 신체를 갖는 인간은 누구나 결혼하고 성행위를 하며 아이를 낳고 '생육하고 번성하라'는 야훼의 규칙에 따를 것을 요구받는다. 결혼하지

없었고, 성, 처녀, 순교 등에 대해 이론적으로 경합하면서 양쪽 종교 모두가 성립했다고 하는 흥미로운 관점을 제공한다.

2 「平日の朝の礼拝」, 『ユダヤの祈り』, ロイ・真・長谷川 訳, 長谷川家財団, 2001, 52쪽.

3 Daniel Boyarin, *Carnal Israel : Reading Sex in Talmudic Culture*, University of California Press, 1993, p. 34.

않는 자는 "신의 상을 약화시키는"(『탈무드 예바모트』, 63b) 것이다.

이것은 단순한 규칙에 불과한 것이 아니다. 결혼이 야기하는 은혜를 잊지 말아야 하는 것이다. 『탈무드』에서는 결혼이라는 "성관계에 의해 애정이 깊어진 결과"를 중시한다.[4] 성관계 자체가 바람직한 것으로 여겨지고 있었다는 것은, 임신을 하거나 폐경을 맞더라도 성관계를 계속하라고 권장하며, 남편을 잃은 여성은 설령 아이를 낳을 수 없음이 분명한 남성하고라도 재혼하도록 권고받는다는 것만 보더라도 명백할 것이다.[5] 이것은 성관계를 생식의 목적에 한정시키고 성관계로부터 쾌락을 얻는 것을 금지하는 그리스도교 전통과는 너무나 대조적이다. "랍비들에게 있어 섹슈얼리티는 일반적으로 매우 파괴적인 가능성을 감춘 원동력이지만, 그럼에도 불구하고 기본적으로 세계의 삶을 창조하는 힘이다."[6] 이렇게 후기 유대교에서 성관계와 결혼의 가치가 높이 평가되는 것은 그리스도교의 육 이론에 대항하기 위해서라고 여겨지고 있다.[7]

여성이 남성보다 열등한 존재라고 공언하는 유대교 세계가, 결혼에 관해서는 남녀평등을 이론적 전제로 삼았던 그리스도교보다도 더 부부의 화합과 이를 위한 성관계의 의미를 중시했다는 것은 아이러니한 일이

---

4 탄나(tanna) 규정에서는 "첫날밤의 교합에 의한 애정이 깊어진 결과로서만, 부가액을 결혼계약에 덧붙였다"고 정하고 있다. 『タルムード: ナシームの卷 ケトゥボート篇』, 三好迪翻 訳監修, 三貴, 1994, 223쪽(56a)을 참조. Boyarin, *Carnal Israel*에서는 유대교에서 부부간의 애정을 중시하는 것은 푸코가 지적한 카리스에 상당한다고 생각한다. "부부의 사랑에 대한 후기 랍비의 에토스는, 푸코가(『성의 역사 3』에서) 지적한 플루타르코스의 가르침과 매우 가깝다"(p. 53).

5 Boyarin, *Carnal Israel*, p. 57.

6 *Ibid.*, p. 74.

7 *Ibid.*, p. 57. 보야린은 유대교에서 성교와 결혼이 점하던 위치가, 푸코가 지적했던 고전고대 그리스와 그리스도교 사회에서의 결혼의 위치의 '중간'에 있다고 생각한다. 성교가 엄격하게 감시되던 그리스도교 사회보다는 관용적이고, 그리스와는 달리 성교가 사회적 규제의 대상이었기 때문이다. *Ibid.*, p. 132를 참조하라. 이 책은 푸코의 『성의 역사 2: 쾌락의 활용』과 『성의 역사 3: 자기 배려』로부터 크게 영향을 받아 쓰여졌다고 한다.

다. 어쨌든 유대 사회에서는 남성의 우위에 의거하여 결혼에서의 화합을 주창한다.[8] 남편이 아내를 소중히 하는 것은 남성으로서 '책임이 있기 때문'이다. 이것도 제정기와 동일한 역설의 존재를 보여 주는 것이리라.

2. 침대라는 격투장 : 클레멘스

앞서 살펴본 것처럼, 2세기 이후의 유대 사회에서 여성은 남성과 존재론적으로 다르다고 여겨졌고, 고전 그리스에서나 로마 제국에서도 남성에게만 주체로서의 지위가 인정되었다. 이러한 사회에서 아내에 대한 남편의 지배는 부정할 수 없는 특권으로서 유지되었으며 철학에서도 남성 지배 사상이 여전했다. 그런데 여성을 축으로 삼아 남성 지배적인 로마 사회의 구조를 흔들고 있었던 그리스도교에서도, 그리스도교가 국교가 되고 시민의 종교가 되면서 또 다른 역설에 직면하게 된다. 이번 장에서는 고전고대와 제정기의 결혼에 관한 푸코의 분석을 근거로 하여 그리스도교 세계에서의 결혼의 역설을 고찰해 보자. 이 역설은 여성의 순결과 처녀의 문제, 보통 시민의 성 문제라는 푸코의 문제계와 교차된다.

그러기 위해서 우선 동방의 알렉산드리아와 안티오케이아에서 활약했던 그리스 교부들, 그리고 서방의 밀라노나 로마에서 활발하게 이론 투쟁을 전개했던 라틴 교부들이 바오로의 결혼과 성 이론을 실마리 삼아

---

8 유대교 사회에서는 부부의 성교에 대해 "완화된 금욕과 진중함을 가진 향락이라는 두 가지 태도" 중 어느 쪽으로 기우는 경향이 있고, 전체로서 금욕적인 태도가 주류를 점하고 있었다고 한다. 이에 대해서는 アラン・ウンターマン, 『ユダヤ人: その信仰と生活』, 川耕一郎, 市川裕 訳, 筑摩書房, 1983, 218쪽을 참조하라.

[9] 신도의 결혼에 대해, 여성이나 남성의 신체에 대해, 그리고 자기에 대해 어떤 식으로 고찰했는지를 검토해 보자.

동방의 교부들로는 알렉산드리아에서 활약한 클레멘스와 아타나시우스의 삼위일체 신조의 확립에 공헌한 카파도키아의 세 신부들 중 한 명인 나지안조스의 그레고리우스, 소아시아의 메토디우스의 이론을 검토하고자 한다. 우선 이 절에서는 알렉산드리아에서 주교의 지위에 있었던 클레멘스의 결혼에 대한 사상을 고찰해 보자. 클레멘스는 "바오로 이후의 정통파 그리스도교 교부들 중에서 결혼, 처녀, 가족 관계의 문제에 처음으로 주목한 교부"였다.[10] 클레멘스는 그리스 사상이나 성서로부터의 인용을 모은 방대한 저작 『스트로마테이스』(*Stromateis*), 신앙을 인도하는 '교도자'의 사상을 제시한 『파이다고고스』(*Paidagogos*) 등을 썼으며, 이 책들에서 결혼 문제에 대해서도 고찰하고 있다. 클레멘스의 이러한 저작들을 살펴봄으로써 초기 그리스도교도의 결혼 생활 실태와 그 사상적 배경을 보다 명확히 알 수 있을 것이다.

물론 그리스도교의 교의에서 결혼은 일곱 가지 성사(세크러먼트) 중 하나이다. 애초에는 그리스도교 사회에서도 결혼은 종교와 관계 없이 이루어졌지만 이윽고 결혼식이 종교적 의례가 된다. 결혼이 성스러운 행위

---

9 이 장에서 검토하는 여러 교부들은 바오로의 이론을 해석하는 형태로 자신의 이론을 제시한다. 예수는 이혼을 금지했을 뿐이지만 바오로는 종말론적 관점에서 신도에게 결혼하지 말도록, 다만 육욕으로 잘못된 길을 가게 될 가능성이 있는 경우에는 혼인하도록 권고했다. 바오로는 결혼을 금지하지 않고 허가했을 뿐, 가능하면 '나처럼' 혼자 있는 것이 좋다고 말했다. 바오로의 결혼과 절제의 가르침과 여성관에 대해서는, 이를테면 Boyarin, *A Radical Jew*를 참조하라.

10 J-P. Broudéhoux, *Mariage et famille chez Clément d'Alexandrie*, Beauchesne, 1970, p. 7. 또한 일본에서 찾아볼 수 있는 클레멘스에 대한 유일한 논문인 栗原貞一, 『アレクサンドリアのクレメンス研究』, 奇峰社, 1963은 클레멘스를 그리스와 라틴 호교가의 계보에 위치시키려 하는 책이다.

로서 인정되는 것이다. 교회법에서는 결혼을 이렇게 정의한다. "남성과 여성 간의 영속적이고 배타적인 결합이며, 첫째, 생식과 종의 적절한 교육을 목적으로 하고, 둘째, 가정생활에서의 필요성을 서로 채워주며, 육욕에 대한 합법적 만족을 가져다주는 것을 목적으로 한다."[11] 다만 이러한 성사로서의 결혼은 그리스도교 사회에서도 하루아침에 확립된 것이 아니며, 그때까지 결혼의 위치를 둘러싸고 오랜 논쟁이 전개된다.

알렉산드리아에서의 생활

그리스에서 태어났다는 클레멘스가 중년이 되어 다다른 알렉산드리아는 어떤 도시였을까? 기원전 331년 이집트 어촌에 알렉산드로스 대왕이 건설한 알렉산드리아는, 그 후 프톨레마이오스 왕조의 수도가 되어 지중해와 아라비아 세계를 연결하는 거대한 상업 도시로 번영했다. 50만이 넘는 사람들이 생활하던 이 거대 도시에서 결혼이나 가정의 의미는 이전의 그리스 세계에서와는 완전히 달라지게 되었다.

이 도시에서 사람들은 자유롭게 결혼하고 이혼하며, 사치스럽게 생활하고 상당히 자유로운 성생활을 향유하고 있었다.[12] 도시에 사는 여성들은 치장하고 화장하며 화려한 결혼식을 올렸고, 사치스러운 식사를 실컷 먹었다. 가정에는 다수의 고용인이 있었고 주부의 일은 하인들에게 지

---

11 Chanoine Jean Dermine, *La doctrine du marriage chrétien*, L'édition universelle, 1983, p. 16에 따름.
12 프톨레마이오스 왕조 알렉산드리아에서, 결혼 계약에서의 아내와 남편의 상호적 관계에 대해서는 Judith Evanx Grubbs, *Women and the Law in the Roman Empire : A Sourcebook on Marriage, Divorce and Widowhood*, Routledge, 2002가 실제 계약을 예로 들어 상세히 설명한다. 이 시대 알렉산드리아의 사회와 문예에 대해서는 P. M. Fraser, *Ptolemaic Alexandria*, Vol. 3, Oxford University Press, 1972를 참조하라.

시했다. 클레멘스는 『파이다고고스』 2권을 1장 「식사」에서부터 13장 「보석과 금으로 된 장신구에 대한 지나친 취미에 대하여」에 이르기까지, 이시기 신자들의 사치스러운 생활에 대한 고충을 토로하고 '올바른 신도'로서 지내는 생활에 대해 이야기한다.

식사에 관해서는 여러 종류의 식재료를 사용한 다양한 요리법이 몸을 상하게 한다고 지적하며 애찬(愛餐, 아가페)이어야 할 식사가 '쾌락주의' 추구의 장이 되었음을 한탄한다.[13] 사람들의 "가슴과 성기는 포도주로 타오르고, 부끄러운 모양으로 크게 팽창하며, 이미 음란한 모양을 보여 주었다".[14] 그리고 고가의 옷을 원하는 여성들에 대해, "이러한 옷을 원하는 것은 자신이 아름답지 않고 아름다운 옷보다 가치가 낮다는 것을 고백하는 것과 같다"고 지적하면서, 주위에 있는 무색의 간소한 옷을 입으라고 충고한다.[15] 또 보석으로 치장하는 것은 "거짓말과 거짓 습관을 몸에 걸치는 것"이라고 비난한다.[16]

클레멘스는 알렉산드리아 시민들의 사치에 대해 "사치가 모든 것을 상하게 했다. 인간의 명예를 잃게 만든 것이다. (……) 자연에 반해서 남성이 여성 역할을 하고, 여성이 남성 역할을 한다. 여성은 아내임과 동시에 남편이며, (……) 상대를 가리지 않는 색욕은 공적인 제도가 되고 사치가 가정에 들어왔다"[17]고 한탄한다. 여성은 쾌락을 위해 몸을 팔고, 소년은

---

13 클레멘스, 『파이다고고스』, 2권 1장. 영역인 *The Writings of Clement of Alexandria*, Ante-Nicene Christian Library, Vol. 4와 프랑스어역 *Clément d'Alexandrie : le pedagogue*, traduction de Bernadette Troo et de Paul Gauriat; introd., annotations et guide thématique d'A.-G. Hamman, Migne, 1991도 참고했다.
14 같은 책, 2권 2장(*The Writings of Clement of Alexandria*, p. 201).
15 같은 책, 2권 11장(*Ibid.*, p. 263).
16 같은 책, 2권 13장(*Ibid.*, p. 269).
17 같은 책, 3권 3장(*Ibid.*, p. 288).

여성의 역할을 하게 된다는 것이다.

클레멘스의 훈계는 단순히 물질적인 사치에 대한 것에 그치지 않는다. 클레멘스는 신자들의 행동 자체에 그 '내적 인간'의 존재 방식이 표현되어야 한다고 생각했다. 사람들은 모임에서 함부로 움직이거나 자세를 바꿔서는 안 된다. "시도 때도 없이 움직이거나 자세를 바꾸는 것은 경솔함의 징후이기 때문이다"[18] "앉아 있을 때에는 발을 앞에서 교차시키거나 다리를 꼬고 앉거나, 손바닥으로 턱을 괴서는 안 된다."[19]

또 여성의 진지하지 못한 웃음은 '깔깔거리는 웃음'이며 남성의 진지하지 못한 웃음은 '껄껄거리는 웃음'이다. 사람들은 목소리 높여 웃지 말고 '미소 짓는' 것이 바람직하다. 그러나 언제나 미소 짓는 것이 아니라 부끄러울 때에는 얼굴을 붉히고 곤란할 때에는 심각한 얼굴을 해야 한다. 윗사람이나 연장자 앞에서도 웃지 말아야 한다. 목소리를 높여 웃으면 '조롱의 대상'이 되는 등, 세세한 행동 방식이 지시된다.[20]

결혼의 위상

이러한 생활의 물질적 계율이나 행동에 대한 근엄한 교훈의 중심에 있는 것은, 불을 끈 침대 위에서의 행동에 대한 계율이다. 이 문제에 대해 클레멘스는 미묘한 입장이다. 그노시스 학파가 세력을 키워 가던 당시의 알렉산드리아에서 클레멘스는 신도의 섹슈얼리티와 결혼이라는 문제에 관해서 말하자면 두 개의 전선에서 싸우도록 강요받고 있었던 것이다.

클레멘스는 『스트로마테이스』 3권에서 결혼의 문제를 고찰하면서,

---

18 같은 책, 2권 7장(*Ibid.*, p. 226).
19 같은 곳.
20 같은 책, 2권 5장(*Ibid.*, pp. 220~221).

그노시스의 두 유파—칼포크라테스와 그의 아들 에피파네스의 여성 공유 이론, 가현파(Docetism)에 가까운 율리우스 카시아누스의 금욕적 이론—와의 논쟁을 전개한다. 칼포크라테스 등은 성적인 방종을 찬양했고 카시아누스는 성관계를 부정하는 이론을 전개했다. 클레멘스는 이 양쪽의 적들을 마주하여 방종을 경계하면서도 결혼의 역할을 강조해야 하는 곤란한 과제에 직면했던 것이다.

우선 칼포크라테스의 논의를 살펴보자. 2부 2장 4절에서 고찰한 바, 그노시스 학파는 인간이 이 세상에서 구원자 없이 유기되었다고 생각했다. 구약 성서에 등장하는 야훼는 악의 신이며, 인간은 이 가짜 신에게 속았다는 것이다. 그러므로 이 신이 가르치는 윤리에 반항하는 것이 인간 구원의 중요한 수단이 된다고 생각했다. 에이레나이오스는 칼포크라테스가 "인간은 모든 행위를 통과하는 [그러한 방식] 이외의 방식으로는 구원되지 않는다"고 가르쳤다고 보고한다.[21] 이 모든 행위 속에는 특히 "죄 많고 파렴치한 행위"가 포함된다.

클레멘스는 이 일파가 모든 것은 인간에게 평등하게 주어져 있기 때문에 아내도 공유할 필요가 있다고 주장하는 데 분개한다.[22] 그리고 그들이 집회에서 식욕을 채우고 나면 "램프를 쓰러뜨리고, 불의의 '정의'가 드러나지 않도록 조명이 꺼지고 나면 마음에 드는 상대가 누구든 관계없이 성교했다"[23]고 주장한다.

---

21 에이레나이오스, 『이단반박』, 1권 31. 그노시스 방종주의의 이론적 배경에 대해서는 ハンス·ヨナス, 『グノーシスの宗教』, 秋山さと子, 入江良平 訳, 人文書院, 1968, 361~366쪽을 참조하라. "그것은 적극적인 배덕주의로 전화한다"(366쪽).

22 클레멘스, 『스트로마테이스』, 3권 1장(ed. Henry Chadwick, *Alexandrian Christianity*, The Westminster Press, 1964, p. 42).

23 같은 책, 3권 2장(*Ibid.*, p. 45).

클레멘스는 그리스도교도가 암흑 속에서 난교하거나 근친상간한다는 소문의 원인이 이러한 이단 일파라며 불만을 토로한다. 그리고 결혼에 관한 제1원칙인 단독 원칙을 명확히 보여 준다. "우리는 일부일처제를 칭찬해야 하며, 단 한 번 결혼하는 것의 훌륭함을 찬양해야 한다. 서로 반려의 고뇌를 나누며 무거운 짐을 공유해야 한다고 생각하기 때문이다."[24]

그런데 클레멘스가 주적으로 삼은 것은 이러한 그노시스의 과격한 방탕주의보다도 금욕적인 주장을 주창하는 일파였다. 이미 테클라의 이야기가 상징하고 있듯, 그리스도교도 여성들 사이에서는 남편과의 성관계를 피하고 싶다는 희망이 뿌리 내리고 있었다. 여성들이 모두 금욕하기 시작하면 아이가 태어나지 않고 그리스도교 사회의 토대가 붕괴되어 버린다. 금욕의 가르침은 양날의 검이 되어 고대 로마 제국뿐만 아니라 새로 태어난 그리스도교 사회까지 공격했던 것이다.

당시 그노시스 학파에서는 이러한 금욕적 분위기가 강해지고 있었다. 이를테면 「의심자 토마의 서」에서는 "재앙이로다 그대들이여, 여성과의 성교와 불결한 공존을 좋아하는 자들이여"라고 저주하면서 정욕에 대해 혹독한 자세를 보여 주었다. "그들을 이끄는 자, 즉 화염은 그들에게 진실의 환영을 주고, 그들을 [허물어져 가는] 아름다움으로 비출 것이다. 그리고 그것은 그들을 어두운 감미로움 속에 포박하고 향기로운 쾌락으로 유혹하리라. 그리고 그것은 그들을 질리지 않는 욕정으로 눈멀게 만들고 그들의 영혼을 태워 버리며 그들에게 있어 그들의 마음속에 박힌 말뚝처럼 되리라"[25]는 것이다.

---

24 같은 책, 3권 1장(*Ibid.*, p. 42).
25 「의심자 토마의 서」, 140(荒井献, 『ナグ·ハマディ文書 III : 説教·書簡』, 岩波書店, 1998, 46쪽). 그노시스주의의 금욕적 경향에 대해서는 ヨナス, 『グノーシスの宗教』, 366~369쪽과 戸田聡, 「グ

클레멘스는 이러한 금욕적 그노시스 학파인 율리우스 카시아누스를 반박하고자 했다. 카시아누스는, 인간의 탄생은 그 원죄 때문에 악이며 성교는 죄를 쌓는 것이라고 주장했다. 성서에는 이러한 주장을 뒷받침하는듯한 표현이 무수히 있고, 나중에는 아우구스티누스가 동일한 이론을 주창하게 된다. 그리고 카시아누스는 "인간은 성교할 때 야수처럼 된다"[26]고 비판하고 금욕을 주장했다.

그러나 클레멘스에게는 가정을 유지하고 자손을 얻는 것이 그리스도교 신자의 중요한 과제였기 때문에, 곧 "남성이 정열에 사로잡혀 모르는 여성과 잠자리를 함께할 때, 그때에 한해서 인간은 야수가 된다"[27]고 말하며, 성교 자체는 인간을 야수로 만들지 않는다고 반론한다. 인간의 신체는 '더럽혀진 것'이 아니라[28] "교회 안에서 사는 우리가 그 목적을 실현하는 성스러운 계획"의 도구[29]인 것이다. 바로 그렇기 때문에 예수는 인간의 몸을 입었던 것이라고 클레멘스는 강조한다.

또 클레멘스는 결혼이라는 제도가 사회의 토대를 유지시킬 뿐 아니라 신도의 신앙을 시험하는 계기가 된다고 생각했다. 만약 이성에 의해 인가되고 정의에 따라 맺어진 결혼이라면 생활에 '필요한 조건'이라고 생

ノーシス主義修道院制度」(大貫隆 他編, 『グノーシス : 陰の精神史』에 수록)도 참조하라.

26 클레멘스, 『스트로마테이스』, 3권 17장(*Alexandrian Christianity*, p. 88).

27 같은 곳.

28 신체 자체에서 죄를 끌어내는 그노시스와 달리, 클레멘스가 인간의 자유 의지 속에서 죄를 끌어내는 것에 대해, "클레멘스에게 죄는 물질 속에 있지 않다. 신체 속에도 있지 않다. 신체를 죄 깊은 형상으로 사용하는 것, 즉 영혼 자체 안에 있다. 영혼은 죄의 담당자이며, 그 자유로운 의지에 의해 악을 이루는 것이다"라는 지적이 있다(Friedrich Quatember, *Die christliche Lebenshaltung des Klemens von Alexandrien nach seinem Pädagogus : mit einer kritischen Voruntersuchung über die Person des Klemens und sein Werk, den Pädagogus*, Herder, 1946, p. 127).

29 클레멘스, 『스트로마테이스』, 3권 17장(*Alexandrian Christianity*, p. 89).

각했다. "진정한 인간성은 독신 생활을 선택하는 것으로는 밝혀지지 않는다. 반대로 사람으로서의 진가가 시험되는 것은 남편과 아버지의 의무를 다하고, 고통스러운지 즐거운지를 묻지 않고 가족을 얻는 것을 통해서이다. 가족을 위한 배려 한복판에서 신을 향한 사랑과 분리할 수 없다는 것을 증명하고, 아이와 아내와 하인과 자산을 통해 엄습해 오는 모든 유혹에 굴하지 않는 인물이야말로 사람으로서의 진가를 증명하는 것이다."[30] 클레멘스는 독신 생활을 하는 사람은 이러한 유혹에 아직 '시험당하지 않았다'고 생각했던 것이다.

이렇게 클레멘스에게 인간의 신체는 그리스도교 왕국을 계속해 나가기 위한 중요한 '그릇'이었다.[31] 그러나 클레멘스가 이렇게 집착하는 것은 인간의 신체와 부부의 성관계가 '문제'로 다가들기 시작했다는 것을 보여 준다. 클레멘스는 스토아 철학자인 루푸스와 마찬가지로, 자손을 얻기 위해서라는 엄밀한 목적에 한정하여 성관계를 용인하려 한다.[32] 이리하여 결혼은 생식만을 목적으로 한다고 하는 세번째 원칙이 그리스도교 초기 시대에 더 명확히 제시된다. "아이를 얻기 위해 결혼하는 남자는 금욕

---

30 같은 책, 7권 12장(*Ibid.*, p. 138). 다만 클레멘스가 처녀를, 사회적 규범에 위반하지 않는 한에서 윤리적 이상으로 인정했다는 것에 대해서는 James Francis, *Subversive Virtue*, Pennsylvania State University Press, 1995, p. 176을 참조하라.

31 클레멘스에게서 신체를 포함한 여러 '세상' 사물의 자리매김과 그 유용성에 대해서는 E. F. Osborn, *The Philosophy of Clement of Alxandria*, Cambridge University Press, 1957의 7장과 8장을 참조하라. 또한 클레멘스에게서는 세계를 바라보는 긍정적 시선과 부정적 시선이 해결되지 않은 채로 대치하고 있으며 이것이 그리스도교의 세계관에 깊이 뿌리내리게 된다는 것에 대해서는 Walther Volker, *Der Wahre Gnostiker nach Clemens Alexandrinus*, Akademie-Verlag, 1952, p. 217을 참조하라.

32 푸코는 클레멘스가 루푸스 등 스토아 학파로부터 도덕의 원리를 받아들였다고 지적하면서 그리스도교에는 애초에 도덕이라는 것이 없고 고전고대의 도덕을 이어받았다고 강조하면서 "그리스도교는 도덕 없는 종교"라고 단언한다. Foucault, *L'Herméneutique du sujet*, p. 247[『주체의 해석학』, 289쪽]을 참조하라.

을 실천하여, 사랑하는 아내가 욕망을 느끼지 않도록 할 필요가 있다. 정절과 절제된 의지를 통해 아이를 얻도록 해야 한다."[33] 쾌락의 부정이라는 두번째 원칙 또한 명확한 것이다. 클레멘스는 이렇게 말한다. "축복받은 사람들의 결혼에서는 삶에서 가장 사랑하는 관계에서도 감정을 완전히 제어한다. (……) 결혼에서 정열의 노예가 되거나, 주님에 대한 사랑에 집중하지 못하게 되는 일이 있어서는 안 된다."[34] 욕망을 채우기 위해 육에 대한 생각을 일으켜서는 안 되는 것이다.

침대 위에서

이렇게 해서 그리스도교 일반 신자에게 무거운 임무가 주어진다. 고찰해온 바, 루푸스처럼 극단적인 예외를 제외하고 스토아 학파 사람들은 식사 방식이나 사람들과 사귀는 방식 등 공적인 장에서 자신의 '진가'를 보이도록 요구받았다. 고대 그리스 시대부터 자기 집은 사적인 장이고 그 장에서의 행동은 사람들의 눈으로부터 감춰져 있었다. 그런데 부부의 관계가 '문제'로 다가들게 되면서 사람들의 진가를 시험하는 장소는 공적인 장이 아닌 부부 관계의 장, 가장 사적이어야 할 '침대 위'가 된 것이다.

클레멘스는 성관계가 생식만을 목적으로 해야 한다고 지적한다. "부부가 몸을 섞는 목적은 생식에 있다. 뛰어나고 훌륭한 아이를 얻는 것이 목적이다. 농부가 씨를 뿌리는 것처럼 말이다."[35] 이 파종의 비유는 예수에게서 빌린 것인데, 클레멘스는 부부의 행위가 자연에 적합한 것이어야

---

33 클레멘스, 『스트로마테이스』, 3권 7장 58(*Alexandrian Christianity*, p. 67).
34 같은 책, 7권 11장 64(*Ibid.*, p. 133).
35 클레멘스, 『파이다고고스』, 2권 10장(*The Writings of Clement of Alexandria*, p. 244). 영역서에서는 여기서 복자 대신에 라틴어로 표시하고 있다.

한다고 생각했다. 그리고 자연에 반한 행위를 하는 동물로서, 「바나바의 편지」를 모방하여 「신명기」에서 먹지 말도록 금지한 '들토끼와 하이에나'를 예로 든다. 들토끼는 '매해 항문의 수가 늘어나는' 동물이라고 믿어졌으며, 이것을 먹지 말라는 것은 항문 성교, 특히 소년애를 금지하는 것을 의미했기 때문이다.[36] 또 암토끼에게는 여러 개의 '구멍'이 있다고 믿어졌기 때문에 그 구멍을 메우기 위해 상대를 가리지 않고 찾아온 숫토끼와 짝짓기를 하는 것이라 여겨졌다. 토끼의 구멍은 결여를 의미하고 그 결여를 메우기 위해 상대도 수단도 따지지 않고 교미하는 동물이라는 것이다. "폭력적인 욕망과 교접의 반복을 피해야 한다. 임신한 여성과의 성관계, 소년애와 항문 성교, 간통과 외설을 피해야 한다."[37]

또 하이에나는 매년 성을 바꾸어 수컷이 되거나 암컷이 된다고 여겨졌다. 또 "수컷은 암컷이 부족할 때에는 수컷끼리 교미한다"고 여겨졌다.[38] 클레멘스에게 하이에나의 섹스는 "자연에 반한 교접, 불모의 성교, 양성구유의 적들끼리의 성교"[39]를 상징하는 것이었다.

클레멘스는 결혼의 이유가 단지 아이를 얻기 위해서이며, "율법과 이성에 반해 정자를 방출하기 위해서가 아니"라고 강조한다. "자손을 얻는다는 희망 없이 성교하는 것은 자연을 업신여기는 것이다."[40] 클레멘스는 신도 부부에게 논한다. 구혼자들을 속이기 위해 옷을 다 짜면 결혼하겠다 약속하고 밤에는 낮에 짠 부분을 풀었던 페넬로페에 비유해, "낮 동안에

---

36 같은 글(*Ibid.*, p. 245). 「바나바의 편지」의 해당 부분은 10장 8.
37 같은 글(*Ibid.*, p. 247).
38 같은 글(*Ibid.*, p. 245).
39 같은 글(*Ibid.*, p. 247).
40 같은 글(*Ibid.*, p. 251).

는 순결의 가르침을 짜고, 밤에는 잘 때에는 그것을 풀"⁴¹라고 말이다.

클레멘스는 "창녀와 하듯 아내와 몸을 섞는 것은 자신의 결혼에서 간음하는 것"⁴²이라 지적하면서, 남편과 아내 모두에게 성관계의 억제를 요구한다. 그리스도교도 부부는 타자의 시선이 미치지 않는 이 암흑 속, 게다가 겉으로 보이지 않는 마음속 깊은 곳에서의 영혼의 행위로서 성관계에서 어떻게 욕망을 억누를 것이냐는 억제의 덕을 묻게 된 것이다. "고대의 이성과 정열의 맥락이 가장 명확하게, 그리고 각각의 상황에 따라 싸우게 되는 것은 침대 속에서였다"고 브라운은 날카롭게 지적한다.⁴³

앞서 살펴본 것처럼, 고대 그리스나 그리스-로마 사회에서 윤리적 존재 방식을 모색하고 자기를 단련하는 것은 주로 남성의 과제였다. 그러나 그리스도교 사회에서는 타자를 통치하는 남성뿐만 아니라 여성도 스스로의 정신과 신체로 윤리적 행위를 하게 되었다. 푸코의 지적처럼 "그리스도교가 야기하게 되는 거대한 변혁 중 하나는, 육체의 윤리가 남자와 여자 모두에게 동일한 양식으로 가치를 갖게 되었다"⁴⁴는 것이다.

여기서 부부의 성행위는 서로의 애정을 확인하는 장이 아니다. 남편은 어떻게 정욕을 억누르고 농부가 씨를 뿌리듯이 아내의 몸에 자손의 씨를 뿌릴 것인지, 아내는 어떻게 쾌락을 맛보지 않고 씨를 자궁에 받을 것

---

41 같은 곳.
42 같은 글(*Ibid.*, p. 253). 이러한 훈계가 스토아 학파의 세네카로부터 왔다는 것에 대해서는 Foucault, *Histoire de la sexualité 3 : La Souci de Soi*, p. 207[『성의 역사 3 : 자기 배려』, 204쪽]을 참조하라.
43 Brown, *The Body and Society*, p. 134. 다만 클레멘스의 보수적 사상은 이미 검토해 온 체제 유지적 스토아 학파의 사상에 가까운 것으로, 클레멘스는 "최후의 그리스도교적 스토아 학파"라고도 불린다고 한다. 이에 대해서는 J. M. Rist, *Stoic Philosophy*, Cambridge University Press, 1969, p. 289를 참조하라.
44 Foucault, "Le souci de la vérité", *Dits et Écrits*, vol. 4, p. 673(小林康夫 他編, 『ミシェル·フーコ―思考集成 10』, 筑摩書房, 2002, 163쪽).

인지가 문제시되는 것이다. 과도한 애정 행위는 이튿날 엄하게 문책받을 것임에 틀림없다. 남편이 아내에게 쾌락을 주는 것도, 아내가 남편에게 쾌락을 주는 것도 여기서는 금지된다.[45]

동시대 이교 세계에서 플루타르코스가 바랐던 것과 같은, 부부 사이에서의 성행위가 가져다주는 서로에 대한 위로와 친근함으로서의 카리스는, 그리스도교 최초의 성 이론가였던 클레멘스에 의해 그 가능성을 빼앗겼다고 말하지 않을 수 없다. 그리스도교에서 부부 간 성행위는 처음부터 역설을 가득 품은 것으로 등장했던 것이다.

3. 격투기로서의 절제 : 오리게네스

신체라는 격투장

다음으로 클레멘스로부터 알렉산드리아의 학교를 이어받은 오리게네스의 신체 이론과 결혼관을 고찰해 보자. 클레멘스로부터 50년 정도 뒤의 알렉산드리아에서 사람들의 사치는 여전했고 새로운 박해의 위기가 다가오고 있었다. 202년 박해 때에 클레멘스는 박해를 피해 도시를 떠났지만 이때 아버지를 순교로 잃은 오리게네스는 순교가 불가피하다고 생각했다.

---

45 부부 간의 성행위에 의해 생겨나는 카리스의 가능성이 여기서 박탈된다는 것에 대해서는 푸코의 논점을 언급하고 있는 Brown, *The Body and Society*, p. 133을 참조하라. 브라운은 클레멘스와 더불어 "이러한 관념이 고대 말기 그리스도교도의 사상으로부터 영원히 소멸하게 되었다"고 강조한다. 다만 푸코가 「순결의 투쟁」에서 지적하듯이, 수도원과는 달리 클레멘스로 대표되는 그리스도교의 성윤리에서는 아직 남편과 아내의 "교합(쉰우시아)과 그 행위의 쾌락(아프로디지아)"이 정면으로 문제시된다는 것이 확실하다. Foucault, "Le combat de la Chasteté", *Dits et Écrits*, vol 4, p. 302(『ミシェル・フーコー思考集成9』, 110쪽).

이렇게 오리게네스의 시대는 그리스도교도들에게 있어 위기의 시대였다. 그런 만큼 오리게네스의 문장에는 어떤 긴장감이 감돈다. 클레멘스의 문장을 읽으면 남녀 신도들의 사치와 성적 문란을 한탄하는 노인의 푸념을 듣고 있는 듯한 인상을 받는다. 그러나 오리게네스의 문장은 독자를 영적인 금욕으로 이끌어 가려는 강력한 의지로 일관되어 있다.

오리게네스도 클레멘스처럼, 당시 알렉산드리아에서 강한 세력을 유지하고 있던 그노시스 학파와 대항하면서 이론을 구축해 나갔다. 클레멘스가 대항했던 것은 방탕한 성적 해방을 외치는 그노시스 일파와 금욕을 외치는 그노시스 일파였지만, 애초에 금욕적인 오리게네스가 대항했던 것은 인간론에 관한 숙명론, 그리고 우주론과 관련된 이원론이었다.

그 당시의 그노시스 학파, 특히 발렌티누스 학파와 마르키온 학파는 앞서 고찰한 것처럼 인간을 프네우마적 인간, 프쉬케적 인간, 휠레적 인간으로 분류했다. 프네우마적 인간은 그노시스를 통해 신과 합일할 수 있는 인간이며 프쉬케적 인간은 그 가능성이 아직 남아 있는 인간, 휠레적 인간은 그 가능성을 완전히 잃어버린 인간이다.

오리게네스는 애초에 구원의 가능성에 관해서, 인간이 이렇게 완전히 한정되어 있다는 것을 인정할 수 없었다.[46] 모든 인간이 신적인 교육을 통해 신과의 합일의 길을 걷는다고 인정받아야 한다. 확실히 구원의 가능성이나 실현이라는 의미에서 여러 '단계'가 존재한다는 것은 오리게네스

---

46 오리게네스의 프쉬케와 프네우마 이론은 명확하지 않고, 여러 사고방식을 제시하는 데 그치는 경우가 많다. 드니가 지적하듯, 오리게네스에게 프네우마와 프쉬케란 그노시스주의처럼 명확한 존재론적 지위를 갖고 있지 않은 듯하다. 오리게네스는 프네우마가 인간의 죄 때문에 약해져서 프쉬케가 되고 원래는 갖고 있지 않았던 성질을 갖게 됐지만, 덕과 경건을 통해 다시금 프네우마로 되돌아갈 수 있다고 생각한 듯하다. J. Denis, *De la philosophie d'Origène*, Imprimerie nationale, 1984, p. 237을 참조하라.

도 인정한다. 오리게네스의 단계론에서 제일 아래인 제4단계에는 "완전히 타락하여 불경한 가르침의 언어를 믿고" 신의 섭리를 부정하는 자들이 있다. 제3단계에는 신의 로고스에 참여하고는 있지만 예수의 로고스를 믿지 않는 사람들, 이를테면 그리스 철학자들이 있다. 제2단계에는 그리스도교를 믿는 소박한 신자들이 있다. 최고의 단계에 있는 자들은 "모든 것의 신을 신으로 받들어 모시고" 있는 사람들이다.[47] 어느 단계에 속하는가는 "각각의 자유 의지에 따른 움직임과 노력을 통해, 각자가 이루는 진보와 퇴보에 의한 것이다."[48]

오리게네스의 이론 체계는 이 단계를 상승해 나가는 '진보와 퇴보'를 이야기하는 것으로, 그 모든 것은 인간의 자유로운 의지로 결정되는 것이다. 어떤 사람은 천사나 영적인 존재에 의한 교육(파이데이아)에 의해서 "한 단계 한 단계 올라가 보이지 않는 영원한 존재들에까지 이르"[49]지만, 반대로 "육을 통해 인류에게 주어지는 이러한 가르침과 교화를 받을 자격이 없음은 물론, 가르침을 받아들여 잘 교화된 이들을 적대시하고 그들과 싸우기까지"[50] 하는 자가 되는 일도 있었다. 그래서 "죽을 운명을 지닌 인간들의 현세 삶이 내내 투쟁과 다툼으로 이어지"는 것이다.[51]

오리게네스는 인간이 신체를 갖는다는 것, 그리고 생리적 충동 및 성적 충동을 느낀다는 것을 그대로 인정하려 한다. 배고픔을 느끼는 것이 '자연'인 것처럼, 성욕을 느끼는 것도 자연인 것이다. "가령 우리가 배고

---

47 오리게네스, 『요한 복음서 주해』, 2권 3(『ヨハネによる福音注解』, 小高毅 訳, 創文社, 1984, 103쪽).
48 오리게네스, 『원리론』, 1권 6장 3, 이성효 외 옮김, 아카넷, 2014, 367쪽.
49 같은 곳.
50 같은 책, 366쪽.
51 같은 곳.

프고 목마른 원인이 악마라고 생각해야 하는가? 나는 아무도 감히 이와 같이 주장하지 못하리라고 생각한다. 악마가 우리의 배고픔이나 목마름 의 원인이 아니라면, 각 사람이 혼인 적령기에 이르고 타고난 성욕을 일 으키는 자극이 있는 이유는 무엇인가?"[52]

성욕을 느끼는 것은 자연의 사실이며 "육체에는 그것을 통해 자손을 남기기 위해 여성과 관계하려는 자연적 충동이 내재"되어 있다는 것이 다.[53] 그러나 그것도 그대로 긍정해서는 안 된다. 그것은 자연의 작용임과 동시에 '죄의 씨앗'이 되는 것이기도 하다. 그러므로 인간에게는 "자연의 작용으로부터 우리 죄의 출발점이 되는 것, 소위 죄의 씨앗과 같은 것"으 로서 신체와 성욕이 주어져 있다. 그러나 여기서 중요한 것은 이 '자연의 사실'을 계기로 인간은 진보의 길을 나아갈 수 있다는 것이다. 인간은 이 자연의 사실을 역으로 이용하여 자신의 절제의 의지를 단련할 수 있다. 인간의 인생은 하나의 '경기'인 것이다.

오리게네스는 신이 사람들 각자에게 어울리는 형태로 이 자연의 사 실을 안배했다고 생각했다. "경기를 감독하는 이들은 시합 참가자들을 정 해진 방식 없이 무작위로 경쟁하게 하지 않고 신체적 상태와 연령을 주의 깊게 검사한 뒤, 예를 들어 어린이는 어린이들과 어른은 어른들과 한 조 를 이루게 하여 공정하게 경쟁하도록 한다. 연령이나 체력에서 서로 비슷 하게 어울리는 방식으로 말이다. 신적 섭리에 관해서도 이와 같이 생각해 야 한다. 신적 섭리는 사람의 마음을 보는(「루카 복음서」, 16장 15 참조) 분 만 아시는, 각자가 지닌 덕의 정도에 따라 인간 삶의 투쟁으로 내몰린 모

52 같은 책, 3권 2장 2,650쪽.
53 오리게네스, 『로마서 주해』, 1부 5권 7(『ローマの信徒への手紙注解』, 小高毅 訳, 創文社, 1990, 330쪽).

든 이를 매우 공평하게 이끈다. 따라서 어떤 이는 육적인 것을 거슬러 투쟁하고 다른 이는 다른 것을 거슬러 투쟁한다. 어떤 이는 이런 기간 동안 다른 이는 저런 기간 동안 투쟁하고, 어떤 이는 이 [행동]이나 저 [행동]으로 육에 의해 자극받고 다른 이는 다른 [행위]로 자극받는다."[54]

인간은 자유로운 의지를 가진 경기자로서, 신으로부터 부여받은 격투에 참가하여 절제의 의지를 관철시킨다.[55] 여러 소질을 부여받은 인간들이 여러 입장에서 이 싸움에 참가한다. 인생은 절제의 싸움이다. "실제로, 대항하는 자가 없다면 어떻게 싸움이 되겠는가? (……) 어떤 자들이 파렴치 때문에 벌을 받지 않는다면, 어떻게 어떤 자의 정절을 찬양할 수 있을까? 싸움 앞에서 도망치는 자, 겁쟁이가 없다면, 어떻게 용기 있는 자가 갈채를 받는단 말인가."[56] 이리하여 "우리의 오체는 신을 위한 의로움의 무구(武具)가 된다"는 것이다.[57]

영혼의 불멸과 선악

이 싸움을 계속함으로써 인간은 이윽고 피안에서 '영혼의 그릇'으로부터 '영의 그릇'으로 변신할 수 있게 된다.[58] 이것은 신에 의한 '정련'[59]의 과정

---

54 오리게네스, 『원리론』, 3권 2장 3, 654쪽.
55 오리게네스가 스승 클레멘스와 달리 인간에게 '개인 영혼의 자기 결정'이라는 권능을 인정하려 했던 배경에는, 알렉산드리아라는 "의심스럽고 폭력적이기는 하지만 안정된 도회적 사회와 대립하는 그리스도교적 소집단과 영적 지도자"의 존재 방식을 반영한 것으로 생각할 수 있다. 이러한 사회학적 독해로는 J. Rebecca Lyman, *Christology and cosmology models of divine activity in Origen, Eusebius, and Athanasius*, Clarendon Press, 1993, p. 46.
56 오리게네스, 「제1강화(講話)」, 『창세기 강화』(『中世思想原典集成 1』, 小高毅 訳, 平凡社, 1995, 514쪽). 오리게네스가 스스로 거세했다고 전해지는 것도 이런 싸움의 필요성 때문이었으리라고 생각할 수 있다.
57 오리게네스, 『로마서 주해』, 1부 6권 1(ローマの信徒への手紙注解, 364쪽).
58 이기적 욕망 때문에 신의 망각 속에 있는 영혼이 "물질적 무게로 영혼을 짓눌러서 끌어들이는 것으로부터 몸을 떼어 놓음"으로써 "이 세상으로부터 자신을 해방하는" 수덕의 방법에 대해서

이며, "성인들이 이승에서 거룩하고 깨끗하게 살아 부활한 다음 빛나고 영광스러운 육체를 받듯이, 이승에서 오류의 어둠과 무지의 밤을 사랑한 불경한 이들은 이 세상에서 그들 정신의 내적 부분을 점유한 무지의 어둠이 미래에는 외적 육체의 외투처럼 보이도록 부활한 뒤 어둡고 시커먼 육체를 입게 되리라"[60]는 것이다.

오리게네스는 클레멘스와 마찬가지로 절제를 추구한다. 그러나 그것은 이 격투에서 패하지 않고 의지를 강고히 함으로써 '영광의 신체'로 다시 태어나기 위함이지, 그리스도교 사회를 유지하려는 클레멘스의 생물·사회학적 생각을 공유하는 것은 아니다. 죄의 씨앗인 신체는 격투 속에서 '정련'되어, 이윽고 부활의 때를 맞이할 때까지 끝없는 싸움을 계속하는 장소인 것이다. 여기서 신체에 대한 시선이 분명히 달라졌다.[61]

그리고 금욕자의 신체는 피안에서 '귀한 데 쓰이는 그릇'[62]이 되기 전에, 현세에서는 격투장인 동시에 신의 영광이 빛나는 장이기도 하다. "그런즉 사람은 [이전의 상태에서] 진보하며, 처음에는 '하느님의 영에게서 오는' 것을 이해하지 못하는 '영혼적 인간'이지만 가르침을 받아 영적 인간이 되고, '그 자신은 아무에게도 판단받지 않지만 모든 것을 판단하게 되는 단계에 이른다'(「고린도 전서」, 2장 14~15 참조). 따라서 육체의 상태

는 ルイ・ブイエ, 『教父と東方の靈性 : キリスト教神秘思想史 1』, 上智大学中世思想研究所 訳, 平凡社, 1996, 197쪽 이하를 참조하라.

59 오리게네스, 『원리론』, 2권 10장 6, 524쪽.

60 같은 책, 2권 10장 8, 526쪽.

61 오리게네스에게서 신체가 유혹의 원천임과 동시에 격투의 장으로서 양의적 의미를 갖고 있었다는 데 대해, 앨런 스콧은 "신체를 포함하는 물리적 세계는 이성적인 생물이 잃어버린 영성을 되돌리기 위한 수단으로서 주어진 '선물'의 성격을 갖는다. 신체를 가짐으로써 죄의 유혹은 커지지만 동시에 신체는 덕을 위한 기회를 제공하기에, 영혼의 조력자도 된다"고 지적한다 (Alan Scott, *Origen and the Life of the Stars : A History of an Idea*, Clarendon Press, 1991, p. 140).

62 오리게네스, 『원리론』, 3권 6장 6, 730쪽.

에 있어서도 영혼이 하느님과 결합하고 "[63]

이 오리게네스의 영혼의 격투 이론에 플라톤적인 영혼 불멸 이론이 흘러들어와 있다는 데 주목하자.[64] 오리게네스는 영혼이 신체 이전에 존재한다는 것을 반복하여 인정한다. 이를테면 요한이 어머니 태내에 있을 때부터 성령 충만해 환희하며 춤췄다고 성서가 전하는 것을 지적하면서, "요한의 영혼은 몸보다도 오래된 것으로서 존재하며 앞서 실재하고 있었다"[65]고 단언한다. 그리고 이 영혼은 죽음과 더불어 사라지지 않는다. "부후(腐朽)는 몸 이외의 것에는 군림하지 않"으며, 신을 본따 만들어진 '내적 인간'으로서의 영혼은 "썩지 않고 보이지 않는" 것이다.[66]

오리게네스는 인간의 영혼이 맹수로까지도 다시 태어난다는 것은 부정했던 듯하지만,[67] 신체는 썩고 영혼은 썩지 않는 이상, 전생(轉生) 이론이 이론적으로 요청된다. [그러나] 그리스도교 정통 이론에서는 영혼 불멸 이론을 인정하기 어려운데, [왜냐하면 그 이론에서] 영혼은 불멸하는 것이 아니라 피안에서 영적 신체와 더불어 부활하는 것이기 때문이다. 이런

---

63 같은 책, 731~732쪽.
64 오리게네스에게 영혼은 신체 생명의 원칙이며, 비물질적인 것이기 때문에 멸망하지 않는다고 여겨진다. 물질은 소멸하지만 물질적이지 않은 것에서 소멸은 의미를 갖지 않는다. 오리게네스는 신의 불멸과 동일한 논리로 영혼 불멸을 논하는 것이다. 이에 대해서는 Antonia Tripolitis, *Origen : A Critical Reading*, P. Lang, 1985, p. 26을 참조하라. 이 책은 또한, 영혼의 교육과 순화의 절차는 이 세상에서 완료되는 성질의 것이 아니기 때문에 완전히 정화된 영혼이라는 것은 이 세상에 존재하지 않게 된다고 지적한다(p. 30).
65 오리게네스, 『요한 복음서 주해』, 2권 30(『ヨハネによる福音注解』, 146쪽). 또한 『원리론』, 1권 7장 4(『諸原理について』, 108쪽)에서도 "태내에서 형을 밀어낸 야곱의 영혼이 어떻게 신체와 더불어 동시에 만들어졌다고 생각할 수 있을까?"라고 지적된다.
66 오리게네스, 『로마서 주해』, 1부 7권 1(『ローマの信徒への手紙注解』, 435쪽).
67 오리게네스, 『원리론』, 1권 8장 4, 390쪽. "어떤 영혼들은 이성적인 본성과 품위를 잃어버리고 비이성적 존재 즉 짐승"으로까지 떨어질 정도로 타락한다는 이론은 받아들여서는 안 된다고 단언하는데, 다른 근거들로부터 이 부분은 의심받고 있다. 같은 책, 376쪽의 일본어판 옮긴이 주 참조.

이유로 오리게네스는 언제나 이단의 냄새를 풍기게 된다.[68]

그런데 오리게네스가 대항했던 두번째 그노시스 학파의 이론은 구약의 신이 의로움의 신이며, 신약의 신이 선의 신이라는 이신론(二神論)이었다. 그노시스 학파는 더 나아가 구약의 신은 악이며, 예수야말로 진정한 신으로부터 파견된 구원자라는 주장을 전개했다. 이 이신론은 인간이 타락했기 때문에, 신이 선의 신이라면 이 세계에 이 정도로 악이 있을 리가 없다는 직관적 신념 때문에 필요해졌다.

그리고 앞서 고찰한 질적으로 차이 나는 인간 개념의 배경에도 이 이신론적 사고방식이 숨어 있었다. 인간이나 천사 등 "천상의 존재들뿐 아니라 인간 영혼들이 지닌 여러 이성적 본성들이 서로 다른 창조주에 의해 만들어졌다고 상상하는 자들의 그 어리석고 불경스런 이야기"[69]라고 오리게네스가 비판하는 것처럼, 그노시스 학파는 구원되지 않는 사람들은 악한 신의 창조물이라고 주장했기 때문이다.

인간에게 '선의 나무'와 '악의 나무'가 있고 인간의 본성으로 선악이 결정된다는 숙명론에 대해서도, 오리게네스는 인간의 자유 의지 이론과

---

68 오리게네스의 영혼 선재론과 윤회 사상이 항상 이단으로 의심받았다는 데 대해서는, 예컨 대 有賀鐵太郞, 『オリゲネス硏究』, 全国書房, 1946, 412쪽 이하를 참조하라. 또한 영혼 불멸을 부정하고 신체의 부활을 주장하는 이론이야말로 그리스도교 이론의 핵심임에도 불구하고 그리스적 영혼 불멸 이론이 그리스도교 교의 속에 들어가 있다는 데 대해서는 ed. Krister Stendahl, *Immortality and Resurrection*, The Macmillan Company, 1965를 참조하라. 특히 예거(Wermer Jaeger)의 수록 논문 「불사에 대한 그리스의 이념」은 오리게네스가 "플라톤으로부터 채용한 완전히 우주론적인 영혼의 드라마를 그리스도교 교의 안에 집어 넣었다"고 지적한다(p. 112). 또한 클레멘스, 오리게네스, 니사의 그레고리우스에게서 공통적으로 발견되는, 신을 향한 상승의 개념이 갖는 신플라톤주의적 경향이 갖는 의미에 대해서는 ニーグレン, 『アガペーとエロース II』를 참조하라. Joseph W. Trigg, *Origen*, Routledge, 1988, pp. 63~64 에서는 오리게네스의 이 방법이 니사의 그레고리우스의 에펙타시스 사상에 강력한 영향을 주었음을 보여 준다.

69 오리게네스, 『원리론』, 1권 8장 2, 384쪽.

신의 섭리(프로노이아) 이론으로 대항한다.[70] 인간이 신과 합일하기 위해서는 인간의 자유 의지와 영적인 존재자에 의한 파이데이아가 필요했다. 인간이 진보하거나 퇴보하기 위한 존재론적 조건을 정하는 것은 신의 프로노이아(섭리)와 스스로 선악을 선택하는 인간의 자유 의지이다.[71]

오리게네스는 인간의 구원을 위해서는 신의 섭리와 사랑이 불가결하다는 것을 강조한다. 인간은 스스로의 힘만으로 구원의 사다리를 올라갈 수 없기 때문이다.[72] 신은 인간 혼의 병을 치유해 주지만, 그러기 위해서는 자기 혼의 병을 인식하고 신의 동정에 의지할 수밖에 없는 것이다. 그리스도는 의사인데, "모든 사람에게 의사로서 작용하는 것이 아니라, 다만 자신의 병을 자각하고 건강을 회복하기 위해서 그의 동정에 의지하는 사람에 대해서만" 그렇다.[73]

---

70 오리게네스는 이 격투기의 장에서 자유 의지뿐만 아니라 양심(쉰에이데시스)이 '교육자'(파이다고고스)로서 영혼을 인도하는 역할을 한다고 생각했다고 한다. 이에 대해서는 Johannes Stelzenberger, *Syneidesis bei Origenes : Studie zur Geschichte der Moraltheologie*, Ferdinand Schoningh, 1963, p. 21을 참조하라. 바오로와 필론을 경유하여 계승된 양심이라는 개념이 영혼 불멸과 깊은 관계를 갖는다는 것은 "정신 즉 양심은 죄를 범할 때에, 그 인(印) 및 형상을 자기 자신 안에 비추어 낸 모든 것을 신의 힘을 통해 상기하고, 흉하고 비열한 행위 혹은 불경한 행위 각각을 자기 죄가 개시된 역사로서 눈앞에 보게 된다"(오리게네스, 『원리론』, 2권 10장 4)는 말만 보더라도 명백하다.

71 Trigg, *Origen*, p. 49에서는 신의 섭리가 인간의 자유 의지와 더불어 작동한다고 하는 오리게네스의 이론은 신의 섭리를 인간의 자유 의지와 대립시키는 아우구스티누스의 이론에 대항하는 이론적 틀로 이용되었다고 지적한다. 또한 Antonia Tripolitis, *The Doctrine of the Soul in the Thought of Plotinus and Origen*, Libra, 1978은, 오리게네스에 따르면 신은 인간의 영혼을 창조하고 이것이 자기 곁으로 되돌아오도록 규율과 교육을 부과하기 위해서 땅의 신체와 물질의 우주를 창조했으며, 이 세계는 "영혼 훈련 학교"라고 지적한다(p. 103). 그러므로 이 세계의 악도 인간 영혼의 훈련을 위해서 존재한다는 것이다. 여기에 오리게네스의 변신론의 토대가 있다. 또한 오리게네스에게 있어서는 성서 텍스트의 알레고리적 해독이, 신을 바라보고 신에 이르는 사다리를 오르는 행위 자체였다는 것에 대해서는 A. ラウス, 『キリスト敎神秘思想の源流 : プラトンからディオニシオスまで』, 水落健治 訳, 教文館, 1988, 126쪽을 참조하라. 구원의 사다리를 오르기 위해서는 신의 계시의 말이 필요했던 것이다.

72 오리게네스, 『원리론』, 2권 7장 3, 478~479쪽).

73 같은 곳. 의사로서의 신이 각각의 환자에게 어울리는 치료법을 알고 있다는 것에 대해서는,

오리게네스의 결혼관

이렇게 오리게네스는 인간의 신체를 영적 진보를 위한 싸움의 장으로 여겼으므로, 결혼과 성관계는 이 싸움에 부정적 효과를 끼친다고 생각했다. 앞서 지적한 것처럼, 오리게네스는 인간의 신체와 그 성적 욕망을 '자연적 사실'로 간주한다. 그러나 오리게네스는 클레멘스처럼, 거기서 그리스도교 사회의 토대가 되는 것을 이끌어 내려고 하지는 않는다. 오리게네스에게 있어 인간의 성적 욕망에는 어떤 종류의 '더러움'이 달라붙어 있는 것이다. 오리게네스는 "아이를 얻고 낳아 수유하는 등 자손을 남기는 데 있어 부끄러운 행위" 중에 "얼마나 큰 허영과 얼마나 큰 부패가 숨어 있는지"[74]를 생각해 보라고 말한다. 인간의 성적 욕망은 "육의 본래적 움직임과 교사(教唆)"에 기초하는 것인데, 영혼은 이 육과의 관계에 의해 '부정'과 얽히지 않을 수 없게 되며, "마음에 받은 할례"를 통해서 "정신을 맑게 하고 악습의 여러 더러움을 지워야"[75] 한다는 것이다.

이렇게 성관계가 영혼에 더러움을 야기한다고 전제되기 때문에, 오리게네스에게서는 인류의 네 계급 구조와는 별개로, 신도에서의 계층 구조가 성립되게 된다. 최고 지위에 서는 것은 12명의 사도들이며, 여기에 순교자들이 이어진다. 이들은 행위에 의해 성스럽다고 여겨진 사람들이다. 여기에 이어지는 것이 처녀=동정들이다. 이것은 행위라기보다는 성행위를 아직 모른다는 의미에서 존재론적 지위이다. 신이 기뻐하시는 "성스러운 산제물은 더럽혀지지 않은 몸이다".

Tripolitis, *The Doctrine of the Soul in the Thought of Plotinus and Origen*, p. 103을 참조하라.

74 오리게네스, 『로마서 주해』, 1부 7권 4(『ローマの信徒への手紙注解』, 436쪽).
75 같은 책, 1부 2권 13(132쪽).

그다음이 금욕자들이며 마지막에 오는 것이 결혼한 자들이다. 오리게네스는 부부들에 대해서도 '성스러운 산제물'의 가능성을 아주 조금 인정한다. 부부라도 "서로 납득한 상태에서 잠시 동안 완전한 기도의 시간을 보내는 사람들은 다른 점에서도 바르게 행동한다면",[76] 그 몸을 성스러운 산제물로 드릴 수 있을지도 모르기 때문이다.

이렇게 "이 세상에 태어나는, 그리고 태어난 모든 사람은 낙원에 있던 시절의 아담의 허리 안에 있었"[77]으며, 현재 때문에 육의 더러움으로부터 벗어날 수 없는 것이다. 바오로는 "남편 여러분, 아내를 사랑하십시오"라고 말했지만(「골로새서」, 3장 19), "자기 아내를 향한 남편의 사랑이 추잡스러울" 수도 있는 것이다.[78] 교부들에게 부부의 애정은 언제나 어딘가 의심스러운 요소를 품고 있는 것이었다. '육의 사랑(에로스)'은 사탄에게서 유래하며, 신에게서 유래하는 영의 사랑(에로스)과는 양립할 수 없다. "당신이 육을 사랑한다면 영의 사랑을 [마음에] 품을 수 없"기 때문이다.[79]

그러나 이 원죄를 둘러싸고 인간을 구원의 길로 나아가게 할 수 있는 자가 단 한 명 존재한다. 바로 예수이다. "우리들 인간은 모두 여자와 관계한 남자의 씨앗에 의해 수태된 것으로서, 필연적으로 '정녕 저는 죄 중에 태어났고 허물 중에 제 어머니가 저를 배었습니다'(「시편」, 51장 7)라는 다

---

76 같은 책, 2부 9권 1(575쪽). 여기서 "서로 납득한 상태에서"라고 쓰여진 것에 주의가 필요할 것이다. 결혼함으로써 부부는 서로의 신체를 사용하는 관계에 들어간다. 아내나 남편은 상대방의 승낙 없이 상대의 신체를 사용할 수 없고, 상대방의 승낙 없이 자신의 신체가 사용되는 것을 거부할 수 없다. 오리게네스는 부부 사이에서의 일방적인 금욕은, 상대방의 권리를 부정하는 것이고 역효과를 가져온다고 생각한다. "부부는 혼자서가 아니라 함께 주님께 이르는 길을 걸어야 한다"는 것이다. Henri Crouzel, *Virginité et marriage selon Origène*, Desclée de Brouwe, 1962, p. 169를 참조하라.

77 오리게네스, 『로마서 주해』, 1부 5권 1(『ローマの信徒への手紙注解』, 291쪽).

78 오리게네스, 『아가 주해·강화』, 제2강화 1(『雅歌注解·講話』, 小高毅 訳, 創文社, 1982, 255쪽).

79 같은 책, 제1강화 1(241쪽).

윗의 말이 적용됩니다. 그렇지만 남자와 닿은 적 없는 처녀와, 처녀의 위에 임하신 성령의 그림자를 두른 지극히 높은 분의 힘에서만 유래하는 것으로서 더럽지 않은 몸에 오신 분"[80]의 힘에 의해 인간은 이 더러움으로부터 구원받는 것이다.

오리게네스는 그리스 철학의 전통에 대항하기 위한 중요한 거점을 이 처녀 수태에서 끌어낸다. 그리스 철학자 켈수스는 예수가 처녀에게서 태어났다고 하는 것이 그리스도교가 망상에 기초한 종교라는 중요한 증거라고 생각했다. 켈수스는 예수가 시골의 가난한 실 잣는 여자에게서 태어난 것을 숨기기 위해 "거짓으로 자기 스스로 처녀의 아들이라 사칭하고 있다"[81]고 비난했다.

그리스도교회 안에서도, 바오로는 처녀 수태에 대해 전혀 모르고 있고, 복음서에서도 처녀 수태를 이야기하는 것은 마태오와 루카뿐이다. 초기 그리스도교 문헌도 「12사도의 교훈」에서 「클레멘스의 편지」에 이르기까지, 처녀 마리아에 대해 전혀 언급하지 않는다.[82] 마리아가 처녀라는 것이 강조되게 되는 것은 2세기 유스티누스 무렵부터이며, 유스티누스는 『유대인 트뤼폰과의 대화』에서 "우리의 그리스도를 제외하면, 육에 의한 아브라함의 민족 중 그 누구도 처녀에게서 태어난 자는 없다"[83]고 주장한

---

80 오리게네스, 『로마서 주해』, 1부 6권 12(『ローマの信徒への手紙注解』, 413쪽).

81 오리게네스, 『켈수스를 논박함』, 1·28, 63쪽.

82 Giovanni Miegge, *The Virgin Mary : The roman catholic marian doctrine*, Westminster Press, 1955, p. 36을 참조하라. 다만 2세기 이래 민중의 상상력 속에서 마리아 이야기가 '모판'의 기능을 했다는 것에 대해서는 Averil Cameron, *Christianity and the Rhetoric of Empire : The Development of Christian Discourse*, University of California Press, 1991, p. 106을 참조하라. 나중에는 수도사 이야기가 비슷하게 이야기의 모판이 된다는 것에 대해서는 p. 113f를 참조하라. 수도사 이야기가 사람들의 삶의 모델로서 사용되었다는 것에 대해서는 p. 153을 참조하라. 마리아를 '신의 어머니'(테오토코스)라고 처음으로 부른 것이 오리게네스였다는 것에 대해서는 小高毅, 『オリゲネス』, 清水書院, 1992, 164쪽을 참조하라.

다. 그리고 "처녀이면서 더러움 속에 있던 이브는 뱀의 말을 듣고 불순종과 죄를 초래했"지만, 마리아는 신앙과 기쁨을 통해 순종적으로 천사의 말에 따랐다는 것을 지적하는 것이었다.[84]

이 새로운 이론에 의거한 오리게네스는, 예수가 처녀 마리아에게서 태어났다는 데서 큰 가치를 끌어낸다. 유스티누스는 유대교 이론에 대항하기 위해 마리아의 처녀성을 강조했는데, 오리게네스는 그리스 철학의 이성적 이론에 대항하기 위해 마리아의 처녀성을 강조한다. "오리게네스는 저작에서 마리아의 영원의 처녀성을 명확히 설명한 최초의 신학자"[85]라고 말할 수 있다.

오리게네스는 예수가 처녀 마리아에게서 태어나야 하는지, 결혼한 마리아에게서 태어나야 하는지, "성교를 하고 여성적 정열에 의해 임신하는 여자"에게서 태어나야 하는지, "아직 순결하고 깨끗한 처녀(파르테노스)"에게서 태어나야 하는지를 자문한다. 그리고 '신은 우리와 함께 있다(임마누엘)'고 불리는 예수는 처녀의 몸에서 태어나야 한다고 단언한다. 예수에게는 "정욕의 충동에 의해 수태된 자들에게 전해지는 죄의 더러움"이 없다는 것이다.[86] 그리고 오리게네스에게서 처음으로, 처녀 마리아 이론이 금욕 이론과 연결되게 된다.

이렇게 해서 오리게네스는 부부의 침대 위가 아닌 신체라는 장에서 "영혼이, 몸을 추종하는 것과 육의 유혹을 꺼리며, 감미로운 사랑을 통해 신과 단단히 연결되고, 신과 하나의 영이 될 만큼 완성의 영역에 도달"하

---

83 유스티누스,『유대인 트뤼폰과의 대화』, 66절(『中世思想原典集成 1』, 81쪽).
84 같은 책, 100절(번역 없음).
85 Crouzel, *Virginité et marriage selon Origène*, p. 84 참조.
86 오리게네스,『로마서 주해』, 1부 6권 12(『ローマの信徒への手紙注解』, 413쪽).

도록,[87] 신에게 이르는 사다리를 계속 올라가도록 요구했던 것이다.

4. 결혼의 불안 : 니사의 그레고리우스

오리게네스로부터 강한 영향을 받은 니사의 그레고리우스는 시리아의 안티오케이아 근교 카파도키아에서 활약했던 교부이다. 바실레이오스나 나지안조스의 그레고리우스와 더불어 카파도키아의 삼교부라 불리며, 알레이오스 학파와의 논쟁에서 삼위일체설을 확립하는 데 공헌했다. 이세 명은 절친한 사이이며 바실레이오스는 수도원 전통을 확립했다. 세 명모두 성교를 끊고 순결을 유지하는 것을 중시했다. 특히 니사의 그레고리우스는 시인 같은 성격으로, 고독과 고립을 추구하는 경향이 있었기 때문에 그에게 결혼은 복잡한 문제를 낳는 것이었다.

결혼에 대한 그레고리우스의 생각은 삼위일체론을 본뜬 듯 극히 변증법적이다. 우선 그레고리우스는 결혼이 사회의 기반임을 인정한다. 사람들이 생식을 계속하지 않으면 그리스도교 사회는 존속할 수 없다는 것을 인정하는 것이다. 그레고리우스는 생식 기관에 대해 이렇게 쓴다.

> 생식 기관은 미래에 대한 배려를 나타내고 그것들을 통해서 인간성의 지속을 도입한다. 그래서 그 유용성에 주목해 본다면, 이 생식 기관들은 보다 고귀하다고 여겨지는 기관 중 어느 것 다음에 이어지는 것일까? 어느 기관보다는 존중 받을 만하지 않다고 이치에 맞게 판단할 수 있을까? 왜냐하면 눈, 귀, 혀 혹은 다른 어떤 감각 기관을 통해서도 우리의 종족 유

---

87 같은 책, 1부 7권 12(474쪽).

지를 확보할 수는 없기 때문이다. 그것들[눈, 귀, 혀 혹은 다른 어떤 감각 기관]은 지금 말한 것처럼 현재를 향유하기 위한 것이지만 이 기관[생식기관]에 의해서는 인간성의 불사가 유지된다.[88]

이렇게 생식 기관은 인간성의 미래를 확보하기 위한 것이다. 그러나 그레고리우스의 생식성 찬양에는 어두운 그림자가 드리워져 있다. 인간은 미래를 확보하면서 생식함으로써 죽음을 향해 나아가기 때문이다. 오히려 그레고리우스가 여기서 생식을 옹호하는 것은, 예수가 마리아의 태로부터 나왔다는 사실을 변호할 필요가 있기 때문이기도 하다.

그레고리우스는 「처녀에 대하여」라는 논문에서, 우선 미혼자들을 부러워하는 말을 연달아 쓴다. 이미 결혼해 버린 자들은 아직 미혼의 길을 선택할 수 있는 사람들을 바라보면서 마치 "절벽에서 떨어져 내리는 물을 바라보면서 그 물을 마실 수 없는 목마른 사람"처럼 느끼는 것이다.[89]

결혼한 부부는 아이를 키우며 둘이서 서로 사랑하는 풍요롭고 행복한 한 쌍처럼 보일지도 모른다. 그러나 사실 행복한 기혼자는 언제나 남들의 질투와 증오, 나쁜 정념, 불안에 시달린다. 자신들의 장래에 대해서나 아이들의 장래에 대해 두려워하며, 죽음이나 재난을 두려워하고 "자기

---

88 니사의 그레고리우스, 『교리 대강화』, 28장(『中世思想原典集成 2』, 平凡社, 1992, 574쪽). 카파도키아 세 교부의 사상과 실천에 대해서는 Elm, *Virgins of God*가 상세하다. 일본에서의 연구서로는 宮本久雄, 『愛の言語の誕生: ニュッサのグレゴリオスの「雅歌講話」を手がかりに』, 新世社, 2004; 谷隆一郎, 『東方教父における超越と自己: ニュッサのグレゴリオスを中心として』, 創文社, 2000; 土井健司, 『神認識とエペクタシス: ニュッサのグレゴリオスによるキリスト教的神認識論の形成』, 創文社, 1998등이 참고할 만하다.

89 그레고리우스, 「처녀에 대하여」, 3장. 영역은 *A Select Library of Nicene and Post-Nicene Fathers of the Christian Church*(그리스도교 교부들 텍스트의 영역본을 수록한 이 시리즈를 이하 *NPNF*로 약칭한다), Second Series, Vol. 5, p. 245.

안에서 전쟁을 벌이고 있는"[90] 것이다.

사람들의 가정에는 "식욕, 정념, 억제되지 않은 무구속의 사치, 권력의 욕망, 명예의 허영, 도덕적 폭도들"이 모조리 들어온다. 이 악덕들은 마치 "연쇄"를 일으키는 것처럼 "나눌 수 없는 도덕적 병의 연동"[91]이 되어 차례차례 가정에 침입한다. 자신의 노후를 위해, 아이의 장래를 위해, 사소한 배려가 또 다른 욕망을 낳고 하나의 욕망이 다른 욕망을 끌어내어 온 집안이 욕망과 악덕에 물들어 버리는 것이다. 여기서는 자손의 확보라는 제3원칙이, 쾌락의 부정이라는 제2원칙을 손상시키는 계기로 생각되고 있는 것이다.

결혼은 분명 아이를 낳고 사회 존속의 기초가 되는 것이다. 그러나 "아이를 신체적으로 사회에 가져다주는 것은(화내지 말고 들어주었으면 하는데), 삶의 시작임과 동시에 죽음의 시작이기도 하다. 탄생의 순간부터 죽음의 절차가 시작되기 때문이다".[92] 몸으로 태어난 자는 몸으로 망한다. 삶은 죽음의 시작이다. 타오르는 불 속으로 나뭇가지를 계속해서 집어넣지 않으면 불은 꺼지고 말 것이다. 불은 그 자체만으로 계속해서 타오를 힘이 없다. 죽음도 마찬가지이다. "결혼이 죽음에 계속해서 재료를 제공하며, 사형 집행자에게 계속해서 희생자를 제공하는 것을 그만둔다면 죽음의 힘은 더 이상 작동할 수 없다."[93]

그러므로 결혼하기를 그만둔다면 죽음은 힘을 잃는다. 처녀들(그레고리우스는 남성에 대해서도 말하지만, 이하에서는 동정인 남성을 포함하여 처

---

90 같은 책(*Ibid.*, p. 346).
91 같은 책, 4장(*Ibid.*, p. 350).
92 같은 책, 13장(*Ibid.*, p. 359).
93 같은 책(*Ibid.*, p. 360).

녀라고 부르겠다)은 삶과 죽음 사이의 경계선이 되는 것이다. 이 부근에서 그레고리우스의 사유는 험하고 좁은 길로 들어간다. 그리스도교 사회에서 생식의 의미를 용인하면서도, 목마른 자가 물을 마시는 것처럼, 처녀의 삶의 빛이 결혼이 갖는 자명한 의미를 무디게 만들어 버리는 것이다. 삶과 죽음의 연쇄라는 절차는 처녀에 의해서 격파된다. "처녀성에 의해서 이 절차에 저항하는 자는, 자기 자신 안에 삶의 경계선을 그은 것이다. 자신의 행위를 통해 이 절차의 진행을 멈춘 것이다. 실제로 자기 자신의 삶과 죽음의 경계로 만들었으며, 자신의 몸을 엄습하는 죽음에 대한 장벽이 되는 것이다. 그리고 죽음이 처녀성이라는 경계를 넘지 못하고 그 힘이 억눌리며 파괴되었다면 처녀성은 죽음보다도 강하다는 것이 증명된 것이다."[94] 처녀를 유지하는 것은 "죽음의 숙명의 장벽"[95]이 되어 결혼 생활 속에서 죽음을 향해 재깍재깍 움직이는 "시계"[96]의 진행을 멈춘다.

이 죽음보다도 강한 신체는 "죽어가는 세계에 더 이상 기여하지 않고", "천사에 가까운 성격의 것"[97]이 된다. 그레고리우스는 처녀를 칭찬하면서 처녀의 신체는 타락하기 이전의 아담에 가까워진다고까지 주장한다. 처녀는 자손 낳기를 중지함으로써 아담으로부터 이어지는 원죄를 사라지게 하기 때문이다. "이러한 신체에서는 최초의 인간과 처녀의 삶 사이에 개재하고 있던 붕괴와 죽음의 길고 견고한 연쇄가 중단되기"[98] 때문

---

94 같은 책(*Ibid.*, p. 359).
95 Virginia Burrus, *Begotten, Not Made : Conceiving Manhood in Late Antiquity*, Stanford University Press, 2000, p. 93. 버러스는 그레고리우스가 이 문장을 쓴 것은 독자를 아름다운 글의 파도에 실어 "진정한 처녀성"을 이해하는 사다리의 첫번째 단을 밟게 하려 했던 것이라고 지적한다(p. 90).
96 Brown, *The Body and Society*, p. 297.
97 그레고리우스, 「처녀에 대하여」, 13장(*NPNF*, Second Series, Vol. 5, p. 360).
98 같은 곳(*Ibid.*, p. 359).

이다. 처녀는 원죄 이전의 아담과 동일한 지위로까지 상승하게 된다.

그러기 위해 필요한 것이 단순히 성욕을 끊는다는 한 점에 집중되어 있다는 데 주목해 보자. 앞으로 검토하겠지만, 수도사들은 몇십 년 동안의 가혹한 금욕, 정욕과의 전투 이후에도 여전히 자신의 정욕에 시달린다. 그러나 그레고리우스의 처녀들은 단순히 성욕의 충족을 방기함으로써 "더러움 없는 거울"이 될 수 있는 것이다. 그레고리우스는 "영혼과 견고한 신성의 결합은, 처녀가 자신의 처녀 상태를 극한의 순수함으로 유지함으로써만 실현될 수 있다"[99]고 말한다. 그리고 이 순수함은 처녀에 의해서만 실현될 수 있다. 신과의 결합은 처녀의 신체라는 존재론적 규정에 의해 가능하게 되는 것이다.

플라톤에서는 이데아의 세계를 볼 수 있게 되기 위해 에로스의 힘이 필요했다. 그러나 그레고리우스에서는 이 에로스를 폐절함으로써만 이데아의 세계를 바라볼 수 있다. "모든 종류의 악덕의 힘으로부터 정화된 자에게는, 본질적인 것이며 모든 미와 모든 선의 원천인 미 자체가 보이게 된다. (……) 진정한 처녀성, 정결에 대한 진정한 열의는 단지 이 목적, 즉 신을 바라보는 힘을 획득하는 것이 최상인 것이다."[100]

이 처녀의 상태로 인간은 "본성상 정념으로부터 자유"로운 것이 된다. 아담은 "뭐든지 말하는 솔직함(파레시아)으로 가득 차 있었다. 신의 현현 자체에 직면하는 것을 기뻐했기 때문이다".[101] 그러나 처녀는 이 최초의 인간 아담에게로 되돌아갈 수 있는 것이다. 처녀는 처녀라는 것만으로도 파레시아스테스가 될 수 있다.

---

99 같은 글, 11장(*Ibid.*, p. 356).
100 같은 곳.
101 그레고리우스, 『교리 대강화』, 6장(『中世思想原典集成 2』, 530쪽).

이러한 결혼 포기가 그레고리우스에게 자기 배려와 동일한 의미를 갖고 있었다는 점이 매우 흥미롭다. 「처녀에 대하여」라는 논문에서 그레고리우스는 잃어버린 은화의 비유를 통해 자기 배려를 설명한다. "잃어버린 은화는 자기 집에서, 자기 곁에서 찾아야 한다"[102]는 것이다. 푸코가 지적하는 것처럼 처녀는 "결혼을 포기하고 육욕으로부터 해방"되어 "마음과 육체의 순결성에 힘입어 상실한 불멸성을 되찾을 수"[103] 있는 것이다. 푸코는 이것이, 자기 배려가 '그리스도교적 금욕주의의 모태'가 되었음을 보여 준다고 생각한다.[104]

물론 이 처녀의 신체는 실제로는 깨지지 않는 것도 아니고 죽음에 굴복하기도 한다. 그러나 결혼하는 삶은 죽음의 희생자를 늘릴 뿐이며, 어머니의 죽음은 가까운 사람과의 이별이지만, 처녀는 새로운 땔감을 죽음에 던지지 않는다. 이렇게 그레고리우스는 처녀의 신체에 매우 높은 가치를 부여한다. 결혼하는 삶은 정념과 질투의 위협에 시달리는 위험한 삶이었던 것이다.

5. 결혼의 신학자 : 크뤼소스토무스

고대의 향락 도시에서

'황금 입'이라고 불릴 정도로 설교를 잘했던 요한네스 크뤼소스토무스가 활약했던 안티오케이아는 소아시아이면서도 그리스적 전통을 가진 도시로 유명했다. 이 도시의 귀족 계급 출신으로 크뤼소스토무스의 스승인 바

---

102 그레고리우스, 「처녀에 대하여」, 12장(*NPNF*, Second Series, Vol. 5, p. 358).
103 Foucault, *L'Herméneutique du sujet*, p. 474[『주체의 해석학』, 520쪽].
104 *Ibid.*, p. 12[같은 책, 53쪽].

니우스도 안티오케이아에 대해, "실제로 본 적이 없더라도 소문으로 완전한 지식을 얻을 수 있다. 땅과 바다의 모든 구석에 이 도시의 명성이 퍼져 있기 때문"[105]이라고 자만할 정도였다.

이 도시에는 그리스적 체육관뿐만 아니라 로마의 아레스 신전, 제우스·올림피쿠스 신전, 올림픽 경기용 크토스토스와 플레토리온, 다수의 공중목욕탕이 건조되었고 거대한 공중목욕탕의 마루나 벽을 정밀한 모자이크로 장식했다. 발렌스 황제(통치 364~378년)가 건조한 새로운 '발렌스 광장'의 "노천 부분은 네 개의 열주랑으로 둘러싸여 있었다. 각 열주랑은 거울판이 달린 천장, 벽화, 다채로운 대리석, 모자이크화 등으로 장식되어 있었다. 열주는 살로나산 대리석으로 만들어 졌고, 지붕 달린 열주랑은 조상으로 장식"[106]된 호화로운 것이었다.

이 도시는 크뤼소스토무스의 시대에 이미 그리스도교화되어 있었지만, '배교자' 율리아누스 황제의 반동으로 아직 이교의 전통이 강했다는 것은 율리아누스 황제에 영향을 끼쳤던 수사가 리바니우스(Libanius)의 활약으로 볼 때도 명백하다. 호사스러운 건조물 이면에서는 계급 분화가 진행됐고 부유한 유력자들 밑으로 부가 축적되는 한편, 곡물 가격이 상승하여 많은 사람들이 배고픔에 허덕이고 있었다.

그리고 이 영화로운 도시의 그리스도교도들은 이교도들과 더불어 유혹에 노출되었다. "왕궁에 안내하여 왕좌에 앉아 있는 왕을 보고 나서 왕

---

105 Libanius, *Autobiographies and Selected Letters*, vol. 1, trans. A. F. Norman, Harvard University Press, 1992, Vol. 1, p. 54.

106 G. ダウニー, 『地中海都市の興亡』, 小川英雄 訳, 新潮社, 1986, 170~171쪽. 4세기경의 안티오케이아와 콘스탄티노플의 상황과 크뤼소스토무스의 생애에 대해서는 켈리의 크뤼소스토무스 전기 『황금 입』이 상세하다(J. N. D. Kelly, *Golden Mouth : The story of John Chrysostom, Ascetic, Preacher, Bishop*, Cornell University Press, 1995).

좌 대신 극장에 가려는 사람이 어디 있겠는가? 하물며 왕궁에 간다 한들 아무것도 얻을 것은 없다. 그러나 여기서는 이 책상으로부터 불의 영적인 우물이 샘솟는다. 그런데도 너는 이 영적인 우물을 방치하고 여자가 헤엄치는 것을 보러 극장으로 달려가는 것이다. 너는 우물 옆에 앉아 계신 그리스도를 방치하고 불명예로 달려가려 한다.”[107]

이 무렵 안티오케이아에 건조된 ‘물의 극장’에서는 나체의 처녀들이 님프와 바다의 여신으로 분하여 헤엄치는 모습이 호평을 받아, 부유한 남녀 그리스도교도들이 이를 보며 즐겼다. 크뤼소스토무스는 이 광경을 한탄한다. “악마의 샘에 이르러 창녀가 헤엄치는 모습을 바라보며 영혼의 좌초를 야기하는 것이다. 창녀가 알몸으로 헤엄치며, 너희가 그것을 바라볼 때 예술은 깊은 음행으로 가라앉는다.”[108]

결혼이라는 ‘요새’

이렇게 향락의 도시 안티오케이아에서 주교가 된 크뤼소스토무스에게 향락으로부터 신도들을 지키는 중요한 ‘요새’가 되는 것이 가정이었다. 결혼해 가정을 가짐으로써 남자들이 도시를 떠돌지도 않고 유곽이나 극장에 뻔질나게 드나들지도 않게 될 것이라고 크뤼소스토무스는 생각했다. 확실히 자손을 남기는 것은 유대교 이래로 결혼의 중요한 목적이며, 유대교와 테르툴리아누스 등의 교부들에게 결혼의 거의 유일한 목적이었다. 그러나 크뤼소스토무스에게 자손을 남기는 것은 그다지 중요하지 않다. 이 도시에는 이미 인구가 넘쳐나며 배를 곯는 사람들이 너무 많기

---

107 크뤼소스토무스, 『마태오의 설교』, 제7설교(*NPNF*, Vol. 10, p. 46).
108 같은 곳.

때문이다.

"결혼에는 두 가지 목적이 있다. 우리를 정결하게 하는 것과 우리를 부모로 만드는 것이다. 이 두 가지 중에서 정결의 목적이 우선시된다. (……) 게다가 결혼해서도 아이가 없는 부부도 많다. 그러므로 세계 전체가 우리의 아이들로 가득 차 있는 이런 시대에는 특히 정결의 목적이 우선시되는 것이다."[109]

생식이 결혼의 중요한 목적이 아니라는 것이, 아이 없는 부부가 있다는 소극적 이유만으로 주장되지는 않는다. 그리스도와 더불어 부활의 희망이 생겨났기 때문이기도 하다. 생식이 결혼의 중요한 목적이었던 것은 "부활의 희망이 없을 때의 일이며, 죽음이 맹위를 떨치던 시절의 일이다. 그리고 죽어가는 사람들은 이 생 이후에 사라져 버리는 것을 두려워했다". 그러나 "이제 부활이 우리의 문 앞에 있으며, 죽음에 대해 말하는 것이 아니라 이 세상보다 좋은 세상으로 나아가는 것에 대해 이야기하게 되었다. 그러므로 생식의 욕망은 불필요해진 것이다."[110]

그럼에도 불구하고 사람들은 결혼함으로써 사회를 구축할 수 있다. "남편과 아내의 사랑은 사회를 통합하는 힘이다. (……) 가정에 조화가 넘쳐 흐르게 되면 아이도 제대로 양육되고 가정은 바르게 다스려져 이웃, 친구, 친족은 그 결과를 칭찬한다. 이리하여 가정과 국가 모두에 바람직한 위대한 이익이 생겨난다. 그렇지 않으면 모든 것이 혼란에 말려들어 모든 것이 전도되어 버린다."[111]

---

109 크뤼소스토무스, 「결혼에 대한 설교」(St. John Chrysostm, *On Marriage and Family Life*, trans. P. Roth and David Aderson, St. Valdimir's Seminary Press, 1986, p. 85).
110 같은 곳.
111 크뤼소스토무스, 「에베소서 설교」, 제20설교(*Ibid.*, pp. 44~45).

바로 그렇기 때문에 결혼이라는 제도는 사회에서 중요한 역할을 하는 것이다. "결혼이 존재하는 것은 반려의 원조를 향유하고, 항구와 피난처를 확보하며, 우리를 덮쳐 오는 고난으로부터 위로를 얻기 위해서이고, 아내와 즐겁게 대화를 나누기 위해서이다."[112] 결혼하는 것은 "우리가 간음을 피하고, 우리의 욕망을 억제하며 정절을 실행하고 자신의 아내에게 만족함으로써 신을 크게 기쁘시게 하기 위해서이다. 이것이 결혼의 선물이며 과실이고 은혜이다."[113] 이러한 조화로운 이상적 결혼을 실현하게 된다면 그것은 "가장 성스러운 수도자에게도 필적"[114]하는 것이다.

결혼을 통해 부부는 '하나가 된다'. 아담이 이브를 자신의 '육'으로 보았던 것처럼 "마찬가지로 부부는 두 사람이 아니라 하나이다. 남편이 머리이며 아내가 몸이라면 어떻게 두 사람일 수 있을까? 여자는 남자의 옆구리에서 취해진 것이다. 그러므로 두 사람은 한 몸의 반씩이다. 신은 이 일체성을 보이기 위해 여자를 '돕는 자'라 부른 것이다. 그리고 신은 부모와 자식의 연결보다도 남편과 아내의 연결을 높은 것으로 여긴다."[115]

부부가 이렇게 '하나의 몸'이 됐기 때문에 아내는 [비록] 제2의 권위라 할지라도, 진정한 권위와 존엄의 동등성을 갖고 있다.[116] "그러나 남편은 가정에서 '머리'로서의 역할을 유지한다. 이렇게 가정의 행복이 유지

---

112 크뤼소스토무스, 「아내를 고르는 방법」(*Ibid.*, p. 98).
113 같은 곳(*Ibid.*, p. 99).
114 크뤼소스토무스, 「에베소서 설교」, 제20설교(*Ibid.*, p. 62).
115 크뤼소스토무스, 「골로새서에 따른 설교」, 제12설교(*Ibid.*, p. 75).
116 그리스도교 교부로는 드물게 크뤼소스토무스는 여성도 신을 본따 만들어졌으며 남성과 동질성(호모티미아)를 갖고 있다고 생각한다. 여성이 '본질의 공동성'(테스 우시아스 코이노니아)을 갖고 있다고 주장하는 것이다. 크뤼소스토무스의 여성상과 그 변천에 대해서는 Anatole Moular, *Saint Jean Chrysostome : le défenseur du mariage et l'apôtre de la virginité*, Lecoffre, 1923, pp. 26f가 상세하다. 크뤼소스토무스는 테르툴리아누스 같은 여성혐오자는 아니다.

되는 것이다."[117] 부부는 '하나의 마음과 혼'으로 연결되어 있어야 한다.[118] 그러므로 남편은 다른 여자의 유혹을 받더라도 "이 신체는 내 것이 아니다, 이것은 내 아내의 것이다. 나는 자신의 신체를 남용하고 싶지 않고 다른 여성에게 빌려주고 싶지도 않다"고 답할 필요가 있다. 그리고 "아내도 동일하게 답해야 한다. 여기에는 완전한 대등성이 존재한다."[119]

크뤼소스토무스는 이렇게 사람들이 결혼함으로써 사회와 가정이 안전하고 조화롭게 된다며, 결혼의 찬가를 부른다. 젊은 시절의 크뤼소스토무스는 처녀의 정절을 높이 평가했지만,[120] 원숙기에는 남성 정욕의 힘을 억제하는 데 있어 결혼이 담당하는 역할을 중시한다. 크뤼소스토무스는 남성의 정욕은 노예가 되는 것보다도 두려운 것이라고 생각한다. 타자의 노예가 되는 경우 타자는 때로 자비롭지만, "정욕은 당신을 파괴할 때까지 만족하지 않"기 때문이다.[121] 이 정욕을 억제할 수 있는 결혼은 신의 "선물"이며 신은 "결혼의 창시자"[122]이기도 하다. 그런 이유에서도 크뤼소스토무스는 "결혼식을 성스럽게 하자"[123]고 호소한다.

이 시기의 안티오케이아에서는 고대의 습관에 따라 소란스러운 결혼식과 연회가 선호되었다. 크뤼소스토무스는 마시고 노래하는 '악마적' 음

---

117 크뤼소스토무스, 「에베소서 설교」, 제20설교(*On Marriage and Family Life*, p. 57).
118 같은 곳(*Ibid.*, p. 54).
119 크뤼소스토무스, 「결혼에 대한 설교」(*Ibid.*, p. 87).
120 이 시기 크뤼소스토무스의 금욕 이론에 대해서는 Elizabeth A. Clark, "Antifamilial Tendencies in Ancient Christianity"(*Journal of the History of Sexuality*, Volume 5, Issue 3, 1995, p. 356~380)이 상세하다. 다만 크뤼소스토무스에게는 궁극적으로 처녀와 동정의 가치가 높았다는 것을 부정할 수는 없다. 그는 결혼에 의해서도 구원에 이를 수 있다고 생각하긴 했지만, 처녀와 동정이 더 확실한 구원의 길이라고 여겼다. 이에 대해서는 Moular, *Saint Jean Chrysostome*, p. 201을 참조하라.
121 크뤼소스토무스, 「고린도 전서에 따른 설교」, 제19설교(*On Marriage and Family Life*, p. 38).
122 크뤼소스토무스, 「골로새서에 따른 설교」, 제12설교(*Ibid.*, p. 77).
123 같은 곳(*Ibid.*, p. 76).

악의 연회를 그만두라고 힘주어 장려한다. "음란한 가요, 부패한 멜로디, 난잡한 춤, 부끄러운 말, 악마적 과시, 소란, 억제하지 않는 웃음, 불경한 그 밖의 모든 것을 버리십시오. 대신 그리스도교의 성스러운 봉사자를 부르세요"[124]라고 말이다. 이 향락 도시의 관행을 중단시키는 것이 그리스도교 주교인 크뤼소스토무스에게는 중요한 임무였던 것이다.

그리스도교 결혼관의 역설

이렇게 크뤼소스토무스는 그리스도교 입장에서 결혼을 찬양하는 고대 최대의 신학자가 되었다. 그래서 크뤼소스토무스의 사상을 단서로 삼아 제정기의 결혼관과 비교해 보고자 한다. 이 이래로 그리스도교 세계에서 초점은 결혼한 부부의 신체가 아니라 손이 닿은 적 없는 처녀의 신체에 맞춰지기 때문이다. 앞서 독점의 원칙, 쾌락의 부정, 자손의 확보라는 세 원칙이 그리스도교 교부들의 결혼관에서 자명한 것으로 확립되어 있다는 것은 알렉산드리아의 클레멘스의 결혼관에서 확인한 바 있다. 그러므로 이 원칙을 전제로 하고 일부일처제를 전제로 한 부부 간에 어느 정도로 상호성이 확보되어 있는지, 고전고대와 제정기에 확인된 결혼의 역설은 어떻게 됐는지를 생각해 보고자 한다.

앞서 살펴본 것처럼 크뤼소스토무스의 결혼관에서는 부부 간에 역설적 대등성과 상호성이 생겨난다. 이 상호성의 역설을, 루푸스에서 문제가 된 부부의 대등성의 문제와, 크세노폰에게서 등장했던 가정 관리의 문제라는 관점에서 생각해 보자.

스콜라 철학자인 루푸스에게서 부부의 상호적 대등 관계가 등장했다

---

124 크뤼소스토무스, 「결혼에 대한 설교」(*Ibid.*, p. 82).

는 것은 앞서 고찰한 바 있다. 크뤼소스토무스에게서도 부부 간의 상호성은 강조된다. 그리스도교 신학에서 이브는 아담의 옆구리로부터 창조되었다는 전설이 있고, 바오로 이후로 그리스도교단에서도 여성은 언제나 남성을 따라야 하는 것으로 여겨져 왔다. 「에베소서」에는 "아내는 주님께 순종하듯이 남편에게 순종해야 합니다. 남편은 아내의 머리입니다. 이는 그리스도께서 교회의 머리이시고 그 몸의 구원자이신 것과 같습니다"(5장 22~23)라고 나온다. 그러므로 남성에 대한 여성의 종속은 규칙이었던 것이다.

그러나 크뤼소스토무스는 이 여성의 열위를 인식하면서도 그것을 가능한 한 평등한 것으로 바꾸려고 한다. 앞서 살펴본바, 아내가 '제2의 권위'이며 머리와 연결된 '신체'이긴 해도, 부부는 자기 신체의 이용에 있어서는 '완전히 대등'한 지위에 있는 것이다. 그러나 아내는 가정에서는 철저하게 '복종'할 것을 요구받았고 "대등한 입장을 요구해서는 안"[125] 되었다. "권위가 평등한 곳에 평화는 없다"[126]는 것이다.

남편은 아내를 애정으로 상냥히 다루어야 한다. 아내가 남편을 두려워하면 아내는 노예처럼 남편에게 따를 뿐이다. "그러나 자신의 자유 의지를 가진 여성이 아니라 노예인 아내와 산다면, 남편은 결혼으로부터 어떤 만족을 이끌어 낼 수 있을까?"[127] 남편은 노예가 아닌 자유로운 여성을 아내로서 필요로 하는 것이다. 또 아내는 남편이 자신을 "아이의 좋은 어머니로, 가정의 진지한 관리자로" 선택했다는 것에 감사해야 한다.[128]

---

125 크뤼소스토무스 「에베소서 설교」, 제20설교(*Ibid.*, p. 53).
126 같은 곳.
127 같은 곳(*Ibid.*, p. 47).
128 같은 곳(*Ibid.*, p. 61).

또 남편과 아내의 상호성은 서로 사랑하는 데 있는 것도 아니고 서로를 존경하는 데 있는 것도 아니며, 서로 자신의 사랑과 역할을 보여 주는 데 있다고 여겨진다. "남편이 아내에게 사랑을 보여 주지 않는 경우에도 아내는 남편을 공경해야 한다. 아내가 공경을 보여 주지 않더라도 남편은 아내를 사랑해야 한다. 그러면 남편도 아내도 각자에게 주어진 명령을 만족시키고 있기 때문에 남편도 아내도 결여된 것이 없다."[129]

이렇게 부부의 대등한 관계라는 것은 루푸스의 경우와 비슷하게, 남편과 아내라는 상호 역할을 다하는 상호성과, 자신의 유덕함을 보여 주는 비대칭적인 상호성에 불과한 것이다.[130] 남편은 아내를 사랑해야 하지만 그것은 "아내 자신을 위해서가 아니라 그리스도를 위해 사랑하라"[131]는 것에 불과하다. 아내는 그 개인으로서의 전체적 인격 때문에 사랑받아야 하는 존재가 아니다. 남편의 '반신'이며 '신체'이기 때문에 사랑해야 하는 것이다. 만약 아내를 노예처럼 다룬다면 "당신은 자기 신체의 명예를 더럽힘으로써 자신을 더럽히게 되"[132]는 것이 문제인 것이다.

크뤼소스토무스는 아내를 사랑해야 하는 이유에 대해 "우리는 아내를 사랑해야 하는데, 그것은 아내가 우리의 일부이기 때문도 아니고 우리들로부터 창조되었기 때문도 아니며, 이것에 대해 신이 규칙을 정해 놓으셨기 때문"[133]이라고 말한다. "그러므로 남자는 아버지와 어머니를 떠나

---

129 같은 곳(*Ibid.*, p. 54).
130 크뤼소스토무스가 부부의 상호성을 강조하면서도 실제로는 남편을 상위에 두고 아내를 복종하는 지위에 둔 것에 지나지 않는다는 것에 대해서는 Elizabeth A. Clark, *Reading Renunciation : Asceticism and Scripture in Early Christianity*, Princeton University Press, 1999, p. 160을 참조하라. 크뤼소스토무스는 성적 금욕보다도 부부 관계의 계층 구조 강화에 관심을 갖고 있었던 것처럼 보인다(*Ibid.*, p. 162).
131 크뤼소스토무스, 「에베소서 설교」, 제20설교(*On Marriage and Family Life*, p. 58).
132 같은 곳(*Ibid.*, p. 56).

아내와 결합하여, 둘이 한 몸이 된다"(「창세기」, 2장 24)는 신의 규칙 때문에 남편은 아내를 사랑할 의무를 지는 것이다. 크뤼소스토무스에게 남편의 애정은 의무를 배경으로 하는 것이 된다.

다음으로 가정 관리의 문제에 대해서 크뤼소스토무스는, 아내를 고를 때에는 아내에게 어떤 역할을 기대하는지를 충분히 생각해야 한다고 지적한다. "신이 남자와 여자를 나누었을 때에 신은 가정 관리를 남자가 아닌 여자에게 할당하셨다. 도시와 관련된 모든 사항, 시장, 재판소, 평의회, 군대, 그 밖의 모든 사업을 남자에게 할당하셨다. 여자는 창을 던지거나 창을 멀리 날릴 수는 없지만, 실패를 손에 들고 의복을 지으며 가정에 관련된 모든 사항을 정교하게 관리할 수 있다."[134]

"아내는 평의회에서 의견을 말할 수는 없지만 가정에 대해서는 의견을 말할 수 있다. 남편이 가정에 대해 알고 있는 것보다도 아내가 알고 있는 것이 많을" 정도이다.[135] 아내는 남편에게 어울리지 않는 것, 남편이 잘하지 못하는 것을 모두 떠맡는 존재이다. 신은 남편과 아내에게 어울리는 영역을 나눠 줌으로써 "다툼이나 싸움"이 생겨나지 않도록 한 것이다.[136] 설령 아내의 지분이 남편의 지분보다도 "필요하되 중요하지 않다"[137]고 해도 말이다.

그러므로 크뤼소스토무스는 아내를 선택할 때 얼굴의 아름다움이나 부유함이 아니라 가정 관리에 어울리는 성격의 여성, 즉 '영혼의 덕과

---

133 크뤼소스토무스, 「아내를 고르는 방법」(*Ibid.*, p. 94).
134 같은 곳(*Ibid.*, p. 96).
135 같은 곳(*Ibid.*, pp. 96~97).
136 같은 곳(*Ibid.*, p. 97).
137 같은 곳.

성격의 고귀함'을 갖춘 여성을 골라야 한다고 주장한다. "그렇게 하면 우리는 온화함을 즐길 수 있으며, 조화와 오래 지속되는 사랑을 즐길 수 있게 된다"[138]는 것이다. 부유한 여성은 자신의 재산과 권리를 주장하기 위해 가정에 불화를 가져오고,[139] 아름다운 여성은 타인의 질투를 부르며 가정에 다툼을 야기한다. "외적 아름다움은 기만으로 가득 차 있으며 음란한 것이다. 다른 남자들의 질투를 부르고 남자들을 정욕으로 가득 차게 한다."[140] 아내의 아름다움 따위는 어차피 1년 정도 지나면 질리는 것이기 때문에 영혼의 아름다움을 추구해야 한다고 크뤼소스토무스는 논한다.

이렇게 크뤼소스토무스가 칭찬하는 그리스도교 부부에서의 평등성이라는 것은, 제정기 부부의 평등성과 같은 전도된 상호성에 불과하다는 것을 알 수 있다. 아담으로부터 이브가 창조되었다고 하는 「창세기」의 가르침에 포함되어 있던 여성의 종속적 지위는 그리스도교의 교의 속에서 더욱더 확고해지고 이론적으로 강화되는 것이다.[141]

6. 처녀의 향연 : 메토디우스

이렇게 크뤼소스토무스는 그리스도교 사회에서의 결혼이 얼마나 중요한지를 강조하는데, 크뤼소스토무스를 경계로 하여 결혼의 가치를 호소하

---

138 같은 곳.
139 같은 곳(*Ibid.*, pp. 96~97).
140 크뤼소스토무스, 「에베소서 설교」, 제20설교(*Ibid.*, p. 48).
141 나중에 고찰하겠지만 아우구스티누스는 우선 성욕 없는 결혼이 이루어지고 원죄의 결과로 결혼에 성욕이 연결되게 된다고 생각한다. 그러나 크뤼소스토무스는 에덴동산에서는 결혼이 없었고 아담은 동정을, 이브는 처녀를 지키고 있었다고 주장한다. 그리고 원죄 때문에 성욕을 동반하는 결혼이 신의 자비로서 만들어졌다고 생각하는 것이다. 이 두 가지 이론적 구조가 야기하는 차이에 대해서는 Moular, *Saint Jean Chrysostome*, pp. 69f를 참조하라.

는 신학자들은 모습을 감춘다. 이제 등장하는 것은 니사의 그레고리우스의 전통을 이어서 독신과 처녀의 가치를 찬양하는 신학자들이다.

오리게네스는 독신 금욕자의 신체를 찬미했는데, 여성의 금욕, 특히 처녀의 금욕에 대한 찬미를 이어받는 것이 메토디우스의 『향연』이다. 플라톤의 『향연』이 소년애 찬양이었던 데 비해 플라톤을 흉내낸 메토디우스의 『향연』은 10명의 여성들이 처녀성을 찬양하는 모임을 묘사한다. 이 4세기 초에는 처녀를 찬양하는 논문을 쓰는 것이 유행처럼 되어 있었다. 니사의 그레고리우스가 말하는 것처럼 "많은 사람들이 상세한 논문으로 장황하게 처녀를 칭찬"[142]하는 데 열중했던 것이다.

메토디우스의 이 논문도 이러한 처녀를 칭송하는 시대의 분위기를 보여 준다. 여기서 문제는, 바오로의 「고린도 전서」에서의 결혼 장려를 해석하면서, 결혼을 거부하는 사람들의 삶의 방식을 찬양하는 데 있다. 처녀인 것, 그것은 오리게네스가 금욕의 신체를 중시했던 것과 마찬가지로 '자유로운 선택'과 의지를 통해 금욕을 지키는 것이다.

메토디우스에게 처녀성은 최고의 영예를 누릴 만한 것이다. "그러나 자율적이며 자유로운 선택에 의해서 자신의 육체를 처녀(파르테논)인 채로 유지하기로 결심하고 게다가 성적 합일을 추구하는 정열에 의해 강제되지 않는 사람──왜냐하면 아마도 개개의 신체에는 각각 차이가 있는 듯하기 때문에──더 나아가 격렬히 싸우고 고투하고 그 결단에 확실하게 머무르고 그것을 훌륭히 이루어 내는 사람에 대해서, 그는 '그대로 두는 것'[「고린도 전서」, 7장 37]을 장려하는데, 그것은 영예의 필두로 꼽을 수 있는 처녀성(파르테니아)이었습니다."[143]

---

142 니사의 그레고리우스, 「처녀에 대하여」, 1장(*NPNF*, Second Series, Vol. 5, pp. 343~344).

오리게네스에게 사람의 일생은 격투와 같은 것으로, 신체란 신이 정련하는 '도가니'와 같은 것이었다. 그런데 메토디우스의 처녀들에게는 처녀라는 것이 '진실의 연극' 자체를 살아내는 것이었다. "지혜로운 자의 자손이 말합니다. 우리의 삶은 연극의 제전이며, 우리는 마치 무대에 등장하는 것처럼 진실의 연극, 즉 정의의 연극 상연의 장에 있다고 말입니다. 우리와 싸우는 경쟁자는 악마와 악령입니다."[144]

제8의 연설에서 테클라의 이름으로 등장한 처녀는 흡사 플라톤의 전통처럼 이 싸움을 '날개'의 비유로 말한다. 플라톤에서 날개를 갖고 있었던 것은 에로스이며, 사람들은 에로스의 힘을 통해 이데아의 세계로 여행을 떠나려 한다. 그러나 처녀들에게 "날개는, 사라지는 물체 쪽으로 하강하는 것을 [위쪽을 향해] 가볍게 하는, 절제(소프로쉬네)라는 본성을 갖고 있었다". 이에 비해 에로스는 이 절제의 "근육을 이완시켜 근력을 잃게" 하는 것이다.[145]

플라톤에서는 에로스가 지상으로부터 이데아의 세계로 향한다. 그러나 메토디우스에서 에로스는 처녀가 이데아의 세계로 향하는 것을 막는 힘이며, 순결한 상태로부터 지상적 상태로 끌어내리려는 것에 불과하다. 처녀의 순결을 지키는 것은 '진실의 연극'에 참여하는 것이며, "강한 날개의 은혜를 받아 가벼워진 혼은 이 생을 넘어서 세계를 넘어선 장소로 초월해 나가고, 다른 인간이 본 적 없는 광경, 불멸성의 목장 자체를 멀리서 바라보는"[146] 것이다. 처녀의 신체는 이 세상과 이데아의 세계의 '다리' 역

---

143 메토디우스, 「향연 혹은 순결성에 대하여」(『中世思想原典集成 1』, 678쪽). 메토디우스는 올림 포스의 사제로 311년경에 순교했다고 전해진다.

144 같은 곳.

145 같은 곳.

할을 하는 것이다.[147]

이 메토디우스의 책에서는 오리게네스와 마찬가지로 교회가 중요한 역할을 하고 있다. 교회는 처녀들을 대신하여 '어머니'로서의 역할을 하기 때문이다. 처녀들은 마리아와 달리 자식을 낳지 않는다. 그러나 교회는 "산고를 맛보면서 자연의 인간을 영적 인간으로 다시 낳으려 하며, 그런 이유로 교회는 어머니이기도 한 것입니다."[148]

오리게네스는 격투라는 계기 속에서 자연적 인간, 즉 영혼적 인간이 영적 인간으로 '진보'해 나아간다고 생각했다. 메토디우스는 그 역할을 그대로 교회와 세례의 힘에 맡긴다. 그리고 처녀들은 "빛을 지니면서 그녀[교회—인용자]와 더불어 의기양양하게 혼인의 방에 들어가"[149]게 된다. 신과 혼인하는 방으로 말이다. 여기서 중요한 것은 처녀들이 단지 처녀를 지키는 것이 아니라 교회와 사목자를 둘러싸고 처녀의 긍지를 지켜나가는 것이다.

---

146 같은 곳.
147 Brown, *The Body and Society*, p. 187.
148 메토디우스, 「향연 혹은 순결성에 대하여」(『中世思想原典集成 1』, 685쪽).
149 같은 글(같은 책, 691쪽).

498 2부 · 목자의 권력

6장 · 그리스도교에서의 결혼의 역설
라틴 교부의 전통

이렇게 제국의 동쪽 지역에서 그리스도교에 의한 결혼의 가치 찬양은 매우 짧게 끝나고 처녀 마리아 이론을 매개로 하여 때 묻지 않은 처녀를 찬양하는 이론으로 수렴되어 갔다. 결혼이 야기하는 '카리스'로서의 성격은 애초부터 부정되고, 금욕하는 남녀, 특히 성적 경험이 없는 처녀만을 우러르게 된 것이다.

제국의 서방에서도 동일한 경향이 발견되지만, 고대 말기를 장식하는 아우구스티누스에 의한 결혼 찬양 이론의 재등장은 주목할 만하다. 그러나 아우구스티누스와 더불어 부부의 성관계를 통해 원죄가 반복된다는 개념이 확립되니, 얄궂은 일이다. 이제부터는 서방 교부의 결혼과 성적 금욕 이론에 대해, 우선 그 단서가 되는 테르툴리아누스에 대해 간단히 검토하면서 노바티아누스, 성모 마리아 이론을 확립한 밀라노의 암브로시우스, 결혼을 부정하는 논의를 전개한 히에로뉘무스, 처녀의 문제를 고찰한 히에로뉘무스, 펠라기우스, 아우구스티누스의 서신, 마지막으로 아우구스티누스의 결혼과 성 이론 논의를 순서대로 고찰하겠다.

1. 정욕의 억압 : 테르툴리아누스

순결의 규칙

2~3세기에 걸쳐 서양 라틴 교부들의 선구자였던 테르툴리아누스의 문장은 때로 알렉산드리아의 클레멘스를 떠오르게 한다. 클레멘스가 제국의 동쪽 대도시 알렉산드리아에서 여성의 사치를 책망했던 것처럼, '로마의 알렉산드리아에 비견되는 제국의 대도시'[1] 마르타고의 풍요로운 사회에서 살았던 테르툴리아누스에게도, 이교의 나라에서 생활하는 그리스도 교도들의 일상생활 문제는 '절박하고 심각한' 문제였다.[2]

이런 이유로 테르툴리아누스는 극장 등의 공적 장소에서 구경거리를 보는 것(「구경거리에 대하여」), 병역(「병사의 뛰어남에 대하여」), 이교도와의 식사(「우상숭배에 대하여」), 그리고 여성의 장신구에 대해(「여성의 장신구에 대하여」), 사람들의 사치스러운 생활을 꾸짖는 글을 장황하게 쓴다.

테르툴리아누스가 여성의 화장이나 장신구의 남용을 비난하는 것은 단순히 그것이 사치이기 때문이 아니다. 여성이 이브 이래로 남성에게 유혹의 원천이기 때문이다. 「여성의 장신구에 대하여」라는 글의 1장에서는 여성 독자에게, "당신들 모두가 이브라는 것을 모른단 말입니까?"라고 묻는다. "당신은 악마의 문입니다. 그 금지된 나무의 봉인을 푼 자입니다. 성스러운 율법으로부터 맨 처음 일탈한 자입니다. 악마도 공격할 용기를 내지 못했던 자(아담)을 설득한 자입니다. 신을 본뜬 형상인 인간을 너무나 쉽게 파괴한 자입니다. 당신의 사막, 다시 말해 죽음 때문에 신의 아들도

---

1 Timothy David Barnes, *Tertullian, A Historical and Literary Study*, Clarendon Press, 1985, p. 67.
2 *Ibid.*, p. 93.

죽어야만 했던 것입니다."[3]

　테르툴리아누스는 모든 여성이 이렇게 죄 있는 존재임에도 불구하고 몸을 장식함으로써 "신을 불쾌하게 한다"고 지적한다. 그에게 "여성은 육적 수단을 통해 과시와 야심과 쾌락을 향한 사랑의 덩어리"[4]인 것이다. 여성이 이렇게 몸을 장식하는 것은 여성에게 "진실한 것이 없"기 때문이며, 이방인조차도 즐겁게 하려는 세속적 욕망에 사로잡혀 있기 때문이고, "육적 욕망"의 대상이고자 하기 때문이다.[5]

　이렇게 사람들을 속이고 육적 욕망의 대상이 되려는 것은 여성들에게 있어 조신함의 결여를 나타내는 것으로 여겨진다. 테르툴리아누스는 조신함이란 육체가 더럽혀지지 않는 것, 즉 "실제 간음을 피하는 것"[6]뿐만 아니라, "죄 자체를 피하고, 죄를 낳는 경향이 있는 모든 것을 피하는 것"[7]이라고 강조한다. "유혹의 길을 여는" 것 자체를 삼가야 하며, 그러기 위해서라도 화려한 옷이나 장신구를 피해야 하는 것이다. 여성은 몸을 장식함으로써 "이웃에 대한 위험의 원천"이 되며, "이웃을 색욕"으로 끌어들인다.[8] 이런 "교묘한 장치"를 발명한 것은 악마이며, 여성은 몸을 장식함으로써 "신에게 폭력을 휘두른다"는 것이다.[9]

3　테르툴리아누스, 「여성의 장식에 대하여」, 1권 1장. 영역은 *The Ante-Nicene Fathers*(이하 *ANF*), p. 14. 여성을 존재론적으로 악의 원천으로 여기는 "악마의 문"이라는 표현은, 시몬느 드 보부아르의 『제2의 성』에서 테르툴리아누스의 여성혐오를 상징적으로 보여 주는 사례로 다루어져 유명해졌다.

4　테르툴리아누스, 「여성의 장식에 대하여」, 1권 2장(*ANF*, p. 15). 한편으로 테르툴리아누스는 「팔리움에 대하여」에서는, 로마 정치가의 의복인 토가의 착용을 격렬하게 공격하고 그리스도교도 성자들의 소박한 의복을 찬양한다. 의복이 장식으로서의 의미만이 아니라 정치적·신학적 의미도 갖고 있었다는 데 대해서는 Coon, *Sacred Fictions*을 참조하라.

5　테르툴리아누스, 「여성의 장식에 대하여」, 2권 1장(*ANF*, p. 18).

6　같은 곳.

7　같은 글, 2권 2장(*ANF*, p. 19).

8　같은 곳.

물론 그리스도교 교의의 기본적인 사고방식을 따르는 테르툴리아누스는 신체 자체를 악으로 보지는 않는다. 구원이 이루어지는 것은 인간의 육에 대해서이며 신체를 경멸하는 것은 신의 행위를 경멸하는 것과 같기 때문이다.[10] 테르툴리아누스는 신체 자체를 경멸하는 것이 아니라 오히려 여성들에게 "고귀함의 비단을 두르고 성스러움의 매끄러운 천으로서 조신함의 보랏빛으로 몸을 장식하라"고 말한다.[11] 순결하다는 것은 육체적인 것뿐이 아니라 이웃에 대한 유혹이라는 관점에서도 파악되고 있다. 푸코가 지적하는 것처럼 "테르툴리아누스의 경우에 순결의 상태는 세속 포기의 외적이며 내적인 상태를 포함하며, 그 태도는 언행, 몸짓, 존재 방식에 대한 규범에 따라 보완"된다.[12]

테르툴리아누스의 결혼관

이렇게 여성 혐오로 관철된 테르툴리아누스지만, 신체와 마찬가지로 결혼에 대해서도 이론적으로는 긍정적인 자세를 보여 준다. 결혼은 그리스도교도 사회의 '묘판'이기 때문이다.[13] "확실히 우리는 남자와 여자의 결합을 부인하지 않는다. 그것은 인류의 모판으로서, 신에게 축복받았으며, 땅을 채우고 이 세상을 정리하기 위해 고안된 것이다. 그러므로 그것은

---

9 같은 책, 2권 5장(*ANF*, p. 21).

10 에릭 오즈번은 "테르툴리아누스는 초기 그리스도교 이론가들 중 그 누구보다 더 육을 옹호하고 창조의 선성을 강조했다"고 지적한다. Eric Osborn, *Tertullian, first theologian of the West*, Cambridge University Press, 1997, p. 237을 참조하라.

11 테르툴리아누스, 「여성의 장식에 대하여」, 2권 13장(*ANF*, p. 25).

12 Foucault, "Le combat de la chasteté", p. 306(『ミシェル·フーコー思考集成 9』, 115쪽).

13 그리고 그리스도교도의 '혼인의 행복'은 문란한 로마 제국 여성들과 비교되어, 그리스도교 윤리의 우월을 보여 주는 것으로서 이용된다. "오늘날 (……) 이혼조차도 그것이 마치 혼인의 과실이기라도 하다는 듯 부인들이 바라는 대상이 되어 버렸다"(テルトゥリアヌス, 『護教論』, 6장, 29쪽)면서, "우리들만이 청렴결백하다"(같은 책, 45장, 130쪽)고 말한다.

허용되지만 단 한 번에 한한다."[14]

테르툴리아누스의 결혼관에서는 정통 교회에 소속되어 있던 무렵, 몬타누스주의로의 이행기, 몬타누스주의의 시대라는 세 시기에 걸친 변천을 볼 수 있는데,[15] 몬타누스주의 무렵에 쓰여진 이단 마르키온의 비판에 대해서도 결혼의 지위에 대해서는 동일한 이론이 전개된다. 마르키온은 "처녀, 과부, 동정이 아니라면, 혹은 이혼을 통해 세례의 권리를 얻지 않는다면 육체는 성사의 물에 잠길 일은 없다"[16]고 주장했는데, 이에 대해 테르툴리아누스는 '자식을 많이 낳고 번성하라'고 명한 주의 명령을 부정하는 것은 주제넘은 짓이며, 결혼을 부정하는 것은 과실을 맺히게 하기 위해 주가 심으신 과실수를 "베어 쓰러뜨리는" 것이라고 비판한다.[17] 결혼에서 때로 "육욕의 불꽃"이 활활 타오른다 할지라도 그것은 "조신하지 못하게" 행해지는 경우에 한하며, 결혼 자체가 '악'은 아닌 것이다.

그러나 테르툴리아누스에게서도 결혼은 역시 육의 행위이다. 테르툴리아누스는 스스로 육욕에 져서 아내와 결혼했다고 인정한다. "나는 그것들(육체 때문, 이 세상 때문, 자손 때문이라는 핑계) 중 하나에 져서 한 번 결혼으로 그러한 모든 정욕을 만족시켰지만 그것으로 충분하다고 생각했다"[18]고 자신의 아내를 인정하는 것이다.

테르툴리아누스에게서는 결혼의 절차 자체에 정욕의 시선이 숨어든

---

14 테르툴리아누스, 「아내에게」, 1권 2장(『テルトゥリアヌス 4 : 倫理論文集』, 木寺廉太郎 訳, 教文館, 2002, 42쪽).

15 테르툴리아누스의 결혼 윤리의 변천에 대해서는 本寺廉太郎, 「テルトゥリアヌスの結婚観の変遷 1~4」(『キリスト教学』, 37~40号, 1995~1998)과 「テルトゥリアヌスの結婚観」(『パトリスティカ』, 5号, 1999)가 상세하다.

16 테르툴리아누스, 「마르키온 논박」, 1권 29장(*ANF*, Vol. 3, p. 293).

17 같은 곳(p. 294).

18 테르툴리아누스, 「아내에게」, 1권 5장(『テルトゥリアヌス 4 : 倫理論文集』, 47쪽).

다. 예수는 "음욕을 품고 여자를 바라보는 자는 누구나 이미 마음으로 그 여자와 간음한 것이다"(「마태오 복음서」, 5장 28)라고 말했는데, 테르툴리아누스는 누구나 결혼하려 할 때에는 상대 여성에 대한 정욕을 품은 것이고 이 죄를 범했다고 지적한다. "본 적도 없고 정욕을 품은 적도 없는 여자와 결혼하는 것"은 불가능하기 때문이다.[19]

그러므로 결혼하는 순간 이미 타락한 것이다. 테르툴리아누스는 인간의 지위를 성적 교섭의 유무에 따라 다음의 네 단계로 분류한다. 첫번째 단계에 있는 것은 날 때부터의 처녀·동정이다. 이는 성관계를 알지 못하고 그것으로부터 해방되고 싶다고 바랄 필요도 없는 '축복의 상태'에 있는 자이다.

두번째 단계는 세례를 받고 나서부터의 처녀·동정이다. 이는 "결혼했지만 합의하에 정결한 채로 지내든지, 혹은 스스로 결정하여 독신으로 머무르기로 한" 자이다. 이 두번째 단계의 사람은 성관계와 정욕의 힘이 강력하다는 것을 알고 있으면서도 그것을 경멸하는 자이기 때문에 '용기 있는 태도'를 가진 것이다.

세번째 단계는 "단 한 번 결혼했고 한 번의 결혼 생활이 끝난 후에는 더 이상 성관계를 갖지 않는 경우"이다. 세번째 지위의 사람은 상대의 죽음 때문에 결혼 생활이 끝난 후에 더 이상 재혼하지 않기 때문에 용기 있을 뿐만 아니라 "순종적이라는 점에서도 칭찬을 받을 만하다"[20].

네번째 단계는 결혼 상대가 죽고 나서 재혼하는 자이다. "두 번 결혼하는 것을 망설이지 않았던 자는 자진하여 몇 번이나 결혼해도 좋다고 생

---

19 테르툴리아누스, 「정결의 권고에 대하여」, 9장(같은 책, 98쪽).
20 같은 글, 1장(같은 책, 68쪽).

각하는 자"이며, 이윽고 「요한 복음서」(4장 18)에 등장하는 것처럼, 남편이 여섯이었던 '창부'와 같은 자가 되어 버린다고 테리툴리아누스는 힘주어 논한다.

테르툴리아누스는 처녀나 동정보다도, 결혼했으면서 성관계를 갖지 않는 두번째 단계의 사람을 용기 있는 자라고 부르며 결혼 생활을 하다가 과부가 되고 나서 재혼하지 않는 세번째 단계의 사람을 "용기가 있을 뿐만 아니라 순종적인" 자라고 칭찬하는 말투를 보여 준다. 이를테면 「아내에게」에서는 처녀와 과부를 비교하여 이렇게 말한다.

> 처녀들은 부정함이 전혀 없이 깨끗하기 때문에 신의 얼굴을 아주 가까이에서 볼 것이나, 과부는 더욱 고생이 많다. (……) 처녀는 보다 행복하지만 과부는 보다 고생스러운 것으로 여겨질 텐데, 처녀는 선한 것을 언제나 유지해 왔지만 과부는 그것을 스스로 찾아냈기 때문이다. 처녀에게는 은혜의 관이, 과부에게는 용기의 관이 주어진다.[21]

그러나 이것은 아이러니로 가득한 테르툴리아누스의 글에 새겨진 무늬와도 같은 것으로, 첫째로는 글을 읽는 상대에게 테르툴리아누스의 훈계를 지키도록 하기 위한 수사학과 같은 것이리라.[22] 이 글은 재혼을 생각하고 있는 상대에게 쓰여진 것이며, 테르툴리아누스는 여기서 "결혼함으

---

21 테르툴리아누스, 「아내에게」, 1권 8장(같은 책, 51쪽).
22 하지만 테르툴리아누스는 격한 여성혐오를 나타냈기 때문에, 순결을 자랑스러워하는 처녀에 대해서 때로 강한 비판의 말을 토해 내기도 한다. 교회에서 자신이 처녀이며 순결하다는 것을 이유로 머리쓰개를 벗으려 하는 소녀들에게 테르툴리아누스는, 자신들이 여성도 남성도 아닌 "제3의 성"이라 생각하느냐고 꾸짖는다. 얼굴을 노출한 여성은 "스캔들"이며, "괴물과 같다"는 것이다. 테르툴리아누스, 「처녀의 머리쓰개에 대하여」, 7장(*ANF*, Vol. 4, p. 31).

로써 부정함이 없는 처녀·동정이라는 최고의 단계로부터 두번째 단계로 전락한 것만으로 이미 충분하지 않은가?"[23]라고 훈계하기 때문이다.

몬타누스주의로의 이행기에 쓰여진 「정결의 추천」이라는 글에서 결혼은 완전히 부정적인 시선으로 바라봐지고 있다. 결혼과 음행의 차이는 법률로 인정받느냐의 여부에 불과할 뿐 "본질적으로 다르지 않고 다만 허용되어 있느냐 아니냐의 차이"만 있을 뿐이다. 결혼은 "육의 결합"이며, 그것을 욕구하는 것은 "음행과 같다"고 테르툴리아누스는 단정한다.[24]

테르툴리아누스에게 결혼과 그 배후에 있는 인간의 육체적 욕망이 꺼림칙한 것이었다는 것은 순교에 대한 자세로부터도 증명된다. 테르툴리아누스는 성욕을 이렇게 부정적으로 생각하고 여성에게 낮은 지위를 부여했다. 그래서 그가 보기에 여성이 높은 지위를 나타낼 수 있는 것은 아주 한정된 상황에서뿐이었다. 그것은 순교를 향할 때이다. 순교자는 순교하겠다는 결의를 통해 신적 능력을 획득할 수 있다고 믿어졌다. 이는 이 책 2부 3장의 둘째 절에서 살펴본 바 있다. 페르페투아의 순교 이야기를 기록한 사람이 테르툴리아누스로 추정된다는 점은 매우 흥미롭다. 「여성의 장식에 대하여」의 마지막 절에서는, 이 박해의 시대에, "순교의 폭풍우가 가까워지고 있는 때"를 맞이하여 "모든 폭력을 견딜 준비를 향해 일어나자. 우리에게는 뒤에 남길 미련이 없다. 우리 희망의 실현을 늦추는 것은 정이다. 우리가 하늘의 장신구를 받고자 한다면 땅의 장신구를 내던져 버리자"고 호소했다.[25]

「순교자들에게」라는 글에서 테르툴리아누스는 세속 세계는 "어둠"

---

23 테르툴리아누스, 「정결의 권고에 대하여」, 9장(『テルトゥリアヌス 4: 倫理論文集』, 99쪽).
24 같은 곳.
25 테르툴리아누스, 「여성의 장식에 대하여」, 2권 13장(*ANF*, Vol. 4, p. 25).

이고 순교하는 것은 "감옥에 들어간 것이라기보다는 감옥으로부터 탈출한 것"이라면서 이렇게 말한다. "이 세계는 거대한 어둠으로 둘러싸여 있고 그것은 사람의 마음을 맹목적으로 만듭니다. 이 세계는 무거운 사슬로 인간의 몸을 묶고 영혼까지도 구속하는 것입니다. 이 세계는 불결한 더러움을 토해 내고 있습니다. 다시 말해 인간의 정욕 말입니다."[26] 테르툴리아누스에게 인간의 신체와 그 욕망은 불결한 것, 부정하기 때문에 벗어버려야 할 감옥의 사슬과 같은 것이었으며, 결혼을 긍정하는 이론의 배후에는 이렇게 여성을 불신하고 육체적 욕망을 부정하는 이론이 들러붙어 있었던 것이다.

2. 처녀의 가치 : 노바티우스

테르툴리아누스의 여성 혐오와는 대조적으로, 처녀를 찬양하는 이론을 전개했던 것이 노바티아누스의 「정조의 선물에 대하여」이다. 노바티아누스는 그리스도교회의 전통에 따라 정조를 세 가지로 분류한다. 첫번째 정조는 '처녀와 동정'(뷔르지네스)의 정조이며, 결혼 생활을 경험한 적 없는 젊은이들의 금욕이다. 두번째 정조는 금욕자들(콘티넨테스)의 정조이며, 결혼한 상태로, 혹은 반려자가 사망한 후에 금욕을 지키는 사람들이다. 세번째 정조는 결혼한 사람들 간의 정조이다. 이는 남편이 아내에게만, 아내가 남편에게만 정조를 지키는 것이다.

　　세번째 정조는 클레멘스적 의미에서의 정조에 가깝다. 두번째 정조는 바오로가 바람직하다고 여겼던 것이다. 그러나 노바티누스가 무엇보

---

26 테르툴리아누스, 「순교자들에게」(『中世思想原典集成 4』, 103쪽).

다도 중요하고 귀중하다고 생각한 것은 처녀의 금욕이다. 처녀의 금욕이
귀중한 것은, 그것이 인간의 자연성을 극복하기 때문이다. "처녀성은 천
사와 동등한 자가 됩니다. 더 바르게 말하자면 천사도 능가합니다." 처녀
가 금욕을 지키는 것은 왜 천사를 능가하는 것일까? 그것은 천사에게는
육이라는 자연성이 없지만, 처녀는 이 육의 자연성을 제어했기 때문이다.
"왜냐하면 처녀성은 육에서의 싸움에서, 천사가 갖고 있지 않은 자연성과
싸워 승리를 획득하기 때문입니다."[27]

처녀들에게서는 "젊은 피가 뜨겁게 끓고 자연 본성의 불꽃이 일어나,
뼈의 골수 속 맹목적 정열이 수치심을 위험에 빠뜨리면서까지 자신의 치
유를 추구"[28]하기 때문에, 이를 거스르는 강고한 의지를 통해서만 처녀성
은 지켜진다. "정조는 신체 내부에서 신체의 자연스러운 경향성을 통해
위험에 노출되어 있습니다. 언제나 타락한 상태에 있는 육이 정조를 자신
쪽으로 끌어 들이려 하기 때문입니다."[29]

이 자연성을 근거로 한 정조론에서는 이제까지 그리스의 소년애와
여성애를 비교할 때 사용된 논거들이 여러 가지로 변주되어 모습을 드러
낸다. 소년애가 자연에 반한다는 논거로서 생식에 관여하지 않는다는 점
이 꼽혀 왔다는 것은 앞서 살펴본 대로이다. 그러므로 여성이 결혼하지
않는 것은 자연에 반하는 것이며, '자식을 많이 낳고 번성하라'는 신의 명
령에 반하게 될 것이었다.

이 논거에 대해 노바티아누스는, 정조를 결혼이라는 관점으로부터가
아니라, 죄와 순교라는 관점에서 고찰하여 반론한다. 두번째 정조와 세번

---

27 노바티아누스, 「정조의 은혜에 대하여」(같은 책, 128쪽).
28 같은 글(131쪽).
29 같은 글(134쪽).

째 정조에는 그리스도교의 축복이 주어졌지만, 처녀성이 찬양되게 된 3세기 이후의 그리스도교 사회에서는 죄와 순교라는 관점에서 바라봄으로써 처녀의 금욕이 높이 찬양되게 된다.

자연에 따라 자손을 늘린다는 목적이 무고한 젊은 처녀들에게 적용되어서는 안 된다고 노바티아누스는 생각한다. 그 첫번째 이유는 성관계는 언제나 쾌락으로, 그리고 죄로 연결된다는 데 있다. "확실히 인간을 언제나 정념으로 떠밀고 그렇게 함으로써 약해 빠진 인류를 재건할 수 있다는 자연 본성의 구실 아래, 타락한 쾌락의 매혹은 정당한 결혼에 따른 자손의 증가로 이끌어 가는 것이 아니라 죄에 던져 넣는 것입니다. 그러므로 악마와 그 패거리가 강제하고 이끄는 육의 음모에 대항하여 온 힘을 다해 싸워야 합니다."[30] 노바티아누스에게 중요한 것은 '인류의 재건'이라는 머나먼 목적이 아니라, 인간의 자연 본성에 저항하면서 처녀들이 신자에게 순결의 빛나는 모범을 보이는 것이다.

또 두번째 이유는 처녀들이 아이를 만들면 순교에 방해가 될지도 모른다는 데 있다. 이 시기의 그리스도교 세계는 로마로부터 가혹한 박해를 받는 중이었는데, 박해를 받고 배교한 사람들에 대해 노바티아누스는 엄격한 태도를 요구하며 카탈로이(엄격파)라 불리는 유파를 만들었다. 노바티아누스는 배교하지 않고 신앙을 지킨 사람들만의 교회를 지향했던 것이다. 이러한 노바티아누스에게 처녀가 아이를 만든다는 것은 신앙의 길에 방해가 되는 일이었다. 노바티아누스는 이렇게 말한다.

처녀성은 아이를 갖지 않습니다. 뿐만 아니라 아이를 갖는 것을 하찮은

---

30 같은 곳.

일로 여깁니다. 풍요로움을 누리지는 못하지만 아이 없는 슬픔도 없습니다. 아이를 낳는 고통 바깥에 있는 자는 행복합니다. 자식을 매장하는 불행을 모르는 자는 더욱더 행복합니다. (……) 결혼에도, 이 세상에도, 아이에도 양도되어 있지 않습니다. 박해를 두려워할 필요도 없습니다. 왜냐하면 그 확고한 태도를 통해 박해에 도전할 수 있기 때문입니다.[31]

노바티아누스는 마침내 순교했다고 전해진다. 그에게 순교와 처녀성은 긴밀한 끈으로 연결되어 있었던 것이다. 그런데 소년애와 여성과의 이성애에서 제기된 중요한 논점으로서 화장이라는 주제가 있었다. 여성의 화장은 언제나 자연의 추함을 감추는 것으로서 비난받고, 그에 비해 젊은 이들의 민낯의 아름다움이 찬양되었다. 노바티아누스도 동일한 논거로 여성의 화장을 비판한다. 여기서 여성의 자연성이 휘어지는 것이다.

타인의 정을 끌어내고자 하는 부인은 설령 신체적으로는 정결(카스테이타스)를 지키고 있더라도 정결하다고 말할 수 없습니다. 자신의 아름다움을 장식하는 것을 넘어서서 판매하듯 해서는 안 됩니다. 아름다워지려고 마음을 괴롭히는 것은 나쁜 정신의 표식이며 비뚤어짐입니다. 신체를 자연 그대로 내버려 두고 신의 행위에 힘을 보태지 말도록 합시다. 있는 그대로의 자신을 기뻐할 수 없는 부인은 언제나 비참합니다. 왜 머리색을 바꾸는 것일까요? 왜 눈의 가장자리를 검게 칠하는 겁니까? 왜 기교를 부려서 얼굴을 다른 모양으로 바꾸는 것입니까? 왜 거울과 상담하는 것입니까? 자기 자신이기를 두려워하고 있기 때문은 아닙니까?[32]

---

31 같은 글(128~129쪽).

"있는 그대로의 자신을 기뻐하기", "자기 자신이기", 이것은 소크라 테스 이래의 오랜 전통 속에서 여성을 비판하고 젊은이를 찬양하기 위해 사용되어 온 표현이었다. 노바티아누스는 그리스도교 전통 속에서 의식 적 혹은 무의식적으로, 소년애의 전통 속에서 정교화된 무기를 사용한다.

3. 성모 마리아와 처녀의 신체 : 암브로시우스

결혼의 덫

로마 제국 3대 도시 중 하나인 밀라노의 주교로 있으면서 원로원에서 로 마 이교의 신상을 제거하고, 이에 더해 '그리스도교 황제' 발렌티니아누 스 2세(치세 375~392년) 때에 '신앙에 대한 헌신'[33]을 추구함으로써 로마 전래 이교의 재부흥을 시도한 황제의 의도를 꺾는 등, 정치적 수완으로 유명했던 암브로시우스는 특이한 처녀론과 결혼론을 전개한다.

암브로시우스에게 결혼은 금지된 것이 아니다. 그리스도교 전통의 가르침에 따르면 결혼은 성스러운 의무이기 때문이다.[34] 바오로에 의거해 '약한 자'는 결혼하는 것이 좋다고 인정된다. 그러나 니사의 그레고리우 스와 마찬가지로, 결혼한 여성은 반드시 많은 고통을 경험하게 된다고 여 겨진다. "여성은 결혼하고 운다. 눈물로서 얼마나 많은 맹세를 하게 될 것

---

32 같은 글(133쪽).

33 암브로시우스, 서신 17(*NPNF*, Second Series, Vol. 10, p. 412). 아우구스티누스의 스승이 된 암 브로시우스(339?~397)의 생애와 시대에 대해서는 Angelo Paredi, *Saint Ambrose : His life and Times*, trans. M. Joseph Costelloe, S. J. University, 1964가 상세하다.

34 또한 로마에서도 결혼은 "성스러운 것과 인간적인 것의 연결"이었다. 암브로시우스는 로 마 귀족 계급의 일원으로서 결혼을 "성스러운 것"으로 여겼다. William Joseph Dooley, *Marriage According to St. Ambrose*, The Catholic University of America Press, 1948, pp. 3f를 참조하라.

인가? (……) 어머니는 낳고, 그리고 병에 걸린다. 위험하게 시작되고 위험하게 끝나는 맹세란 얼마나 감미로운 것인가? 그것은 기쁨 전에 고통을 가져다준다. 그 기쁨은 위험으로 속죄되고 스스로의 의지로 소유할 수 없는 것이다."[35]

그리고 이러한 여성은 쾌락에 빠졌을 때 남편으로 하여금 죄를 범하게 한다. 암브로시우스는 남편들에게 이렇게 훈계한다. "포도주와 여자는 이성 있는 남자를 타락시킨다." 바로 그렇기 때문에 바오로는 결혼에서의 절제를 가르쳤던 것이다. 과도한 즐거움을 맛보는 자는 소위 "간음하는 자이며 사도의 법을 범하는 자"이다.[36] 남편과 아내 모두, 침대에서 과도한 쾌락을 맛보면 타락하는 것이다.

또 이러한 여성에게는 목걸이나 향수 등 많은 장신구가 필요하다. "그녀가 자기 자신으로부터 이렇게나 달라진다면, 자기 것이 얼마나 남겠는가?"[37] 암브로시우스는 화장이 "신이 그린 자연의 상을 파괴한다"고까지 단언한다.[38] 그리스에서는 소년의 꾸미지 않은 신체와 여성의 인위적인 화장이 대비되었지만, 4세기의 이탈리아에서 화장하지 않고 내면의 아름다움을 보여 주는 것은 소년이 아니라 처녀의 신체이다.

처녀의 신체

처녀는 얼굴이나 신체의 아름다움이 아니라 "겸손을 통해, 붉어진 볼에서

---

35 암브로시우스, 「처녀에 대하여」, 1권 6장 25(*NPNF*, Second Series, Vol. 10, p. 267).

36 암브로시우스, 서신 63, 32절(*Ibid*., p. 461).

37 암브로시우스, 「처녀에 대하여」, 1권 6장 29(*Ibid*., p. 368).

38 화장을 "기만적인 것"으로 여겼던 암브로시우스의 화장론에 대해서는 Dooley, *Marriage According to St. Ambrose*, pp. 51f를 참조하라.

빛을 발하며, 달콤한 정절 자체가 아름다움이 된다. 남자들의 시선을 갈구하려 하지 않는다. (……) 그대에게는 독자적인 아름다움이 있다. 이것은 신체가 아닌 바른 덕에 의해 야기되는 것이다. 이 아름다움은 나이가 끝장낼 수 없는 것, 죽음이 앗아갈 수 없는 것, 병들 수 없는 것이다."[39]

암브로시우스의 누이 마르켈리나는 353년 공현제 때에 베일을 쓰고 평생 처녀의 몸으로 지낼 것을 맹세했다. 그녀는 알렉산드리아의 주교인 아타나시우스가 안토니우스의 예를 따라 선교하기 시작한 금욕적 삶의 "프로파간다에 정복된" 최초의 여성이 되었다.[40] 누나의 본보기에 영향을 받은 암브로시우스는 일찍이 활약했던 웅변가들의 솜씨를 발휘해, 처녀를 여러 비유를 통해 극찬한다. 우선 처녀는 꿀벌이다. 꿀벌처럼 계속해서 일하고 겸허하며 절제한다. "꿀벌은 이슬을 먹고 결혼의 잠자리를 모르며 벌꿀을 만든다. 처녀가 먹는 이슬은 이슬처럼 신으로부터 내려온 말씀이다. 처녀의 정절은 더러움을 모른다. 처녀가 만들어 내는 것은 입술의 과실이며 달콤함이 가득하고 쓴 맛이 없다. 처녀의 일은 만인의 것이며 그 과실도 만인의 것이다."[41]

혹은 처녀는 정원이다. "처녀의 정결은 성령의 벽으로 둘러싸여 침략당하지 않도록 닫혀 있다. 이것은 외부에서 들어갈 수 없는 제비꽃 향기 나는 정원이다. 올리브 향과 장미로 가득 차 있다. (……) 장미 중에서 성스럽다고 여겨진 정결 속에."[42]

---

39 암브로시우스, 「처녀에 대하여」, 1권 6장 30(*NPNF*, Second Series, Vol. 10, p. 368).

40 Paredi, *Saint Ambrose : His life and Times*, pp. 22~23.

41 암브로시우스, 「처녀에 대하여」, 1권 8장 40(*NPNF*, Second Series, Vol. 10, p. 369). 그러나 암브로시우스가 처녀를 칭찬하면서도 언제나 결혼의 지위의 정당성을 인정했다는 데 대해서는 Dooley, *Marriage According to St. Ambrose*, pp. 121f를 참조하라.

42 같은 글, 1권 9장 45(*NPNF*, Second Series, Vol. 10, p. 370).

더 나아가 처녀는 샘이다. 처녀는 밀봉된 샘, 겸손의 샘이며 원천이다. 순결의 봉인을 풀지 않고 신의 모습을 비추는 샘이다. "이런 정원에서는 순수한 샘물이 빛나고 신과 닮은 형상의 얼굴을 비추며, 영의 야수가 굴러다니는 곳의 진흙과 섞여 시내가 더럽혀지거나 하지 않는다."[43] 신체의 정절이 성스러운 단순함과 일치하기 때문이다. 이렇게 암브로시우스는 젊은 여성들의 결혼을 단념시키고 처녀의 삶을 살도록 권고한다.[44]

다만 이렇듯 암브로시우스가 가르치는 처녀의 길은 험한 길이라 아무나 고를 수 있는 길이 아니다. 이것은 "극히 적은 자에 대한 은혜", 선택된 자를 위한 길이다. 그렇다면 암브로시우스는 어떤 여성이 이러한 길로 나아가야 한다고 생각했던 것일까? 그것은 로마 사회의 상류층 여성, 즉 스스로 거대한 부를 갖고 있으면서, 결혼했던 남편이 죽고 나면 자신의 부를 자유롭게 처분할 수도 있는 가정에서 태어난 젊은 처녀가 관철해야 하는 길이었던 것이다.

암브로시우스는 로마 원로원에 이교의 신상을 설치하지 말아야 한다고 주장한 서신에서 이를 여실히 고백한다. 로마에서는 어느 시기부터 일련의 법률로 과부가 교회에 유산을 상속하는 것을 금지했다. 암브로시우스는 그리스도교의 과부가 이교 사원에 맡기는 유산은 유효한데 그리스도교 사제에게 맡기는 유산은 왜 유효하지 않냐고 묻는다.[45] 암브로시

---

43 같은 곳.
44 암브로시우스의 처녀 권고는 매우 설득력이 있으며, 로마에서는 소녀들이 집단적으로 처녀서약을 했다고 한다. 그리고 어머니들은 자신의 딸이 교회를 방문하여 처녀서약을 하지 않도록 대문에 열쇠를 걸고 그녀들을 가둬 두었다고 한다. 테클라의 이야기를 떠올리게 한다. 이에 대해서는 Dooley, *Marriage According to St. Ambrose*, p. 123을 참조하라. 암브로시우스가 이 권고 때문에 '처녀 박사'라고 불리게 된 것에 대해서는 *Ibid.*, p. 119을 참조하라.
45 암브로시우스, 서신 18, 15절(*NPNF*, Second Series, Vol. 10, p. 419).

우스는 이에 불만이 있는 것은 아니지만, 교회가 다수의 빈자들을 돌보고 있으며 교회에 맡겨진 부는 가난한 자들을 위해 사용된다고 지적한다.

만약 로마 종교에서 숭앙받는 여섯 명의 '베스타(Vesta)의 처녀'를 위해 사원의 부가 사용된다면, 그것은 부를 낭비하는 것이다. 그리스도교 세계에도 많은 처녀들이 신에게 충성을 맹세하는데, 이 처녀들도 교회 자금의 은혜로 돌볼 필요가 있다고 주장한다.

암브로시우스가 부에 대한 집념을 엄하게 꾸짖는 것은 교회의 경제적 목적에 부합했기 때문이기도 하다. 금욕은 부를 포기하는 것이다. "정절의 첫번째 승리는 부에 대한 욕망을 극복하는 것이다."[46] 그리고 이렇게 포기된 부를, 유언을 통해 그리스도교회에 증여하도록 암묵적으로 요구된다.[47] 이를테면 젊어서 남편을 잃고 재산을 아들에게 넘기도록 관리인을 준비시킨 후 팔레스타인 땅을 방문했던 성녀 멜라니아는 유산을 통해 교회의 부를 증대시켰고, 그녀의 손녀였던 성녀 멜라니아[할머니와 같은 이름] 역시, 할머니의 본보기에 따라 교회나 수도원에 많은 재산을 기부한 자선사업가였다.[48]

마리아의 위상

그리고 이러한 부의 순환과 처녀 구원의 열쇠가 되었던 것이 암브로시우

---

46 같은 책, 12절(*Ibid.*, p. 419).

47 Brown, *The Body and Society*, p. 345

48 대(大)멜라니아에 대해서는 팔라디우스, 『라우소스 수도자의 역사』(http ://web.kyoto-inet. or.jp/people/tiakio/urchristentum/lausos.html)을 참조하라. 소(小)멜라니아에 대해서는 *The Life of Melania, The Younger*, trans. Elizabeth A. Clark, E. Mellen Press, 1984가 상세하다. 또한 ペイゲルス, 『アダムとエバと蛇』, 190쪽 이하를 참조하라. 여기서 다룰 여유는 없지만 두 멜라니아의 이야기가 카리스마적인 성자 이야기가 되어 가는 과정에 대해서는 Coon, *Sacred Fictions*의 5장을 참조하라.

스 특유의 마리아상이었다. 암브로시우스는 마리아가 처녀 수태하여 예수를 낳았다고 여기는 데에 머무르지 않고, 예수를 낳은 후에도 여전히 처녀였다고 역설한다. 그때까지는 마리아가 출산 후에 처녀가 아니게 되었다고 믿어졌지만, 처녀의 순결을 강조하는 암브로시우스에게 마리아는 처녀의 귀감이자 상징이고 계속해서 처녀일 필요가 있었다.

암브로시우스에게 마리아의 처녀 신체는 인간과 신을 잇는 특권적 장이었다. 이것은 모든 처녀를 주장하는 순결의 신체이다. "마리아의 태중에서 나온 주님은, 마리아의 정절이 범해지지 않도록 지키고, 처녀의 밀봉을 지켰다. (……) 여성과 남성에 의해 인간의 육체는 천국으로부터 배제되었고, 처녀 마리아의 신체에 의해 신과 다시금 연결되었다."[49] 처녀의 신체는 성모 마리아를 통해서, 실로 아담과 이브의 실추로부터 인간을 구원할 수 있는 것으로 여겨졌던 것이다. 이리하여 암브로시우스의 처녀론은 "여성에게 새로운 정신과 새로운 존엄"을 제공하게 되었다.[50]

4세기 후반부터 성모 마리아 신앙이 강해지는데, 마리아 신앙에서 암브로시우스는 중심적 지도자 중 한 명이 된다. 다만 암브로시우스가 마리아에 주목했던 것은 마리아가 처녀 수태하여 예수를 낳음으로써 성스러움을 보여 주었기 때문이다. 마리아는 성스러움의 상징과 같은 것이며, 모든 처녀의 모범이긴 하지만 신앙해야 할 신은 아니었다. "마리아는 신의 신전이지만 신전의 신은 아니었"으며, 신앙해야 하는 것은 신뿐이었다. 암브로시우스에게 있어 마리아는 처녀 마리아였으며 민간 신앙에서 숭배되는 성모 마리아는 아니었다고 해야 할 것이다.[51]

---

49 암브로시우스, 서신 63, 33절(*NPNF*, Second Series, Vol. 10, p. 461).
50 Paredi, *Saint Ambrose : His life and Times*, p. 151.
51 암브로시우스의 마리아론에 대해서는 Charles William Neumann, *The Virgin Mary in*

다만 이 처녀 마리아 이론이 당시의 삼위일체 이론을 보강하기 위해 사용되었다는 데 주목하고자 한다.[52] 마리아는 인간의 육체를 가졌지만 성령으로부터 은총을 받아 수태하고 인간이면서 신의 아들인 예수를 낳았다. 그리고 기적의 힘에 의해 처녀인 채로 예수를 낳았으며 그 후에도 처녀를 유지했다. "우리는 성처녀를 신의 어머니(테오토코스)로 선언한다. 왜냐하면 신(神)인 로고스가 육신을 취하여 인간이 되고, 성처녀의 수태 때에 그녀로부터 취한 신전을 스스로와 결합시키셨기 때문"이라는 것이다. 이렇게 칼케돈의 합동 신조[53]에 나타난 삼위일체 이론은 '신의 신전'이자 '신의 어머니'(테오토코스)라는 미묘한 위치로 인해 가능해졌다.[54]

처녀 어머니에게서 태어난 예수는 '성적인 기원과 성적인 욕동이라는 이중의 더러움'에 범해지지 않은 신체이며, 현재의 인간 신체의 타락한 상태와, 장래 부활의 때의 영광 사이에서 변신의 '다리'[55] 역할을 하도록 기대되었다. 이것도 모두 마리아의 처녀 수태라는 기적을 통해 가능하게 된 것이다

Works of Saint Ambrose, University press, 1962와 F. Homes Dudden, *The Life and Times of St. Ambrose*, Vol. 2, Clarendon Press, 1935, pp. 598~600을 참조하라. 또한 암브로시우스를 포함한 당시의 마리아 논쟁과 그 이론적 배경에 대해서는 アントニオ·エバンヘリスタ, 『マリア神学』, 上智大学神学部, 1968을 참조하라.

52 암브로시우스가 "다른 누구보다도 아름답게" 묘사한 성모 마리아의 상과 삼위일체론의 관계에 대해서는 Burrus, *Begotten, Not Made*, 3부를 참조하라.

53 원문은 『공의회의 신조문서』(*The Oecumenical Documents of the Faith: The Creed of Nicaea, the Epistles of Cyril, the Tome of Leo, the Chalcedonian Definition*, edited with introduction and notes by T. Herbert bindley, Methuen, 1950)의 pp. 93~96에 의거한다. 일본어 번역은 坂口ふみ, 『個の誕生: キリスト教教理をつくった人びと』, 岩波書店, 1996, 169~170쪽의 것을 채용했다. 이 책의 특히 3장 「칼케돈 공의회」는 칼케돈 신조와 처녀 마리아의 관계에 대해 상세하다.

54 삼위일체와 처녀 마리아의 관계, 가현론적인 빛, 그리고 마리아론에 대한 암브로시우스의 공헌에 관해서는 Giovanni Miegge, *The Virgin Mary: The Roman Catholic Marian Doctrine*, Westminster Press, 1955, 특히 2부 「영원의 처녀」가 참고할 만하다.

55 Brown, *The Body and Society*, p. 351.

4. 처녀의 신체 : 펠라기우스, 히에로뉘무스

처녀성 찬양은 박해와 순교의 시대 이후에도 오랫동안 그 유산을 남긴다. 아우구스티누스 시대에 이르기까지 젊은 여성이 처녀로서 금욕을 지키는 것이 찬양받았던 것이다. 그것을 나타내는 흥미로운 사례가 있다. 데메트리아스 아니키우스의 처녀 맹세를 둘러싼 세 서신이 그것이다.

로마 원로원의 유력 가문 중 하나인 아니키우스 집안은 로마 귀족들 중 솔선하여 그리스도교로 개종한 집안이었다. 고트족이 로마를 침략한 410년 이전, 아니키우스 집안의 딸 데메트리아스는 가장인 할머니 프로바와 어머니 율리아나에 이끌려, 로마에서 도망쳐 북아프리카 영지에서 지내고 있었다. 혼례 준비가 됐을 즈음, 데메트리아스는 순결 서약을 하고 결혼을 거부했다. 이 때문에 프로바와 율리아나는 당시 그리스도교계의 주요 인물에게 조언을 구하기로 했다. 펠라기우스와 히에로뉘무스가 이에 응하여 데메트리아스에게 서신을 보내 그녀의 결의를 축복했다. 더 나아가 아우구스티누스는 할머니인 프로바에게 축복의 편지를 보냈다. 여기서는 펠라기우스와 히에로뉘무스의 편지를 비교하면서 이 시대 그리스도교 사회에서 처녀의 신체가 어떤 의미와 가치를 갖고 있었는지를 고찰해 보겠다.[56]

펠라기우스의 서신

우선 펠라기우스의 서신부터 읽어 보자. 펠라기우스는 당시 그리스도교의 유력한 영적 지도자였으며 인간은 신으로부터 주어진 본성과 스스로의 의지로 선을 이룰 수 있다고 주장했고, 금욕적인 생활을 중시했다. 유아에게는 원죄가 없다고 보았고, 본성과 자유 의지만을 은총으로 여기는 펠라기우스 학파는 아우구스티누스와 오랜 논쟁을 이어갔고, 416년에는 교황 이노켄티우스 1세로부터 이단으로 단죄받았다. 황제 호노리우스도 칙령으로 펠라기우스의 이론을 단죄했다. 그러나 이 자유 의지 이론은 금욕의 중요한 이론적 지지가 되는 것이었다.

펠라기우스는 데메트리아스가 그때까지의 풍요로운 생활을 포기하고 금욕의 생활로 나아가기로 결의했다는 것을 높이 칭찬한다. "고귀하게 태어나고 사치와 쾌락 속에 자라나, 튼튼한 사슬처럼 이 세상의 교언에 묶여 있었는데도 느닷없이 튀어나와 정신의 힘으로 육에 있어 선한 것을 모조리 한순간에 바꿔 버렸기" 때문이다.[57]

그러나 펠라기우스가 처녀의 금욕을 찬양하는 논리는 노바티아누스와는 대조적인 것이다. 노바티아누스에게 처녀란 인간의 자연성에 거슬러 금욕하는 까닭에 '천사를 능가하는' 것인데, 자유 의지를 주장하는 펠라기우스에게 처녀가 갖는 인간의 본성은 선이신 신이 부여한 것으로 그 자체로서 선하다. 인간은 애초에 선이지만, "나면서부터 선과 악 모두를 행할 수 있으며, 의지를 어느 한쪽으로 기울이는"[58] 것이다.

데메트리아스는 이 의지의 힘으로 금욕을 선택했다. 그러나 단지 금욕을 선택했다는 것만으로는 충분하지 않다고 펠라기우스는 생각한다. 금욕은 자신의 욕망을 채우지 않는다는 의미에서 부정적 행위이다. 그러나 "당신이 선을 행하지 않는다면 악을 거부하는 것만으로는 충분하지

---

56 데메트리아스를 둘러싼 배경에 대해서는 펠라기우스의 서신에 대한 일본어판 옮긴이 해설을 참조했다(中世思想原典集成 4』, 926~928쪽). 또한 인간의 자유 의지를 강조하여 아우구스티누스나 히에로뉘무스와 격한 논쟁을 전개한 펠라기우스(354?~420)의 신학에 대해서는 山田望, 『キリストの模範: ペラギウス神学における神の義とパイデイア』(教文館, 1997)가 상세하다.
57 펠라기우스, 「데메트리아스에게 보내는 편지」, 1장(『中世思想原典集成 4』, 929쪽).
58 같은 글, 3장(932쪽).

않습니다."⁵⁹ 우선 단순한 정조만으로는 불충분하다. 펠라기우스는 "육과 영에서 처녀라 할지라도 손, 눈, 귀, 그리고 혀로 죄를 범한다면, 어떻게 육체에서 성스러운 자라고 말할 수 있을까요? 더 나아가 증오나 질투, 탐욕과 분노로 더럽혀져 있다면, 어떻게 영에서 성스러움을 유지한다고 할 수 있을까요?"⁶⁰라고 엄하게 지적한다.

데메트리아스에게 요구되고 있는 것은 세속 세계의 신부가 "날 때부터의 신체의 아름다움을 화장으로 돋보이게" 하는 것처럼, 신의 신부로서 '화장'하는 것이다. 그러나 이 화장은 이 세계의 화장이 아니다. 머리 장식은 기름 부음의 성사로 얻어지는 것이다. 처녀가 귀기울이는 말은 가장 비싼 보석보다도 소중한 것이다. "전신이 성스러운 행위로 꾸며져야 합니다. 이렇게 처녀의 혼의 아름다움은 모두, 보석 목걸이처럼 여러 덕의 갖가지 빛으로 빛나는 것입니다."⁶¹

이렇게 화장이 아닌 '성스러운 행위'로 손, 눈, 귀, 혀를 장식하는 것이 처녀의 장식이며 아름다움이다. 이 장식은 "악마에게 저항하여 무장"⁶²하는 무기이기도 해서, 단순한 화장이 아닌 중요한 의미를 띠고 있다.

이 장식이 무기인 이유는, 처녀가 금욕을 맹세하는 것이 매우 위험한 지위에 놓이기 때문이다. 금욕을 맹세하는 자는 세례를 받는 자와 마찬가지로 중대한 위험에 직면한다. 악마가 그자를 특별히 노리기 때문이다. 펠라기우스는 이 위험성이 크다는 것을 강조한다.

---

59 같은 글, 15장(951쪽).
60 같은 글, 12장(948쪽).
61 같은 글, 24장(966쪽).
62 같은 곳.

당신이 순결 서원을 통해 자신을 주께 바치기 시작한 때 이래로 적대자
[악마 — 인용자]는 당신에게 증오를 모읍니다. 타인의 이익을 자신의 손
실이라고 생각하는 그는, 당신이 획득하려 하는 것이 무엇이든지 간에 자
신이 잃는 것으로 여기는 것입니다. 매우 경계와 주의가 필요합니다. 당
신이 신 아래서 점점 더 풍요로워지는 만큼, 적에게는 방심하지 말고 한
층 더 조심해야 합니다.[63]

처녀를 노리는 악마는 모든 "영혼의 입구"[64]를 정찰하면서 틈새를 엿
본다. 이 악마의 공격은 동시에 자신과의 싸움이라는 의미를 갖는다. 악
마는 "책략과 속임수를 사용하여 우리를 쳐부수며, 우리 의지를 이용하여
우리를 공격합니다. 적은 우리의 동의에 힘을 받습니다. 흔히 말해지는
것처럼 그는 우리 목을 우리 칼로 베는 것입니다."[65]

특히 처녀가 경계해야 하는 것은 자신의 상념이다. 자신의 사유와 감
정의 움직임이야말로 가장 경계하고 조심해야 하는 것이다.

가장 안전하고 완벽한 것은 영혼이 언제나 쉬지 않고 세심한 주의를 기울
여 자신의 상념을 식별하는 것, 즉 영혼이 움직이기 시작할 때에 자신이
생각하는 것을 인정할 것인지 아니면 거부할 것인지, 따라서 선량한 상념
을 키울 것인지 사악한 상념을 즉시 지울 것인지를 식별하는 데 익숙해지
는 것입니다. 왜냐하면 여기에 선의 샘물, 악의 원천이 있으며, 마음의 모
든 큰 악의 기원은 상념이기 때문입니다.[66]

---

63 같은 글, 25장(967쪽).
64 같은 글.
65 같은 글(968쪽).

데메트리아스는 다만 결혼하지 않고 처녀이기를 선택했을 뿐이다. 그러나 펠라기우스가 보기에 이 '숭고한' 결의는 그 배후에 중요한 위험성을 품고 있다. 처녀는 자신이 선을 의지하고 선을 행하고 있다고 믿는데, 그 신념은 사실 사악한 것에 의해 움직여지고 있을지도 모르는 것이다. 처녀는 마음의 모든 입구에서 바깥으로부터 들어오는 것뿐만 아니라 자신의 내부에서 생겨나는 것이 선량한 것인지 사악한 것인지, 선한 기원으로부터 나온 것인지 악한 기원으로부터 나온 것인지를 식별해야 한다. 이것은 매우 어려운 '자기 해석학'의 과제이다.

그러나 이 자기 해석학은 처녀가 혼자서 실행하기 너무 힘든 과제이다. 조만간 검토하겠지만, 이를 위해서 수도원이라는 장치가 필요하며 이 시대에 이 장치가 이미 작동하기 시작했다. 펠라기우스가 데메트리아스에게 충고할 수 있는 것은 이 해석학을 혼자서 완수할 것이 아니라, 영혼을 언제나 '하늘의 상념'과 '신의 말씀'으로 채워 두는 것, "언제나 성서를 끊임없이 명상하고 마음을 성서로 채우며 악한 상념이 있을 곳을 빼앗고 영혼을 신에 관한 생각으로 채워" 두는 것에 불과하다.[67]

로마가 고트인에게 정복되어 사람들이 세계의 종말을 예상하고 "모든 사람들이 동일한 죽음의 그림자를" 봤던 이 시기에, 자기 해석학의 엄청난 어려움은 아직 확실히 인식되고 있지 않았던 것이다. 펠라기우스는 다만 인생의 짧고 덧없음, 그리고 그 후 피안에서의 영원한 삶을 말함으로써 처녀를 달랠 뿐이다. "우리 삶이 천 년에 이르고 매일매일 쾌락을 향유하면서 생의 마지막에 다다른다 할지라도, 결국은 무로 돌아가는 긴 시

---

66 같은 글, 26장(970쪽).
67 같은 글, 27장(971쪽).

간이 대체 무엇이 되겠습니까? 사라지든 말든, 존재했었는지도 모르게 생각되는 쾌락에 무슨 이득이 있을까요?"[68]라고 말이다.

히에로뉘무스의 서신

아우구스티누스와 동시대의 신학자로서 이집트에서 오랜 수도 경험이 있는 히에로뉘무스는 로마 도시를 방문해 귀족 부인들에게 금욕과 절제를 권고했는데,[69] 마찬가지로 데메트리아스에게, 그리고 "로마 도시 중 귀족 처녀로서는 최초로"[70] 금욕을 맹세한 에우스토키움에게 금욕을 권하는 편지를 썼다. 히에로뉘무스도 펠라기우스와 거의 같은 논리를 전개한다. 히에로뉘무스의 논리는 처녀의 자연성과 금욕을 맹세하는 것의 위험성이라는 두 가지 점을 축으로 하고 있다. 히에로뉘무스의 자연성 이론은 그리스의 소년애 전통과 거리를 두면서도 고도로 신학적이어서 주목할 만하다.

히에로뉘무스는 이브가 죄에 빠진 신화를 이야기하면서 낙원에 있는 이브가 처녀였다는 것을 지적한다. 아우구스티누스는 후에 좀더 다른 논

---

68 같은 글, 29장(974쪽).

69 Stefan Rebenich, *Jerome*, Routledge, 2002에 따르면 "로마에서 히에로뉘무스는 교양 있는 교인으로서의 지위를 확립하고 금욕적인 생활의 완전한 해석을 발전시켰다. 카르키스 사막에서의 수도 경험은 영적 지도자와 금욕적 모방으로서의 히에로뉘무스라는 동시대 사람들의 이미지를 높이는 데 공헌했다"(p. 34)고 한다.

70 히에로뉘무스, 「서신 22 : 에우스토키움에게」(『中世思想原典集成 4』, 686쪽). 아우구스티누스와 동시대의 신학자로, 교부로서는 드물게 사막에서 금욕 생활을 하기도 하는 히에로뉘무스 (345?~320?)의 파란만장한 생애에 대해서는 일본어 번역본의 해설을 참조하라. 이 사막에서의 금욕 생활 덕분에 히에로뉘무스는 서양의 회화 전통에서 유명한 인물이 된다. 불가타 성서의 번역자로서, 성서를 라틴어로 번역한 공적도 크다. 이 서신의 배경에 오리게네스의 금욕 이론을 둘러싼, 당시 격렬하게 논의되던 오리게네스 논쟁이 있다는 데 대해서는 Elizabeth A. Clark, *Origenist Controversy : The Cultural Construction of An Early Christian Debate*, Princeton University Press, 1992, pp. 15ff를 참조하라.

리를 제시하는데, 이브가 죄를 범한 후 처음으로 결혼과 생식이 시작됐다는 것이다. 그러므로 "처녀성이 자연에 속해 있는 데 비해 결혼은 책망 후에 시작되었다"는 것이다. "처녀는 결혼을 통해 육체로서 태어납니다. 뿌리에서 상실된 것을 과실에서 거두며 말입니다."[71]

그러나 이는 난감한 논리이다. '자식을 많이 낳고 번성하라'라는 "명령이 성취되는 것은 낙원으로부터 추방된 후의 일, 알몸 후, 결혼의 비루함의 전조가 되는 무화과나무 잎 후의 일"[72]이라고 말하면서 결혼 없이는 처녀가 태어나지 않는다는 것을 인정하는 것은 모순된 논리로 보인다. 그러나 히에로뉘무스는 "나는 결혼을 칭찬합니다, 부부의 결합을 칭찬합니다. 하지만 그것은 결혼과 부부의 결합이 처녀들을 낳아 주기 때문일 뿐입니다"[73]라고 말한다.

히에로뉘무스가 더듬어 나가는 논리는 이상하지만 그 나름대로 이해 못할 것만은 아니다. 이브는 죄를 범하여 결혼하고 아이를 낳게 되었다.

---

71 히에로뉘무스, 「서신 22 : 에우스트키움에게」(『中世思想原典集成 4』, 690~691쪽). 금욕을 권고할 때에 구약 성서의 이브 신화를 사용하는 전략에 대해서는 Elizabeth A. Clark, *Reading Renunciation : Asceticism and Scripture in Early Christianity*, Princeton University Press, 1999, p. 120을 참조하라. 이 책의 결혼과 금욕에 관한 크뤼소스토무스, 히에로뉘무스, 오리게네스의 세 모델 고찰이 흥미롭다(6장 「절제를 해독하는 세 가지 모델」). 크뤼소스토무스는 히브리 금욕과 그리스도교 금욕의 차이를 최소한으로 하는 감축 전략을 채용한다. 오리게네스는 히브리 금욕과 그리스도교 금욕의 시간적 순서를 중시하지 않고 그 사이의 유비를 읽어내는 알레고리 전략을 채용한다. 크뤼소스토무스는 그리스도교 세계에서 부부의 성애를 긍정하기 위해 히브리의 자유로운 성관계를 유비적으로 이용하려 한다. 히에로뉘무스는 성적 교합을 부정적인 투로 말하기 위해서 구약의 세계에 비판적이었고 그것과의 차이를 강조한다. 오리게네스는 시간적 차이를 우회하여 자신의 이론적 틀에 끼워 맞추기 위해서 히브리 텍스트의 알레고리적 독해를 구사하는 것이다.

72 같은 글(690쪽).

73 같은 글(691쪽). 이윽고 히에로뉘무스는 "그리스도의 신체적 순수성과 비교하면 모든 성교는 불결하다"고 말하기까지에 이른다(히에로뉘무스, 『요비니아누스 반박』, 1권 20장. 영역 *NPNF*, Second Series, Vol. 6, p. 361).

그러나 처녀로부터 태어난 예수에 의해 이 저주가 풀린다. "죽음은 이브를 통해 찾아왔지만 생은 마리아를 통해 찾아왔습니다."[74] 그리고 처녀가 예수의 신부가 될 때, 그 처녀를 낳은 어머니의 저주가 풀리는 것이다. 어머니는 자신이 낳은 딸이 "병사의 아내가 되는 것을 바라지 않고 왕의 아내가 되는 것을 바람"[75]으로써 자신에게 걸린 저주가 풀리는 것을 기뻐해야 한다고 히에로뉘무스는 생각한다. 예수의 신부가 머지않아 신을 낳는다면 신부의 어머니는 "신의 의붓어머니"[76]가 될지도 모르니 말이다.

히에로뉘무스는 데메트리아스에게 보낸 서신에서도, 우선 어머니와 할머니에게 감사한다. 데메트리아스는 "어머니와 할머니가 심었지만 내가 물을 주고 주께서 키우셨"다고 말한다.[77] 부모의 역할은 "처녀의 신체라는 신전"[78]의 씨를 뿌리는 것뿐이며, 혼을 돌본 것은 히에로뉘무스이고 키운 것은 신이라는 것이다.

그런데 히에로뉘무스가 강조하는 것은 이 처녀의 자연성이 아니라 처녀의 금욕 선서가 야기하는 위험성이다. 처녀성은 찬양하는 것이 아니라 지키는 것이 중요하다. 펠라기우스는 처녀의 순결을 세례에 비유했지만 히에로뉘무스는 처녀를 지키는 것이 순교와 동일한 행위라고 강조한다. "당신의 정절을 지키는 것은 스스로 순교하는 것이기도 합니다."[79] 그러기 위해서 처녀는 무장하고 싸워야 한다. "우리는 무기를 가지고 전열을 가다듬으며 적과 싸울 준비를 해두어야 합니다."[80]

---

74 같은 글(『中世思想原典集成 4』, 694쪽).
75 같은 곳(692쪽).
76 같은 곳.
77 히에로뉘무스, 「서신 130 : 데메트리우스에게」, 2절(*NPNF*, Second Series, Vol. 6, p. 261).
78 히에로뉘무스, 「서신 22 : 에우스토키움에게」(*Ibid.*, p. 696).
79 히에로뉘무스, 「서신 130 : 데메트리우스에게」, 5절(*Ibid.*, p. 252).

그렇지 않으면 "악마는 언젠가 당신을 재판정에 끌어 내어 악마의 것을 빼앗았음을 증명할지도 모릅니다. 그렇게 되면 재판관은 당신을 적이자 복수자인 관리에게 넘기고 당신을 감옥에 던져 넣게 될 것입니다."[81]

그러므로 처녀는 매우 경계하고 있어야 한다. "뱀이 당신의 상념 속에 들어오는 길을 발견했을 경우에는 당신이 마음을 주의로" 채워야 한다. "신은 당신들의 상념과 결의만으로 벌하시지는 않습니다. 그러나 그 자손, 다시 말해 거기서 태어나는 나쁜 행동과 죄의 습관에 대해서는 천벌을 내리실 것입니다."[82]

히에로뉘무스에게서 처녀는 아직 일상생활의 세세한 주의사항을 받는 데 그친다. 이를테면 나쁜 말에 귀를 기울이지 말 것, 아첨에 흔들리지 말 것, 처녀의 신체를 타인의 눈에 노출시키지 말 것, 허영의 정열에 사로잡히지 말 것, 교만하지 말 것, 남자를 피할 것, 웅변적으로 말하지 말 것, 탐욕을 피할 것, 기도의 시간을 가질 것, 지출을 계산하지 말 것 등 아주 성실한 훈계에 불과하다.[83] 히에로뉘무스에게서는 아직 상념을 둘러싼 자기 해석학의 덫이 그다지 의식되지 않고 있는 것이다.

딸의 순결한 신체가 그리스도교회와 귀족들에게 상징적인 의미를 갖는다 할지라도, 이것은 이를테면 귀족들의 특권이다.[84] 딸에게는 일하거나 바깥을 걷는 것이 금지되고, 집안의 특별한 방에 갇혀서 집을 방문한

---

80 같은 글, 8절(*Ibid.*, p. 265).
81 같은 글, 7절(*Ibid.*, p. 265).
82 같은 글, 9절(*Ibid.*, p. 266).
83 히에로뉘무스, 「서신 22 : 에우스토키움에게」(*Ibid.*, pp. 696~719).
84 히에로뉘무스는 만나는 모든 귀족의 어머니들에게 성교를 피하라고 했으며, 심지어 이미 태어난 딸은 어릴 때부터 교육하여 처녀의 길을 걷게 하라고 설득했다. 그 결과 "어머니에게는 자유로운 선택이었던 것이, 딸에게는 의무가 되었"던 것이다(Rebenich, *Jerome*, p. 131).

사람들이나 가족의 남자들과도 가능한 한 만나지 않을 것이 요구된다. 그리고 마음을 신의 말씀의 '자리'로 만들도록 요구되는 것이다.

그러나 저명한 사제들도 딸들을 직접적으로 지도할 수는 없다. 기껏해야 딸들의 "밤의 매미"가 되어 "매일 밤 당신의 침대를 눈물로 닦고, 당신의 침상을 눈물로 적시십시오"[85]라고 지도하는 정도밖에는 할 수 없는 것이다. 딸들의 마음은 확실히 '신의 말씀'으로 가득 차고, 침상은 눈물로 젖어 있을지도 모른다. 그러나 딸들의 마음과 침대 모두, 더 이상 누구 손에도 닿지 않는 곳에 감금되어 있다. 그리스도교 세계에서야 숨겨진 보석이고 보석으로 꾸민 빛나는 관이지만, 모든 사람들이 본보기로 삼을 수도 없고 실행해 볼 수도 없는 상징에 불과하다.

펠라기우스가 보여 준 영혼의 해석학은, 신의 말씀으로 가득 채워져 귀한 집에 갇힌 딸에 대해서는 진정한 의미에서 실행될 수 없는 것이다. 펠라기우스의 조언은 딸의 소박한 마음에는 너무나 과중하다. 히에로뉘무스는 데메트리아스에게 다른 사제들의 말에 귀를 기울이지 말 것, 특히 '이단'의 가르침에 유혹당하지 말 것을 요구한다.[86] 이 '가르침'은 당시 이단의 최전선으로 여겨지던 펠라기우스의 가르침을 시사하고 있음이 명백하다. 펠라기우스의 영혼의 해석학은, 데메트리아스에게 독이 되었을지도 모르기 때문이다.

---

85 히에로뉘무스, 「서신 22 : 에우스토키움에게」(*NPNF*, Second Series, Vol. 6, p. 689).

86 "신이 계시지 않은 이 사악한 가르침은, 이전에는 이집트와 동방에서 성행했습니다. 지금도 이곳의 많은 사람들 속에서, 구멍에 숨은 독사처럼 남몰래 눈치를 살피고 있으며, 신자의 순결을 더럽히고 유전병처럼 점차 힘을 키워 가면서 이윽고 다수의 사람들을 습격하려 하고 있습니다." 히에로뉘무스, 「서신 130 : 데메트리우스에게」, 16절(*Ibid.*, p. 270).

5. 결혼의 양의성 : 아우구스티누스

순결과 정절

귀족 처녀들이 '병사의 아내'가 되기를 그만두고 '신의 아내'가 되는 것은 그리스도교 세계에서 상징적인 의미를 갖고 있었다. 데메트리아스가 신의 아내가 되겠다는 결의를 알렸을 때, 히에로뉘무스가 "아프리카의 모든 교회가 기쁨에 겨워 춤췄다"고까지 찬양했던 것은 바로 그 때문이다. 그리고 어머니와 할머니는 "딸이 목표로 하는 것은 자신들의 마음속에 있는 것이며, 딸은 처녀를 통해서 고귀한 집안을 더욱더 고귀하게 했다"[87]고 기쁨을 내비쳤다.

당시의 유력한 사제였던 아우구스티누스 역시 데메트리아스의 결의를 듣고 "이것은 축복으로 가득 찬 풍요로운 조건입니다. 임신한 자궁이 아니라 영혼의 숭고한 능력을 발전시키는 것, 젖가슴에 젖이 넘치게 하는 것이 아니라 눈처럼 하얀 마음을 품는 것, 노동의 고통을 겪으며 세속적인 일을 하는 것이 아니라 인내하는 기도 중에 천국의 일을 하는 것입니다"라고 축복한다. 데메트리아스는 "가족의 수를 늘리는 것이 아니라 언제나 신체의 순결함을 유지함으로써" 아니키우스의 고귀한 일족을 더욱더 고귀하게 했던 것이다.[88]

그러나 아우구스티누스에게 처녀의 순결은 양의적인 의미를 갖는다. 아우구스티누스는 히에로뉘무스처럼 결혼 자체까지 비난할 수는 없었다. 아우구스티누스에게서도 순결을 유지하는 것은 그 자체로서 고귀한

---

87 히에로뉘무스, 「서신 130 : 데메트리우스에게」, 6절(*Ibid.*, p. 263).
88 아우구스티누스, 「서신 150 : 프로바와 율리아나에게」(*NPNF*, First Series, Vol. 1, p. 504).

일이다. 순결의 정결과 결혼의 정결은 모두 선이지만, "사태 자체를 비교한다면 순결의 정결 쪽이 결혼의 정결보다 더 선하다는 데 의심의 여지가 없다"[89]는 것이다.

그러나 이 순결의 선이라는 것도 결혼에 비해 선하다고 여겨질 뿐, 다른 요소가 더해지면 의미가 달라진다. 아우구스티누스는 처녀의 순결을 지키는 여성이 때때로 문제를 일으킨다는 점을 지적한다.

"우리는 많은 성스러운 처녀들이 말이 많고 호기심이 강하며 술주정꾼에 언쟁을 좋아하고 탐욕스러우며 오만하다는 것을 알고 있다"고 말한다.[90] 순결이라는 덕이 다른 악덕을 동반할 때, 순결 자체의 가치는 상실되고 만다. 아우구스티누스에게 특히 순결이라는 덕은 복종이라는 덕보다는 가치가 낮으며, "덜 순종적인 처녀들보다는 더 순종적인 기혼 여성들이 선택되어야 한다".[91] 하물며 "신앙 깊은 자의 결혼은 불경한 자의 처녀보다 낫다"는 것이다.[92]

아우구스티누스에게 처녀의 순결과 마찬가지로 결혼도 복잡하며 양의적인 덫이 되는 것이었다. 우선 한편으로 아우구스티누스는 결혼 자체를 악으로 보는 이론에 저항해야 했다. 그것은 결혼과 생식이 사람들에게 자손을 주고 교회의 토대를 확보할 수 있게 하는 그리스도교회의 전통적 사고방식에 의한 것이 아니었다.[93] 이탈리아의 밀라노와 카르타고의 부유

---

89 아우구스티누스, 「결혼의 선」, 28절(『アウグスティヌス著作集 7』, 岡野昌雄 訳, 教文館, 1979, 270쪽).
90 같은 글, 30절(272쪽).
91 같은 곳.
92 같은 책, 8절(243쪽).
93 하이네만은 아우구스티누스가 결혼의 신성함을 변호했다는 통설에 대해 "그는 그저 마니교도에 대항해 결혼에 의한 생식을 변호했을 뿐"이라 주장하고(우타·랑케-하이네만, 『カトリック教会と性の歴史』, 高木昌史 他訳, 三交社, 1996, 113쪽), "회심한 아우구스티누스에게 생식은

한 토지에 살고 있던 아우구스티누스로서는, 시대가 다르다고 생각했던 것이다. 이제는 "모든 민족으로 이루어진 영적 결합의 풍요로움이 넘쳐나는 시절"이며, 자손을 얻는 것보다도 "절제라는 거대한 선을 사용하는"[94] 것이 중요한 것이다.

아우구스티누스는 정욕과 생식을 연결시키는 근거가 이미 상실되었다고 생각했다. "모든 백성들에게서 성스러운 숫자를 채우는 데 넘칠 정도로 충분한 출생이 있으므로, 저속한 정욕은 충분한 아이를 만드는 데 필요하다는 이유로 스스로를 정당화할 수 없"기 때문이다.[95] 뿐만 아니라 아우구스티누스에게서는, 자손이 모두 끊긴다면 "신의 나라를 더 빨리 성취할 수 있고 세계의 종말이 앞당겨"지는 것이고,[96] 그것은 바람직한 일이기까지 한 것이다.

아우구스티누스에게서는 결혼보다도 순결이 더 바람직하다. 결혼한 여성에 대해 바오로가 말했던 것처럼, "남편이 없는 여자와 처녀는 몸으로나 영으로나 거룩해지려고 주님의 일을 걱정합니다. 그러나 혼인한 여자는 어떻게 하면 남편을 기쁘게 할 수 있을까 하고 세상사를 걱정"(「고린도 전서」, 7장 34)하게 된다. 결혼은 처녀인 채로 절제를 유지할 수 없는 자를 위해 인정되는 '치료' 수단에 불과하다. 사람들은 정욕에 사로잡혔기 때문에 결혼하며, 이 정욕은 '악'이다. 그리고 이 '악'은 '육신'이라는 '죽음의 몸'으로부터 근절할 수 없는 것이다. "정욕이라는 것은, 정욕의 반항

결혼의 유일한 의미이자 목적이 되었다"고 말하는데(118쪽), 아우구스티누스에게서 결혼 개념의 양의성을 이해하지 못하고 있다는 의미에서 통설과 동일한 과오를 범하고 있는 듯하다.

94 아우구스티누스, 「결혼의 선」, 9절(『アウグスティヌス著作集 7』, 245쪽).
95 아우구스티누스, 『창세기 주해 I』, 9권 7장(『アウグスティヌス著作集 16』, 片柳栄一 訳, 教文館, 1994).
96 아우구스티누스, 「결혼의 선」, 10절(『アウグスティヌス著作集 7』, 246쪽).

이 신체의 상처처럼 완전한 방법에 의해 치유되기까지, 싸움으로써 정복되어야 할 정도로 강력한 악"이다.[97]

아우구스티누스는 고위 성직자의 경우에도 정욕이 뿌리 뽑히지 않았다는 것을 지적하면서, 정욕의 강력한 힘을 증명한다. "성스러운 절제를 하는 사람들의 육에서 정욕이 완전히 근절되지 않는 것은 당연하다. 그것은 정욕에 대한 싸움이 이루어지고 있는 동안에 안심하고 교만해지지 않도록 정신이 자신의 위험성을 알리기" 위함이다.[98] 곧 고찰하겠지만, 수도원에서는 의도하지 않은 신체의 행위인 몽정을 극복할 수 있는지 여부가 성스러움의 중요한 기준이 된다.

결혼의 선

그러나 아우구스티누스는 육신이라는 '죽음의 몸'을 입은 인간의 정욕의 강력함 때문에라도 결혼이라는 장치가 필요하다는 것을 인식하고 있다. 순결이 양의적 의미를 갖고 있었던 것처럼, 결혼 역시 양의적인 것이다. 인간의 정욕을 근절하기 힘들다는 것은 몽정이라는 현상이 알려 주는데, 결혼이라는 수단을 통해 이 인간의 악을 선용할 수 있다. "정욕이 일어날 때 그것이 사람을 불법 행위로 몰고 가지 않도록 하기 위해 정욕의 악에 저항하는 부부의 정결이 선"이라는 것이다.[99]

물론 "정욕 자신이 행하는 것은, 그것이 솟아오르는 목표가 합법적이든 불법적이든지 간에 어떤 경우에도 악이다. 따라서 이러한 악을 부부의

---

97 아우구스티누스, 『율리아누스 반박』, 3권 20장(『アウグスティヌス著作集30』, 金子晴勇 訳, 教文館, 2002, 160쪽).
98 같은 책, 4권 2장(198쪽).
99 같은 글(193쪽).

정결은 선용하고 있으며 동정의 절도는 그것을 [아예] 사용하지 않는다는 점에서 한층 더 선한 것"[100]이라고 한 것처럼, '악'의 선용은 [악을 아예]사용하지 않는 것보다는 열등하다.

사람들은 정욕에 사로잡혀 "그 스스로는 점점 더 무절제한 성적 결합을 추구하는데, 결혼을 통해 깨끗하게 아이를 낳는 절도를 갖게 된다. 왜냐하면 정욕을 위해 남편을 이용하려는 것은 부끄러운 일이지만, 남편 이외의 자와 관계하려 하지 않고 또 남편 이외의 자로부터 아이를 얻으려고도 하지 않는 것은 훌륭한 일이기 때문이다."[101] 아우구스티누스에게 결혼은, 악의 선용이라는 의미에서 용인할 수 있는 것이었다.

아우구스티누스에게 결혼의 두번째 의의는, 그것이 부부라는 신도 간의 '신의'를 만들어 내고, 마음의 일치를 낳는 성사의 성질을 갖는다는 데 있었다. 아우구스티누스에게는 목적 그 자체인 선과, 그 목적을 만들어 내기 위한 '수단'으로서 이용해야 할 선이 있었다. 이 두 선에 대해 아우구스티누스는 이렇게 말한다. "신께서 주시는 어떤 선은, 이를테면 지혜, 건강, 우애처럼 그 자신을 위해 추구되어야 하는 것으로서의 선이고, 신께서 주시는 또 다른 어떤 선은, 이를테면 학식, 먹을 것, 마실 것, 수면, 결혼, 성적 결합처럼 다른 어떤 것을 위해 필요한 것으로서의 선이다"[102]

그 자체로 선인 것은 향유(frui)할 수 있지만, 그 자체로 선이 아닌 것은 이용(uti)할 수 있을 뿐이다. 결혼은 수단적 선이며 그 목적은 우애에 있다. 결혼 자체를 향유해서는 안 되는 것이다. "결혼이나 성적 결합은, 우애를 위해 필요하기도 하고 이로부터 인류의 번식이 성립된다. 인류에게

---

100 같은 글(194쪽).
101 아우구스티누스, 「결혼의 선」, 5절(『アウグスティヌス著作集 7』, 238쪽).
102 같은 글, 9절(244쪽).

우애적 관계는 큰 선이며, 이를 위해 필요한 선을 정해진 목적을 위해 사용하지 않는 자는 죄를 범하는 것으로, 어떤 경우에는 용서받지만 어떤 경우에는 책망받는다."[103]

　　아우구스티누스에게 우애라는 고차원적 선을 위해 결혼이라는 저차원적 선을 사용하는 것은 선일 뿐만 아니라 필요한 것이다. "향유해야 하는 것은 우리들을 행복하게 하지만 사용해야 하는 것은 우리들이 행복을 목표로 할 때에 도움이 되는" 것에 불과하다.[104] 결혼은 생식이라는 목적에 맞고, 사람들의 정욕을 억누를 뿐만 아니라 신도들 간의 화합을 가져온다. "결혼이 선인 것은 단순히 아이를 낳기 때문만이 아니라 이성과의 본성적 함께함 자체를 위해서이기도 하다고 생각된다. 그렇지 않다면 노인의 경우, 특히 아이를 잃거나 혹은 아이를 낳은 적이 없는 경우에는, 더 이상 결혼이라고 말할 수 없게 되어 버릴 것이다. 그러나 이제 오래되고 선한 결혼에서는 설령 남녀 간에 장년(壯年)의 정열은 쇠약해졌을지라도, 남편과 아내 사이의 사랑의 질서가 강력하게 살아 있는 것이다."[105] 결혼은 그리스도교회에서 하나의 성사로서의 의미를 갖는다고 아우구스티누스는 역설한다.[106] "자손이라는 과실을 가져다주는 생식뿐만 아니라, 또 서로에 대한 성실함이라는 유대를 만들어 내는 정결뿐만 아니라, 결혼 중에 있는 성사로서의 유대야말로 결혼 생활을 하는 신도들에게 장려되는 것이다."[107]

103　같은 글(245쪽).
104　아우구스티누스, 『그리스도교의 가르침』, 1권 3장(『アウグスティヌス著作集 6』, 加藤武 訳, 教文館, 1988, 30쪽). 향유와 사용이라는 개념에 대해서는 한나 아렌트, 『사랑 개념과 성 아우구스티누스』, 서유경 옮김, 텍스트, 2013, 특히 1부 「갈망으로서의 사랑」을 참조하라.
105　아우구스티누스, 「결혼의 선」, 3절(『アウグスティヌス著作集 7』, 234쪽).
106　같은 글, 7절(241쪽).

이렇게 아우구스티누스는 결혼에 세 가지 선이 있다고 생각했다. "이 선은 셋으로 나뉘어진다. 다시 말해 성실함과 자녀, 그리고 성사이다."[108] 남녀 서로의 정결, 자손의 생식, 성사로서의 '성스러운 유대'야말로 결혼이라는 장치를 지지하며, 그리스도교회가 결혼의 공적인 장이 됐던 것도 이러한 사고방식에 따른다.

다만 남성에게 여성이 '성스러운 유대'의 파트너라 할지라도, 아우구스티누스는 여성이 '자손을 낳기 위해' 만들어진 것에 불과하다고 생각했다는 것도 잊지 말아야 할 것이다. "그러므로 아이를 낳는다는 이유를 제외하고, 달리 어떤 도움 때문에 여자가 남자에게 창조되었는지 우리는 알 수 없다"[109]고 아우구스티누스는 단언한다. 「창세기」의 신화를 해석할 때 아우구스티누스의 머리에서 신앙 주체로서의 여성의 모습은 완전히 빠져 있는 것이다.

성과 고백

그런데 결혼과 처녀의 양의성의 배경에 있는 것이 아우구스티누스에게서의 성관계의 지위이다. 아우구스티누스에게 성은 단순히 그리스도교도 부부의 문제로서가 아니라 인간의 원죄 자체를 상징하는 것으로서 등장했다. 여기서는 푸코의 분석을 축으로 이 문제를 고찰해 보자.

푸코가 "놀랍게도"라며 지적하듯이,[110] 아우구스티누스가 『신국론』

---

107 아우구스티누스, 『결혼과 정욕』, 31권 11장(*NPNF*, First Series, Vol. 5, p. 268).
108 아우구스티누스, 『창세기 주해 I』, 9권 7장(『アウグスティヌス著作集 16』, 298쪽).
109 같은 곳.
110 Foucault, "Sexualité et solitude", *Dits et Écrits*, vol. 4, p. 175(『ミシェル・フーコー思考集成 8』, 388쪽).

에서 천국에서의 성행위를 묘사하고 있다는 것은 주목할 만하다. 이것은 원죄 이전의 인간도 성행위를 했다는 것을 인정하는 것으로, 다른 교부들에게서는 발견되지 않는 사상이기 때문이다.

아우구스티누스는 인간의 신체를 셋으로 분류한다. 깨끗한 '살아 있는 신체', 더럽혀진 '살아 있는 신체', 그리고 '영적인 신체'이다. 아담은 죄를 범하기 전까지는 깨끗한 살아 있는 신체였다. 그리고 아우구스티누스는 깨끗한 살아 있는 신체의 아담의 성행위에 대해 상상한다. 실제로 아담이 아이를 만드는 것은 낙원으로부터 추방되고 나서부터이기 때문에, 아우구스티누스는 타락하기 전의 생식 행위에 대해 생각한 것이다.

아우구스티누스는 이렇게 말한다. 아담이 죄를 범하기 전에는 "그리하여 마치 지금도 손으로 땅에다 씨를 뿌리듯이, 성기도 그 일을 하라고 만들어진 그릇을 생식하는 토양으로 삼아 씨를 뿌렸으리라".[111] 그리고 그 행위를 부끄러워할 일도 없었을 것이고, 누군가에게 보여지더라도 아무렇지 않았을 것임에 틀림없다고 말이다.

아우구스티누스에 따르면 타락 이전에는 성기를 포함한 신체의 모든 부분이 손처럼 의지에 따라 움직였으리라는 것이다. 성기는 조용히 씨를 뿌리는 손과 같은 것이었다. 그러나 타락의 순간에 아담은 신에게 금지되어 있는 것을 스스로 의도하여 행했다. 이는 스스로의 자립적인 의지를 가지려 한 것이다. 아우구스티누스는 이 신에 대한 반란에 의해 인간이 독립된 의지를 가지려 했던 욕망의 결과로서 아담은 자신의 신체를 제어할 힘을 잃어버렸다고 반복하여 지적한다.

그러므로 아담이 감추려 했던 것은 단순히 벌거벗은 자신의 신체 기

---

111 아우구스티누스, 『신국론』(11~18권), 성염 옮김, 분도출판사, 2004, 1523쪽.

관 일부가 아니라는 것이다. "원조들[최초의 인간들]이 불순종의 죄를 짓
자 신적 은총이 그들을 버렸고, 그러자마자 그들 안에서 지체들이 불순종
하여 그 지체들의 정욕이 생겨났다고 하자. 그러자 눈이 열려 자신들이
벌거벗었음을 발견했고, 다시 말해 파렴치한 충동이 자유의지에 반항하
고서 호기심으로 알몸을 쳐다보게 되었으므로 그들은 부끄러운 데를 가
렸다고 하자."[112]

　　여기서 아우구스티누스가 상상하는 마음의 움직임이 재미있다. 두
사람은 서로 상대의 신체를 보고 욕정을 품는다. 그렇게 됨으로써 자신의
신체 기관이 마음대로 움직인다. 그리고 자신이 벌거벗었다는 것을 안다.
그리고 무화과나무 잎으로 자신의 의지에 반항하는 기관을 감추는 것이
다. 아담이 바랐던 것은 자립된 의지였지만 아담의 신체 일부가 그의 명
령에 따르기를 거부하게 된다. 자립한 줄 알았던 의지는 자기 자신의 기
관 일부를 복종시킬 수도 없게 된 것이다.

　　이 신체의 반란은 신에게 반란했던 인간의 '상징'이 된다. 두 사람 모
두 그때까지 자신이 벌거벗었다는 것을 모르지는 않았을 것이다. 다만 그
것을 감춰야 한다고 생각하지 않았을 뿐이다. 아우구스티누스는 그 시점
에서 "아직은 육신이 스스로 불순종함으로써 인간의 불순종을 고발하여
그 증인처럼 행세하는 상태가 아니었다"고 지적한다.[113]

　　아우구스티누스는 인간의 성기가 인간의 불복종을 상징적으로 보여
준다고 생각한다. "자손의 생식이라는 인간의 위대한 기능을 수행해야 하
는 순간에, 이 목적을 위해 특별히 만들어진 인간의 기관이, 의지의 명령

---

112 같은 책, 1427쪽.
113 같은 책, 1503쪽.

에 따르지 않게 된다. 그리고 이 기관이 움직이기 위해서는 욕망이 필요해진다."[114] 이제 정욕 없이는 인간은 생식이라는 사명도 완수하지 못하게 된 것이다. 그리고 때로 이 성기라는 기관은, 인간의 의지에 저항하여 생식이라는 기능을 달성하기를 거부하기까지 한다. 발기 불능이라는 현상은 인간이 신에 반항하는 의지를 가진 것의 역설적 귀결이 된다.

그리고 아우구스티누스는 인간이 선악을 알게 된다고 했던 신의 말씀의 의미를 이 성기의 자동적 움직임 속에서 해독한다. 아담은 자신의 벗은 몸을 감춰야 한다는 것을 알았기 때문에 선악을 안 것이 아니다. 아담은 무구한 자신, 신을 따르는 자신이라는 선을 잃어버리고 이제는 자신의 의지에 따르지 않는 기관을 감춰야 하는 악 아래에 있다는 것을 인식했다는 것이다. 악하다는 것은 신에게 불복종한다는 것이며, 자신만의 의지를 갖는다는 것이고, 성적인 욕망을 갖는다는 것이다. "부끄러워하는 위반자로 하여금, 의지와 상관없이 움직이기 시작한 기관을 가리도록 베일이 던져지는 것이다."[115]

아우구스티누스는 이 성기의 자율적 운동을 리비도라고 부른다. 이 말은 프로이트가 성적 충동을 부르기 위해 채용하여 유명해졌지만, 아우구스티누스에게 리비도는 신에 의해 정해진 한계를 초월한 인간의 오만한 의지와 욕망의 결과로서 태어난 것으로 여겨진다. 리비도는 의지와 굳게 연결되어 "리비도와 의지는 결코 완전히 떼어 낼 수 없"게 되었다. 이리하여 푸코가 지적하듯 아우구스티누스에게서 "성은 문자 그대로 리비도화"되고, "성적인 것을 머리로 느끼게 되었"으며,[116] 인간의 성이라는

---

114 아우구스티누스, 『결혼과 정욕』, 1권 7장(*NPNF*, First Series, Vol. 5, p. 266).
115 같은 곳.
116 Foucault, "Sexualité et solitude", p. 177(『ミシェル·フーコー思考集成 8』, 390쪽).

문제가 인간의 근본적 죄와 악의 문제권에 들어온 것이다.

왜냐하면 아우구스티누스가 보기에, 아담이 신에게 저항하며 자신의 의지를 갖는 불복종 행동을 보임으로써 '낙원'에서 쫓겨났던 원죄를 모든 인간은 정욕을 가짐으로써 반복하고 자기 신체에 계승하는 것이다. 누구나 어머니와 아버지의 성관계로부터 태어난다. 이미 아우구스티누스가 지적한 것처럼 성기라는 "기관이 움직이기 위해서는 욕망이 필요해 진다"는 것이다.

그리고 아담인 아버지이든 이브인 어머니이든, 적어도 한쪽이라도 욕망을 품지 않으면 아이는 태어나지 않는다. 성처녀 마리아로부터 욕망의 움직임 없이 태어났다고 하는 그리스도를 제외한다면 누구나 욕망의 산물로서만 이 세상에서의 삶을 받는 것이다. "욕정 없이 수태된 성처녀로부터 태어난 주님 안에서 다시 태어나지 않는 한, 이 정욕으로부터 자연스러운 탄생을 통해 태어난 모든 자는 원죄에 묶여 있다."[117]

결혼은 이 정욕을 길들이는 장치이며, 여기서부터 원죄가 생겨나는 것은 아니다. 결혼은 우애를 위한 선이기도 하기 때문이다. 그러나 결혼에서 자손을 만들 때에 아버지나 어머니가 느끼는 정욕이야말로 아담의 원죄를 반복하고 그것을 아이에게 전달한다. "물론 원죄는 결혼으로부터가 아니라 육적인 정욕으로부터 이어진다."[118]

아이들이 때때로 장애를 안고 태어나는 것이 바로 그 상징이라고 아우구스티누스는 주장한다. 아우구스티누스가 논박한 펠라기우스 학파의 율리아누스는, 인간의 "원죄에 의해 자손이 해를 입는다는 것을 부정"했

---

117 아우구스티누스, 『결혼과 정욕』, 1권 27장(*NPNF*, First Series, Vol. 5, p. 275).
118 아우구스티누스, 『율리아누스 반박』, 3권 24장(『アウグスティヌス著作集30』, 176쪽).

기 때문에, 신생아는 무구하다고 주장한다. 그러나 아우구스티누스는 유아가 때로 장님으로 태어나거나 농아로 태어나고, 지능이 낮게 태어나는 이유를 묻는다. "유아의 영혼은 현세에서 육의 고통으로 괴로워"하는데, 인간에게 죄가 있지 않다면 이것은 신의 선하심에 어울리지 않지 않냐고 말이다.[119] 아우구스티누스에 이르러, 나면서부터의 신체적 장애에 이르기까지 모든 자연적 요소가 죄과의 언어로 말해지게 되었다.[120]

---

119 같은 책, 3권 4장(130쪽).
120 페이겔스는 이것을 아우구스티누스가 "인간의 욕망이나 의지의 반영 이외의 자연적 세계에 대해 생각할 수 없기" 때문이라고 지적한다(ペイゲルス, 『アダムとエバと蛇』, 279쪽).

7장 · 그리스도교에서의 사목권력

1. 사막 교부들의 투쟁

수도사의 투쟁

이렇게 아우구스티누스에 이르러 성의 문제와 인간 선악의 문제가 매우 깊은 장소에서 연결되게 된다. 동시에 처녀 순결의 양의성과 결혼의 양의성도 명백해졌다. 이제 귀족 처녀들이 결혼을 거부하는 정도로는 이 문제를 해결할 수 없다는 점이 명백해졌다. 이제 처녀를 대신하여 이 문제와 정면으로 씨름하는 사람들이 등장한다. 바로 수도사들이다.

수도원 자체는 아우구스티누스보다도 더 이른 시기에 등장한다(아우구스티누스도 그 모범을 따라 히포에 수도원을 설립했으며 그가 작성한 회칙이 '성 아우구스티누스 회칙'으로서 12세기 이래로 중시되게 된다).

히에로뉘무스는 앞서 소개한 처녀 에우스토키움에게 보내는 서신에서, 처녀를 지키는 길을 이야기하며 "빵과 소금만을 갖고 황야로 향하는" 독거 수도사나 공동 생활 수도사들에 대해 이야기한다.[1] 이집트 황야에서 안토니우스가 혼자 여행했던 것은 285년경으로 여겨진다. 안토니우스와 그를 본보기로 사막에 살았던 사람들이, 그리스도교 세계에서 처녀의 신체 대신에 중요한 '장치'를 제공하게 된다. 사람들의 마음을 '신의 말씀'으로 채우는 것이 아니라, 자기 자신의 신체를 사용하여 실험하고 '경험하는 것' 속에서 그리스도교회가 다시 단련되는 것이다.

이것은 그리스도교 세계에서도 중요한 전환점이 되었다. 그때까지의 그리스도교인은 클레멘스처럼 도시에 살고 성서를 연구하며 신자의 영혼을 배려하는 사목자로서의 생애를 살았다. 그러나 수도 생활을 시작했다는 것은 세속적인 것으로부터 자신을 떼어 내는 것이다. 예를 들어 안토니우스는 예수의 말씀을 듣고 모든 재산을 매각하여 도시에서의 생활을 버리고 사막으로 향했다.

그런 의미에서는 수도 생활이 2중의 '세례'라는 의미를 갖는다. 유아때에 받는 세례 후에, 그때까지의 생활을 회개하고 수도의 세계로 들어간다는 의미에서 '두번째 세례'이며, 세례를 받은 요한과 예수 사이처럼 수도사가 타자의 지도하에서 수도 생활을 한다는 의미에서 수도사는 새로운 세례를 선택하게 되는 것이다.

그러나 세계를 버리는 데에도 적절한 동기가 필요하다. 동방의 수도제 이론을 확립한 요한네스 크리마코스는 이렇게 지적한다. "두려움 때문에 세계를 버리는 자는 향을 피우는 것과 같다. 처음에는 향기가 나지만 마지막은 연기로 끝난다. 보수를 바라고 세계를 버리는 자는 언제나 같은 축을 중심으로 돌아가는 맷돌 같은 것이다. 신을 향한 사랑 때문에 세계에서 사라지는 자는 처음부터 불을 갖고 있는 자이며 연료에 붙여진 불처럼 타오른다."[2] 수도를 시작하는 동기는 무엇보다도 신을 향한 사랑이어

---

1 히에로뉘무스, 「서신 22 : 에우스토키움에게」(*NPNF*, Second Series, Vol. 6, p. 715).

야 하는 것이다.

수도사는 무엇보다 "애착, 불안, 금전에 대한 배려, 소유, 가족과의 관계, 세속적 명예, 애정이나 동포애, 모든 세속적인 것"으로부터 벗어나야 한다.[3] 자신의 신체에 대한 배려를 포함하여, 그 무엇에도 갇히지 않고 그리스도만을 바라보는 것이 중요한 과제였다.

수도사가 수도원에 들어갈 때에 버려야 하는 것은 이러한 과거의 세속적인 세계와의 연결고리만이 아니다. 자기 것, 소유라는 사고방식 자체를 포기하도록 요구되는 것이다. 그리고 자기 것 중에는 자기만의 사상이나 의지도 포함된다. 자기의 모든 것을 포기하고 타자에게 완전히 복종하도록 요구된다.

소유물만이 아니라 자기 의지와 사유까지도 버리도록 요구되는 것은, 인간의 사유에는 몇몇 원천이 있으며 그 사유가 어디서부터 왔는지 반드시 명확한 것은 아니라고 생각했기 때문이다. 카시아누스의 『영적 담화집』에서는, 대수도원장 모세와 수도사 겔마누스가 '수도자의 목표 혹은 목적에 대하여' 이야기를 나눈다. 그 19장에서 모세는 인간의 사유에 세 가지 원천이 있음을 지적한다. "신으로부터 온 것, 악마로부터 온 것, 그리고 자기 자신으로부터 온 것"이 그것이다.[4]

---

2 John Climacus, *The Lader of Divine Ascent*, trans. Norman Russel, Paulist Press, 1981, p. 76. 이 책은 "나중에 비잔트 수도제에 있어 고대 수도원의 가르침을 집약한 교본이 된"다(ブイエ, 『敎父と東方の靈性』, 409쪽).

3 Climacus, *The Lader of Divine Ascent*, p. 81.

4 카시아누스, 『영적 담화집』, 1권 19장(John Cassian, *The Conferences*, trans. Boniface Ramsey. O. P., Newman Press, 1997. 일본어 번역은 『中世思想原典集成 4』, 238쪽). 요한네스 카시아누스(360?~430?)는 스스로 이집트 수도원에서 수도 생활을 실천하고 그 후 로마의 주교로 임명된 듯하다. 동방 수도제의 이론과 실천을 서방에 도입함으로써, 이후 그리스도교 이론에 중요한 영향을 끼쳤다. 카시아누스의 수도 이론에 대해서는 ブイエ, 『敎父と東方の靈性』, 521쪽 이하가 상세하다. 그의 생애에 대해서는 Columba Stewart, *Cassian the Monk*, Oxford University

신으로부터 온 사유는 "우리가 성령의 비추심에 따른 은혜를 받고, 보다 높은 단계로 진보될 때"에 찾아오는 사유이다. 또 악마가 인간을 찾아와 나쁜 사유를 인간의 마음에 흘려 넣고 죄의 쾌락과 비밀스런 공격으로 인간을 파괴하는 경우가 있다. 문제는 악마의 농간 때문에 인간의 눈에는 이 나쁜 것이 선한 것으로 보인다는 것이다. 악마가 인간에게는 천사처럼 보이는 경우가 있다. 그리고 악마는 충분히 인간의 마음을 지배한 후에 신을 배신하도록 명령한다. 마지막으로 우리들 자신의 사유가 있다. 그것은 자신의 행위나 들은 것을 상기하는 경우이다.

그러므로 중요한 것은 이 사유들의 기원을 구별하고, 악마의 사유에 지배되어 타락하지 않도록 하는 것이다. 카시아누스에 따르면 그러기 위해 대수도원장 모세가 처음에 제시한 것이 방앗간의 비유이다. 방앗간의 물레방아는 물의 힘으로 움직인다. 이를 멈출 수는 없지만 방앗간에서는 독자적으로 판단하여 물레방아로 빻을 밀과 버릴 독보리를 선별할 수 있다(18장). 마찬가지로 유혹의 풍랑에 노출되어 있는 인간의 의식은 사유의 흐름을 멈출 수는 없다. 그러나 수도사는 천상으로부터 온 것과 세속의 것을 구별할 수 있다. 사유를 자기 내부에 '집어넣을지 버릴지'에 대한 판단은, 좋은 밀과 독보리를 구별하는 방앗간의 판단과 같은 것이다.

다음으로 모세가 제시하는 것이 현명한 환전상의 비유이다. 환전상은 기능과 훈련을 통해 완전히 순수한 금과 불 속에서 충분히 정련되지 않은 금을 구별하는 기술을 알고 있다. 혹은 금도금된 청동 화폐와 진짜 화폐, 왕의 상은 제대로 새겨져 있지만 제조 방법이 적절하지 않은 화폐를 알아볼 수 있다. 게다가 바른 저울을 사용하여 무게가 빠져 있는지 여

Press, 1998이 상세하다.

부를 알아보는 기술도 갖고 있다(20장).

여기서 주목할 필요가 있는 것은 카시아누스가 제시한 이 비유들을 이미 스토아 학파에서 이용했었다는 사실이다. 세네카는 자기의 엘렝코스에서 이 환전상의 비유와 야경꾼의 비유를 이용했다.

여기서 [카시아누스가] 들지 않은 야경꾼의 비유는, 밤이 되어 마을에 도둑이 들지 않도록 마을을 드나드는 사람들을 검문검색하는 야경꾼처럼, 자기 마음에 들어오는 사유의 질을 엘렝코스할 필요가 있다고 호소하는 것이다. 그런 의미에서 이 수도원에서의 자기 엘렝코스는 스토아 학파의 유산이라고 할 수 있다. 그러나 그리스도교의 자기 엘렝코스와 스토아 학파의 자기 엘렝코스에는 중요한 차이가 있다. 스토아 학파에서는 주체가 자기를 향유하고 자신의 행동 원칙을 확립하기 위해 부적절한 것을 배제하는 것을 목적으로 자기의 엘렝코스를 행한다. 이는 스토아학파와 그리스도교의 자기 기술의 큰 차이이다. 푸코가 지적하듯, 카시아누스의 자기 사유의 엘렝코스는 "사유의 질을 검증"하려는 것이며, "세네카의 경우에서와 동일한 비유가 사용되지만, 그 의미 작용은 다른"[5] 것이다.

또 팔레스타인의 사막에 독거하는 수도사로 50년 동안 수도 생활을 한 가자의 발사누피우스는 제자들이 보낸 편지에 답장하면서 제자들의 영혼을 지도했는데, 인간의 세 종류의 사유(로기스모이)의 분류와 그 식별(디아크리시스)에 대해 가르치면서 자기 감시의 필요성을 계속해서 강조한다. 이 세 종류의 사유는 '신의 의지에 의한 사유', '악마로부터 오는 사유', '자연스러운 사유'이다. 신의 의지에 의한 사유는 그것을 실행하는 데

---

5 Foucault, "Les techniques de soi", *Dits et Écrits*, vol. 4, op. cit., 811쪽(『ミシェル・フーコー思考集成 10』, 351쪽).

서 기쁨을 느끼는 사유이며, 악마로부터 오는 사유란 슬픔 섞인 고뇌의 사유이다.[6] "마음속에 고뇌의 싹을 남기는 모든 것은 악마로부터 온 것임을 알" 필요가 있다. 자연스러운 사유란 인간의 육으로부터 오는 것이며 많은 경우 부득이한 것인데, "영적 존재이고자 하는 자는 육을 거부해야 한다. 유익하지 않은 것은 유해한 것이며 유해한 것은 거부해야 하기 때문이다."[7] 영적 존재는 하늘의 왕국을 위해 정신적으로도 '거세'되어 있기 때문에 마음의 "자연스러운 운동이 소멸되어 있"[8]는 것이다.

그러므로 수도사는 모든 사항에 대해서 자신의 생각을 스승인 사목자에게 고백해야 한다. 서양 수도원 규칙의 원천인 바실레이우스의 「수도사 대규정」 제26문 "모든 사항, 내적인 비밀까지도 윗사람에게 털어놓아야 한다는 것"에서는 이렇게 정하고 있다.

> 다른 한편, 따르는 입장에 있는 각 사람은, 만약 말할 가치가 있는 진보를 보이고, 우리 주 예수 그리스도의 가르침에 일치하는 생활양식을 제대로 몸에 익히기를 바란다면, 그의 혼의 모든 움직임을 자기 한 사람의 마음속에 숨겨두어서는 안 된다. 사려가 부족한 말을 해서도 안 되고 약자를 배려와 동정으로 보살피는 것을 직무로 삼는 형제에게 마음의 비밀을 털어놓아야 한다.[9]

---

6 *Barsanuphe et Jean de Gaza*, Correspondance 1, tome 2, Les Éditions du Cerf, 1998, pp. 464~469. 이 두 수도사는 6세기경 팔레스타인 가자에서 신비적 수도 사상을 전개했다. ブイエ, 『教父と東方の霊性』, 409쪽을 참조하라.

7 *Barsanuphe et Jean de Gaza*, Correspondance 1, tome 2, p. 466.

8 *Ibid.*, 572쪽.

9 바실레이우스, 「수도사 대규정」(『中世思想原典集成 2』, 238쪽).

자기 사유의 내용을 타인에게 말하고 판단받을 필요가 있다는 것이다. 이것은 앞서 이야기한바, 사유의 성질을 점검할 필요성으로부터 생겨난 것이다. 스토아 학파도 인간에게는 자기애의 성질이 있어 스스로는 진실을 판단할 수 없다는 이유로 파레시아스테스로서의 타자가 필요하다고 여겼다. 수도원에도 동일한 관점이 존재한다. 인간에게는 환상이라는 것이 있기 때문에 자신의 사유가 본래 선한 것(신으로부터 온 것)인지 악한 것(악마로부터 온 것)인지를 판단할 수 없다고 여겨졌다.

이를테면 푸코도 예로 들었듯, '절식하자'는 생각을 수도사가 했다고 쳐 보자. 이는 아스케시스로서는 바람직한 시도로 생각되지만 실은 악마의 유혹일지도 모르는 것이다. 파코미우스에 따르면, 수도원에서 격렬한 아스케시스를 했던 수도사가 있었는데, 그는 '허식' 때문에 금욕했다는 것이다. 파코미우스는 이 수도사를 불러서 종이 울리면 다른 수도사들과 함께 식사하라고 명령한다. 처음에는 이 수도사도 명령에 따르지만, '단식하면 안 된다'는 법이 있냐고 자문하며 절식으로 되돌아간다.

파코미우스의 명을 받고 제자인 테오도로스가 절식을 그만두라고 명하지만, 수도사는 '악마 같은 분노'에 사로잡혀 돌을 쥐고서는 테오도로스를 죽이려고 하면서 "이 신심 없는 놈들, 주님께 드리는 기도를 방해하려는가"라며 난동을 부렸다고 한다. 거기에 파코미우스가 들어와 수도사를 위해 기도함으로써 "마음의 눈을 뜨게 했고", [수도사는 그제야] 제정신으로 돌아갈 수 있었다고 한다.[10]

---

10 『성 파코미우스전』(*The Life of Saint Pachomius*, Cistercian Publications, 1980)의 pp. 84~86. 파코미우스(290?~346)는 기본적으로 혼자 혹은 둘이서 지내는 안토니우스형 독거 수도 생활과는 다른 공주(共住) 수도 제도를 발전시켰다. 이 책은 그 경위를 여러 가지로 묘사한다. 파코미우스의 수도제에 대해서는 ブイエ, 『教父と東方の霊性』, 245쪽 이하가 상세하다.

이 일화는 '금욕보다 복종이 중요하다'는 주제로 제시되는데, 이 수도사의 주장에 틀린 곳은 없어 보인다. 그러나 이 수도사의 마음속에서 그로 하여금 주님께 드리는 기도에 열중하도록 하는 것이 악마가 아니라는 보장은 없다. 과시하기 위해 행해지는 절제는 악마의 속삭임에 의한 것이기 때문이다. 필요한 것은 사유가 현실에서 담당하는 기능보다도, 선한 생각의 배면에 악한 생각, 악마로부터 온 생각을 감추고 있지는 않은지를 엘렝코스하는 것이다. 그러기 위해서도 수도사는 타자에게 자신의 생각을 고백하도록 요구받는다. 4세기경의 수도원에서 탄생한 이 고백의 기술은 엑사고레우시스라고 불린다.

이 엑사고레우시스라는 말은 '입 밖에 내다', '비밀을 털어놓다' 라는 뜻의 그리스어에 기초한 것이며,[11] 자기의 모든 생각과 의지를 스승에게 고백하는 것이다. 푸코는 이 말을 '자기에 대한 끊임없는 고백'이라고 번역한다.[12]

이 기술은 수도원 내부에서 수도사들이 서로에게 고백하고 사상을 점검하기 위해 사용한, 반쯤은 사적인 성격의 것이었던 듯하다. 수도원에서는 단순히 신체적 금욕뿐만 아니라 정신적 금욕이 필요하다고 여겼다.

---

11 이 말은 '고백하다'라는 동사 '엑사고레우오'로부터 만들어진 말로, 이 동사는 '비밀을 폭로하다', '고백하다'의 의미로 사용된다. 헤로도토스는 이집트의 오시리스 신의 무덤에 대해 말하면서 "사이스의 아테나 신역에는 또한 신전 뒤편과 아테나 신전의 담을 따라 그 한 쪽 끝에서 다른 한 쪽 끝에 걸쳐 어떤 존귀한 분의 묘소가 있는데, 그분의 이름을 여기서 밝히기(엑사고레우오)가 두렵다"(헤로도토스 『헤로도토스 역사』(상), 박광순 옮김, 범우사, 1995, 258쪽, 2권 170)며, 비밀을 밝힌다는 의미로 사용한다. 또한 70인역 『레위기』는 "만약 이들 중 하나에 대해 허물을 얻었을 때에는 그 죄를 범했음을 고백하고(엑사고레우오), 그 범한 죄에 대한 보상으로서 가축의 암컷, 곧 암양이나 암염소를 주님 앞으로 끌고 와서 속죄 제물로 바쳐야 한다. 이렇게 사제는 그를 위하여 속죄 예식을 거행해야 한다"(5장 6)고 본래의 의미로 사용한다. 수도원에서의 고백 행위는 일반 신도들의 고백과는 다른 성격을 띠고 있었기 때문에 이하 서술할 엑소몰로게시스를 대신하는 용어가 필요하다고 여겨졌던 것이다.

12 Foucault, *Mal faire, dire vrai*, p. 101.

그리고 신체적 금욕을 지키는 것은 밖에서 봐도 알 수 있지만, 정신적 금욕을 달성하는지는 행동과 말에서 나타나야 한다. 행동에서는 모든 명령에 복종할 필요가 있다. 그러나 명령에 따라 행동하지 않았을 때의 정신적 금욕은 어떻게 증명될 수 있을까? 그것을 말해야만 한다.

수도사는 자기 마음에서 일어난 일, 계획한 바, 사유한 것 모두를 있는 그대로 말해야 한다. 이 자기 마음 내면에 대한 진실 말하기(파레시아)에서 그 수도사의 정신적 금욕이 검증된다. 푸코는 이 기술이 그 후 서양의 역사에서 문화, 종교, 도덕, 철학 등의 여러 형태로 등장한다고 지적하고 그 특징을 다음의 여섯 가지로 요약한다.[13]

첫번째 특징은 그 형태와 메커니즘이 통상적인 고백과는 매우 다른 것이었다는 데 있다. 본래 고백이란 자신이 실제로 범한 죄를 타자에게 고하는 것이다. 그러나 수도원에서 발달한 이 엑사고레우시스라는 고백의 실천은 자신의 죄스러운 행동을 밝히는 것이 아니라, 사유 자체와 그에 동반되는 이미지, 표상, 의지, 욕망 등을 밝히는 것이다.

두번째 특징은 이것이 기억을 통해 행해지는 것이 아니라는 것이다. 고대 그리스에서는 기억이 중요한 역할을 담당했었지만, 이 실천에서의 자기 점검은 기억을 통해서가 아니라 자기의 끊임없는 관리를 통해서 행해진다. 기억의 경우, 시간적으로 과거로 거슬러 올라간다는 의미에서 자기와의 관계가 수평적이라면, 여기서는 자기에 대한 수직적 관계가 성립

---

13 *Ibid.*, pp. 101~103. 또한 엑사고레우시스는 자신의 모든 사유를 말하고 타자로부터 점검을 받는 것인데, 동시에 자신의 죄 깊은 생각을 고백하여 '회개'(펜토스)의 마음을 나타내는 경우도 있다. 이 경우에 생겨나는 진실과 해방의 힘 그리고 '은혜'에 대해서는 Irenée Hausherr, *Penthos : The Doctrine of Compunction in the Christian East*, Cistercian Publications, 1982가 상세하다. 저자는 엑사고레우시스를 "양심 점검의 이점과 성찰의 이점을 조합하여 이에 복종의 특별한 은혜를 가미한 것"이라 정의한다(p. 71).

한다고 푸코는 생각한다. 위에서 감시하는 자기와 감시당하는 자기의 관계인 것이다.

세번째 특징은 이 실천에서는 자기의 사유를 어떤 진실의 기준에 기초하여 판단하는 것이 아니라는 것이다. 사유의 진정한 성격을 폭로하는 것이 필요하며, 그 사유가 독사(doxa)에 기초한 것인지, 진실과 일치하는 것인지 여부는 판단되지 않는다. 진실한 사유와 거짓된 사유를 식별하는 것이 아니다. 중요한 것은 사유가 겉보기와 다른 어떤 것을 숨기고 있는지 여부를 엘렝코스하는 것이다.

네번째 특징은 이 점검에서 자기가 죄인인지 여부는 중요한 문제가 아니라는 점이다. 어떤 행위, 사유, 욕망에 대한 주체의 책임이 문제시되는 것이 아니다. 주체의 마음에 생겨난 표상, 사유, 욕망이 신으로부터 온 것인지 악마로부터 온 것인지를 밝히는 것을 목적으로 하는 것이다.

다섯번째 특징은 이 기술이 끊임없는 언어화의 실천과 분리 불가능하다는 것이다. 정신에 들어온 사유나 표상을 늘 점검하기 위해서는 그것을 계속해서 말해야 한다. 표상이나 욕망을 언어화하지 않고서는, 그것이 환상인지 아닌지, 만약 환상이라면 어디서 온 것인지 등을 해명할 수 없기 때문이다.

여섯번째 특징은 [이 기술이] 자기 포기를 목적으로 한다는 점이다. 주체는 타자에게 복종하고 이 복종의 증명으로서 자기 마음속 모든 사건을 타자에게 이야기한다. 이를 통해 마음속에서 꿈틀거리는 것을 정화하고 신의 의지 이외의 의지를 갖지 않음을 보여 주는 것이다. 이는 악마의 세계로부터 신의 세계로의 이행이며 '타자의 왕국, 타자의 법칙'으로의 이행이라고 여겨진다.

2. 일반 신도의 고백

엑소몰로게시스

그런데 일반 그리스도교 신도 세계에서도 수도원이라는 특수한 장과는
또 다른 형태로 자기의 고백이 요구되고 있었다. 그리스도교도의 일상적
실천으로서 고백이 요구되고 있었던 것이다. 이를테면 초기 그리스도교
회 생활에 관한 문서인 「12사도의 교훈」에서는 '생명의 길'의 중요한 규
칙으로서, "교회에서 당신의 죄과를 고백(엑소몰로게오마이)하십시오. 악
한 양심(쉰에이데시스)인 채로 당신의 기도를 시작해서는 안 됩니다"[14]라
고 훈계한다. 또 「바나바의 편지」에서도 '빛의 길'에 대해 거의 동일한 표
현으로, "당신의 죄를 고백하십시오(엑소몰로게오마이). 양심의 가책을 느
끼면서 기도를 하려 해서는 안 됩니다"[15]라고 말한다.

　　이 표현의 유사함으로부터, 이러한 고백의 규칙이 원시 그리스도교
세계에서 일반적인 것이었음을 짐작하게 된다. 신도는 자기 양심의 가시
를 그대로 둔 채 기도를 시작해서는 안 되며, 그날 저지른 죄를 고백하도
록 요구받는다. 여기서 '고백하다'라는 동사는 '바깥으로'를 의미하는 엑
스, 그리고 '같은 말을 하다, 동의하다, 약속하다'를 의미하는 호모로게오
라는 말을 합친 엑소몰로게오마이라는 그리스어로부터 만들어진 말로,
'완전히 고백하다, 모든 것을 인정하다'라는 의미이다. 그리스도교에서는
이것이 자기 사유의 진실을 공공연히 인정하는 것을 의미했다.[16] 출전으

---

14 「12사도의 교훈」, 4절(『使徒教父文書』, 22쪽).
15 「바나바의 편지」, 19·12(같은 책, 53쪽).
16 호모로게시스에 대해서는 川村輝典, 『ヘブル書の研究』, 日本基督教団出版局, 1993의 3부 6장
　　「헤브루서에서의 신앙 고백」이 참고할 만하다.

로 여겨지는 것은 「마태오 복음서」, 「사도행전」이다.

「마태오 복음서」에서는 세례를 받기 위한 전제로 이러한 고백이 이루어진다. "요한은 낙타 털로 된 옷을 입고 허리에 가죽 띠를 둘렀다. 그의 음식은 메뚜기와 들꿀이었다. 그때에 예루살렘과 온 유대와 요르단 부근 지방의 모든 사람이 그에게 나아가, 자기 죄를 고백하며 요르단 강에서 그에게 세례를 받았다"(「마태오 복음서」, 3장 4~6).

「사도행전」은 바오로의 기적과 유대 제사장이 그것을 모방했던 것을 비교하면서, 바오로의 기적의 힘으로 "그러자 신자가 된 많은 사람들이 나서서 자기들이 해 온 행실을 숨김없이 고백하였다(엑소몰로구메노이)" (「사도행전」, 19장 18)고 서술한다.

이 동사는 그 어원이 되는 동사 호모로게인과 더불어 '찬미하다'라는 원래 의미가 있다. 「마태오 복음서」에서는 예수가 "아버지, 하늘과 땅의 주님, (……), 아버지께 감사드립니다(엑소몰로그마이 소이)"라고 말한다. 속마음을 말하는 것에는 자기 죄를 고백하는 경우와 신을 찬미하는 경우가 있는 것이다.

회개로서의 엑소몰로게시스

요한에게 세례를 받을 때의 고백이 분명히 보여 주듯, 이 고백은 공개적인 장에서 행해지며, 2세기경에는 교회 내부에서 제도적인 것으로 확립되었던 듯하다. 로마의 클레멘스는 '고린도 그리스도교인'에게 보내는 서신에서 "형제들이여, 주께는 없는 것이 없다. 그는 그 누구에게도 아무것도 구하지 않으신다. 다만 그에게 죄가 고백(엑소몰로게스타이)되기를 바라신다는 것만이 예외이다"[17]라고 말한다. 그리고 죄를 고백하고 '징계를 받지 않겠느냐'고 권한다. "누구든 그것에 대해 화를 내서는 안 된다. 사랑하는 자들이여, 우리가 서로에게 행하는 충고는 좋은 것이며, 또한 매우 유익한 것이다. 왜냐하면 그것은 우리를 신의 의지와 연결시키기 때문이다"[18]라고 말이다.

클레멘스는 이 고백 행위가 모든 회중과 관련된 사항이라고 생각한다. "그러니 우리들 중 그 누구도 길을 잃어 멸망하지 않도록, 전심으로 회개하지 않으시겠습니까? (……) 우리 서로 도웁시다. 그리고 우리 모두가 구원받기 위해서, 약한 자들을 선으로 되돌리고, 서로 간에 회심하고 훈계하지 않으시겠습니까?"[19]

이 엑소몰로게시스는 그리스도교도 전체와 관련된 중요한 사항이며, 그 누구도 타자의 죄와 관계 없을 수 없다는 것이다. 그런 만큼 이 회개 의식은 공적인 성격을 띤다. 다만 회중의 면전에서 고백해야 했던 것은 아니다. 고백과 회개의 의례는 다른 차원의 것으로 여겨지고 있었다.

당시 그리스도교 신도들은 세 가지 대죄를 범한 경우에 고백하고 회개 의례를 수행하지 않으면 회중과 더불어 교회에서 기도를 드릴 수가 없었다. 우상숭배(이단 포함), 부정, 살인이 그것이다.[20] 만약 신도가 이 중 어떤 것을 범했다는 것이 회중의 귀에 들어갈 경우에는 사제가 그자를 상세히 조사하고 그자가 죄를 인정한 경우에는 "모인 회중의 면전에서 자신

---

17 「클레멘스의 편지 1」, 52절(『使徒敎父文書』, 84쪽).

18 같은 글, 56절(같은 책, 86쪽).

19 「클레멘스의 편지 2」, 17절(같은 책, 103쪽). 다만 클레멘스는 이러한 죄의 고백만이 아니라 일상생활에서의 그리스도 찬미로서 고백의 중요성도 강조한다. "만약 우리가 우리를 구원해 주신 분께 고백하면 그것이 우리가 받는 보수입니다. 그러나 어떻게 고백하면 좋을까요? 그가 말씀하신 것을 실행하고 그가 꾸짖으신 것을 소홀히 여기지 않고, 또 단순히 입으로만이 아니라 마음을 다해 생각을 다해 그를 우러르는 것입니다"(「클레멘스의 편지 2」, 3절). 여기서 엑소몰로게시스는 찬미와 고백, 양쪽 의미 모두로 사용된다.

20 다음의 회개 절차에 대해서는 C. M. Robert, *History of Confession to A.D. 1215*, Cambridge University Press, 1901, pp. 22f를 참조했다.

에게 죄가 있음을 분명히 고백하고 굴욕을 감수하며 회개의 행위를 하도록 요구받으며, 사제와 사람들이 신에게 죄의 용서를 구하도록 요구되었다".[21] 큰 죄를 범한 자는 4년에서 10년을 회개자로서 보낼 것을 요구받았다.[22] 3세기가 되자 서양의 교부인 테르툴리아누스는 라틴어로 글을 썼음에도 불구하고 이 고백의 행위에 대해서는 그리스어로 엑소몰로게시스라는 말을 채용하여 이렇게 말했다.

> 엑소몰로게시스는 사람을 겸양하게 하고 겸손하게 하는 규율이며, 옷이나 음식물에서조차도 [신의] 동정을 불러일으키는 삶의 방식을 명한다. 그것은 거친 천을 두르고 재 속에 거하며 몸에 때가 흐르는 채로 두고 비탄으로 마음을 흐리며 범한 죄의 원인을 엄하게 나무라도록 명한다.[23]

원시 그리스도교회에서의 고백으로서 엑소몰로게시스는, 이 시대에 이미 공개적인 장에서의 고백이라는 제도적 의미를 갖게 되었다. "엑소몰로게시스는 교회의 성직자를 통해 신의 용서를 내리는 교회 의례"[24]가 되어 있었던 것이다.[25]

---

21 Robert, *History of Confession to A.D. 1215*, p. 24.

22 306년경에 스페인 엘비라에서 개최된 공의회의 규정(76항)에 따르면, 사제가 임명되기 전에 큰 죄를 지어서 그것을 나중에 회개한 경우에는 3년의 회개를 통해 원래의 지위로 돌아올 수 있었다. 그러나 5년이 지난 후에 죄가 드러났을 경우에는 평신도의 지위로 돌아오는 것밖에는 허락되지 않았다. 『고대 그리스도교 사전』(*A Dictionary of Christian Antiquities*, eds. William Smith and Samuel Cheetham, vol. 1, Little Brown, 1875)의 엑소몰로게시스 항목(pp. 644~650)을 참조하라.

23 테르툴리아누스, 「회개에 대하여」, 9장(『テルトゥリアヌス 4: 倫理論文集』, 23쪽).

24 Cahal B. Daly, *Tertullian, The Puritan and His Influence: An Essay in Historical Theology*, Four Courts Press, 1993, p. 83.

25 테르툴리아누스의 「회개에 대하여」는 정통파 가톨릭에 몸담았던 시대의 것으로, 나중에 몬타누스주의자가 됐을 무렵에 쓴 「정절에 대하여」에서는 가톨릭 교회가 엑소몰로게시스

엑소몰로게시스의 모델

푸코는 이 엑소몰로게시스라는 회개 제도를 상세히 고찰한다.[26] 푸코는 이 회개가 죄를 저지른 인간의 생활 전체를 뒤덮는 것이며, 그리스도교인들의 세계에 할당된 '지위'와 같은 것이었음에 주목했다. 사면받고서도 사람들에게 언제나 감시받고, 식사에 대한 규칙이 있으며, 성관계는 금지되고, 사제가 될 수도 없었다. 그리고 이 의례가 언제 끝나는지는 불명확하며 때로는 죽는 자리에서 비로소 회개가 인정되기도 했다는 것이다.

이 회개 의례에서는 영혼의 정화가 구원의 조건이 된다. 그러기 위해서 자기의 욕망이나 부정한 생각을 고백하도록 요구된다.[27] 회개했음을 인정받기 위해서는 자기의 진실을 인식하고 그것을 공적으로, 또 사적으로 고백하는 것이 중요했던 것이다.[28]

푸코는 이것이 연극적 요소를 포함한 의례이며, 여기서 죄를 범한 자는 자기를 죄 많은 자로서 있는 그대로 보여 준다고 지적한다. "회개는 명목상으로 이루어지는 것이 아니라 연극적인 것이다."[29] 폭로라는 수단을 통해 죄가 정화되고 세례를 통해 획득된 깨끗함을 다시 회복할 수 있다고 여겨졌다. 엑소몰로게시스는 과거의 진정한 자기를 밝힘으로써 자기로

를 통해 중죄를 사하는 권한을 인정하지 않는다. Bernhard Poschmann, *Penance and the Anointing of the Sick*, Herder and Herser, 1964의 "테르툴리아누스 시대의 고해 성사"라는 절(pp. 38~52)을 참조하라.

26 Foucault, "Les techniques de soi", *Dits et Écrits*, vol. 4, pp. 804~808(『ミシェル・フーコー思考集成 10』, 342~353쪽).

27 알렉산드리아의 클레멘스는, 세례는 자유로운 은총 아래 용서를 베풀지만 회개는 순화라는 고통스러운 절차를 동반한다는 것, 이 세상에서의 지각을 구하지 않았던 자는 그 후에 고통스러운 순화 절차를 거칠 필요가 있음을 지적한다. Poschmann, *Penance and the Anointing of the Sick*, pp. 63~64를 참조하라.

28 이하는 푸코 강연록 『악을 행하고 진실을 고백하다』(*Mal faire, dire vrai: Fonction de l'aveu en justice — cours de Louvain*, 1981, Presses universitaires de Louvain, 2012)에 의거한다.

29 Foucault, "Les techniques de soi", p. 806(『ミシェル・フーコー思考集成 10』, 346쪽).

부터 이탈하는 것이고, 자기를 파괴하는 것이다. 푸코가 이 의례에서 주목하는 것은 진실을 고백함으로써 그 주체가 자기와의 관계를 새롭게 만들어 낸다는 사실이다.

> 자기의 진실을 만들어 내기 위해서는 자기를 희생할 수 있어야 합니다. 자기의 진실을 위해 자기를 희생하는 것, 자기를 희생하기 위해 자기의 진실을 말하는 것, 그것이 회개 의례인 엑소몰로게시스의 핵심에 있습니다. 이는 세네카처럼 스토아 학파의 실천에서, 스토아 학파의 많은 텍스트들에서 발견되는 자기의 엘렝코스에서 볼 수 있는 진실을 말하는 행위와는 완전히 이질적인 것입니다.[30]

이렇게 해서 "스토아 학파 사람들에게는 사적이었던 것이 그리스도교도에게서는 공적인 것이 된다"[31]. 푸코는 이 폭로에 따른 치유의 가능성이 그리스도교에서는 세 가지 모델을 통해 나타난다고 밝힌다. 치료하기 위해서는 상처를 보여 줄 필요가 있다는 의학 모델,[32] 죄를 고백함으로써 재판관에게 좋은 인상을 준다는 법 모델,[33] 그리스도교의 가르침을 위해서는 죽음과도 맞먹는 굴욕을 받아들일 준비가 되어 있다는 죽음, 고문, 순교의 모델[34]이다.

---

30 Foucault, *Mal faire, dire vrai*, p. 73.
31 Foucault, "Les techniques de soi", p. 807(『ミシェル・フーコー思考集成 10』, 346쪽).
32 테르툴리아누스는 고백하기를 피하는 사람에 대해 "그들은 음부의 병에 걸렸는데도 의사에게 알리기를 피하고 거기서 수치심을 지키면서 죽어가는 사람들과 닮았다"고 지적한다. 테르툴리아누스, 「회개에 대하여」, 10장(『テルトゥリアヌス 4: 倫理論文集』, 23쪽).
33 마찬가지로 테르툴리아누스는 엑소몰로게시스를 주저하는 경우에 죄인을 맞이하는 지옥의 무시무시함과 징벌의 크기, 그리고 '심판의 영속성'을 이야기한다. 같은 글, 12장(같은 책, 26쪽).

푸코는 엑소몰로게시스에서, 첫번째 모델인 의학적 모델이 적용되지 않는다고 지적한다. 치료받기 위해 의사에게 진실을 고백하지는 않기 때문이다. 또한 법적 모델에서는 고백함으로써 신의 용서를 얻는 것이 목적이지만 여기서는 그러한 정상참작이 문제가 아니다. 푸코는 이 의례가 상처와 의사, 죄와 심판을 모델로 삼는 것이 아니라 죽음과 고문과 순교를 모델로 삼는다고 지적한다. "진짜 모델은 의학의 모델, 상처와 약의 모델이 아닙니다. 범죄와 재판관의 모델도 아닙니다. 진짜 모델은 순교의 모델입니다."[35]

당시 박해의 세계에서 순교는 그리스도교 신자의 바람이었다. 오리게네스는 아버지[레오니데스]처럼 순교하여 죽기를 바랐다. 그리고 테르툴리아누스가 중시했던 이 회개 의례는, 정반대의 형태로 순교와 동일한 의미를 갖는 것으로 여겨졌다. 순교는 가르침을 위해 죽을 준비가 되어 있음을 실제 행위로 보여 주는 것이다. 회개에서도 죄인은 가르침을 위해 죽을 준비가 되어 있음을 보여 준다. 다만 순교에서는 영광스러운 그리스도교도로서 죽지만, 회개에서는 죄인으로서, 죽음의 세계에 속하는 자로서 죽는다는 차이가 있을 뿐이다. 그리고 회개에서 죽을 준비가 되어 있다는 것을 보여 주는 행위가 자기에 대한 '진실 말하기'인 것이다.

사람들 앞에서 자신이 죽을 만한 죄를 범했다고 고백하고 회개한다. "회개는 위험과 공포의 시간"[36]이며, 그 위험을 무릅쓰면서 사람은 죄인

---

34 조금 다른 문맥에서이긴 하지만 테르툴리아누스는 "기분 좋게 자극받은 몸을 누이는 것과, 찢어진 몸을 누이는 것, 어느 회개가 보다 더 불쌍히 여길 만한가?"라고 묻는다(테르툴리아누스, 「정절에 대하여」, 22장. 일본어 번역은 『テルトゥリアヌス 4: 倫理論文集』, 248쪽). 또 푸코의 이 엑소몰로게시스의 세 모델은 Foucault, "Les techniques de soi", pp. 807~808(『ミシェル·フーコー思考集成 10』, 346~347쪽)을 참조하라.

35 Foucault, *Mal faire, dire vrai*, p. 73.

으로서, 죽음의 세계에 속하는 자로서 행동한다. 그리고 이 세계에서 한 번 죽지 않으면 삶의 세계로 돌아올 수 없다. 그러기 위해 고해하는 자는 한 번은 죽음에 직면할 준비를 해야 한다. 이 이상의 죄를 저지르지 않기 위해, 죽을 준비가 되어 있음을 보여 주는 것이다. 자기를 희생해서라도 자기의 진실을 말하도록 요구받는 것이다.[37]

3. 자기 해석학

이렇게 엑사고레우시스와 엑소몰로게시스라는 두 가지 고백의 실천은 모두 자기에 대한 진실을 말하는 것이었다. 다만 그 후로 그리스도교 사회에서의 '자기'의 존재 방식에 관해서는, 자기 사유의 진짜 의미를 묻는 수도사들의 엑사고레우시스 실천이 특히 중요한 의미를 갖게 된다. 푸코는 여기에 그리스도교 최대의 발명이 있다고 생각한다. 그리스도교가 발명한 것은 신체에 대한 경멸도, 원죄의 의미도 아니다. "그리스도교가 발명하여 고대 문화에 갖고 들어온 것은, 사유의 해석학을 통해 자기에 대

---

36 테르툴리아누스, 「회개에 대하여」, 6장.

37 하지만 이 공적이고 연극적인 고백과 회개의 의례는 특히 서방 교회에서 행해지지 않게 된다. 밀라노의 암브로시우스는 「회개에 대하여」에서 고백에 세 종류가 있었음을 보여 준다. 신에 대한 고백, 교회에 모인 회중에 대한 고백, 그리고 사제나 그 외 성직자에 대한 고백이다. 암브로시우스의 시대에는 이렇게 다양한 방법이 남아 있었지만 아우구스티누스는 타자의 고백을 듣는 것은 의미가 없다고 생각했다. "그러면 내가 왜 사람들로 하여금 이 고백을 듣도록 하는 것입니까? 그들이 내 고백을 듣고 내 병을 고쳐 주지나 않을까 해서입니까? 인간이란 다른 사람들의 생활에 대하여 알려고 호기심을 가지고 있으나 자기 자신들의 생을 알고 고치려는 데는 게으릅니다"(『성 어거스틴의 고백록』, 10권 3장, 309쪽). 아우구스티누스에게 타자의 영혼의 고백을 듣는 것이 아니라 신께 고백하는 것이야말로 자신을 알기 위한 중요한 행위였다. 이윽고 공적인 고백이 아닌 "은밀한 고백이 교회의 규칙이 된다"(Robert, *History of Confession to A.D. 1215*, p. 71).

한 진실을 말한다는 원칙입니다."[38]

그리스도교 세계에서는 이미 성스러운 텍스트를 둘러싼 해석학의 오랜 전통이 있었다. 그러나 여기서 등장한 것은 해석해야 하는 성서가 아니라 바로 이 자기임에 대한 신념, 매우 특이한 성질의 신념이다. 수도사들은 자기 해석이라는 새로운 임무 속에 놓이게 된다.

이것은 교의를 믿을 의무도 아니고 신앙의 행위로서 진실을 믿을 의무도 아니다. 자기를 찾을 의무, 자기의 진실을 발견할 의무, 그리고 이 진실을 말할 의무이다. 이 자기 해석학은 자기의 깊은 안쪽에 숨겨진 비밀, 알려지지 않은 것을 폭로하기 위한 해석학이며, 그리스에서도 유대에서도 그 전례가 되는 해석학은 없었다.

이것은 4세기부터 5세기의 수도원 운동 속에서 탄생한 해석학이다. 언어 표현에서 자기의 사유를 말할 수 있는지, 말할 때 얼굴을 붉히거나 당황하지는 않는지, 거침없이 말할 수 있는지 등을 통해 그 사유가 선한 것인지 여부를 판단할 수 있는 것이다. 이것은 매우 소박한 기술이며 텍스트 해석학에서와 같은 고도의 복잡성과는 대조적이다.

이 자기의 진실 고백은 악마와의 우주론적 대결 아래서 이루어진다. 푸코가 설명하는 모세 대수도원장의 고백을 단서로 이 대결을 살펴보자.

모세는 소년 시절 어떤 악행에 골몰했다고 고백한다. 저녁식사 후 식사에 나왔던 비스킷을 한 조각 훔쳐서 밤에 몰래 먹었다는 것이다. 그것은 수도원에서 공동의 것으로 나온 식사를 사적인 것으로 삼는 것이며, 깨끗이 하고 취침해야 할 시간을 혼자만의 사적인 식사 시간으로 바꿔 버리는 것이고, 게다가 윗사람에게 말하지 않고 속이는 것이므로 이중삼중

---

38 Foucault, *Mal faire, dire vrai*, p. 100.

으로 죄를 짓는 행위였다.

모세는 이 악마에게 명령받은 행위를 부끄러워했지만 고백할 수 없었다. "나는 이 잔혹한 전제(專制)에서 벗어날 수 없었고 이 비밀스러운 절도를 장로에게 밝힐 수 없었다."[39] 그런데 어느 날 밤 영적 담화에서 "대식의 악덕과 숨겨진 생각의 압제"에 대한 이야기를 듣는 와중에 자기 양심의 비난에 몸을 떨며 흐느껴 울기 시작했고, 숨겨 놓았던 비스킷을 꺼내 "중앙에" 놓았다. "나는 마루에 몸을 던지며 용서를 탄원하고 자신이 어떻게 매일 밤 몰래 먹었는지를 고백했다."[40]

그러자 장로는 "고백으로써 내가 입을 열기 전에 너는 용서받았다"고 말한다. 고백하기 전 모세의 마음은 악한 영의 지배 아래 있었지만 "고백하고 나서 이 매우 악한 영은 이제 너를 괴롭힐 수 없을 것이다. 더러운 뱀도 두 번 다시 너를 둥지로 삼을 수 없으리라. 구원을 가져다주는 고백의 힘으로 악한 영이 네 마음의 어둠으로부터 빛으로 끌려 나왔기 때문"[41]이라는 것이다.

장로가 이렇게 말하자 모세의 가슴에서 타오르는 램프가 나와 온 방을 유황 냄새로 채웠고, 악취 때문에 방에 머무를 수 없게 되었다고 한다. 장로는 "주님이 네 말의 진실함을 눈에 보이듯 나타내셨다. 너는 구원을 가져다주는 고백을 통해 정념을 움직이는 자를 마음속에서 쫓아낸 것을 자기 눈으로 볼 수 있으리라"고 말한다.[42] 모세는 이를 회상하면서 "고백의 힘이 우리 안의 악마의 전제를 파괴했기 때문에 이 힘은 그 후 완전히

---

39 카시아누스, 『영적 담화집』, 2권 11장(*The Conferences*, p. 91).
40 같은 곳(p. 92).
41 같은 곳.
42 같은 곳.

무력해졌고, 내 안의 그러한 욕망의 생각이 일어나는 일은 없었다"고 말한다.[43] 고백함으로써 악마가 의식의 미궁으로부터 끌려 나오면 악마는 빛과 직면해야 한다. 여기서 빛으로서의 진실이 고백을 통해 허위와 대립한다. 진실을 말하는 것은 어둠으로부터 악마를 쫓아내는 것이다.[44]

장로에게 자기의 모든 생각을 말한다면, "악마가 아무리 교활해도 젊은이로 하여금 긍지나 수치심으로부터 생각을 숨기게 못하는 한, 파멸시키거나 파괴할 수 없다. 우리가 생각을 감추고 싶어 한다면 그것은 그 생각이 악마로부터 온 것이라는 보편적이고 명확한 증거가 된다".[45]

그리고 생각을 언어화하는 것, 스승에게 생각을 말하는 것은 자기의 생각을 타자에게 내맡기는 것이며, 자기를 포기하는 것이다. 이 엑사고레우시스와 자기 포기의 관계에 대해 푸코는 이렇게 지적한다.

엑사고레우시스는 여러 사유의 분석적이고 연속적인 언어화이며, 주체는 이것을 스승에 대한 절대복종이라는 관계 틀 내에서 수행한다. 이 관계의 모범은 주체가 자기 의지와 자기 자신을 단념하는 데 있다.[46]

자기 생각을 모두 말하기 위해서는 자기의 의지를 포기하고 타자에게 완전히 복종해야 한다. 푸코는 수도원 생활에서의 자기 포기가 타자에게 자기의 진실을 말하는 고해의 형식으로 행해졌다는 데 주목한다. 확실

---

43 같은 곳(p. 93).
44 엑사고레우시스에서 자신의 생각을 고백하는 것이 갖는 "도덕적이며 인식론적인 가치"에 대해서는 Matthew Senioir, *In the Grip of Minos : Confessional Discourse in Dante, Corneille, and Racine*, Ohio State University Press, 1994, p. 42를 참조하라.
45 카시아누스, 『공주 수도 제 규약』, 4권 9장.
46 Foucault, "Les techniques de soi", p. 812(『ミシェル·フーコー思考集成 10』, 352~353쪽).

히 고대에도 스승에게 자기의 진실을 말하는 실천이 행해진 적이 있었다. 이를테면 세네카에게 조언을 구한 친구는, 의사에게 진실을 말하듯, 자기의 진실을 인식하기 위해 자기에 대한 진실을 고백해야 한다고 생각했다.

그러나 푸코는 이 고대의 지도 관계가 수도원에서의 지도와는 다르다고 지적한다. 고대의 지도 관계에는 크게 두 가지 원칙이 있었다. 목적성의 원칙과 유능성의 원칙이다. 목적성의 원칙이란 지도가 어떤 규칙의 내면화를 목적으로 행해지며, 규칙이 내면화되고 하나의 상태(이를 테면 영혼의 평정)가 달성되면 지도는 종료되고, 이것이 동시에 유능성의 원칙으로 이끈다. 이 규칙을 내면화한 유능한 인물이 지도할 수 있다. 지도하는 것은 스승, 즉 지도받는 인간보다 유능한 현자일 필요가 있다.

고대 그리스의 도시국가 공간에서 시민들이 따른 것은 도시국가의 법과 다른 시민의 설득, 이렇게 두 가지였다. 정치가는 시민들에게 앞으로의 도시국가 방침을 제시하고, 의사는 환자에게 따라야 할 절제의 방법을 제시하며, 철학자는 진실에 도달하기 위한, 혹은 자기를 통제하기 위한 길을 제시한다. 시민들은 그 방법에 납득하면 따르고 납득할 수 없으면 따르지 않는다.

그리고 시민들이 정치가나 의사, 혹은 철학자의 설득에 납득하여 따른다 할지라도 그것이 결실을 맺지 않는다면 제시된 길을 포기하게 된다. 어떤 목적을 추구하기 위한 길이기 때문에 그 목적이 채워지지 않으면 그 길 자체가 틀리다고 판단되며 설득한 자의 힘과 옳음이 의문시된다. 아테네에서는 도시국가의 나아갈 길을 그르치게 한 정치가는 벌을 받았다. 옳은 길을 제시하지 않는 의사나 철학자는 아무도 찾지 않게 될 것이다.

그런데 수도원에서는 하나의 목적에 따라 현자가 지도하는 관계는 모습을 감춘다. 그 대신에 등장하는 것이 복종의 모델이다. 수도원에서 수도사는 언제나 지도자를 필요로 한다. 여기서는 영속적인 자기의 엘렝코스가 필요하다고 여겨지기 때문에, 완전히 자기를 제어할 수 있는 상태, 스승이 되기에 적합한 상태에 절대로 도달할 수 없다고 여겨졌다. 의존하고 복종할 타자가 언제나 필요한 것이다. 또한 지도하는 타자는 유능성의 원칙에 따라 선택되는 것이 아니다. 고대에는 지도자의 자질이 훌륭하기 때문에 지도 관계가 발생했지만 수도원에서는 복종하는 것 자체에 가치가 있기 때문에 지도가 이루어진다.[47]

4. 사목 관계에서의 역설

스승의 역설

이렇게 서양의 중세를 통해, 사목 관계에서의 영혼 지도라는 행위가 사상적으로도 중요한 역할을 담당하게 되었다. 누구나 자기 생각이나 욕망에 대해 엘렝코스할 뿐만 아니라 타자 앞에서 자기 생각을 드러내고 타자의 엘렝코스를 받을 의무를 지게 된 것이다. 이 전통은 서양의 사상적 수맥 속에 면면히 살아 있으며 이를테면 14세기의 마이스터 에크하르트의 교설은 이러한 사목에 관련된 말로 가득 차 있다.

여기에는 인간의 자율적 능력에 대한 강한 의심이 숨어 있음이 확실하다. 그것이 사람들의 겸허한 자세를 낳는 원천이 된 것도 사실이지만 타자에게 자기 영혼의 지도를 내맡기는 이러한 행위에는 고유한 역설들이 내재되어 있다. 이번 절에서는 푸코의 콜레주 드 프랑스 1978년 강의

---

47 Foucault, *Mal faire, dire vrai*, pp. 86~87.

『안전, 영토, 인구』를 참고 삼아 이 역설과 그 의미에 대해 생각해 보자.[48]

우선 지도하는 스승 쪽에서 묘한 역설이 발생한다. 지도하는 행위는 제자의 구원을 시도하는 것이다. 히브리 사목자의 경우와 마찬가지로 그리스도교 사목자는 지도하는 집단 전원에 대한 책임을 진다. 사목자는 모든 자의 구원에 유의해야 하며 그 중 일부를 우선시하는 것은 허용되지 않는다. 특정한 양에게만 신경 쓰는 것은 금지되어 있는 것이다. 수도원의 고전적 계율을 정한 베네딕투스는 수도원장은 "모든 자를 동등하게 사랑하고 각 사람의 공덕에 따라 동일한 규율을 누구에게나 부과해야 한다"[49]고 말한다.

그러나 무리 모두를 평등하게 다루는 이 사목자의 지도에는 이상한 역설이 따라붙는다. 우선 사목자는 이 무리의 어떤 양도 잃어버려서는 안 된다는 명령을 받는다. 수도원장은 근면과 주의 깊은 실천적 지혜를 통해 "자신에게 맡겨진 무리의 그 어떤 양도 잃지 않도록 해야 한다".[50]

그리고 무리 모두의 구원이라는 목표를 실현하기 위해서는 악한 양을 잘라 버려야 한다. 처벌을 받고 교정을 받아도 행동을 고치지 않는 수도사는 집단으로부터 잘려 나가야 한다. "한 마리의 아픈 양이 무리에 병을 전염시키지 않도록"[51] 배제해야 한다는 것이다.

그런데 예수의 길 잃은 어린 양의 비유에 따르면 사목자는 때로 99마리의 건강한 양보다도 한 마리의 길 잃은 양을 우선시해야 한다. "수도원장의 임무는 건강한 자에 대한 가혹한 지배가 아니라, 병든 자의 간호"[52]

---

48 Foucault, *Sécurité, Territoire, Population*, pp. 170f[『안전, 영토, 인구』, 233쪽 이하].
49 베네딕투스, 「계율」, 2장(*The Rule of Saint Benedict*, Doubleday, 1975, p. 49).
50 같은 글, 27장(p. 72).
51 같은 글, 28장(p. 73).

이기 때문이다. 이것을 '길 잃은 어린 양의 패러독스'라고 부르자.[53]

이 사목자에 의한 지도에는 또 다른 패러독스가 있다. 영혼의 지도자가, 무리의 지도에 너무 전념한 나머지 자기 영혼의 내적 배려를 잊어버리는 경우가 있다는 것, 타인의 영혼을 배려하는 것이 자기 영혼을 배려하는 데 방해가 되는 것이다. 영혼 배려 이론의 기본을 확립한 교황 그레고리우스 1세는 이 역설을 이렇게 표현한다.

> 지도자는 외적 사항 때문에 자기의 내적 삶의 배려를 소홀히 해서는 안된다. 자신의 내적 삶을 너무 배려한 나머지 외적 사항을 무시해서는 안된다. 외적 사항에만 너무 열중한 나머지 내적으로 파멸해서는 안 된다. 또 내적 자기에게만 전념하여 이웃들이 필요로 하는 외적 배려에 소홀해져서도 안 된다.[54]

타자의 지도자가 된다는 것은 자기 영혼의 배려를 흩트리는 일이며, 이를 피하려는 사람들이 많았다. "영혼에 파고드는 사정에 붙들려 있으면 깊은 내면의 자기를 더 이상 응시할 수 없게 된다"[55]는 것이다. 그러나 타자의 배려를 포기하면 다른 수도사들로부터 지도자로서의 자격을 의심

---

52 같은 글, 27장(p. 72).
53 이런 의미에서 수도원에서의 사부의 지도가 교회에서의 공적인 고해를 비판하는 의미를 갖고 있었다는 데 관해서는 Mokina K. Hellwig, *Sign of Reconciliation and Conversion*, Michael Glazeir, Inc., 1982, p. 48을 참조하라.
54 그레고리우스, 『사목 규칙서』, 2권 7장(*St. Gregory the Great, Pastoral Care*, Paulist Press, 1950, p. 68). 그레고리우스 1세(540?~604)는 베네딕투스와 더불어 수도원에서의 영혼 배려의 규칙을 정했다. 이 책은 베네딕투스의 「계율」과 더불어 "중세의 사제와 교구 사제에게 기본적인 생활 태도를 제시"한 것으로 여겨진다(クラウス・リーゼンフーバー, 『中世思想史』, 村井則夫 訳, 平凡社, 2003, 114쪽).
55 그레고리우스, 『사목 규칙서』, 1권 4장(*St. Gregory the Great, Pastoral Care*, p. 27).

받고 무리의 신뢰를 잃게 되며 무리를 잃을 수밖에 없다.

　무리를 잃는다는 것은 지도자에게 영적 죽음을 의미한다. 신에게서 무리를 위탁받았기 때문이다. "자신의 지도에 맡겨진 형제들이 몇 명 있든지, 심판 날에는 이 모든 영혼들에 대해, 혹은 틀림없이 자기의 영혼에 대해서도 주님께 수지를 보고해야 한다고 무겁게 자각해야 한다."[56] 그러나 무리의 사정을 너무 배려한 나머지 자기의 내적 영혼을 건성으로 배려하게 되고, 지도자로서의 자격을 잃게 된다. 이를 '사목자 지도의 패러독스'라고 부르자.

　사목자의 세번째 패러독스는, 사목자가 타자를 배려함으로써 그 내적 순수함을 상실해 버릴 가능성이 있다는 것이다. 사목자이기 위해 필요한 조건은 "사상이 순수할 것, 행실이 모범적일 것, 진중하게 침묵을 지킬 것, 연설이 정교할 것, 모든 사람에게 이웃으로서의 동정을 품을 것, 명상함에 있어 모든 것을 초월할 것, 선한 삶을 사는 사람들의 조신한 동료일 것, 죄인의 죄에 대해 정의의 열의를 불태울 것"[57]이다.

　애초에 영혼을 지도할 수 있기 위해서는, 약한 죄인의 기분을 이해할 수 있어야 한다. "이렇게 신앙이 약한 자의 입장이 되어 봄으로써 타자에게 어떤 동정을 품어야 하는지, 입장 바꿔 생각했을 때 받고 싶은 것을 어떻게 그 사람에게 줄 수 있을지 스스로 배우려고"[58] 해야 하는 것이다.

　다만 신앙이 약한 자가 노출되어 있는 유혹에 귀를 기울이고 유혹에 저항하기 위한 조언을 해주는 것은 그 유혹을 스스로 느낀다는 것이다. 교회 앞에는 교회에 들어가기 전에 손을 씻는 물그릇이 있다. 많은 사람

56　베네딕투스, 「계율」, 2장(*The Rule of Saint Benedict*, p. 50).
57　그레고리우스, 『사목 규칙서』, 2권 1장(*St. Gregory the Great, Pastoral Care*, p. 45).
58　같은 책, 2권 5장(p. 57).

이 손을 씻는 물그릇은 점점 더 더러워진다. 마찬가지로 약한 자는 "영원의 문에 들어가고자 한다면 이 물그릇과 마찬가지로 사목자의 마음에 자신이 느끼는 유혹을 털어놓고, 사유나 행동의 '손'을 씻을 수 있다".[59]

그러나 사람들이 손을 씻은 물그릇은 어떻게 될까? 사목자는 약한 자들이 고백한 유혹에 귀를 기울이고 이 유혹의 공격에 노출되어 마찬가지로 "더러워질 것이 확실"[60]하다. 사목자는 양을 위해 스스로 목숨을 잃을 준비가 되어 있기를 요구받는다. 그러나 길 잃은 양 한 마리를 위해 목숨을 잃는다면 무리의 다른 양들의 구원은 어떻게 되는 것일까? 신앙이 약한 자가 느끼는 유혹에 귀를 기울이는 사목자가, 그 사목의 임무를 수행하는 와중에 '사상의 순수함'을 잃고 사목자의 자격을 잃어버린다면 어떻게 될까? 여기에 '사목자의 죽음과 오염의 패러독스'가 있다.

푸코가 지적하는 사목자의 마지막 패러독스는, 이 오염의 문제를 한 번 더 반전시킨 것이다. 이미 그레고리우스가 지적한 바, 사목자에게는 사상의 순수함이 요구된다. "지도자의 사상은 순수해야 한다. 자신의 마음과 타자의 마음으로부터 오염을 씻어내는 임무를 맡은 자는 어떠한 불순물에 의해서도 더럽혀져서는 안 된다. 오염을 씻어 내려 하는 손은 그 자체로 청결해야 한다. 그렇지 않으면 달라붙는 진흙에 더러워져서 손에 닿는 모든 것을 더욱더 더럽히고 말 것이기 때문이다."[61]

그러나 "목자에게 약함이 없다면, 목자가 너무 깨끗하거나 청결하다면, 이런 완벽함에서 목자는 교만한 어떤 것을 끄집어내지 않을까?"[62] 그

---

59 같은 곳(p. 59).
60 같은 곳.
61 같은 책, 2권 2장(p. 46).
62 Foucault, *Sécurité, Territoire, Population*, p. 175[『안전, 영토, 인구』, 244쪽].

레고리우스가 말하듯 이런 착각을 하는 자는 "바깥으로부터는 권력의 정점에 오른 것처럼 보이지만 실은 실추의 함정에 들어가 있"는 것이다.[63]

그러므로 사목자에게는 약함이 있고, 사목자는 자신의 약함을 인식하며, 이것을 위선적으로 신자에게 감추지 않는 편이 낫다는 결론에 이른다. 그러므로 양들의 신앙이 약하다는 것이 사목자가 그 권력을 행사하는 근거가 되는데, 사목자의 약함도 또한 이 영혼의 배려라는 행위에 불가결한 요소라는 것이다. 이것을 '성스러운 사목자의 패러독스'라고 부르자.

푸코는 양들의 영혼 구원이라는 행위에서의 사목권력과 사목자에게 따라다니는 이러한 패러독스를 고찰하면서 수도사와 지도자 간에 미묘한 권력 구조가 형성된다는 것, 이 권력 구조는 일방적인 것이 아니라 언제나 수도사들이 그 근거를 묻게 되는 성질의 것이라는 것, 그래서 구원이 확보되는지의 여부는 수도사의 행동으로부터도, 사목자의 권력이나 능력으로부터도 보증되지 않고 모든 것이 신의 손에 맡겨진다는 것을 지적한다. 그렇기 때문에 사목 행위는 완성되지 않는다. 끊임없이 새로운 양들과 새로운 양치기를 보급하면서 서양 사회가 영속적으로 추구해 나아가야 할 행위가 되는 것이다.

제자의 역설

사목 관계에서의 역설은 지도자 쪽에만 생기는 것이 아니다. 제자 쪽에도 묘한 역설이 등장한다. 우선 스승과 제자의 관계가 이성적인 근거에 기초한 것이 아니기 때문에 생겨나는 역설이 있다. 제자가 복종하는 것은 스승이 뛰어나서가 아니라 복종하는 것 자체에 가치가 있기 때문이다.

---

63 그레고리우스 『사목 규칙서』, 2권 6장(*St. Gregory the Great, Pastoral Care*, p. 61~62).

물론 스승이 뛰어나야 바람직하다. 뛰어난 스승의 조건으로서 여기에 세 가지를 들고자 한다. 첫째로 제자에 대한 사랑(아가페)을 갖고 있을 것, 제자의 생각을 해독할 능력을 갖고 있을 것, 영혼의 움직임이나 악령의 책략 등을 숙지하고 있을 것 등이다.

우선 스승에게는 타자에 대한 사랑(아가페)이 요구된다. 아가페는 선물(카리스마)처럼, 사람마다 큰 차이가 있었다. 그렇기 때문에 이 사랑의 능력을 갖고 있다는 평판이 높으면 많은 사람들이 모여들었다. 이를테면 사막에 은둔했던 안토니우스에게는 많은 사람들이 찾아왔다. "이집트에 내려진 의사"였던 안토니우스를 방문하여 "기쁨으로 가득 차 돌아가지 않은 자가 있었을까?"[64]라고 전해져 온다. 가까운 사람의 죽음을 애도하는 자가 안토니우스를 방문하자 "금세 애석한 마음을 잊었고", 분노하며 달려온 사람도 "우애를 되찾았으며", 의기소침했던 수도사도 "그 역경을 박차고" 나올 수 있었던 것이다. "성스러움이란 사랑(아가페)을 통해 신의 이웃이 되는 일이며, 영적 지도란 아가페를 통해 타자가 신께 가까이 갈 수 있도록 하는 것이 다름 아닌"[65] 것이다. 에바그리우스가 말하듯, "신앙은 사랑(아가페)의 단서이며, 아가페의 목적은 신의 앎에 있다."[66] 타자의 영혼을 배려하는 것의 근본은 타자에 대한 아가페인 것이다.

아가페가 선물로서 신으로부터 주어진 능력이었던 것처럼, 뛰어난

---

64 아타나시우스, 「안토니우스전」, 87(『中世思想原典集成 1』, 838쪽).

65 Irenee Hausherr, *Spiritual Direction in the Early Christian East*, trans. Anthony P. Gythiel, Cistercian Publication, 1990, p. 57. 이 책은 엑사고레우시스의 실례들을 상세히 연구한다.

66 Evagrius Ponticus, *Ad Monachos*, trans. Jeremy Discoll, The Newman Press, 2003, p. 41. 에바그리우스 폰티쿠스(345?~399)는, 니사의 그레고리우스의 영향하에서 수도 사상의 원점이 되는 저작을 썼다. 에바그리우스의 사상적 전통과 내용에 대해서는 アイユ, 『教父と東方の靈性』, 337쪽 이하를 참조하라.

능력을 갖는 교부들은 제자의 마음을 해독하는 능력을 갖고 있었다. 이를테면 파코미우스는 제자가 아직 의식하지 못하고 있는 욕망을 읽어 냈다고 한다. "제자들이 자기 마음에 있는 욕망을 눈치채고 그것을 실행하기 전부터 파코미우스 안에 거하는 신의 영적인 힘으로 이를 인식할 수 있는 경우도 많았다. 그런 경우 파코미우스는 제자들에게 상세히 질문하고, 하고자 마음 먹은 바를 언어로 고백하게 했으며 제자들 속에서 그 욕망을 쫓아냈다"[67]고 전해진다. 이 타자의 마음을 읽는 능력(칼디오그노시스)은 때로 제자의 자발적 고백(엑사고레우시스)을 대체하는 역할도 담당했다.[68] 그래서 이 능력은 유용하면서도 제자들의 자발적 고백의 기회를 빼앗을 우려 또한 있는 것이었다.

스승에게 필요한 능력으로서 다음으로 중시되었던 것이 식별(디아크리시스)의 능력이다. 아가페와 디아크리시스는 '영적 아버지이기 위한 전제 조건'이라고도 말할 만한 것이었다. 안토니우스는 이 선물(카리스마)를 받았기 때문에 "각각의 [영의] 작용, 약동, [악령의] 책략이 임박했다는 것을 알고 있었던 것이다. 그리고 더러운 영들에게 농락당하지 않을 뿐만 아니라 고민하고 있는 자들에게 어떻게 하면 [더러운 영들의] 책략으로부터 벗어날 수 있는지를 가르치고 책략을 꾀하는 [더러운 영들의] 교활함과 약점을 설명했다. [안토니우스의 이야기를] 들은 자들은 각각 기름 부음을 받은 격투사처럼 힘을 받고 악마와 그 앞잡이 악령들의 의도에 맞서기에 충분한 신뢰를 가지고 되돌아갔다".[69]

그러나 스승이 언제나 뛰어난 자질을 요구받지는 않는다. 스승이 아

---

67 *The Life of Saint Pachomius*, p. 150.

68 Hausherr, *Spiritual Direction in the Early Christian East*, p. 92.

69 아타나시우스, 「안토니우스전」, 88(『中世思想原典集成 1』, 838~839쪽).

가페도 갖지 않고 디아크리시스를 작동시키지 못하더라도 뛰어난 효과를 발휘하는 경우가 있는 것이다. 복종이 절대적 복종이기를 요구받기 때문에 때로는 비합리적인 명령이 복종의 덕을 더 빛나게 할 수 있다.

카시아누스가 『제도집』에서 이야기하는 수도사 리코폴리스의 요한이 그 예이다. 그의 지도자는 '악한' 지도자이며, 부정하고 잔혹하여 그 어떤 불합리한 명령에도 제자들이 따르기를 요구했기 때문에 요한은 급속도로 성스러움의 길을 가게 되었다. 불합리한 명령에 따름으로써 자기 포기를 완전하게 행하고 "진정한 겸양과 완전한 복속을 통해 다른 덕들도 높이 올라갈 수 있었다"는 것이다. 리코폴리스의 요한은 4세기의 가장 고명한 수도승이며 25세에 수도원에 들어오고 나서 엄격한 고행과 자기 포기의 실천을 통해 예언의 능력을 얻었다고 전해진다. 이 수도승에 대해서는 아우구스티누스 등 많은 교부들이 전하고 있다. 여기서 리코폴리스의 요한의 자기 포기에 대해 구체적으로 살펴보자.

수도원에 들어와 종속의 규칙에 따른 요한은 지도자의 그 어떤 명령도 겸양으로 실행했기 때문에, 지도자는 이 젊은이의 종속이 진정한 영혼의 순수함과 진정한 신앙의 힘에 의해 생겨나는 것인지 여부를 시험해 보고 싶어져서 차례차례 불합리한 명령을 내렸다. 처음에는 고령의 지도자가 이 젊은이에게 마른 나무에 물을 주라고 명했다. [지도자는] 장작을 놓은 곳에서 마른 나무 하나를 집어 젊은이의 눈 앞에서 땅에 꽂았고 요한에게 물을 길어 와 매일 물을 주도록 명령했다. 그렇게 하면 되살아나 성장하고 다시 푸른 나무가 되어 여름에는 시원한 나무그늘이 되어 줄 것이라 말했던 것이다.

요한은 언제나처럼 순종하여 이 명령에 따랐고 2마일이나 떨어진 곳에서 물을 길어 와 매일 물을 주었다. 불가능하다는 등의 말은 한마디도

하지 않았다. 그리고 1년에 걸쳐 몸의 장애도, 수도원의 업무도, 여름의 추위도 아랑곳 않고 요한은 계속해서 물을 주었다. 이 젊은이가 하늘의 명령이라도 된다는 듯 자신의 명령을 계속해서 지키는 것에 감명받은 지도자는 어느 날 요한을 불러, 마른 나무에 뿌리가 났는지를 묻는다. 요한은 모르겠다고 답했고 지도자는 마른 나무를 뽑아 멀리 던지면서 이제는 물을 줄 필요 없다고 말했다.[70]

두번째 시련은 기름 항아리의 일화이다. 이렇게 해서 점점 더 순종의 덕을 닦고 있던 요한의 평판이 수도원 중에 높아지자, 어떤 노승이 젊은 이의 덕을 시험하러 찾아왔다. 그리고 수도원 입장에서는 귀중한 기름이 아주 조금 들어 있는 항아리를 가리키며 그것을 계단 위에서 창문 밖으로 던져 버리라고 명령했다. 이 명령을 들은 요한은 명령의 부조리함을 의심도 하지 않고 항아리를 안고 계단을 올라가 창문 밖으로 던져 버렸다. 항아리는 땅에 떨어져 가루가 됐고 기름은 완전히 잃어 버리고 말았다.[71]

세번째 시련은 노승이 요한에게, 거대한 바위를 '가능한 한 빨리 굴리라'고 명한 일화이다. 이 바위는 몇 사람이 힘을 합쳐도 움직이지 않는 것이었지만 요한은 전력으로 이 바위를 굴리려고 노력했다. 요한은 온몸이 땀으로 범벅이 됐지만 지도자가 이유도 없이 이런 명령을 내렸을 리가 없다고 믿고 필사적으로 바위를 굴리려고 노력했다고 한다.[72]

요한의 첫번째 시련은 구약 성서의 아론의 지팡이 일화나 여러 성자전을 배경으로 생각해야 할 것이다. 이를테면 구약 성서에 따르면 약속의 땅 가나안을 앞에 두고 광야에서 생활했던 이스라엘 백성은 재해와 역병

---

70 카시아누스, 『공주 수도 제 규약』, 4권 4장(*NPNF*, Second Series, Vol. 11, pp. 226~227).
71 같은 책, 4권 25장(*Ibid*., p. 227).
72 같은 책, 4권 26장(*Ibid*., p. 227).

이 계속되자 아론이 대사제를 지내는 레위 집안의 지도력에 의문을 품고 불만을 느낀다. 그래서 모세는 12부족에게 지팡이를 지참하게 하고 이름을 써서 "증언판을 모신 천막 안 주님 앞"에 놓는다. 이튿날 살펴 보니 "레위 집안을 대표한 아론의 막대기에 싹이 나 있는 것이었다. 싹이 나오고 꽃이 피고 편도 열매가 이미 익어 있었다"(「민수기」, 17장 23).

또 성자전 중 하나에 따르면 성 크리스토포로스는 지팡이에 잎을 붙이는 기적을 경험한다.[73] 그러나 요한에게 요구된 것은 기적의 힘을 발휘하여 지팡이에 잎을 붙이거나 마른 나무에서 뿌리가 나도록 하는 등의 성스러움이 아니다. 다만 한결같이 자기를 포기하고 복종하는 강한 의지였으며, 요한의 성스러움은 극한에 이르는 복종을 통해 나타나는 것이다.[74]

이렇게 내려진 명령이 무리하고 불합리하면 할수록 종속의 덕이 높아지는 구도는 동양에서 선종(禪宗)의 공안(公案)에도 존재하는 요소이긴 하지만, 서양 수도원에 대한 카시아누스의 이야기에서 특징적인 것은 이것이 '깨달음'이나 앎에 이르는 절차로서가 아니며 자기 포기가 자목적(自目的)화되어 있다는 것이다.

카시아누스는 요한의 이야기에 이어서 수도사 파테르무키우스의 종

---

73 ヤコブス・ア・ウォラギネ,「聖クリストポルス」,『黄金伝説 3』, 前田敬作, 西井武 訳, 平凡社, 2006, 21쪽.

74 물론 이 성자전과 복종 이야기를 훌륭하게 조합할 수 없는 것은 아니다. 동일한 요한에 대해 다음과 같은 이야기가 전해져 온다. "사람들이 사부 요한 콜로보스에 대해 이야기했던 것에 따르면, 그는 스케티스의 테베 출신 장로 밑에서 은둔 수도하며 사막에 살고 있었다. 그 장로는 마른 나무를 가져와서 심으라고 요한에게 말했다. '열매를 맺을 때까지 매일 물 한 병씩을 주거라.' 하지만 물이 있는 장소는 그가 있는 곳으로부터 멀고 저녁에 출발하여 동틀 무렵 돌아올 정도의 거리였다. 그렇지만 3년 후 나무는 생명을 되찾아 열매를 맺었다. 그래서 장로는 열매를 따서 집회에 가져가 형제들에게 말했다. '복종의 열매를 먹거라'"(『砂漠の教父の言葉』, 谷隆一郎, 岩倉さやか 訳, 知泉書館, 2004, 125쪽). "복종의 열매"라는 장로의 말은 교묘하여 예술의 경지에 달한다.

속 시련의 일화를 이야기한다. 이 일화에서 여덟 살 아이의 아버지인 파테르무키우스는 이 세상을 포기하고자 하여 수도원 입구 앞에 드러누워 수도원에 들어가는 것을 허락받는다. 수도원 규칙에서는 수도원에 들어오면서 모든 옷과 소지품을 포기해야 한다. 그리고 파테르무키우스는 아이의 아버지라는 사실도 포기할 것을 요구받았다.

수도원에서는 아버지가 아이에 대한 사랑을 포기했는지를 시험하기 위해 아이에게 초라한 옷을 입히고 아버지가 보는 앞에서 여러 사람들에게 아이를 때리게 했다. 이유 없이 맞은 아이는 한참을 울었지만 신에 대한 사랑으로 가득 찬 아버지는 아이에 대한 사랑에 움직이지 않았다. 이 모습을 보고 있던 수도원 원장은 아버지의 굳은 결심을 한 번 더 시험해 볼 요량으로 아버지에게 아들을 강에 버리고 오라고 명령했다. 그러자 아버지는 주인의 명령에 따르듯 곧바로 아이를 안아 강기슭에서 아이를 던져 버렸다. 이를 보고 있던 수도사들이 곧바로 아이를 강에서 건져냈다. 이것으로 명령은 지켜졌지만 그 결과는 막을 수 있었다.[75] 아브라함의 이삭 봉헌 이야기를 떠올리게 하는 이 일화는 자기 포기와 종속의 가치가 비인간적인 데까지 이른다는 것을 보여 준다. 수도사는 마지막에는 자기 의지의 포기만을 의지하도록 요구받았다. 의지하지 않기를 의지한다는 역설 가운데 사목관계가 갖는 수수께끼가 상징적으로 나타나 있다.

이 수도원에서의 자기 포기의 첫번째 특징은, 그것이 자목적적이라는 데 있다. 자기를 포기하고 어떤 해설에 도달하는 것이 목적이 아니다. 자기를 포기하고 타자에게 복종하는 것 자체가 가치를 갖는다고 여겨졌던 것이다. 확실히 성스러움을 획득하거나 예언의 힘을 얻거나 구원을 받

---

75 카시아누스, 『공주 수도 제 규약』, 4권 27장(*NPNF*, Second Series, Vol. 11, pp. 227~228).

는다고 생각하는 경향이 존재하긴 하지만, 완전한 복종 자체가 영혼의 선한 상태를 나타내고 신앙의 깊이를 증명하는 것이었다.

두번째 특징은 그것이 보편적이 되었다는 데 있다. 복종 자체가 목적이라면 모든 사람이 자기 종속을 보여 줘야 한다. 스승이 명령하고 제자가 복종하는 계층적 관계가 아니라, 누구나 명령할 수 있고 누구나 복종해야 하는 것이다.

자기 포기의 세번째 특징은 명령에 따르는 것뿐만 아니라 명령받지 않은 것은 하지 않도록 요구되었다는 데 있다. 카시아누스는 이 책에서, 젊은 수도사에게 지도자가 인정하지 않는 한 자신의 방을 나와서는 안 된다는 것, 생리적 욕구를 채우기 위한 것일 때에도 자신만의 판단으로 행해서는 안 된다고 말한다.[76]

이 이상한 실천에서 자기 포기란 타자의 의지에 완전히 관철될 것을 요구한다. 푸코는 이 실천이 고대에 교육적 목적을 가졌던 자기 통치와는 대조적인 장소에 도달했다는 데 주목한다.

> 수도원에서의 예속과 제정기 법에 대한 복종은 근본적으로 대립합니다. 이 [예속이라는―인용자] 개념이 중요한 것은 이것이 고대 교육학의 목적이었던 자기 지배와는 정반대되는 장소에 도달하기 때문입니다. 이 수도원의 실천에서 중요한 것은, 자기를 완전히 지배하지 않고 자기 안에서 언제나 모든 것에 대한 스승이 지배하고 있는 것처럼 하는 것입니다.[77]

---

76 카시아누스, 『공주 수도 제 규약』, 4권 10장(NPNF, Second Series, Vol. 11, p. 221).
77 Foucault, Mal faire, dire vrai, p. 90.

푸코의 지적에 따르면 고대에는 스승이 말하고 제자가 들었지만, 수도원에서는 이 구도가 역전되어 제자가 말하고 스승이 귀를 기울인다. 여기서 복종의 상태에 있는 자는 끊임없이 말해야 한다. 이것은 소크라테스적인 진실 말하기(파레시아)와는 정반대의 상태이며, 자기의 진실을 말하는 것은 자기를 통치하기 위한 것이 아니라 타자의 권력에 복종하는 주체를 형성하는 데 불가결한 조건이 되는 것이다.

수도사의 성과의 투쟁

그런데 이렇게 해서 생겨난 고백의 원리는 성이라는 회로를 통해서 수도원뿐만 아니라 그리스도교 전체 세계를 꿰뚫는 하나의 원리가 된다. 애초에 회개에는 자기 죄의 고백이 포함되어 있었다. 이전의 자기가 죄인임을 인식하는 것이 회개이기 때문이고, 그러기 위해서 고백이 요구되었던 것이다. 여기서 자신의 가장 깊은 내면의 것으로서 중요한 역할을 담당했던 것이 성에 얽힌 문제였다.

『사막 교부들의 금언집』에는 그래서 다수의 고투가 담겨 있다. 확실히 성적 욕망은 수도사들을 괴롭힌 다수의 욕망들 중 하나에 불과했다. 무엇보다도 수도사들은 굶주림에 괴로워했고 갖가지 쾌락에 대한 생각 때문에도 괴로워했다. 혹은 다른 수도사보다 우월하고 싶은 바람, 지식이나 금욕으로 타자를 능가하고자 하는 욕망 등에 괴로워했다.

그러나 수도사들을 무엇보다도 힘들게 했던 것은 성적인 공상이었다. 굶주림은 신체적 욕구이고 어떻게든 만족시켜야 하는 것이다. 그러나 성적 욕망은 수도사들을 신체 내부로부터 몰아대는 공허한 불꽃이다. 굶주림을 채우는 것처럼 채울 수는 없는 성질의 것이었다.

아직 공동생활 수도원을 건설하기 전, 스승과 함께 지내던 파코미우스의 일화는 그것을 상징한다. 파코미우스와 스승 파라몬을 근처에 사는 수도사가 방문했다. 그리고 실내에서 불을 피우고 있던 석탄을 밟아 보임으로써 강한 신앙을 증명하겠다고 도전했다. 파라몬은 그 도전을 피했지만 수도사는 스스로 석탄을 밟는다. 파코미우스는 수도사가 전혀 화상을 입지 않았다는 사실에 충격을 받았다.

그러나 스승인 파라몬은 이것이 악마의 짓이라고 타이른다. 수일 후 자신의 강한 신앙에 큰 긍지를 품고 있던 그 수도사를 한 여성이 방문하여 빚쟁이에게 쫓기고 있으니 숨겨 달라고 부탁했다. "마음의 맹목 때문에 수도사는 여자를 방에 들여서는 안 된다는 분별을 하지 못하고 여자를 방에 들여 큰 행복을 느꼈다. 그러자 악마가 그의 마음에 육욕을 던져 넣었다. 그리고 여자와 죄를 범했던 것이다."[78]

수도사는 곧바로 일어나 파코미우스와 파라몬에게로 서둘러 가서는 자신의 교만함을 후회하고 함께 구원을 구해달라고 부탁한다. 세 사람은 그를 위해 기도하지만 한 번 달라붙은 악마의 강력한 힘 때문에 수도사는 두 사람을 죽이려 했고 견딜 수 없어진 수도사는 근처 화로에 몸을 던져 산 채로 타 죽었다.

수도사들은 이렇게 성적 충동에 시달렸는데, 개중에는 이러한 충동을 억제하기를 그만두고 수도사들을 방문한 유목민 여성이나, 데려온 소년[79]에게서 신속히 욕망을 채우는 자들도 있었던 듯하다. 혹은 오난의 행위[자위 행위]에 의존하는 자도 있었던 듯하다.

수도함에 있어 눈을 뜨고 있을 때나 잠들어 있을 때나 어떠한 성적

---

78 *The Life of Saint Pachomius*, pp. 35~37.
79 Rousselle, *Porneia*, pp. 147~148.

공상도 품지 않게 되는 것, 그것이 마음의 깨끗함을 실현하고 영혼의 투명함을 달성했다는 증거가 되는 것이다. 그러려면 몇 가지 단계를 거칠 필요가 있었다. 카시아누스는 이것을 여섯 단계로 나눈다.[80]

첫번째 단계는 눈을 뜨고 있을 때에 육욕에 굽히지 않게 되는 것이다. 이 단계에서는 영혼의 동요에 의해 의지를 빼앗기는 '정신에의 난입'[81]이 일어나지 않는다. 두번째 단계는 육이 일어나도 곧 쫓아낼 수 있게 되는 것이다. 세번째 단계는 여성이 눈앞에 있더라도 욕망을 품지 않게 되는 것이다. 네번째 단계는 아직 무의식적인 욕망이 존재하고는 있지만 눈을 뜨고 있는 동안에는 어떠한 충동도 느끼지 않는 것이다. 다섯번째 단계는 성서 등에서 성과 관련된 행위에 대해 읽더라도 '벽돌 만드는 법이 쓰여 있는 듯' 침착하게 받아들일 수 있게 되는 것이다. 마지막 단계는 잠들었을 때에도 여성의 환상에 괴로워하지 않게 되는 것이다.[82]

푸코의 분석에 따른다면 이 여섯 단계는 의지 단절의 여섯 가지 몸짓이다. 첫번째 단계는 의지가 신체의 운동과 관계되지 않게 된다. 두번째 단계에서는 의지가 상상의 내용과 관계되지 않게 된다. 세번째 단계에서는 의지가 감각과 관계를 끊는다. 네번째와 다섯번째 단계에서는 표상과 관계를 끊는다. 마지막 단계에서 의지는 이윽고 무의식적인 꿈의 표상과도 관계를 끊는 것이다.[83]

사막 교부들의 가르침으로부터 배운[84] 카시아누스는 수도사가 자는

---

80 카시아누스, 『영적 담화집』, 12권 3장(*The Conferences*, pp. 443~444).
81 Foucault, "Le combat de la Chasteté", p. 301.
82 카시아누스, 『영적 담화집』, 12권 7장(*The Conferences*, p. 444).
83 Foucault, "Le combat de la Chasteté", p. 303.
84 Rousselle, *Porneia*, p. 158.

동안 성욕에 의해 움직이지 않게 됨으로써 인간의 신체와 정신의 분열이 극복되었다고 생각한다. 흡사 바오로의 육의 고뇌가 해결된 것 같다.

여기서는 간음이 타자와의 관계, 여성과의 관계이기보다는 자기와의 관계에서 중요한 의미를 갖는다는 것에 주목하고자 한다. 푸코가 지적하는 것처럼 "순결 투쟁의 요점은, 행위나 관계의 차원에 속하지 않는 것을 목표로 한다. 그것은 두 개인의 성관계와는 또 다른 현실과 관계되는" 것이다.[85] 수도사는 눈을 뜨고 있는 동안 자신의 상념의 움직임뿐만 아니라 자는 동안의 상념의 움직임도 끊임없이 경계하고 지켜볼 필요가 있다. 마침내 무의식적 욕망의 파편조차 없게 되는 것, 바로 그것이 "충분한 고행을 한 금욕자가 도달하는 지점"[86]인 것이다.

수도원의 고백 실천을 세속 사회 전체에 전달하는 역할을 하는 것이 성적 실천에 대한 고백이었다. 앞서 고찰한 것처럼 아우구스티누스는 인간 의지의 문제를 원죄와 연결시킴으로써 성관계가 갖는 중요성을 명백히 했다. 폐쇄된 수도원 안에서의 고백 행위가 성이라는 회로를 통해 서양 사회 전체로 확산되는 길이 여기에 있었던 것이다.

---

85 Foucault, "Le combat de la Chasteté", p. 301.
86 *Ibid.*, p. 305.

끝으로 · 결론을 대신하여

이렇게 해서 성이 인간의 정욕과 의지를 연결하는 중요한 고리가 되었고, 이것이 그 후 서양 역사에 심대한 영향을 끼치게 된다. 리비도와 싸우는 인간의 영혼은 플라톤처럼 천상의 이데아를 상기하는 영혼이 아니라 자기 내부에서, 리비도로부터 온 것과 그렇지 않은 것을 구별하는 무한한 싸움에 몰두하게 된다. 그러기 위해서는 자기의 진실과 환상을 구별해야 했다. 끊임없는 자기 해석학이 필요하게 된 것이다. 그리스 시대의 성 문제는 욕망으로부터 자유로워지는 문제였고 자기 배려의 문제였다. 그러나 그리스도교의 시기에 이르러 성의 문제는 자기의 진실의 문제, 자기 욕망의 핵심에 잠재되어 있는 수수께끼를 해독하는 문제가 된 것이다. 이것이 서양의 철학, 정치, 문학에서 중요한 귀결을 야기하게 된다.

아우구스티누스와 더불어 성도덕에서 매우 엄밀한 의미에서의 진실의 의무가 요구되게 되었다. 그리스도교 신도는 그때까지처럼 동정을 지키거나 부부 사이에서 도덕에 어긋나지 않는 성행위를 하기 위한 규칙을 이해하고 그것을 지켜야 할 뿐만 아니라, 자기 리비도의 존재를 조사하기 위해 끊임없이 자기를 점검해야 할 필요가 생겼다.

그리고 이 자기 점검은 세네카에게서처럼 바른 행동 규칙에 따라서 행동하기 위해 필요한 것이 아니라 자기 욕망의 진실을 밝히기 위해 필요한 것이다. 아우구스티누스와 더불어 성의 문제가 생식의 문제이기 이전에 영혼의 문제, 정신과 욕망의 관계의 문제가 된 것이다. 그리고 그리스도교 사회에서 '성의 장치'가 탄생함으로써 "실천과 제도와 지식의 총체가 성을 하나의 균질한 공간으로 만들고, 개인을 구성하는 절대적으로 근본적인 차원"[1]이 되어 간다. 그 사람이 어떤 인물인지를 물을 때에 성이 가장 중요한 역할을 담당하게 된다. 자기의 새로운 정체성은 어떤 성으로 살 것인가를 축으로 형성되게 된 것이다.

이를테면 마르쿠스 아우렐리우스는 세계의 노래를 듣고 세계의 아름다움에 감탄했다. 그러나 거의 10세기 후 이탈리아에서 페트라르카는 반투 산에 오르고 높은 산의 아름다운 풍경에 감동한 후 곧바로 감동한 것을 후회하며 아우구스티누스의 『고백록』을 꺼내든다.[2] 페트라르카가 펼친 곳에는 이렇게 쓰여 있었다.

사람들은 밖으로 나가서 높은 산, 바다의 큰 파도, 넓고 긴 강의 흐름, 끝없이 넓은 대양, 별의 운행 등을 바라보고 놀라움을 금치 못합니다만 안에 있는 자기 자신에 대해서는 눈으로 보지 않고도 그것들에 대하여 마랗고 있다는 사실을 이상하게 생각하지 않습니다.[3]

---

1 Foucault, "Interview de Michel Foucault", p. 662.
2 그러나 그리스인이 칭찬한 자연의 아름다움은 조화로운 자연이며, 그리스인에게나 히브리 백성에게나, 높은 산이나 넓은 바다 같이 거친 자연은 꺼려지는 것이었다고 한다. 이에 대해서는 トーレイフ·ボーマン, 『ヘブライ人とギリシャ人の思惟』, 植田重雄 訳, 新教出版社, 1959, 132~133, 137쪽을 참조하라.
3 아우구스티누스, 『성 어거스틴의 고백』, 10권 8장, 321쪽. 아우구스티누스는 여기서 "그것은 너

이는 두 가지를 의미한다고 생각해야 할 것이다. 하나는 자기 안으로 되돌아가야 한다는 것이다. 아우구스티누스가 이어받아 확립한 그리스도교의 전통에서는 세계가 선하더라도[4] 사람들이 이에 감탄하고 마음을 빼앗겨서는 안 된다고 여겼다. 신은 마음속에 계시며 세계라는 자기 '바깥'에 계시지 않기 때문이다. 그리고 무엇보다도 자기는 '크고 끝이 없는 내면의 방'[5]이며, 이 밀실의 안쪽까지 도달한 자가 없는 무한한 해독의 대상인 것이다.

그러나 동시에 중요한 것은 단순히 자기 안으로 되돌아가는 것이 아니라 자기 안의 신에게 마음을 맡겨야 하며 자기에 집착해서는 안 된다는 것이다. 아우구스티누스는 인간이 사탄과 닮게 된 것이 육체를 갖고 있기 때문이 아니라 "자기 자신에 따라 삶" "다시 말해 인간에 따라 삶"[6] 때문이라고 생각했다. 나이그렌이 지적하듯, "육체 중심성이 아니라 자아 중심성이 죄의 가장 깊은 뿌리"인 것이다.[7]

아우구스티누스는 신을 중심으로 살지 자기를 중심으로 살지에 따라 신의 나라와 지상의 나라가 대립한다고 지적한다. "두 사람이 두 도성을 이루었다. 하느님을 멸시하면서까지 이르는 자기 사랑이 지상 도성을 만들었고, 자기를 멸시하면서까지 이르는 하느님 사랑이 천상 도성을 만

무 크고 끝이 없는 내면의 방입니다. 누가 그 깊이를 재어 보았습니까"라고 묻는다. 페트라르카의 등산에 대해서는 オギュスタン・ベルク, 『風土学序説』, 中山元 訳, 筑摩書房, 2002, 65쪽 이하를 참조하라.

4 세계를 악이라고 생각하는 그노시스나 마니교적 전통에 대항하여 아우구스티누스는 창조된 세계는 완전히 선한 것이라고 생각한다. 아우구스티누스에게서의 세계 개념의 변동에 대해서는 아렌트, 『사랑 개념과 성 아우구스티누스』, 122쪽 이하를 참조하라.

5 아우구스티누스, 『성 어거스틴의 고백록』, 321쪽, 10권 8장.

6 아우구스티누스, 『신국론』(11~18권), 1441쪽, 14권 3장.

7 ニーグレン『アガペーとエロースIII』, 102쪽.

들었다."[8]

이 두 나라의 차이는, 두크로를 따라 "신에게 사랑을 향하고, 그러므로 이제는 그 은혜에 따라 살며 미래의 영원한 평화 속에서 충만함을 느끼며 살지, 아니면 자기와 지상의 것에 사랑을 향하고 그리하여 피조물을 사랑하고 그에 따라 자신에 의해 자기의 환상 속에 살며 이 세계 속에서 마지막 완성을 끌어내려 할지"[9]의 차이라고 표현할 수 있을 것이다.

아우구스티누스에게서 이 자기애는 그것이 세계를 향했을 경우에는 탐욕(쿠피디타스)이라고 불리게 된다. "아우구스티누스의 용어에서 이처럼 세계에 매달리는 동시에 세계를 구성하는 잘못된 세속적인 사랑이"고 아렌트가 지적하는 대로이다.[10] 그러므로 '영에 따라 사는 나라'와 '육에 따라 사는 나라'의 차이는 인간이 세계나 자기에 만족하고 이를 향유(프루이)할지, 아니면 세계나 자기를 신의 사랑(아가페)를 향유하기 위해 사용(우티)하는 데 머무를지의 차이이다.[11] 이 세상에서의 욕망 충족을 부정하는 그리스도교 공동체의 특징은 그 '무세계성'에 있는 것이다.[12]

확실히 그리스도교 도덕은 이웃 사랑을 기본으로 한다. 이 '타자의 영혼의 구원에 대한 배려'[13]는 그러나 그 내부에 깊은 역설을 갖고 있다. 앞서 살펴본 대로 이웃 사랑은, 그가 타자이기 때문에 사랑하는 것이 아

---

8 아우구스티누스, 『신국론』(11~18권), 1537쪽, 14권 28장.
9 ドゥフロウ, 『神の支配とこの世の權力の思想史』, 253쪽.
10 아렌트, 『사랑 개념과 성 아우구스티누스』, 60쪽. 아렌트가 주의를 촉구하듯(같은 책, 183쪽), 라틴어 카리타스는 그리스어 아가페의 번역이다.
11 "향유되어야 할 것(페르엔둠)은 우리를 행복(베아토스)하게 하지만 사용되어야 할 것(우텐둠)은 우리가 행복을 목표로 할 때에 도움이 되고 그것을 소위 지지대로 이용하는 것이다"(아우구스티누스, 『그리스도교의 가르침』, 1권 3장 3).
12 아렌트, 『인간의 조건』, 45쪽.
13 아렌트, 『사랑 개념과 성 아우구스티누스』, 168쪽.

니라 신의 사랑(아가페) 때문에 사랑하는 것이다. 거기서는 타자가 악인이거나 적이어도 관계 없이 사랑받아야 한다. 이때 타자에 대한 사랑은 자기 목적으로서의 사랑이 되며 역설적이게도 자기에 대한 사랑으로 전화되어 버린다. '서로 사랑하는 것'이 일종의 '자기 자신을 사랑하는 것'으로 전화되어 버린다.[14] 이 신의 사랑은 세계에서 성립하는 듯 보이는 "상호생활을 내부에서부터 파괴해 버리는"[15] 것이다.

　이 책에서는 이제까지 자기라는 개념이 성립하는 계기를 파레시아라는 행위를 축으로 여러 관점에서 고찰해 왔다. 기원후 1세기부터 2세기에 걸쳐, 서양에서 스토아 학파와 그리스도교가 뒤섞이는 장소에서, 주체인 자기, 개인 개념이 성립해 온 것이다.[16] 그리고 아우구스티누스의 『고백』에서 처음으로 세계에서 쌓여 온 외적 경험과 자기의 내면적 경험이 이야기할 가치가 있는 것으로서 서술된다. 본래적 의미에서의 자전이 여기서 탄생하며, 말해야 할 자기가 존재하고 그 자기에 대해 말하는 주체가 존재하게 된다.[17]

14　같은 책, 166쪽.

15　같은 책, 167쪽.

16　마르셀 모스는 그리스에서 성립된 인격 개념에 "형이상학적 기초가 결여되어 있었다"고 지적하면서 "인격의 종교적 힘을 인식하게 된 그리스도교도들이 도덕적 인격에 형이상학적 실체를 부여했다"고 지적한다. Marcel Mauss, "A Category of Human Mind, The notion of Person, The Notion of Self"의 p. 19를 참조하라. 이 논문은 *The Category of the Person : Authropology, Philosophy, History*, eds. Michael Carrithers, Steven Collins, Steven Lukes, Cambridge University Press, 1985에 수록되어 있다.

17　1부에서 소개한 ジャン=ピエール·ヴェルナン, 「都市国家における個人」(ポール·ヴェーヌ 他, 『個人について』)에서는 아우구스티누스에게서 처음으로 "근대적 인격과 개인의 출발점"(46쪽)이 발견된다고 말한다. Misch, *A History of Autobiography in Antiquity*, Vol. 1에서는 자전의 성립에 필요한 조건으로서, "계몽된 자기의 점검에 기초한 문학 형식"의 성립과, 그와 더불어 "생애의 현실적 묘사"와 "생애 경험에의 의거"가 필요하다고 지적하고 있으며, 그것이 아우구스티누스의 『고백』과 더불어 현실적인 것이 되었다는 것을 지적한다(184쪽). 무엇보다도 이러한 개인이나 자기의 성립 기준에는 차이가 있으며, 11~12세기가 되어서 비로소 내면

이 주체로서의 자기나 개인 개념은 그 후 서양에서, 그리고 현대에서 아주 당연하고 자명한 개념인 듯 생각된다. 그러나 이 주체, 자기, 개인이라는 개념은 복잡한 역사를 갖고 있으며 서양의 어느 특정 시기에 탄생한 것이다. 푸코가 파레시아 개념, 자기 배려 개념으로 고찰한 것은 이 자기와 주체 개념의 탄생 경위였다.

푸코가 오랜 세월에 걸쳐 몰두한 것은 고대 그리스, 헬레니즘 시대, 그리고 그리스도교 시대에서 이 자기가 어떠한 것으로서 구축되었는지, 그것이 현대에 이르기까지 어떤 계보를 구축해 왔는지에 관한 주제였다.

고대, 특히 소크라테스에게서 자기는 배려의 대상이었고 그것은 보다 좋은 삶을 사는 것을 목적으로 하는 것이었다. 헬레니즘, 특히 스토아 학파에서의 자기란, 단련 과정에서 세계의 어떠한 악에도 영향을 받지 않는 핵이 되는 것으로서, 이 단련 행위에서 하나의 예술 작품과 같이 만들어져야 할 것이었다.

그리고 그리스도교 시대의 자기란 부정해야 하는 것, 사탄이 작업을 걸 가능성이 있는 비밀로 가득 찬 장소가 되었다. 아렌트가 지적하듯, 그리스적 자족 개념은 그리스도교 세계에서는 '자기 혐오와 자기 부정으로' 전화되어 버리는 것이다.[18] 그리스도교 세계에서 자기는 사랑해야 하는 것이 아니라 해석해야 하는 것이다. 그리고 서양 사람들의 새로운 정체성

적 인격을 갖춘 개인이 '발견'되었다는 설도 있다. C. モリス, 『個人の発見: 1050~1200年』, 古田暁 訳, 日本基督教団出版局, 1983을 참조하라. Mauss, "A Category of Human Mind, The notion of Person, The Notion of Self"에서는 자기 개념이 서양에서 처음으로 성립한 것은 칸트와 피히테에게서라고 주장하고 있을 정도이다.

18 아렌트, 『사랑 개념과 성 아우구스티누스』, 70쪽. 무엇보다도 아렌트의 이 책에서는 이것이 "유사 그리스도교적인" 자기부정이라고 생각한다. 그러나 『인간의 조건』에서는 그리스도교의 무세계가 명확히 지적되는데, 이에 대해서는 앞의 각주 12를 참조하라.

은 성적 자기를 중심으로 진정한 자기가 어떠한 것인지를 묻는 자기의 해석학을 산출했다. 서양에서 사람들은 자기 욕망의 진정한 모습을 해독하고 그것을 타자에게 고백하는 행위를 계속하게 된다.

이 고백이라는 형식이 이윽고 교회의 틀에서 넘쳐 나와 "자녀와 부모, 학생과 교육자, 환자와 정신과 의사, 비행자와 전문가 사이에서"[19] 사용되게 된다. 그리고 단순한 성행위를 넘어 의학, 정신의학, 교육학의 분야로까지 확대되게 된다. 이 "자기 자신에 대한 진실의 담론을 말하는" 행위에서, 이 담론은 이제 더 이상 "죄와 구원, 죽음과 영원에 관한 담론이 아니라 육체와 생명에 관한 담론, 즉 과학의 담론"[20]에 연결되게 된다.

이러한 확장 절차를 경험함으로써, 고백을 축으로 한 사목 관계는 근대에 이르기까지 사회의 근저에서 과학적 지식의 기초가 되고 도덕의 기초가 되어 가는 것이다. 여기서 중세 이후 사목권력의 변모를 다룰 여유는 없지만, 감시 사회에서 관리와 복지의 현대 사회에 이르기까지 이러한 사목권력은 '생명관리권력'으로 살아남게 된다.

* * *

마지막으로 그리스부터 이교 로마 제국에까지 이어진 현자의 파레시아 행위의 종언을 상징하는 비극적 에피소드를 소개하겠다. 415년 알렉산드리아에서 일어난 '마지막 신플라톤주의자' 휘파티아의 학살이 그것이다.

375년경에 태어나 415년에 알렉산드리아에서 사망한 휘파티아는 수

---

19 Foucault, *Histoire de la sexualité 1 : La volonté de savoir*, Gallimard, 1976, pp. 84~85[『성의 역사 1 : 지식의 의지』, 이규현 옮김, 나남출판, 2010, 77쪽]
20 *Ibid.*, p. 86[같은 책, 78쪽].

학자로, 아버지 테온과 마찬가지로 철학에 대해서는 포르퓔리우스의 신플라톤주의에 가까웠다. "알렉산드리아의 도시는 불길한 대립의 폭풍에 지배되고 있었다. 그리스도교도들과 유대교도들이 극장에서 난투극을 벌이고서부터 싸움은 그치질 않았다. 누군가 살해될 때마다 그 보복으로서 새로운 살인이 저질러지는 것이었다. 사제 퀴릴은 유대인을 추방하고 시나고그를 폐쇄했다. 그리고 시골에서 야만적이고 열광적인 승려 수백 명을 불러들였다. 이제 내란과도 같은 분위기가 되었다."[21]

휘파티아는 이 도시에서 "공적인 사항에 대해서도 진중하게 발언했고, 고대 그리스와 신플라톤주의의 문화로부터 자기 통제와 발언의 자유(파레시아)를 물려받았다."[22] 그래서 알렉산드리아의 지사 오레스테스는 그리스도교도였지만 사제 퀴릴이 아닌 휘파티아에게 파레시아의 권리 행사를 인정했다. 그러나 퀴릴로서는 이교도 철학자인 휘파티아가 아니라 사제인 자기가 무엇보다도 파레시아를 '독점'할 필요가 있었다.[23]

이렇게 해서 퀴릴은 부하 승려들에게 휘파티아를 살해하게 한다. 돌에 맞은 휘파티아는 "숨이 멎을 듯하여 두 길의 모서리에 있는 교회로 피하려 했다. 그러나 그 교회는 바로 승려들이 돌과 곤봉으로 휘파티아를 천천히 괴롭혀 죽이려고 기다리던 장소였다. 휘파티아가 이윽고 움직이지 않게 되자 승려들은 투니카를 벗기고 그의 알몸을 거칠게 찢어 발겼

---

21 로제 폴 드르와, 장 필립 드 토낙, 『그리스 로마 철학자들의 삶과 죽음의 명장면』, 임왕준 옮김, 2003, 샘터, 233~234쪽. 휘파티아에 대해서는 Maria Dzielska, *Hypatia of Alexandria*, trans. F. Lyra, Harvard University Press, 1995가 상세하고, 수학자로서의 경력과 학문 내용에 대해서는 Lynn M. Osen, *Women in Mathematics*, MIT Press, 1974, pp. 21~32의 휘파티아에 관한 장이 참고할 만하다.

22 소크라테스 『교회사』 7권 15장(*NPNF*, Second Series, Vol. 1, p. 160).

23 Brown, *Power and Persuasion in Late Antiquity*, p. 116.

다. 휘파티아의 몸의 일부를 휘두르고 큰소리로 떠들어대며 가로를 개선
했다."[24]

　　이것은 그리스도교의 사제가 권력자에게 행사하는 파레시아와 세속
철학자가 권력자에게 행사하는 파레시아가 충돌하여 발생한 최후의 불
꽃놀이라고도 할 수 있을 사건이었다. 그리스도교가 지배 체제의 기반이
됨과 더불어 '파레시아'는 기독교와 이단의 숱한 파벌들이 황제나 권력자
에게 그 정통성을 승인받으려 걸핏하면 [동원하는] 도구로 추락해 갔다.
소조몽이 『교회사』에서 말하듯, 파레시아는 여기서 "가톨릭과 알레이오
스 학파의 정치 권력을 둘러싼 투쟁에서 중요한 용어가 되는" 것이다.[25]

---

24 『그리스 로마 철학자들의 삶과 죽음의 명장면』, 234쪽. 또한 휘파티아가 죽음을 맞이하는 상
　황을 포함하여 이 시기 동로마제국의 정치·종교적 상황에 대해서는 J. B. Bury, *History of the
　Later Roman Empire from the Death of Theodosius to the Death of Justinian(A.D. 395 to
　A.D. 565)*, Macmillan and Co., Limited, 1958이 참고할 만하다. 그 후에는 그리스도교의 드라
　마가 정치 세계를 지배하게 된다.
25 Bartelink, *Quelques Observations sur Parresia dans la Littérature paleo-chrétienne,
　Supplémenta*, p. 52.

후기

이 책은 고대 그리스에서의 자기 실천과, 그것을 이어받은 그리스도교에서의 자기 해독의 시도를 고찰한 만년의 푸코와 함께 걸으며 진실 말하기라는 파레시아 행위의 발자취를 따라가 보려 한 것이다.

만년의 푸코는 고대의 여러 실천에 대해 고찰했는데, 그것은 단순히 그리스나 로마 시대의 도덕적 행위에 관심을 가졌기 때문이라기보다는, 이 행위 속에서 새로이 엮이고 있던 자기 신체의 경험이 서양 그리스도교 사회와는 이질적인 요소를 갖고 있었기 때문이며, 거기에서 푸코 자신이 살았던 그리스도교적 사회를 역으로 조망하고자 했기 때문이다.

푸코는 서양의 자기에 관한 계보학적 고찰을 진행함으로써 텍스트를 고대와 헬레니즘 시대의 것으로 나누었다. 본서의 각주에서도 몇 번인가 언급했듯이, 이러한 푸코의 시도가 고대와 중세를 연구하는 여러 사람들에게 큰 시사점을 주게 되었다. 푸코가 개척한 길을 연장하는 듯한 형태로 고대에서의 자기와의 관계나 신체적 행위에 대한 많은 고찰들이 발표되었다. 본서의 1부도 그러한 시도 중 하나에 다름 아니다.

또 푸코에게 고대를 연구하는 것은 동시에 그리스도교적 도덕과 사유 방식을 역으로 조망한다는 의미를 갖고 있으며, 그렇게 함으로써 서양에서는 지극히 당연해져 버린 고백과 자기 포기 기술의 의미를 고찰할 수 있었던 것이다. 인간을 '고백하는 동물'이라고까지 정의했던 푸코에게, 고백의 실천과 그것이 서구 사회에 야기한 거대한 왜곡은 명백한 것이었다. 본서의 2부에서는 그리스도교 세계에서의 파레시아 행위를 고찰하면서 자기에 대한 진실 말하기 행위가 야기한 거대한 귀결을 검토했다.

아우구스티누스 이래로 중세와 종교개혁을 겪은 근대에 이르기까지, 자기실천의 기술은 여러 변천을 거쳤지만, 이 문제를 고찰하는 것은 다음을 기약하고자 한다. 오랜 기간에 걸쳐 집필해 온 이 두꺼운 책의 간행을 결단해 주신 지쿠마쇼보 출판사, 특히 제3편집부의 오야마 에쓰코(大山悅子) 씨께 마음속 깊이 감사드린다.

나카야마 겐

옮긴이 후기

숨겨진 원고의 신비

미셸 푸코가 만년에 수행했던 연구들은 그의 갑작스러운 죽음으로 인해 미처 다 정리되어 출간되지 못했다. 『성의 역사』 시리즈의 서문 격에 해당하는 1권 『지식의 의지』가 1976년에 출간되고 8년이 지나, 푸코는 2권과 3권, 즉 『쾌락의 활용』과 『자기 배려』를 출간한 직후 죽음을 맞이한다. 예기치 못했던 저자의 죽음 탓에, 뒤이어 출간될 예정이었던 4권 『육욕의 고백』은 빛도 보지 못하게 되었다.

사실 『성의 역사』 시리즈는 애초에 여섯 권으로 기획되었고, 시리즈를 이루는 여섯 권 각각의 제목도 원래는 '지식의 의지', '육욕과 신체', '소년 십자군', '여성, 어머니 그리고 히스테리 환자', '성도착자들', 그리고 '인구와 인종'으로 알려졌다. 그러나 연구가 진행되면서 푸코는 고대 그리스로 눈길을 돌리게 되었고, 그것이 『쾌락의 활용』과 『자기 배려』라는 결실로 나타난다. 처음에 기획되었던 것과는 완전히 다른 결과물이 나온 것이다.

그러나 그렇다고 해서 애초에 기획되었던 그의 연구들이 완전히 암흑 속에 잠겨 버린 것은 아니다. 죽기 직전까지 콜레주 드 프랑스에서 꾸준히 이루어졌던 강연들이 강연록의 형태로 14권 전권 출간되었기 때문이다. 이를테면 히스테리 환자의 문제는 『정신의학의 권력』(1973~1974)에서, 성도착자들의 문제는 『비정상인들』(1974~1975)에서 그리고 인구의 문제는 『안전, 영토, 인구』(1977~1978)에서 다뤄진 것을 알 수 있고, 육욕의 문제를 비롯한 그리스도교 전반에 대한 관심 역시 『안전, 영토, 인구』와 『생명 존재들에 대한 통치』(1979~1980)에서 확인할 수 있다.

이밖에도 푸코 생전의 각종 강연과 인터뷰, 기고문 등이 수집되어 『말과 글』[1]이라는 제목으로 출간되어 있다. 한국어로는 아직 번역되어 있지 않지만, 한국인이 비교적 접근하기 쉬운 언어인 영어와 일본어로 주요 텍스트들이 선별 번역되어 있다.[2]

그러므로 마치 엄청난 비밀을 간직한 채 태워진 원고 뭉치가 있는 양 상상하며 신비로운 환상 같은 것을 품을 이유는 없다. 완결된 저작의 형태로 출간되지 않았을 뿐, 그의 문제의식과 그 동기, 그리고 진행되던 연구의 단초들을 그의 강연록과 인터뷰 그리고 소논문 등 다양한 경로로 확인할 수 있으니 말이다. 물론 사후 출판을 하지 말아 달라는 푸코 자신의 유언 때문에 그의 강연록들과 『말과 글』의 출판 과정이 쉽지는 않았다고

---

1 Michel Foucault, *Dits et Écrits*, Gallimard, 2001.
2 일본어 번역으로는 완역판과 발췌 번역판이 모두 존재한다. 완역판은 『ミシェル・フーコー 思考集成』, 총 열 권으로 이루어져 있다. 발췌 번역판은 『フーコー・コレクション』으로, 총 여섯 권으로 이루어져 있다. 영어 번역으로는 완역판이 없으며, 발췌 번역판으로는 총 세 권으로 이루어진 *The Essential Works of Foucault*(3 Vols., eds. Paul Rabinow et al, New York : New Press, 1997~2000)와, 이 중에서 다시 한 번 핵심적인 아티클들을 선별한 한 권짜리 *The Essential Foucault: Selections from the Essential Works of Foucault, 1954~1984*(eds. Paul Rabinow and Nikolas Rose, 2003)가 있다.

전해진다. 어쩌면 정말로 소수의 운 좋은 사람들만 접근할 수 있는 숨겨진 원고의 신비로 남을 뻔 한 것이다. 지켜지지 않을 유언을 한 푸코에게는 미안한 말이지만, 결과적으로 다행이라고 생각한다.

『현자와 목자』: '푸코와 파레시아'

저자 나카야마 겐은 바로 이 흩어진 자료들 속에서 푸코 후기 사유의 파편들을 발굴해 내고 배열하여 뼈대를 만든 뒤, 거기에 자신의 독자적인 연구로 살을 붙여 나간다. 푸코가 저작의 형태로 미처 정리하지 못하고 떠난 내용들을 한 권의 책으로 엮어 냈을 뿐만 아니라, 직접 그 후속 연구를 시도한 것이다. 그러기 위해 그는 푸코가 남기고 간 자료들은 물론이고, 푸코가 도서관에 파묻혀 읽었던 방대한 고대 문헌들을 푸코와 함께 독서하며, 관련 연구서들을 찾아 탐독한다. 이 책에서 언급되거나 인용된 자료들의 목록이, 옮긴이에게 많은 영감을 줬던 만큼 이 책을 읽는 분들께도 많은 영감을 드릴 수 있기를 바란다.

그는 책의 제목을 『현자와 목자』로 정했고 부제를 '푸코와 파레시아'라고 달았다. '파레시아'는 푸코가 고대 그리스에서 길어 낸 말로, 진실을 말하는 특수한 발언 행위를 의미하며, 이는 푸코가 80년대에 천착했던 주제와 관련이 있다. 관계로서의 권력을 연구했던 푸코의 권력론은 80년대에 이르러 통치성 연구로 이행하게 되며 이러한 이행과 더불어 권력과 지식의 순환적 관계에 관한 탐구 역시도 진실을 말하는 방식의 역사와 그 진실이 불러일으키는 힘 그리고 진실과 주체가 맺는 관계의 역사에 관한 연구로 이행하게 된다.

푸코는 역사가 없다고 여겨지는 것, 즉 원래부터 그랬다고 여겨지는 것들을 역사화시키기를 좋아했다. 그리고 진실을 말하는 방식 역시 역사 속에서 매우 다양하게 나타난다는 것을 보여 주려 했다. '누가' 진실을 말하느냐, '어떤 상황에서' 말하느냐, '무엇에 관한' 진실을 말하느냐, '어떤 목적으로' 그 진실을 말하느냐, '어떻게' 그 진실을 말하느냐 등등에 따라서 진실 말하기는 완전히 다른 다양한 실천들로 나타날 수 있다는 것이다. 신의 대리인이 전하는 신탁, 법정에서의 변론 및 판결, 고문이나 협박에 의한 자백 혹은 거짓 자백, 지혜로운 사람의 가르침, 민회에서의 발언, 조언을 구하고자 털어놓는 고민, 신 앞에서 침묵 속에 하는 고백, 사제에게 은밀하게 하는 고백, 공개적으로 자신의 죄와 신앙을 드러내는 고백, 정신분석 상담사에게 하는 고백, 조직 내부 비리의 폭로, 등등, 이것들은 모두 진실을 말하는 실천이지만 전혀 다른 효과들을 불러일으킨다. 푸코는 진실을 말하는 다양한 실천들 중에서 특히 '비판'의 기능을 갖는 진실 말하기와, 주체를 '예속'하는 효과를 불러일으키는 진실 말하기를 대립시키는데, 그가 진실 말하기의 다양한 실천 중에서 유독 '파레시아'에 주목하는 이유는 그것이 비판의 기능을 갖는 진실 말하기에 해당된다고 보았기 때문이다. 그리고 파레시아 실천 내에서 주체와 진실은, 많은 경우 발언 주체의 위험을 초래할 수 있는 매우 긴밀하고도 강력한 관계를 맺는다.

나카야마 겐은 이 책에서 바로 그 '파레시아' 개념을 둘러싼 푸코의 논의들을 정리하고자 했다. 그러기 위해 저자는 우선 이 책의 1부에서 『쾌락의 활용』과 『자기 배려』에서 주로 다루어졌던 고대 그리스-로마 시대를 배경으로, 오늘날의 우리가 경험하고 있는 것과는 매우 다른 종류의, 자기와 자기가 맺는 관계를 보여 준다. '자기 배려'의 시기라고도 말할 수 있는 이 시기의 '자기'는, 잘 돌보고 가꿔서 정의로우면서도 아름다운 예술 작품으로 만들어 가야 하는 대상으로 여겨졌다. 자기와 진실이 맺는 관계 역시 이러한 맥락 내에서 정의되고, 이는 '진실 말하기'의 특수한 한 방식인 '파레시아'라는 형태로 드러나게 된다. 2부에서는 그다음 시기에 관한 연구, 즉 초기 그리스도교에서 자기가 자기와 맺는 관계를 보여 주는데, 이 시기의 '자기'는 신과의 관계 속에서 포기되어야 하는 대상으로 여겨졌다. 신의 의지가 머무를 자리를 마련해야 하기 때문이다. "내 속엔 내가 너무도 많아서 당신의 쉴 곳 없네"라고 읊조리는 시인과 촌장의 노래 가사는 그리스도교의 이러한 감수성을 잘 표현하고 있다. 포기해야 할 자기와 진실이 맺는 관계는, 잘 돌봐야 할 자기와 진실이 맺는 관계와 같을 수 없다. 그리스도교도들에게 고대 그리스인들의 자기 배려는 신에 대한 오만, 교만으로 여겨진다. '자기 포기'의 시기라고도 말할 수 있는 이 시기의 '진실 말하기'는 자기 안에 있는 자기 자신의 의지 혹은 악마의 의지를 꼼꼼하게 찾아 비워 내기 위해 자기가 한 생각이나 행동을 낱낱이 고백하는 실천의 형태를 띤다. 이렇듯 각각의 문화에서 특징적으로 나타나는 '자기'의 모습이 『현자와 목자』라는 이 책의 제목에 드러나 있다.

다음에서는 이 책에서 다루어지는 푸코의 후기 사유에 조금 더 쉽게 접근할 수 있도록, 푸코의 중기 사상이라고 할 수 있는 그의 권력론으로부터 시작하여, 통치성 이론, 그리고 진실 진술 체제, 즉 진실을 말하는 체제에 대한 연구에 이르기까지, 그의 사유가 변화하는 과정을 간략히 정리해 보겠다.

권력은 생산한다

푸코는 오늘날 우리의 삶을 조건 짓는 것들에 의문을 제기하고 그것들의 계보를 연구하는 방식을 취해 왔다. 이러한 계보학적 방법론은 푸코를 언급할 때 흔히 인용되는 '권력은 생산한다'라는 말로 압축적으로 표현될 수 있다. 여기서의 '생산'은, 공중파 채널의 밤 시간대에 방영될 법한 다큐멘터리에서 활기찬 배경음악이 깔리는 가운데 각종 자동화 기계의 분주한 움직임과 노동자들의 숙련된 손길을 거쳐 반짝이는 상품들이 쏟아지듯 생산된다는 의미에서의 '생산', 요컨대 자본주의적 부가가치의 생산이라는 의미에서의 '생산'이 아니다. 푸코는 이렇게 말한다. "사실상 **권력은 생산한다**. 현실적인 것을 생산하고, 객체의 영역과 진실에 관한 의식을 생산하는 것이다. 개인과 개인에 대해 취할 수 있는 지식은 이러한 생산의 영역에 속한다."[3] 이 말이 의미하는 바를 조금 풀어 보면, 우리의 삶을 조건 짓는 것들, 즉 우리의 삶은 이러저러하다고, 혹은 이러저러해야 한다고 생각하게 하는 것들은, 기억할 수 없을 정도로 오래 전부터 그래 왔던 것이 아니라, 역사 속에서 여러 권력들과 지식들이 순환적으로 상호 작용한 결과로서 우연히 생산되어 우리에게 현실로서 주어졌다는 것이다. 그러므로 권력은, 아니 푸코의 표현에 더 가깝게 말해서 권력─지식은, 우리가 발 딛고 서서 하루하루를 살아내야 하는 우리의 '현실'을 생산한다. 무엇을 현실이라고 여겨야 하는지, 무엇을 진실이라고 여겨야 하는지, 그리고 그 속에서 우리들 각자가 자기 자신을 무엇이라 여겨야 하고, 어떤 삶의 방식을 취해야 하는지를 제시한다는 것이다. '제시한다'고 표현했지만, 사회가 '상식' 혹은 '정상'이라고 제시한 대로 살아가지 않으면 손가락질을 당하거나 때로는 생존마저 위협받게 된다는 것을 우리 모두 경험으로 알고 있다. 사회로부터 배제당하고, '현실'로부터 추방당하게 되는 것이다. 그러나 배제되는 사람들보다 훨씬 더 많은 사람들이, 배제당하지

---

3 『감시와 처벌』, 302쪽, 강조는 인용자.

않기 위해서 자기 자신을 현실에 적합한 사람으로 **만들어 낸다.** 애국심 고취 교육을 통해 다른 어떤 나라도 아닌 이 나라의 국민, 게다가 단 하나의 국적을 가진 '대한민국 국민'으로 만들어지고, 군대에 가서는 태어나 세 번 운다는 '남자'가 되어 나오며, 직업을 갖고 가정을 꾸림으로써 '사회의 일원'이 된다. 법적으로 유효한 가정을 꾸려야 하기 때문에 일대일의 이성애적 관계만을 지향해야 하며, 더 나아가 '적절한 때'에 결혼하고 자녀를 갖도록 요구받는다. 단 한 군데서라도 삐끗한다면 끊임없는 잔소리에 시달리게 될 것을 알기에, 가능한 한 그 틀에 맞춰 살려고 노력하게 되고, 그것이 여의치 않을 때에는 많은 경우 고뇌하게 된다. 그런데 '정상적인 개인'이 되기 위한 덕목들의 목록은 나날이 늘어가고 있다. 술담배도 끊거나 줄여야 하고 외모도 가꿔야 하며 각종 자기계발에 몰두하면서 스펙도 쌓아야 한다. 창의력을 발휘하라고 요구받는 한편으로 기존 체제에 적당히 순응하는 사회생활의 기술을 요구받거나, 자존감을 깎아 내리는 쓸데없는 요구 사항 목록에 대한 문제 제기는 쉽사리 허용되지 않는 와중에 자존감을 높이라고 하는 등, 양립할 수 없는 것처럼 보이는 덕목을 동시에 갖출 것을 요구받기도 한다.

그러나 각자가 각자의 현실에 만족하든, 혹은 별로 만족스럽지는 않지만 그럭저럭 적응해서 정상적인 개인이라는 틀을 벗어나지 않고 살아가든, 아니면 그 현실을 도저히 견딜 수 없어서 넋을 놓아 버리던 관계없이, 우리들 각자의 현실은 태곳적부터 이런 식으로 존재해 온 것이 아니라 역사 속에서 만들어져 왔다고, 그리고 그런 식으로 우리의 현실이 현실로서 생산된 것은 권력과 지식의 순환적인 상호 작용에 의한 것이라고 푸코는 이야기한다. 그러므로 '생산'이라는 말 속에서 끌어내야 하는 핵심은 바로 우리에게 부과되는 삶의 방식, 즉 인생의 어느 시기에는 무엇을 해야 한다든지, 당신이 X(이)라면 특정한 상황에서 어떤 식으로 처신해야 한다든지, 무엇을 얼마나 해야 하고 어떤 것은 하지 말아야 한다든지, 또 어떤 것에 더 큰 가치를 부여할 것인지와 관련된 모든 통념들이, 우리가 생각하는 만큼 확고부동하지 않다는 사실이다. 우리에게 진실이라는 이름으로, 진리라는 이름으로 주어지는 현실은 늘 그래 왔던 것도 아니고 당연하지도 않다는 것, 역사 속에서 만들어져 온 것인 만큼 또한 다른 방식으로 만들어져 갈 수도 있다는 것이다. 이것이 푸코가 니체의 방법론을 차용하여 우리 현실을 조건 짓는 것들의 '계보'를 연구하는 방식을 취했던 이유이다.

자신이 처한 현실에 대단히 만족하고 있는 사람에게 현실이란, 문제로서 다가들지도 않을 뿐만 아니라 오히려 그 역사성을 소거하면서, 즉 '원래 이런 거야, 여태까지 그래 왔고 앞으로도 그럴 거야'라는 말로 지키고 싶은 그 무엇일 수 있다. 그것은 충분히 이해할 수 있는 태도이다. 그 사람에게 자신의 현실은, 최선을 다해 지켜 내야 할 만큼의 가치가 있을 것이다. 그러나 자신의 현실에 견딜 수 없음을 느끼고 어떻게든 다른 식으로 바꾸고 싶어하는 사람이라면 과연 어떻게 함으로써 '다른 현실'을 창조할 수 있을까? 푸코는 바로 이 부분을 늘 염두에 두고 있었다. '권력은 생산한다'는 말을 다시 한 번 음미해 보자. 우리에게 주어진 지금 이곳의 현실이 권력 작용을 통해 생산되었다면, '다른 현실'의 창조를 위해 우리는 '다른 권력 작용'을 생각해 볼 수 있을 것이다. '권력은 모든 곳에 있으며, 그로부터 벗어날 수 있는 곳은 없다'고 주장하는 푸코의 권력론으로 낙관론을 구성할 수 있는 이유가 바로 여기에 있다.

잘 알려져 있다시피 푸코의 권력론에서 '권력'은 소유하거나 빼앗을 수 있는 성질의 것이 아니며, 그러므로 한 국가의 지도자나 무리의 우두

머리가 독점할 수 있는 성질의 것도 아니다. 푸코에게서 권력은 관계이며, 모든 종류의 관계 속에서 오고 가는 작용이다. 이를테면 연인 사이에서도 서로를 자신이 원하는 방식으로 생각하고 행동하게끔 하기 위해 서로가 서로에게 권력을 행사한다. 사회 현상을 대하는 각자의 의견이 충돌하기도 하고, 자신의 취미를 권유하면서 함께하자고 하기도 하며, 상대방의 단점을 지적하면서 개선을 요구하기도 하고, 상대의 사랑을 더 많이 확보하기 위해 소위 밀당을 하기도 한다. 우리의 생활과 밀착된 미시적인 권력관계들을 분석해 냈다는 점에서, 국가 권력 등을 거시적으로 분석해 낸 기존의 권력론들과 대비시켜 푸코의 권력 분석을 미시권력 분석이라 부르기도 한다.

푸코에 따르면 '완전한 예속 상태'에 빠져 있지 않은 이상, 모두가 권력을 행사할 수 있고 또 모두가 권력 행사를 당할 수 있다. 모든 사람들이 타자들과의 관계 속에서 각자의 자유를 실천하고 실험하면서 타인과 권력 행사를 주고 받는다. 여기서 짐작할 수 있듯이 푸코에게서 권력은 그 자체로 좋은 것도 나쁜 것도 아니다. '어떻게' 권력을 행사해야 할 것인지가 문제이다. 그러므로 '권력은 그 자체로 악하다'는 부르크하르트(Jacob C. Burckhardt)의 격언만큼 푸코의 주장과 동떨어진 말도 없을 것이다.

자기 통치와 타자의 통치

연구가 이런 방향으로 진행됨에 따라, 푸코가 『감시와 처벌』에서 '권력'이라는 말로 표현하고자 했던 바는 이제 '통치성'이라는 말로 표현되게 된다. 푸코가 권력이라는 말을 버리고 통치라는 말을 택하게 된 데는 몇 가지 이유가 있다. 첫번째로 '권력'이라는 말에는 이미, 수많은 사상가들에 의해 갖가지 의미가 덧씌워져 있었기 때문이다. 푸코는 우선 그 뒤얽힌 의미의 그물들을 피하고 자신의 사상이 오해받지 않도록 하고 싶었다. 두 번째는 권력과 저항의 관계를 어떻게 볼 것인가와 관련된다. 푸코는 '권력관계가 있는 곳에는 언제나 저항의 가능성이 있다'고 말했는데, 이러한 표현으로는 마치 권력의 행사와 저항의 실천이 완전히 이질적이거나, 적어도 서로 대립하는 두 개의 항으로서 분석되어야 하는 것처럼 보인다는 한계가 있었다. 이러한 한계는 권력과 저항의 관계를 푸코가 피하고자 했던 그것으로, 다시 말해 선악의 구도로 다시 환원시킬 위험이 있다. 세번째로는 미시권력에 대한 저항이 윤리적 차원에서 시작되어야 한다는 통찰이 있었기 때문이다. 푸코의 권력론이 기존의 권력론과 달랐던 점은 미시적 차원에서의 권력관계들을 섬세하게 분석해 냈다는 것인데, 잡아가고 고문하고 죽이는 권력이 아닌, 우리를 일정한 태도와 행동과 삶의 방식으로 이끌어 가고자 하는 권력에 저항하기 위해서는 **다른 주체성의 창조**, 즉 각자가 자기 자신을 다른 방식으로 꾸려 나가는 작업이 선행되어야 한다는 것이다.

　그래서 이제 푸코는 자기 자신을 어떻게 통치하고 또 다른 사람을 어떻게 통치할 것인지를 고민해야 한다고 말한다. 자기를 통치하는 것은 윤리적 실천으로 나타나고 타자를 통치하는 것은 정치적 실천으로 나타난다. 통치는 권력의 행사와 저항적 실천을 모두 아우를 수 있는 개념이기도 하다. 잘못된 통치에 대한 가차 없는 비판 행위 역시 통치 행위이고, 기존의 통치 방식과는 다른 방식으로 통치하는 것은 기존의 통치 방식에 대한 비판 행위이기도 하다. 그리고 이러한 자기 통치와 타자의 통치가 가능하기 위해서는 우리에게 주어진 자유를 실천하는 용기가 중요해진다. 푸코에게서 자유롭다는 것은 잠재태에 불과하다. 각자에게 주어진 자유의 정도는 각자의 상황과 조건에 따라 천차만별일 수 있지만, 중요한 것은 각자가 활용할 수 있는 자유의 범위 내에서 최대한으로 그 자유를 실천하는 것이다. 그리고 여기서 우리는 '파레시아'와 만나게 된다.

두 종류의 진실 말하기

'파레시아'는 고대 그리스적 맥락에서, '위험을 감수하고 자기 자신이 믿는 진실을 말하는 용기'를 일컫는다. 푸코는 이 개념을 발굴하기 위해 자신의 전문 연구 분야인 서구의 중세 말기, 르네상스 시대, 그리고 근대를 떠나 고대 그리스로 돌아가야 했다. 이 '파레시아'는 오늘날의 우리가 생각하는 것과는 다른 방식의 '자기와 자기가 관계 맺는 방식', 그리고 '자기와 타자가 관계 맺는 방식'을 드러낸다. 고대 그리스와 헬레니즘 시대에 '자기'는 잘 돌보고 가꾸어, 마치 예술 작품을 만들 듯 정의롭고 아름답게 만들어 나가야 하는 어떤 것이었다. 그리고 그러기 위해 사유의 차원은 물론이고 그에 더해 신체의 차원에서, 구체적인 일상생활의 차원에서, 타자들과 교류하는 차원에서의 실천들이 중시되었다. '파레시아'는 자기가 진실이라 믿는 바를 발언하는 실천이라는 점에서 진실과의 관계 맺기이고, 그 진실이 타자의 분노를 야기할 가능성을 염두에 두면서도 타자에게 직언한다는 점에서 타자와의 긴밀한 관계 맺기이며, 자신이 믿는 바를 말하기 위해 심할 경우 자신의 목숨까지도 담보로 삼는다는 점에서 자기 자신과의 긴밀한 관계 맺기이기도 하다.

무엇이 진실이고 무엇이 더 나은지를 신탁이나 시험, 결투 등을 매개로 신들이 결정해 주던 시기를 지나 인간들끼리 의사를 진행하고 사회를 운영해 나가게 되는 고대 그리스에서 파레시아는 특히 중요했다. 신의 도움 없이 인간들끼리 사회를 운영해 나가기 위해서는 그것이 민주정이 됐든 공화정이 됐든 왕정이 됐든 관계없이, 보다 더 '진실'에 가까운 것을 누군가 말해야 하고 듣는 사람들은 무엇이 더 진실에 가까운지를 판단할 수 있어야 하는데, 만약 말해야 할 사람이 귀찮다거나 두렵다는 이유로 진실을 말하지 않거나 듣는 사람들이 진실을 판단하기보다는 분노에 휩싸여 발언자를 궁지에 몰아 넣는다면, 신의 부재를 감당하지 못한 인간 공동체는 몰락의 길을 걸을 수밖에 없을 것이다. 공동체의 유지를 위해서는, 듣는 사람들의 분노를 무릅쓰더라도 공동체의 이익에 부합하는 진실을 말할 용기와, 그렇게 말해진 비판을 수용할 수 있는 청자의 태도 모두가 반드시 필요하다. 이것은 특히 고대 그리스 민주제와 그 밖의 정치 체제에서의 통치를 둘러싸고 거대한 문제계를 형성하게 된다. 정치적 장에서 진실을 말하고자 하는 의지는 그 진실이 불러올 분노에 두려움 없이 맞서는 용기에 기댈 수밖에 없고, 진실 말하기를 귀찮아 하는 대신 내가 말하지 않으면 안 된다는 절박한 마음에 기댈 수밖에 없다.

그러나 초기 그리스도교를 경유하면서 진실을 말하는 실천은 완전히 다른 것으로 변해 간다. 그 과정에서 큰 역할을 하는 것이, 신과 보다 더 긴밀한 관계를 맺기 위한 '정결함'의 강조와 '처녀 찬양'이다. 처녀를 찬양하는 것은 가부장제의 로마 사회에 대항하여 그리스도교 세력을 확장하려는 의도, 혹은 죽음에 대항하여 승리하기 위해 소위 '죽기 위해 태어나는' 자손을 낳지 말아야 한다는 등 다양한 동기로 시작되었지만 이윽고 여성의 신체를 구속하는 차원을 넘어서서 모든 사람의 정신을 구속하는 단계에 이른다. 아우구스티누스는 실낙원의 설화를 해석하면서 이를 분명히 한다. 아담이 자신의 성기를 가린 것은 단순히 그것이 '부끄러운 부분'이기 때문이라기보다는, 신의 의지에 반하여 아담이 자기만의 의지를 가진 것에 대한 벌로, 아담의 성기 역시도 아담 자신의 의지에 항거하여 일어났기 때문이라는 것이다. 자기 신체의 일부를 부끄러워하는 것과, 신의 의지에 반하여 자신의 의지를 가졌다는 것을 부끄러워하는 것은 전혀 다른 문제계로 이어진다.

이렇게 해서 신체의 정결뿐 아니라 정신의 정결을 확보하기 위해 자기의 정신 속에서 신의 의지가 아닌 자기의 의지, 혹은 악마의 속삭임을 구별해 내어 청소하기 위한 끊임없는 자기 해석과 자기 고백이 필요해지게 되었다. 자기가 품었던 모든 종류의 의지를 낱낱이 고백함으로써 그 의지를 식별하여 털어내고 그 빈 자리를 신의 의지로 채운다는 것이다. 고해의 형식에서 발견할 수 있듯, 이 역시 진실을 말하는 행위이고 의무에 가깝다는 점에서 고대 그리스의 파레시아와 닮았지만 결정적으로 다른 점이 있다. 고대 그리스에서 파레시아를 실천하는 자기가, 자신이 진실하다고 믿는 것과 특수한 관계를 맺음으로써 자기 자신 및 타자와 일정한 관계를 맺고, 결국 자기로부터 시작하여 외부로 뻗어 나가게 되는 데 반해, 그리스도교에서의 진실 말하기는 자기가 자기에 대한 진실을 고백함으로써 신과 일정한 관계를 맺고, 자기 안으로 침잠하여 이승에서의 삶이 아닌 신이 계신 초월적 세계로 나아간다는 것이다. 그리스도교에서 매우 중요한 위치를 차지하는 자기 해석과 자기 고백은 많은 경우 이승에서의 삶에 대한 평가 절하로 이어지고, 궁극적으로는 이 세상의 부당함에 대한 침묵과 전면적 복종으로 이어지기도 한다. 이에 푸코는 그리스도교에서의 진실 말하기가 항구적인 예속의 효과를 갖는다고 말한다.

그리고 전면적인 복종의 미덕은 소위 '신의 죽음' 이후로도 비어 있는 왕좌의 주인을 다양하게 바꿔 가면서 지금까지도 이어져 내려오고 있다는 것이 푸코의 진단이다. 전면적인 복종을 위한 자기 고백의 유도는,

푸코가 분석하는 오늘날의 통치 방식, 즉 생명을 관리하는 통치 방식이 활용하는 테크닉 중 하나이기도 하다는 것이다. 자기에 대한 진실 말하기의 의무는 자기를, 만들어 나가야 하는 대상이 아닌, 이미 거기에 있지만 다양한 이유로 숨겨져 있기 때문에 기를 쓰고 발견해 내야 하는 대상으로 여기게 만든다. 이러한 사고방식에 입각해 제기될 수 있는 물음은 '진짜 나는 어떤 모습일까?' 라는 식의 질문에 한정되기 때문에, 우리 자신의 주체성을 변화시키거나 다양하게 구축해 나가고자 하는 시도에 제동이 걸리게 된다.

그러므로 이 책은, 오늘날의 우리에게 엄청난 영향력을 행사하고 있으면서, 때로 우리의 삶을 불편하고 참기 힘든 것으로 만들기도 한다고 푸코가 생각하는 '자기 해석학'과 '자기에 대한 진실 말하기'의 계보를 파헤치는 것임과 동시에, 그와는 전혀 다른 방식으로 진실을 말하는 실천을 모색했던 푸코의 연구를 좇는 것이다. 자기 자신에 대한 진실을 말하면서 자기 내면으로 파고 들어가 모든 것이 '내 탓'이라며 감내하고 전면적으로 복종할 수 있는 대상을 찾는 대신, 타인의 분노를 무릅쓰는 용기를 가지고 자기 및 타자와 관계 맺는 '파레시아'의 실천은 '다른 현실'을 생산하기 위한 윤리적 태도와 통치 행위를 실험한다.

진실은 거저 주어지지 않는다

푸코가 고대의 파레시아 실천에서 주목하는 또 하나는, 말해지는 진실에 인식론적으로 접근하지 않았다는 사실이다. 데카르트 이후로 우리는 어떤 진실이 정말 진실인지를 알기 위해 명증성에 의거해 왔다. 의심할 수 있는 모든 것을 다 의심하고 마지막에 남는 것만이 진실의 자격을 얻게 되는 것이다. 데카르트의 경우에 끝까지 의심할 수 없었던 것, 그러므로 존재하는 것은 '생각하는 나'였다. 이에 반해 고대 그리스인들이 파레시아를 실천할 때, 자기가 말하고자 하는 진실이 과연 정말로 진실인지, 자기가 혹시 통 속의 뇌일 수 있지는 않은지를 의심하는 일은 결코 없었다고 푸코는 말한다. 파레시아에서의 진실은, 의심의 대상이 아니라 확신의 대상이며, 폭로하고 주장해야 하는 것으로 나타난다. 그것은 오히려 오늘날의 저널리즘에서 진실을 대하는 방식과 유사하다. 탐사 기자는 사건을 취재하고 진실을 검증하려 노력하지만, 데카르트적인 방식으로 그리하는 것은 아니다. 누군가에게 반드시 책임을 물어야 하고 비슷한 류의 사건이 다시 일어나지 않도록 하기 위해 폭로되어야 하는 진실은, 끝나지 않을 의심의 과정을 거치기보다는 **적절한 시기에 공론의 장에 던져져야 한**다. 수많은 전문가와 여론과 사법 기관이 달려들어 각자 자기들 방식으로 진실을 검증할 것이다. 그러나 이러한 과정은 '명증성'의 추구와는 거리가 멀다.

그러나 인식론적 검증을 거치지 않는다면, 파레시아의 실천에서 듣는 사람은 말하는 사람이 정말로 진실을 말하고 있는지를 어떻게 판별할 수 있을까? 물론 증거와 정황에 대한 조사가 이루어져야 하겠지만, 발언자의 태도와 실존에 관심을 기울일 수 있을 것이다. 발언자가 자신이 말하는 진실과 실존적으로 얼마나 긴밀하게 연결되어 있는지, 얼마나 많이 그 진실에 연루되어 있는지, 그 진실을 말함으로써 얼만큼의 위험을 감수하는지가 그 사람이 말하는 진실을 판별하는 기준이 된다. 오늘날의 예를 취해 보자면, 가령 어떤 내부 고발자가 자신이 직접 연루되어 있는 비리를 폭로할 경우, 그리고 그 비리의 폭로로 인해 자기 자신 역시 비난이나 처벌을 피하기 힘든 경우, 그 사람의 말은 보다 더 신뢰할 만한 것으로 여겨질 수 있을 것이다.

푸코는 오늘날의 철학자가, 사회에서 통념으로 받아들여지고 있는 것과는 '다른 진실'을 끊임없이 말해야 한다고 주장한다. 그리고 이러한 과정은 우리가 흔히 아는 철학자의 역할과는 다르다. 일반적으로 생각하기에 철학하는 사람이 진실을 인식하기 위해서는 부단히 사유하고 명상하는 수련의 과정을 거쳐야 하지만, '명증성'의 체계 안에서 일단 한 번 인식된 진실은 다시는 그의 정신에서 떠나가지 않는다. 진실을 인식하는 과정이 사유 주체를 어떤 위험에 빠뜨리는 일도 없다. 이를테면 '명증성'에 의거하는 가장 대표적인 진실인 수학적 진실은 그 진실을 알게 된 사람, 그 진실을 알려 주고 가르치는 사람에게 해를 끼치지 않는다. 하지만 탐사 기자는 진실에 접근하기 위해 많은 위험을 감수해야 하고, 그 진실을 말하는 데에도 용기가 필요하며, 진실이 널리 알려진 이후에도 자신이 보도한 진실 때문에 이를테면 명예훼손 건으로 법원을 들락거리게 되는 식으로 끊임없이 시달릴 수 있다. 한마디로 진실에는 대가가 따른다는 것이다. 푸코는 철학자가 말하는 진실도, 대가가 따르는 진실이어야 한다고 생각한다. 무색무취의 진실, 아무런 입장도 취하지 않는 진실이 아니라, 자신의 삶, 때로는 목숨을 걸고 말해야 하는 진실 말이다. 대가 없이 선물로서 주어지는 신의 진실과, 거저 주어지지 않는 파레시아의 진실이 얼마나 다른지를 생각해 보면, 푸코가 무엇을 염두에 두고 그리스도교를 비판하는지 짐작할 수 있을 것이다.

엑소몰로게시스와 엑사고레우시스 그리고 대항 품행

그래서 어쩌면 푸코가 그리스도교를 싸잡아서 비난하고 있다는 느낌을 받을 지도 모르겠다. 확실히 푸코가 그리스도교에 비판적이기는 하지만, 그것은 그리스도교에서 자기와 자기가 맺는 관계가 복종과 예속을 향하고 있다고 진단했기 때문이다. 그런데 푸코가 초기 그리스도교 공동체의 실천에서 발견한 '엑소몰로게시스'라는 실천은 조금 다른 이야기를 전해 준다. 엑소몰로게시스는 죄인이 자신의 죄를 뉘우치고 있음을 모든 교인들이 보는 앞에서 옷차림이나 태도로, 즉 자기 자신과 신만이 아는 그러한 방식이 아닌 모두에게 명백히 드러나는 방식으로 현시하는 것을 일컫는다. 신과의 관계에 갇혀서, 타인에게 저지른 잘못을 당사자가 아닌 신에게 용서받고자 하는 일부 그리스도교도들의 태도와는 매우 다른 종류의 실천을 초기 그리스도교 공동체에서 발견할 수 있는 것이다.

잘못을 저지른 사람은 신으로부터 용서받았다고 확신하는 데 그치는 것이 아니라, 교회라는 공동체를 함께 이루고 있는 사람들이 지켜보는 가운데 드러나는 구체적인 몸짓과 태도 그리고 실제적인 괴로움을 감수하는 모습을 통해 어떤 진실을 드러낸다. 허름한 옷을 입고 말을 하지 않으며, 다른 사람들과 함께하는 식사 자리에 동참하지 않는 등 일련의 속죄 과정은 평생에 걸쳐 이루어지기도 했다. 자신이 범한 과오 때문에 끊임없이 시달리는 것이 중요한 것이 아니다. 여기서 주목해야 할 것은, 신과의 충만한 관계에 함몰되어 이 세상에서 함께 지내는 사람들과의 관계를 등한시하는 태도를 취하지 않는 것이다.

반면 '엑사고레우시스'는 수도원의 위계질서 속에서, 하급 수사가 상급자에게 자신의 모든 사유와 행동을 고백하는 실천을 의미했다. 평신도들에게보다 훨씬 더 엄격하게 부과되는 고해의 의무는, 앞서 계속 살펴본 것처럼 전면적인 복종을 향하는 것이었다. 오늘날에도 우리는 자기가 어떤 사람인지를 끊임없이 말해야 한다. 그것은 왜 필요한지 도무지 알 수 없는 신상 정보들을 입사 지원서에 기입하도록 하는 방식으로 나타나기도 하지만, SNS 계정에 자신의 일상을 자발적으로 드러내게 하는 방식으로 나타나기도 한다. 어느 쪽이든 우리를 '이러저러한 나'로 고착화하고, 그 생각과 행동의 패턴을 예측할 수 있는 '다루기 쉬운 개인'으로 포착할 수 있게 해준다.

한편 푸코는 중세의 그리스도교 이단의 전통 속에서, 그가 '대항 품행'이라고 이름 붙인 태도를 발굴해 내기도 한다. 그것은 현재의 종교 지도자에게가 아니라 다른 종교지도자에게, 지금과 같은 방식으로가 아니라 다른 방식으로 인도받기를 원하는 태도였다. 자신들의 구원을 책임지는 지도자에게 무조건적으로 복종하는 것이 아니라, 바로 자신들의 구원을 책임져야 하는 지도자이니만큼, 타락한 목자는 받아들이지 않겠다는 태도이다. 짐작할 수 있겠지만, 이러한 실천은 이단으로 단죄받기 십상이었고, 파문과 고통스러운 처벌 및 죽음으로 이어지곤 했다. 그리고 푸코는 이러한 이단들의 대항적 품행의 전통에서 서구 근대 특유의 비판적 태도가 유래한다고 생각했다.

그러므로 문제는 아무런 행동이나 실천 없이 표상의 차원에서 모든 것을 해결하려는 태도를 지양하고, 구체적인 차원으로 문제들을 끌고 내려오면서, 자기 자신 및 타인과의 관계 속에서 자기에게 주어진 자유를 담대하게 실천하는 것이다. 자기가 어떤 존재인지를 해석하는 것을 넘어서서, 자기 자신을 지금과는 다른 존재로 만들어 나가려고 부단히 시도하는 것, 그리고 더 나아가 우리가 살고 있는 '현실'에 대해서도, 그것이 어떤 것인지를 아는 데 그치지 않고 지금과는 다른 어떤 현실을 만들어 나가려고 시도하는 것이다.

마치며

90년대 중반부터 지금까지 역서와 저서들을 쏟아 내고 있는 이 다작하는 저자는, 다양한 사상가들에게 관심을 보이고 있지만, 특히 푸코에게 많은 관심을 할애하고 있다. 꾸준히 독서하고 연구하며 번역가와 철학자로서의 삶을 사는 저자의 책을 번역하게 되어 기쁘게 생각한다.

지난한 번역과 교정 과정을 견뎌 주신 그린비출판사와 편집자 김효진 님, 그리고 푸코 사상을 이해하는 데 도움을 주시고 오역에 대한 두려움을 덜어 주신 심세광 선생님께 감사드린다.

참고문헌

1. 푸코의 문헌

『ミシェル・フーコー思考集成』, 小林康夫, 石田英敬, 松浦寿輝 編, 筑摩書房, 1998~2002.

『フーコー・コレクション』, 小林康夫, 石田英敬, 松浦寿輝 編, 筑摩書房, 2006.

『真理とディスクール: パレーシア講義』, 中山元 訳, 筑摩書房, 2002(Fearless Speech, eds. Joseph Pearson, semiotext(e), 2001).

Dits et Écrits, 4 vols., Gallimard, 1994.

Du gouvernement du vivant(콜레주 드 프랑스 1980년 1월 9일 강의록).

The Essential Foucault: Selections from the Essential Works of Foucault, 1954~1984, eds. Paul Rabinow and Nikolas Rose, 2003.

The Essential Works of Foucault, 3 Vols., eds. Paul Rabinow et al, New York : New Press, 1997~2000.

Histoire de la sexualité 1 : La volonté de savoir, Gallimard, 1976[『성의 역사 1 : 지식의 의지』, 이규현 옮김, 나남출판, 2010].

Histoire de la sexualité 2 : L'usage des plaisirs, Gallimard, 1984[『성의 역사 2 : 쾌락의 활용』, 문경자·신은영 옮김, 나남].

Histoire de la sexualité 3 : La Souci de Soi, Gallimard, 1984[『성의 역사 3권 : 자기 배려』, 이영목 옮김, 나남출판, 2004].

L'Herméneutique du sujet, Gallimard/Seuil, 2001[『주체의 해석학』, 동문선, 심세광 옮김].

Mal faire, dire vrai: Fonction de l'aveu en justice — cours de Lovain, 1981, Presses universitaires de Lovain, 2012.

Sécurité, Territoire, Population, Gallimard/Seuil, 2004[『안전, 영토, 인구』, 오트르망 옮김, 난장, 2012].

2. 그 밖의 문헌

『소크라테스 이전 철학자들의 단편 선집』, 김인곤 외 옮김, 아카넷, 2005.

『신약 외경』(하), 송혜경 옮김, 한님성서연구소, 2011.

『플루타르코스 영웅전 3』, 이다희 옮김, 2010, HUMAN & BOOKS.

기번, 에드워드, 『로마 제국 쇠망사』 1, 윤수인 · 김희용 옮김, 민음사, 2008.

니체, 프리드리히, 『선악의 저편』, 김정현 옮김, 책세상, 2003.

_____, 『비극의 탄생 · 반시대적 고찰』, 이진우 옮김, 책세상, 2005.

데리다, 자크, 『그라마톨로지』, 김성도 옮김, 민음사, 2010.

도즈, 에릭 R., 『그리스인들과 비이성적인 것』, 주은영 옮김, 2002, 까치글방.

드르와, 로제 폴, 장 필립 드 토낙, 『그리스 로마 철학자들의 삶과 죽음의 명장면』, 임왕준 옮김,
    2003, 샘터.

라에르티오스, 디오게네스, 『그리스 철학자 열전』, 전양범 옮김, 동서문화사, 2008.

롱, 앤소니 A., 『헬레니즘 철학』, 이경직 옮김, 서광사, 2000.

뤼시아스, 「과거 청산, 그리고 민주주의를 향한 열정: 에라토스테네스 고발 연설」, 『그리스의
    위대한 연설』, 김헌 외 옮김, 민음사, 2015.

리쾨르, 폴, 『악의 상징』, 양명수 옮김, 문학과지성사, 1999.

불트만, 루돌프, 『신약성서신학』, 허혁 옮김, 성광문화사, 1976.

세네카, 『화에 대하여』, 김경숙 옮김, 사이, 2013.

소포클레스, 『소포클레스 비극 전집』, 천병희 옮김, 숲, 2008.

슈미트, 칼, 『정치신학』, 김항 옮김, 그린비, 2010.

스넬, 브루노, 『정신의 발견』, 김재홍 옮김, 까치글방, 2002.

스피노자, 바뤼흐 드, 『에티카』, 강영계 옮김, 서광사, 1990.

아렌트, 한나, 『사랑 개념과 성 아우구스티누스』, 서유경 옮김, 텍스트, 2013.

_____, 『인간의 조건』, 이진우 · 태정호 옮김, 한길사, 1996.

_____, 『정신의 삶 1: 사유』, 홍원표 옮김, 푸른숲, 2004.

아리스토텔레스, 『니코마코스 윤리학』, 이창우 · 김재홍 · 강상진 옮김, 이제이북스, 2007.

_____, 『아테네 정치제도사』, 21장, 『고대 그리스 정치사 사료』, 최자영 · 최혜영 옮김, 신서원.

_____, 『영혼에 관하여』, 유원기 옮김, 궁리, 2001.

_____, 『형이상학 2』, 조대호 옮김, 나남, 2012.

아우구스티누스, 『성 어거스틴의 고백록』, 선한용 옮김, 대한기독교서회, 1990.

_____, 『신국론』(11~18권), 성염 옮김, 분도출판사, 2004.

아우렐리우스, 마르쿠스, 『명상록』, 『그리스로마 에세이』, 천병희 옮김, 숲, 2012.

아이스퀼로스, 『아가멤논』, 『그리스 비극』, 조우현 옮김, 그레이트북, 1994.

아폴로도로스, 『아폴로도로스 신화집』, 강대진 옮김, 민음사, 2005.

에우리피데스, 『에우리피데스 비극 전집』(1~2), 천병희 옮김, 숲, 2009.

에피쿠로스, 「단장」, 『쾌락』, 오유석 옮김, 문학과지성사, 1998.

엥겔스, 프리드리히, 『가족, 사유재산, 국가의 기원』, 김대웅 옮김, 두레, 2012.

오리게네스, 『원리론』, 이성효 외 옮김, 아카넷, 2014.

요세푸스, 『요세푸스 II: 유대 고대사』, 김지찬 옮김, 생명의 말씀사, 2006.

_____, 『유대 전쟁사 I』, 박찬웅 · 박정수 옮김, 나남, 2008.

크세노폰, 『경영론, 향연』, 오유석 옮김, 부북스, 2015.

_____, 『소크라테스 회상』, 최혁순 옮김, 범우사, 1998.

_____, 『키루스의 교육』, 이동수 옮김, 한길사, 2005.

_____, 『헬레니카』 III, 최자영 옮김, 아카넷, 2012.

키케로, 마르쿠스 툴리우스, 『키케로의 최고 선악론』, 김창성 옮김, 서광사, 1999.

_____, 『국가론』, 김창성 옮김, 한길사, 2007.

타키투스, 『연대기』, 박광순 옮김, 범우사, 2005.

투퀴디데스, 『펠로폰네소스 전쟁사』, 천병희 옮김, 숲, 2011.

폰 라트, 게르하르트, 『구약성서신학 I, II』, 허혁 옮김, 분도출판사, 1976~1977.

플라톤, 『고르기아스』, 김인곤 옮김, 이제이북스, 2011.

_____, 『국가 · 정체』, 박종현 옮김, 서광사, 2005.

_____, 『라케스』, 『플라톤의 프로타고라스/라케스/메논』, 박종현 옮김, 서광사.

_____, 『메넥세노스』, 이정호 옮김, 이제이북스, 2008.

_____, 『변론』, 『에우티프론, 소크라테스의 변론, 크리톤, 파이돈』, 박종현 옮김, 서광사, 2003.

_____, 『소피스테스』, 김태경 옮김, 한길사, 2000.

_____, 『이온/크라튈로스』, 천병희 옮김, 숲, 2014.

_____, 『티마이오스』, 박종현 · 김영균 옮김, 서광사, 2000.

_____, 『파이돈』, 『에우티프론, 소크라테스의 변론, 크리톤, 파이돈』.

_____, 『파이드로스』, 조대호 옮김, 문예출판사, 2008.

_____, 『편지들』, 강철웅 · 김주일 · 이정호 옮김, 이제이북스, 2009.

_____, 『프로타고라스』, 『플라톤의 프로타고라스/라케스/메논』.

_____, 『향연』, 강철웅 옮김, 이제이북스, 2014.

플루타르코스, 「안토니우스 전」, 『플루타르코스 영웅전』, 천병희 옮김, 숲, 2010.

_____, 『수다에 관하여』, 천병희 옮김, 숲, 2010.

_____, 『플루타르코스의 모랄리아』, 허승일 옮김, 서울대학교출판문화원, 2012.

헤로도토스, 『헤로도토스 역사』(상, 하), 박광순 옮김, 범우사, 1995~1996.

헤시오도스, 『신들의 계보』, 천병희 옮김, 숲, 2009.

호메로스, 『오뒷세이아』, 천병희 옮김, 숲, 2006.

_____, 『일리아스』, 천병희 옮김, 숲, 2007.

アウグスティヌス, 『アウグスティヌス著作集』(1~30), 教文館, 1979~2002.

アラン, ウンターマン, 『ユダヤ人: その信仰と生活』, 川耕一郎, 市川裕 訳, 筑摩書房, 1983.

アリストテレス, 『アリストテレス全集 9』, 島崎三郎 訳, 岩波書店, 1968.

アレクサンドル, モニック, 「王国の予告から教会に」, 『女の歴史 1: 古代 2』, 杉村和子 · 志賀 亮一 監訳, 藤原書店, 2001,.

アンティポン, アンドキデス, 『アンティポン/アンドキデス弁論集』, 高畠純夫 訳, 京都大学学

術出版会, 2002.

イソクラテス, 『イソクラテス弁論集 1』, 小池澄夫 訳, 京都大学学術出版会, 1998.

ウィリアムソン, H.G.M., 「変容するイスラエルの概念」, 『古代イスラエルの世界』.

ウィルケン, R.L., 『ローマ人が見たキリスト教』, 三小田敏雄 訳, ヨルダン社, 1987.

ウェーバー, マックス, 『古代社会経済史』, 渡辺金一 外訳, 東洋経済新報社, 1955.

ヴェルナン, J.P., 『プロメテウスとオイディプス』, 吉田敦彦 訳, みすず書房, 1978. 岡道男, 『ギ
リシア悲劇全集 3』, 岩波書店, 1990.

ヴェルナン, ジャン=ピエール, 「都市国家における個人」(ポール・ヴェーヌ 他, 『個人について』,
大谷尚文 訳, 法政大学出版局, 1996.

ウォーリン, シェルドン S., 『西洋政治思想史 I』, 尾形典男 外訳, 福村出版, 1994.

ウォラギネ, ヤコブス・ア, 「聖クリストポルス」, 『黄金伝説 3』, 前田敬作, 西井武 訳, 平凡社,
2006.

エウセビオス, 『教会史』, 秦剛平 訳, 山本書店, 1986.

エバンヘリスタ, アントニオ, 『マリア神学』, 上智大学神学部, 1968.

エピクテトス, 『人生談義』, 鹿野治助 訳, 岩波書店, 1958.

エプスタイン, イジドー, 『ユダヤ思想の発展と系譜』, 安積鋭二・小泉仰 訳, 紀伊国屋書店,
1975.

オリゲネス, 『ヨハネによる福音注解』, 小高毅 訳, 創文社, 1984.

_____, 『ローマの信徒への手紙注解』, 小高毅 訳, 創文社, 1990.

_____, 『雅歌注解・講話』, 小高毅 訳, 創文社, 1982.

カザケヴィチ, E.L., 『古典期アテナイの市民・非市民・奴隷』, 一柳俊夫 編訳, 御茶の水書房,
1995.

キャロル, R.P., 「予言と社会」, 『古代イスラエルの世界』.

クルマン, O., 『キリストと時』, 前田護郎 訳, 岩波書店, 1954.

ケスター, ヘルムート, 『新しい新約聖書概説』上, 新地書房, 1989.

コンツェルマン, 『時の中心 : ルカ神学の研究』, 田川建三 訳, 新教出版社, 1965.

シャーウィン・ホワイト, A.N., 『新約聖書とローマ法・ローマ社会』, 保坂高殿 訳, 日本基督教
団出版局, 1967.

スエトニウス, 『ローマ皇帝伝 下』, 第6巻 ネロ, 第16節, 國原吉之助 訳, 岩波書店, 1986.

セネカ, 『セネカ哲学全集 6』, 大西英文, 兼利琢也 編, 岩波書店, 2006.

_____, 『自然研究』, 茂手木元蔵 訳, 東海大学出版会, 1993.

ダウニー, G., 『地中海都市の興亡』, 小川英雄 訳, 新潮社, 1986.

タティオス, 「レウキッペとクレイトポーン」, 8巻, 引地正俊 訳, 『古代文学集』, 1961.

チェントローネ, B., 『ピュタゴラス派』, 斎藤憲 訳, 岩波書店.

デモステネス, 『デモステネス 弁論集 3』, 京都大学学術出版会, 2004.

デリダ, ジャック, 『友愛のポリティックス 2』, 鵜飼哲, 大西雅一郎, 松葉祥一 共訳, みすず書
房, 2003.

テルトゥリアヌス, 『テルトゥリアヌス 4 : 倫理論文集』, 木寺廉太郎 訳, 教文館, 2002.

_____, 『護教論』, 金井寿男 訳, 水府出版, 1984.

ドゥフロウ, ウルリッヒ, 『神の支配とこの世の権力の思想史』, 佐竹明 他訳, 新地書房, 1980.

ドーヴァー, K. J., 『古代ギリシアの同性愛』, 中務哲郎・下田立行 訳, 青土社, 2007.

ドッズ, E. R., 『ギリシア人と非理性』, 岩田靖夫, 水野一 訳, みすず書房, 1972.

トレルチ, エルンスト, 『古代キリスト教の社会教説』, 高野晃兆, 帆苅猛 訳, 教文館, 1999.

トロクメ, エチエンヌ, 『キリスト教の揺籃期』, 加藤隆 訳, 新教出版社, 1998.

ニーグレン, A., 『アガペーとエロース I』, 岸千年, 大内弘助共 訳, 新教出版社, 2007.

ニューズナー, J., 『パリサイ派とは何か』, 長窪専三 訳, 教文館, 1966.

バートン, タムシン, 『古代占星術』, 豊田彰 訳, 法政大学出版局, 2004.

バーネット, ジョン, 『初期ギリシア哲学』, 西川亮 訳, 以文社, 1975.

ハイデガー, マルティン, 「『テアイテトス』における虚偽論」, 『ハイデガー選集』2巻, 木場深
　　定 訳, 理想社.

ハルプリン, D. M., 『同性愛の百年間』, 石塚浩司 訳, 法政大学出版局, 1995.

ブイエ, ルイ, 『教父と東方の霊性: キリスト教神秘思想史 1』, 上智大学中世思想研究所 訳, 平
　　凡社, 1996.

フィオレンツァ, E. S., 『彼女を記念して: フェミニスト神学によるキリスト教起源の再構築』,
　　山口里子 訳, 日本基督教団出版局, 2003 (Elisabeth Shcussler Fiorenza, *In Memory of Her:
　　A Feminist Theological Reconstruction of Christian Origins*, Vrossroad Publishing Company,
　　1983).

フィロン, 『観想的生活・自由論』, 土岐健治 訳, 教文館, 2004.

フィンリー, M. I., 『オデュッセウスの世界』, 下田立行 訳, 岩波書店, 1994.

ブーバー, 『キリスト教との対話』, 板倉敏之 訳, 理想社, 1968.

フォーサイス, ニール, 『古代悪魔学: サタンと闘争神話』, 野呂有子 監訳, 法政大学出版局,
　　2001.

ブドゥリス, K. I., 『正義・愛・政治』, 山川偉也 訳, 勁草書房, 1991.

ブラック, マシュウ, 『死海写本とキリスト教の起源』, 新見宏 訳, 山本書店, 1966.

フリック, F. S., 「生態環境・農業・居住パターン」, 『古代イスラエルの世界』, 木田一, 月本昭男
　　監訳, リトン, 2002.

プルタルコス, 『愛をめぐる対話』, 柳沼重剛 訳, 岩波書店, 1986.

ブルトマン, ルドルフ, 「新約聖書のキリスト論」, 『信仰と理解』, 『ブルトマン著作集 11』, 新教
　　出版社, 1968.

ブルトマン, ルドルフ, カール・クンズィン, 『聖書の伝承と様式』, 山形孝夫 訳, 未来社, 1967.

ペイゲルス, エレーヌ, 『アダムとエバと蛇』, 絹川久子, 出村みや子 訳, ヨルダン社, 1993.

_____, 『悪魔の起源』, 松田和也 訳, 青土社, 2000.

ヘーゲル, 『歴史哲学』中, 武市健人 訳, 岩波書店, 1971.

ベッカー, H. J., 『古代オリエントの法と社会』, 鈴木佳秀 訳, ヨルダン社, 1989.

ベディエ編, 『トリスタン・イズー物語』, 佐藤輝夫 訳, 岩波書店, 1953.

ペトルマン, S., 『二元論の復権: グノーシス主義とマニ教』, 神谷幹夫 訳, 教文館, 1985.

ベルガー, クラウス, 『死海写本とイエス』, 土岐健治 訳, 教文館, 2000.

ベルク, オギュスタン, 『風土学序説』, 中山元 訳, 筑摩書房, 2002.

ヘンゲル, M., 『古代教会における財産と富』, 渡辺俊之 訳, 教文館, 1989.

ヘンゲル, マルティン, 『ゼーロータイ』, 大庭昭博 訳, 新地書房, 1986.

_____, 『ユダヤ人・ギリシア人・バルバロイ: 聖書中間時代のユダヤ人の歴史』, 大島征二 訳, ヨルダン社, 1984.

_____, 『十字架: その歴史的探究』, 土岐正策, 土岐健治訳, ヨルダン社, 1983.

ボウカー, J., 『イエスとパリサイ派』, 土岐正策・土岐健治訳, 教文館, 1977.

ボーマン, トーレイフ, 『ヘブライ人とギリシャ人の思惟』, 植田重雄訳, 新教出版社, 1959.

マーティン, J.D., 「部族社会としてのイスラエル」, 『古代イスラエルの世界』.

マッカーター 他, P.K., 『最新・古代イスラエル史』, 池田裕・有馬七郎 訳, ミルトス, 1993.

マルー, H.I., 『古代教育文化史』, 横尾壮英 外 訳, 岩波書店.

マルクシース, C., 『天を仰ぎ, 地を歩む』, 土井健司訳, 教文館, 2003.

マルクス, カール, 『デモクリトスの自然哲学とエピクロスの自然哲学の差異』, 『マルクス・コレクション 1』, 中山元, 筑摩書房, 2005[『데모크리토스와 에피쿠로스 자연철학의 차이』, 고병권 옮김, 그린비, 2001].

モーリー, アルフレッド, 『魔術と占星術』, 有田忠郎・浜文敏 訳, 白水社, 1993.

モリス, C., 『個人の発見: 1050~1200年』, 古田暁 訳, 日本基督教団出版局, 1983.

モリスン, J.S., 「古代ギリシア・ローマ世界」, ミハエル・レーヴェ, カーメン・ブラッカー 編, 『占いと信託』.

ヤーヘルスマ, ヘンク, 『旧約聖書時代のイスラエル史』, 筑波古代オリエント史研究会 訳, 山川出版社, 1988.

ユスティノス, 『ユスティノス』, 柴田有 訳, 教文館, 1992.

ユング, C.G., M-L・フォン・フランツ, 『アイオーン』, 野田倬 訳, 人文書院, 1990.

ヨナス, ハンス, 『グノーシスの宗教』, 秋山さと子, 入江良平 訳, 人文書院, 1968.

ライリー, グレゴリー J., 『神の河: キリスト教起源史』, 森夏樹訳, 青土社, 2002.

ラウス, A., 『キリスト教神秘思想の源流: プラトンからディオニシオスまで』, 水落健治 訳, 教文館, 1988.

ランケーハイネマン, ウタ, 『カトリック教会と性の歴史』, 高木昌史 他訳, 三交社, 1996,

リーゼンフーバー, クラウス, 『中世思想史』, 村井則夫 訳, 平凡社, 2003.

リングレン, H., 『イスラエル宗教史』, 荒井章三 訳, 教文館, 1976.

ルキアノス_____, 『本当の話: ルキアノス短篇集 1』, 呉茂一 他訳, 筑摩書房, 1943.

ルキアノス, 「異性愛と同性愛」, 『ルキアノス選集』, 内田次信 訳, 国文社, 1999.

ロイ・真・長谷川 編訳, 『ユダヤの祈り』, 長谷川家財団, 2001.

ロイド=ジョーンズ, H., 『ゼウスの正義: 古代ギリシア精神史』, 真方忠道・真方陽子 訳, 岩波書店, 1983.

ローウェ, M., 『占いと神託』, 島田裕巳 他 訳, 海鳴社, 1984.

ロング, A.A., 『ヘレニズム哲学』, 金山弥平, 京都大学学術出版会, 2003.

加藤隆, 『新約聖書はなぜギリシア語で書かれたか』, 大修館書店, 1999.

_____, 『福音書=四つの話』, 講談社, 2004.

_____, 『一神教の誕生: ユダヤ教からキリスト教へ』, 講談社 2002.

加藤信朗,『初期プラトン哲学』,東京大学出版会, 1988.

角間太郎,『古代イスラエル法講義』,真文舎, 1977.

_____,『古代王権の誕生〈4〉ヨーロッパ編』,上田正昭 監修,角川書店, 2003.

岡道男,『ギリシア悲劇とラテン文学』,岩波書店, 1995.

高山一十,『ギリシャ社会史研究』,第一法規出版, 1984.

古山正人 外 編訳,『西洋古代史料集』(2版),東京大学出版会, 2002.

谷隆一郎,岩倉さやか 編訳,『砂漠の教父の言葉』,知泉書館, 2004.

谷隆一郎,『東方教父における超越と自己: ニュッサのグレゴリオスを中心として』,創文社,
　　2000.

谷泰,『「聖書」世界の構成論理』,岩波書店, 1984.

_____,『神・人・家畜: 牧畜文化と聖書世界』,平凡社, 1997.

橋場弦,『アテナイ公職者弾劾制度の研究』,東京大学出版会, 1993.

_____,『丘のうえの民主政: 古代アテネの実験』,東京大学出版会, 1997.

宮本久雄,『福音書の言語宇宙』,岩波書店, 1999.

_____,『愛の言語の誕生: ニュッサのグレゴリオスの「雅歌講話」を手がかりに』,新世社,
　　2004.

_____,『存在の季節』,知泉書館, 2002.

_____,『他者の原トポス』,創文社, 2000.

弓削達,『ローマ皇帝礼拝とキリスト教徒迫害』,日本基督教団出版局, 1984.

宮田光雄,『新約聖書をよむ: 「放蕩息子」の精神史』,岩波書店, 1994.

金子武蔵 編,『良心』,以文社, 1977.

内田芳明,『マックス・ウェーバーと古代史研究』,岩波書店, 1970.

大貫隆,『イエスという経験』,岩波書店, 2004.

_____ 他編,『グノーシス: 陰の精神史』,岩波書店, 2001.

鈴木佳秀,『ヘブライズム法思想の源流』,創文社, 2005.

馬場恵二,「アテナイにおける市民権と市民権詐称」,秀村欣二, 三浦一郎, 太田秀通 編『古典
　　古代の社会と思想』,岩波書店, 1969.

本寺廉太郎,「テルトゥリアヌスの結婚観」,『パトリスティカ』, 5号, 1999.

_____,「テルトゥリアヌスの結婚観の変遷 1~4」,『キリスト教学』, 37~40号, 1995~1998.

富田章夫, http://web.kyoto-inet.or.jp/people/tiakio/antiphon/ant0.html.

山内省吾,『パウロの神学』,新教出版社, 1950.

山本光雄 編,『アリストテレス全集3』,岩波書店, 1968.

山森みか,『古代イスラエルにおけるレビびと像』,国際基督教大学比較文化研究会, 1996.

山我哲雄,『聖書時代史: 旧約篇』,岩波書店, 2003.

山田望,『キリストの模範: ペラギウス神学における神の義とパイデイア』,教文館, 1997.

山形孝夫,『レバノンの白い山』,未来社, 1976.

山形孝夫,『治癒神イエスの誕生』,小学館, 1981.

三好迪翻 編訳,『タルムード: ナシームの巻 ケトゥボート篇』,三貴, 1994.

上智大学中世思想研究所,『中世思想原典集成』(1~2),平凡社, 1992~1995.

小高毅,『オリゲネス』, 清水書院, 1992.

松本宣郎,『ガリラヤからローマへ: 地中海世界をかえたキリスト教徒』, 山川出版社, 1994.

穂積陳重,『法律進化論叢』, 1冊, 岩波書店, 1924.

柴田有,『グノーシスと古代宇宙論』, 勁草書房, 1982.

市川裕,『ユダヤ教の精神構造』, 東京大学出版会, 2004.

安永信二,「古典期アテナイにおける市民権法と女性の市民資格」,『古代地中海世界』.

桜井万里子,『ソクラテスの隣人たち: アテナイにおける市民と非市民』, 山川出版社, 1997.

五味享・杉勇 編訳,『古代オリエント集』, 筑摩書房, 1978.

有賀鐵太郎,「キリスト教思想における存在論問題」,『有賀鐵太郎著作集4』, 創文社, 1981.

——,『オリゲネス研究』, 全国書房, 1946.

——,『キリスト教思想における存在論の問題』, 創文社, 1981.

栗原貞一,『アレクサンドリアのクレメンス研究』, 奇峰社, 1963.

一柳俊夫,『古代ギリシア法思想史研究』, 御茶の水書房, 1990.

日本聖書学研究所 編訳,『死海文書: テキストの翻訳と解説』, 山本書店, 1993.

長谷川博隆 編,『古典古代とパトロネジ』, 名古屋大学出版会, 1992.

赤司道雄,『旧約聖書捕囚以後の思想史』, 大明堂, 1973.

荻田譲二,「古典期アテナイの民会におけるイセーゴリアの行使をめぐって」,『古代地中海世界』, 清水弘文堂, 1993.

前田徹,『メソポタミアの王・神・世界観』, 山川出版社, 2003.

田中美知太郎 編,『プロティノス・ポルピュリオス・プロクロス』, 水地宗明 訳, 中央公論新社, 1980.

仲手川良雄,『古代ギリシアにおける自由と正義』, 創文社, 1998.

中川純男 編訳,『初期ストア派断片集1』, 京都大学学術出版会, 2000.

川島重成,『『オイディプース王』を読む』, 講談社, 1996.

——,『イエスの七つの譬え』, 三陸書房, 2000.

——,『パウロ思想概説』, 新教出版社, 1957.

——,『ヘブル書の研究』, 日本基督教団出版局, 1993.

——,『西洋古典文学における内在と超越』, 新地書房, 1986.

土岐正策, 土岐健治 編訳,『キリスト教教父著作集』(第22巻), 教文館, 1990.

土井健司,『神認識とエペクタシス: ニュッサのグレゴリオスによるキリスト教的神認識論の形成』, 創文社, 1998.

八木誠一,『新約思想の構造』, 岩波書店, 2002.

平石善司,『フィロン研究』, 創文社, 1991.

合阪学,『ギリシア・ポリスの国家理念』, 創文社, 1986.

荒井献,『荒井献著作集』(1, 2, 5), 岩波書店, 2001~2002.

——,『イエス・キリスト』(上・下), 講談社, 2001.

—— 編訳,『ナグ・ハマディ文書』(1~3), 岩波書店, 1997~1998.

——,『新約聖書外典』, 講談社, 1974.

——, 佐竹明 編訳,『使徒教父文書』, 講談社, 1974.

Aeschines, *The Speechs of Aeschines*, Loeb, 1919.

Annas, Julia E., *Hellenistic Philosophy of Mind*, University of California Press, 1992.

Barnes, Timothy David, *Tertullian, A Historical and Literary Study*, Clarendon Press, 1985.

Barsanuphe et Jean de Gaza, *Correspondance*, tome 2, Les Éditions du Cerf, 1998.

Bartelink, G. J. M., *Quelques Observations sur Parresia dans la Littérature paleochrétienne*, Supplémenta, Dekker & Van de Vegt, 1970.

Barton, Carlin A., *The Sorrows of the Ancient Romans : The Gladiator and the Monster*, Princeton University Press, 1993.

Benko, Stephen, *Pagan Rome and the Early Christians*, Indiana University Press, 1984.

Bernidaki-Aldous, Eleftheria A., *Blindness in a Culture of Light: especially the case of Oedipus at Colonus of Sophocles*, P. Lang, 1990.

Bindley, Thomas Herbert, *The Oecumenical Documents of the Faith : The Creed of Nicaea, the Epistles of Cyril, the Tome of Leo, the Chalcedonian Definition*, edited with introduction and notes by T. Herbert bindley, Methuen, 1950.

Blenkinsopp, Joseph, *Sage, Priest, Prophet : Religious and Intellectual Leadership in Ancient Israel*, Westminster John Knox Press, 1995.

Bosetti, Elena, *Yahweh : Shepherd of the People*, St. Pauls, 1993.

Boyarin, Daniel, *A Radical Jew, Paul and the Politics of Identity*, University of California Press, 1994.

_____, *Carnal Israel : Reading Sex in Talmudic Culture*, University of California Press, 1993.

_____, *Dying for God : Martyrdom and the Making of Christianity and Judaism*, Stanford University Press, 1999.

Brown, Peter, "Bodies and Minds", *Before Sexuality : The Construction of Erotic Experience in the Ancient Greek World*, David M. Halperin, John J. Winkler, and Froma I. Zeitlin, eds., Princeton University Press, 1990.

_____, *Power and Persuasion in Late Antiquity : Towards a Christian Empire*, The University of Wisconsin Press, 1992.

_____, *The Body and Society*, Columbia University Press, 1988.

_____, *The Cult of the Saints*, University of Chicago Press, 1981.

_____, *The Making of Late Antiquity*, Harvard University Press, 1978.

Browning, Don S. and Anne Carr, Ian S. Evison, Mary Stewart van Leeuwen, *Religion, Feminism, and the Family*, Westminster John KnoxPress, 1996.

Burrus, Virginia, Begotten, *Not Made : Conceiving Manhood in Late Antiquity*, Stanford University Press, 2000

Bury, J. B., *History of the Later Roman Empire from the Death of Theodosius to the*

Death of Justinian(A.D. 395 to A.D. 565), Macmillan and Co., Limited, 1958.

Cairns, Douglas L., *Aidos : The Psychology and Ethics of Honour and Shame in Ancient Greek Literature*, Oxford University Press, 1993.

Cameron, Averil, *Christianity and the Rhetoric of Empire : The Development of Christian Discourse*, University of California Press, 1991.

Carson, Anne, "Cirt and Desire : The Phenomenology of Female Pollution in Antiquity", *Constructions of the Classical Body*, ed. James I. Porter, University of Michigan Press, 1999.

Cassian, John, *The Conferences*, trans. Boniface Ramsey. O. P., Newman Press, 1997.

Cavarero, Adriane, *Platons Töchter*, Rotbuch-Verlag, 1997.

Caven, Brian, *Dionysius I Warlord of Sicily*, Yale University Press, 1990.

Chadwick, Henry(ed.), *Alexandrian Christianity*, The Westminster Press, 1964.

Clark, Elizabeth A., "Antifamilial Tendencies in Ancient Christianity", *Journal of the History of Sexuality*, Volume 5, Issue 3, 1995.

_____, *Origenist Controversy : The Cultural Construction of An Early Christian Debate*, Princeton University Press, 1992.

_____, *Reading Renunciation : Asceticism and Scripture in Early Christianity*, Princeton University Press, 1999.

Clark, Gillian, "Bodies and Blood : Late Antique Debate on Martyrdom, Virginity and Resurrection, Cominic Montserrat", ed., *Changing Bodies, Changing Meanings*, Routledge, 1998.

Clement, of Alexandria Saint, *The Writings of Clement of Alexandria, Ante-Nicene Christian Library*, Edinburgh : T. & T. Clark, 1867~1872.

_____, *Le pedagogue*, traduction de Bernadette Troo et de Paul Gauriat, introd., annotations et guide thématique d'A.-G. Hamman, Migne, 1991.

Climacus, John, *The Lader of Divine Ascent*, trans. Norman Russel, Paulist Press, 1981.

Cohen, David, *Law, Sexuality and Society : Enforcement of Morals in Classical Athens*, Cambridge University Press, 1994.

Coon, Lynda L., *Sacred Fictions : Holy Women and Hagiography in Late Antiquity*, University of Pennsylvania Press, 1997.

Cooper, Kate, *The Virgin and the Bride : Idealized Womanhood in Late Antiquity*, Harvard University Press, 1996.

Crouzel, Henri, *Virginité et marriage selon Origène*, Desclée de Brouwe, 1962.

Cumont, Franz, *Astrology and Religion among the Greeks and Romans*, Dover Publications, 1960.

D'Angelo, Mary Rose, Ross Shepard Kraemer eds., *Women and Christian Origins*, Oxford University Press, 1999.

Daly, Cahal B., Tertullian, *The Puritan and His Influence: An Essay in Historical Theology*, Four Courts Press, 1993.

Davis, Stevan L., *The Revolt of the Widows, the Social World of the Apocryphal Acts*, Southern Illinois University Press, 1980.

de Witt, Norman Wentworth, *Epicurus and His Philosophy*, University Of Minnesota Press, 1954.

Dermine, Chanoine Jean, *La doctrine du marriage chrétien*, L'édition universelle, 1983.

Derrida, Jacques, *La carte postale*, Flammarion, 1980.

_____, *La dissémination*, Seuil, 1972.

Dihle, Albrecht, *Die Vorstellung vom Willen in der Antike*, Vandengoek und Ruprecht, 1985.

Dodds, E. R., *Pagan and Christian in an Age of Anxiety*, Cambridge University Press, 1965.

Dooley, William Joseph, *Marriage According to St. Ambrose*, The Catholic University of America Press, 1948.

Dover, K. J., *Greek Popular Morality : In The Time of Plato and Aristotle*, Blackwell, 1974.

Droit, Roger-Pol & Jean-Phillippe de Tonnac, *Fons comme des sages: Scènes grecques et romaines*, Seuil, 2006.

Duby, Georges et al., *Storia delle donne in Occidente: L'Antichità*, Vol. I, Laterza, 2009.

Dudden, F. Homes, *The Life and Times of St. Ambrose*, Vol. 2, Clarendon Press, 1935.

Dzielska, Maria, *Hypatia of Alexandria*, trans. F. Lyra, Harvard University Press, 1995.

Ehrenberg, Victor, *From Solon to Socrates*, Methuen & Co. Ltd., 1967.

Elm, Susanna, *'Virgins of God' : The Making of Asceticism in Late Antiquity*, Clarendon Press, 1994.

Evagrius, Ponticus, *Ad Monachos*, trans. Jeremy Discoll, The Newman Press, 2003.

Féstugière, André-Jean, Épicure et ses dieux, Press Universitaires de France, 1946.

_____, *La vie spirituelle en Grèce à l'époque hellénistique : on Les besoins de l'esprit dans un monde raffiné*, A. et J. Picard, 1977.

_____, *Personal Religion among the Greeks*, University of California, 1960.

Finkelstein, Louis, *The Pharisees*, Jewish Publication Society of America, 1962.

Fisher, Nick, *Aeschines Against Timarchos*, Oxford University Press, 2001.

Francis, James, *Subversive Virtue*, Pennsylvania State University Press, 1995.

Fraser, P. M., *Ptolemaic Alexandria*, Vol. 3, Oxford University Press, 1972.

Gardiner, Edward Norman, *Greek Athletic Sports and Festivals*, Macmillan and Co., 1910.

Gaudin, Claude, *Platon et l'alphabet*, Presse universitaires de France, 1990.

Gernet, Louis, *Recherches sur le développement de la pensée juridique et morale en Grèce*, Albin Michel, 2001.

Gerontius, *The Life of Melania, The Younger*, trans. Elizabeth A. Clark, E. Mellen Press, 1984.

Goessler, Lisette, "Advice to the Bride", ed. Sarah B. Pomeroy, *Plutarch's Advice to the Bride and Groom, and A Consolation to His Wife*, Oxford University Press, 1999.

Goldhill, Simon, *Foucault's Virginity : Ancient Erotic Fiction and the History of Sexuality*, Cambridge University Press, 1995.

Greene, William Chase, *Moira : Fate, Good, and Evil in Greek Thought*, Harvard University Press, 1944.

Grubbs, Judith Evanx, *Women and the Law in the Roman Empire : A Sourcebook on Marriage, Divorce and Widowhood*, Routledge, 2002.

Guthrie, W. K. C., *Orpheus and Greek Religion : A Study of the Orphic Movement*, Princeton University Press, 1993.

Hadot, Pierre, *Exercices Spirituels et Philosophie Antique*, Albin Michel, 2002.

_____, *The Inner Citadel : The Meditations of Marcus Aurelius*, trans. Michael Chase, Harvard University Press, 1998.

Hansen, Mogens Herman, *The Athenian Democracy in the Age of Demosthenes*, Blackwell Publications, 1991.

Harvey, D., "The Wicked Wife of Ischomochus", Simon Goldhill, *Foucault's Virginity*, Cambridge University Press, 1995.

Hausherr, Irenée, *Penthos : The Doctrine of Compunction in the Christian East*, Cistercian Publications, 1982.

Hausherr, Irenee, *Spiritual Direction in the Early Christian East*, trans. Anthony P. Gythiel, Cistercian Publication, 1990.

Hegel, G. W. F., *Vorlesungen über die Geschicete der Philosophie*, 2 Vols., Suhrkamp, 1986

Hellwig, Mokina K., *Sign of Reconciliation and Conversion*, Michael Glazeir, Inc., 1982.

Hierocles, "On Duties, On Marriage", Abraham J. Malherbe, *Moral Exhortation : A Greco-Roman Sourcebook*, The Westminster Press, 1986.

Joly, Henri, *Le renversement platonicien*, Vrin, 1994.

Jones, A. H. M., *Athenian Democracy*, Blackwell. 1957.

J-P., Broudéhoux, *Mariage et famille chez Clément d'Alexandrie*, Beauchesne, 1970.

Kelly, J. N. D., *Golden Mouth : The story of John Chrysostom, Ascetic, Preacher, Bishop*, Cornell University Press, 1995.

Konstan, David, *Friendship in the Classical World*, Cambridge University Press, 1997.

_____, *Sexual Symmetry : Love in the Ancient Novel and Related Genres*, Princeton University Press, 1994.

Lemche, Niels Peter, *The Israelites in History and Tradition*, Westminster John Knox Press, 1988.

Libanius, *Autobiographies and Selected Letters*, vol. 1, trans. A. F. Norman, Harvard University Press, 1992, Vol. 1.

Loraux, Nicole, *Les enfants d'Athèna*, Editions la Découverte, 1981.

_____, *Né de la terre: mythe et politique à Athènes*, Seuil, 1996.

Luck, Georg, *Arcana Mundi : Magic and the Occult in the Greek and Roman Words*, Johns Hopkins University Press, 1985.

Lyman, J. Rebecca, *Christology and cosmology models of divine activity in Origen, Eusebius, and Athanasius*, Clarendon Press, 1993.

Lyotard, Jean-Francois, *Économie llbidinale*, Éditions de minuit, 1974.

MacDonald, Dennis Ronald, *The Legend and the Apostle : The Battle for Paul in Story and Canon*, Westminster Press, 1983.

Manville, Phillip Brook, *The Origins of Citizenship*, Princeton University Press, 1990.

Marx, Karl and Friedrich Engels, *Marx-Engels Gesamtausgabe*, IV-1, 1976[「에피쿠로스 철학 두번째 노트」, 『데모크리토스와 에피쿠로스 자연철학의 차이』, 고병권 옮김, 그린비, 2001].

Marx, Karl, *Differenz der demokritschen und epikureischen Naturphilosophie*, Jena : F. Schiller- Universität[『데모크리토스와 에피쿠로스 자연철학의 차이』].

Maurray, Penelope & Peter Wilson, *Music and the Muses*, Oxford University Press, 2004.

Mauss, Marcel, "A Category of Human Mind: The notion of Person, The Notion of Self", *The Category of the Person : Authropology, Philosophy, History*, eds. Michael Carrithers, Steven Collins, Steven Lukes, Cambridge University Press, 1985.

Mayh, Robert(ed.), *The Female in Aristotle's Biology : Reason or Rationalization*, University of Chicago Press, 2004.

McGowan, Andrew, *Ascetic Eucharists : Food and Drink in Early Christian Ritual Meals*, Oxford University, 1999.

Meeks, Wayne A., *The First Urban Christians : The Social World of the Apostle Paul*, Yale University Press, 1983.

_____, *The Origins of Christian Morality : The First Two Centuries*, Yale University Press, 1993.

Miegge, Giovanni, *The Virgin Mary : The Roman Catholic Marian Doctrine*, Westminster Press, 1955.

Misch, Georg, *A History of Antobiography in Antiquity*, Routledge & Kegan Paul, 1950.

Monoson, S. Sara, "Frank Speech, Democracy, and Philosophy", *Athenian Political Thought and the Reconstruction of American Democracy*, eds. J. Peter Euben & John R. Wallach & Josiah Ober, Cornell University Press, 1994.

_____, *Plato's Democratic Entanglement : Athenian Politics and the Practice of Philosophy*, Princeton University Press, 2000.

Mossé, Claude, *Athens in decline, 404-86 B.C.*, trans. Jean Stewart, Routledge & K. Paul, 1973.

Moular, Anatole, *Saint Jean Chrysostome : le défenseur du mariage et l'apôtre de la virginité*, Lecoffre, 1923.

Moule, C. F. D., *Christ's Messengers : Studies in the Acts of the Apostles*, Association Press, 1957.

Musurillo, Herbert(ed.), *The Acts of Christian Martyrs*, Clarendon Press, 1972(『殉教者行 伝』, 土岐正策, 土岐健治 訳, 教文館, 1990).

Neumann, Charles William, *The Virgin Mary in Works of Saint Ambrose*, University press, 1962.

Nock, A. D., Conversion : *The Old and the New in Religion from Alexander the Great to Augustine of Hippo*, Clarendon Press, 1933.

Nussbaum, Martha C., *The Fragility of Goodness : Luck and Ethics in Greek Tragedy and Philosophy*, Cambridge University Press, 1986.

_____, *The Therapy of Desire : Theory and Practice in Hellenistic Ethics*, Princeton University Press, 1994.

Ober, Josiah, *Mass and Elite in Democratic Athens*, Princeton University Press, 1989.

Osborn, E. F., *The Philosophy of Clement of Alxandria*, Cambridge University Press, 1957.

_____, *Tertullian, First Theologian of the West*, Cambridge University Press, 1997.

Osen, Lynn M., *Women in Mathematics*, MIT Press, 1974.

Ostwald, Martion, *From Popular Sovereignty to the Sovereignity of Law*, University of California Press, 1986.

Paredi, Angelo, *Saint Ambrose : His life and Times*, trans. M. Joseph Costelloe, S. J. University, 1964.

Perkins, Judith, *The Suffering Self : Pain and Narrative Representation in the Early Christian Era*, Routledge, 1995.

Philo, *Philo*, Volume III, IV, VII, VIII, IX, Leob Classical Library, 1930~1941..

Philodemus, *On Frank Criticism*, Intro., trans., and notes by David Konstan, Scholars Press, 1998.

Pierce, C. A., *Conscience in the New Testament*, SCM Press, 1955.

Pomeroy, Sarah B., *Goddesses, Whores, Wives, and Slaves : Women in Classical Antiquity*, Schocken Books, 1975.

Poschmann, Bernhard, *Penance and the Anointing of the Sick*, Herder and Herser, 1964.

Price, A. W., *Love and friendship in Plato and Aristotle*, Clarendon Press 1989.

Quatember, Friedrich, *Die christliche Lebenshaltung des Klemens von Alexandrien nach seinem Pädagogus : mit einer kritischen Voruntersuchung über die Person des Klemens und sein Werk, den Padagogus*, Herder, 1946.

Rist, J. M., *Stoic Philosophy*, Cambridge University Press, 1969.

Rives, J. B., *Religion and Authority in Roman Carthage from Augustus to Constantine*, Oxford University Press, 1995.

Robert, C. M., *History of Confession to A.D. 1215*, Cambridge University Press, 1901.

Robinson, H. Wheeler, *Inspiration and Revelation in the Ole Testament*, The Clarendon Press, 1946.

Robinson, John A. T., *The body, A Study in Pauline Theology*, SCM Press, 1952.

Rohde, Erwin, *Psyche, The Cult of Souls and Belief in Immortality Among the Greeks*, K. Paul, Trench, Trubner, 1925.

Rousselle, Aline, *Porneia*, Blackwell, 1993.

Rufus, Musonius, *Musonius Rufus : Entretiens et Fragments*, Geolg Olms Verlag, 1973.

Rumscheidt, Barbara and Martin Rumscheidt, Luise Schottroff, *Lydia's Impatient Sisters : A Feminist Social History of Early Christianity*, Westminster John Knox Press, 1995.

Salisbury, Joyce E., *Perpetua's Passion*, Routledge 1997.

Saxonhouse, Arlene W., *Fear of diversity : The Birth of Political Science in Ancient Greek Thought*, University of Chicago Press, 1992.

Schaff, Philip(Ed.) *A Select Library of the Nicene and Post-Nicene Fathers of the Christian Church(NPNF)*, Second Series, vol. 1, 10, 11, WM. B. Eerdmans.

Schillebeeckx, Edward, *Jesu : An Experiment in Christology*, trans. Hubert Hoskins, Seabury Press, 1979(シレレベーク,『イエス』1巻, ヴィセンテ·アリバス 他訳, 新世社, 2003).

Scott, Alan, *Origen and the Life of the Stars : A History of an Idea*, Clarendon Press, 1991.

Senioir, Matthew, *In the Grip of Minos : Confessional Discourse in Dante, Corneille, and Racine*, Ohio State University Press, 1994.

Severy, Beth, *Augustus and The Family at the Birth of the Roman Empire*, Routledge, 2003.

Shepard, Ross, *Kraemer, Her Share of the Blessings : Women's Religions among Pagans, Jews, and Christians in the Greco-Roman World*, Oxford University Press, 1993.

Sicker, Martin, *The Judaic State : A Study in Rabbinic Political Theory*, Praeger, 1988.

Sissa, Giulia, "Sexual Bodybuilding : Aeschines against Timarchos", ed. James I. Porter, *Construction of the Classical Body*, The University of Michigan Press, 1999.

Smith, William and Samuel Cheetham(eds.), *A Dictionary of Christian Antiquities*, vol. 1, Little Brown, 1875.

Srern-Gillet, Suzanne, *Aristotle's Philosophy of Friendship*, State University of New York Press, 1995.

St. Benedict, *The Rule of Saint Benedict*, Doubleday, 1975.

St. Gregory, *St. Gregory the Great, Pastoral Care*, Paulist Press, 1950.

St. John Chrysostm, *On Marriage and Family Life*, trans. P. Roth and David Aderson, St. Valdimir's Seminary Press, 1986.

Stelzenberger, Johannes, *Syneidesis bei Origenes : Studie zur Geschichte der Moralthologie*, Ferdinand Schoningh, 1963.

Stendahl, Krister(ed.), *Immortality and Resurrection*, The Macmillan Company, 1965.

Stewart, Columba, *Cassian the Monk*, Oxford University Press, 1998.

Stockton, David, *The Classical Athenian Democracy*, Oxford University Press, 1990.

Treggiari, Susan, *Roman Marriage : Iusti Coniuges from the Time of Cicero to the Time of Ulpian*, Clarendon Press, 1991.

Trigg, Joseph W., *Origen*, Routledge, 1988.

Tripolitis, Antonia, *Origen : A Critical Reading*, P. Lang, 1985.

_____, *The Doctrine of the Soul in the Thought of Plotinus and Origen*, Libra, 1978.

Veilleux, Armand, *The Life of Saint Pachomius*, Cistercian Publications, 1980.

Vernant, Jean-Pierre, "Espace et organisation politique en Grèce ancienne", *La Grèce Ancienne*, tome 2, *L'Espace et le Temps*, Seuil, 1991.

_____, "Le fleuve Amélès et la métélé thanatou", *La Grèce Ancienne*, tome 2, *L'espace et le temps*, Seuil, 1965.

Veyne, Paul, *L'empire romain, Hisoire de la vie privée*, vol. 1, Seuil, 1985; *The Roman Empire*, Harvard University Press, 1997.

Volker, Walther, *Der Wahre Gnostiker nach Clemens Alexandrinus*, Akademie-Verlag, 1952.

Weintraub, Karl Joachnim, *The Value of the Individual : Self and Circumstance in Autobiography*, The University of Chicago Press, 1978.

Winkler, John J., *The Constraints of Desire : The Anthropology of Sex and Gender in Ancient Greece*, Routledge, 1990.

Witherington III, Ben, *Women and the Genesis of Christianity*, Cambridge University Press, 1990.

Wood, Neal, *Cicero's Social and Political Thought*, University of California Press, 1988.